みんなが "笑顔"に なれる学校!

私たちは、生徒一人ひとりが自分らしく輝き、
自由にのびのびと成長していける
「育みの環境」をつくっています。
なぜなら、生徒の"笑顔"が見たいから!
みんなが"笑顔"になれる学校
それがよよこ〜(代々木高等学校)です!

よよこ〜で 学ぶって楽しい!

- 通いたい時に 自由に通える!
- 制服が かわいい!
- 韓国語 声優・イラスト プログラミングが 学べる
- スクーリングが 楽しい
- 自分に合わせた コースがある
- イベントや 部活もいっぱい
- 大学・専門学校 など進学支援 が充実

あなたは どのコース!?

よよこ〜の選べるコース魅力ポイント!

① オルタナティブスクール【通学コース週5日・週3日】

いつもワクワク!面白い授業・体験がいっぱい! いろいろなことを学ぶ・経験する
楽しみながら成長するよよこ〜ならではのコース!

- 自分の ペースで登校
- 中学校の学び直し からスタート
- 楽しい学校行事
- 社会生活に 必要なスキルを学ぶ
- おもしろ体験! プロジェクト授業
- クリエイティブ、 スポーツ、保育福祉も!

●**通学5日コース**
2023 年度より従来の「総合講座」に加え「声優」「イラスト」「プログラミング」「進学」「韓国語」の五つの講座がスタートします。

●**通学3日コース**
毎週火曜・木曜・金曜無理なく通学できます。

② 通信一般(在宅型)コース
自分の時間を最大限に活かせるコースです。

③ 奨学金コース
働きながら高校卒業資格を取るキャリアコースです。

④ アスリートゴルフコース
高校生活を楽しみながらアスリートとして活躍します。

学校法人 代々木学園
代々木高等学校
みんなが"笑顔"になれる YOYOGI HIGH SCHOOL

TEL 050-3535-2797
0120-72-4450
(なにーよよこ〜)
※携帯電話からは繋がらない場合があります

〒151-0051 東京都渋谷区千駄ヶ谷5-8-2　FAX 03-5919-0528　URL https://yoyogi.ed

入学相談
学校見学
随時受付

カウンセリング＋自分に合った通学

教員と公認心理師（臨床心理士）による入学相談実施中

教育の視点と心理学の視点からお子さんにベストな提案をいたします

○ **スクーリングは町田校で実施**
○ 通学は自分のペースから週5日まで選べる
○ 少人数・アットホームな雰囲気で通いやすい
○ 教員や心理師にいつでも相談できる
○ 起立性調節障害への対応はご相談を
○ 卒業までの通学は町田校のみ

生徒たちの声

⚫ 自分のペースで来られる　⚫ 友だちを作りやすい
⚫ 学校が嫌いになって不登校になったので、学校っぽくない気楽な雰囲気で緊張しない

保護者の声

⚫ 中学校では不登校でしたが、高校に入り、友だちができて、友たちと食事をしたり、遊びに行ったりしていることに驚いています。

町田校の特徴

卒業生主催「ゲームしようぜ!!」
テレビゲーム・スマホ／PCゲームで
中高生が交流するイベントを毎月開催

特別活動では、調理・お菓子作り・
ボードゲームで交流

○ 通学方法や回数は相談できる　　○ 一人ひとりに合わせた進路指導

精華学園高校 町田校

TEL:**042-739-7140**
URL http://seika-machida.jp

〒194-0013 町田市原町田4-1-10（4F）　町田駅:JRより徒歩5分／小田急より徒歩8分

転入・編入学随時受付　　新入学は4月と10月　　授業見学・個別相談 随時実施中

精華町田　　検索

フリースクール
八洲学園中等部

明日のための一歩

「安心できる」を第一に、
通いたいと思える居場所づくりを目標に、
一人ひとりの一歩に寄り添います。
これまで4万人以上の卒業生を送り出してきた
八洲学園高校のノウハウを活かし、
生徒に寄り添った登校支援を行います。

「安心できる」居場所

公共機関との併用も可能で、一人ひとりにとっての「安心できる場所」として通える施設です。「安心できる居場所」だからそのまま八洲学園高等学校へ高校進学をする方も多く在籍しています。※中等部は、八洲学園高校への進学が強制されるものではありませんのでご安心ください。

少しずつで大丈夫!!

一人ひとりの「今」にあわせて通うペースを設定できます。ゆっくりはじめていきましょう。登校時間は個々の状況に合わせて決められます。

教材費の5,000円からスタート!

本中等部は八洲学園の社会貢献の1つです。そのため、費用は年間教材費の5,000円のみでその他は完全無料となっています。一人ひとりの成長が教職員一同の喜びです。
※有料クラスもございます

全てがスペシャルです!!

八洲学園高校で培った実績を元にした支援体制を実施しています。常駐の教員は教科の免許のみならず、特別支援学校教諭の免許も取得しています。スクールカウンセラーとも協力し、心理面での支援も行っています。ゆっくりじっくり学びたい人のための八洲学園高等学校「5年制クラス」も2018年に開講いたしました。

時間割や実施内容はキャンパスごとで異なります。詳しくは直接キャンパスまでお問い合わせください。

学校法人八洲学園 **八洲学園 中等部**
（中学校登校支援フリースクール）

詳細はコチラ!

各キャンパス連絡先

関西		
堺本校	TEL:072-262-8281
大阪中央校	TEL:06-6762-1248
梅田キャンパス	TEL:06-6343-1173
三宮キャンパス	TEL:078-261-2835

関東		
横浜分校	TEL:045-312-5588
新宿キャンパス	TEL:03-6279-2053
池袋キャンパス	TEL:03-5954-7391
町田分室	TEL:042-851-7192

みのり高等部

生徒の「できる」を引き出す
個々の状況や特性に
寄り添ったサポート

「ほめる」ことが、みのり高等部の教育の基本です。

みのり高等部は、全日制の学校です。

小中学校で不登校を経験し、通学に不安がある方でも、「通いたい」という思いがあれば、週一日の登校からはじめ、少しずつ登校日数を増やしていけばよいと考えています。私たちは生徒が持つ個々の課題に向き合い、生徒本人の足でしっかりと歩むことができる安全な環境を整えます。自らが踏み出した一歩は「自信」となり、次の一歩につなげる教育を提供します。

サポートを必要とする生徒のための教育施設です。

みのり高等部は、学習・活動・自立支援など個々にサポートするために、教員を多く配置し、個の課題に向き合っていきます。卒業後の進学・就職に向け、それぞれの状況にあわせた目標を一緒に考えながら、サポートしていきます。

体験学習を通して、楽しく実践的な学びをおこないます。

教科書や映像教材などで学んだことを実際にやってみたり、見学に行ったり、体験的な学びを多く取り入れ生徒たちの「やってみたい」を引き出します。実践する中で、自分たちで気付き学んでいく過程を大切にしています。

ほめて伸ばす!

みのり高等部は「ほめる」指導スタイルで、社会に出るための力を身に付ける学校です。
どんなことでも行動できるようになるためには、様々な体験を経験し、自信を付け、自己肯定感を身に付けることです。
みのりの独自方式「ほめる」指導スタイルで、初めての体験を不安から自信に変えていく力を身に付けていきます。

ほめる 挑戦 ほめる
自信 反復
「ほめる」スタイルで
生徒の学ぶ姿勢を整える
ほめる
ほめる できる 慣れる
ほめる

「ほめる」は、挑戦から自信を持つまでの一連の流れとなる、みのり高等部が大切にしている指導方法です。

町田みのり高等部

〒194-0022 東京都町田市森野1-27-14サカヤビル
TEL 042-851-7191　FAX 042-851-7193
MAIL s-machida@yashima.ac.jp

三宮みのり高等部

〒651-0086 兵庫県神戸市中央区磯上通8-1-33幸和ビル2F
TEL 078-261-2835　FAX 078-261-2836
MAIL m-sannomiya@yashima.ac.jp

ホームページはこちら!
https://minori-hs.jp/
資料請求や学校説明会の予約ができます。

学校法人 八洲学園 八洲学園高等学校 技連校
みのり高等部
Minori High School

未来はここから始まる ──

Your Future Starts Here!

 代々木グローバル高等学院

【東京校】　〒151-0051 東京都渋谷区千駄ヶ谷 5-8-2
【金沢校】　〒920-0919 石川県金沢市南町アポー金沢 1
【沖縄校】　〒902-0067 沖縄県那覇市安里 361-34 託一ヒ

※各校舎近隣に学生寮があり、遠方の生徒が優先的に

グローバルコース

グローバルコースは、高校3年間のうち2年間を海外で過ごします。そして基礎となる英語『を』学ぶ語学留学を、2年目は学んだ英語を活かし英語『で』学ぶアメリカ高校交換留学へとステップアップしていきます。

国内学習×海外留学の
ハイブリット

海を越えて、自分の世界を見つけよう!

1年次に語学研修を受けて英語力を向上させた上で2年次の留学に参加するので、最初は英語が話せなくても大丈夫!

グローバルコース

	4月	5月	6月	7月	8月	9月	10月	11月	12月	1月	2月	3月
1年次	英語「に」慣れる 国内留学			夏休み		英語「を」学ぶ カナダ語学留学						
2年次	英語「を」学ぶ カナダ語学留学		夏休み		英語「で」学ぶ アメリカ高校交換留学							
3年次	英語「で」学ぶ アメリカ高校交換留学			入試対策				学習のレビュー				卒業

DYOコース

自分で自分のコースを
デザインする

DYO(Design Your Own)コースでは、あなただけのこれがやりたいという希望に合わせてコースをデザインすることができます。
日本の高校卒業資格取得を目指しながら、国内外でのいろいろな経験を通じ、通信制高校だからこそある「時間」というアドバンテージを最大限利用して、高校生活を一層、有意義なものにしましょう。

可能性が広がる「専門コース」

韓国語コースが人気!

代々木グローバル高等学院の専門コースでは、現役のプロによるレッスンを受講することができます。カリキュラムは1年間で組まれており、いずれのコースも未経験から安心して専門的な知識やスキルを身に付けることができます。多様なコースの中からあなたのやりたいことを見つけて、一緒に将来の可能性を広げていきましょう。

 韓国語
 WEBデザイン
 eスポーツ
 ドローン操縦
 ネイルアート
 プログラミング
 ボイストレーニング
 声優
 俳優
 ダンス
 お笑い

03-6384-2388
076-210-5370
098-884-7320

沖縄校
2023年9月開校!

寮できるようにしております。

HPはこちら▶
https://www.yoyogigh.jp/

 代々木グローバル高等学院 検索

インスタグラムにて
学校の様子を配信中▶

子どもが創る　子どもと創る

子どもが主人公の学校　保護者とともに一緒に学ぶ

東京シューレ学園特色①
子どもたちの意思を尊重する

特色②
**五感を通して学ぶ
いろいろタイム**

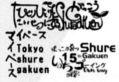

特色①
どもたちの自己決定の場として
**ミーティング
実行委員会
運営委員会**

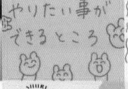

東京シューレ学園特色②
体験しながら学ぶ

特色②
**関心を深める
プロジェクト**

子どもの成長に **15**
寄り添いながら15年
保護者と見守り続けて15年

子ども本人にとっても、
社会にとっても、
希望に満ちた
学園を目指して

東京シューレ学園特色③
**自分に合った
ペースで学ぶ**

特色③
（東京シューレ葛飾中学校のみ）
**ホームスクール
マイコース**

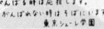

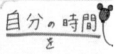

東京シューレ学園とは
本校は、学びの多様化学校として認められた私立の学校です。
2007年　葛飾区の協力により、東京シューレ葛飾中学校が誕生しました。
2020年　江戸川区の協力により、東京シューレ江戸川小学校が誕生しました。

※手書き文字は「あなたにとってシューレ学園ってどんな場所？」というテーマで在籍生徒と卒業生に書いてもらいました。

学校法人　東京シューレ学園
総合ページ
https://shuregakuen.ed.jp

東京シューレ葛飾中学校
〒124-0024　東京都葛飾区新小岩3-25-1
TEL 03-5678-8171　FAX 03-5678-8172

東京シューレ江戸川小学校
〒133-0057　東京都江戸川区西小岩2-4-1
TEL 03-5879-3157　FAX 03-6458-0174

自分の好きなことを大切にしよう。
ありのままでいられる場所をみつけよう。
世界を描き変えよう！

- **少ない登校日数**
  自分の時間を大切にできる、効率的な登校スタイル

- **スマートフォン・タブレット・パソコンで 効果的なレポート提出**
  インターネットを利用して、場所や時間を選ばず、
  いつでもどこでもレポートに取り組めます。

- **安心の担任制で充実の進路サポート**
  卒業生総数20,000名以上（2023年3月グループ校実績）
  担任による、一人ひとりにあった安心の進路サポートで、多彩な進路実績を実現。
  国公立大、慶應義塾大、上智大など、難関大学多数合格。

＼見て、聞いて、感じて！納得の進路選択を／
進路相談随時受付中！

| 個別相談 | オンライン個別相談 | 学校説明会 |

最寄りの本校・キャンパス・相談センター・お住いの近くで個別相談、オンラインをご希望の方はアプリ「Zoom」や「teams」で。また、中学生の方・高校中退・休学中の方、保護者の皆様・教育関係者の皆さまを対象に、学校説明会も開催しています。学費、勉強方法、スクーリングなどの不明な点や、不安なことなど、なんでもご相談ください。

大学合格実績 難関現役合格！
※グループ校全体の実績
（2022年度実績）

【国公立】大阪大学／九州大学／東京工業大学／東京農工大学／東京藝術大学／金沢大学／千葉大学／国際教養大学／大阪公立大学

【私立】早稲田大学／慶應義塾大学／上智大学／明治大学／青山学院大学／立教大学／中央大学／法政大学／成城大学／多摩美術大学／フェリス女学院大学／杏林大学／横浜薬科大学／日本歯科大学／愛知大学／中京大学／中部大学／日本赤十字豊田看護大学／日本福祉大学／名古屋外国語大学／朝日大学／同志社大学／関西大学／立命館大学／近畿大学／甲南大学／龍谷大学／京都産業大学／関西外国語大学／大阪経済大学／同志社女子大学／武庫川女子大学／大和大学／大阪商業大学／関西医療大学など

中学生向け ルネ中等部 スタートしました!!
eスポーツ＆プログラミングが学べます！

「ルネ中等部」で検索してネ！ ☎ 0120-526-611

君の「居場所」が ここにある！

授業

●必修授業は午前中。午後は自分がやりたいことを学ぶ選択授業です。●少人数制のクラス編成で、個人個人の趣味や性格を考慮しています。集団授業や週5日の登校がきつい人のために個別指導クラスも設けています。

雰囲気

●"職員室"のないアットホームな雰囲気です。先生と生徒の信頼関係が強く、学園生活にすぐなじめます。

●個性を大切にする校風で、校則は必要最低限。制服の着用も自由です。常に自分で考えて行動するクセをつけて欲しいと思っています。

クラブ活動

●スキー・スノーボード、野球、鉄道研究部、アニメカラオケ、フリーライティング、軽音部、プログラミング部など、クラブ活動は生徒たちが自ら作り上げていきます。毎年、普通ではあり得ないクラブが誕生しています。

"ホッ"とするあたたかな時間　きっとあります

沖縄への修学旅行。思い切り楽しもう！

スキー・スノーボードスクールも行事の一つ。パウダースノーが待っています。

共育学園の学園祭「共育祭」。生徒手作りのイベントです。

高原で行うスポーツ祭のひとコマ。オーエス！オーエス！

感動と笑顔ありの卒業式。生徒主催の祝賀会も大盛り上がり!!

こんなにもある！
自分らしい居場所！

全国フリースクールガイド

小中高・不登校生の　2024-2025

居場所探し

540の
居場所・相談
窓口を掲載！

最新
日本全国
**フリー
スクール**調査
実態は？
活動は？

フリースクール、
フリースペース、オルタナティブスクール
通信制高校、サポート校（学習等支援施設）、
技能連携校、高等専修学校 等詳細収録
教育支援センター（適応指導教室）
親の会、相談窓口など最新一覧も収録

悩んでいるから
手に取る情報 じゃなくて
不登校や発達障がい に届いてほしい
無縁の人 に届いてほしい

お笑い芸人
くわばたりえ さん

3 児の母としてママタレントとしても活躍するお笑いコンビ・クワバタオハラのくわばたりえさん。多数の子育て番組に出演するほか、自身のブログやYouTubeでも積極的に子育ての悩みや楽しさについて発信しています。2012年からは「メガネのママ友会」を主催し、様々なママたちとも交流。最近は子どもの不登校や発達障がいで悩むお母さんたちも増え、ともに悩みを共有し合ったり、情報を発信していく活動もされています。

—— りえさんは、ブログや書籍、YouTubeなどで積極的に子育てについて発信されていますね。ご自身のYouTubeでは不登校新聞の石井しこうさんをゲストに迎えたり、不登校についても発信もされています。

「メガネのママ友会」というのを長くやっていて、そこで子育ての大変さや楽しさを共有し合っているんですが、そうしたコミュニティや私の周りでも、お子さんが不登校という親御さんがすごく増えてきたんですね。その方々のお話を聞いていると、みなさんめっちゃ子どもの気持ちに寄り添っている。大変だなと思う一方で、この状況を受け入れ、納得されている様子もうかがえて、親御さんの理解の大きさが子どもの安心感につながっているのかな、と最近思い始めました。

いろんな方の話を聞いてきて、たとえば、子どもの不登校をママは大丈夫と思っていても、パパが学校に行かせたいと思っていたり、それで夫婦間で揉めていたりもする。子どものことを話し合っているのかもしれないけど、子どもを一人の人間として考えたら、大人は会社で嫌なことがあったら、休んだり辞めたりできるけど、子どもは「休みたい」と言っても、親から「頑張らないといけない」って言われるんですよね。本人は、頑張らないといけないと思って頑張れないのに、親から「頑張れ」と言われることは二重に苦しいと思うんです。

私も「多少嫌なことがあっても我慢したらいいやん」って思うタイプだったんですけど、不登校新聞の石井さんと話したときに、子どもが親に「今日学校行きたくない」って言うのは、すごく勇気が必要なことなんだって知った。もし、自分が同じ立場だったら、それはきっとつらいだろうなと思いました。

—— 「自分が同じような立場だったら」と思えることがすごいですね。

私の子どもは今年、中2、小5、小3になるんですが、今は不登校ではないし、学校に行きたくないとも言っていないんです。でも、もし自分の子どもが「学校に行きたくない」と言ったときのことは常に頭に置いているんですね。

だから、不登校新聞の石井さんをYouTubeに迎えたときも、本当は「今、不登校で悩んでいる方」ではなくて、不登校には無縁、関心がなかった方々に知ってほしいなという思いがありました。

たとえば、このガイドブックも含めて、フリースクールや不登校の情報ってたくさんあると思うんですね。でも、こうしたものが「悩んでいるから手に取る情報」ではなくて、今悩んでいない人たち、不登校とは関係のない人たちにも届いてほしいなと思うんです。もし、自分の子どもが「学校に行きたくない」と言ったときに、親としてどんな一言目を言えるのか。「こういう子もいるから、読んでおいてほしい」という情報になればいいなと思います。

—— りえさんご自身が、お子さんとの関わり方などで変わったことはありましたか?

関わり方が変わったわけではないんですが、自分の子どもには「もし学校休みたくなったら休んでいいよ」と伝えましたね。「それでお母さんに心配かけていると思わんでいい」とも言いました。子どもは「なに言ってんの?」という反応でしたが、そういう反応のときはまだ大丈夫なんだろうなと思います。だけど、いつか学校に行きたくなくなったときに、「行かなくていい」という選択肢が子どもの中にあれば、悩む時間も少なくなるし、それが安心感につながる。そうした安心材料を事前に与えておくことが大事なのかなと思いました。

でも、日本って「学校に行かなければいけない」って価値観が強いですよね。自分の好きなことを好きな時間にするっていう場所がもっとあってもいいかなと思います。

タレントをしていると、人って、いつ、どんなきっかけで変わるのかって本当にわからないんです。最近一緒にお仕事をしているディレクターさんは、ハワイで火野正平さんに偶然会って、声をかけたことから今の仕事につながったと言っていました。だから、勉強、勉強って思わなくてもいいし、何かきっかけさえあれば人の人生って変わっていくんですよね。

それが「フリースクールか学校か」ということではなくて、何か自分の好きなことを見つけられたり、人生のきっかけをつくれる場所があればいいなって思います。

—— 発達障がいに関する発信もされていますね。発達障がい児の母親たちが運営する一般社団法人チャレンジドLIFEさん（P376〜関連記事）の活動にも参加されていました。

　もともと代表の畠中直美さんが「メガネのママ友会」の運営に携わってくれていた時期があり、彼女がチャレンジドLIFEを立ち上げるということでずっと応援していたんです。これも、自分の子どもは発達障がいではないけれど、これから子どもが障がいのある人と付き合うかもしれないし、私もそういったお母さんと付き合っていくかもしれないという思いから学ばせてもらっていますね。今まで何となくでしか理解していなかった発達障がいに対して、少しずつですが親御さんたちの気持ちがわかるようになっていきました。

　チャレンジドLIFEが発達障がいの意識調査を行ったのですが、その際に外国の方から「なんでいまさらそんなアンケートをとるの?」という意見があったそうなんです。そ

れがすごくショックで。海外では発達障がいは特別視されていないところもあり、それを受け入れる体制が当たり前にできている。もしかしたら、日本はまだ発達障がいに対して腫れ物にさわるような空気があるんだろうな、だから理解も進まないんだろうなと思いますね。

—— 特別視しない体制になっていくには、どんな環境づくりが必要だと思いますか?

　子どもたちを見ていると、障がいの有無に関わらず、溶け合うのが早いですよね。子どもって友達の性格や個性をすぐに指摘するし、「コイツこういうところがダメなんだよ」とか平気で言うじゃないですか。でも、それも含めて、その子のことが大好きなんですよね。それって最大の理解だし、嫌な部分も含めて相手を受け入れている。

　大人はそれを発達障がいとして見るのかもしれないけど、子どもたちはキャラクターとして見ている。でも、そもそも人って、発達障がいに関わらず性格が違うじゃないですか。それに、相手によってコミュニケーションの仕方も自然と変えることができる。子どもたちってそういうのを知らぬ間に学んでいるはずなんです。

これからは
あなたのために から
自分のために
ママ自身が楽しんでほしい

4

たとえば、私の子どもが通っている保育園や学校には、外国人のお子さんもけっこういるんです。肌の色も目の色も違うんですが、うちの子は小さいときから見慣れているから何とも思わないけど、初めて見た子はびっくりすると思うんですよね。だから、障がいの有無に関わらず、人の違いに対して、小さい頃から「それが当たり前」という環境に身を置いておくことはすごく大事だと思います。

—— 人に違いがあって当たり前と自然に思えるようになることが大事なんですね。

私の知り合いのお子さんで、ずっと不登校で人と関わるのが苦手な方がいたんですが、今はリモートワークで人と話さなくてもいい仕事をしているんですね。それを本人もすごく楽しんでいて、親御さんも納得されている。でも、私は人と話すのが好きだから、「人と話すのいいやん」って言いたい気持ちがどこかにある。だけど「それが苦手な人もいる」ってことを私自身が理解しておく必要があるんだなって、いろんな方たちとの交流を通して思うようになりました。

でも、そう思えたのも、私自身がもともと人見知りだったかもしれない。私もいろんなきっかけや出会いがあって今があるんですが、今がこうだから10年後も20年後も同じではないってことは身をもってわかるんですね。

今、子どもが学校に行かないことに親御さんたちは悩んだり動揺したりすると思うんですけど、それによって子どものことを考える時間が増えるだろうし、今まで無関心だった子どもの一つ一つの言動を気にするようになるかもしれない。もしかしたら、子どもと触れ合う時間がほかの人よりも増えるかもしれないですよね。だから、絶対にマイナスではないし、プラスになっていることもあるってことは知ってほしいなと思います。

お母さんが楽しんでいたら 子どもも楽しみたいって動き出す

—— りえさんご自身は、これからの子育てや活動について、どんなことをやっていきたいんですか？

これまではずっと「子育て」に注目してやってきたんですが、これからはお母さん自身がどう楽しんで生きていけるかという活動をやっていきたいなと思っているんです。

やっぱりママが楽しんでいる姿を子どもに見せることが大事だなって思うようになりました。たとえば「お母さん、今日はライブ行っている。楽しんでんな」と子どもが思えたら、子ども自身も楽しみたいって動き出せると思うんです。子育てについても、これからは「あなたのために」から「自分のために」がテーマになっていくのかな、と思っています。

くわばた りえ

1976年生まれ、大阪府出身。2000年にお笑いコンビ「クワバタオハラ」を結成。2009年に結婚。現在、3児の子どもを育てる。ママタレントとして多数の子育て番組に出演するほか、『ママの涙』（主婦の友社）、『くわばたりえの子育てバタバタやんっ』（日本文芸社）など子育て関連の書籍を多数執筆している。なお、現在も自身のオフィシャルブログ「やせる思い」やYouTube「バタやんちゃんねる」内の「くすくす子育てママトーク」などで、自身の子育てや関連情報を積極的に発信している。

INTERVIEW

―発達障がいの子どもの心に寄り添う―

大人は子どもの心が
動くまで信じて待つ

有賀道生さんのもとには、不登校をはじめ将来に絶望している子どもたちがたくさん来院しているという。有賀さんが診療を通して把握する、発達に課題があり主に思春期をむかえている子どもたちに何が起きているのか、そのいくつかを解説していただき、そのうえで悩める子どもたちに大人はどうすればいいのかを伺いました。

児童精神科医
有賀 道生さん

「明るい未来を
感じられない子どもたち」とは？

　私のクリニックは初診予約の電話受付を1カ月前から取りますが、1～2時間であっという間に埋まってしまいます。どんな相談内容が一番多いかというと、「学校に行けない。不登校」についてです。この不登校状態にある子どもたちがものすごく増えていますね。しかもこのコロナ禍で急増しました。次に多いのが「虐待」です。これも通報件数が増加していて、私の外来でも児童相談所からの依頼が大変増えています。さらに、「若者の自殺」についてですが、社会的にも少しずつ増えています。将来のある若者が命を絶ってしまっている、それが日本の現状です。明るい未来の反対、真っ暗な、「どこに向かっているのだろう、自分は」というような子どもたちがたくさん来院しています。次世代を担う貴重な子どもたちの心を含めた健康を考えてあげないといけないと、臨床の現場から非常に強く感じています。

　著しい変化と言えば、不登校の低年齢化が挙げられます。小学1年から不登校になってしまう子もいます。これから楽しい生活が待っているのに、入学して3カ月で、「もう、学校に行きたくない」という子が、私の外来に少なからず来ています。子どもはまず、朝起きると頭が痛くてだるくて仕方がないと訴えます。最初のうちは親もびっくりして休ませたりするのですが、長引いてくるとだんだんに仮病じゃないかと疑い始めて、親は「もういいかげんにしなさい」となります。子どもは行かなければ

と分かっているのだけれど、体がまったく言うことをきかないという状態になっています。私からすると、不登校になっている子たちのほぼ全員に近い子がサボろうとは思ってはいない。「行かなくちゃ」「行くべきだろう」、そう思っているのだけども、体は動かないのです。これはいろんな状況下で頭がかなり疲れ果てている状態です。だからその疲れを取らないと、いつまでたっても学校に足を運ぶようにはならないのです。どんなにせかしても働きかけても、本人の疲れが取れなければ行けるようにはなりません。

　なぜ頭が疲れているのでしょうか。まず人間関係でかなり悩んでいる子が多い。友だちがなかなかできなくて、学校に行くことに非常にストレスを感じています。みんながワイワイ遊んでいるのに、自分だけポツンとしている状況ですね。こういう状況は子どもにとって大変なストレスになります。そして友だちがほしいと思ってもどうすればいいか分からない。どうやって話しかけたらいいか分からないのです。これはコミュニケーションの問題です。コミュニケーションが苦手な子にとっては、集団という生活の中に所属して役割を持って活動していくことができないのです。きっかけがつかめないのです。

　それから勉強面にもあります。勉強が嫌い、でも「嫌いじゃなくなる方法を教えてください」という子はほとんどいません。「勉強が嫌いなので、どうやったら取り組ませられますか」という、親や学校の先生からの相談がほとんどです。勉強が嫌いなのは、分からない、つまらない、興味がない、めんどうくさいから、はっきり言ってこれに尽きます。でも宿題は多い、テストもいっぱいある。遊

びたい時間、本人が一番大事にしたい時間を、勉強が食い尽くしていくのです。「勉強は何てモンスターなんだ」、そんな気持ちで頭が疲れている子どもたちが数多くいます。

実は、「友だちはどうして作らないといけないのか」「勉強はなぜしなきゃいけないのか」といった疑問、つまり私たちが無意識でできていたことに、とても悩んでいる子どもたちが大勢いるのです。

恥ずかしい気持ちが膨むと
やがてはひきこもりへとつながることも

そして、これはかなり重要な問題です。いろんな悩みを抱えている子は、恥ずかしい気持ちがすごく膨らんでいるのです。他の子ができることが自分にはできない。いじられている自分がすごくみっともなく情けない。体育とか音楽で頑張っているつもりだけど、周りの期待に応えられず、みんなに「頑張れ」とか応援されると逆にすごくみじめな気持ちになってしまう。そしてそういう気持ちを持っていることを知られるのはさらに恥ずかしい。

診察に来てもその状態だと、「つらいこと、困っていること、嫌なことがある？」と聞いても常に「大丈夫です」と答えるんです。正直に言うこと自体が恥ずかしいから言えないのです。この気持ちがさらに膨らむと、診察にも来られなくなってしまう。ここも学校と同じだと思ってしまうのですね。

このような子どもたちは大体不登校になっていて、最終的には診察にも来られなくなる。そしてそのまま大人になると、社会的なひきこもり状況です。

「自分を分かってもらえない、誰も頼る人がいなくて誰にも話せません」という子が私の外来にはたくさん来ています。でも私の外来には来ていない、もしかしたらどこにもつながってない、助けが得られていない子どもたちも結構多いんじゃないかなと思います。これが、子どもたちの現状です。

大人は子どもの言葉を丁寧に受け取り
シンプルに「待つ」です

大人が子どもにやってほしいこと、それは大きく3つです。1つは、私なりにいつも意識していることですが、「子どもたちが発する言葉はガラス細工のように扱ってほしい」ということ。子どもたちは一生懸命作って言ってきたのに、「そんなの今言っている場合じゃないでしょう」とあしらわれてしまったら、子どもが「これあげたいんだけど」「見てほしいんだけど」とせっかく差し出したガラス細工は粉々になってしまうのです。やがてその子はガラス細工を作るのをやめてしまうでしょう。丁寧に、慎重に「大切なものをお預かりいたします」という気持ちで子どもの言葉を受け取ってあげてください。

もう1つは「ぜひ待ってあげてほしい」。先述したように、子どもたちは「行きたい」「行かなくちゃ」と思っていても体が動かない。だから、本人の心が動くまで信じて待ってあげてほしいと思います。「いつまで待ればいいんですか？」と大人は大変気を揉みますが、動くまで待ばいいんです。最初のサイン、「暇だな」「つまらない」「退屈」みたいな言葉が出たら、動き始めたと思ってください。そしてそこでも一番大切にしたいのは、子ども自身がこれからどうしていこうかなという主体性を取り戻すことです。本人がやりたいことを優先させるのです。

最後に、悩んでいる子どもたちはいろいろな問題を抱えているのですが、根っこは大体一つです。ちゃんと寝てないのです。当たり前なのですが、寝てない子は情緒不安定になります。寝られない理由がたくさんあります。だからいろいろなことに取り組む前に、寝る努力をさせてみてください。頭がすっきりして穏やかに過ごせるようになったら、達成感が出てくるかもしれない。そうなると肯定的評価が増えて、健康的な状態で過ごすこともできる。どんどんいいスパイラルに入っていくのです。

「寝られるようになるととてもよくなるよ」と、私は親にも子どもにも診察の中で伝えています。

有賀 道生（ありが みちお）

児童精神科医

群馬大学医学部附属病院精神科神経科助教、国立重度知的障害者総合施設のぞみの園診療所所長、横浜市東部地域療育センター所長などを務めた。
群馬県とくに西毛地区（高崎市・安中市・富岡市など）の地域精神医療に従事し、「ゆりかごから墓場まで」すべてのライフステージにおけるメンタルヘルスケアの実践を試みている。また、群馬県内の各種講演会、研修会での講演活動のほか、県内の小・中学校、高等学校における教員へのスーパーヴァイズや、少年院で嘱託医として勤務し、犯罪・非行に関する矯正医療にも継続して携わっている。

全国フリースクールガイド

小中高・不登校生の 2024-2025

居場所探し

本書は、不登校や高校中退、ひきこもり、発達障がいなどそれぞれの理由で学校から遠ざかってしまった小・中・高生や、学校以外に自分の"居場所"や学びの場を探している人たち、ならびにその保護者の方々に、"居場所探し"の参考にしてもらうためのガイドブックです。民間のフリースクールや技能連携校、サポート校などの実状をできるだけわかりやすく、詳細にお知らせするように努めました。

2023年10月〜2024年3月までに行った各スクールへの直接取材とアンケート調査に基づいて作成しています。また、一覧表として全国の教育支援センター（適応指導教室）、親の会も収録しています。各スクールのデータは、調査後、変更などがあるかもしれませんので、関心のあるスクールには、スクール案内の請求や電話などで問い合わせを必ず行ってください。

巻末のハガキや、左のQRコードから、各スクールのパンフレットを無料で請求することができます。

広告目次

マンガでわかる！

フリースクールって一体なに？

―居場所と出会うある日―

学校に行けなくなったら僕の居場所はないのかな？

みんなと同じが本当に大事なの？

今日も学校に行けなかった

なんでみんなは普通に学校に行けるのに僕は同じようにできないんだろう

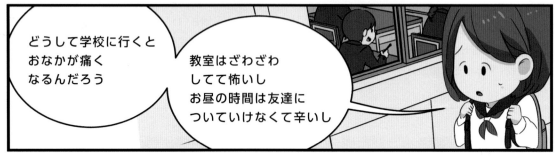

どうして学校に行くとおなかが痛くなるんだろう

教室はざわざわしてて怖いしお昼の時間は友達についていけなくて辛いし

校門までは行けるのに校舎の雰囲気がどうしても合わない…

自分らしくすごせないのがすごく辛くて結局早退…

学校に行けない
僕／私は
ダメな子なの…？

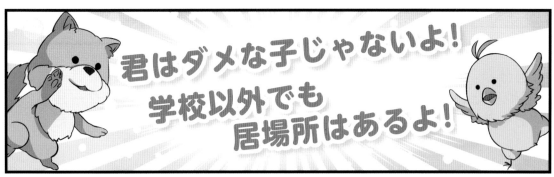

君はダメな子じゃないよ！
学校以外でも
居場所はあるよ！

フリースクールに
行ってみたら
どうかな？

フ…
フリースクール？

"自分らしく通える場所"
それがフリースクールよ

自分らしく…
気になるかも…

フリースクールは少人数で勉強したり
友達をつくれたり、イベントがあったり
学校以外で通える居場所だよ！

自分の状態に合わせて
安心してすごせる場所
なんだ！

そんなところが
あるんだ！

あ、でも
僕、学校の雰囲気が
苦手なんだ
そんな人は無理だよね…

大丈夫！
君はよく部屋で
絵をかいているよね？

自分が"楽しい！"とか
"やりたい！"と
おもえることを

たくさんできる
フリースクールも
あるんだよ

そうなんだ！
それなら
大丈夫かも…

でも、私
人付き合いが
苦手なんだよね…

そうなの？

じゃあ1対1で
お話しするのは？

それなら大丈夫！

たくさんの人の中で
周りの空気を読むのが
大変なんだ…

私も
人がいっぱいいるのは
苦手なの

でも今みたいに
ゆっくり話すのは
好き！

私も！

僕勉強は苦手なんだ
みんなより
だいぶ遅れてる…

フリースクールの先生は
ゆっくり話を
聞いてくれたり

じっくり一緒に
勉強を進めてくれるから、
遅れていても心配ないよ

え？
それなら僕にも
できるかも！

そうだよ！
それに小学校・中学校の
校長先生が

「いいよ」って
言ってくれたら
出席日数にもなるんだよ

そうなんだ！
ちょっと調べて
みようかな！

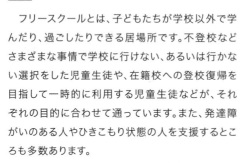

知る! 学ぶ!
フリースクール とは？

フリースクールの基本
——活動内容、在籍者数、
費用などを
まとめました。

本書で紹介するフリースクールは、
それぞれで多様な活動を行っています。
ここでは、フリースクールの基本について説明しています。
自分らしくいられる居場所を探す前に、
「フリースクールってなに？」「どんなことをしているの？」
といった疑問を解消していきましょう。

はじめに知りたい！

フリースクールの基本

フリースクールとは、子どもたちが学校以外で学んだり、過ごしたりできる居場所です。不登校などさまざまな事情で学校に行けない、あるいは行かない選択をした児童生徒や、在籍校への登校復帰を目指して一時的に利用する児童生徒などが、それぞれの目的に合わせて通っています。また、発達障がいのある人やひきこもり状態の人を支援するところも多数あります。

各スクールの理念や目的、活動内容はそれぞれ異なり、呼び名もフリースクールのほか、「フリースペース」「オルタナティブスクール」「サドベリースクール」「デモクラティックスクール」「シュタイナー学校」などさまざまあります。通信制高校を運営す

る学校法人や、通信制高校と提携するサポート校が開設するフリースクール、初（小）等部、中等部などもあります。また、家庭で学びを進めるホームスクール（ホームエデュケーション）を支援するフリースクールもあります。

フリースクール等は法律で定められた学校ではありません。そのため、義務教育段階では在籍する小・中学校に籍を置いたまま利用することになります。しかし、在籍校の校長裁量により、フリースクール等への登校が出席扱いとできることが国の方針で認められています。小・中学生の出席扱いについては1992年から、高校生についても2009年から実施されています。

POINT

● フリースクールは学校以外で学んだり過ごしたりできる居場所
● 不登校やひきこもり、発達障がいなどさまざまな状態や目的に合わせて利用できる
● 在籍校の校長判断でフリースクールの登校が「出席扱い」に

実際に通っている人はどれくらい？

　文部科学省の調査（2015年）では、在籍者数は317カ所の施設に7,011人が在籍していました。在籍者の年齢層を見ると、小学生、中学生の義務教育学齢が60％となっています。在籍小学校、在籍中学校での出席扱いについては、小学生が53％、中学生が58％と半数以上の児童・生徒が認められています。高校生は23％、高校に在籍しない16歳から18歳の人も5％を占めていることから、高校不登校をはじめ、高校中退、高校に進学しな

かった人も約3割が在籍しています。

　施設の規模は、5人以下の施設が約42％と、少人数による運営が大半を占めます。10人以下では約65％にまでなります。支援者の目が一人ひとりの子どもに行き届く範囲と言えるでしょう。

　一方で、規模に応じて、できることも異なるため、スクール選びは各施設の規模もある程度考慮したうえで絞り込み、そのあと運営内容などを見ていくこともできるでしょう。

■在籍者数と構成比

有効回答＝317

	男子	構成比	女子	構成比	合計	構成比
小学生	1,095	26.2%	738	26.1%	1,833	26.1%
中学生	1,340	32.0%	1,023	36.1%	2,363	33.7%
高校生	966	23.1%	667	23.6%	1,633	23.3%
高校に在籍しない16歳から18歳	228	5.5%	142	5.0%	370	5.3%
高校に在籍しない19歳以上	552	13.2%	260	9.2%	812	11.6%
合計	4,181	100.0%	2,830	100.0%	7,011	100.0%

出所：文部科学省調べ

■在籍者数当たり団体・施設数

区 分	団体・施設数	構成比
1〜5人	132	41.6%
6〜10人	74	23.3%
11〜20人	62	19.6%
21〜30人	25	7.9%
31〜50人	9	2.8%
51〜100人	9	2.8%
101人以上	6	1.9%
合計	317	100.0%

出所：文部科学省調べ

在籍する学校との関係は？

義務教育（小・中学校）に必ず籍を置いて利用

■学校とフリースクールの関係

小・中学校　学校長　報告　活動　フリースクール等

フリースクール等での活動を在籍する学校長の裁量で、出席扱いや成績評価として認めることもできる

在籍　利用

　フリースクール等は、法律に定められた「学校」とは異なる民間の団体・施設です。フリースクールを利用する、しないに関わらず、義務教育期間である小・中学生は、必ず小学校、中学校に籍を置くことになります。仮にまったく学校に通わなかったとしても、現在は、原級留置（留年）などの措置が取られることはほとんどないのが現状です。

　なお、フリースクール等での活動は、在籍校の学校長の裁量により、出席扱いや成績評価として認められることもあります。文部科学省の調査では、フリースクール等の活動が出席扱いとして認められている利用者は全体の55.8％となっています。

■フリースクール等での活動が出席扱いを受ける利用者の数

小・中学生全体の割合

出席扱いを受けていない **44**%

出席扱いを受けている **56**%

内訳	男子	女子	計	出席扱い割合
小学生	537	432	969	52.9%
中学生	744	628	1,372	58.1%
合計	1,281	1,060	2,341	55.8%

出所：文部科学省調べ

いろんなタイプの スクールを知ろう

「学校以外の居場所」にはさまざまなタイプがあります。
子どもたちの個性や目的、事情に応じてさまざまなスクールや支援が生まれ、
近年、フリースクールはより多様化されてきました。
それだけに選択肢も多く、「自分に合った」居場所を探しやすくなっています。

フリースクール／フリースペース

スクールによって環境や活動内容は多様です。主に利用する子どもたちの事情や目的に応じた学習や体験活動、生活サポートなどを行っています。通う日数も自由で、自分のペースに合わせて無理なく利用できます。少人数や個別対応によるサポートを行っているスクールもあります。

オルタナティブスクール

独自の理念や方針で教育活動を行っています。活動内容は各スクールで多様ですが、主に子どもの個性や自主性を尊重し、主体的な学びや行動を重んじる方針が特徴的です。既存の学校とは違う「もう一つの学校」という意味でオルタナティブスクールと呼ばれています。

■主なオルタナティブ教育の例
サドベリー教育、シュタイナー教育、
デモクラティック教育、フレネ教育、
モンテッソーリ教育 など

ホームスクール

家庭を学びの場とし、自宅で学習活動などを行います。「ホームエデュケーション」と呼ばれることもあります。保護者が学習サポートをしたり、子ども自身が自由に学んだり、学習方法はさまざまです。ホームスクールを支援する団体もあり、保護者の学習サポート支援や子ども自身へのフォローを行っているところもあります。

ネットスクール

インターネットを介して、自宅や外出先などで学習や活動ができます。スタッフのオンラインによるフォローや日常のコミュニケーションをとるスクールもあります。また、勉強だけでなく、オンライン上でできるさまざまな体験活動を行うスクールもあります。

フリースクールのタイプ

① 学校以外の居場所

活動内容や利用目的はさまざま。どのフリースクールも子どもたちの居場所として機能しています。学校とフリースクールの両方に通うケースも。

② 自宅訪問型

フリースクールへの通所も難しい場合には、スタッフが自宅に訪問するところもあります。勉強だけでなく、話をしたり遊ぶことで、外に出られるようになるのを目指します。

③ 共同生活するタイプ

寮などで寝食をともにしながら、生活全体を支援します。学習だけでなく、正しい生活習慣を身につけることなどを含めてサポートします。

④ 学校の勉強や活動を補完するタイプ

小・中学校の勉強や活動を補ってくれます。スクールによっては時間割を設けたり、文化祭などを実施するところもあります。

⑤ 専門家がサポートするタイプ

心理支援や発達障がいのある子どもへの支援を専門家が行うフリースクールがあります。専門知識のあるスタッフが本人や家庭へのカウンセリングを行い、一人ひとりをサポートします。

⑥ 医療機関と連携しているタイプ

医療機関と連携し、スタッフが適切な支援をできるような体制を整えているスクールもあります。さまざまな症状を抱える子どもや家族も安心して通うことができます。

初等部・中等部

主に通信制高校やサポート校などが運営するフリースクールです。高校生と同じ環境（校舎など）で過ごせることが多く、スタッフも高校の先生が対応してくれることが多いです。高校生を間近に感じられるだけでなく、高校進学へのイメージやモチベーションを持ちやすい環境が特長です。

［公的な居場所］

● 教育支援センター（適応指導教室）

各地域の教育委員会が開設しています。主に不登校児童生徒たちの学校生活への復帰を支援しています。カウンセリングや相談も行われています。

全国の教育支援センター（適応指導教室）一覧はP344〜

［相談できる居場所］

● 親の会

保護者が互いに交流し、さまざまな活動を行っています。お話をして気持ちを楽にしたり、互いに学び合っている会もあります。

全国の「親の会」一覧はP372〜

● 相談窓口

不登校やいじめ、発達に関することなど、相談を行っている団体があります。

スクール紹介はP.98から！

団体・施設の類型

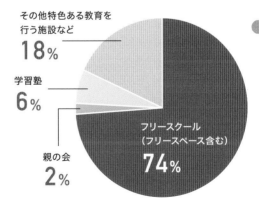

その他特色ある教育を行う施設など **18%**

学習塾 **6%**

親の会 **2%**

フリースクール（フリースペース含む） **74%**

区分	団体・施設数	割合(%)
フリースクール（フリースペース含む）	234	73.6%
親の会	8	2.5%
学習塾	18	5.7%
その他特色ある教育を行う施設など	58	18.2%
計	318	100.0%

出所：文部科学省調べ

フリースクールでは どんな活動をしているの？

フリースクールではさまざまな活動が行われています。文部科学省が行った調査によれば、「相談・カウンセリング」を行う施設は約91%となっています。学校へ行かないことで生じる不安や不利に対して、相談・カウンセリングの必要性が高くなっています。次いで「個別の学習」が87%とほとんどのスクールが実践しています。「授業形式（講義形式）による授業」も43%で実施されていますが、未学習部分が一人ひとり異なることから、個別学習のニーズが高いと言えます。

体験や芸術・スポーツ活動も盛んに行われています。体験活動は、友達づくりにも役立っています。興味があることで話がはずんだり、調理などの共同作業を協力して行うことで関係が深まります。学校に行かないことでの体験不足や人間関係構築への不安は、こうした活動を通して補っています。同時に、職場体験や農業体験など各スクール独自の体験活動もうかがえます。

また、発達障がいのある子どもを受け入れているフリースクールのなかには、放課後等デイサービス事業を行うところもあります。放課後等デイサービスは、障がいのある子どもに対して、体験などを通じてその子どもの特性に合わせた発達支援を行う居場所です。

さらに、16歳以上の子どもたちに対し、高卒認定試験の受験指導などを複合的に行うスクールもあります。

■フリースクールで行っている主な活動（複数回答）

有効回答＝318
出所：文部科学省調べ

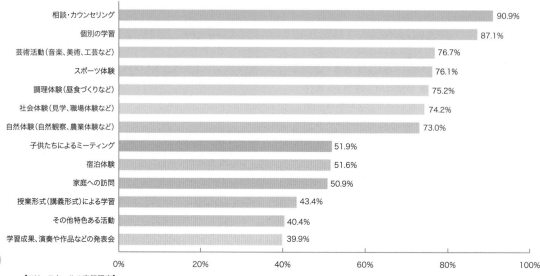

活動	割合
相談・カウンセリング	90.9%
個別の学習	87.1%
芸術活動（音楽、美術、工芸など）	76.7%
スポーツ体験	76.1%
調理体験（昼食づくりなど）	75.2%
社会体験（見学、職場体験など）	74.2%
自然体験（自然観察、農業体験など）	73.0%
子供たちによるミーティング	51.9%
宿泊体験	51.6%
家庭への訪問	50.9%
授業形式（講義形式）による学習	43.4%
その他特色ある活動	40.4%
学習成果、演奏や作品などの発表会	39.9%

【フリースクールの実態調査】
文部科学省が2015年3月時点のフリースクールなどの状況を調べ、同年8月に発表しました。調査名は「小・中学校に通っていない義務教育段階の子供が通う民間の団体・施設に関する調査」。文科省がフリースクールなどの実態を調べたのは初めてのことです。調査対象は、本書収録のスクールをはじめ各地教育委員会などに照会した結果、小・中学校に通っていない義務教育段階の児童・生徒が通う全国の民間施設474施設にアンケートを送付し67%の319施設から回答を得ました。319施設の内訳は、フリースクール（フリースペースを含む）234、親の会8、学習塾18、その他特色ある教育行う施設など58、その他1。

POINT

● 個別学習を行うところが9割。一人ひとりに合わせた学習を提供
● 相談やカウンセリングは9割以上が実施
● 体験活動や子ども同士での交流を図っているところも

気になる費用は？

利用費の状況を見ると、入会金は1団体・施設あたり平均約53,000円（194件平均）となっています。うち10,001円～30,000円の範囲は31%。この前後の価格帯の5,001円～10,000円と30,001円～50,000円がそれぞれ約18%となっています。

会費（授業料）の平均は、月額33,000円（262件平均）。月額10,001円～30,000円が38%、月額30,001円～50,000円が36%となっています。

4割強の施設・団体で、会費の減免制度を実施しているほか、独立行政法人や民間・企業が実施する助成金を活用して運営する施設・団体もあります。

また、教育委員会などの公的機関が民間団体に委託して開所した公設民営型のフリースクールでは、実施する市区町村の住民であれば無償で利用することができます。

放課後等デイサービス事業を行うフリースクールの場合、居住地域の自治体からの助成により、月額の利用料は原則として1割程度の自己負担で済みます。

■入会金

区分	団体・施設数	構成比
～5,000円	27	13.9%
5,001～10,000円	36	18.6%
10,001～30,000円	61	31.4%
30,001～50,000円	35	18.0%
50,001～100,000円	11	5.7%
100,001円以上	24	12.4%
合計	194	100.0%

出所：文部科学省調べ

■月額会費（授業料）

区分	団体・施設数	構成比
～5,000円	25	9.5%
5,001～10,000円	15	5.7%
10,001～30,000円	100	38.2%
30,001～50,000円	95	36.3%
50,001円以上	27	10.3%
合計	262	100.0%

出所：文部科学省調べ

POINT

- 入会金の平均は約5万3千円
- 会費（授業料）の平均は月額3万3千円
- 無償や月額利用料が1割程度の負担で済むところも

NEWS 耳より情報

東京都、フリースクールの授業料1人最大24万円支給

2024年4月から、東京都はフリースクールを利用する不登校の小・中学生を対象に、1人あたり月2万円（年間最大24万円）を支給します。不登校の子どもの増加をふまえ、フリースクール利用の負担を軽くすることがねらいです。

東京都は、フリースクールに通う子どもに関する実態調査を2021年度に始め、活動や利用者が求める支援を調べてきました。その調査協力金として、月1万円を保護者らに支給しており、実質的な授業料補助となっていました。

東京都の関係者によると、調査の結果、フリースクールの授業料は月平均約4万5千円。令和5年度の実態調査では、協力金を月2万円に増加して実施されました。また、不登校の子どもに対する支援の先進例を調べるための費用などに5千万円を計上し、将来的には、フリースクール運営事業者への補助も検討すると発表しています。

P.98からの各スクール紹介では、各スクールの形態や活動・支援内容、在籍者やスタッフ数、費用などを詳細に紹介しています。

いまから知っておこう!

中学卒業後の進路

自分の個性に合った多様な学びが魅力のフリースクールですが、
中学校を卒業後も、同じように安心できる環境で過ごしたいと思うのではないでしょうか。
実は、高校段階でも、フリースクールと同じように魅力的な学校がたくさんあります。
特長も多様であることから、早い段階から卒業後の進路をじっくり探しておくことも大切になります。

高校の学習支援を行うフリースクールなど

フリースクール
サポート校
（通信制高校と
提携）

高等学校

● 高校の学習支援やテスト対策
● 登校や生活支援
● レポート作成支援（通信制高校）など

フリースクール（高等部）

高校生を受け入れているフリースクールがあります。高校生活を順調に送るための学習支援や生活支援を行っています。また、フリースクール自体が通信制高校の学習をサポートする施設（サポート校）となっている場合もあり、通信制高校のレポート作成の支援やテスト対策などを行っています。

▶詳しくはP.98〜

通信制高校／サポート校

必要な登校日数は全日制高校の10分の1程度（年間約20日間）を基準とし、自分のペースで学んでいけるのが通信制高校です。空いた時間を有効活用し、中学校時代の学び直しや目的に合わせた勉強、好きなことや専門授業、体験授業を用意する学校もあります。入学前のプレ登校や体験授業に参加できる学校もあります。

▶詳しくはP.279〜

高等専修学校／技能連携校

興味のある専門分野の技能や資格を身につけていける学校です。少人数の学校が多く、柔軟なカリキュラムであるため、不登校経験者でも通いやすい学校です。3年制以上の高等専修学校のほとんどは「大学入学資格付与指定校」であり、高卒資格と同等に大学受験や就職採用試験を受けられます。通信制高校と連携し、高卒資格も一緒に取得できるのが技能連携校です。

▶詳しくはP.263〜

高卒認定試験

文部科学省が年2回実施する試験で、合格すると「高校卒業と同等」と認められ、大学や専門学校などを受験できます。また、高校卒業を条件とする国家試験なども受験可能です。受験する年度末に16歳以上であれば誰でも受験できます。

▶詳しくはP.94〜

column

フリースクールなど多様な学びが認められる社会

日本でフリースクールが始まったのは、1970年代後半から80年代と言われています。当時、「登校拒否」などが社会問題化しており、学校に行けない子どもたちを支援しようと、民間組織や親の会、ボランティア団体などが草の根的に活動を広げていきました。しかし、民間で始まった活動であるため、法律としてその存在を認められたり、公的な支援を受けられることはほとんどありませんでした。

ところが、近年になり、フリースクールや不登校に関する動向が大きく変化しています。まず、2015年に国が初めてフリースクール等の実態を知るための調査(※1)を実施し公表しました。同年に専門家を集めた有識者会議を構成し、定期的に情報共有や経済的支援のあり方などについて話し合いが続けられてきました。

そうした最中、2016年には国会で不登校の子どもたちを支援するための法律「教育機会確保法」が成立。この法律の中で、「不登校児童生徒が学校以外の場において行う多様で適切な学習活動の重要性」といった条文が明記され、ここで初めてフリースクール等の存在が法律上で認められたことになりました。

不登校の児童生徒数は、これまでも増加傾向にありましたが、特に教育機会確保法が施行した2017年(平成29年)以降は、その増加率が高くなっています(下図)。

これは、不登校の要因が増えたり、問題が深刻化した、ということよりも、子どもたちが「学校に行かなければならない」というプレッシャーから解放され、いわば「不登校をしやすくなった」結果と考えることもできます。

文部科学省は、これまでに数回、不登校の子どもたちへの支援のあり方に関する通知(※2)を全国の教育委員会などに出しています。国の支援の基本的な考え方は、「学校に登校する」という結果のみを目標にせず、社会的に自立することを目指す必要があることや、才能や能力に応じて、それぞれの可能性を伸ばせるよう、フリースクールでの受入れなどさまざまな機関を活用して社会的自立への支援を行うこと、などが伝えられています。また、通知の中では「フリースクールなどの民間施設やNPO等と積極的に連携し、相互に協力・補完することの意義は大きい」と伝えられています。

このように、国としても不登校であることや、フリースクールなど多様な学びを活用することが認められています。子どもたちはより安心して自分に合った居場所で過ごせる社会となってきています。

※1「小・中学校に通っていない義務教育段階の子供が通う民間の
　　団体・施設に関する調査」2015年(平成27年)
※2「不登校児童生徒への支援の在り方について(通知)」2019年
　　(令和元年)

■過去10年の不登校児童生徒数

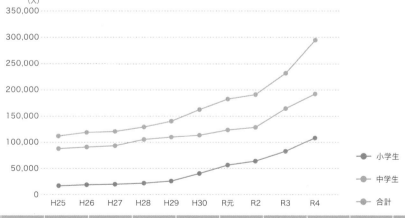

（人）

年度	H25	H26	H27	H28	H29	H30	R元	R2	R3	R4
小学生	24,175	25,864	27,583	30,448	35,032	44,841	53,350	63,350	81,498	105,112
中学生	95,442	97,033	98,408	103,235	108,999	119,687	127,922	132,777	163,442	193,936
合計	119,617	122,897	125,991	133,683	144,031	164,528	181,272	196,127	244,940	299,048

出所：文部科学省調べ

"居場所"ネットワーク

全国にはたくさんのフリースクール、フリースペースがあり、そして、それらが連携し活動しているネットワークがあります。そこでは、個々の団体だけでは難しい、子どもたちの交流や研修活動などが行われています。総合的な相談にも応じており、教育相談や必要な教育機関の紹介をしてもらいたい人にも。

ネットワークの役割

生徒・保護者

● フリースクールについて知りたい
● どんなスクールがあるのか
　教えて欲しい
● 不登校などの総合的な
　教育相談ができる
● 学校外で学びたい。
　自分の選択肢を増やしたい

運営者・スタッフ等

● 他団体との交流や情報共有をしたい
● イベントへの参加や
　調査研究などに協力したい
● 勉強会などに参加して
　知識やスキルを高めたい
● フリースクールを
　立ち上げたい

子どもの学ぶ権利を保障し
多様な居場所を社会へ拡げる

NPO法人フリースクール
全国ネットワーク（FSN）

フリースクール全国ネットワークFSNとは？

　当団体は2001年に結成され、全国のフリースクール・フリースペース・ホームエデュケーション家庭のネットワーク等が連携し、活動しています。個々の団体だけではできない、子ども同士の交流や、法制化・経済的支援を含めた国や行政への政策提言活動などを、連携・協力によって実現してきました。子どもの最善の利益と、学び・育つ権利を保障するため、子どもたちが自分に合った学び方、育ち方を安心して選べる多様性を社会に拡げていくことを目指しています。

子ども・団体の交流

政策提言・調査研究

相　談

養成講座・研修活動

国際交流

政策提言活動

　2016年12月に成立した不登校などを支援する法律「教育機会確保法（義務教育の段階における普通教育に相当する教育の機会の確保等に関する法律）」は、もともと当団体の働きかけから始まっています。設立当初より国会議員との対話集会を実施し、2008年のフリースクールの議員連盟発足を後押ししました。2009年には、学校外の学びを認める新法制定や学校復帰を前提とする不登校政策の見直しなどを盛り込んだ政策提言を作成し、第1回「JDEC日本フリースクール大会」で採択。以降、「新法研究会」や、実践者や識者、市民と連携し設立した「実現する会」などで新法骨子案を作成、発表してきました。そのほか、調査研究活動なども踏まえて様々な場面で提言を行っています。

〈これまでの主な取組み〉

●フリースクール議員連盟の発足を後押し
●「新法研究会」を発足
●「フリースクールからの政策提言」
　「不登校の子どもの権利宣言」を採択
●「多様な学び保証法を実現する会」を結成

調査研究活動

2007年に三菱財団助成事業により『フリースクール白書』を発行し、2011年からは毎年「フリースクール基本調査」を実施しています。また、2015年度文部科学省委託事業の一環で『個別支援の実践事例報告集』を編集・発行しました。「基本調査」は、2015年に国が初めて実態調査を行うまで、フリースクールの実情を知る唯一の調査でした。また、2022年に株式会社セールスフォース・ジャパンの助成により20年ぶりの全国調査を実施し、23年に『フリースクール白書2022』を発行しました。

▲『フリースクール白書2022』
2023年9月発行

▲「個別支援の実践事例報告集」
2016年2月発行
（文部科学省委託事業）

JDEC日本フリースクール大会

2009年から「日本フリースクール大会」（通称JDEC）を開催しており2021年で14回を数えます。JDECはJapan Democratic Educaion Conferenceの略で、フリースクールやデモクラティックスクールなどの国際大会であるIDEC（International Democratic Educaion Conference）の日本版として開催しています。フリースクール同士が実践を交流して学び合ったり、スタッフの研修や養成を行ったり、フリースクールの社会的理解を推進するため、子ども・保護者・スタッフ等の関係者による生の声を届けるシンポジウムや教育講演を行うなどしています。また、フリースクールの制度基盤を整備するための政策提案も行ってきており、議員や教育行政との意見交換も重ねてきました。

スタッフ養成講座・研修活動

フリースクールの若手スタッフや設立希望者に向けた「スタッフ養成講座」や、現役スタッフや運営者などが実践交流、情報交換などを行う「日本フリースクール大会」を毎年実施しています。養成講座は全8日間16講座の連続講座として実施、不登校理解、学びの創り方、保護者支援、運営や制度などについて学び、全講座を受講した人には修了証をお渡ししています。2018年度からは「オンライン養成講座」もスタートしました。

全国のフリースクールと交流

世界各国のフリースクール実践者や研究者が集まり、実践報告やワークショップ、情報交換を行う世界大会「IDEC」やアジア・太平洋大会「APDEC」などに参加しています。日本の実情を発信するほか、各国のオルタナティブ教育の現状や取組みを日本に広める活動を行っています。都道府県行政と連携した学校外の学びをつくっています。また、全国のフリースクールの活動を月1回の交流を通じて学び合っています。

加 盟 団 体 一 覧
（2024年3月現在／全81団体）

〈北海道・東北〉
◆NPO法人フリースクール 札幌自由が丘学園(北海道札幌市)
◆スクールさぽーとネットワーク(北海道釧路市)
◆フリースクール あおもりサニーヒル(青森県青森市)
◆一般社団法人花鶏学苑 フリースクール花鶏学苑(岩手県宮古市)
◆認定こども園ひかりの子 フリースクールこいろ(岩手県紫波町)
◆NPO法人TEDIC(宮城県石巻市)
◆NPO法人 まきばフリースクール(宮城県栗原市)
◆一般社団法人 フリースペースつなぎ(宮城県気仙沼市)
◆一般社団法人フリースペース道(宮城県大崎市)
◆フリースクール・フレスク(秋田県能代市)
◆NPO法人 With優(山形県米沢市)
◆NPO法人 クローバーの会アットやまがた(山形県山形市)
◆NPO法人 ビーンズふくしま(福島県福島市)
◆NPO法人 寺子屋方丈舎(福島県会津若松市)
◆NPO法人わくわく(福島県西郷村)

〈関東〉
◆フリースクールこどものSONORA(茨城県牛久市)
◆NPO法人キーデザイン(栃木県宇都宮市)
◆つばさ高等学院／つばさスクール(埼玉県吉川市)
◆特定非営利活動法人マナビダネ(埼玉県入間市)
◆フリースクールJAT(千葉県千葉市)
◆NPO法人ネモちば不登校・ひきこもりネットワーク(千葉県習志野市)
◆共育ステーション 地球の家(千葉県松戸市)
◆フリースクールありのまま(千葉県横芝光町)
◆ぴおねろの森(千葉県印西市)
◆NPO法人 東京シューレ(東京都北区)
◆学校法人三幸学園 東京未来大学 みらいフリースクール(東京都足立区)
◆グレイスタディケア フリースクール(東京都大田区)
◆フリースクール僕んち(東京都世田谷区)
◆人の泉 オープンスペース"Be！(東京都世田谷区)
◆東京YMCA"liby"(東京都杉並区)
◆フレネ自由教育 フリースクールジャパンフレネ(東京都豊島区)
◆フリースクール@なります(東京都板橋区)
◆ACCESS International School NPO法人プロジェクト(東京都品川区)
◆NPO法人文化学習協同ネットワーク フリースペースコスモ(東京都三鷹市)
◆フリースクール ふくろうの部屋(Woods)(東京都文京区)
◆認定NPO法人こどもへのまなざし フリースペース「たけのこ」(東京都日野市)
◆NPO法人フリースペースたまりば(神奈川県川崎市)
◆NPO法人ここだね(神奈川県逗子市)

〈北陸・甲信越〉
◆一般社団法人葵学園(新潟県長岡市)
◆フリースクールあきは(新潟県新潟市)
◆社会福祉法人上越市社会福祉協議会 自由の学び舎・やすづか学園(新潟県上越市)
◆NPO法人はぁとぴあ21フリースクールフレンズ(富山県射水市)

◆LYHTYschool-IRORI-(りゅふとすくーる いろり)(石川県金沢市)
◆フリースクールリスタ金沢(石川県金沢市)
◆一般社団法人 WILL BE 高等学院(福井県福井市)
◆不登校の子ども達の居場所「ひなたぼっこ」(山梨県北杜市)
◆NPO法人子どもサポートチームすわ(長野県諏訪市)
◆一般社団法人 信州親子塾(長野県長野市)

〈東海〉
◆ドリーム・フィールド(静岡県浜松市)
◆フリースクール アサンテ(愛知県岡崎市)
◆NPO法人こころとまなびどっとこむ(愛知県名古屋市)
◆一般財団法人愛知総合HEARセンター(愛知県名古屋市)

〈近畿〉
◆特定非営利活動法人Since(滋賀県近江八幡市)
◆一般社団法人育ちとつながりの家ちとせ(京都府亀岡市)
◆NPO法人夢街道国際交流子ども館(京都府木津川市)
◆学びの森フリースクール(旧：アウラ学びの森知誠館)(京都府亀岡市)
◆NPO法人フリースクールみなも(大阪府大阪市)
◆特定非営利活動法人ここ(大阪府吹田市)
◆お昼間の塾 わなどぅ(大阪府大阪市)
◆フリースクール「ラヴニール」(大阪府大阪市)
◆フリースクールはらいふ(大阪府高槻市)
◆デモクラティックスクール Asoviva(大阪府河南町)
◆結空間(大阪府富田林市)
◆神戸フリースクール(兵庫県神戸市)
◆フリースクールFor Life(兵庫県神戸市)
◆不登校支援NPOいまじん(兵庫県高砂市)
◆京阪神のフリースクール セイカ学園中等部(兵庫県姫路市)

〈中国・四国〉
◆株式会社ユグドラシル フリースクールアーク(広島県尾道市)
◆NPO法人コミュニティーリーダーひゅーるぽん ほっとスペースじゃんけんぽん(広島県広島市)
◆NPO法人フリースクール木のねっこ(広島県廿日市)
◆NPO法人Nest(旧フリースクール下関)(山口県下関市)
◆NPO法人フリースクールAUC(山口県山口市)
◆フリースクール「ヒューマン・ハーバー」(香川県高松市)

〈九州・沖縄〉
◆NPO法人箱崎自由学舎 ESPERANZA(福岡県福岡市)
◆NPO法人フリースクール クレイン・ハーバー(長崎県長崎市)
◆NPO法人schoot(長崎県大村市)
◆一般社団法人Ohana・Laule'a フリースクールNOA(長崎県時津町)
◆eaoチャイルズ コミュニケーションスクール(熊本県熊本市)
◆NPO法人フリースクール地球子屋(熊本県熊本市)
◆フリースクールMINE(鹿児島県奄美市)
◆NPO法人珊瑚舎スコーレ(沖縄県那覇市)

子どもたちの
ベストな教育環境を目指す

NPO法人日本フリースクール協会（JFSA）

〒151-0053 東京都渋谷区代々木1-29-5 代々木教会ビル3F
TEL：03-3370-6779／FAX：03-3320-3381　E-mail：mail@japan-freeschool.jp

日本フリースクール協会
JFSAの活動

　当協会は1998年5月に発足した日本で初めてのフリースクールのネットワークです。不登校や引きこもり等に対して、学校教育の枠にとらわれない学びの場、居場所づくりを目指して活動している教育機関です。横のつながりを密にし、情報を交換し、内容を高め、そのすべてを子どもたちのために還元しようと手弁当で頑張っているフリースクールや先生方に援助と助言を行っています。年間数回のイベントやセミナー、相談会を実施しています。

　ミヤギユースセンターの土佐昭一郎さん（宮城支部）は2023年7月と10月に仙台で開催された「学びリンク通信制高校・サポート校合同相談会」にて、不登校・発達支援の相談コーナーを担当して来場者の個別相談に対応しました。また、「不登校生、発達障がい児の進路選択」と題した講演も行いました。

こんな活動を行っています！

● 親子相談会　　● 協会設立の意義の告知
● 実践相談会　　● 親子電話相談室の完備
● 勉強会　　　　● 広報事業活動

代表者からメッセージ

　私たちは個性ある多様な活動を行うフリースクールの中間的な存在として、イニシアティブをもってフリースクール全体を盛り上げていく活動を行っています。団体のネットワーク化は、フリースクールの意義を社会に訴えていくうえで非常に重要です。
　今、実際にフリースクールにつながれている子どもたちは、ある程度恵まれた状態と言えます。しかし、課題は引きこもり状態や、地域にフリースクールがない、経済的に通えないなど、私たちの「目に見えない」子どもたちをどう支援していくかです。私たちのネットワークは就学だけでなく、医療や福祉といった様々な分野との連携も行っていきます。総合的な協力体制で、多様な子どもたちに必要な支援を行う環境を整えていきます。

NPO法人 日本フリースクール協会
理事長　川合 雅久

日本フリースクール協会主催

講演会の実施

　日本フリースクール協会では、会員校の皆様の活動を後押しするため、研修会や講演会を実施しています。セミナーはNPO法人の活動として開催しており、会員以外の方の参加も歓迎しています。共に課題を共有し、学び合い、意見交換等を通して、各スクールの活動に活かしてもらえるよう努めています。今後は「こんなことを知りたい」など、会員校の皆様の声にも応えていけたらと考えています。

 ### 知見を深める「研鑽セミナー」

　2023年度の研鑽セミナーが2024年1月11日にオンライン開催されました。

　このセミナーは、日本フリースクール協会が不登校や引きこもり等に対して学校教育の枠にとらわれない学びの場、居場所づくりを目指す活動の一つとして、毎年定期的に開催しています。今回は「留学」という新しい居場所の一つを基調講演という形で紹介しました。

　㈱ターニングポイント代表の赤井知一さんが、基調講演「不登校生が留学で見つけた自分の居場所」でアフターコロナで需要が高まっている留学について、不登校経験者にはどのような成果やきっかけにつながるのかを話されました。それによると、留学の最大のメリットは、不登校だった子どもたちが海外で自分の居場所を見つけ、英語力がアップするのはもちろん、自律した生活や何でも自分で考え実行することを身につけて帰国するそうです。

　人気の国はニュージーランドで、入学に関して中学校の内申書の提出が不要など、過去より今を重視する傾向があり、不登校生が入りやすいそうです。留学スタイルは短期留学から現地高校の卒業を目指す長期留学など様々。短期でも英語に興味をもち、復学など勉強をするきっかけになったり、長期で現地高校の卒業を果たし、帰国して帰国生入試枠で志望大学に入学できた人もいるということです

※㈱ターニングポイント:不登校・発達障害・起立性調節障害の子どもたちを専門にサポートする留学に特化した教育機関。

会 員 校 一 覧（2024年3月現在）

〈 宮城県 〉
◆ 仙台アートフリースクール
◆ 特定非営利活動法人 ミヤギユースセンター

〈 福島県 〉
◆ マインドヘルスパーソナリティセンター付属 うつみね健康学園

〈 茨城県 〉
◆ TSUKUBA学びの杜学園
◆ 自由の学校

〈 東京都 〉
◆ i-school
◆ ACCESS International School
◆ ATLAS Internaional School
◆ ATLAS international High School
◆ 池袋アートフリースクール
◆ 家庭学習サポート ひだまり
◆ 国立音楽院・ピアせたがや学習センター
◆ 一般社団法人 手と手フリースクール寺子屋学園
◆ カナディアン・アカデミー・セタガヤ
◆ コロロ発達療育センター
◆ さくら国際高等学校 東京校
◆ 瑞祥学園
◆ 世田谷みどり塾
◆ フリースクール英明塾
◆ フリースクールゆうがく
◆ 滝野川高等学院
◆ ワイズアカデミー目黒キャンパス
◆ ワイズアカデミー品川キャンパス
◆ 学びリンク株式会社

〈 神奈川県 〉
◆ NPO法人 楠の木学園
◆ NPO法人 のあインターナショナルスクール
◆ NPO法人 湘南国際アカデミー
◆ フリースクールとっぷ
◆ YGS高等部
◆ 横浜アートフリースクール
◆ 教育アカデミー中等部 横浜西口キャンパス

〈 埼玉県 〉
◆ NPO法人 アソマナ

〈 千葉県 〉
◆ 日伸学院
◆ フリースクール興学社 中高等部
◆ 一般社団法人 日本語教育支援機構 多文化フリースクールならしの
◆ ワイズアカデミー 成田キャンパス

〈 奈良県 〉
◆ かめのこクラブ 葛城キャンパス

〈 京都府 〉
◆ セイカ学園 中等部

〈 大阪府 〉
◆ かめのこクラブ 東大阪キャンパス

〈 福岡県 〉
◆ さくらフリースクール久留米

〈 大分県 〉
◆ おおいたうさフリースクール夢の星

20年ぶりの全国調査まとまる
想像ではなく、数字で見るフリースクール

フリースクール白書2022

代表者、スタッフ、子ども、保護者　それぞれの視点からとらえた「実態」

　　NPO法人フリースクール全国ネットワークが、全国のフリースクールを対象とした大規模調査を実施し、その報告書を昨年2023年9月に『フリースクール白書2022』（発行：学びリンク）としてまとめました。

　　調査は2003年にも実施されており、今回は20年の変遷や比較もできるようになっています。2015年に文部科学省が実態調査を行っていますが、この時は団体の形態や利用者数、スタッフ数、活動内容、会費などのデータに限られ、また団体票が主となっていました。今回の調査は、代表者、スタッフ、子ども、保護者それぞれにアンケートを送付し、延べ178問の設問から、フリースクールの全体像が把握できる資料となっています。特に、国の調査では測られていない利用者の様子、活動の中身、団体の財政規模やスタッフ待遇等の経営状況なども聞いており、より詳細にフリースクールの実態がわかる内容としてまとめられています。

**フリースクール
全国調査**

■調査団体：NPO法人フリースクール全国ネットワーク
■調査期間：2022年7月～9月
■調査対象
　①全国のフリースクール等およびフリースクールと思われる民間施設
　②アンケート区分（有効回答）
　　1.代表者（184）　2.スタッフ（160）　3.子ども（81）　4.保護者（292）
■調査方法：WEBアンケート
・郵送およびメールにて依頼状を各団体の代表者宛に送付し、各対象者に対して、添付のURLおよびQRコードからの回答を依頼。
・各団体への回答者数は、フリースクール代表者（1名）、スタッフ（各教室1名以上）、子ども（各教室1名以上）、保護者（各教室1名以上）として依頼。

不登校や社会的状況の変化が
団体の活動にも影響か

　フリースクールの実情は、この20年でどのように変化してきたのでしょうか。まずは、フリースクールそのものの運営形態の変化について見ていきます。

　各団体の運営主体の変化では、特にこの20年で団体の組織化が進んだことがわかりました。20年前の調査と比較し、個人運営は19.2ポイント減（19.1%）、任意団体が22.0ポイント減（3.8%）と大幅に減少しており、反対に、NPO法人が19.3ポイント増（42.6%）、株式会社等が10.6ポイント増（16.4%）と増加しています。また、近年は通信制高校を母体としたフリースクール（中等部）が複数開設されている状況を受け、今回の調査では新たに「学校法人」を項目に追加したところ、体の7.1%を占めました。

　これらを受け、各団体が個人運営からNPO法人をはじめとした形態へ組織化されていった様子がうかがえます。日本のフリースクールの創世記では、その多くが保護者・支援者個人や親の会などからスタートしていった経緯があります。こうした団体が、この20年でNPO法人などへ組織化されていった傾向が読み取れます。特に、前回調査の2003年当時は、特定非営利活動促進法（1998年成立）が施行されて間もなくの頃であり、現在よりもNPO法人化が浸透されていませんでした。近年は新たにフリースクールを開設する主体もNPO法人であることが多くなり、一方、個人や任意団体の中で法人化に移行しなかった団体の中には、活動を停止したところもありました。

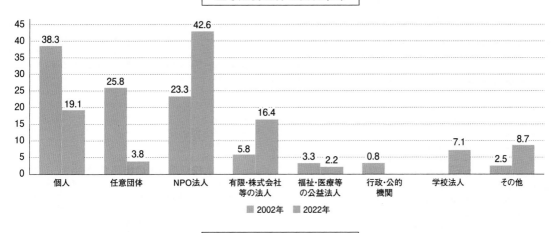

主な運営主体の変化（%）

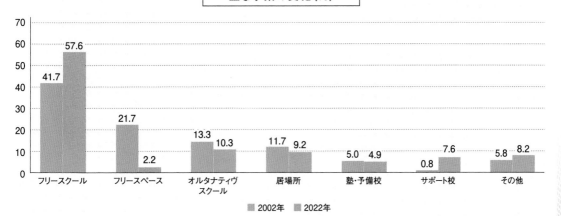

主な事業の変化（%）

次に、各団体が実施する事業主体の変化です。これは各団体のいわばアイデンティティを示すものですが、特にこの20年では「フリースペース」の減少と「フリースクール」の増加が目立ちました。今回の調査で、自らの事業を「フリースクール」と自認している団体は57.6％（前回調査比：＋16.2）で、「フリースペース」が2.2％（－19.5）と、大きな増減がありました。また、通信制高校と連携し高校教育の支援を行う「サポート校」が7.6％で、6.8ポイント増となっています。

これにも様々な背景が考えられますが、一つは、不登校に対する社会のとらえ方の変化が挙げられます。たとえば「フリースペース」と自認する団体の中には、「ここはスクール（学校）ではない」「時間割も持たない＝自由なスペース」という狙いから、そのように呼称する団体もありました。しかし、近年は不登校に対する社会の理解も進み、学校側も子どもに登校を無理強いしたり、勉強を強制するような状況も少なくなりました。学習についても、ICTをはじめとした多様な学び方が浸透され始め、学校外の居場所として「フリースペース」と名乗る必要性も減ってきたことで、一般的に定着されている「フリースクール」を名乗る団体が増えたことが考えられます。

学校との関係性にも変化
子どもの情報共有は9割で実施

フリースクールと学校との関係性にも変化が見られ始めています。各団体に在籍校からの出席認定について聞いたところ、「全ての子」「大部分の子」「一部の子」を合わせて86.9％の団体で出席認定を受けている様子が変わりました。これは20年前の調査より23.5ポイント増加しています。

また、「学校や担任との情報交換」については、「原則として」「学校からの求めに応じて」を合わせて90.5％となり、この20年で10.5ポイント増加しました。特に、フリースクール側の「学校からの求めに応じて」という対応に代わり、「原則」対応するかたちへと変化している点は特徴的と言えます。

また、子どもがフリースクールと並行して通う場所として、「学校の教室」が20年前より15.1％増加し、20.8％となりました。こうした様子から、子どもたちが「フリースクールか学校か」の二者択一ではなく、状況や目的に応じてフリースクールを利用したり、学校に通ったりしている様子が見えてきたのです。

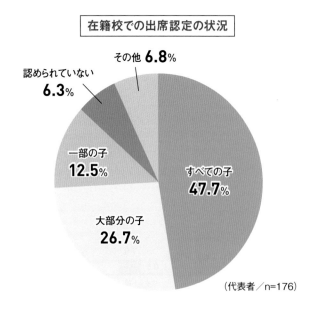

在籍校での出席認定の状況

その他 **6.8**%
認められていない **6.3**%
一部の子 **12.5**%
大部分の子 **26.7**%
すべての子 **47.7**%

（代表者／n=176）

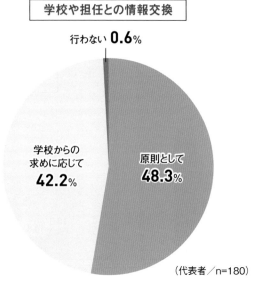

学校や担任との情報交換

行わない **0.6**%
学校からの求めに応じて **42.2**%
原則として **48.3**%

（代表者／n=180）

「ゲームばかりしている」のか？
活動を「子どもたち自身で意思決定」75.4%

この20年で「フリースクール」の存在は社会的に広く認知されるようになってきています。一方で、社会のフリースクールに対するイメージと実際の活動や様子にギャップも生まれてきています。

フリースクールは「学校外の学び場・居場所」として、各団体の理念に基づいた多様な学び・活動を実践してきましたが、社会的なイメージは「不登校の子どもが利用する場所」という認識が定着しています。フリースクールが多くの不登校児童生徒を支援していることは事実ですが、「不登校の支援機関」といったイメージが強くなり、各団体が行う独自性が注目されていない課題もあります。なかには、フリースクールは「友達と過ごしているだけ」「遊んでいる場所」といったイメージや、「ゲームばかりしている」といった偏ったイメージを持たれてしまうケースもあります。

今回の調査では、フリースクールが実際にどんな活動を行っているのかも詳細に聞いています。各団体が「定期的に行っているプログラム」について聞いたところ、結果として最も多かったのは「体験的な学び」（90.6％）であり、2番目が「教科学習」（72.5％）でした。フリースクールの活動の上位2項目が「学び」に関する内容だったのです。

また、その他の項目を見るだけでも、子どもの興味関心や主体性を育む多様な活動が行われている様子がうかがえます。

特に、子どもたち同士が自らの意見を交わし、意思決定を行う「ミーティング」の時間を定期的に設けている団体は全体の48.8％ありました。また、実際の活動やプログラムを子どもたち自身で意思決定している団体の割合は75.4％にのぼり、イベント・行事などを子どもたち自身で意思決定している割合が76.9％あるなど、主体性や自立を育む運営を行っている様子がうかがえます。

定期的な活動

内 容	(%)	内 容	(%)
体験的な学び	90.6	ボランティア活動	30.0
教科学習	72.5	その他の表現活動	28.7
工作・ものづくり	68.8	フリースクール交流	26.3
スポーツ	67.5	コーラス・合唱	23.8
料理	66.9	映像作成	22.5
野外活動	63.7	ダンス	21.9
絵画・工芸	59.4	他外部との交流	20.0
外遊び	54.4	職業体験	20.0
ミーティング	48.8	演劇	18.8
実験	48.1	飼育	16.3
楽器	47.5	サークル活動	16.3
漫画・イラスト	43.8	国際交流	15.6
農作業	40.6	通信・同人誌づくり	14.4
お泊り会	37.5	道徳	11.3
仕事体験	36.9	委員会	10.0
読書・読み聞かせ	31.9	宗教	3.8
地域交流	31.9		

（代表者／n=160 複数回答）

96%の子どもが「入ってよかった」
幅広い変化も実感

　では、実際に利用する子どもたちはどのように感じているのでしょうか？「フリースクールに入ってよかったか」と子ども本人に聞いた質問では、「よかった」88.9%、「まあよかった」7.4%と、子ども全体の96.3%がフリースクールを肯定的に受け止めている様子がわかりました。なお、同様の質問を保護者にも聞いたところ、89.5%が「よかった」、9.1%が「まあよかった」と、子ども同様に高い結果となったのです。

　また、子ども調査では、自身の変化についても聞いています。子どもが自分自身の変化について最も実感していたのは「友人ができた」（53.2%）というもので、次いで「明るくなった」（46.8%）、「知識が広がった」（45.6%）、「自信が持てた」（45.6%）など、気持ちや人間関係だけでなく、知識獲得や行動といった面まで幅広く身の変化を実感している様子がうかがえました。

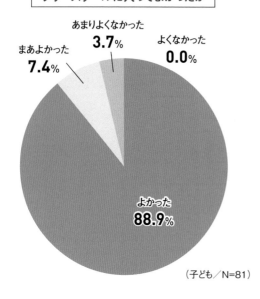

フリースクールに入ってよかったか

あまりよくなかった **3.7%**
まあよかった **7.4%**
よくなかった **0.0%**
よかった **88.9%**

（子ども／N=81）

持続可能な経営に課題
社会的支援の必要性

　ただ、子どもたち自身も、フリースクールに対して一定の課題を感じている様子もわかりました。子どもたちがフリースクールに改善してほしいと要望している点は「開室時間を延長してほしい」（23.1%）、「会員が増えてほしい」（20.5%）、「場所が近くなってほしい」（19.2%）といった内容が多く、行政への要望についても「フリースクールにお金を出してほしい」（50.6%）、「フリースクールの設備を整えてほしい」（29.1%）、「公共施設を無料で貸してほしい」（26.6%）といった内容が目立ちます。

　たとえば、地域の運動施設をはじめ、学校であれば無償で利用できる社会資源でも、フリースクールでは抽選で外れてしまったり、使用料が発生するために利用できないといった事例もあります。

　フリースクールは子どもや保護者から高い満足度を得ている一方で、環境面や経済的理由で活動に制限がかかってしまうケースもあるようです。

　そうした中で、フリースクール自体の経営状況はどうなっているのでしょうか。各団体の財政規模は、250万円以下が全体の28.3%を占め、1000万以下までで73.3%を占めました。比較的、毎日開設されている施設としてはかなり小さい財政規模と言えます。こうした厳しい財政状況の中でも、家賃、光熱費といった固定費、運営の根幹となる活動費を削減することは難しく、結果的に人件費を抑えることで成り立たせている状況が読み取れます。

　携わるスタッフの月給は20万円以下が64.7%を占めており、団体からの給与を主たる収入としているスタッフの割合は38.1%に留まります。

　こうした厳しい財政状況の中でも、28.8%の団体では会費の減免措置をとるなど様々な支援が行われていますが、それでも経済的な理由で退会した子どもがいた団体は40.7%、入会をあきらめた子どもがいた団体は57.6%ありました。社会的支援については、民間からの支援を受ける団体は15.1%、行政からの支援がある団体は26.8%に留まります。

　今回の調査からは、各団体の厳しい経営状況の中

フリースクールの財政規模

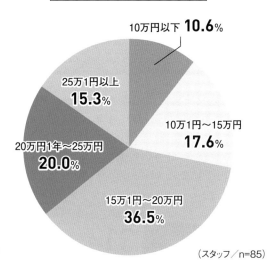

- 2000万1円以上 **8.3**%
- 2000万円以下 **18.3**%
- 250万円以下 **28.3**%
- 1000万円以下 **29.2**%
- 500万円以下 **15.8**%

（代表者／n=120）

スタッフの月給

- 10万円以下 **10.6**%
- 25万1円以上 **15.3**%
- 10万1円〜15万円 **17.6**%
- 20万円1年〜25万円 **20.0**%
- 15万1円〜20万円 **36.5**%

（スタッフ／n=85）

で、運営者の経営努力やスタッフの個人的なやりがいによって運営が支えられている様子がうかがえます。

しかし、これらの運営が維持継続されなければ、子どもたちの多様な居場所を確保することができません。今回の調査からは、より一層の社会的支援の必要性が浮かび上がってきています。

『フリースクール白書2022』としてまとめられた今回の報告書は、全項目の調査結果のほか、各種データをもとにした分析も行われています。また、フリースクール関係者、大学教授、教育研究者、マスコミ関係者による分析も加えられ、様々な立場、視点からフリースクールをとらえられる内容となっています。

全国書店・ネット書店で 発売中

フリースクール 白書 2022

編　者：フリースクール全国ネットワーク
発　行：学びリンク
定　価：2,420円（税込）
ISBN：978-4908555-67-1
体　裁：A5版256ページ
発売日：2023年9月

全国で設置が進む
「学びの多様化学校」

不登校児童生徒の実態に配慮した特別な教育課程を編成できる学校として設置・運営されてきた不登校特例校が、昨年「学びの多様化学校」として名称が生まれ変わりました。文部科学省によると、今後、全国に300校の設置を目指しているとのことです。設置形態には独立校としての設置や、既存の校舎を利用する分教室型など様々あり、各地域の実態に応じた取り組みが始まっています。特に2024年、2025年に関しては、全国各地で続々と開校が予定されています。

全国の学びの多様化学校（令和5年度設置状況）

31校
（公立16校、私立15校／
小学校3校、中学校16校、高校10校、その他1校）
※高等学校不登校特例制度の学校も含む

北海道
星槎もみじ中学校（札幌市）

宮城県
富谷市立富谷中学校（富谷市）
ろりぽっぷ学園小学校（仙台市）
白石市立白石南小学校（白石市）
白石市立白石南中学校（白石市）

東京都
東京シューレ江戸川小学校（江戸川区）
東京シューレ葛飾中学校（葛飾区）
大田区立御園中学校（大田区）
世田谷区立世田谷中学校（世田谷区）
調布市立第七中学校 はしうち教室（調布市）
福生市立福生第一中学校（福生市）
八王子市立高尾山学園小学部・中学部（八王子市）
東京都立六本木高等学校（港区）
NHK学園高等学校（国立市）

神奈川県
星槎中学校（横浜市）
大和市立引地台中学校（大和市）
神奈川県立厚木清南高等学校（厚木市）
旭丘高等学校（小田原市）
星槎高等学校（横浜市）

岐阜県
岐阜市立草潤中学校（岐阜市）
西濃学園中学校（揖斐郡）
西濃学園高校（揖斐郡）

京都府
京都市立洛風中学校（京都市）
京都市立洛友中学校（京都市）

奈良県
大和郡山市立郡山北小学校 分教室「ASU」（大和郡山市）
大和郡山市立郡山中学校 分教室「ASU」（大和郡山市）

香川県
三豊市立高瀬中学校（三豊市）
英明高等学校（高松市）

福岡県
仰星学園高等学校（北九州市）

鹿児島県
鹿児島城西高等学校 普通科
（ドリームコース）（日置市）

大分県
稲葉学園高等学校（竹田市）

愛知県
星槎名古屋中学校（名古屋市）

「特別の教育課程」ってなに？

不登校特例校は、学習指導要領などの基準によらない「特別の教育課程」を編成することができます。具体的には、授業時間数や学習内容の調整ができ、不登校の子どもたちの実情に即した教育（特別な措置）が行われています。

どんな取り組みをしているの？

具体的な取り組みは各地域で異なりますが、ほとんどの学校で「個別指導」「社会性を育む指導」を重視しています。ほかにも「習熟度別の指導」「家庭訪問」を実施する学校も多くあるようです。体験学習など学校外の学習プログラムを積極的に行う学校もあります。

2024年度に開校を予定する主な「学びの多様化学校」	
設置地域	校名（仮称も含む）
東京都足立区	東京みらい中学校
岐阜県高山市	学びの多様化教室「にじ色」
岐阜県北方町	学びの多様化学校「オンリー1」
大阪府大阪市	大阪市立心和中学校
福岡県大牟田市	ほしぞら分校
大分県玖珠町	玖珠町立学びの多様化学校
宮崎県延岡市	学びの多様化学校分教室「熊野江教室」

※東京都は「チャレンジクラス（東京型不登校特例校）」として10校を開設予定

不登校特例校での主な取組例

- 年間の総授業時間数の低減
- 体験学習・校外学習を豊富に実施
- 習熟度別クラス、学年の枠を越えたクラス編成での指導
- 独自科目の新設（音楽・美術・技術・家庭を統合した「創造工房」、道徳および特別活動の時間を統合した「コミュニケーションタイム」等）

- 授業での個別配慮（一人一人に応じた学習レベル、学習量、学習のスピードで実施）
- 授業内容の調整（体験的学習時間を多く確保するため、総合的な学習の時間を85時間（1年）〜105時間（2・3年）に増加 等）
- 理科や社会を中心に、問題解決学習を中心とした合科的指導やフィールドワーク、体験学習、ボランティア活動を実施　など

入学の選考方法

その他 **13%**
学力検査を行っている **17%**
面談・面接を行っている **50%**

入学前に体験入学を実施している場合もある

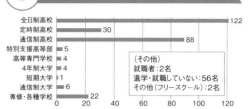

卒業後の進路状況

進路	人数
全日制高校	122
定時制高校	30
通信制高校	88
特別支援高等部	5
高等専門学校	4
4年制大学	4
短期大学	1
通信制大学	6
専修・各種学校	22

（その他）
就職者：2名
進学・就職していない：56名
その他（フリースクール）：2名

資料：「不登校特例校に関する実態調査」結果（文部科学省、平成28年）

設置事例 東京みらい中学校

　飛鳥未来高校などを運営する学校法人三幸学園は、2024年4月、「東京みらい中学校」を新たに開校。通信制高校やフリースクールを運営してきた中で培った、学校に行きづらさを感じる子どもたちに向けた環境づくりのノウハウが生かされています。

　入口にはあたたかみのあるライブラリーラウンジが広がり、一休みできるようなソファーやカウンター、たくさんの本が並びます。校舎内にはあえて図書室は設けず、各フロアに設けられた図書コーナーで、「読みたいときに読みたい本が読める」という環境があります。

　職員室は「スタッフルーム」、音楽室も「ミュージックルーム」といった名称になっているなど、校舎には従来の「学校らしさ」をなるべく感じさせないような工夫が施されています。自分のお気に入りの場所、安心できると感じられる居場所を一つでも作ってもらいたい、そんな思いが込められています。

　独自のカリキュラムとしては「マイタイム」が設けられ、朝の時間帯に一日のスケジュールや目標を立て、授業が終わった後、振り返りをする時間があります。この一連の流れを繰り返すことで、主体性を育むとしています。

　ソーシャルスキルトレーニング（SST）では、「人との関わりに関する学習」と、「キャリアに関する学習」の2つの軸で、他者との関わり方や集団への参加方法を学ぶほか、将来なりたい自分について考えるきっかけを提供します。

　専門学校や大学など、三幸学園姉妹校の体験授業も設ける予定で、三幸学園グループ内で密に連携を図り、キャリア教育も充実させていくといいます。

　学校に来る楽しさを味わってもらいながら子どもたちの興味を引き出し、将来像を形成していくきっかけを作っていくとしています。

1階「ライブラリーラウンジ」。あえて下駄箱や図書室などは設置せず、「ここなら通いたい」と思える工夫が随所に施されています。

各フロアに「オープンスペース」があり、自由にリラックスしたり、クールダウンできる場となっています。

各教室やフロアのメインカラーが異なり、明るくカラフルな校舎内。ユニークな形をした机も配置されており、生徒同士のコミュニケーションを促します。

人工芝の開放的なグラウンドも併設。都心部に位置しながら、思いきり走り回れる環境があります。

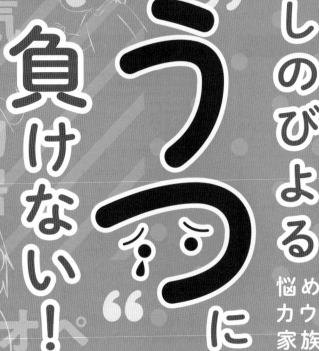

個性を受け入れてくれる

イチオシ！

居場所

誰にでも"自分らしくいられる居場所"があります。
この特集では、思わず通いたくなるような
イチオシの2校をわかりやすく紹介しています！
自分のペースで通えたり、楽しいと思える勉強ができたり、
優しい先生が迎えてくれたり…。
ぜひあなたらしく過ごせる居場所を見つけてください！

巻末のハガキから
資料請求ができます

学校法人　岡崎学園

東朋学園高等学校　大阪府認可 通信制高校
東朋高等専修学校　全日制共学

東朋高等専修学校が行う、可能性を最大限に伸ばす教育

合理的配慮による
一人ひとりに合わせたサポート体制

インクルーシブ教育

多様な生徒たちの
ニーズに合わせた
様々な環境を提供しています。

・元気な子　　　・対人関係が不安
・おとなしい子　・発達障がいがある
・不登校を経験した　　　　　　　など

■ 選択授業

たくさんのコースから、それぞれの目標や
希望に合ったコースを選択できる、与えら
れる教育ではなく選ぶ教育。

■ 各種行事

3年間の成長を彩るたくさんの行事。色々
な活動の中で、行動力・判断力を養い、自
主性を身につけ人間性を豊かにします。

■ 学びなおし

中学の基礎・基本から学び直せる科目が
充実。学習段階に合わせた教材を用いる
ことで、基礎学力の向上を目指します。

◤ IQよりEQ（心の知能指数）を伸ばし豊かな感性を育みます。◢

- インクルーシブ教育
- 個性教育
- 特別支援教育
- 少人数教育
- 心理支援
- 合理的配慮

岡崎グループによる連携サポート

技能連携

通信制課程
東朋学園高等学校

POINT.1
大阪府認可の通信制高校

POINT.2
登校&学習スタイルをカスタマイズ

POINT.3
一人ひとりに合わせた個別指導・
指導計画により単位修得をサポート

選べる学びのスタイル

自分に合わせた好きな登校・学習スタイルが選べます

自分でつくる高校生活
・週2日登校クラス
・週3日登校クラス(クラス所属型)

シンプルに高卒資格
・週1日登校クラス

全日制 共学
東朋高等専修学校

普通科 1クラス30名ほどのクラス編成
検定・資格取得をサポート

<多彩なコースから学びたいことを選択>

◎プロフェッショナルコース 専門知識と技術習得
トータルビューティー／フードクリエイト／オリジナルアート／
モータービジネス

◎情報コース 情報社会へのスキルと知識習得
ITベーシック／ゲーム&イラスト制作／ビジュアル・プログラミング／
コンピュータクリエイティブ

◎資格取得コース 社会で役立つ資格取得
商業系資格／ビジネス系資格／介護系資格／工業系資格／
教養系資格

特別支援教育 総合教育学科 1クラス10名ほどの少人数制
学科行事が豊富

◎高等専修コース
学力・学習ペースに合わせた習熟度別・進路希望別クラスで
一人ひとりの自立に向けた学び

◎高卒資格コース
少人数クラスのよさはそのままに、高校卒業資格が取得できる

- 大阪自動車整備専門学校
- 就労移行支援事業所レアルタ
- 自立訓練(生活訓練)事業所カムディ
- 放課後等デイサービスフォレスト
- 企業主導型保育園キラナ保育園

― 書籍でも本校のことを知っていただけます。

「困っている」子どものこと一番に考えられますか?
発達障がい、不登校、元気な子…。すべての生徒に独自のインクルーシブ教育を

不登校や発達に課題のある生徒が増える中で、かつて厳しい指導を行っていた本校が、「困っている」子どもたちの環境を整え、一人ひとりに目を向けた教育を行う学校へと生まれ変わっていくまでの様子を、太田功二校長が綴っています。

大阪府認可 通信制高校
東朋学園高等学校
〒543-0017 大阪市天王寺区城南寺町7番28号
TEL.06-6761-3111 / https://www.okazakitoho.ed.jp

専門課程:自動車整備課
大阪自動車整備専門学校
〒544-0023 大阪市生野区林寺6-6-7
TEL.06-6714-2222 / https://www.jidousha.ac.jp

キラナ保育園
〒543-0017 大阪府大阪市天王寺区城南寺町5番35号
TEL.06-6761-0066
https://okazakigakuen1946.jp/kirana/publics/index/32/

全日制・共学
東朋高等専修学校
〒543-0017 大阪市天王寺区城南寺町7番19号
TEL.06-6761-3693 / https://www.okazakigakuen.jp

放課後等デイサービス「フォレスト」
就労移行支援事業所「レアルタ」
〒543-0017 大阪市天王寺区城南寺町5番35号
TEL.06-6761-3694 / https://okazakigakuen1946.jp/fukushi/

自立訓練(生活訓練)事業所「カムディ」
〒543-0017 大阪市天王寺区城南寺町5番35号
TEL.06-6761-3694 / https://olivier-comeday.co.jp/

詳細は、東朋学園高等学校(P322)・東朋高等専修学校(P274)をご覧ください

学校法人 三幸学園 **いつかみらいへ**

＼ 大学・専門学校・高校がバックアップ！ ／

飛鳥未来中等部・初等部／東京未来大学みらいフリースクール

飛鳥未来中等部・初等部・東京未来大学みらいフリースクールは、全国に大学、短期大学、専門学校、通信制高校を運営する学校法人三幸学園が運営。充実した設備、専門的な先生、学生や高校生たちとの交流、トライアルレッスンなど、姉妹校の持つ魅力を活かして子どもたちの成長を育んでいます。

札幌教室	仙台教室	お茶の水教室
名古屋教室	大阪教室	神戸教室

立川教室	東京未来大学みらいフリースクール （登校支援クラス・発達支援クラス）

姉妹校のきれいで充実した設備が魅力！

＼自分に合わせた／
3つの **登校** **スタイル**

スタンダードコース	週5日登校できるコース。毎日同じリズムで学びたい方や自分のペースで登校日数を調整したい方に向いています。
2DAYコース	週2日登校するコース。ゆっくり環境に慣れていきたい方や、在籍校に通いながら週2日自分の好きなことに取り組みたい方に向いています。
ネットコース	週3日、10時〜12時の時間でネットを通じて学習するコース。先生と一緒に、少しずつ学びにチャレンジしていきたい方に向いています。

あせらず、楽な気持ちで **登校できる！**

教室は朝10時から開始しますが、最初の30分は自由課題の時間で「来ても来なくても良い」設定になっています。
遅れてきても不安になることなく、ゆっくり楽な気持ちで参加できます。

時間割例

	月	火	水	木	金
	自由課題	自由課題	自由課題	HR	自由課題
1限	選択授業	国語	選択授業	キャリアデザイン	自由課題
2限	数学	英語	国語		読書
ランチタイム	昼食				
3限	数学	英語	体育	トライアルレッスン	音楽
4限	社会	理科	自由課題		音楽
放課後		放課後学習支援			放課後学習支援

三幸学園系列校の特長を活かした充実のサポート体制！

基礎学力定着
専門学校や高校の先生が指導

専門学校や高校で教える教員が教科指導を行います。また、学習塾のプロ講師、社会で活躍する経営者など、各分野のスペシャリストが子どもたちの好奇心を引き出します。

心理支援の充実
各教室に専門サポーター

各教室にサポーターが配置され、不登校、ひきこもり、いじめ、学習、生活面など総合的な支援を行います。ほかに地域の方や学生も支援者となります。

トライアルレッスン
姉妹専門学校・高校の学びを体験

飛鳥未来高校・飛鳥未来きずな高校との合同授業や専門学校の体験授業を行います。もの作りや調理など様々な経験をすることで、新しい自分を発見していけます。

姉妹校で学べる様々な分野
医療事務・福祉・看護・スポーツトレーナー・美容師・エステ・メイク・ネイル・保育士・幼稚園教諭・ウェディング・ブライダル・調理・製菓・栄養・パティシエ・カフェ・IT・AIなど

楽しいイベント！ 充実

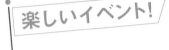

毎日がワクワク！

行事や体験活動など楽しいイベントがたくさん行われます。姉妹校の施設を借りてスポーツをしたり、校外での社会科見学、もの作り体験など、イベントを通してたくさんの友達ができます。

自宅で学習！ ネットコース

勉強の進め方、学校行事の様子や魅力、高校進学支援…お子様に合わせてサポートします。

自分のペースで進められる
わからないところは教員がしっかりフォロー。

担当の先生が個別でアドバイス
毎週決まった日に「個別面談（カウンセリング）」を行い、悩み相談や目標への進捗を確認。規則正しい生活もサポート！

オンライン交流で絆も深まる
オンライン上での様々なイベントやコミュニケーションを通じて、仲間との交流や意見交換ができます。

飛鳥未来 中等部 初等部
https://www.sanko.ac.jp/asuka-fs/

北海道 札幌教室
011-208-6805

宮城県 仙台教室
022-791-7225

東京都 お茶の水教室
03-3868-3519

東京都 立川教室
042-540-3011

愛知県 名古屋教室
052-433-3525

大阪府 大阪教室
050-5491-5047

兵庫県 神戸教室
078-335-8881

ネットコース事務局
050-5444-8230

東京未来大学 みらいフリースクール
https://www.freeschool.tokyomirai.ac.jp

東京未来大学 みらいフリースクール
03-5629-3790

飛鳥未来中等部・初等部の詳細は札幌P102、仙台P110、お茶の水P135、立川P135、名古屋P194、大阪P209、神戸P225
東京未来大学みらいフリースクールの詳細はP148
※学校教育法第一条の学校ではございません。引き続き、在籍校に籍を置いていただきながら通学して頂く流れになりますのでご把握ください。

ICT・オンラインで広がる

不登校の子どもたちの 学習支援

令和4年度の不登校児童生徒は299,048人で過去最多となり、現在、不登校の子どもたちの多様な居場所づくりや学習支援が進められています。その中でも、特に近年はICTを活用した学習支援が注目されてきています。コロナ禍以降、オンライン学習が社会的にも浸透し、国が促進するGIGAスクール構想も追い風となったことで、学校現場でもICTを活用した学習が広がっていきました。不登校の子どもたちが自宅でオンライン学習を利用する事例も増え、学校内に設置される校内フリースクールや、学びの多様化学校（旧不登校特例校）、教育支援センターでもICT教材が積極的に導入される事例が増えてきています。

ICT学習の「出席扱い」　10年前の約200人から1万人に

令和5年度「全国学力・学習状況調査」によると、不登校児童生徒がICTを活用した学習を週1日以上行っている状況は小学生で43.1％（前年比＋5.3）、中学生で54.5％（＋12.5）となっており、いずれも前年から増加しています。また、特別な支援を必要とする児童生徒に関しても小学生で66.9％（＋15.4％）、中学生で61.7％（＋16.0）となるなど、多様な子どもたちがICTを活用する場面が増えている様子がわかってきています。

また、不登校児童生徒が自宅でICTを活用した学習を行い、それを在籍校で指導要録上の「出席扱い」とされた事例は、199人だった10年前の平成24年から令和4年度では1万409人にまで増えました。コロナ禍の影響は強かったものの、学校で多様な学習を認める動きが加速していったことは確かです。

一方で、不登校の子どもたちの約4割が、どの支援先や相談機関にもつながっていないことも課題になっています。文部科学省は令和5年3月に「誰一人取り残されない学びの保障に向けた不登校対策（COCOLOプラン）」を発表し、不登校の子どもたちが「学びたいと思った際に多様な学びにつながることができるよう」その受け皿を整備することを周知しています。こうした動向の中でも、特にICT教材を積極的に活用していく流れが広がってきているところです。

■ICTを活用した不登校児童生徒に対する学習支援（％）

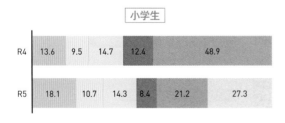

小学生

	ほぼ毎日	週3回以上	週1回以上	月1回以上	月1回未満	該当なし
R4	13.6	9.5	14.7	12.4	48.9	
R5	18.1	10.7	14.3	8.4	21.2	27.3

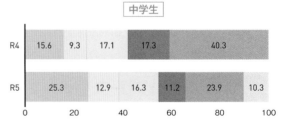

中学生

	ほぼ毎日	週3回以上	週1回以上	月1回以上	月1回未満	該当なし
R4	15.6	9.3	17.1	17.3	40.3	
R5	25.3	12.9	16.3	11.2	23.9	10.3

令和5年度「全国学力・学習状況調査」文部科学省

■自宅でICTを活用した学習で出席扱いとされた児童生徒（人）

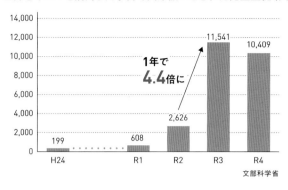

1年で
4.4倍に

| | 199 | 608 | 2,626 | 11,541 | 10,409 |
| H24 | | R1 | R2 | R3 | R4 |

文部科学省

9割以上のフリースクールでICT機器を活用

では、学習以外の多様な学びを実践するフリースクールではどうでしょうか。実は近年、フリースクールにおいても、子どもたちの学習に対するニーズが高まってきています。NPO法人フリースクール全国ネットワークが行った全国調査によれば、定期的なプログラムとして「教科学習」を実施している団体は全体の72.5%にのぼり、20年前の2003年調査（55.0%）から17.5ポイント増加しました。

子どもたちの中にも、フリースクールを「居場所」としてだけでなく、学び直しや基礎学力定着の場として利用したいニーズ

が高まっている様子がうかがえます。また、前述の全国調査では、活動の中でICT機器を活用する団体は91.3%にのぼり、そのうちの70.7%はICT機器を活用して教科学習を行っていることがわかりました。

ICTを活用した学習効果については、様々な調査や研究などで、その利点が伝えられているところですが、フリースクールにおいてもICT導入によって活動の幅が広がっている様子がうかがえます。

■フリースクールの定期的な活動（上位5項目）

内容	定期的に行う
体験的な学び	**90.6%**
教科学習	**72.5%**
工作・ものづくり	**68.8%**
スポーツ	**67.5%**
料理	**66.9%**

『フリースクール白書2022』フリースクール全国ネットワーク(n=160・複数回答)

■活動中に子どもがICT機器を活用している

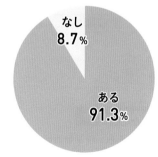

なし
8.7%

ある
91.3%

『フリースクール白書2022』フリースクール全国ネットワーク(N=184)

超多忙なフリースクールスタッフ　ICTが重要な役割に

安心できる環境で多様な活動・学びが行われるフリースクールですが、その一方で課題とされているのが、子どもたちに携わるスタッフ等の人手不足です。フリースクールは財政規模が小さい団体も多く、運営や施設、活動を維持するために人件費を抑えざるを得ない実情もあります。

そうした中で、多くのフリースクールスタッフは、多様な子どもたちを預かりながら、団体運営や活動、子ども対応、保護者対応、学校対応、見学者対応など幅広い仕事をこなしているのです。そのため、活動の中で学習支援まで手が届かな

いといった実情もありました。しかし、近年は ICT 教材をフリースクールの中に導入し、子どもたちが安心して学習に取り組める環境が整えられ始めています。福岡県のあるフリースクールでは、人手不足で子どもの学習支援まで手が及ばない別のフリースクールに対し、オンラインを通じて学習支援を補う連携を始めています。

教育の ICT 化・オンライン化にともない、様々な子どもたちが学びにつながる機会が大幅に広がってきているのです。

ICT教材で不登校の学習に対する不安を解消

不登校の学習への不安に対して取り入れられているのが、ICT教材です。家庭学習で児童生徒が不登校期間も学びの継続ができるよう、様々な工夫がなされており、導入する学校や自治体などが増えています。

ICT教材のメリット
● 学校の授業と同等の学習効果が得られる
● 家庭学習ができる
● 自分のペースで学習が進められる
● 出席認定が受けられる場合がある　　など

不登校の児童生徒に寄り添う教材 デキタス

城南コベッツを運営する城南進学研究社が提供する「デキタス」は、持っているPCやタブレットを使い、小・中学校の学習ができるICT教材です。授業動画と問題演習が一つになっているため、知識のインプットと定着が単元ごとに可能。困った時のための質問サポートもあるため、家庭でも安心して学習ができます。

不登校期間 にも着実に 学力 がつけられる 5 つの Point !

Point.1
最大5分の授業動画

要点が整理された短い授業動画であきずに楽しみながらインプットが可能。アニメーションやキャラクターによる動画なので、人に敏感な不登校児童生徒も抵抗なく使用できます。

Point.2
先どり・さかのぼり学習機能

学び直しや苦手克服につながる「さかのぼり学習」、上の学年の内容にもどんどん進める「先どり学習」で自分のペースに合わせて学習を進められます。

Point.3
難易度別・目的別の問題

「基礎問題」と「チャレンジ（応用）問題」にレベル・目的別に挑戦可能。間違えた問題は「キミ問ピックアップ」に自動的に蓄積され、リトライもできます。

Point.4
自分専用の「デキタ'sノート」

授業動画に沿った穴埋め式ノートを使うことで、学校で授業が受けられていない児童生徒も効果的に学習内容の定着が図れます。自分だけのまとめノートにもなります。

Point.5
学習成果や進捗のチェックができる

子どもの学習結果を保護者の方が表・グラフ・カレンダーなどで確認することができます。頑張った結果はポイントとなり、豪華景品やアバターと交換可能。

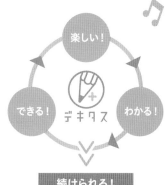

満足度 は **94**%

自然と学習習慣を身につけられる「楽しい」「わかる」「できる」の
サイクルで、多くの子どもたちが学習を継続しています。デキタス
を使うようになってから、勉強が楽しくなったという子どもたちは
89%。「デキタ!」という喜びの実感が、学ぶ楽しさや自信につな
がっています。

学校の学びと共有できる

教科書の内容を確実に理解させることを目的としてい
るデキタスは、小・中学校で利用している教科書に対
応しています。登録した教科書の流れに沿って授業動
画や問題を受けられるので、学校の学びを継続して進
めることができます。実際に、小・中学校や教育支援セ
ンター（適応指導教室）、フリースクールなどで不登校
支援として活用されています。

■対応科目

小学生	国語・算数・理科・社会・英語・せいかつ
中学生	国語・数学・理科・地理・歴史・公民・英語
その他	英語検定3〜5級対策

公立中学校でも導入

横浜市立鴨居中学校（神奈川県）

2019年から経済産業省の「未来の教室」事
業に参画し、「デキタス」を使用。独自に開設し
ている学校内特別支援教室「和（なごみ）」ルー
ムで、不登校または普通クラスで授業を受けら
れない生徒、著しく学習が遅れている生徒に対
して「デキタス」を利用した学習支援を行ってい
ます。義務教育9年分の教材がそろっているた
め、学習の遅れがある生徒の学び直しに積極
的に活用されています。

出席認定制度にも対応! 導入校はどんどん増加!

16 自治体　**28** 校　で導入

- 一般社団法人花鶏学苑
- NPO法人Reframe
- ぐるぐるの森
  など民間団体でも導入されています。

お問い合わせ

● 城南進学研究社
https://www.johnan.co.jp/

5日間の**無料体験**を**実施中!**
すべての授業・問題を体験できます。

デキタス無料体験登録はこちら! ▶

学校、法人の方はこちらへ
お問い合わせ下さい ▶ **03-6260-5100**

詳しく知りたい方は
こちら

特集 I

初等部 • 中等部 からの

高校進学

＼ 特集Iのポイント ／

- 進学前に不登校やひきこもりを克服できる
- 高校と同じ環境だから、進学後も安心
- 遅れていた学習や得意分野を伸ばせる

ここで紹介されるスクールは、すべて系列の高校やサポート校に進学できる「初（小）等部」「中等部」。進学しても、一緒に過ごしてきた先生や仲間がいる環境で、高校生活をスタートさせることができます。また、ほかに進学先を探すにしても、身近に進学候補をキープできるため、気持ちに余裕が生まれるようです。

巻末の
ハガキから
資料請求が
できます

高校進学、専門学校、大学まで！ 将来を見据えた関わりを三幸学園がバックアップ！

学校法人 三幸学園
飛鳥未来中等部・初等部
東京未来大学みらいフリースクール

飛鳥未来中等部・初等部、東京未来大学みらいフリースクールは、全国に大学、短期大学、専門学校、通信制高校を運営する学校法人三幸学園が運営。教室は高校や専門学校と同じ校舎を利用するので、先輩たちとの交流や合同授業、トライアルレッスンなどメリットがいっぱい。高校進学だけでなく、さらに先の将来まで見通せる環境です。

将来まで長く関わっていける「進路」が充実！

飛鳥未来中等部・初等部
東京未来大学みらいフリースクール
↓

高校
飛鳥未来高校
飛鳥未来きずな高校
飛鳥未来きぼう高校

進路決定率
毎年 **90**％以上！

充実した学校生活

高校生活を間近にイメージ！

系列の通信制高校、飛鳥未来高校・飛鳥未来きずな高校・飛鳥未来きぼう高校の高校生たちとの日常的な交流のほか、合同授業も行い、中学卒業後の進路や実際の高校生活を間近でイメージできます。基礎学力の定着や進学後の継続した支援も万全です。

優しい先輩たちとの交流！

充実した設備で楽しい授業も！

※教室により施設・設備は異なります

—— 自分に合わせた **3** つのコース ——

| スタンダードコース | 2DAYコース | ネットコース |

大学専門学校
系列専門学校
東京未来大学
小田原短期大学

学べる分野
医療・福祉・看護・美容・メイク・エステ・ネイル・保育・スポーツ・ブライダル・ホテル・観光・製菓・調理・IT・AI 他

就職率 **98.7**％
8967名／9082名
※2019年3月卒業生
（三幸学園　専門学校全校合計）実績

専門学校の授業を体験

毎週2時間、生徒の興味関心を引き出す体験授業「トライアルレッスン」の時間を設けています。系列の各種専門学校の授業を体験し、新しい自分の発見や職業観を養っていきます。

体験できる分野
医療事務・福祉・看護・スポーツトレーナー・美容師・エステ・メイク・ネイル・保育士・幼稚園教諭・ウェディング・ブライダル・調理・製菓・栄養・パティシエ・カフェ・IT・AIなど

先生からのMessage

スクール長
かわぐち　ますみ
川口 真澄 先生

三幸学園全体が子どもたちを支えています
「教える」のではなく「寄り添う」存在です

三幸学園では大学や専門学校でも学生たちを支えるためのシステムがあり、当スクールでもそうしたノウハウが受け継がれています。私たち教員は「教える」のではなく「寄り添う」存在です。子どもたち一人ひとりの状況を受け止めることから支援が始まります。教室は学校らしい雰囲気を残していますが、基本的には子どもたちが自由に過ごせる場所です。プレッシャーなく、それぞれの子どもが安心して自信を持てるような環境を整えています。

School Data

飛鳥未来中等部・初等部
東京未来大学みらいフリースクール

飛鳥未来中等部・初等部
札幌教室（011-208-6805）
仙台教室（022-791-7225）・お茶の水教室（03-3868-3519）
立川教室（042-540-3011）・名古屋教室（052-433-3525）
大阪教室（050-5491-5047）・神戸教室（078-335-8881）
ネットコース（050-5444-8230）
https://www.sanko.ac.jp/asuka-fs/

東京未来大学みらいフリースクール
03-5629-3790　https://www.freeschool.tokyomirai.ac.jp

コミュニケーション能力を育む居場所
社会で生きてゆく準備をします
浦和高等学園 小・中学部

"ウラゾノ"の名前で親しまれる浦和高等学園。中学部と高校部は学校行事や部活動で接する機会が多く、先輩が後輩をさりげなくサポートしてくれます。無理なく対人関係を築いていける居場所です。
2019年度より小学部（小学生5・6年生）の相談や支援も行なっています。

少人数 × 個別指導
で学力UP！

フリースクールを探している保護者の悩みの一つは「学習の遅れ」。ウラゾノは、小・中学校の学び直しから将来大学進学を目指せる学力をつけるなど、一人ひとりに合わせた目標を設定し、少人数授業や個別指導で着実に学力向上できます。

検定にもチャレンジ！

漢字検定や英語検定、数学検定、日本語検定に全員でチャレンジ。授業のなかで検定対策や過去問に取り組みます。教職員によるきめ細やかな指導により、9割前後合格しています。

＼ 楽しいイベントもたくさん！ ／

友達づくりのきっかけにもなる様々なイベントを実施しています。参加は希望制ですが、9割以上が参加しています。小・中学部限定のイベントだけでなく、高学部生と一緒に参加できるものもあるので、先輩との交流の場にもなっています。

他のイベント例
- フットサル大会
- 三つ又沼自然観察
- 野球大会
- 球技大会
- クリスマス会

臨海学校

学習発表会

紅葉ハイキング

スキー合宿

ウラゾノの
School Days
── スクールデイズ ──

ストレスのない環境

個別指導からはじめていくので、安心して登校をスタートできます。

全教科教員免許を保持した教員が、学習を指導します。

自分のペースで学習

カウンセラーに相談

公認心理師の資格を持った職員をスクールカウンセラーとして3人配置しています。カウンセラーとの合う、合わないということも少ないです。

先生からの Message

■ 高校3年間＋α（アルファ）だから実現できる

私立中高一貫校から大学進学を目指すように、多くの生徒さんが【フリースクール＋通信制高校（技能連携校）等】からの大学進学を実現しています。学力は高いけれども、人づき合いが苦手な生徒さんのコミュニケーション能力を改善向上していくことは、大学卒業・就職には不可欠です。一般的な私立中学や全日制高校では身につけることができないソーシャルスキルトレーニングを、自然な形でカリキュラムに組み込まれていることが最大のポイントです！

学園長
菅野 愛也 先生
すがの　よしや

School Data

浦和高等学園
高校部
（通信制高校技能連携校）
小・中学部（フリースクール）

| 住所 | 高 校 部：〒330-0052 埼玉県さいたま市浦和区本太2-29-12 |
| | 小・中学部：〒330-0053 埼玉県さいたま市浦和前地3-14-12 第2スミダビル3階 |

TEL　高校部：0800-800-5877　小・中学部：0800-800-5877
HP　https://urazono.net/
E-mail　adm@urazono.net

浦和高等学園高校部の詳細はP264、小・中学部の詳細はP122

好きなことを見つけて本当の自分に出会える居場所

鹿島学園高校 鹿島朝日高校 連携 鹿の子クラブ 中学生コース

「自分のペースで学習をしたい」「在籍中学に馴染めなくて不登校がち」そんな悩みを持つ中学生が安心して通えて、基礎学力もしっかり学べる鹿の子クラブ。英会話やイラストやダンスなど、さまざまな体験学習を通して「未知の自分」そして「本来の自分」に出会うことができます。

中学校に籍を置きながら、無理なく通えます！

一人ひとりのサポートを行い、成長を見守ります

周りに合わせる必要はなく、自分のペースで学習を進めていくことができます。アットホームな雰囲気で先生たちも何でも話を聞いてくれます。

鹿の子クラブの先生たち
アットホームな雰囲気です♪

好きなこと、やってみたいことが学べる環境です

農業実習

ダンス実習

楽器実習

鹿島では思わず興味が湧く、楽しい体験授業がたくさんあります。その道のプロの先生から教わることができるので、さまざまな経験を積むことができます。

このほかにも、
たくさんの体験授業を
用意しています

◎イラスト・アニメ ◎絵画
◎ダンス ◎園芸 ◎魚の飼育

調布キャンパス

◎他、全国で23キャンパスあります

鹿の子クラブは、現在通っている中学校に籍を置きながら、無理なく通うことができます。週1から週5までコースを選ぶことができ、自分のペースで安心して通える場所です。午前中は小・中学校の復習など個別学習の時間、午後はイラスト、ダンス、などさまざまなレッスンや、高校と合同で部活動に参加することができます。鹿島学園高等学校と連携しているので、高校進学またその先の進路もサポートします。

いつでも"体験入学"
を待っておるぞ！

鹿の子クラブ
キャラクター
鹿じい

Point 楽しく学べる美術レッスンが好評です

鹿の子クラブでは、毎週木曜日の午後に美術レッスンを実施しています。所属している生徒さんは追加料金なしで自由に参加できます。前期（春夏）はデッサンの基礎を学び、後期（秋冬）はそれぞれが希望するコースに分かれて実践的な技術を学びます。アニメや造形物の作成をしています。

絵を描くということは、自分のなかにあるエネルギーを確認すること。思いがけない大きなエネルギーに触れ、喜び、戯れることです。また芸術活動は自分と外の世界との交流でもあります。ぜひ、自分の殻を大きく破って楽しく作品作りをしましょう！

先生からのMessage

鹿の子クラブ担当者 片山 麻琴 先生

鹿の子クラブでは、みんなに安心して通ってもらえる雰囲気づくりを重視しています。これまでも個性あふれる先輩たちがのびのびと過ごし、元気に卒業していきました。学習は自学自習スタイルなので、他の人のペースに巻き込まれることなく、ゆっくり学ぶことが可能です（もちろん、先取り学習もOKです！）。日ごろ感じている居心地の悪さ、窮屈な日々に疲れたら、鹿の子クラブで少しひと休みしませんか。質問・見学はいつでも気軽にお問い合わせください。

School Data

鹿の子クラブ 中学生コース

住所 【調布キャンパス】〒182-0024 東京都調布市布田2-10-2 鹿島学園調布キャンパス内
TEL 042-444-4744
HP https://www.kg-school.net/
交通 「調布駅」から徒歩9分／「布田駅」から徒歩4分
※中学生コース 全国23キャンパスで開設しています

鹿の子クラブ 中学生コースの詳細はP143
鹿島学園高校の詳細はP284、鹿島山北高校の詳細はP312、鹿島朝日高校の詳細はP334

認めて、引きだして、応援する。「学校に通う楽しさ」がここにあります

成美学園グループ
(せい　び)

「自分のペースで学習したい」「今の学校に合わない」、そういった子どもたちに自信をつけて学校生活をおくってほしい。成美学園グループのフリースクールは、そんな思いが込められた「新しい学びの場」です。子どもたちが毎日安心して楽しく学校に通えるような居場所とキッカケを提供しています。

通うことが、楽しくなる！
そのキッカケがここにあります

スケジュールは自由に調整できます！

> まずは週1日から…

> この曜日、この時間だけ通いたい

あなたの希望に応じて、無理のないペースで通うことが可能です。先生と一緒に、あなただけのカリキュラムを考えていきましょう！

1日のスケジュール（例）

1限	HR・基礎学力
2限	国語
3限	数学
昼食	
4限	クラブ選択
5限	クラブ選択

POINT.1

コーチングスキルを学んだ教員が、一人ひとりの希望やペースに応じて個別学習を行います。少人数制のため、きめ細やかで柔軟な対応が可能。学校の勉強で分からないところなども、気軽に質問してくださいね。

少人数制＆個別学習

> 自分のペースでOK！

POINT.2

クラブ選択では、高等部の先輩と一緒に、ゲームや音楽など様々な活動ができます。高等部には、成美学園グループのフリースクールを経験した先輩もたくさん。あなたの気持ちが分かる優しい先輩と一緒に、好きなことに打ち込めます。

> 好きなことを先輩と一緒に！

選べるクラブ活動　ゲーム　学習　音楽　イラスト　パソコン　ダンス etc.
※通う校舎により選べるクラブが異なります。詳しくはご希望の校舎にお問合せください

先生からのMessage

教務統括責任者
ふじわら
藤原 先生

■個性を大切にして、中学校復帰と高校進学をサポートします。
成美学園グループは、千葉県を中心に展開している通信制高校サポート校と同様の校舎でフリースクールを開校しています。高等部と同じスケジュールであるため、進学後のイメージがつきやすく生活リズムを作る練習にもなります。『認めて、引き出して、応援する』をモットーに、自信をもって次のステップへ進めるよう一人ひとりに寄り添った支援を心がけています。

成美学園高等學校
(2023年4月開校)
成美学園 高等部
(通信制高校サポート校)
中等部（フリースクール）

`School Data`

住所（勝浦本校）千葉県勝浦市松部1000−1
TEL 0470-64-4777　**HP** https://seibi.net
通える校舎
千葉県（茂原、かずさ、蘇我、松戸、八千代、成田、旭、館山、市川）、茨城県（取手）、栃木県（真岡、鹿沼、小山、足利、那須塩原、栃木、宇都宮）、群馬県（前橋、伊勢崎、館林）、埼玉県（久喜、熊谷）、神奈川（茅ヶ崎・横須賀・秦野）
※まずはご希望の校舎へお問い合わせください

成美学園グループの詳細はP290、P292
成美学園中等部の詳細はP129

実績ある伝統校だからこそ、より深い寄り添いができる
特別支援学校教諭の免許を持った先生がサポート

中学校登校支援フリースクール

学校法人
八洲学園　**八洲学園 中等部**

長年不登校教育に向き合ってきた八洲学園高校のノウハウを活かした、「学校法人 八洲学園」が運営する中等部です。八洲学園高校と同じ校舎、同じ先生のもとで楽しく学べます。常駐の教員が4〜5人いるので、1人になってしまうことはありません。

八洲学園 中等部の3つの安心サポート！

スケジュールを先生と柔軟に立てられる

月ごとのスケジュールを見ながら受けてみたい授業や体調などを相談しながら登校予定日を決められます。

特別支援学校教諭の免許&教員免許を持った先生がサポート

生徒を指導する先生は、教員免許を持っていることはもちろん、多くの不登校生をサポートしてきた実績があるので安心です。

学費が安い

学費は教材費の5,000円のみです。
※有料クラスもあります

高校進学は慣れ親しんだ八洲学園高校にいく生徒も多くいます！

1コマから参加でき、保護者の方の授業の付き添いや、入学前の体験授業など学校に慣れる練習もできます。

実際にこんな生徒が通っています！

入学前
習い事や部活を頑張りすぎていた。完璧主義の性格から宿題ができていないと学校に行きたくないと思い、休みがちになり部屋に引きこもるようになった。使命感、親に迷惑かけたくない一心で頑張っていた。

入学前
いじめられたりする雰囲気や周りの環境に敏感になり集団への登校に不安を覚える。
相談室などに行っていたが学校には行きにくくなる。人が信じられない、学校の環境は行きづらいと感じる。

入学後
◎ 学校をお休みしたときの焦る気持ちが少なくなった。
◎ 八洲学園中等部の雰囲気が自分に合っていて、ゆっくり来られる。
◎ 人の目を気にせずに集中して取り組める時間があるのがいい。

入学後
◎ 外出ができるようになり、電車にも乗れるようになった。
◎ 手芸や塗り絵など、自分のペースでゆったりとお話して過ごすのが楽しい。
◎ 交友関係のストレスも少なくなって登校も気軽になった。

一言メッセージ
今後は、自分を認めてあげられるようになりたい。同じように悩んでいる子がいたら、「不登校になっても気にしなくていいよ」と伝えてあげたい。

おススメポイント！
言葉で伝えるのが苦手だが、メール等でも伝えてくれるので気疲れしない。
みんなが自分のペースで通っているのが特に良いポイント。

1日のスケジュール (Aさんの場合)

チェックしてね！

登校
余裕のある登校時間だから安心して通いやすい！

体験学習
マンガやイラスト、手芸など自分の好きなことを学べる機会がたくさん！時には高校生のお兄さん、お姉さんと学べる機会もあるから、楽しい！

個別学習
数学、英語、理科など苦手な勉強も先生と一緒に解いていきます。人目が苦手な生徒には、パーテーションを使って落ち着いて勉強できる配慮も！

お昼休み
お互いの状況を思いやれる友達と一緒にお昼ごはん！職員室にも気軽に声を掛けられます。

個別学習
午後からもゆったりとしたペースで先生と一緒に学習します。

下校
普段の中等部での様子をSNSでUPしています！楽しいイベントの様子も見られます☆

中等部→高校卒業+α　ゆっくり、じっくり学びたい人のための"5年制"クラス 2018年開講！

先生からのMessage

校長
林 周剛 先生
（はやし しゅうごう）

学校が「楽しい」と感じられるために本格的な学校復帰をお手伝いします

八洲学園は大学、専門学校、高等学校を運営する学校法人です。中等部では高校の教員免許を持った先生が対応するほか、これまでに培ったノウハウを活かし、生徒さんが安心して過ごせる環境をご提供します。また、卒業後に八洲学園高校への進学を目的とする場所ではありません。あくまで在籍している中学校への登校復帰を目的とし、生徒さんには学校に対する楽しいイメージを持ってもらったうえで、次のステップへ進んで欲しいと考えています。普段の授業では生徒さんの状況やニーズに合わせ柔軟に対応し、一人ひとりを丁寧にサポートしていきます。

School Data

学校法人 八洲学園
八洲学園 中等部

TEL	【 堺 本 校 】 072-262-5849
	【 大阪中央校 】 06-6762-1248
	【 梅田キャンパス 】 06-6343-1173
	【 三宮キャンパス 】 078-261-2835
	【 横浜 分 校 】 045-312-5588
	【 新宿キャンパス 】 03-6279-2053
	【 池袋キャンパス 】 03-5954-7391
	【 町 田 分 室 】 042-851-7192

HP https://yashima-jfs.jp/

特集I　初等部・中等部からの高校進学

特集2

発達障がい の子どもにも

やさしい居場所

＼ 特集2のポイント ／

- 専門のスタッフや支援機関が対応してくれる
- 個性を尊重し、インクルーシブな環境で過ごせる
- それぞれの状態に合わせた柔軟な対応をしてくれる

発達障がいと一口に言っても、その特性や、できること、できないことは人によって様々です。ここで紹介するスクールは、それぞれの個性や状態に配慮しながら、不得意を補い、得意なことを伸ばしています。また、専門的な知識や経験を持った先生たちが、やさしく寄り添いながらフォローしてくれます。

巻末の
ハガキから
資料請求が
できます

一般財団法人 共生教育財団 東京共育学園高等部

東京共育学園高等部は、勉強と社会適応の仕方を学べるサポート校。発達にばらつきがある、不登校経験があるなど、さまざまな生徒がともに学びます。母体は共生教育財団。同学園のほか、自立訓練（生活訓練）・就労移行支援の事業所「S-STEP板橋」を運営しています。同一法人内に教育・心理・福祉それぞれのプロが揃い、高校から就労、定着までの支援と同時に、教育・福祉部門の支援が可能。将来への自立へ確実に導きます。

特集2　発達障がいの子どもにもやさしい居場所

東京共育学園高等部

勉強と社会適応の方法について学べるサポート校です。発達にばらつきがある、不登校経験があるなど、さまざまな生徒がともに学びます。

成長につながる体験

たくさんの成功体験と小さな失敗体験	成功を通して自信をつける。失敗を通して困難を乗り越える力をつける	自己理解	◎自分の得意、苦手などの理解 ◎他の人からの理解を得る ◎新たなコミュニケーションが生まれる

成長を支える環境

1.入学前フォロー
「プレ入学」や「体験入学」で、どんな先生・同級生がいるのか、学園の雰囲気などを体感してみましょう!

2.なじみやすい環境
職員室のないフリースペースでアットホームな雰囲気。少人数制クラス、1年間を5タームで区切るなど、ゆとりあるスケジュールで自主性も育まれます。

3.個々に応じた柔軟な対応
欠席した分の学習フォロー、専門家によるカウンセリングなど、それぞれの事情に合わせたサポートを行います。

4.充実した学園生活
年間を通じてたくさんの学園行事や、日常的な「午後イベント」、クラブ活動など、学校生活を楽しめます。

S-STEP板橋 → 自立訓練（生活訓練）

S-STEP板橋 → 就労移行支援

大学 専門学校 職業訓練校 など

就職 ※

S-STEP板橋 → 就職定着支援

※就職後離職した者が、就労移行支援の初利用、再利用をすることが可能

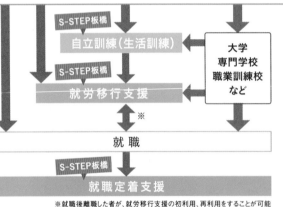

午後イベント　生徒たちで発案!　体験学習　田植え体験　職業体験　進路体験Week

自立を果たし、自分の人生を楽しいものにしてほしい

学べる、話せる、保護者のための『つくしの会』
保護者が変わると子どもが変わり、ますます保護者も気持ちが楽になるという良いサイクルが生まれます。

人との関わり方を覚えるSST
「こういう場面ではこんな対応」と模擬練習をしておくことで、実生活でも応用できます。

一人ひとりの目標達成を支える
生徒自身の目標をまずヒアリングし、その場所に到達する力をつけます。

先生からのMessage

臨床発達心理士
佐上 公子 先生

安心できる場所で過ごせればそれが社会に飛び出していく準備になります
子どもがいちばん安心感を得られるのは家庭です。そして、安心感は子どもが成長するのに欠かせないもの。子どもに対して無条件に愛情を注ぐのは、ときにはすごく難しいことですよね。苦しいときにはまず、保護者の方が支えられることが必要です。我が子と密接に暮らしている保護者の目には、かえって子どもの得意なこと・不得意なことが見えてこない場合もあります。ご自分に合った信頼できる人や場所の力をぜひ借りてください。

School Data

一般財団法人
共生教育財団
（東京共育学園高等部）

住所	〒114-0023　東京都北区滝野川7-3-2
TEL	03-3910-2400
HP	http://www.kyoiku-gakuen.com/
交通	JR「板橋駅」東口駅前

インクルーシブ教育で、一人ひとりの個性や芸術性を伸ばし、「生きる力」を育む

学校法人 愛泉会 芸術工芸高等専修学校

インクルーシブ教育とは、「違いをわけない」「誰もを排除しない」教育のこと。同校は絵を描くのが好き、パソコンで絵を描くのが好き、物を作ることが好き、そんな生徒たちの好きな気持ちや個性を第一に考えます。高等専修学校のしくみを活かし、芸術に特化した実習中心の楽しい学習環境を用意しています。

アートを通して「創造力」「探求心」「社会性」を育む

取り組み1 一人ひとりに合わせた指導で生徒の個性を大切にします

文化祭
日々の作品を発表する機会の一つです

先生の存在が身近
わからないことや改善点などアドバイスしてくれます♪

個別支援シートで力を伸ばす
常勤のカウンセラーが中心となり、生徒の興味関心や悩みをヒアリング。一緒に目標を立てて、一歩ずつ成長を目指します。

居心地のよい居場所
教職員が連携して、自分なりのペースと距離感で周囲との関係性を築いていけるようサポートします。

きめ細やかな学習サポート
手書きとデジタルでの学習をバランスよく取り入れたり、補助教員を入れたりするなど安心して学べる環境があります。

取り組み2 アートに思いっきり触れる3年間を約束！自分の気持ちを表現する力を身につけ、社会へとつなげていきます

1年次は、様々な表現手段を体験し、視野を広げ、デザインの基礎を学びます。
2年次からは「アート表現コース」「デジタルメディアコース」にわかれて、自分の興味関心がある専門分野を極めていきます。

デッサン
対象物を観察して描いていくデッサン。簡単なものからスタートして、大きな対象物にもチャレンジ！

	月	火	水	木	金
			SHR		
	総合的な探求の時間		デジタル実習I	デッサンI	社会
		クラフトデザインI			国語
	デッサンI		数学	英語	デザイン実習I
			昼休み		
	デザイン実習I	色彩基礎	パソコン基礎I	美術概論	デザイン実習I
				デザイン研究I	
			SHR・清掃		
			放課後		
			部活動・自主制作・レポート学習など		

デジタル実習
iPadやPCを使って、デジタルソフトの基礎操作を修得します。

クラフトデザイン
織物やレジン工芸、ボックスアートなど、ものづくりの授業も！

デザイン実習
グラフィックデザインに必要な色彩やかたちの与える印象を作品制作を通して学びます。

先生からのMessage

校長
浦野香奈子 先生

一人ひとり、教材や授業の工夫をすれば必ず生徒たちは成長していきます。

「絵は好きだけど上手じゃない」という声をよく聞きます。人と比べて上手、下手、というのではなく、学びたいこと、好きなことを最大限伸ばしてあげられるようなサポートをしていきたいと思っています。私はこれまでフリースクールや、デザインの学校で子どもたちと関わってきました。3年間の学校生活を通して子どもたちの個性や自信を伸ばし、本校が大切にしている"社会で生きていく力"を育てていきたいと思います。

School Data

芸術工芸高等専修学校
大学入学資格付与（高等学校卒業程度）指定校

住所	〒206-0001 東京都多摩市和田1717-2
TEL	042-375-7314
E-mail	info@geijutsu.ac.jp
HP	http://www.geijutsu.ac.jp
交通	京王線聖蹟桜ヶ丘駅より徒歩15分またはバス5分 小田急多摩センター駅よりバス15分 JR国立駅よりバス20分

特集2 発達障がいの子どもにもやさしい居場所

少人数制だからこそ、より深い寄り添いができる
特別支援学校教諭の免許を持った先生がサポート
学校法人 八洲学園 八洲学園高等学校 技能連携校

町田みのり高等部／三宮みのり高等部

小・中学校で何らかの悩みや理由で学校に通うことが難しくなった経験がある方や、友人関係などの対人関係に不安がある方、発達障がいなどの特性で進学に不安がある方、学習面に不安を抱えている方のための学校です。

特集2 発達障がいの子どもにもやさしい居場所

「ほめる」教育 一つずつ、成長の"みのり"増やしていく

～生徒の "できる" を引き出し、「進学」「就職」「自立」へ～

みのり高等部の特徴

1 週5日登校で、行事も盛りだくさん!

登校や行事への参加も徐々に慣れていけるようサポート。3年次には、それぞれの役割を見出して、積極的になる先輩も多くいます!

2 1学年20名クラスで生徒一人ひとりに目が届く

国数英理社は、個別の対応で学びなおしも自分のレベル・ペースに合うから安心です。

3 高卒資格に、将来役立つ商業の知識・スキルがつく

商業科目を学べます。PCスキルや簿記、経済やマーティングなど幅広く押さえ、社会に出て役立つ知識を学ぶことができます。

4 発達支援のノウハウを持つ先生によるサポート

発達の特性や得意・苦手を把握し、生徒一人ひとりが着実に成長できるようサポート!みのり独自の手法や目線で生徒と関わります。

～町田・三宮だからこそ体験できる "みのりタイム" ～

町田 多様な体験

体験学習を通じて、将来に役立つことを楽しみながら学ぶことができます。
知識だけでなく、実践的な経験を通して、対人関係や思いやりの心を育みます。

> 2024年度から「みのりCafé」をオープン!お客様へ提供できる日までコツコツと練習!

三宮 みのり食堂

水耕栽培を利用し、自分たちで育てた食材を使ったメニューを提供し運営しています。経済や経理、栽培や調理に、コミュニケーションやおもてなしの心など学べることがたくさん!

> オープンキャンパスでも食事でおもてなし!ぜひお楽しみください♪

先生からの Message

校長
南條 将範 先生

▌生徒・保護者・教員が力を合わせて「自立」を目指します

みのり高等部の各学年の目標は1年生「慣れる」、2年生「考える」、3年生「付ける」です。また、個々の課題や状況に合わせ、目標を詳細に設定します。私たち教員は生徒自らの力で踏み出すことができるよう促しとサポートをおこないます。大事なことは高校の3年間で何か結果を出すことではありません。将来を見据えて、今するべきことを逆算し、一つ一つ丁寧におこなうことが大切です。みのり高等部で過ごす3年間は、人生を幸せに生きる為の準備期間と位置づけ、決して無理せずに生徒、保護者、教員みんなで力を合わせ「自立」を目指していきます。

School Data

**町田みのり高等部
三宮みのり高等部**

町田みのり高等部		
住所	〒194-0022 東京都町田市森野1-27-14 サカヤビル	
TEL	042-851-7191	HP https://minori-hs.jp

三宮みのり高等部		
住所	〒651-0086 兵庫県神戸市中央区 磯上通8-1-33 幸和ビル2F	
TEL	078-261-2835	HP https://minori-hs.jp/sannomiya/

巻末の
ハガキから
資料請求が
できます

特集3

一人ひとり に合わせた

さまざまな支援

＼ 特集3のポイント ／

- 各スクールが持つ強みが活かされた取組み
- 興味や関心、目的や状態に応じた支援や活動がある
- 好きなこと、得意分野を伸ばしていける

\ 中・高校生までに学んでおきたい！ /

『学力』と『SST（ソーシャルスキル）』を学ぶ場所

NPO法人 教育★ステーション

不登校（いじめ・ひきこもり・発達障害など）様々な問題を抱える小学生・中学生の方と、ご家族のためのサポートステーションであり、「支え合いながら、生きる力を育む」場所です。子どもたちは、不登校の経験を活かして社会と繋がり、自律から自立に向けて考動していきます。

ステップアップクラス

1 フリースクール

- 個別指導
- 集団授業
- SST（ソーシャルスキル）

3 卒業後の正しい進路選択

正しい情報と知識をもとに、中学卒業後の進路に関わる相談を行います。

2 元不登校・引きこもりの高校生が考える仲良しプログラム

ゲーム・トランプ・クリスマス会など、高校生のお兄さんお姉さんと一緒に遊ぶ。

4 親が子どもの最高のパートナーになる

子どもの現状や思春期の心理を学んだり、保護者同士で気軽に話し合えたり、カウンセラーへの相談もできます。

- 親のお話会「親カフェ」
- 教育相談

★発達凸凹ステーション

子も親も一緒に学ぶ

1 発達障害の子どもへの支援セミナー

- 具体的対応やスキル指導など
- 利用できる社会資源と社会参加

3 各種検査の実施

- 適応行動尺度
- 親面接式自閉症スペクトラム評定尺度

2 専門家による個別相談

- 個別対応で教育相談

4 卒業後の進路

- 特性に合った進路先、支援機関を紹介

先生からのMessage

運営責任者
山田 梨絵 先生
やまだ　りえ

知っているかな？成功の反対は「失敗」ではなく「何もしないこと」

皆さんは「10年前の悩み」を細かく覚えていますか？ほとんどの人が覚えていないのではないでしょうか？そうです。どんな悩みでも10年経てば忘れてしまうし、笑い話になるものです。だから私たちと一緒に「今日」「今日だけ」を頑張る！今日頑張れば悩みは課題になり解決策も出てくるものです。さぁ一歩踏み出してみましょう。

School Data

NPO法人
教育★ステーション

住所　〒231-0005
　　　神奈川県横浜市中区本町4-43 A-PLACE馬車道7F
TEL　045-211-6500
E-mail　045-211-6500
H P　https://kyouikust.com
交通　みなとみらい線「馬車道」駅より徒歩10歩
　　　JR線「関内」駅より徒歩7分　市営地下鉄「関内」駅より徒歩8分

NPO法人　教育★ステーション フリースクール「ステップアップクラス」の詳細はP170
連携する松陰高等学校みなとみらい学習センターの詳細はP314

\ 教育+心理学の視点 /
カウンセリング+自分に合った通学
精華学園高等学校 町田校

精華学園高等学校 町田校は、校舎長が公認心理師（臨床心理士）です。校舎長と教員による入学相談を実施しており、心理学と教育のそれぞれの視点から保護者やお子さんに合った提案をしています。卒業までの通学（スクーリング）は町田校のみで、自分のペースから週5日まで、午後からの通学なども相談できます。

▲ 教員と公認心理師（臨床心理士）による ▲

入学相談会

 相談例

▶ 不登校の子どもへの接し方のアドバイスがほしい

▶ 外出ができるので、家以外の居場所がほしい

> どんなことでも相談してください！

CHECK! ☑ 入学後も定期的に生徒・保護者との面談を実施しています。

卒業生主催 **ゲームしようぜ！！**

町田校では、卒業生主催による、テレビゲーム・スマホ／PCゲームで中高生が交流するイベントを毎月開催しています。ゲームがコミュニケーションにつながり、学校に楽しく通うきっかけ、仲良くなるきっかけになります。

体験を通した学習

校外学習や、調理実習など体験型の授業をたくさん実施しています。調理実習では、調理の過程や、おいしくいただくことも楽しんでいます。

先生からの Message

町田校校舎長
心理カウンセラー
黒氏 健一朗 さん
（くろうじ けんいちろう）

■ 心と心がつながる

不登校は誰かが悪いわけではありません。子どもも保護者の方も、それぞれががんばっています。
でも、よくお互いの気持ちがかみ合わなかったり、すれ違ったりして、苦しくなることがあります。目に見えない、耳には聞こえない心の声をつなげるお手伝いをさせてください。

School Data

精華学園高等学校
町田校

住所	〒194-0013 東京都町田市原町田4-1-10 フジモトビル4F
TEL	042-739-7140
HP	http://seika-machida.jp/
交通	小田急線「町田」駅より徒歩8分 JR「町田」駅より徒歩5分

特集3 一人ひとりに合わせたさまざまな支援

精華学園高等学校町田校の詳細はP298

59

「高校卒業資格」+「社会的自立」を目指そう！

精華学園高等学校／セイカ学園中等部／アンの家

「ストレスの少ない学校」…各種行事は強制ではなく選択制。登校時間は自由。
「成功体験→自己肯定感の向上」…短所の修正より長所を伸ばして自信をつけよう。
「不安障害／HSPにも対応」…人気の専門カウンセラーがたっぷり聴きます。

精華学園高等学校
姫路校・神戸駅前校

■サポート校でない信頼できる通信制高校
■選べる通学スタイル（週1〜5日登校）
　高校卒業／専門学校・大学進学／就職など
■スクーリング会場は各校舎でOK！
■「卒業したい」を完全サポート

併設　　　　　　進学

WESC
一般社団法人
教育・福祉支援
認定協会

アンの家
Ann's house

併設

連携

小4〜高3対象（受給者証が必要）

放課後等デイサービス
アンの家

■AMは通信制高校へ
　PMはアンの家を利用。
■日常生活に必要なスキルを
　楽しみながら身につけたい。

ライフスキルトレーニング
ワーキングメモリー、プログラミング
コミュニケーション能力の向上　など

小4〜中3対象

フリースクール
セイカ学園中等部

■友人関係で悩んでいる。教室に居場所が
　ない。優等生を演じることに疲れた。
　などの理由で不登校・ひきこもりになった。
■通信制高校へ進学したい。
■受給者証のない方。

コミュニケーション力
＋
協調性・社会性の向上
＋
基礎学力の向上

小・中学校の基礎学習、音楽、料理、パソコン、
ロボット、ドローン、科学実験、イラスト　など

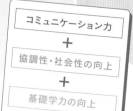
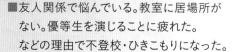

特集3　一人ひとりに合わせたさまざまな支援

先生からの Message

**生徒第一主義で
全力でサポートします**

学校でも家庭でも「怒られてばっかり」で認められない状態が
続くとストレスが高くなりますよね。ストレスをうまくコントロール
し「自己肯定感」が高まるように、良い点を見つけてほめるよう
にしています。「アルバイト先のグチ」「ケンカした友人との仲
直りしたい」「恋愛相談」から「進学・就職・留学の相談」まで
生徒目線で対応しています。

教育カウンセラー
案浦 幹雄 先生

School Data

精華学園高等学校
姫路校／神戸駅前校

セイカ学園中等部（フリースクール）
京都伏見校／大阪梅田校／神戸駅前校／明石土山校／姫路校

放課後等デイサービス「アンの家」

住所 〒670-0936 兵庫県姫路市古二階町80
　　　〒650-0015 兵庫県神戸市中央区多聞通4-1-2
TEL 079-284-4488（精華学園高等学校姫路校）
　　　078-371-7155（精華学園高等学校神戸駅前校）
　　　050-3733-2278（セイカ学園中等部）
※放課後等デイサービスアンの家も上記までお問い合わせください。

\ ライフステージに合わせた支援 /

すべての出会いがワタシをつくる
東京YMCA高等学院
（YMCA学院高等学校）

青少年育成団体の東京YMCAが開校した「東京YMCA高等学院」。生徒たちは一人ひとり個性的で、その個性をのびのびと発揮できるおおらかさがあります。高校のスタッフや生徒の他にも、プールや英会話、野外活動、ホテル専門学校など他の事業にかかわるスタッフや参加者、講師など、色々な人が出入りしています。いい意味で「学校がっこう」していないゆるい雰囲気が特色で、色んな生き方があっていいんだと思える環境です。

誰かと比較する必要なんてない、でもつい比較しちゃう。そんなことって誰にもある。

東京YMCA高等学院は、"ありのままのあなた"を大切にします。

教育方針

本校はキリスト教精神を基盤としており、イエス・キリストの愛と奉仕の生き方に学びます。

生徒との3つの約束
❶自分を大切にします
❷自分と同じように周りの人を大切にします
❸自分の学びをあきらめず、自ら学ぶ姿勢を大切にします

体験型学習

100年の歴史を持つYMCAキャンプの文化を取り入れた山中湖キャンプや野外活動の時間。世界に拠点のあるYMCAならではの「国際平和セミナー」や「チャリティーラン」といった奉仕の心を育む体験など、さまざまな学習機会があります。

安心できる居場所

受け容れられて、自分の居場所だと思えて、安心し、教師や仲間を信頼した人は、少しずつ「開いて」いきます。すると、本校に用意されているさまざまなものと「出会い」始めます。本校の教師は、「何かを頑張るあなた」ではなく「あなた」自身に目を向け、共に過ごすことを約束します。

選べる授業&イベント

本校の授業やイベントのほとんどは、来ても来なくてもよいものです。それは、自分で選択する機会が無数にあるということ。本校の教師は、そんな一人ひとりの選択を、時には前にでて先導したり、後押ししたりする『伴走者』でいたいと思っています。

中学生のための居場所&学びの場
あっとY

探してきた「ちょうど良い。」がここにある！

2022年10月よりスタートした「あっとY」。個別学習タイム・グループタイム・選択ゼミ（ゲーム、映画、調理、音楽）などの活動のなかで興味があることにスタッフと一緒にチャレンジしていきます。クラスは公認心理師や心理の勉強をしている教員が担当。安心して過ごせるように心理面・学習面でのサポートを行います。

私たちがサポートします！

先生からのMessage

▌あなたが一緒にいるだけで価値がある

東京YMCA高等学院にはあたたかい「空間」、あたたかい「心」がたくさんあり、あたたかい「仲間」と「先生たち」がいます。勉強の時間も大切にしますが、色々な活動やみんなの「これやりたい」の気持ちを大切にしています。色々な体験や人と接していく中で大好きな自分を見つけられるように、そんな自分に出会えるようになると良いなと思っています。学校と生徒とご家庭とで力を出し合って寄り添いあいながら過ごせる学校、そして卒業後も居場所になるような学校です。来校してもらうことで伝わることがたくさんあります。ぜひ一度遊びに来てくださいね。

学院スタッフ
吉岡由見子 先生
（よしおか ゆみこ）

School Data

東京YMCA
高等学院
（YMCA学院高等学校）

住所 〒169-0051 東京都新宿区西早稲田2-18-12
TEL 03-3202-0326
HP https://www.tokyo.ymca.or.jp/highschool/
交通 JR線・西武新宿線「高田馬場駅」早稲田口より徒歩7分
東京メトロ東西線「高田馬場駅」7番出口より徒歩5分
東京メトロ副都心線「西早稲田駅」1番出口より徒歩3分

東京YMCA高等学院、YMCA学院高等学校の詳細はP302、「あっとY」の詳細はP149を参照ください。

特集3 一人ひとりに合わせたさまざまな支援

＼ マンツーマンで不登校解決と夢や目標の実現 ／

「家庭教師のトライ」から生まれた全く新しい高校教育のカタチ

通信制高校サポート校　　　　中等部（フリースクール）

トライ式高等学院／トライ式中等部

トライは生徒一人に対して、先生一人が授業を担当する「マンツーマン指導」。さらに「オーダーメイドカリキュラム」との組み合わせで不登校を解決します！他校には無いトライ独自のサポートであなたの目標を実現へと導きます。学習面の指導だけでなく、進路や普段の生活についても気軽に相談できる良き理解者としてあなたに寄り添い、「なりたい自分」へと成長させていきます。

トライグループの ノウハウを終結！ トライ式中等部

トライ式中等部は、"家庭教師のトライ"などを運営するトライグループで培った学習サポートと、"トライ式高等学院"で長年蓄積した不登校サポートのノウハウを詰め込んだフリースクールです。「確かな学力」と「社会で生き抜く力」を育てることで、一人ひとりの夢や目標の実現をサポートします。

```
            トライ式中等部
        ↓       ↓        ↓
     トライ式    全日制    通信制
     高等学院    高校      高校
```

不登校から高校・大学進学に向けたサポート体制

一人ひとりに合わせたオーダーメイドカリキュラムと完全個別サポートで、お子さまの進路を実現。全日制高校や通信制高校への進学、トライ式高等学院への内部進学など様々な進路に対応。さらにその先の大学進学を見据えた学習サポートも可能です。

③つのポイント！

一人ひとりに最適化！選べるスタイル

通学型・在宅型・オンライン型の3つからスタイルを選べます。お子さまの体調や目標に合わせて利用場所や登校頻度、時間を自由に決められ、スタイルはいつでも切り替え可能。突然の変更にも柔軟に対応します。

社会性や自己肯定感を高める 多彩なイベント・行事

友だちと思い出ができるのはもちろんのこと、イベント参加を通して社会で生き抜く力と自己肯定感を高めていきます。在宅型・オンライン型でもすべてのイベント・行事に参加可能。
※イベント・行事はすべて自由参加です

中等部から継続して 6年間サポート！ トライ式高等学院

通信制高校のサポート校であるトライ式高等学院へ内部進学すると最大6年間のサポートが可能です。中等部から慣れ親しんだ環境で、高校卒業資格を取得。難関大学から専門学校などへの進学も支援していきます。

2023年度
卒業率は **99.2%**

これまでに10,000名を超える生徒が夢や目標を実現し、卒業しています。

トライ式高等学院は 通信制高校の中で

大学進学率 **No.1** ※1

大学進学率 68.7%
※2023年度実績
学校推薦型・総合型選抜入試での合格者も多数！

※1 大学進学率とは、進路決定者のうち大学・短大・専門職大学に合格したものにおいて。在籍生徒数3,500名以上の通信制高校・サポート校において進学率全国1位。2023/3/23 産経メディックス調べ。トライ式高等学院は通信制高校サポート校です。

生徒一人ひとりの進路に合わせて、受験のプロがマンツーマンでサポート。さらに、「人」×「デジタル」で学習効率を最大化させて高い大学進学率を実現します。

Q1 いつトライ式中等部に入りましたか。
A 生徒同士仲が良く温かい雰囲気に惹かれ、中3から通うようになりました。小学校から不登校だったので、人と関わっていないこともあり、初日はお昼ご飯を食べる時に箸が震えるくらい緊張していましたが、最初から周りのみんなが仲良くしてくれて、結果的には授業がない日も毎日キャンパスに通っていました。

Q2 高等部への内部進学をしてよかったことはありますか。
A マンツーマンでしっかりと学力がつけられたのと、進路探しにアドバンテージがあったと思います。1年生から進路探究イベントに参加したおかげで、本当にやりたいことは「マンガやイラストを描くこと」だと気づけ、進学先探しができました。卒業後は専門学校でさらにその道を極めていきます。

生徒comment

川越キャンパス
アミューズメントメディア総合学院
マンガイラスト学科合格

3年 渋谷 麗（しぶや れい）さん

Q3 トライ式に入ってよかったことは何ですか。
A 周りからも驚かれるくらい変われたことです。オープンキャンパスの時は下を向いてうつむいていた自分が、今では周りからコミュニケーション力が高いと言われます。交友関係も広がって、友達もたくさんできました。本当にトライ式に入って良かったです。

先生からのMessage

■ 学力のサポートとメンタルケアを 同時に行うことが自信につながります

キャンパスは全国に100ヶ所以上あり、多くの生徒が学校行事やキャリア教育など、充実した高校生活を送っています。しかし通学できるようになるまで、多くの先輩は不登校でした。本校の特長は、プロ講師が生徒に寄り添いながら生徒宅でも学習指導・進路指導を行うことです。全職員が「教育支援カウンセラー」資格を所有し、メンタルサポートも万全です。「トライ式で頑張る」という意欲を引き出すまではおよそ1ヶ月～半年を要します。そして自宅での学習指導を通して自信や学力をつけ、キャンパス通学へとつなげていきます。トライ式には、自分らしく高校生活を始められた先輩がたくさんいます。

木村 隆広（きむら たかひろ）先生

School Data

トライ式高等学院／トライ式中等部

キャンパスは全国に 123ヶ所

TEL 0120-919-439
E-mail try-gakuin-info@trygroup.com
HP https://www.try-gakuin.com/
受付時間：9:00～22:00（土日・祝日も受付）

	東京本部 飯田橋キャンパス
住所	東京都千代田区飯田橋1-10-3
交通	JR、東京メトロ、都営各線「飯田橋駅」から徒歩5分

	名古屋本部 千種キャンパス
住所	愛知県名古屋市千種区内山3-30-9 nonoha千種2F
交通	地下鉄「千種駅」4番出口から徒歩5分

	大阪本部 天王寺キャンパス
住所	大阪府大阪市阿倍野区旭町1-1-10 竹澤ビル2F
交通	JR、大阪メトロ各線「天王寺駅」から徒歩5分

他、札幌、仙台、広島、福岡等、全国に123ヶ所のキャンパスがあります。

トライ式高等学院の詳細はP304
トライ式中等部の詳細はP104はじめ各エリアのキャンパス情報へ

\ アットホームなサポート /

「自分のペース」だからよくわかる！ 安心、ていねいなサポート

フリースクール＠なります

野菜農園が目の前に広がる、アットホームな一軒家「フリースクール＠なります」。不登校、大人数が苦手、勉強が苦手…。
そんな生徒さんも、ゆっくり自分のペースで力をつけられる居場所です。

近年忘れがちである自然とのふれあい。
\ 都内では珍しい自然環境が多く残されている場所にあります。/

農業体験学習

いろいろな体験を通じて、視野を広げることも重視しています。希望者には、敷地内にある農地を利用して、農業体験学習を行っています。四季折々の野菜や果物を自分の手で栽培し育て、収穫の楽しみを得ることができます。

自分で野菜を育ててみよう！

こたつのある部屋でじっくり勉強！

勉強を教えてくれるのは、代表の久保さん。1人ひとりの学力にあわせて相談をしながら、個別のカリキュラムを作成してゆきます。勉強は、みんなとこたつのある部屋で一緒にしても、別室で一人じっくり取組んでも大丈夫。「大人数が少し苦手」という人も、自分のペースで勉強をすることができます。

自分のペースで個別指導を受けられる！

「勉強がわからない…」そんなキミも大丈夫！

多彩な進学ルートがあります！

「高校卒業程度認定試験」合格のためのカリキュラムや、受験校にあわせた学習・面接指導などを行っています。希望する場合は、中学校卒業後もなりますに通いながら、提携する通信制高校に進学することができるので安心です。

在宅コース　多彩な進学ルートがあります！

様々な事情により当スクールまで通うことのできない生徒さんのお宅までスタッフがお伺いし、生活・学習指導をおこないます。

※詳細はお問い合わせください。

先生からのMessage

精神保健福祉士
代表 久保 正敏 さん

ここでのいろいろな体験を通し あなたが活き活きできる方法を見つけよう

なりますは、「親戚の家に来たみたい！」とよく言われます。のんびりした雰囲気で、それぞれ自分のペースで過ごしています。
やってくる生徒の中には、周囲の目を気にして、自分が思ったように行動できなくなってしまった子もいます。そうではなく、自分がやりたいことのために自分から動けるようになると、いろいろなことが楽しくなりますよ。不登校や大変だった経験も「自分には必要だったんだ」と思えるようになれば、前向きな気持ちが生まれます。なりますはそのお手伝いをします。

フリースクール
＠なります

住所	〒175-0094 東京都板橋区成増4-31-11
TEL	03-6784-1205　FAX　03-6327-4337
E-mail	kubosan125@yahoo.co.jp
HP	http://www.asahi-net.or.jp/~bx9m-kb/home
交通	メトロ有楽町線・副都心線「地下鉄成増」駅徒歩20分 東武東上線「成増」駅徒歩17分、都営三田線「西高島平」駅徒歩15分

フリースクール＠なりますの詳細はP157

スローステップで温かい先生たちに囲まれて成長
四谷インターナショナルスクール

小等部・中等部・高等部

のびのびとした自由な校風のもとで生徒の自主性・独立心を育てています。先生はみんな優しいから、今まであまり学校に通えなかった子でも、英語が苦手な子も、日本語が苦手な子も安心して通うことができます。

＼ いつでも入学できる、ほのぼのスペース ／

今まで学校にあまり馴染めなかった子でも大丈夫

◎ 作文の授業やコミュニケーションの授業で、表現力を身につけることができます。
◎ カウンセラーが常駐しているから小さな悩みごともすぐに相談できます。
◎ 10〜15人の少人数制授業（小等部、中等部は10人以下）、のびのびとした雰囲気です。
◎ 先生は友達のように身近で親しみやすい人柄です。

小等部

中等部

高等部

みんなで遠足に行きました！

いつでも気楽に見学に来てください！

有名大など多数の合格実績！

ICU、慶應義塾大学、早稲田大学、上智大学、立教大学、明治大学、中央大学、青山学院大学、法政大学、明治学院大学、学習院大学、日本大学、専修大学、上智大学短期大学部、マサチューセッツ州立大学、コロンビア大学、UCLAブリティッシュコロンビア大学、中央大学校（韓国）、漢陽大学校（韓国）など
国内・海外の大学、短大、その他専門学校など

Check! 日本語と英語のミックスで授業を受けられます

ネイティブの先生は、みんな日本語がペラペラ

| 割合は | 英語 7割・日本語 3割 | など自由に選べます。 |
| | 英語 3割・日本語 7割 | |

英語に自信がない方も先生と楽しく会話しながら、不安なく英語を学べます。

英語が苦手な人 → 英語の補習など

日本語が苦手な人 → 日本語の補習など

ほのぼのわかりやすく、放課後の無料補習講座も個別で充実しています。

希望者には放課後に選択コースが受けられます

音楽コース
ロック、ポピュラー系など、ギター・ボーカル・ベース・ドラム・キーボードなどのプロによる実技レッスンが受けられます

ダンスコース
ダンス実技指導やジャズダンス、ヒップホップ、コンテンポラリーなど

美術コース
美術大学などに進学したい人も本格的な指導で夢が広がります

芸能・演劇コース
演技指導や発声練習、ベテランの先生からの実技指導

ファッション&ビューティーコース
ネイルもヘアメイクもファッションも最先端技術が学べます

先生からのMessage

■ ありのままのあなたで大丈夫！

多感な青春時代。将来の可能性を育み、感受性を育む季節であると同時に、ちょっとしたことでも傷ついてしまう季節でもあります。本学園の先生も不登校ぎみの小・中学生時代を過ごした経験があり、だからこそ若い人たちの悩みを聞き、受け入れ、理解できると考えております。人は誰しも、ありのままの自分を受け入れてくれる"居場所"を探しています。四谷インターナショナルスクールならきっと皆さんの"居場所"を見つけることができるはずです。ありのままのあなたで大丈夫！さあ、皆さんの限りない可能性に向かって、本学園で夢を現実のものとしてください。温かい先生方や仲間が皆さんをお待ちしています。

School Data

四谷インターナショナルスクール
小等部・中等部・高等部

住所 〒160-0004 東京都新宿区四谷2-11
TEL 03-3355-4990
HP https://web-yis.jp
交通 JR線四ツ谷駅徒歩5分 東京メトロ丸ノ内線、南北線、四ツ谷駅徒歩5分

特集3　一人ひとりに合わせたさまざまな支援

\ 海外留学 /

自分で自分のコースをデザインする
代々木グローバル高等学院

代々木グローバル高等学院は、英語教育を主体にしたカリキュラムを軸に、主体性を持った、明るいポジティブ思考な学生育成を目指します。あなただけの高校生活を、私たちと一緒にデザインしていきましょう!

未来はここから始まる
—— **Your Future Starts Here!** ——

DYOコース

高卒資格取得コース+通学、留学、入試対策など、あなただけの高校生活をデザインしよう!

コースを好きにデザインできる!
高卒資格取得コース + ○○○

例えば
+ 国内留学 + 進路対策
+ 国内留学 + 短期語学留学
+ 語学留学 + 現地高校留学
など、自分で高校生活をデザインできます

留学先の友達とショッピング!

DYO(Design Your Own)コースでは、あなただけのこれがやりたいという希望に合わせてコースをデザインすることができます。日本高校卒業資格取得を目指しながら、国内外でのいろいろな経験を通し、通信制高校だからこそある「時間」というアドバンテージを最大限利用して、高校生活をより一層、有意義なものにしましょう。

Global Communication

国内留学(通学コース)で行う、日本語を使わない英会話の授業。外国人の先生やクラスメイトと、とにかく楽しくたくさん英語でコミュニケーションを取ることを重視しています。カードゲームやジェンガも英語で行い、まるで外国の語学学校で授業を受けているようなフレンドリーな雰囲気の中で、「生きた英語」を身につけていきましょう。Let's have fun!

先生からの Message

人生一度きりしかない高校生活。
型にはまった日々ではなく、自分の「やりたい!」を実現する、そんな高校生活を作ってみませんか?
通信制高校もみなさんの不安点を聞きながら、ベストな高校を一緒に選びましょう。
一歩踏み出すその勇気と、自分だけのオリジナルな高校生活を全力でサポートします!

とみたか けいいち
冨髙 圭一 先生

代々木グローバル 高等学院

School Data

東京	住所	〒151-0051 東京都渋谷区千駄ヶ谷5-8-2
	TEL	03-6384-2388
	交通	JR 山手線・都営地下鉄大江戸線「代々木駅」西口 約7分 東京メトロ副都心線「北参道駅」徒歩5分
金沢	住所	〒920-0919 石川県金沢市南町5-14 アポー金沢1F
	TEL	076-210-5370
	交通	北鉄バス「南町・尾山神社」バス停より徒歩1分 JR「金沢駅」東口より徒歩約20分
沖縄	住所	〒902-0067 沖縄県那覇市安里361-34 託一ビル6F
	TEL	098-884-7320
	交通	ゆいレール「安里駅」徒歩4分

代々木グローバル高等学院の詳細はP308

不登校を経験した現役運転士が立ち上げ
小田急電鉄が運営するオルタナティブスクール

AOi スクール 共同代表
鷲田 侑紀さん（写真左）
<ruby>鷲田<rt>わしだ</rt></ruby> <ruby>侑紀<rt>ゆうき</rt></ruby>さん（写真左）
別所 尭俊さん（写真右）
<ruby>別所<rt>べっしょ</rt></ruby> <ruby>尭俊<rt>たかとし</rt></ruby>さん（写真右）

©小田急電鉄

2023年9月、神奈川県藤沢市にユニークなオルタナティブスクールがプレ開校しました。
その名も「AOi（アオイ）スクール」。小田急電鉄株式会社の社内公募制度を活用して立ち上げられました。発起人は、小田急電鉄の現役運転士・別所尭俊さんと鷲田侑紀さん。立ち上げの背景には、自らの不登校経験もあるというお二人に、開校への思いを伺いました。

「好き」に救われた経験
鉄道から広がる輪

不登校を経験された
とのことですが、当時のことを
教えてもらえますか？

鷲田 小学校から中学校まで小田急沿線で育ちました。小田急やロマンスカーが大好きで、将来は運転士になるという夢もありました。しかし成長すると、周りに鉄道好きの友達が減ってきて、このままでは大人になれないんじゃないかと、「鉄道好き」がコンプレックスになっていったんです。
加えて、家庭環境の変化がありました。高校

入学のタイミングで両親が再婚し、小田急沿線から引っ越して今の養父の家に移り住みました。今までのものが失われてしまうのかという思いがあり、誰とも話したくない状態でした。将来どうしていきたいかもわからず、生きていく意味があるのかと、家の中でふさぎこんでいました。週に1～2日高校に通わなかった「プチ不登校」状態でしたね。

そんな中、ふと小田急の電車に乗りに行ったんです。運転士の仕事を間近で見て速度を覚えたり、そういう時間で心が安らかになりました。結局、小田急が好き、鉄道が好きなんだと。そのことをだんだんと受け入れて、自己開示できるようになっていった気がします。

別所 私は中学の3年間、不登校でした。私立中学を受験したのですが、思い描いていた中学生活とのギャップに戸惑って、学校の雰囲気になじめなかったんです。学校に行こうとすると体調が悪くなり、だんだん家からも出られなくなっていきました。でも、両親やスクールカウンセラー、周囲の友達の支えがあったんです。そこで「自分の好きなことをやった方がいいんじゃないか」とアドバイスをもらったんですね。自分の好きなことは何だろうと考えた時、やっぱり鉄道だなと。そう気付いてからは、一人で鉄道の旅をしたりして、不登校の間にエネルギーを充電していた気がします。

**好きなことに救われた経験を
お持ちなのですね。
見事小田急電鉄へ就職された
お二人ですが、どういった経緯で
AOiスクール立ち上げに
至ったのでしょうか？**

別所 私たちは2017年度に小田急電鉄に入社した同期です。入社時研修などで一緒に過ごすこ

とが多く、色々話す中でお互いが過去不登校だったことを知ったんですね。それから、いつか不登校の子のためのプロジェクトをやってみたいね、と話をするようになっていきました。

具体的に動き出したのは2021年くらいだったかと思います。当時はオルタナティブスクールという構想には至ってなくて、不登校の子やその保護者に対して、とにかく何かできないかと、まだ漠然としていました。

私たちが不登校の経験をしたのもかなり前ですから、「現状の不登校」というものを知らないわけです。やはり、今現在不登校支援をされている方や、不登校のお子さんに話を聞く必要があると感じ、色々な方に話を聞きに行きました。その中で、沿線で活動されているNPO法人の方とご縁ができ、お子さんや支援されてる方とつながることができたのが、2022年の4月くらいでした。そこからだんだんと「オルタナティブスクール」という構想ができていきました。

小さな成功体験を積める場
子どもたちの成長の
きっかけに

**開校後、大きな反響を得ていますね。
子どもたちは、日々どんな風に
過ごしていますか？**

別所 現在、50名（※2024年2月時点）が在籍しています。正直、ここまで反響があるとは思っていませんでした。

あえてカリキュラムは定めず、スクールに置いてあるゲームで遊んだり、子どもたちは日々自由に過ごしています。私たちスタッフが間に入る必要もあまりなく、子ども同士で自然とコミュニティーができて、気付いたらゲーム大会

AOiスクールは「不登校の子が来る場」ではなく、「学校外のもう一つの居場所」。自分の好きなことから将来につながるような学びを大切にしていきたい（鷲田さん）

色々なことを好きで熱中したり、つきつめていく経験は強みになる。そんなきっかけを提供できる場にできたら（別所さん）

が始まっている、なんてこともよくありますね。

鷲田 通ってくれている子全員が不登校というわけではなく、不登校の子でもグラデーションがあります。他人とのコミュニケーションの経験値をあまり積めていないような子もいる一方、毎日学校に通っていたり、他のフリースクールに通いながらAOiスクールにも通ってる子もいまして、そういう子たちはやっぱりコミュニケーションに慣れている傾向があります。その子らが中心になって、子ども同士のコミュニティーができているのが見受けられます。

以前、フリースクールを運営されている方が見学に来ていただいた時、「結構、子ども同士での交流がありますね」と言ってくださったんです。それもまだプレ開校から1カ月くらいの時でしたが、私たちもここまでの形になるとは想像もしていませんでした。

やはり「鉄道」ということが子ども同士の共通言語で、お互いに気兼ねなく話せるというのが一番大きいと思います。「これは話して大丈夫だ」と、自由に鉄道のことを話せる。そのうち、鉄道以外のこと、お互いの思ってることも話せるようになってきて、次第に「今度一緒に出かけようよ」なんて会話も聞こえてくるようになっています。

別所 先日、ある生徒の保護者の方が「子どもがAOiスクールまで1人で行ってみたいと言ってくれた」と連絡をくださったんです。子どもにとっては結構遠い距離なんですが、その子が「長旅」を終えて、にこにこして帰ってきたと。今度は午前中をAOiスクールで過ごして、午後は近くのお店でお昼を食べてきたり、できることが増えているようです。

鷲田 学校に別室登校している子で、親御さんと一緒でないとなかなか登校も難しいという子がいました。それがAOiスクールでは、他の子どもたちと一緒に楽しく遊んだりしていたんですね。

後日その子が学校に行った時、「お母さんがいなくても1人で過ごせた」というのです。保護者の方は「きっかけはAOiスクールだと思います」と言ってくださって、すごく嬉しかったですね。小さなことかもしれないですけど、自信を持って何かをできるようになるきっかけ、そういう成功体験が積める場所にできつつあるのかなと実感しています。

「小田急電鉄」
「運転士」だからこそ
伝えられること

運転士とAOiスクール、
二足のわらじは大変ではないでしょうか？

別所　会社の中でも、いろんな人がサポートしてくれているんです。同じ日に運転の仕事とAOiスクールの仕事をやることは基本的にありませんし、それぞれの仕事をしっかりすみ分けができるよう配慮してもらっています。

運転の仕事をしに職場に行くと「AOiスクールのこと、ニュースで見たよ」とか、「頑張ってね」と声をかけてくれたり、応援してくれる方が多くて。運転士は、安全をしっかり守っていく必要があるため、非常にプレッシャーのかかる仕事です。その時のモチベーションや心身の健康状態が仕事のクオリティーに大きく影響するんですね。

小さなことかもしれないですけど、こうして応援してもらえるおかげで、運転士の仕事も一生懸命やろう、と日々思い直させてくれます。大変は大変ですけど、「自分たちだけでやっているわけじゃない」と感じられる。すごく有意義な働き方をさせてもらっているなと感じます。

鷲田　先日、私たちが運転する電車にAOiスクールの生徒たちが乗りに来てくれたことがありました。藤沢駅と江ノ島駅に何時ごろに行くよ、と伝えていたのですが、駅に着くと生徒たちが「待ってたよ！」と出迎えてくれたんです。別の日、別所が運転する電車の運転席の真後ろにスクールの生徒さん、保護者の方4人くらいがずらっと陣取って乗ってくれた、なんてこともありましたね。

もともと運転士は「後ろから見られる仕事」で、お客さまの命を背負っているんです。子どもたちが後ろにいて、私たちの背中を見ながらいろんなことを吸収してくれている。仕事の厳しさだけでなく、仕事はかっこいいんだという夢や憧れ、運転士だから伝えられることを、彼ら彼女らに伝えていける。この両方の仕事をやるということは、とても貴重な経験だと思います。

今後、AOiスクールをどんな風に
していきたいですか？

鷲田　保護者の方からも強くご要望いただいてるのが「継続性」なんです。それには事業として利益を出す必要もありますし、ニーズに応えるという意味でも、通える場所を広げたり、「鉄道」だけでなく「好き」の種類を増やしていくことも視野に入れていきたいですね。

あとは、生徒の在籍している学校さんと出席認定についてやり取りしているんですが、今後生

スクール内にはゲーム機やプラレール、鉄道関連本などが並びます。

徒数が増えてきてもいかに効率的、かつ綿密にコミュニケーションを取っていけるかを考えていきたいです。私たちだけでなく、自治体、他社、他のフリースクールの方々の力もお借りして、連携していきたいと思っています。

小田急電鉄が子どもたちの居場所をつくることの意義とはどんなものでしょうか？

別所　これまで色々な方からお話を聞いてきた中で、子どもの不登校をお父さんの方がなかなか受け入れられないという話をよく伺います。お父さんというのは、やはりお仕事をされてる方が多い。学校に行って、仕事に就いてという、ご自身で大変な努力をされてきたご経験がある。だからこそお子さまに対して「将来大丈夫かな」という不安や心配が大きいのだと感じます。

私たちは、不登校の時間は学びの可能性がある、大きなチャンスだと思っています。小田急電鉄

のように社会的に認知されている企業が、「不登校で絶望する必要はありませんよ」と訴えていくことで、「不登校」の見え方も変えていけたらと考えています。それが、小田急電鉄が不登校というものに取り組む意義なんじゃないかなと思っています。

鷲田　弊社は本当に地域の方々に支えられ、地域とともに発展してきました。そのことを踏まえ、「子育て世代が住みやすい沿線をつくっていきたい」という思いは会社全体として持っています。会社、われわれ個人、AOiスクール、全ての思いが合致して、この事業に取り組めているんです。AOiスクールを今後会社の一事業に育て上げることで、「小田急が取り組む意義」を広く届けられるかなと思います。

©小田急電鉄

〒251-0871　神奈川県藤沢市善行1-28-2 小田急マルシェ善行2F
小田急江ノ島線「善行駅」改札を出て左手すぐ

AOiスクール

小学校4年生から中学校3年生までを中心に受け入れ対象とし、不登校からの自立支援をはじめ、小田急電鉄ならではの鉄道関連の体験や学びを行います。全国どこでも参加可能なオンラインでのライブセミナーも開催中。

AOiスクールの詳細は P164

HP　https://aoi-school-odakyu.hp.peraichi.com/
X(Twitter)　@climbplatform17　YouTube　@AOi-school

先生・生徒 インタビュー

「自分らしくいられる場所」が きっと見つかる。

新しい友達、新しい先生、そして新スクール生活…
今までと違う環境に飛び込むときは、誰もが不安を抱くもの。
これから紹介するインタビューは、皆さんと同じような不安を乗り越えた
先輩やそうした生徒を受け入れてきた先生のお話です。
自分に合った「居場所」を探すヒントがつまっています。

鹿島学園高等学校
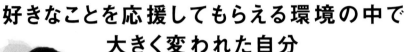

好きなことを応援してもらえる環境の中で
大きく変われた自分

2年生 高橋 意織さん

中学時代からフリースクールとして水道橋連携キャンパスを利用していた高橋さん。慣れ親しんだ環境の中で、高校に進学し、夢中になれる「ポケモンカード（通称ポケカ）」と出会いました。好きなことに取り組める環境とそれを応援してくれる先生や仲間たちのおかげで、コミュニケーション力や行動力などが向上していきました。そんな高橋さんに高校生活と好きなことの両立について伺いました。

自分のペースに合わせて過ごせる居場所

中学校は受験をして中高一貫校に通っていました。小学校4年生から塾に通っていましたが、受験直前の年末に解答用紙を見ながら過去問題を問いていたのが父にばれ、そこからは朝6時に起きて猛勉強して受かった学校でした。そうまでして入った中学校でしたが全く楽しくなくて、友達もできず、1日誰ともコミュニケーションを取らない日も少なくありませんでした。そうして、1年生の9月頃から学校に行かなくなりました。

その後、父と一緒にいろいろなところを回って、入ったのが鹿島学園高校の水道橋連携キャンパスがやっているフリースクールです。通い始めた当初は休むことはなかったものの、先生を含め、周りとほとんどコミュニケーションを取っていませんでした。それでも先生が積極的に話しかけてくれたり、行事やイベントで友達ができて、少しずつ校舎に慣れていきました。

2年生では、先生の勧めもあり、生徒会に参加して卒業式を計画。予算も生徒たちで考えて使うのですが、仲間とぶつかりながらも、作り上げることができました。

好きなことをサポートしてくれる先生や
仲間のおかげで成長できた

高校はそのまま鹿島学園高校に進学しました。先生と相談して、1、2年生で多めに単位を履修する形を取っていたので、レポートは枚数が多くて大変でした。宿題や提出物を期限ぎりぎりまで溜めてしまう性格なので、レポートも提出期限が近づくまで全然手をつけていなくて、毎年、先生に助けてもらっています。

高校に入ってから始めたのがポケモンカードです。1年生の4月に友達に誘われて3パックだけポケモンカードを買ったのですが、当時5,000円くらいの価値があったウルトラレア（UR）カード『オリジンディアルガVSTAR』を引き当てました。その前から友達にカードを借りてプレイすることはあったのですが、自分のカードは持っていませんでした。URカードを引き当てた直後に、キャンパス長がポケカの日本一を決める「ジャパンチャンピオンシップ」で48位になったり、友達からデッキをもらったこともあり、本格的に始めてみることにしました。

1年生の9月には初めて「ポケモンカードゲームチャンピオンズリーグ（通称CL）」に出場。結果は250位くらいでし

たが、そこからどんどん大会に出場するようになりました。

CLは年に4回、関東圏だけでなく仙台、京都、福岡などいろいろな地域で開催されます。「好きなものは自分でやる」という家の方針があり、大会を回るための交通費や宿代は自分でアルバイトをして稼ぎました。初めて一人で夜行バスに乗ったり、ホテルを取ったりという経験をする中で、行動力はすごく上がったと思います。2年生でカナダ留学をした時も、英語のカードが必要なところを自分で交渉をして、日本語のカードで大会に出場したりして、父や先生から本当に驚かれましたね。

大会に出場する中で目標にしていたのが、世界大会です。CLで4位以上になると「ポケモンワールドチャンピオンシップス」への出場権が得られます。1年生の時は、仙台大会での20位が最高だったのですが、2年生の12月にあった京都大会では3位になることができました。目標としていた世界大会出場が叶えられて本当に嬉しかったです。

また、ポケカを始めてからコミュニケーション力も身についたと思います。対戦では相手と対話をしながら試合を進めていかなければいけないため、自然と自分からコミュニケーションを取るようになりました。キャンパス長に

ポケカを一緒になってサポートしてくれるお父さん（左）と先生（右）。優しくも時に厳しく、導いてくれる存在です。

デッキや大会の戦い方を相談したり、20～30代の方が多く参加するカードショップ大会にも参加しているので、同年代以外とも一人で話しています。いろいろな経験を通して、今では、一人でどこに行っても大丈夫だという自信もつきました。

好きなことと勉強を両立

2年生になってから、キャンパスでポケカ部を作りました。毎週金曜日に活動していて、1日中試合をひたすらしています。公式大会も1日8～12試合やることになるので、遊びと思われがちですが、ポケカも囲碁や将棋に近いと思います。活動の中で後輩に教えたり、一緒に大会参加したりもしていますが、中学時代は後輩の面倒を見るなんて想像もできませんでした。

また、生徒が企画できる特別活動で、高校1年生の時に釣りを企画して、みんなで釣り堀に行ったこともあります。予算も自分たちで考えないといけないのですが、僕自身、小学生の頃から父の会社を継ぎたいという思いがあったので、経営の勉強にもなりました。

最近では、もっと上位を目指すために、ポケカの戦績をつけるようにしているのですが、それも学校で習ったことを使ってExcelで表を作り、どのデッキを使ってどう負けたのかを把握できるようにしています。2024年8月にホノルルで開催予定の世界大会では18歳になっているので、もしかしたらプロもいるマスターリーグで戦うことになるかもしれません。良い結果を残せるように頑張っているところです。

こうした経験を活かして、総合型選抜で中央大学の経済学部に進学したいと考えています。ポケカと両立しながら、学校の勉強と、英検2級以上にも合格できるように頑張ります。

鹿島学園高等学校はこんな相談室

鹿島学園高校は、茨城県鹿嶋市にある全日制高校が運営する学校です。学習等支援施設が全国に300ヶ所以上あり、週1日、2～5日、インターネット指導などいろいろな学習スタイルを選択可能。生徒の思いや個性を大切にしながら多様な学びの場を提供しています。高卒資格取得のサポートはもちろん、自主性を尊重して、未来につながる生き方を引き出します。

▶ 詳しくはP284

代々木高等学校

"自分のペース"で過ごしやすい環境

3年生 **西 奏汰** さん(左)

3年生 **矢口 亜朱果** さん(右)

中学校卒業後に進学した西さんと高校1年生の時に転校してきた矢口さん。入学の経緯は違うものの、二人とも代々木高校の魅力を「自分のペースで勉強を進めたり、学校生活を組み立てられること」と話します。充実した学校生活を過ごしながら、卒業後の進路も決定したお二人に、代々木高校で過ごした日々について伺いました。

勉強もイベントも楽しめる
自分に合わせて組み合わせられる学校生活

西：中高一貫の中学校に通っていましたが、板書をノートに写すのが苦手で、どんどん進んでいく授業についていけなくなっていました。高校は外部の学校に行くことを両親と決めていて、いろいろなところを探す中で、自分のペースで勉強ができて、通信制高校だけれど毎日学校に通える代々木高校に進学を決めました。

代々木高校は、先生と生徒の距離が近いところもすごく良いと思いました。小・中学校は先生と生徒の間に壁がある感じがしていて、あまり相談もできなかったのですが、代々木高校はフレンドリーで友達みたいな感覚で先生と話ができています。

矢口：看護学科のある中高一貫の女子校に通っていました。入学が新型コロナウイルスの流行と重なって授業の開始が6月にずれてしまい、ただでさえやることが多い看護学科なのに実習や課題で毎日ギチギチになっていました。そのハードスケジュールに体がもたなくなり、結局1年留年したのですが、その時には精

神的にもキャパオーバーになっていました。

そうして転校を考えた時に、毎日通わなくても高卒資格が取れて、大学進学も可能な学校を探していて見つけたのが代々木高校です。代々木高校は、少ない日数から徐々に慣らすこともできましたし、授業の開始が10時だったり、午後から来ても良かったりと私には合っていました。

前に通っていた学校は校則も厳しかったのですが、代々木高校の生徒は本当に自由です。服装や髪型も周りの人を気にすることなく、個性として受け入れているところに違う視点で物事を見られるようになりました。

西：実際に通ってみても、中学校の時のようなしんどさがありません。自分のペースで学習を進められるのもありがたいですし、分からないところは先生がすぐに教えてくれるのですごく勉強がはかどりました。

2年生からは、生徒会に入ってクラスイベントや新入生のウェルカムイベントを企画したり、行事の運営に関わっています。小・中学校でもやりたかったのですが、成績の良い人など条件もあってできずにいましたが、会長以外は選挙もなくてやりたい人が参加できました。3年生では会長も務め、辛いこともありました

が、みんなと一緒に運営するのは楽しかったですし、成功した時は嬉しかったですね。

矢口：転校したタイミングがちょうど文化祭の準備期間でした。同学年の女の子たちがステージ発表の話し合いをしているところに先生が後押ししてくれて参加できたことで、すぐに友達もできました。転校した直後だったのですが、文化祭当日は友達とダンスを披露しました。

　勉強も「レポートをする」というのが決まっているのがありがたかったです。学校で勉強の仕方を教えてくれることってほとんどないですし、成績へのストレスやプレッシャーを前の学校では感じていました。それがレポートにある問題を解いて、分からないことはすぐに解決できる環境が常に備わっているのはすごく勉強しやすかったです。

西：スクーリングは楽しいことしかありませんでした！僕は毎年10月に行っていたのですが、シーカヤックやスペイン村に行ったりもできて、東京ではできないことを存分に楽しみました。

矢口：私は1年生の時はみんなと時期をずらして1月に行きました。2、3年生はみんなと一緒に参加していて、今年のシーカヤックは強風のため晴れているのにできないとみんなで残念がっていましたね。

やりたいことを後押ししてくれる、過ごしやすい居場所

西：卒業後は、建設関係の会社に就職します。2年生の時から、両親と話して卒業後は就職しようと話していました。夏に高校生を対象とした就職求人の合同説明会に参加し、自分の興味がある会社を探しました。そこで絞った8社に見学や説明会に行き、希望していた会社に内定をもらうことができました。

矢口：卒業後の進路は、大学に進学します。元々看護学科に進んだのも、小学校の時に保健室の先生に憧れたからでした。進路を考える際に改めて、どうして保健室の先生に憧れたのか考えた時に、精神的な面で助けてもらったことに気が付いて。進学先の学科は、いろいろなコースを選択できるので養護教諭の資格も取れますし、心理学の中でも幅広い道を選べます。大学で学びながら、最終的な進路を決められればと思います。

西：勉強が苦手だと思っている人や学校が好きな人、自分のやりたいことがあってもできていないという人は、代々木高校が合っていると思います。勉強しやすい環境もありますし、先生や友達がやりたいことを後押ししてくれます。

矢口：毎日学校に行くことや朝から行くのは、ほかの学校だと当たり前にやらないといけないことだと思います。そうした当たり前なことがプレッシャーだったり、苦しい人にとって、代々木高校は過ごしやすい場所だと思います。

それぞれの個性を認めて、受け入れてくれる先生たちに見守られながら毎日楽しく過ごしています。

代々木高等学校はこんな学校

代々木高等学校は、窓際のトットちゃんをモデルにしたオルタナティブスクールとしてスタートした学校です。本校は、真珠養殖で有名な英虞湾がある三重県志摩市。「みんなが笑顔になれる学校」を目指し、生徒の"笑顔"を第一に、既成概念にとらわれない柔軟な発想で運営されています。

▶ 詳しくはP320

豊翔高等学院
<small>ほう　しょう</small>

生徒も先生も伸び伸びと!
生徒一人ひとりと向き合える時間が楽しい

堀　泰孝 先生
<small>ほり　やす　たか</small>

「登校してくれた生徒一人ひとりと話したくて、つい最初に生徒に声をかける第一部隊的存在です」と語る、堀先生。豊翔高等学院には、伸び伸びとできる環境があり、長年の教員経験でやりきれなかった役割を担えていると実感しているようです。これまでの教員生活を振り返りながら、豊翔高等学院ならではの魅力を話していただきました。

豊翔で最後の砦の役割を担う

　豊翔高等学院(以下、豊翔)は、少人数制で、生徒一人ひとりに向き合う時間が多いところが魅力です。私自身、「生徒ととことん関わりたい」という一心で、長年、教員を務めてきました。豊翔と出会ったのも、これまでの教員生活での経験やご縁があったからです。

　私は、幼い頃から柔道を極めてきたことを活かして、大学卒業後に、体育の教員になり、全日制高校、定時制高校を経験しました。赴任した定時制高校には、勉強に意義を見出せず、登校に前向きになれない生徒が一定数いました。そんな生徒たちが登校してきた日にはよく褒めて、どうにか卒業まで導きたいと思いながら接する日々でした。しかし、欠席が続き、学校から遠のく生徒たちの多くは、通信制高校に転校していきました。そんな生徒を見る度に、登校が難しい生徒が行きつく最後の砦は通信制高校なのだと身に染みて、そんな役割を担える通信制高校へ惹かれていきました。

　また、その定時制高校には、さまざまな理由で教室に足が向かない生徒が過ごせる居場所があり、生徒たちに人気でした。自由に伸び伸びと過ごしたり、お互いの悩みや不安をこぼしたりできる場所の必要性を感じたのです。そんな胸の内を、その居場所を運営している方に話したら、通信制高校と繋がりのある方でした。そのご縁で、豊翔と提携している通信制高校「明誠高校」に勤めるようになり、今は、豊翔の一員となりました。

　豊翔には、不登校の経験や発達の特性などがありながらも、ここなら安心して通えると感じた生徒たちが集まります。これまでの教員生活で必要と感じていた、伸び伸びとした空間が豊翔にはあるからだと思います。そんな環境の中で、私自身もやりきれなかった最後の砦としての役割を担うことができるのはやりがいがあり、楽しい毎日です。

教員全員、生徒ファーストで向き合う

　豊翔では、登校日数や登校時間、教室での過ごし方も自由です。教員全員で生徒一人ひとりをサポートしていく体制をとっているので、安心して自分のペースやタイミングで登校してもらえればと思います。登校してからのことは我々、教員におまかせください。

このように自信を持って言えるのは、我々教員同士、生徒が豊翔に入った経緯から、日々関わる上で気づいたことを毎朝共有しているからです。生徒だけでなく、保護者のみなさんとも気軽に連絡を取り合える関係性を築けているので、お子さんの不安なことにもすぐに対応できます。生徒のその日、その日の情報をどんどん上書きして、生徒一人ひとりに合わせて柔軟に対応できるよう心がけています。

それは、豊翔を卒業した後も変わりません。いつも多くの卒業生が近況を報告してくれます。その中には、元気に楽しんでいる場合もあれば、進路先で悩んでいる場合もあります。その際は、豊翔の理事長である丹羽豊の出番です。面談でカウンセリングを行います。高卒生対象の「アドバンスコース」もあるので、もしも、卒業後の進路が未定な場合や進路先から方向転換したい場合も安心です。僕自身、大人になった今も、中学生の時に担任だった先生とやりとりが続いています。高校卒業して10年後、20年後も、「あの先生、面白かったな」「人生の節目、節目に連絡したい」と思ってもらえる先生でありたいと思います。

毎週水曜はイベントの日！
宿泊行事も定期開催！

イベントが盛りだくさんなところも豊翔の特長です。毎週水曜日はイベントの日で、生徒たちの登校のきっかけにもなっています。内容はよりどりみどりで、最近は、新しい企画を立てるのも大変になってきました。新しい生徒がなかなか登校に踏み出せなかったら、その生徒が興味のありそうなイベントを用意したりもします。

イベントを楽しむ中で、他の生徒との関わりや小さな挑戦・達成で自信がついたり、電車のマナーや集合時間を守る習慣などが身についたりと学びがたくさんあります。そんな小さな自信や学びを積み重ねることで、登校日数や登校時間が増えていったり、仲間との交流が深くなっていったりします。そして、学び直しや進学に向けての勉強、アルバイトやボランティア活動など、将来を見据えて動けるようになっていくのです。

私は生徒と関わる上で、生徒が考えていること、感じていることを吸収して、尊重することを大切にしています。困っていること、悩んでいることはとことん受け止め、少し前向きな変化が出てきたら、逃さずキャッチして、新しい気づきを促し、一緒に行動していきます。すると、豊翔を旅立つ時には、初めて会った時より、生徒たちの表情と成長ぶりが見違えるほどになっています。これは、高校卒業資格だけでなく、豊翔で伸び伸びと楽しみ、自信がついた証拠です。そんな生徒をこれからも送り出していきたいです。

修学旅行は夏と冬の年2回！生徒がより密に関わり合える機会だからこそ、楽しんでもらいたいと奮闘します

先生・生徒インタビュー・豊翔高等学院

豊翔高等学院はこんな学校

豊翔高等学院は、不登校や発達障害のある生徒のためのサポート校。卒業後も『ただいま』と笑顔で報告できる場所です。ひきこもりから毎日登校したい生徒まで、個々の状況に合わせた時間割を一緒に考え、自立心を育みます。「自立」すなわち、卒業後のステップアップ先で継続して頑張っていくための「力」を少しずつ、焦らず、頑張りすぎず、一緒に身につけていきましょう。

▶詳しくはP324

不登校後を生きる

樋口くみ子 著 （岩手大学准教授）

中卒フリーターだった社会学者から不登校のあなたへ提案します。

社会学者がすすめる

迷わず生きるためのポイントは3つ

(1) 私たちが生きる社会に関する学問（社会学）のうち不登校経験者に役立つ知識

(2) 私自身が不登校研究を行う中で得た知識

(3) 私自身の人生を振り返って個人的に「これは役立った」「あー、もっと早く気づけばよかったのに！」と思うこと

不登校を単にNGとする価値観から一定の距離を置くための4コママンガ、イラストなど多数収録。あなたを元気にさせる巻頭「ご褒美シート」付き。

著者プロフィール

岩手大学人文社会科学部准教授　専門は社会病理学、教育社会学。
中学、高校と2度の不登校を経験。高校中退後すぐにアルバイトを始め、以後4年半にわたる中卒フリーター生活を送る。21歳で当時の「大検」（現高卒認定試験）を取得。独学で2か月半の猛勉強を経て22歳で早稲田大学第二文学部（当時）に入学。派遣職員やアルバイトで学費を稼ぎながら大学を卒業。一橋大学大学院社会学研究科修士課程修了、同大博士後期課程単位取得退学。日本学術振興会特別研究員、東京女学館大学専任講師、大阪経済法科大学特別専任准教授を経て、現職に至る。一児の母。主な著書に『低所得層家族の生活と教育戦略 ── 収縮する日本型大衆社会の周縁に生きる』（2022年4月、明石書店）や、「『教育支援センター（適応指導教室）』の支援の構築過程──四類型に着目して」（2018年9月、『現代の社会病理』33号）などがある。

学びリンク株式会社 https://www.manabilink.co.jp
〒101-0064　東京都千代田区神田猿楽町2-1-14 A&Xビル6F
TEL：03-6260-5100　FAX：03-6260-5101

学校探しなら『通信制高校があるじゃん！』
https://www.stepup-school.net

解 説 編

| 小・中学生から
通える居場所 | ● フリースクール
● 通信制高校の「中等部」 |

| 中学卒業後の
進路 | ● 通信制高校
● サポート校（学習等支援施設）
● 技能連携校
● 高等専修学校
● 高卒認定試験（高認） |

| 高校入学後の
進路変更 | ● 転入と編入 |

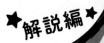

子どもたちの状態に応じてタイプもさまざま

フリースクール

皆さんが抱くフリースクールのイメージはどのようなものでしょうか。実際のフリースクールはタイプもさまざまで、考え方も活動の内容も千差万別です。ここではフリースクールが担っている役割を、いくつかのタイプに分けてまとめてみました。
※「フリースペース」や「オルタナティブスクール」など、さまざまな呼ばれ方をしているところもあります。

「学校に戻る」が前提ではない

不登校の子どもの居場所として、フリースクールのあり方はその誕生の背景と深く関わっています。以前は、学校に行かない子どもたちに対して、学校へ戻ることを前提とした対応が行われていました。小・中学校の不登校児童生徒に対しては1992年から在籍校の校長の判断でフリースクールへの登校を出席扱いとできる弾力的な運用が行われてきました。高校生についても09年から同様の対応が行われています。

フリースクールの大きな特長は、学校に戻ることを前提にしない点です。子どもたちは体験授業などを通して、スタッフと触れ合い、疲れ果ててしまった心を癒し、仲間と信頼関係を築き、そこから元気を取り戻し、やがて学ぶ意欲を取り戻しています。

COLUMN

多様な機関との連携

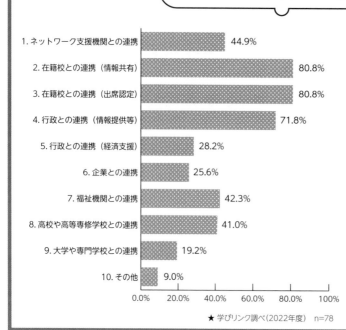

項目	割合
1. ネットワーク支援機関との連携	44.9%
2. 在籍校との連携（情報共有）	80.8%
3. 在籍校との連携（出席認定）	80.8%
4. 行政との連携（情報提供等）	71.8%
5. 行政との連携（経済支援）	28.2%
6. 企業との連携	25.6%
7. 福祉機関との連携	42.3%
8. 高校や高等専修学校との連携	41.0%
9. 大学や専門学校との連携	19.2%
10. その他	9.0%

★ 学びリンク調べ（2022年度） n=78

学びリンクが行ったアンケート調査では、多くのスクールが多様な機関と連携していることがわかりました。フリースクールは「学校以外の場」ではありますが、在籍校や行政機関と出席扱いや情報共有をはじめとした連携を図っています。特に2016年の教育機会確保法成立以降、国は民間団体との連携を促進しており、フリースクールと学校・行政機関との関係構築は近年より進んできています。

また「福祉機関との連携」（42.3%）が行われている点も特徴的です。ひきこもりや発達障がいなど、さまざまな状況への支援を行うスクールもあります。

自宅で！ 外で！ オンラインで！

自分の都合に合わせて選べる

フリースクールのかたち

フリースクールの活動に決まりはありません。各スクールの理念や考え方に応じて運営されています。また、「フリースクール」の明確な定義はなく、各スクールの理念や方針に応じてさまざまな呼ばれ方がされています。フリースクールは形や活動、サポート体制もさまざま。「学習の遅れを取り戻したい」「特性に合わせたサポートをしてほしい」「友達をつくりたい」など、自分の体調や希望に合わせて選ぶことができます。

フリースクール / フリースペース

スクールによって環境や活動内容は多様です。主に利用する子どもたちの事情や目的に応じた学習や体験活動、生活サポートなどを行っています。通う日数も自由で、自分のペースに合わせて無理なく利用できます。少人数や個別対応によるサポートを行っているスクールもあります。

ホームスクール

自宅での学習を支援するスクールもあります。自宅を教育の拠点と捉え、「ホームエデュケーション」と呼ばれることもあります。保護者が学習を教えたり、スタッフが家庭教師のように支援をしたり、インターネットを介してオンラインで支援をするなどの形態があります。また、対応する保護者を支援する機関もあります。

自分の体調や希望に合わせて選べる

オルタナティブスクール

独自の理念や方針で教育活動を行っています。活動内容は各スクールで多様ですが、主に子どもの個性や自主性を尊重し、主体的な学びや行動を重んじる方針が特徴的です。既存の学校とは違う「もう一つの学校」という意味でオルタナティブスクールと呼ばれています。

■主なオルタナティブ教育の例
サドベリー教育、シュタイナー教育、フレネ教育、モンテッソーリ教育 など

ネットスクール

インターネットを介して、自宅や外出先などで学習や活動ができます。スタッフがオンラインでフォローや日常のコミュニケーションを行うスクールもあります。また、勉強だけでなく、オンライン上でできるさまざまな体験活動を行うスクールもあります。バーチャル空間を居場所とするスクールもあります。

初等部・中等部

通信制高校やサポート校が運営

主に通信制高校やサポート校などが運営するフリースクールです。高校生と同じ環境（校舎など）で過ごせることが多く、スタッフも高校の先生が対応してくれることが多いです。高校生を間近に感じられるだけでなく、高校進学へのイメージやモチベーションを持ちやすい環境が特長です。　▶詳しくは次のページをCHECK！

通信制高校の「中等部」

・中等部とは？

通信制高校やサポート校が運営するフリースクールの名称の一つです。スクールによっては「中学生コース」などと呼称されることもあります。中高一貫校で呼ばれる「中等部」（＝中学校）とは異なり、学校外での民間教育施設（フリースクール）という位置づけです。

近年、通信制高校やサポート校では中等部や中学生コースを持つ学校が増えています。施設に通う通学型だけでなく、インターネットを活用したネット型、自宅に直接伺う訪問支援型など高校で培ったノウハウを活かして運営されています。通信制高校の中等部の位置づけは、フリースクール等と同じで、中学校に籍を置きながら利用することになります。中等教育機関（中学校など）とは異なりますのでご注意ください。

活動内容も、中学3年生を対象に進学準備として高校生と同じスケジュールに取り組むところや、時間割やクラスがあるところ、生徒自身が過ごし方を選択するところなどさまざまです。その中でも、習熟度別の学習支援や高校のコンテンツを中等部で利用できるようにしているところは多くあります。そのため、高校をイメージしたり、基礎学力を身につけながら進学準備ができます。

＼＼ POINT ／／

入学前から高校生活をイメージできる	高校の先生との信頼関係が作れる	同じ環境、同じ仲間と一緒に進学できる

ほかのフリースクールとの大きな違いは、やはり高校の施設を利用できることです。入学前から高校の雰囲気が知れ、スタッフも高校の先生が対応してくれることが多いため、高校進学へのモチベーションを持ちやすくなっています。

また、教員免許を持った高校の先生が学習面をサポートしてくれるため、学習環境が整っているのはもちろんのこと、入学前から先生と信頼関係を築けるのも大きな特長です。小・中学校時代に学校に通えなかったお子さんでも、知っている先生がいる状況で高等部（高校）に進学できるため、安心感につながっているようです。

そして何より、同じ場所で過ごした仲間と一緒に進学できるのも大きなメリットです。中等部の多くは、イベントや交流会を積極的に行っており、通っている子たちと仲良くなれる機会がたくさんあります。友達がいてよく知る環境に進学できるのは、子どもたちにとっても保護者にとっても安心です。また、イベントの中には高等部に通う在校生と一緒に行うものもあり、入学前から先輩と交流を持つことができます。高校生の中にも、不登校を経験している子たちが多いため、悩みを話せる身近な相談相手になっているようです。

高校進学後も継続できる

進学後のイメージ

年代	在籍先	中等部・フリースクール等

小学生 中学生 ／ 小学校 中学校 → 中等部や フリースクールを利用

※出席認定、成績評価は在籍する 小・中学校の校長が判断します。

高校生 ／ 通信制 高校 **連携** → 同じスクールで 通信制高校の 卒業支援も行う

※フリースクールによっては「高等部」 としているところもあります。
※通信制高校との連携により、「サポート校」や「技能教育施設」とされているスクールもあります。
※全日制高校や定時制高校に通いながら、学校以外の居場所として利用できるスクールもあります。

学生 社会人 ／ 大学や専門学校 就職 等 → 高校卒業後も継続して 支援してくれる スクールもある

通信制高校やサポート校が運営する中等部・フリースクールや、通信制高校と連携しているフリースクールでは、高校進学後も継続した支援や活動が可能になります。現在、多くのフリースクールが通信制高校と連携していますが、特に学びリンク合同相談会に参加しているスクールのほとんどは、いずれかの学校と連携しています。

最大のメリットは環境を変えることなく進学できる点です。安心できる慣れた環境で高校生活をスタートでき、その後の学習や活動も継続してサポートを受けられます。また、一部のスクールでは、高校卒業後も継続して支援していける体制を整えています。

COLUMN

ICT教材を不登校支援や学び直しに活用！

子どもが不登校の間、体調や心理面などさまざまな不安があるかと思います。なかでも「学習の機会を失っている」ということは、保護者にとっても大きな不安要素ではないでしょうか。

そうした状況を受けて、最近では一人一台端末を使い、家庭でも学習をできる環境を整える自治体や学校が増えています。

そこで利用されているのがICT教材です。端末さえあれば、いつでも、どこでも学習でき、授業動画や問題演習を搭載しているものが多いため、一人でも学習を進められます。また、学習時間や進捗を表やグラフにすることで、在籍校の出席扱いとして認められたり、成績につなげられたりするケースもあります。

なかでもICT教材の一つである「デキタス」は、多くの自治体や学校、フリースクールなどで導入されています。教科書の内容を確実に定着させることを目的に開発され、全国の教科書に対応しているため、学校と同じ流れで学習を進められます。小・中学校9年分の内容を搭載しているので、学び直しや学習の先取りも可能です。（詳しくはP44へ）

実はいろいろある！
中学卒業後の進路

中学卒業

↓

- 全日制高校
- 定時制高校
- 通信制高校
- 高等専修学校
- サポート校
- 特別支援学校
- 高卒認定試験
- その他就職など

「全日制」以外にもある選択肢

　令和5年度の学校基本調査によると、高等学校等への進学率は98.7%でした。この数字からみて分かる通り、中学校を卒業した多くの人は、なんらかの形で進学しています。

　では、みなさんは中学卒業後の進路がどれくらいあるか知っていますか？　一般的にイメージされるのは、平日の週5日・毎日通学する「全日制高校」ではないでしょうか。でも実は、それ以外にも選べる進路はいろいろあります。

　左の表では、中学卒業後に進める進路を一覧にしました。このように見てみると、「高校」という括りだけでも全日制のほかに定時制・通信制の課程があります。本書で数多く紹介している通信制高校は、全日制高校のように毎日通学する必要はなく、自分のペースで学べたり、5教科の勉強以外に好きなものを学べたり、同じ「高校」という名前がついていても、学習環境の自由度が違います。

　また、法律で定められている学校へ行くこと以外にも、「高卒認定試験」という選択肢もあります。高卒認定試験は試験に合格することで「高校を卒業したのと同じ学力がある」と認められるもので、学校に行かなくても大学や専門学校への進学、高卒が応募条件になっている求人への就職ができる手段となっています。

　中学校を卒業した後の道は、決して一つではありません。ぜひこのガイドブックを通して、自分に合った進路を探してみてください。

▶中学卒業後の進学先　主な特徴

	卒業資格	大学等への進学	通学日数	就学支援金対象
高校 (全日制・定時制・通信制)	高校	○	**課程によって異なる** (全日制：週5日) (定時制：週5日) (通信制：選択可能)	○
高等専修学校 (技能連携校を含む)	高等専修学校 ・ 高校 (提携通信制高校の資格)	○(※1)	週5日	○
サポート校 (技能連携校を含む)	高校 (提携通信制高校の資格)	○(※2)	選択可能	△(※3)
特別支援学校	特別支援学校高等部	○	週5日	○

※1　大学入学資格付与指定校もしくは技能連携校のみ、大学等に進学することができます。
※2　提携している通信制高校で高卒資格を取得できます　※3　提携している通信制高校の学費が就学支援金の対象となります

「高校」もいろいろ！ 比較してみよう

全日制　定時制　通信制　➡ 高校の卒業要件はすべて共通です。

① **74単位以上の修得**
各課程（全日制・定時制・通信制）、学校ごとに修得方法が異なります

② **通算3年間以上在籍**
A高校1年在籍
➡B高校に転入して2年在籍
＝通算3年間としてカウントできる

③ **特別活動への参加**
HR・委員会・部活動・入学式・卒業式を含む学校行事への参加

単位の修得方法は2つあります。

学年制（主に全日制高校・定時制高校）
→学年ごとに単位を認定します。

単位制（通信制高校、一部の全日制高校・定時制高校）
→科目ごとに単位を認定します。

※詳しくは P87,97へ

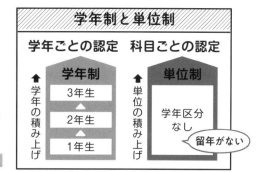

学年制と単位制

学年ごとの認定　科目ごとの認定

学年制　単位制

学年の積み上げ
3年生
2年生
1年生

単位の積み上げ
学年区分なし

留年がない

全日制　定時制　通信制　**それぞれの特徴**

全日制高校…**毎日学校へ行きます。**授業を受け、イベントや部活動も行いながら学校生活を送っていきます。

定時制高校…**毎日通学しますが、勉強するのは1日4時間程度です。**学校によって異なりますが、通学する時間帯も午前から・午後から・夕方からと分かれています。また定時制は卒業までに4年間かかるのが基本です。（※多部制の場合は3年間で卒業を目指せます）。

通信制高校…**毎日通学する必要がありません。**中学校卒業後の進学先で、「毎日学校へ行く」ことが卒業条件にならない唯一の学校です。通学コースなら学校で授業を受けることもできますし、自宅やWEBを基本に学習を進めることもできます。ほかにも入学時期が4月と10月にあったり、転入も随時受け入れていたり、他の課程に比べると柔軟な対応ができることが特長です。

	全日制高校	定時制高校	通信制高校
通学	年間約200日以上		**年間約20日程度**
学習スタイル	朝〜夕方に授業を受ける	朝〜夕方もしくは夕方〜夜に授業を受ける	通学のほか、自宅・WEBなど**好きなスタイル**を選べる
入学	4月		4月・10月
転編入	学期末や年度末		転入は**随時**受け入れ（編入は4月・10月入学）
卒業までの在学期間	3年間	4年間（※）	3年間
学歴	高校卒業		

身近なところに通える
通信制高校

通信制高校の単位修得の条件

レポート	スクーリング	テスト
年間約60通※の レポートを提出します。	登校して授業を受けます。 年間約20日※必要です。	通信制高校は2期制が多く、 各期ごとの年2回テストが 行われます。

74単位以上の修得 ＋ **通算3年間以上の修学** ＋ **30時間以上の特別活動**

▼

高 校 卒 業

※年間25単位履修の場合

「レポート」と「スクーリング」

　通信制高校のレポートは大学の論述形式のようなものではなく、教科書を読みながら空欄を埋める授業プリントや宿題のようなものを想像してください。作成したレポートは学校に提出し、先生から添削を受けて返却されます。レポートの成果は成績に反映されるため、学習センターやサポート校では提出前に内容を確認する「レポート指導」を行うところもあります。

　いわゆる登校を指すのがスクーリングです。スクーリングは決められた場所で教員から対面による授業を受けます。通信制高校の場合、スクーリングの日数は年間20日程度となっており、通学負担が少ないのが特徴です。また、NHKテレビの高校講座、教科書会社のDVDやインターネットを使った授業を視聴し、放送視聴表を提出することでスクーリング回数をさらに60%〜80%軽減でき、最大で年4日程度まで減らすことができます。

　通信制高校では主にレポートとスクーリングをこなすことで単位を修得していきます。例えば数学などの一般教科の場合、1単位修得するにはレポート3通とスクーリング1回が必要です。また理科などの実験・実習を伴う教科の場合は1単位修得するのにレポート3通とスクーリング4回が必要になります。これらを組み合わせると年間約60通のレポート、20日程度のスクーリングが必要となります（1年間で25単位履修した場合）。

▼国・数・地歴などの一般教科

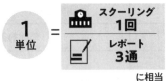

▼理科・芸術・外国語など
実験・実習を伴う教科の場合

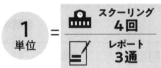

通信制高校 **3**つの**特長**

自分のペースで学べる単位制！

「単位制」は通信制高校と、一部の全日制・定時制で導入されています。単位制は科目ごとに単位認定を行い、高校の場合は3年以上で総単位数を修得していきます。この単位制の良さは自分のペースで進められるという点です。例えば1年生のときは10単位しか修得できなかったとしても、次の2年生・3年生で残りの単位をすべて修得できれば大丈夫です。通信制高校の場合はこの単位制のしくみを活かして1～2年生のうちに必要な単位をすべて修得して3年生は受験勉強に力を入れる、無理せず3年間でまんべんなく単位をとっていくなど、それぞれのスタイルに合わせて学習を進めています。

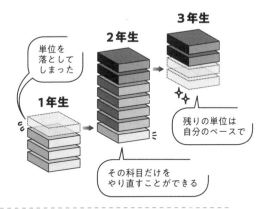

単位を落としてしまった

残りの単位は自分のペースで

その科目だけをやり直すことができる

通学コースで学習サポート・友達づくり

通学コースを設定することで生活リズムが整ったり、定期的に学習することで学力がのびる、友達づくりができるなどのメリットがあります。多くの私立通信制高校では、生徒の状態ややりたいことに合わせて登校パターンを選べるようになっています。「通信制高校は通わない」というイメージがあるかもしれませんが、通信制高校の中でも3つ以上の都道府県から入学できる「広域通信制高校」を中心に、全国各地で生徒が通学できる学習拠点を置いており、立地としても駅から近く通いやすくなっています。学校によっては登校パターンを途中で変更することもできるので、その時々に合わせて選べるのも安心できるポイントです。

▲週5、3、2、1日、インターネット学習の通信制スタイルいずれかを選択可能。自分のペースで学べます。
（写真：あずさ第一高等学校　P288）

多彩な専門コース・体験講座

通信制高校のなかには「eスポーツ」「ダンス・芸能」「音楽」「ファッション・ビューティー」「美術・デザイン」「マンガ・アニメ・声優」「ペット」「保育」「調理」「IT・プログラミング」など、興味のあることを学べる専門コースや体験授業を実施している学校があります。これらは「好きなことがあれば学校へ通いたい」というモチベーションにもつながっています。なかには本格的な設備を備えてプロを目指せる環境もありますが、そのなかでも「学校へ行く楽しみ」として気軽に参加できるようになっています。

▲ネイル、メイク、ミュージック、プログラミングなど、多彩なコース・アカデミーから選択できます。
（写真：飛鳥未来高等学校　P332／飛鳥未来きずな高等学校　P280／飛鳥未来きぼう高等学校　P282）

通信制高校の学校紹介はP279

サポート校（学習等支援施設）

サポート校のしくみ

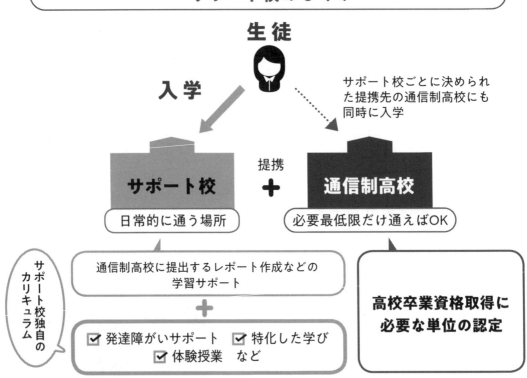

生徒

入学

サポート校ごとに決められた提携先の通信制高校にも同時に入学

サポート校
日常的に通う場所

提携 ＋

通信制高校
必要最低限だけ通えばOK

サポート校独自のカリキュラム

通信制高校に提出するレポート作成などの学習サポート

＋

☑ 発達障がいサポート　☑ 特化した学び
☑ 体験授業　など

高校卒業資格取得に必要な単位の認定

サポート校は通信制高校と提携しているので**高卒資格を取得できます！**

サポート校の魅力は独自カリキュラム

　サポート校とは通信制高校と連携する民間の教育施設です。それぞれのサポート校が得意とする独自のカリキュラムを提供しつつ、連携する通信制高校の単位修得や卒業を支援しています。

　サポート校を運営しているのは学習塾やインターナショナルスクール、フリースクール、企業などさまざまです。それぞれの強みを活かして、学習サポートや特化した学び、体験授業などの取り組みを行います。

　そのなかでサポート校は塾のようなイメージを持たれる方も多いかもしれませんが、すべてが塾のようになっているわけではありません。全日制高校のように制服を来て毎日通学できたり、近頃は「大学進学」「留学」など、サポート校だからこそできるカリキュラムもたくさんあります。そのため、サポート校を選ぶ際には独自のカリキュラムに魅力を感じるかという視点で見てみるといいでしょう。

サポート校 **3**つの特長

▌個別対応で確実に高校卒業へ導く

高校でつまずきやすいのはレポートの提出です。年間のレポート提出数は約60通となりますが、締め切りも決まっているため、自分で学習を進めるのが苦手な子の場合滞りがちになってしまうこともあります。サポート校の多くはレポート指導の時間を設けています。なかには、授業内にレポート作成を取り組むことで確実にレポートが仕上がるようにしているところもあります。また、発達の課題なども手厚くサポートできるところや、学び直しから始めて大学進学までフォローできるところもあります。

▲「教育支援カウンセラー」の資格を持つ教職員が、完全マンツーマンの個別指導でフォローします。
（写真：トライ式高等学院P304）

▌特化した学び

サポート校選びのポイントは独自のカリキュラムが自分に合っているかどうかです。例えば「大学受験に対応できる」といっても対応できるレベルは学校によって異なります。目指したい大学が決まっている場合、大学進学に特化した学びができるサポート校を選ぶことで、時間も費用も効率よく学べるというメリットもあります。

　サポート校でできる学びはさまざまで、「大学受験」のほか、「留学」「クリエイター」などがあります。いずれもたくさんの時間を使って本格的に取り組めることが特長です。

▲長期海外留学をしながら日本の高卒資格取得をサポートする「グローバルコース」。日本と現地、双方からサポートします。
（写真：代々木グローバル高等学院P308）

▌体験授業で将来へつなげる

サポート校では手厚い学習支援で高校卒業まで確実に導きます。その一環として、体験授業が充実しているサポート校もあります。体験授業の分野はさまざまで、「プログラミング」「保育」「音楽」「eスポーツ」「マンガ・イラスト」などがあります。体験授業があることで通学するきっかけとなったり、自分の興味・関心を見つける機会にもなっています。

▲eスポーツや音楽をはじめ、多彩なコース・クラブ活動を楽しめます。
（写真：成美学園グループ　P290／P292）

サポート校の学校紹介はP279

中学卒業後の進路

技能連携校

技能連携校とは、都道府県教育委員会から指定を受けた教育施設で、その教育施設が持つ専門科目の一部は高校の普通科目として認められます。そのため技能連携校では、個性を伸ばしたり、資格取得対策など将来につながるような科目を設定しているところも多く、日々の生活を楽しみながら高校卒業資格の取得もできます。

技能連携校
専門科目・教養科目
学習などの独自支援

技能連携科目
専門科目・教養科目
の一部を普通科目
として認定します

通信制高校
普通科目

技能連携校のなかでは

☑ **高校卒業に必要な学習ができます**　　☑ **スクーリング（登校）が認められています**

つまり、**技能連携校**なら専門科目を効率よく学べたり、独自の学習支援が受けられます。

技能連携制度とは、通信制高校または定時制高校に在学する生徒が都道府県の教育委員会から指定を受けた教育施設で専門科目などを学ぶ場合、その学びを高校の教科の一部とみなす制度です。この制度が認められた教育施設のことを、技能連携校と呼びます。

技能連携校に入学すると、提携している通信制高校などにも同時に入学することになります。そして技能連携校で学んだ専門科目の一部が、提携している高校での普通科目に認定されます。専門科目が単位として認められるので、学びの負担も軽減できます。

技能教育施設の内訳 （2018 年度）

※学びリンク調べ

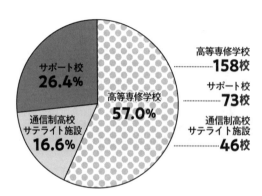

高等専修学校
158校

サポート校
73校

通信制高校
サテライト施設
46校

技能連携校の中でも最も多い 57％を占めているのが高等専修学校です。高等専修学校では学びの 2／3 が専門科目です。それが高校の教科の一部となることで、専門科目を学びながら普通科目も効率よく学べるので、技能連携制度のメリットを大いに活用しています。

そのほか、通信制高校のサテライト施設やサポート校も、技能連携制度を用いているところがあります。技能教育施設に認定されているサテライト施設やサポート校は教育委員会から「学習する場所としてふさわしい」とされているので、教育施設としてしっかりした環境があるという安心材料の一つにもなっています。

ダブルスクールでも勉強量は中学時代の時間割程度

技能連携校は、大半の学校が通信制高校と連携し高卒資格も取れるようにしています。つまり、技能連携校と高校のいわゆるダブルスクールとなり、技能連携校でさまざまな専門資格を取得しながら、高卒資格も得られるという制度です。

2つの学校に属することになるので、「授業数や勉強量が多いかな？」「ダブルスクールができるかな？」と不安になるかもしれませんが、技能連携校独自の専門科目の一部を、連携している通信制高校の卒業単位と兼ねるようにしています。結論からいえば、中学時代の時間割と同程度の勉強時間と考えればイメージがつかめます。

勉強する生徒にとっては、技能連携校で修得する単位と、通信制高校で修得する単位ができるだけ重なっていれば、その分、2つの学校に属していても負担は少なくなります。生徒の負担を考え、技能連携校では90ページの図のように円の部分を重ねて技能連携科目となるようにしています。

不登校・高校中退経験者に対応した学校も

従来型の技能連携校に加え、現在は、中学時代に不登校を経験した、あるいは高校を退学した生徒を支え、自立をうながす学校も出てきています。中学卒業生ばかりでなく、高校をかわろうとする人や中退した人も転編入学によって受け入れています。これらの学校では専門分野の学習を最小限にとどめ、きめ細やかな個別指導や習熟度別授業、また多彩な体験授業を取り入れています。

メンタル面への配慮とともに、学力に自信のない生徒へのフォローも充実しています。全日制高校では他の生徒を意識して聞きにくい、基本的な質問にもていねいに答える体制を整える学校もあります。個性豊かな生徒が活き活きと学べるように配慮しているのが大きな特長です。通っている生徒からは、「先生が優しく、生徒が抱える心の痛みに共感してくれる」との声が聞かれます。

Pick Up

▶ 技能連携校の学校紹介は 263 ページ

▶ さまざまな個性に対応した科目設定

「進学」「就職」「自立」を目指し、学ぶ意欲を育成するための動機づけ学習を行っています。商業科目を中心に、PCスキル、ビジネスマナー・知識の習得など、将来に役立つ実践的な内容を学べます。また、心を育てる授業として、コミュニケーション能力の育成や、体験型授業、行事も充実させています。

（写真：町田みのり高等部　P270／三ノ宮みのり高等部　P276）

▶ 興味関心に合わせて将来に役立つ学びができる

一人ひとりに合わせた学習環境を整えています。自分の興味関心に合わせてたくさんのコースから学びたいことを自分で選択できます。ビューティー、アート、モータービジネス、フード、IT、ゲーム、資格取得系など多種多様なコースは、卒業後の進路決定にもつながります。

（写真：東朋高等専修学校　P274）

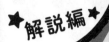

高等専修学校

高等専修学校とは、職業につながる専門科目が学べる学校です。総授業の6～7割が専門分野を学ぶ時間となっているため、将来の仕事を見据えた勉強を15～18歳という若い年齢のうちから学ぶことができます。

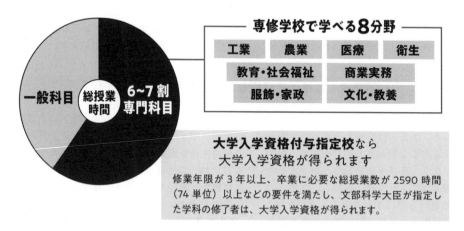

専修学校で学べる**8分野**

工業	農業	医療	衛生
教育・社会福祉		商業実務	
服飾・家政		文化・教養	

一般科目 / 総授業時間 / 6～7割 専門科目

大学入学資格付与指定校なら
大学入学資格が得られます

修業年限が3年以上、卒業に必要な総授業数が2590時間（74単位）以上などの要件を満たし、文部科学大臣が指定した学科の修了者は、大学入学資格が得られます。

職業につながる学びができる

職業に必要なスキル・教養の習得を目的とした学校が専修学校です。聞きなじみのある専門学校もこの専修学校に属しています。そのうち、中学卒業後に入学できる専修学校のことを「高等専修学校（専修学校高等課程）」と呼びます。高等専修学校は高校と位置づけが違いますが、法律に基づいた正規の学校で、一定の要件を満たした高等専修学校の卒業者は大学へも進学可能です。

高等専修学校で学べる分野は①工業（CG、自動車整備など）、②農業、③医療、④衛生（調理師、製菓・製パンなど）、⑤教育・社会福祉、⑥商業実務（簿記など）、⑦服飾・家政（ファッションデザインなど）、⑧文化・教養の8分野です。いずれも職業に直結する学びです。

不登校の受け入れも柔軟に

高等専修学校の生徒の
約2割が不登校経験の
生徒です

高等専修学校は毎日通学が基本となりますが、不登校を経験した生徒にもさまざまな配慮をしています。多くの高等専修学校では、カウンセラー資格を持っていたり、経験豊富な教員が生徒の生活をサポートしたり、一人ひとりの状態に合わせた時間割を提案したりと、柔軟に対応ができるように心がけています。

また、高等専修学校では多様な専門科目を設けているので、自分の希望に合った専門知識を学ぶことで学校に通う楽しさを実感し、自信をつけることもできます。

COLUMN

多様な個性の生徒が在籍している

高等専修学校は、多様で柔軟な教育編成の利点から、多くの不登校経験者や発達障がいなど特別な支援を必要とする生徒が入学しています。

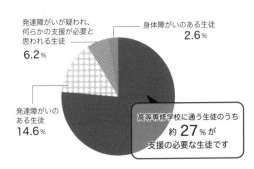

発達障がいが疑われ、何らかの支援が必要と思われる生徒 **6.2**%

身体障がいのある生徒 **2.6**%

発達障がいのある生徒 **14.6**%

高等専修学校に通う生徒のうち 約 **27**% が 支援の必要な生徒です

全国高等専修学校協会の調査によると、高等専修学校全体の21.1%が不登校経験者、26.9%が発達障がいをはじめ支援を必要とする生徒です（令和4年度）。

また、「全国高等専修学校体育大会」を主催する全国高等専修学校協会が、出場生徒の実態に関するアンケート調査を実施したところ、2023年の大会に出場した選手のうち、22.9%が発達障がいなど支援を必要とする生徒であることがわかりました。さらに、出場選手のうち14.4%は中学校不登校経験者であり、大会が生徒の成長に重要な役割を担っている様子がわかる結果となりました。

体育大会は、こうした生徒たちが伸び伸びとプレーできる場にもなっており、各学校でも重要な年間行事の一つとして位置づけられることが多いです。

Pick Up

▶ 高等専修学校の学校紹介は 263 ページ

アートを学び、実技学習に特化した学校生活

絵や粘土など、芸術分野の学習をメインに学びます。例えば伝統工芸を学んだり、美術館へ出かけて絵画を鑑賞したりなど、生徒の感性や個性を育てるカリキュラムが中心です。
（写真：芸術工芸高等専修学校　P266）

将来を見据えて技術と資格を取得

卒業時に国家資格である調理師免許を取得できる「調理高等科」は、調理コースとスイーツ・パンコースから選択できます。また、パソコン技術を徹底的にマスターし、情報等各種資格の取得を目指す「情報高等科」では技術を身につけた状態で社会に出ることができます。
（写真：野田鎌田学園杉並高等専修学校　P268）

練習の成果を競う全国高等専修学校体育大会

全国高等専修学校協会、NPO高等専修教育支援協会主催のもと、33回目を迎えたスポーツの祭典「全国高等専修学校体育大会」。2023年度は、23校が出場し、軟式野球、自転車競技、駅伝、フットサルなど10種目で熱い戦いを繰り広げました。

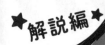

高卒認定試験

16歳以上の人なら誰でも受験できる高卒認定試験

　高卒認定試験（高認）は、16歳以上の人なら誰でも受験できる国が実施している試験です。合格すると「高校卒業と同等」と認められます。受験する年度末（3月31日）までに16歳になっていれば、試験が行われる8月、11月時点でまだ15歳という人でも受験できます。全日制、定時制、通信制の各高校に在学中の人も受験可能です。

　受験科目は8科目です。理科での受験科目の選択によっては、9科目の受験となります。高校に入学した人で、1年生を修了している人は受験免除科目がある場合があります。

　科目合格制度により、いったん合格した科目はそれ以後受験免除になります。1科目以上合格し

た人は、合格していない科目を通信制高校での単位修得により科目合格に代えることもできます（科目履修制度）。

　また、令和4年度からの高等学校学習指導要領改訂を受け、高卒認定試験においても令和6年度の第1回から試験科目や合格に必要な要件などが変わります。令和5年度第2回試験までの科目合格者は、合格状況によって、免除できる科目、合格要件に必要な科目が変わりますので、注意が必要です。受験免除科目も、入学年度によって異なります。詳細は文部科学省のHPでご確認ください。

高卒認定試験合格までの流れ

教　科	試験科目	科目数	要　件
国　語	国　語	1	必　修
地理歴史	地　理	1	必　修
	歴　史	1	必　修
公　民	公　共	1	必　修
数　学	数　学	1	必　修
理　科	科学と人間生活 物理基礎 化学基礎 生物基礎 地学基礎	2又は3	以下の①、②のいずれかが必修 ①「科学と人間生活」の1科目及び「基礎」を付した科目のうち1科目（合計2科目） ②「基礎」を付した科目のうち3科目（合計3科目）
英　語	英　語	1	必　修

※令和6年度第1回試験より

8科目の受験科目に合格
理科で「科学と人間生活」を選択しない場合は9科目

高校での
修得単位などが
ある場合などは
科目免除も！

高卒認定試験合格
（試験は8月、11月の年2回）

高卒認定試験 **3**つの **特長**

年に２回のチャンス

高卒認定試験は、夏と秋の年2回、それぞれ2日間にわたって実施されます。おおむね第1回は8月のお盆前の平日2日間、第2回は11月の第2土曜日と日曜日となっています。試験会場は、各都道府県に1か所ずつ設けられ、高校や大学、県の施設などが会場となっています。高認の受験会場は住んでいるところに関係なく、受験申込時に自由に選ぶことができます。他県の会場の方が都合よければ、そちらで受験することも可能です。

落とす試験ではありません！

試験は択一式のマークシート方式 合格ラインは4割以上

高認の試験は、問題に対していくつかの選択肢から回答を一つ選ぶマークシート方式でほとんどの試験が行われています。

一度合格した科目は受験免除

受験科目は8科目ですが、一度に全部の科目に合格する必要はありません。高認では各科目の合格・不合格が判定され、いったん合格した科目はそれ以後受験する必要がなくなります。このため「今回は4科目、残りは次回で…」というように分けて受験することもできます。最終的に必要な科目が合格か受験免除になればいいということです。このように高認は自分のペースで合格していくことのできる試験です。

毎年約2万人が受験

高認は例年約2万人が受験しています。高認は高卒同等の学力があるかどうかをみる試験のため大学入試などと異なり"落とす"ための試験ではありません。"合格定員"というものはありません。

【出願者・受験者の状況】

出願者	19,191
受験者	16,813
合格者	7,932

※2023年度

合格ラインは４割以上、
通信制高校で科目履修という方法も

高卒認定試験は、問題に対していくつかの選択肢から回答を一つ選ぶマークシート方式でほとんどが行われています。数学だけは、択一式の問題は一部で、答案の数字を直接マークする形態になります。試験時間は各科目50分。合格ラインは公表されていませんが、4割以上が合格のめやすとなっています。

また、1科目以上合格した人には、残りの科目を通信制高校で行われている科目履修で代えることもできます。科目履修は、通信制高校で高認受験科目に相当する科目を勉強する（履修）ことです。苦手科目がある場合や、全科目は合格できなかったものの高認に合格して進学したい人、資格試験を受験したい人などが活用しています。

約9割の人が 1科目以上に合格しています

高認は8科目合格でめでたく「高認合格」となります。試験は年に2回（8月、11月）のチャンスがあるので1回目で全部の科目に合格できなくても、2回目のチャンスがあります。

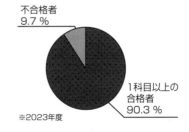

不合格者 9.7 %
1科目以上の合格者 90.3 %
※2023年度

高卒認定試験に対応しているフリースクールの学校紹介は P98

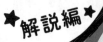

高校を途中で「かわる」
転入と編入

転入＆編入の仕組み

　人間関係のストレス、通学時間の長さ、環境が合わない…。期待して入った高校で、行き詰まってしまうこともあるかと思います。入った学校が合わなかったら、高校を「途中で変える」という選択肢もあります。

　高校を変える方法は**転入**と**編入**があります。転入は**在籍している学校から別の学校へ移る**ことで、いわゆる転校です。一方の編入は**一度高校を中退した状態から改めて高校に入る**ことです。

　高校に入ってから進路変更をする場合、在籍し

たまま別の学校を探し、受け入れ先が決まり次第新しい高校へ移る、転入を選ぶ方が多いです。通信制高校では随時転入を受け入れていますので、自分のタイミングで次の学校へ移ることが可能です。

　編入の入学時期は4月と10月です。通信制高校は2期制（前期＝4月〜9月、後期＝10月〜3月）が多く、学期が変わるタイミングで編入試験が行われていますので、いつ試験があるか学校に確認しておきましょう。

転入・編入までの流れ

Step1
在籍校（前籍校）に引き継げる単位数を確認する

Step2
転入・編入する学校を探す

Step3
転入の場合は在籍校に転校する時期など相談。編入の場合は受け入れ先の学校に必要書類などを確認

Step4
それぞれ試験を経て入学します

◎転入先に確認しておきたいポイント！

■ 1年間で修得できる上限単位数　　■ 単位が認められるまでの最低在籍期間

この二つの組み合わせで同級生と同じタイミングで卒業できるかわかります。
詳しくは個別相談などで問い合わせください。（個別相談窓口：0120-421-146）

＼ 転入・編入のスケジュール ／

転入の場合

在籍したまま別の学校へ入学

4月 〜 3月

4	5	6	7	8	9	10	11	12	1	2	3

転入の場合は**随時受け入れ可能**

編入の場合

中退して別の学校へ入学する

9月　　　　3月

4	5	6	7	8	9	10	11	12	1	2	3

学期が変わる前の3月・9月に試験が行われることが多いです

自分のペースで高校卒業「単位制」のしくみ

高校には大きく分けて「学年制」と「単位制」の二つの制度があります。

通信制の特長として挙げられるのは①自分のペースで学校生活を送れる②自由な時間ができるという2点ですが、この特長を支えているのが単位制というしくみです。

学年制

主に全日制・定時制で導入されており、学年ごとに履修する単位数が「パッケージ」のように決められています。このパッケージに入っている決められた単位が修得できなければ留年となり、原則その学年の単位をすべて取り直す必要があります。

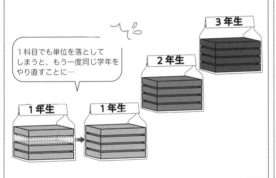

> 1科目でも単位を落としてしまうと、もう一度同じ学年をやり直すことに…

単位制

通信制高校と、一部の全日制・定時制で導入されています。科目ごとに単位認定を行い、高校の場合は3年以上で卒業に必要な単位数を修得していきます。

一つの科目を修得できなくても、同じ学年をやり直す必要はなく、留年がありません。

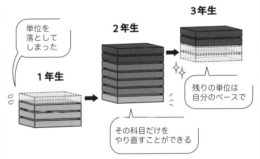

> 単位を落としてしまった

> 残りの単位は自分のペースで

> その科目だけをやり直すことができる

単位制の良さは、自分のペースで進められるという点です。例えば1年生のときは10単位しか修得できなかったとしても、次の2年生・3年生で残りの単位をすべて修得できれば、同学年の子と同時期に卒業が可能です。

通信制高校の場合、この単位制のしくみを活かして1〜2年生のうちに必要な単位をすべて修得して3年生は受験勉強に力を入れる、無理せず3年間でまんべんなく単位を取っていくなど、それぞれのスタイルに合わせて学習を進めていくことができます。

Q. 前籍校の単位は引き継げますか？

A. 可能です。

ただし、前籍校が「学年制」か「単位制」かで対応が異なります。「学年制」の場合、単位が認定されるのは原則年度末（進級が決まったタイミング）ですので、3学期が終わるまで在籍して、期末試験などもしっかり受けられれば単位が修得できます。修得できる単位数は学校によって異なりますので、在籍している学校に確認をしてください。「単位制」の場合は、科目ごとに認定されている単位をそのまま引き継ぐことができます。

Q. 高校を休学しています。学校を移ったら同級生と同じタイミングで卒業できますか？

A. 各校対応が異なります。

休学している期間を卒業条件の1つである「修学（在籍）期間」と認めるのは、各都道府県・校長判断になります。通信制高校では休学期間を修学期間と認めている学校と認めていない学校がありますので、詳しくは各校へお問合せください。

最新！
詳細！

スクール案内

Point! 1

スクール名／URL など
スクール名、ホームページの URL、e-mail アドレスです。最新の情報をつかむにはホームページが参考になります。

Point! 4

教育方針
教育方針はその学校の運営や活動のねらい、雰囲気などがわかります。

Point! 2

基本情報
住所、連絡先、最寄り駅などが記載されています。

Point! 3

スクールの分類

スクールの種別を表しています。一つの種別におさまらないスクールについては、代表的なものを載せてあります。
なお、高等学校卒業程度認定試験の指導をしている場合は、「高認指導」と表示してあります。

スクールさぽーとネットワーク
http://www.web-p.jp/sukusapo/
e-mail : pippara@marimo.or.jp

〒085-0047　北海道釧路市新川町1-7
シッポファーレ内
TEL：090-1644-3855　FAX：0154-32-4089
交通：JR線「釧路駅」

フリースクール
高認指導

■教育方針
一人ひとりの笑顔が大切。心の肯定、心の解放をめざしています。学校、社会という狭い規範にとらわれず個人が夢を持って生きていける自信と信頼を育てたい！

親 の 会	―
受入時面接	○
体 験 入 学	○
学校出席扱	○

費用	入 会 金	―
	教 材 費	実費
	授 業 料	8,000円/月
	そ の 他	費用はプログラムにより異なります。

代 表 者	酒田 浩之
設 立	2006年
受入年齢	小·中·高 成人も可
運営日時	月曜～金曜 10:00～17:00 土日応相談
定 員	特になし
在籍者数	6名(2024年2月現在)
スタッフ数	3名

■こんな子どもに向いています■
心的外傷を持つ子どもの対応も可。ボランティア活動や体験学習、音楽、アートが好きな子ども大歓迎。

■主な活動内容
個別支援でそれぞれに合ったプログラムを提供します。就労、学習、脳トレ、スポーツ、ボランティアなど。

■スタッフの特長
10代から50代まで男女3名ずつのスタッフは心理士をはじめ専門性も高い。

Point! 5

サポート体制
親の会、受け入れ時の面接、体験入学の受け入れ、学校の出席扱いについての有無を○か―で表しています。

Point! 7

運営情報
受け入れ対象年齢や運営日時など、スクールの運営情報を掲載しています。

Point! 8

受け入れる子どもの状態

受け入れている子ども・若者の状態を示しています。受け入れている場合は色を濃く、受け入れていない場合は薄くしています。

例：　受け入れている
　　受け入れていない

Point! 6

費用
スクールへの入会・参加にかかる費用です。コースなどが複数ある場合、代表的なものを掲載しています。

Point! 9

詳細情報
スクールに向いている子どものタイプ、活動内容、先生やスタッフの特長などが掲載されています。どんなスクールなのかがわかる情報です。

最新！詳細！ スクール案内の見方

Point! 1

学校の分類／学校名／URL など

学校名、ホームページの URL、学校の分類が記載されています。

Point! 2

学校の基本情報

校長名、住所や電話番号など基本情報の欄。学校への問い合わせはココにします。

Point! 3

写真／地図

写真と地図を掲載。アクセスの目安と、学校のイメージが浮かんできます。

Point! 4

学習状況

学習の進め方についてまとめてあります。カリキュラムの特長や進学指導、補習指導についても。

Point! 5

都道府県タグ

その学校の学習拠点がある都道府県が一目でわかるようになっています。本校のある都道府県に★、校舎などのある都道府県を黒で示しています。

Point! 6

学校の特色

学校の特長を載せています。

（右側ページのサンプル）

北海道／青森／岩手／宮城／秋田／山形／福島／茨城／栃木／群馬／埼玉／千葉／東京★／神奈川／新潟／富山／石川／福井／山梨／長野／岐阜／静岡／愛知／三重／滋賀／京都／大阪／兵庫／奈良／和歌山／鳥取／島根／岡山／広島／山口／徳島／香川／愛媛／高知／福岡／佐賀／長崎／熊本／大分／宮崎／鹿児島／沖縄

【高等専修学校】

芸術工芸高等専修学校
（げい じゅつ こう げい こう とう せん しゅう がっ こう）

(https://www.geijutsu.ac.jp　E-mail : info@geijutsu.ac.jp)

■校長名：浦野　香奈子
■住　所：〒206-0001　東京都多摩市和田 1717-2
■電　話：042-375-7314
■ＦＡＸ：042-375-7345
■最寄駅：京王線「聖蹟桜ヶ丘」駅より徒歩 15 分、またはバス 5 分
　　　　　「多摩センター」駅、「国立」駅よりバスあり
■沿　革：1941 年　福祉団体 愛楽会　設立
　　　　　1986 年　開校
　　　　　2016 年 4 月　学校変更、募集再スタート
■教育理念：
　芸術教育を通して創造力、探求心、社会性を育む
■運営母体【学校法人】：
　名　称：学校法人愛楽会
　所在地：〒206-0001　東京都多摩市和田 1717-2
　電　話：042-375-7314　ＦＡＸ：042-375-7345
■併設校：なし
■生徒が入学する通信制高校：
　学校法人野田鎌田学園 あずさ第一高等学校

学習状況

●カリキュラムの特長
3つのステップによる教育システム

(step1)　個別支援計画の作成

新入生全員に入学前面談を実施し、その生徒の興味・関心や学習面・心理面での不安なことを丁寧に聴きとります。また、カウンセラーが中心となり、聴きとった内容を個別支援計画としてまとめ、教員間で共有をします。

(step2)　一人ひとりの「居場所」づくり

初めての場所・初めての人間関係は、誰しも緊張するもの。「友だちができるだろうか」「クラスメイトに受け入れてもらえるだろうか」……そうした不安も当然、出てくるでしょう。でも、焦らなくても大丈夫。自分のペースに合わせて、自分なりの距離感で周囲との関係性を築いていけるよう、教員最が通摂して、一人ひとりの居場所づくりに努めます。例えば、普段過ごす教室が居心地の良い場であるように、カウンセラーが入って声がけをしたり、休み時間や放課後、自分に合った過ごし方ができるように環境を整えたり、さらには行事を通した他学年との交流や、ボランティアの大学生（メンタルフレンド）との出会いを重ねたり……様々な機会を設けて、関係性の中での安心感・居場所感を育んでいきます。

(step3)　きめ細やかな学習サポートと進路指導

本校の学習カリキュラムは、専門科目と基礎科目、そして校外学習・行事から成っています。基礎科目（一般科目）では、社会へ出た時に必要な基礎学力の定着を目指し、除々に学ぶ楽しさを感じてもらえるような授業を行います。専門科目では、一人ひとりの個性や能力を最大限に伸ばす、実習を中心とした授業を展開します。時間をかけた作品が出来上がったときの達成感は、学校生活の充実感へとつながっていくはずです。校外学習・行事は、年間 10 回程度実施しています。友人との楽しい思い出作りももちろん大切ですが、様々な行事への取り組みの中で、自ら考え、判断し、問題を解決できる力や社会の中で他人との良いかかわりを築くためのスキルの獲得など、社会性を育む機会でもあります。

また進路指導では、生徒本人・保護者と面談を重ねながら、一人ひとりが自分の「目標」を見つける過程を丁寧にサポートします。必要に応じて外部の専門機関、民間教育機関とも連携し、充実した社会参加が可能になるように、適切な進路選択に向けて支援を行います。

特色

芸術工芸高等専修学校では独自の支援教育を行うことで、インクルーシブ教育を実践します。個々を尊重し、様々な能力を可能な限り最大限伸ばすことで、社会に効果的に参加することを可能にするという目的のもと、必要な配慮を行います。一人ひとりに合わせた個別支援計画を作成し、それに沿って、実習授業での手順や説明方法の工夫、生徒それぞれの個性や能力に合わせた目標設定等の配慮をしています。

基礎科目では ICT 教材を活用し、個別の対応を行うことで、「わかる」授業を展開していきます。集団生活の中だからこそ学べること、同年代の友達だからこそわかりあえることを大切にし、全ての生徒が学習や生活の両面において、それぞれのペースで成長していくこと、またお互いをフォローし合って一緒に成長していけることを目指し、サポートしていきます。

①創造力を磨く

自由な想像と発想を促して、一人ひとりの創作意欲を高めます。また、構成力やデッサン力といった専門的な技能と知識を基礎から伝え、実社会に活用できる創造力・表現力を磨きます。

②探求心を培う

様々な表現や考え方、未知の物事との出会いを通して生徒の知的好奇心を刺激していきます。世界に対する視野が広がると同時に、自分自身の新しい可能性にも気づいていけるでしょう。

③社会性を育む

コミュニケーションスキルとは、他者の視点に立つとともに、自分の気持ちや考えもしっかりと伝えていること。一人ひとりが安心して「自分らしさ」を表現できるよう、自他の個性を尊重する姿勢を育みます。

266

100

学校指定の標準服が2種あります。
夏季・冬季、時期によって私服登校期間を設けています。

生徒本人の希望を第一に考えながら、保護者や担任（進路担当）、必要に応じて様々な外部機関とも連携し、進路希望先を決定します。
生徒本人のもつ才能・能力・意欲を考慮し、進学・就職希望先とのマッチングやその先の進路状況もふまえた支援をしていきます。

入学式、デイキャンプ、美術館見学、サマーキャンプ、文化祭、芸術鑑賞会、修学旅行、卒業式等を予定しています。

クラフト部、創作部、バドミントン部、軽音部、園芸部、筋トレ部など
生徒の希望で活動しています。

また、2022年度開催の「全国高等専修学校 体育大会」でバドミントン、陸上、スポーツウエルネス吹矢、自転車競技に出場しました。

生徒情報

【不登校生に対する指導・いじめ防止対策】
公認心理師・臨床心理士の資格をもったカウンセラーが常駐しています。個別の相談に対応することはもちろん、授業や行事などにも一緒に参加し、不安なことや困ったことなどがあったときには、すぐに相談できる「身近な存在」として支援を行っていきます。自分から相談することが苦手な生徒には、カウンセラーからも声をかけていきます。

【保護者連絡】
保護者懇談会、面談等において保護者と連携を深めていくことも重要だと考え、学校生活のことや日常生活のことなど、情報共有をしながらサポートをしていきます。
おしゃべり会等保護者同士の交流の機会も設けます。

【生徒数】 2023年1月現在

学年	生徒数	クラス数	1クラスの平均人数
1年次	30名	1クラス	30名
2年次	15名	1クラス	15名
3年次	12名	1クラス	12名

【教員数】
常勤 教員：5名　カウンセラー（公認心理師）：1名
非常勤講師：12名

Point! 11 詳細情報
生徒数、講師数をはじめ、服装や髪型、クラブ活動、保護者との連絡方法、いじめ対策などなど、気になることを項目ごとにまとめました。

Point! 10 学校行事の予定表
生徒が「楽しみ」な行事やイベントを一年分収録！

2024年度の募集・進路状況

【2024年度】
募集定員：デザイン科30名程度
出願資格：本人・保護者ともに本校の説明会等に参加し、教育方針・教育内容に賛同している方
出願期間：2023年11月1日（水）～2024年3月14日（木）
（定員になり次第締め切ります）
試験日：2023年11月11日（土）以降、学校が指定する日
（詳細はお問い合わせください）
選考方法：前期─作文、面接、適性検査
　　　　　後期─作文、面接、実技審査

学費について
■デザイン科
学費等納入金：(1年次) 796,000円
※高等学校等就学支援金が受給できます。
さらに東京都私立高等学校等授業料軽減助成金も受給可能です（都内在住者）。
詳しくは本校へお問い合わせください。
※別途、教材費、積立金（行事費）が必要になります。

卒業後の進路
進学希望が半数を超えますが、就職や就労移行支援・就労継続支援等の利用など、進路は多岐に渡ります。

【進学（合格実績）】
多摩美術大学・東京造形大学・女子美術大学・横浜美術大学・日本工学院・町田デザイン専門学校・日本デザイン福祉専門学校・東洋美術学校

Point! 9 募集・進路の状況
試験日や選考内容などの募集要項をはじめ、学費、卒業状況や卒業後の進路先などがまとめられています。

<学校の施設>

校舎面積	636m²	事務室	あり
保健室	あり	ラウンジ	ー
職員室	あり	カウンセリング室	あり
図書室	あり		

◇◇◇◇◇ この学校にアクセスしてみよう！

学校説明会	入学前電話相談	文化祭見学	体育祭見学	資料請求
○	○	○	ー	○

▼体験授業・学校説明会
毎月2回程度、主に土曜日に開催
▼個別相談・学校見学
随時受付（要予約）当日予約も可能です
※詳しくはHPをご覧ください

267

Point! 7 学校の施設／説明会・見学の受入状況
学校の規模や、設備の有無についてまとめてあります。
「この学校にアクセスしてみよう」では学校訪問の受け入れ状況のほか、見学の申込方法などに触れています。

Point! 8
欄外には、学校説明会の日程などが記載されていることもあります。

飛鳥未来 中等部・初等部 札幌教室

〒060-0061 北海道札幌市中央区南1条西9-11-3
札幌スポーツ&メディカル専門学校 ウエスト3F
TEL：011-208-6805　FAX：011-280-0361
交通：地下鉄東西線「西11丁目駅」3番出口より徒歩4分

https://www.sanko.ac.jp/asuka-fs/sapporo/
e-mail：info-sapporo-freeschool@sanko.ac.jp

■教育方針

主体性・社会性を培い、自主学習を通して生き抜く力をはぐくむという理念のもと、自分らしさを取り戻し、なりたい自分を実現していく学習支援を行います。先生から生徒に指示を与えるような一方通行の教育をせず、学ぶこと・やることを自分で決めるから、通い続けることができ、楽しく学ぶことができます。勉強・友人関係・進路の悩みなど、一人ひとりにきめ細かく寄り添ってサポートします。
※ネットコースあり

親 の 会	○
受入時面接	○
体 験 入 学	○
学校出席扱	○

費用	入 会 金	50,000円
	教 材 費	―
	授 業 料	30,000~52,000円/月
	そ の 他	―

代 表 者	川口　真澄
設　　立	2018年
受入年齢	小学4年生～中学3年生
運営日時	月曜～金曜 10:00～15:00
定　　員	―
在籍者数	35名(2024年2月現在)
スタッフ数	16名

■こんな子どもに向いています■
自分のペースで学習に取り組みたい方、生活リズムを整えたい方、学習だけではなく、様々なことにチャレンジしたい方。

■主な活動内容■
教科学習のほか、調理や制作活動に挑戦することもできます。外出したり外部講師をお招きして授業を行うことも。姉妹校と連携した体験授業や合同イベントに参加することも可能です。

■スタッフの特長■
教員免許保有。年齢層も趣味も幅広く個性豊かなスタッフが在籍しています。1人1人の話に耳を傾け、それぞれに寄り添った対応を心がけています!

スクールさぽーとネットワーク

〒085-0047　北海道釧路市新川町1-7
シッポファーレ内
TEL：090-1644-3855　FAX：0154-32-4089
交通：JR線「釧路駅」

http://www.web-p.jp/sukusapo/
e-mail：pippara@marimo.or.jp

■教育方針

一人ひとりの笑顔が大切。心の肯定、心の解放をめざしています。学校、社会という狭い規範にとらわれず個人が夢を持って生きていける自信と信頼を育てたい!

親 の 会	―
受入時面接	○
体 験 入 学	○
学校出席扱	○

費用	入 会 金	―
	教 材 費	実費
	授 業 料	8,000円/月
	そ の 他	費用はプログラムにより異なります。

代 表 者	酒田　浩之
設　　立	2006年
受入年齢	小・中・高 成人も可
運営日時	月曜～金曜 10:00～17:00 土日応相談
定　　員	特になし
在籍者数	6名(2024年2月現在)
スタッフ数	3名

■こんな子どもに向いています■
心的外傷を持つ子どもの対応も可。ボランティア活動や体験学習、音楽、アートが好きな子ども大歓迎。

■主な活動内容■
個別支援でそれぞれに合ったプログラムを提供します。就労、学習、脳トレ、スポーツ、ボランティアなど。

■スタッフの特長■
10代から50代まで男女3名ずつのスタッフは心理士をはじめ専門性も高い。

NPO法人 星槎さっぽろ教育センター

〒001-0011　北海道札幌市北区北11条西4-2-3
TEL：011-700-3830　FAX：011-700-3835
交通：南北線「北12条駅」

http://seisa.ed.jp/sapp/kc_web_
e-mail：sapporo-kc@seisa.ed.jp

■教育方針

フリースクール「星の教室」の1番の目的は通うこどももその保護者もみんなが笑顔になれる瞬間をつくることです。毎日嬉しいこともあれば悲しいことも、辛いこともあるのが人生です。そんな中で1日1回、フリースクールに来た時に「あはは」と笑いあえることができたらいいと思っています。学校にはそれぞれルールがあり、社会にでるための大切なことがつまっているのでしょう。私たちのフリースクールも思いは同じです。次のステップで希望をもって歩めるような学びをサポートしたいと思います。だけど、それぞれのペースがあっていいし、学び方や内容が違ってもいい。みんな社会での活躍の仕方、参加の仕方はそれぞれなんだからそこまでの過程もバラバラでもいい。そんな思いで活動しています。まずはフラッとお立ち寄りまたはお問い合わせください。

親 の 会	―
受入時面接	○
体 験 入 学	○
学校出席扱	○

費用	入 会 金	20,000円
	教 材 費	―
	授 業 料	16,000円/月
	そ の 他	施設費として2,000円/月

代 表 者	大倉　はづき
設　　立	2013年
受入年齢	小学4～中学3年 ※中学既卒含む
運営日時	月曜～金曜 9:20～15:00
定　　員	20名
在籍者数	16名
スタッフ数	9名

■こんな子どもに向いています■
居場所はもちろん、基礎学習の定着や体験的な学びも楽しめます。

■主な活動内容■
基礎学習の定着、芸術(イラスト・工作)やスポーツも楽しく学べます。

■スタッフの特長■
20～30代中心、養護教諭常駐。教員免許保持。

星槎フリースクール 旭川りぷる

http://www.seisa.ed.jp/asahikawa/freeschool/
e-mail : asahikawa@seisa.ed.jp

〒070-0031　北海道旭川市1条通9丁目90-21
19ビル3F
TEL：0166-74-3133　FAX：0166-74-3134
交通：JR『旭川駅』北口より徒歩5分

■教育方針
好きなこと・得意なことを発見して楽しく学んでほしい、友だちとわかり合い、大切にし合う喜びを感じてほしい、社会で生きるスキルを身につけ、自信を持ってほしい、と考えています。そしてここにはひとつの小さな社会があります。
その他:星槎大学、星槎道都大学、星槎国際高校 併設

代表者	竹原 実里
設　立	2019年
受入年齢	小学校4年生〜中学校3年生
運営日時	週1〜5回 10:30〜15:50（原則として）
定　員	30名程度
在籍者数	10名
スタッフ数	6名

親　の　会	—
受入時面接	○
体験入学	○
学校出席扱	○※要相談

費用	入会金	10,000円
	教材費	5,000円
	授業料	11,000円(週1回)
	その他	—

■こんな子どもに向いています
学び方を変えればイキイキとする子どもたち。理解してもらえなかった悔しさがたまっている子どもたち。新しい仲間を求めている子どもたち。

■主な活動内容
本物を体験する総合学習(社会・文化・芸術・科学・生活・体育)・基礎学力・ソーシャルスキル・ライフスキルのトレーニング。

■スタッフの特長
不登校や発達障害を理解し、様々な視点から星槎の教員やゼミ講師が支援・対応します。

星槎フリースクール えみな

https://edunpo.seisa.ac.jp/
e-mail : obihiro@seisa.ed.jp

〒080-0015　北海道帯広市西5条南10-37
TEL：0155-22-3830　FAX：0155-22-3835
交通：JR『帯広駅』南口より徒歩6分

■教育方針
「ともに学び、ともに感動する」共感理解教育実践校です。①「社会で必要な力を身につけます」:人との関わり合いの中で、楽しみながらコミュニケーションを学び、社会性を身につけていきます。②「基礎学習・体育・芸術・SSTから選んで学べます」:自分にあった学習方法を見つけ、基礎的な学力の定着を目指します。幅広い学習内容から興味のある分野を選んで学べます。③「登校復帰から進学までサポートします」:在籍校の学校長の判断により、フリースクールに登校した日数に振り替えることもできます。

代表者	松山 さとみ
設　立	2010年
受入年齢	小学4年生〜中学3年生
運営日時	週1〜5回 10:20〜15:00
定　員	なし
在籍者数	10名
スタッフ数	6名

親　の　会	○
受入時面接	○
体験入学	○
学校出席扱	○

費用	入会金	20,000円
	教材費	実費
	授業料	10,000円／月(週1日の場合)
	その他	施設整備費1,000円／月(週1日の場合)

■こんな子どもに向いています
「学校に行きたい気持ちはあるけれど…。」「自分に自信が持てない。」「友だちをつくりたい。」そんな子どもたちが輝ける場です。

■主な活動内容
幅広い学習内容から自分で選んで学ぶことができます。基礎的な学力の定着を目指すことやSSTを通して人間関係力を養うこと、体育や芸術など自分にあった好きなこと・得意なことを活かして学ぶことができます。

■スタッフの特長
支援教育カウンセラーの資格を所有する職員が対応します。

星槎フリースクール北広島

https://seisa.ed.jp/kitahiro/
e-mail : kitahiroshima@seisa.ed.jp

〒061-1196　北海道北広島市中の沢149番地
（星槎道都大学 3号館3F）
TEL：011-372-8207　FAX：011-375-8006
交通：JR千歳線『北広島』駅から無料シャトルバスで約10分

■教育方針
大学の中にあるフリースクールが開設。小学校1年生から大学4年生までシームレスな学びが可能。好きなこと・得意なことを発見して楽しく学んでほしい、友だちとわかり合い、大切にし合う喜びを感じてほしい、社会で生きるスキルを身につけ、自信を持ってほしい、と考えています。そしてここにはひとつの小さな社会があります。
ー星槎道都大学、星槎国際高校 併設ー
■星槎フリースクール北広島（下記費用も参照）
（専門的少人数指導による、もうひとつの小・中学校）

代表者	伊藤 夏海
設　立	2021年
受入年齢	小4〜中3
運営日時	週1〜5回 9:00〜17:00
定　員	30名程度
在籍者数	10名
スタッフ数	9名

親　の　会	○
受入時面接	○
体験入学	○
学校出席扱	○

費用	入会金	10,000円
	教材費	1,000円／月(施設設備費含む)
	授業料	受講数×1,500円(週1コマから可能)／月
	その他	—

■こんな子どもに向いています
学び方を変えればイキイキとする子どもたち。「自分らしい」と感じる場がほしい子どもたち。さまざまなことに挑戦したいと思っている子どもたち。

■主な活動内容
一人ひとりに合わせた基礎学力やソーシャルスキル、ライフスキルを高める授業、学年を超えて関わりあう選択ゼミ授業。

■スタッフの特長
20〜30代が中心。不登校・発達障がいを理解し、教員免許保有。星槎国際高校、星槎道都大学の教員も協力。

星槎フリースクール千歳「とことこ」

〒066-0072　北海道千歳市自由が丘4丁目2-6
（カフェハル2F）
TEL：080-4044-5931　FAX：011-375-8006
交通：JR千歳線「千歳」駅からバス停「自由ヶ丘1丁目」下車徒歩3分

https://seisa.ed.jp/kitahiro/
e-mail：kitahigashima@stseisa@tryygroup.com

■教育方針

好きなこと・得意なことを発見して楽しく学んでほしい、友だちとわかり合い、大切にし合う喜びを感じてほしい、社会で生きるスキルを身につけ、自信を持ってほしい、と考えています。①到達度に応じた課題で「わかる」「できる」学習。②生徒一人ひとりの個性や発達の特性を生かす。③人やものと出会う「ホンモノの体験」を通じて生きた力をつける。④自分の進む道を考え、キャリア設計する力をつける。⑤不思議『？』発見で、創造性と科学する心を育てる。

代表者	加藤　真章
設立	2023年
受入年齢	小4〜中3
運営日時	週1〜5回 9:00〜17:00
定員	10名程度
在籍者数	―
スタッフ数	9名

親の会	―
受入時面接	○
体験入学	○
学校出席扱	○

費用	入会金	5,000円
	教材費	1,000円/月（施設設備費含む）
	授業料	週1〜3回10,000円/月
	その他	―

■こんな子どもに向いています

学び方を変えればイキイキとする子どもたち。「自分らしい」と感じる場がほしい子どもたち。さまざまなことに挑戦したいと思っている子どもたち。

■主な活動内容

一人ひとりに合わせた基礎学力やソーシャルスキル、ライフスキルを高める授業、学年を超えて関わりあう選択ゼミ授業。

■スタッフの特長

20〜30代が中心。不登校・発達障がいを理解し、教員免許保有。星槎国際高校の教員も協力。

トライ式中等部 旭川キャンパス

〒070-0031　北海道旭川市一条通8-108
フイール旭川3F
※全国に123ヶ所のキャンパスがあります
TEL：0120-919-439

https://www.try-gakuin.com/freeschool/
e-mail：try-gakuin-chutobu@trygroup.com

■教育方針

不登校からの高校進学・大学進学をはじめとして、あらゆる生徒の進路を切り開くために、学力の向上はもとより社会を生き抜く力を育む様々な支援を行っているのがトライ式中等部です。夢や目標の実現に向け、一人ひとりに合わせたサポートをしています。
学習スタイルは「通学型」「在宅型」「オンライン型」の3つあり、自分にあったものを選べます。いつでも何度でも、切り替えたり組み合わせることができます。
また、在籍している中学校の学校長の許可があれば、トライ式中等部への登校を出席扱いにすることが可能です。

代表者	物部　晃之
設立	2024年4月
受入年齢	中学生
運営日時	9時〜16時 指導場所、曜日、時間は自由に選択可能
定員	―
在籍者数	―
スタッフ数	―

親の会	―
受入時面接	○
体験入学	○
学校出席扱	○ 学校との相談が必要

費用	入会金	50,000円（税別）
	教材費	―
	授業料	40,000円/月（税別）
	その他	詳細は直接お問い合わせください。

■こんな子どもに向いています

・不登校を解決したいと考えている方
・中学校の勉強についていきたい方
・高校へ進学したいと考えている方

■主な活動内容

学習の個別サポートに加え、修学旅行や体育祭などの学校行事やサークル活動、ゼミ（プログラミングなど）に参加することができます。※参加は自由です

■スタッフの特長

経験豊富なキャンパス長や講師がキャンパスに常駐し、日々の学習や生活をサポートします。

トライ式中等部 札幌キャンパス

〒060-0809　北海道札幌市北区北9条西3-10-1
小田ビル2F
※全国に123ヶ所のキャンパスがあります
TEL：0120-919-439

https://www.try-gakuin.com/freeschool/
e-mail：try-gakuin-chutobu@trygroup.com

■教育方針

不登校からの高校進学・大学進学をはじめとして、あらゆる生徒の進路を切り開くために、学力の向上はもとより社会を生き抜く力を育む様々な支援を行っているのがトライ式中等部です。夢や目標の実現に向け、一人ひとりに合わせたサポートをしています。
学習スタイルは「通学型」「在宅型」「オンライン型」の3つあり、自分にあったものを選べます。いつでも何度でも、切り替えたり組み合わせることができます。
また、在籍している中学校の学校長の許可があれば、トライ式中等部への登校を出席扱いにすることが可能です。

代表者	物部　晃之
設立	2010年4月
受入年齢	中学生
運営日時	9時〜16時 指導場所、曜日、時間は自由に選択可能
定員	―
在籍者数	―
スタッフ数	―

親の会	―
受入時面接	○
体験入学	○
学校出席扱	○ 学校との相談が必要

費用	入会金	50,000円（税別）
	教材費	―
	授業料	40,000円/月（税別）
	その他	詳細お問い合わせください。

■こんな子どもに向いています

・不登校を解決したいと考えている方
・中学校の勉強についていきたい方
・高校へ進学したいと考えている方

■主な活動内容

学習の個別サポートに加え、修学旅行や体育祭などの学校行事やサークル活動、ゼミ（プログラミングなど）に参加することができます。※参加は自由です

■スタッフの特長

経験豊富なキャンパス長や講師がキャンパスに常駐し、日々の学習や生活をサポートします。

トライ式中等部 新札幌キャンパス

https://www.try-gakuin.com/freeschool/
e-mail：try-gakuin-chutobu@trygroup.com

〒004-0051 北海道札幌市厚別区厚別中央一条
6-3-3　BiVi新さっぽろ4F
※全国に123ヶ所のキャンパスがあります
TEL：0120-919-439

■教育方針

不登校からの高校進学・大学進学をはじめとして、あらゆる生徒の進路を切り開くために、学力の向上はもとより社会を生き抜く力を育む様々な支援を行っているのがトライ式中等部です。夢や目標の実現に向け、一人ひとりに合わせたサポートをしています。
学習スタイルは「通学型」「在宅型」「オンライン型」の3つあり、自分にあったものを選べます。いつでも何度でも、切り替えたり組み合わせることができます。
また、在籍している中学校の学校長の許可があれば、トライ式中等部への登校を出席扱いにすることが可能です。

親 の 会	—
受入時面接	○
体験入学	○
学校出席扱	○ 学校との相談が必要

費用	入会金	50,000円（税別）
	教材費	—
	授業料	40,000円/月（税別）
	その他	詳細は直接お問い合わせください。

代表者	物部 晃之
設 立	2024年4月
受入年齢	中学生
運営日時	9時～16時 指導場所、曜日、時間は自由に選択可能
定 員	—
在籍者数	—
スタッフ数	—

■こんな子どもに向いています
・不登校を解決したいと考えている方
・中学校の勉強についていきたい方
・高校へ進学したいと考えている方

■主な活動内容
学習の個別サポートに加え、修学旅行や体育祭などの学校行事やサークル活動、ゼミ（プログラミングなど）に参加することができます。※参加は自由です

■スタッフの特長
経験豊富なキャンパス長や講師がキャンパスに常駐し、日々の学習や生活をサポートします。

トライ式中等部 函館キャンパス

https://www.try-gakuin.com/freeschool/
e-mail：try-gakuin-chutobu@trygroup.com

〒040-0011 北海道函館市本町3-12
カーニープレイス函館1F
※全国に123ヶ所のキャンパスがあります
TEL：0120-919-439

■教育方針

不登校からの高校進学・大学進学をはじめとして、あらゆる生徒の進路を切り開くために、学力の向上はもとより社会を生き抜く力を育む様々な支援を行っているのがトライ式中等部です。夢や目標の実現に向け、一人ひとりに合わせたサポートをしています。
学習スタイルは「通学型」「在宅型」「オンライン型」の3つあり、自分にあったものを選べます。いつでも何度でも、切り替えたり組み合わせることができます。
また、在籍している中学校の学校長の許可があれば、トライ式中等部への登校を出席扱いにすることが可能です。

親 の 会	—
受入時面接	○
体験入学	○
学校出席扱	○ 学校との相談が必要

費用	入会金	50,000円（税別）
	教材費	—
	授業料	40,000円/月（税別）
	その他	詳細は直接お問い合わせください。

代表者	物部 晃之
設 立	2024年4月
受入年齢	中学生
運営日時	9時～16時 指導場所、曜日、時間は自由に選択可能
定 員	20名
在籍者数	—
スタッフ数	—

■こんな子どもに向いています
・不登校を解決したいと考えている方
・中学校の勉強についていきたい方
・高校へ進学したいと考えている方

■主な活動内容
学習の個別サポートに加え、修学旅行や体育祭などの学校行事やサークル活動、ゼミ（プログラミングなど）に参加することができます。※参加は自由です

■スタッフの特長
経験豊富なキャンパス長や講師がキャンパスに常駐し、日々の学習や生活をサポートします。

一般社団法人にじーず

https://24zzz-lgbt.com
e-mail：24zzzmail@gmail.com

札幌市内で開催（詳細はHPをご覧ください）
※他、仙台市、さいたま市、東京都内（渋谷、多摩地域）、
新潟市、長岡市、長野市、松本市、京都市、大阪市、神戸市、
岡山市の公共施設を借りて定期開催

■教育方針

LGBTの子ども・若者が同世代の仲間と交流することで、悩みや困りごとが共有できる居場所です。
自分の性のあり方は話しても話さなくても構いません。
また法律上の名前や学校名などを明かす必要はありません。
コロナ対策のため事前予約制にしていますが、時間内はいつ来てもいつ帰っても自由です。保護者の方は入り口まで送迎いただけます（中高生で一人で来る参加者も多いです）。

親 の 会	—
受入時面接	—
体験入学	—
学校出席扱	—

費用	入学金	0円
	教材費	0円
	授業料	0円
	その他	0円

代表者	遠藤 まめた
設 立	2016年
受入年齢	10代から23歳
運営日時	日曜日 13:00～17:00 ※1～数ヶ月に1回
定 員	20名／各回
在籍者数	月90人前後が利用（各回の平均は10～20人程度）
スタッフ数	60名

■こんな子どもに向いています
LGBTやそうかもしれない子ども・若者限定です。非当事者や大人の方は参加できません。

■主な活動内容
LGBTの子どもや若者が集まって話したり遊んだりできる居場所で定期開催しています。

■スタッフの特長
20代から30代のLGBT当事者や理解者を中心に運営。

プラス学習舎

http://plusgakusyusya.sakura.ne.jp
e-mail：totsuka-h@silver.plala.or.jp

〒060-0001　北海道札幌市中央区北1条西19丁目2-17
表参道明豊ビル2F
TEL：011-616-1610　FAX：011-616-1610
交通：地下鉄東西線「西18丁目駅」

■教育方針

インクルーシブ教育の考えのもと、自分のペースで学びたい生徒や特別な支援を必要とする生徒など、それぞれの個性を理解した学習指導を行っています。学校の勉強や塾の勉強に自分のペースが合わない、通学困難で学習する機会が得られない、自分の考えがわかってもらえないといった気持ちを理解し、学ぶ意欲を育みながら自発的に学べることを目指します。

親　の　会	－
受入時面接	○
体験入学	○
学校出席扱	○

費用	入会金	10,000円
	教材費	－
	授業料	40,000円／月
	その他	半期諸経費として6,000円

代表者	戸塚　博之
設　立	2006年
受入年齢	小学生～高校生
運営日時	月曜～土曜 10:00～19:00
定　員	特になし
在籍者数	48名(2023年12月現在)
スタッフ数	4名

■こんな子どもに向いています■
勉強したい、わからないところから教えてほしいなど、学ぶ意欲を応援します。

■主な活動内容■
それぞれのペースに合わせた学習支援を行っています。

■スタッフの特長■
学ぶことが好きなスタッフです。勉強の楽しさを伝えます。

フリースクール かむいサンビレッジスクール

http://17247590.at.webry.info/

〒070-8012　北海道旭川市神居2条18-5-7
（ヒューマンキャンパス高等学校　併設）
TEL：0166-63-2231　FAX：0166-63-2247
交通：JR「旭川駅」下車　循環バス約20分
道北バス伊の沢循環線・旭川1の7発→神居2の19降車

■教育方針

かむいサンビレッジスクールは小・中・高校生の為の学習支援型フリースクールです。
旭川市内及び近郊の小中学校との出席扱いですが、当校に通学する事により一定の条件を満たせば認められます。地域の小中学校との連携も取れますので、詳しくはご相談願います。
校訓は「学び愛・為世為人・人間力育成」を掲げており、将来の就業までも見据えたキャリアデザイン、人間力の育成が大切と考えております。不登校生や学校を休みがち、学校には行っているが一斉授業や団体行動が苦手…そんな生徒たちの拠り所になるオアシスのような学び場です。個別指導学習塾としても受講でき、進学指導も可能です。
生徒達にとって居心地の良い自分のままでいられる、そんなプライベートスクールを目指しております。

親　の　会	○
受入時面接	○
体験入学	○
学校出席扱	○ 学校との相談が必要

費用	入会金	5,000円(税別)
	教材費	実費
	授業料	5,500円／月
	その他	なし

代表者	星野　としひろ
設　立	1996年
受入年齢	小学生～高校生
運営日時	月・火・木・金 14:00～18:30
定　員	20名
在籍者数	16名(2024年1月現在)
スタッフ数	3～4名

■こんな子どもに向いています■
不登校経験のある、学校には行っているが一斉授業や団体行動が苦手、自分のペースで学習サポートを受けたいお子さん。

■主な活動内容■
個別学習支援はもちろん、野外体験学習やキャリア教育セミナーなど生きる力・人間力を育む活動も行います。文科省認定の高校卒業資格が取得できる単位制・通信制高等学校も併設しております。

■スタッフの特長■
代表は高等学校教諭1種免許・キャリア教育コーディネイター・心理カウンセラー1級・コーチング1級有資格者です。

NPO法人 フリースクール 札幌自由が丘学園

http://www.sapporo-jg.com
e-mail：fs@sapporo-jg.com

〒060-0908　北海道札幌市東区北8条東1丁目3-10
TEL：011-743-1267　FAX：011-743-1268
交通：地下鉄南北線&東豊線JR線「札幌駅」

■教育方針

STEP UP(今一歩の挑戦)・JOIN HANDS(互いに認め合う人間関係)・GOOD SENSE(高い感性と知性、そして賢明な行動)の三つの柱からなる「SJGコンセプト」を教育目標に掲げています。仲間やスタッフとのコミュニケーションを通じて元気を取り戻し、個人の能力に応じた授業やアウトドア・表現活動などの特別活動の中から次の目標を掴んで巣立っていった生徒たちが、これまで約300名にものぼりました。　※授業料については、ご家庭の収入に応じた減額制度を実施中です。詳しくはお問い合わせください。

親　の　会	○
受入時面接	○
体験入学	○
学校出席扱	○

費用	入会金	30,000円
	授業料	全日コース：36,000円／月　週2コース：22,000円／月
	その他	特別活動への参加にあわせ、費用をいただくことがあります。

代表者	杉野　建史
設　立	1993年
受入年齢	小～中
運営日時	月曜～金曜 10:00～15:30
定　員	40名
在籍者数	18名(2024年1月現在)
スタッフ数	3名 (ほかボランティア講師数名)

■こんな子どもに向いています■
不登校を経験し、それでも"ステップアップ"したいと願う小中学生の皆さんをお待ちしています。

■主な活動内容■
授業や行事が中心です。週5日間の「全日コース」と、週2日間の「週2コース」があります。また、同じ校舎内に「札幌自由が丘学園三和高等学校」を併設しています。

■スタッフの特長■
30～40代。学校教員・社会福祉士の資格を持つ明るいスタッフたちです。

フリースクール すきっぷ 新札幌駅〈星槎もみじ中学校 併設〉

https://seisa.ed.jp/momiji-jh/
e-mail：info-sapporo-jh@seisa.ed.jp

〒004-0014　北海道札幌市厚別区もみじ台北5-12-1（旧 もみじ台小学校）
TEL：011-809-3830　FAX：011-809-3835
交通：JR新札幌（地下鉄 東西線「新さっぽろ駅」下車、新さっぽろ
バスターミナル南レーン③）乗り場「もみじ台西二丁目線」
（循環新71・72）乗車、バス停「もみじ台西2丁目」下車徒歩5分

■教育方針
【段階を踏んで、併設する星槎もみじ中学校（全日制、柔軟な教育課程の編成が認められた道内唯一の特例校）への転校も可能です。】
好きなこと・得意なことを発見して楽しく学んでほしい、友だちとわかり合い、大切にし合う喜びを感じてほしい、社会で生きるスキルを身につけ、自信を持ってほしい、と考えています。そしてここにはひとつの小さな社会があります。
その他：星槎国際高校、星槎大学 併設

親 の 会	－
受入時面接	－
体験入学	○
学校出席扱	○

費用	入会金	10,000円
	教材費	1,000円〜3,000円／月（登校日数により変更）
	授業料	8,000円〜22,000円／月
	その他	2,000円／月（施設設備費）

代表者	澤口　文裕
設　立	1999年
受入年齢	小学校4年生〜中学校3年生
運営日時	週1〜3回 9:30〜15:00（原則として）
定　員	20名
在籍者数	2名
スタッフ数	15名

■こんな子どもに向いています
学び方を変えればイキイキとする子どもたち。仲間との関わりや体験的な活動を楽しみたい子どもたち。

■主な活動内容
本物を体験する総合学習（社会・文化・芸術・科学・生活・体育）・基礎学力・ソーシャルスキル・ライフスキルのトレーニング。

■スタッフの特長
臨床心理から特別支援教育まで。不登校・発達障がいを理解し、教員免許保有。星槎国際高校、星槎大学 教育研究所の教員も協力。カウンセラーや養護教諭も常駐。

フリースクール 星の教室 ー札幌駅前ー

http://seisa.ed.jp/sapp/kc_web/freeschool/
e-mail：sapporo-kc@seisa.ed.jp

〒001-0011　北海道札幌市北区北11条西4-2-3
TEL：011-700-3830　FAX：011-700-3835
交通：JR「札幌駅」より徒歩7分／
地下鉄南北線「北12条駅」より徒歩1分

■教育方針
一人ひとりの児童・生徒が自分を全てまるごと「自分らしい」と感じる場を提供します。好きなこと・得意なことを発見して楽しく学び、友だちと互いに大切にし合う喜びを感じてほしいという思いで開設しました。星槎だからできる「ひとつの小さな社会」で生きるスキルを一緒に身につけていきましょう。
併設する「放課後等デイサービス 星の音」との併用も可能です。また、段階を踏んで厚別区の「星槎もみじ中学校」への進学・転校も可能です。
その他：星槎国際高校、星槎大学 併設

親 の 会	○
受入時面接	○
体験入学	○
学校出席扱	○

費用	入会金	20,000円
	教材費	授業料に含む
	授業料	週1日：18,000円／月 週4日：30,000円／月 週2日：23,000円／月 週5日：32,000円／月 週3日：27,000円／月
	その他	

代表者	小坂　夏海
設　立	2014年
受入年齢	小学校4年生〜中学校3年生
運営日時	週1〜5回 9:20〜15:00（原則として）
定　員	20名
在籍者数	15名
スタッフ数	15名

■こんな子どもに向いています
さまざまな理由で学校に足が向いていなかったり、教室に入れない子どもたち。勉強の遅れを取り戻したい、「自分らしい」と感じる場がほしい子どもたち。

■主な活動内容
本物を体験する総合学習（社会・文化・芸術・科学・生活・体育）・基礎学習（国語・数学・英語）・ソーシャルスキル、ライフスキルのトレーニング。

■スタッフの特長
臨床心理から特別支援教育まで幅広い経験のスタッフ。不登校・発達障がいを理解し教員免許保有。星槎国際高校、星槎大学教育研究所の教員も協力。

認定NPO法人 北海道自由が丘学園月寒（つきさむ）スクール

http://www.hokjiaoka.net/
e-mail：codmokan@agate.plala.or.jp

〒062-0051　北海道札幌市豊平区月寒東1条15-5-11
TEL：011-858-1711　FAX：011-858-1333
交通：地下鉄東豊線「福住駅」徒歩8分

高認指導

■教育方針
元々は偏差値や管理主義ではなく、「子ども達が主人公＝学びの主体者」の教育・学び舎づくりを目指してスタート。無学年・オープン型の運営と、表現科・地球に生きる科・人間科・農業実習などによる幅広い成長をサポートします。更に、教育大学生との総合実習（1週間の授業・行事）や、姉妹団体の余市教育福祉村での農業・アウトドア・キャンプを行います。進路は各人の希望に添いながら高校に進んでいます。（高認受験者にはレポート指導）
また環境教育の一環として「エコスクール」も取組み中です。

親 の 会	○
受入時面接	○
体験入学	○
学校出席扱	○

費用	入会金	50,000円
	教材費	1,000円／月
	授業料	31,500円／月
	その他	施設費として1,000円／月

代表者	大塚　勲
設　立	1998年
受入年齢	小学生から中学生、及び中卒者まで
運営日時	月曜〜金曜 10:00〜16:00
定　員	30名
在籍者数	32名（2023年12月末現在）
スタッフ数	6名 他に科目講師、ボランティア

■こんな子どもに向いています
自分に適った学び方、少人数で安心したい小中学生、やり直してみたい中卒者などを受け入れています。

■主な活動内容
午前中は学科中心、午後は体験総合型の学習。毎日コース以外にも週2〜3日コースや初等部コースもあり。

■スタッフの特長
常勤者は毎日3〜5名。20代から経験豊かな社会人まで多彩です。（学生サポート参加）

まちなかサンビレッジ フリースクール ひなたぼっこ

〒070-0038　北海道旭川市8条通り8丁目41-28
TEL：080-1871-6535
交通：JR富良野線「旭川駅」

e-mail：machi.s.hito.design1.hinatabokko@gmail.com

■教育方針
フリースクールひなたぼっこは、子どもたちに未来への期待とともに自立できる居場所をもってほしいという願いを込めて作りました。
活動目標は1.子どもたちが自分のこころとからだを大切にしながら、自立に向かって歩むことができる、2.子どもたちが、地域との関わりの中で多様な価値観を知り、人間関係の土台をつくることができる、とし、地域になくてはならない、"ひなた"のようにホッとする居場所を目指します。

親 の 会	—
受入時面接	○
体 験 入 学	○
学校出席扱	○ 要相談

費用	入 会 金	0円
	教 材 費	実費
	授 業 料	15,000円/月 オンラインのみ13,000円/月
	そ の 他	昼食サポート代3,000円/月

代 表 者	葛西 真知子
設 立	2023年
受入年齢	6〜18歳
運営日時	火曜・木曜 11:30〜 17:30
定 員	20名 オンラインのみ別に20名
在籍者数	2024年4月オープン予定
スタッフ数	4名 うち、ボランティアスタッフ3名

■こんな子どもに向いています■
コミュニケーションが苦手で、家に引きこもりがちであったり、自分の将来に不安を感じていたりするお子さん。

■主な活動内容
学習サポートや看護師、美容師などの職業体験、食育活動、保護者向けのお話会開催などを企画しています。

■スタッフの特長
代表は看護師、養護教諭免許あり。
他教員免許、臨床心理士所有者も在籍。

学習サークル「サンハウス」

〒039-1212　青森県三戸郡階上町蒼前西 5-9-1634
（例会会場　八戸市 類家 市民センター内 ハピア）
携帯：090-2990-4200

e-mail：kawamurakatsuhiko@gmail.com

■教育方針
目の届く範囲でのサポートを充実させるため、定員は一回の会合あたり1〜2人で対応しています。また、高卒認定試験のサポートや訪問サポートなども行っております。進路相談もお気軽にお願いいたします。
不登校・ひきこもりやニートの当事者がいらっしゃる家族を対象とした家族交流会と、体験企画、IT体験も行っています。
不登校・ひきこもりやニートについてのご相談はお気軽にしてください。

親 の 会	○
受入時面接	○
体 験 入 学	○
学校出席扱	—

費用	入 会 金	0円
	教 材 費	実費
	授 業 料	1,000円〜
	そ の 他	交通費など

代 表 者	川村 克彦
設 立	1999年
受入年齢	10代から大人のニート・ひきこもりまで。小学生、中学生は夕方からの訪問学習サポートで対応しております。
運営日時	週3日程度 行っています
定 員	1〜2名 ※フリースクール及びフリースペースの場合、1回の会合
在籍者数	15名（2023年12月現在）
スタッフ数	1名 （他ボランティア1名ほど）

■こんな子どもに向いています■

■主な活動内容■
不登校・高校を中退された方やひきこもりやニートの子達を様々な形でサポートしています。お気軽にご相談ください。

■スタッフの特長■
代表自身が大検（現在の高卒認定試験）を受検した経験をもつ。平成24年度は13年間の活動が評価されて代表の私が内閣府のチャイルド・ユースサポート章をいただきました。今後も頑張ります。

トライ式中等部 青森キャンパス

〒038-0012 青森県青森市柳川1-2-3
青森駅ビルラビナ5F
※全国に123ヶ所のキャンパスがあります
TEL：0120-919-439

https://www.try-gakuin.com/freeschool/
e-mail：try-gakuin-chutobu@trygroup.com

■教育方針
不登校からの高校進学・大学進学をはじめとして、あらゆる生徒の進路を切り開くために、学力の向上はもとより社会を生き抜く力を育む様々な支援を行っているのがトライ式中等部です。夢や目標の実現に向け、一人ひとりに合わせたサポートをしています。
学習スタイルは「通学型」「在宅型」「オンライン型」の3つあり、自分にあったものを選べます。いつでも何度でも、切り替えたり組み合わせることができます。
また、在籍している中学校の学校長の許可があれば、トライ式中等部への登校を出席扱いにすることが可能です。

親 の 会	—
受入時面接	○
体 験 入 学	○
学校出席扱	○ 学校との相談が必要

費用	入 会 金	50,000円（税別）
	教 材 費	—
	授 業 料	40,000円/月（税別）
	そ の 他	詳細は直接お問い合わせください。

代 表 者	物部 晃之
設 立	2024年4月
受入年齢	中学生
運営日時	9時〜16時 指導場所、曜日、時間は自由に選択可能
定 員	—
在籍者数	—
スタッフ数	—

■こんな子どもに向いています■
・不登校を解決したいと考えている方
・中学校の勉強についていきたい方
・高校へ進学したいと考えている方

■主な活動内容■
学習の個別サポートに加え、修学旅行や体育祭などの学校行事やサークル活動、ゼミ（プログラミングなど）に参加することができます。※参加は自由です

■スタッフの特長■
経験豊富なキャンパス長や講師がキャンパスに常駐し、日々の学習や生活をサポートします。

トライ式中等部 盛岡キャンパス

https://www.try-gakuin.com/freeschool/
e-mail：try-gakuin-chutobu@trygroup.com

〒020-0034　岩手県盛岡市盛岡駅前通7-12
はちや盛岡駅前ビル2F
※全国に123ヶ所のキャンパスがあります
TEL：0120-919-439

■教育方針
不登校からの高校進学・大学進学をはじめとして、あらゆる生徒の進路を切り開くために、学力の向上はもとより社会を生き抜く力を育む様々な支援を行っているのがトライ式中等部です。夢や目標の実現に向け、一人ひとりに合わせたサポートをしています。
学習スタイルは「通学型」「在宅型」「オンライン型」の3つあり、自分にあったものを選べます。いつでも何度でも、切り替えたり組み合わせることができます。
また、在籍している中学校の学校長の許可があれば、トライ式中等部への登校を出席扱いにすることが可能です。

費用		
入会金	50,000円（税別）
教材費	―
授業料	40,000円/月（税別）
その他	詳細は直接お問い合わせください。

親の会	―
受入時面接	○
体験入学	○
学校出席扱	○ 学校との相談が必要

代表者	物部　晃之
設立	2024年4月
受入年齢	中学生
運営日時	9時～16時 指導場所、曜日、時間は自由に選択可能
定員	―
在籍者数	―
スタッフ数	―

■こんな子どもに向いています■
・不登校を解決したいと考えている方
・中学校の勉強についていきたい方
・高校へ進学したいと考えている方

■主な活動内容
学習の個別サポートに加え、修学旅行や体育祭などの学校行事やサークル活動、ゼミ（プログラミングなど）に参加することができます。※参加は自由です

■スタッフの特長
経験豊富なキャンパス長や講師がキャンパスに常駐し、日々の学習や生活をサポートします。

フリースクール花鶏学苑 （あとりがくえん）

https://atori-gakuen.com
e-mail：info@atori-gakuen.com

〒027-0042　岩手県宮古市神田沢町1-6
TEL：0193-65-8535　FAX：0193-65-8560
交通：JR山田線「千徳駅」

■教育方針
勉強について行けない、同級生と話が合わない、大勢で行動することや集団が苦手、イジメや嫌がらせを受けている、日々が楽しくない、目標が持てないなど、いろいろな理由や事情を抱え、学校や社会生活、家庭環境に馴染めず、自分の存在価値や居場所が見いだせずにいる子どもたちが多くいます。花鶏学苑は、そうした子どもたちが、自己価値を創造し、他者（友だち）を想いやり、明るく未来へ向かうことができるようサポートします。

費用		
入会金	要問合せ
教材費	要相談
授業料	要問合せ
その他	保険料として年2,000円

親の会	―
受入時面接	○
体験入学	○
学校出席扱	○ （事案ごとの学校側の判断による）

代表者	白間　正基
設立	2016年
受入年齢	中学生以上 ※小学生は要相談
運営日時	平日10～17時 ※変更する場合あり
定員	―
在籍者数	18名（2024年2月現在）
スタッフ数	1～2名（他にボランティア講師等）

■こんな子どもに向いています■
少人数で学習、学び直しをしたい、自分のペースで高校卒業を目指したい、オンラインを使って在宅でも学び直しがしたい

■主な活動内容
毎日通わなくても、欠席しても大丈夫、好きなこと、興味あること、やってみたいことなどを、あなたの話をじっくり聞いて、相談しながら一緒に考えます。ひきこもり支援相談士や、発達障害児支援士などが常駐し、在籍校と連携した学習支援、オンライン学習、居場所の提供はもちろん、通信制高校と提携した高等部では、高等学校卒業資格取得も目指せます。

■スタッフの特長
発達障害児支援士等の資格有、元教員、塾講師等

みんなのまなびば　ぐるぐるの森

https://guruguruno.com
e-mail：guru2nomori@gmail.com

〒020-0803　岩手県盛岡市新庄下八木田60-18
盛岡市動物公園ZOOMO内
TEL：090-4097-3865
交通：「盛岡駅」より車で20分

■教育方針
誰もが個人を認めあいながら多種多様なプログラムに取り組む主体的学び場です。キャリア教育に力を入れており、地域の企業と連携して子ども達に関わってもらう事により、地域との相互理解を図っています。より多くの関わりを作ることにより、子ども達の心と身体の居場所をたくさん作っていきます。
R6年4月より盛岡市動物公園内にて活動をします。緑豊かな広大な敷地でいろいろなことにチャレンジできます。

費用		
入会金	5,500円
教材費	―
授業料	28,380円～/月
その他	―

親の会	―
受入時面接	○
体験入学	○
学校出席扱	○ 学校との相談が必要

代表者	山内　まどか
設立	2022年
受入年齢	小学校1年生～中学3年生 場合により高校生
運営日時	月・火・木・金 10:00～14:00 ※祝日、及び動物公園の休業の日はお休み
定員	20名
在籍者数	3名（2024年2月現在）
スタッフ数	3名

■こんな子どもに向いています
少人数で学びたい、多様な活動をしたい、自然にふれ合う活動をしたい、そんな子が集まっています。

■主な活動内容
タブレット教材を使った学習や体験学習、STEAM教育教材でそれぞれに合わせた活動を行います。

■スタッフの特長
子育て経験が豊富なママスタッフが安心できる場所を提供しています。

認定NPO法人 盛岡ユースセンター

https://www.morioka-youthcenter.com
e-mail : myc@morioka-youthcenter.com

〒020-0022　岩手県盛岡市大通3-1-23
クリエイトビル3F
TEL：019-681-7070　FAX：019-681-7071
交通：JR「盛岡駅」より徒歩10分

 フリースクール サポート 高認指導

■ 教育方針

盛岡ユースセンターは、小学生から20歳くらいまでの生徒を対象としているフリースクールです。「安心・安全・笑顔の学び場」であること、「喜びとともに学び、成長できる場」であることを大切にしています。①「オーダーメイドの学習」②「『好き』に触れる体験活動」③「『なりたい自分』への進路支援」を行っています。
コースは、小中学生が通うコースと、高卒資格が取れる「通信制高校サポートコース」と「高卒認定合格サポートコース」があり、高校卒業まで同じ環境で学ぶことができ、進路についても一人一人のオリジナルの「なりたい自分」を応援していきます。

親の会	○
受入時面接	○
体験入学	○
学校出席扱	○（ケースごとの学校側の判断による）

費用	入会金	37,800円
	教材費	実費
	授業料	32,500円／月
	その他	30,000円／年 ※高等部(通信・高認コース)のみ

代表者	又川　俊三
設立	2010年
受入年齢	小学生・中学生・高校生および中卒者
運営日時	月・火・水・木・金 10:00～17:00
定員	―
在籍者数	49名(2024年1月末現在)
スタッフ数	常勤、非常勤、大学生合計15名

■こんな子どもに向いています ■

少人数で安心して学びたい小中学生。学び直しをしながら次の進路を目指したい高卒取得を希望する生徒など。

■主な活動内容 ■

一人ひとりの状況に合わせた学びをコーディネートする学習プログラムと、社会で生きる力を高める体験学習。

■スタッフの特長 ■

教員免許を持つ社会人スタッフの他、卒業生や大学生のスタッフもいます。

飛鳥未来 中等部・初等部 仙台教室

 フリースクール

https://www.sanko.ac.jp/asuka-fs/sendai/
e-mail : info-sendai-freeschool@sanko.ac.jp

〒984-0051　宮城県仙台市若林区新寺1-4-16
仙台こども専門学校6F
TEL：022-791-7225　FAX：022-791-7246
交通：JR「仙台駅」東口より徒歩5分

■ 教育方針

主体性・社会性を培い、自主学習を通して生き抜く力をはぐくむという理念のもと、自分らしさを取り戻し、なりたい自分を実現していく学習支援を行います。先生から生徒に指示を与えるような一方通行の教育をせず、学ぶこと・やることを自分で決めるから、通い続けることができ、楽しく学ぶことができます。勉強・友人関係・進路の悩みなど、一人ひとりにきめ細かく寄り添ってサポートします。
※ネットコースあり

親の会	○
受入時面接	○
体験入学	○
学校出席扱	○

費用	入会金	50,000円
	教材費	―
	授業料	30,000～62,000円／月
	その他	―

代表者	川口　真澄
設立	2018年
受入年齢	小学4年生～中学3年生
運営日時	月曜～金曜 10:00～15:00
定員	―
在籍者数	15名(2024年2月現在)
スタッフ数	6名

■こんな子どもに向いています ■

自分のペースで安心して通いたい方、様々なことにチャレンジしたい方、進路に向けて少しずつ動き出したい方。

■主な活動内容 ■

学習は自分のペースで進めることができます。調理や制作活動、姉妹校の保育園、高校、専門学校と連携した体験も実施。不定期で保護者の方向けの情報交換イベントも開催。

■スタッフの特長 ■

教員免許保有、学生ボランティア、スクールカウンセラー

宮城県教育委員会指定技能連携校
あすと長町高等学院

 サポート

http://www.7b.biglobe.ne.jp/~asuto-nagamachi/
e-mail : daito-boss@kki.biglobe.ne.jp

〒982-0003　宮城県仙台市太白区郡山6-2-2
TEL&FAX：022-249-4023
交通：東北本線・常磐線・仙台空港アクセス・仙台地下鉄「長町駅」

■ 教育方針

少人数のクラス編成により、一人ひとりの能力、適性に合わせて指導。中学の復習を取り入れながら進む高校の授業は生徒たちの自信を強固なものにしていきます。
実社会で役立つ学びが充実している技能連携校として新たなスタートを切ります。ボランティア、プログラミングなどの体験的な学習を通して実践力を培っていきます。
フリースクールだいと中等部を併設。

親の会	○
受入時面接	○
体験入学	○
学校出席扱	○

費用	入会金	40,000円
	教材費	―
	授業料	40,000円／月
	その他	教育協力金として12,000円／年

代表者	石川　昌征
設立	2004年
受入年齢	15～18歳 ※中等部は12～15歳
運営日時	月曜～土曜 9:15～18:00 ※土曜のみ不定期
定員	50名
在籍者数	45名(2024年1月現在)
スタッフ数	6名

■こんな子どもに向いています ■

・大集団は苦手な人
・得意を重視したら、やる気が向上する人
・プログラミングに興味のある人

■主な活動内容 ■

①学習支援
②保護者学習会
③ソーシャルスキルトレーニング

■スタッフの特長 ■

20代～50代で全員教員免許保有。
全員がカウンセラー有資格者。

星槎国際仙台中等部

（せい　さ　こく　さい　せん　だい　ちゅう　とう　ぶ）

https://seisa.ed.jp/sen/
e-mail：sendai@seisa.ed.jp

〒983-0044　宮城県仙台市宮城野区宮千代2-18-7
TEL：022-231-5450　FAX：022-231-5451
交通：地下鉄東西線「卸町駅」徒歩約10分、「仙台駅」よりバス5番
卸町二丁目経由志波町・霞の目行き「志波町」徒歩約5分

■教育方針
個性豊かな仲間や、地域との関わりを通して自分に自信をつけ、ありのままの自分を受け入れ認めていくことを大切にしています。生徒がチャレンジしたいことに合わせ、柔軟に組み立てていく時間割では、星槎の中での活動はもちろん、課外活動などを通して社会に出て必要とされる力を育てていきます。中等部の活動だけでなく、高校生の先輩たちと一緒にゼミ授業を受講することで、学年を越えた関わり合いを持つことができます。また、平日だけでなく土曜日も開所しているので、平日は中学校に通いながら土曜日に中等部を利用することも可能です。
星槎の3つの約束である「人を認める」「人を排除しない」「仲間を作る」を守りながら仲間とともに活動しています。

親 の 会	○
受入時面接	○
体 験 入 学	○
学校出席扱	○ 要相談

費用	入 会 金	40,000円(防災備品含む)
	教 材 費	授業料に含む
	授 業 料	30,000円／月(週2回の場合)
	その他	施設設備費は別途

代 表 者	千田 圭太
設 立	2020年
受入年齢	小6～中3
運営日時	火曜 10:30～12:20 土曜 13:00～15:00
定 員	10名
在籍者数	若干名
スタッフ数	20名(高等部と連携)

■こんな子どもに向いています■
学び方を変えればイキイキとする子どもたち。自分を変えたいと思う子どもたち。理解されにくい子どもたち。

■主な活動内容■
SST、一人ひとりに合わせた学習、多彩な校外学習、ゼミ授業で高校生と関わりながら興味を広げ、得意なことを伸ばします。

■スタッフの特長■
特別支援教育や不登校・発達障がい対応の専門職員が常駐。星槎大学・星槎国際高校の教職員も協力。

仙台アートフリースクール

http://www.kyokei.ac.jp/afs/
e-mail：info.sendai-safs@kyokei.ac.jp

〒983-0852　宮城県仙台市宮城野区榴岡4-6-20
(東北芸術高等専修学校内)
TEL：022-297-2710　FAX：022-299-2795
交通：「仙台駅」東口徒歩5分、地下鉄東西線「宮城野通り駅」徒歩2分

■教育方針
東北芸術高等専修学校が運営する「アート(イラスト・アフレコ等)」が学べる不登校生のためのフリースクールです。「アート」を通してプロの先生が楽しく指導。5教科も基礎からまなび直しでき、通う楽しさが実感できます。高等学校への進学もしっかりサポートします。
これまでの高等教育で培ってきた、芸術を通して人間性を育む教育ノウハウを中学生の皆様にも提供していくため、2017年11月に開校いたしました。
興味のある方、ぜひ一度ご来校ください。

親 の 会	—
受入時面接	○
体 験 入 学	○
学校出席扱	△ ※状況による

費用	入 会 金	10,000円／年
	教 材 費	—
	授 業 料	3,000円／1日
	その他	随時入会可能

代 表 者	髙木 晴慶
設 立	2017年
受入年齢	13～15歳 中学生
運営日時	週2回(火・木) 10:00～12:00 ※変更する場合があります
定 員	10名
在籍者数	6名(2024年1月現在)
スタッフ数	3名

■こんな子どもに向いています■
好きなことなら夢中になれる、がんばれる生徒。学力に不安があっても大丈夫です。自分の居場所を見つけませんか。

■主な活動内容■
好きな分野(マンガ・イラスト、デッサン、デジタルイラスト、声優、アフレコ、演技基礎)を学ぶことができる新しいまなびの場です。

■スタッフの特長■
芸術分野は専門のプロが基礎からわかりやすく指導します。

トライ式中等部 泉中央キャンパス

https://www.try-gakuin.com/freeschool/
e-mail：try-gakuin-chutobu@trygroup.com

〒981-3133　宮城県仙台市泉区泉中央1-7-1
泉中央駅ビル(SWING)5F
※全国に123ヶ所のキャンパスがあります
TEL：0120-919-439

■教育方針
不登校からの高校進学・大学進学をはじめとして、あらゆる生徒の進路を切り開くために、学力の向上はもとより社会を生き抜く力を育む様々な支援を行っているのがトライ式中等部です。夢や目標の実現に向け、一人ひとりに合わせたサポートをしています。
学習スタイルは「通学型」「在宅型」「オンライン型」の3つあり、自分にあったものを選べます。いつでも何度でも、切り替えたり組み合わせることができます。
また、在籍している中学校の学校長の許可があれば、トライ式中等部への登校を出席扱いにすることが可能です。

親 の 会	—
受入時面接	○
体 験 入 学	○
学校出席扱	○ 学校との相談が必要

費用	入 会 金	50,000円(税別)
	教 材 費	—
	授 業 料	40,000円／月(税別)
	その他	詳細は直接お問い合わせください。

代 表 者	物部 晃之
設 立	2024年4月
受入年齢	中学生
運営日時	9時～16時 指導場所、曜日、時間は自由に選択可能
定 員	—
在籍者数	—
スタッフ数	—

■こんな子どもに向いています■
・不登校を解決したいと考えている方
・中学校の勉強についていきたい方
・高校へ進学したいと考えている方

■主な活動内容■
学習の個別サポートに加え、修学旅行や体育祭などの学校行事やサークル活動、ゼミ(プログラミングなど)に参加することができます。※参加は自由です

■スタッフの特長■
経験豊富なキャンパス長や講師がキャンパスに常駐し、日々の学習や生活をサポートします。

トライ式中等部 仙台キャンパス

https://www.try-gakuin.com/freeschool/
e-mail：try-gakuin-chutobu@trygroup.com

〒983-0852 宮城県仙台市宮城野区榴岡1-6-30
ディーグランツ仙台ビル3F
※全国に123ヶ所のキャンパスがあります
TEL：0120-919-439

■教育方針
不登校からの高校進学・大学進学をはじめとして、あらゆる生徒の進路を切り開くために、学力の向上はもとより社会を生き抜く力を育む様々な支援を行っているのがトライ式中等部です。夢や目標の実現に向け、一人ひとりに合わせたサポートをしています。
学習スタイルは「通学型」「在宅型」「オンライン型」の3つあり、自分にあったものを選べます。いつでも何度でも、切り替えたり組み合わせることができます。
また、在籍している中学校の学校長の許可があれば、トライ式中等部への登校を出席扱いにすることが可能です。

親 の 会	―
受入時面接	○
体 験 入 学	○
学校出席扱	○ 学校との相談が必要

費用	入 会 金	50,000円（税別）
	教 材 費	―
	授 業 料	40,000円／月（税別）
	そ の 他	詳細は直接お問い合わせください。

代 表 者	物部　晃之
設 立	2010年4月
受入年齢	中学生
運営日時	9時〜16時　指導場所、曜日、時間は自由に選択可能
定 員	―
在籍者数	―
スタッフ数	―

■こんな子どもに向いています
・不登校を解決したいと考えている方
・中学校の勉強についていきたい方
・高校へ進学したいと考えている方

■主な活動内容
学習の個別サポートに加え、修学旅行や体育祭などの学校行事やサークル活動、ゼミ（プログラミングなど）に参加することができます。※参加は自由です

■スタッフの特長
経験豊富なキャンパス長や講師がキャンパスに常駐し、日々の学習や生活をサポートします。

一般社団法人にじーず

https://24zzz-lgbt.com
e-mail：24zzzmail@gmail.com

仙台市内で開催（詳細はHPをご覧ください）
※他、札幌市、さいたま市、東京都内（渋谷、多摩地域）、新潟市、長岡市、長野市、松本市、京都市、大阪市、神戸市、岡山市の公共施設を借りて定期開催

■教育方針
LGBTの子ども・若者が同世代の仲間と交流することで、悩みや困りごとが共有できる居場所です。
自分の性のあり方は話しても話さなくても構いません。
また法律上の名前や学校名などを明かす必要はありません。
コロナ対策のため事前予約制にしていますが、時間内はいつ来てもいつ帰っても自由です。保護者の方は入り口まで送迎いただけます（中高生で一人で来る参加者も多いです）。

親 の 会	―
受入時面接	―
体 験 入 学	―
学校出席扱	―

費用	入 学 金	0円
	教 材 費	0円
	授 業 料	0円
	そ の 他	0円

代 表 者	遠藤　まめた
設 立	2016年
受入年齢	10代から23歳
運営日時	日曜日 13:00〜17:00 ※1〜数ヶ月に1回
定 員	20名／各回
在籍者数	在籍90名前後が利用（各回の平均は10〜20人程度）
スタッフ数	60名

■こんな子どもに向いています
LGBTやそうかもしれない子ども・若者限定です。非当事者や大人の方は参加できません。

■主な活動内容
LGBTの子どもや若者が集まって話したり遊んだりできる居場所で定期開催しています。

■スタッフの特長
20代から30代のLGBT当事者や理解者を中心に運営。

一般社団法人フリースペース道

https://osakiforchildren.wixsite.com/mysite
e-mail：osakiforchildren@gmail.com

〒989-6403 宮城県大崎市岩出山上野目
字下辻堂58番2
TEL：090-8561-4267
交通：JR陸羽東線「有備館駅」

■教育方針
学校では経験できないことを、子どもたちと一緒に行っています。
子どもたちが将来に向けて自立し、宮城の未来を担う人材になるよう、共に成長していきます。

親 の 会	○
受入時面接	○
体 験 入 学	○
学校出席扱	○

費用	入 会 金	0円
	教 材 費	0円
	授 業 料	20,000円／月
	そ の 他	―

代 表 者	髙橋　雅道
設 立	2020年
受入年齢	小学生・中学生・高校生
運営日時	月曜〜金曜 10:00〜16:00
定 員	15名
在籍者数	19名（2024年2月現在）
スタッフ数	6名

■こんな子どもに向いています
学校に行けない・行きたくない、安心して過ごせる居場所がほしいお子さん、ぜひお越しください。

■主な活動内容
勉強サポート、読書、おしゃべり、やりたいことを一緒に考えて活動します。

■スタッフの特長
元当事者もしくは子どもが不登校当事者

ミヤギユースセンター

http://www.miyagiyouht.npo-jp.net
e-mail：miyagi_yc@ybb.en.net

〒983-0852　宮城県仙台市宮城野区榴岡2-2-8-203
TEL&FAX：022-256-7977
交通：「仙台駅」東口徒歩5分

■ 教育方針
＊自由時間登校制による学習指導（月～金10時から17時）
＊個別指導（個性と理解力に沿った遡り学習の導入）
＊学習を通したコミュニケーションと生き抜く力を育てる教育
＊自立の第一歩、高校卒業資格の取得の支援
不登校、引きこもりなどで学習が不安に思う小中学生
高校中退者の高卒認定試験の合格、通信制高校の卒業
大学への進学、学び直しなどの学習指導

代表者	土佐　昭一郎
設立	2001年
受入年齢	小学生高学年～20代位まで
運営日時	10:00～17:00　土日は不定期
定員	なし
在籍者数	23名（2023年12月現在）
スタッフ数	2名（ボランティア3名 他）

親の会	○		費用	入会金	コースにより異なります
受入時面接	○			教材費	
体験入学	○			授業料	
学校出席扱	○			その他	

■こんな子どもに向いています ■
高校中退及び高校転校希望者、小中学校の基礎学力に不安のある児童、生徒。
不登校、発達障がいのある生徒など。

■主な活動内容 ■
小中学生の基礎学力サポート、高校中退者の高卒認定試験合格及び通信制高校の卒業サポート。通信制大学と連携した大学部では自立を目的とした進路指導を実践。

■スタッフの特長 ■
教員資格を持っている方と大学院生が主です。

トライ式中等部 秋田キャンパス

https://www.try-gakuin.com/freeschool/
e-mail：try-gakuin-chutobu@trygroup.com

〒010-0874 秋田県秋田市千秋久保田町3-15
三宅ビル4F
※全国に123ヶ所のキャンパスがあります
TEL：0120-919-439

■教育方針
不登校からの高校進学・大学進学をはじめとして、あらゆる生徒の進路を切り開くために、学力の向上はもとより社会を生き抜く力を育む様々な支援を行っているのがトライ式中等部です。夢や目標の実現に向け、一人ひとりに合わせたサポートをしています。
学習スタイルは「通学型」「在宅型」「オンライン型」の3つあり、自分にあったものを選べます。いつでも何度でも、切り替えたり組み合わせることができます。
また、在籍している中学校の学校長の許可があれば、トライ式中等部への登校を出席扱いにすることが可能です。

代表者	物部　晃之
設立	2024年4月
受入年齢	中学生
運営日時	9時～16時　指導場所、曜日、時間は自由に選択可能
定員	—
在籍者数	—
スタッフ数	—

親の会	—		費用	入会金	50,000円（税別）
受入時面接	—			教材費	—
体験入学	○			授業料	40,000円／月（税別）
学校出席扱	○ 学校との相談が必要			その他	詳細は直接お問い合わせください。

■こんな子どもに向いています ■
・不登校を解決したいと考えている方
・中学校の勉強についていきたい方
・高校へ進学したいと考えている方

■主な活動内容 ■
学習の個別サポートに加え、修学旅行や体育祭などの学校行事やサークル活動、ゼミ（プログラミングなど）に参加することができます。※参加は自由です

■スタッフの特長 ■
経験豊富なキャンパス長や講師がキャンパスに常駐し、日々の学習や生活をサポートします。

特定非営利活動法人
から・ころセンター

http://npo-karakoro.com
e-mail：info@npo-karakoro.jp

〒992-0026　山形県米沢市米沢東2-8-116
TEL：0238-21-6436　FAX：0238-27-1303
交通：JR「米沢駅」

■教育方針
不登校、ひきこもりの方々の居場所を運営しています。特にカリキュラムをもうけずにゆったりくつろげ、ゲームや麻雀などをして対人関係を学ぶ所。発達障がい、精神障がい者向け就労継続支援B型事業所の運営。主に当法人で運営するレストラン「キッチンから・ころ」の皿洗い、配膳、野菜の収穫や地元企業と連携し実際に企業で働くことも行っています。生きづらさを抱えた若者が安心して暮らせる地域を目指して活動しています。

代表者	伊藤　正俊
設立	2006年
受入年齢	困難を有する方ならどなたでも
運営日時	月～日　10:00～17:30（年末年始・お盆は休み）
定員	—
在籍者数	50名（2024年2月現在）
スタッフ数	25名

親の会	○		費用	入会金	—
受入時面接	—			教材費	—
体験入学	○			授業料	—
学校出席扱	△ 学校による			その他	—

■こんな子どもに向いています ■

■主な活動内容 ■
不登校、ひきこもりの方々の居場所運営、相談活動。発達障がい、精神障がい者向けの就労継続支援B型事業所。

■スタッフの特長 ■
30代男性／1名、教員退職者／2名、40代女性／2名

クローバーの会@やまがた

http://clover-yamagata.jimdofree.com/
e-mail：clover.yamagata@gmail.com

〒990-2413 山形県山形市南原町1-27-20
TEL&FAX：023-664-2275
交通：JR「山形駅」

■教育方針
さまざまな生き方を模索する若者たちが自由に集い、学び、成長していけるような若者世代による若者世代のための居場所です。
パステル画ワークショップ、スポーツ体験、読書会、eスポーツ、マンガ部など、メンバー（参加者）自らが、さまざまなイベントを開催し、主体的に活動しています。

代 表 者	樋口　愛子
設　　立	2015年
受入年齢	～39歳
運営日時	火・水・木 14:00～17:00
定　　員	15名
在籍者数	40名(2024年1月末現在)
スタッフ数	－

親 の 会	○	費用	入 会 金	0円
受入時面接	－		教 材 費	0円
体 験 入 学	○		授 業 料	－
学校出席扱	－		そ の 他	お茶代として200円

■こんな子どもに向いています
学校に行っている／行っていない、仕事をしている／していないに関わらず誰でも集える居場所です。

■主な活動内容
おしゃべりしたり、お茶を飲んだり、ゲームをしたり。出入り自由です。

■スタッフの特長
20代、30代の当事者経験のあるスタッフ。

特定非営利活動法人　東北青少年自立援助センター
蔵王いこいの里

http://www.tohoku-ysc.org/
e-mail：ikoinosato@tohoku-ysc.org

〒999-3114　山形県上山市永野字蔵王山2561-1
TEL：023-679-2214　FAX：023-673-2610
交通：山形新幹線「かみのやま温泉駅」

■教育方針
学齢期を終えても社会に羽ばたけない若者が増加するのはなぜか。様々な要因があるが、総じて集団や社会の中における人としての『生きる力』の低下に他ならない。生きる力とは、幼少から身に付けるべき社会常識や忍耐力、協調性や責任感、思いやりや人間関係の構築方法であり、これらは多様な実体験の積み重ねによってのみ身に付く。いこいの里では、親子関係の改善も含め、こうした「円満な人格の形成」を最重要テーマとした支援を継続している。35年で800名超の実績あり。

代 表 者	岩川　耕治
設　　立	1986年
受入年齢	小学4年～35歳程度
運営日時	毎日 8:30～18:00
定　　員	25名
在籍者数	11名(2023年12月現在)
スタッフ数	8名

親 の 会	－	費用	入 会 金	150,000円
受入時面接	○		教 材 費	50,000円／年
体 験 入 学	○		授 業 料	145,000円～／月
学校出席扱	○		そ の 他	年会費として36,000円

■こんな子どもに向いています
家族や友人との人間関係に悩みを抱える子は、大きく生活環境を変える事で劇的に変化する事が出来ます。

■主な活動内容
規則正しい生活、農作業、山菜採り、動植物の世話、学習、調理実習、スキー実習、アルバイト等を継続的に実施。

■スタッフの特長
元教員　看護師等。男5人、女3人。支援活動歴30年超。

トライ式中等部 山形キャンパス

https://www.try-gakuin.com/freeschool/
e-mail：try-gakuin-chutobu@trygroup.com

〒990-0039 山形県山形市香澄町1-3-15
山形むらきさわビル1F
※全国に123ヶ所のキャンパスがあります
TEL：0120-919-439

■教育方針
不登校からの高校進学・大学進学をはじめとして、あらゆる生徒の進路を切り開くために、学力の向上はもとより社会を生き抜く力を育む様々な支援を行っているのがトライ式中等部です。夢や目標の実現に向け、一人ひとりに合わせたサポートをしています。
学習スタイルは「通学型」「在宅型」「オンライン型」の3つあり、自分にあったものを選べます。いつでも何度でも、切り替えたり組み合わせることができます。
また、在籍している中学校の学校長の許可があれば、トライ式中等部への登校を出席扱いにすることが可能です。

代 表 者	物部　晃之
設　　立	2011年4月
受入年齢	中学生
運営日時	9時～16時 指導場所、曜日、時間は自由に選択可能
定　　員	－
在籍者数	－
スタッフ数	－

親 の 会	－	費用	入 会 金	50,000円(税別)
受入時面接	○		教 材 費	－
体 験 入 学	○		授 業 料	40,000円／月(税別)
学校出席扱	○ 学校との相談が必要		そ の 他	詳細は直接お問い合わせください。

■こんな子どもに向いています
・不登校を解決したいと考えている方
・中学校の勉強についていきたい方
・高校へ進学したいと考えている方

■主な活動内容
学習の個別サポートに加え、修学旅行や体育祭などの学校行事やサークル活動、ゼミ（プログラミングなど）に参加することができます。※参加は自由です

■スタッフの特長
経験豊富なキャンパス長や講師がキャンパスに常駐し、日々の学習や生活をサポートします。

福島県教育委員会指定
技能連携教育施設 いわきキャンパス
http://www.iwaki-e.net/campus/
e-mail：campus@snow.ocn.ne.jp

〒971-8172　福島県いわき市泉玉露2-5-7
TEL：0246-56-2121　FAX：0246-56-5739
交通：常磐線「泉駅」

■教育方針
小・中学校からの不登校や高校が合わなくて悩んでいる生徒に生き甲斐を与え、将来の目標と友だちづくりをサポートする教育施設です。生徒と家庭をサポートし、生徒の居場所が常にあり、自己表現する機会をつくっています。

代表者	佐藤　伸一
設　立	2000年
受入対象	中1以上
運営日時	月曜〜金曜 9:30〜14:30
定　員	15名
在籍者数	28名(2024年3月現在)
スタッフ数	5名

親 の 会	―	費用	入会金	20,000円
受入時面接	○		教材費	6,000円
体験入学	○		授業料	180,000円／年
学校出席扱	○		その他	―

■こんな子どもに向いています ■
学習意欲がある生徒。社会で役に立つ資格をとらせる。

■主な活動内容
市内の病院が運営する「不登校・ひきこもり・自立を考える会」で保護者をサポート。

■スタッフの特長
30代〜70代の講師。3人教員免許保有

NPO法人ヒューマンコミュニティサポートAi付属
うつみね健康学園
http://www.mhpc.jp/
e-mail：info@mhpc.jp

〒963-1244　福島県郡山市田村町
栃本字水沢527
TEL：024-985-1005　FAX：024-985-1007
交通：東北新幹線「郡山駅」、福島空港

■教育方針
学生は16年しかやりません。その後はイヤが応でも社会人をやらなければなりません。そのためには、ストレスに打ち克つ力、逆境を乗り越える精神力、さらに、どんな困難にもへこたれないタフな心と言われる「レジリエンス」つまり、『折れない心』を持たなければなりません。当学園は、精神的及び身体的、さらに社会的健康の確立を目指し、一環して「レジリエンス」教育を実践しています。

代表者	矢吹　孝志
設　立	1993年
受入年齢	小中学生〜 35歳位
運営日時	日曜〜土曜(随時) 8:00〜18:00
定　員	20名
在籍者数	4名(2024年1月現在)
スタッフ数	3名

親 の 会	○	費用	入会金	180,000円
受入時面接	○		教材費	10,000円
体験入学	○		授業料	118,000〜150,000円／月 (寄宿制)
学校出席扱	○		その他	体験入園 5,500円/日

■こんな子どもに向いています ■
不登校やひきこもり、対人不安や引っ込み思案など人間関係がうまく取り結べない。怠け等精神力強化を必要としている青少年。

■主な活動内容
寄宿生活で人間関係を学び、生活リズムを整え、常識やマナー、道徳倫理を高め、野外活動を通し体力を養う。

■スタッフの特長
20代・30代・40代・50代と幅広い。

NPO法人 寺子屋方丈舎
http://www.terakoyahoujyousha.com/
e-mail：info@terakoyahoujyousha.com

〒965-0042　福島県会津若松市大町1-1-57
TEL：0242-93-7950　FAX：0242-85-6863
交通：磐越西線「会津若松駅」

■教育方針
学校に行く子も行かない子も同じように認められる社会を実現するために活動しています。これまで約200名の子どもたちがここから巣立ってゆきました。子どもたちが活動を通じて自信を育めるという事を最大の目的にしています。「自分は何かできる」と思った子どもは強いです。2016年はIDECの世界大会(フィンランド)にも参加しました。対話と交流から育む私たちの活動は、地域の様々な方々とのつながりと共に多様なプログラムを実施しています。教科学習に限らない学びを行います。また、通信制高校も併設しています。(2013年5月開校)

代表者	江川　和弥
設　立	1999年
受入年齢	フリースクール 7〜21歳 通信制高校 15歳〜 編入希望の方
運営日時	火曜〜土曜 10:30〜17:00
定　員	40名
在籍者数	20名(2024年1月末現在)
スタッフ数	4名

親 の 会	○	費用	入会金	2,000円
受入時面接	○		教材費	3,000円
体験入学	○		授業料	30,000円
学校出席扱	○		その他	―

■こんな子どもに向いています ■
周りの意見ではなく、自分の考えで学びたいという人。自分が新しい体験をしたいという人を応援します。

■主な活動内容
子どもが企画から参加し、自分たちで運営まで行う子どもの参画事業を行っています。デザイン、音楽、体育、パソコンなどの、プロジェクトを実施しております。

■スタッフの特長
不登校経験者。20〜30代の男女。販売、IT、教員など様々な分野で活躍してきたスタッフが子どもたちの学びを応援しております。

トライ式中等部 郡山キャンパス

https://www.try-gakuin.com/freeschool/
e-mail：try-gakuin-chutobu@trygroup.com

〒963-8002 福島県郡山市駅前1-14-1
増子駅前ビル4F
※全国に123ヶ所のキャンパスがあります
TEL：0120-919-439

フリースクール サポート

■教育方針

不登校からの高校進学・大学進学をはじめとして、あらゆる生徒の進路を切り開くために、学力の向上はもとより社会を生き抜く力を育む様々な支援を行っているのがトライ式中等部です。夢や目標の実現に向け、一人ひとりに合わせたサポートをしています。
学習スタイルは「通学型」「在宅型」「オンライン型」の3つあり、自分にあったものを選べます。いつでも何度でも、切り替えたり組み合わせることができます。
また、在籍している中学校の学校長の許可があれば、トライ式中等部への登校を出席扱いにすることが可能です。

親 の 会	—
受入時面接	○
体験入学	○
学校出席扱	○ 学校との相談が必要

費用	入 会 金	50,000円（税別）
	教 材 費	—
	授 業 料	40,000円／月（税別）
	その他	詳細は直接お問い合わせください。

代 表 者	物部　晃之
設 立	2024年4月
受入年齢	中学生
運営日時	9時〜16時 指導場所、曜日、時間は自由に選択可能
定 員	—
在籍者数	—
スタッフ数	—

■こんな子どもに向いています■

・不登校を解決したいと考えている方
・中学校の勉強についていきたい方
・高校へ進学したいと考えている方

■主な活動内容

学習の個別サポートに加え、修学旅行や体育祭などの学校行事やサークル活動、ゼミ（プログラミングなど）に参加することができます。※参加は自由です

■スタッフの特長

経験豊富なキャンパス長や講師がキャンパスに常駐し、日々の学習や生活をサポートします。

トライ式中等部 福島キャンパス

https://www.try-gakuin.com/freeschool/
e-mail：try-gakuin-chutobu@trygroup.com

〒960-8031 福島県福島市栄町7-33 錦ビル3F
※全国に123ヶ所のキャンパスがあります
TEL：0120-919-439

フリースクール サポート

■教育方針

不登校からの高校進学・大学進学をはじめとして、あらゆる生徒の進路を切り開くために、学力の向上はもとより社会を生き抜く力を育む様々な支援を行っているのがトライ式中等部です。夢や目標の実現に向け、一人ひとりに合わせたサポートをしています。
学習スタイルは「通学型」「在宅型」「オンライン型」の3つあり、自分にあったものを選べます。いつでも何度でも、切り替えたり組み合わせることができます。
また、在籍している中学校の学校長の許可があれば、トライ式中等部への登校を出席扱いにすることが可能です。

親 の 会	—
受入時面接	○
体験入学	○
学校出席扱	○ 学校との相談が必要

費用	入 会 金	50,000円（税別）
	教 材 費	—
	授 業 料	40,000円／月（税別）
	その他	詳細は直接お問い合わせください。

代 表 者	物部　晃之
設 立	2017年4月
受入年齢	中学生
運営日時	9時〜16時 指導場所、曜日、時間は自由に選択可能
定 員	—
在籍者数	—
スタッフ数	—

■こんな子どもに向いています■

・不登校を解決したいと考えている方
・中学校の勉強についていきたい方
・高校へ進学したいと考えている方

■主な活動内容

学習の個別サポートに加え、修学旅行や体育祭などの学校行事やサークル活動、ゼミ（プログラミングなど）に参加することができます。※参加は自由です

■スタッフの特長

経験豊富なキャンパス長や講師がキャンパスに常駐し、日々の学習や生活をサポートします。

NPO法人 ビーンズふくしま

http://www.k5.dion.ne.jp/~beans-f/
e-mail：info@beans-fukushima.or.jp

〒960-8164　福島県福島市八木田字中島106-1
TEL：024-529-5184　FAX：024-529-5184
相談・事務局TEL：024-563-6255
交通：東北本線「福島駅」

フリースクール

■教育方針

フリースクールビーンズふくしまは、「子どもたちが自ら望む姿で安心して過ごせる居場所」「仲間と共に活動や企画を通して、集団づくり・仲間づくり」「ここにしかない日々の生活や出会い・体験や経験・発見の中で学びの体験」を大切にしている、子どもたちが主役の居場所です。自分らしさ、自己決定の自由など、子どもの権利が守られる居場所でもあります。

※在籍者が定員に達した場合も随時受付しております。

親 の 会	○
受入時面接	○
体験入学	○
学校出席扱	△

費用	入 会 金	10,000円
	教 材 費	1,000円／月
	授 業 料	30,000円／月
	その他	法人会費(年)3,000円

代 表 者	中鉢　博之
設 立	1999年
受入年齢	フリースクール： 小・中・高〜概ね20才
運営日時	フリースクール 火曜〜土曜 9:00〜17:00
定 員	30名
在籍者数	30名(2024年1月現在)
スタッフ数	3名

■こんな子どもに向いています■

学校に行きにくさを感じているけど、家にばかりいるのはつまらないし、誰かと一緒に何かしてみたい、と思っている子どもたち。

■主な活動内容

日常のプログラムや行事は、子どもたちが話し合って決めています。就労体験プログラム（資源回収）等も実施。

■スタッフの特長

子どもたちと共に活動を楽しめるスタッフです。(教員資格+子育て支援員+放課後児童指導員+社会福祉士)

フリースクール 青い空

https://www.adatara-aoisora.com
e-mail：adatara.aoisora2017@gmail.com

〒964-0074　福島県二本松市岳温泉2-20-11
TEL：0243-24-1518　FAX：0243-24-1518
交通：JR「二本松駅」から岳温泉行きバスで20分
　　　「グランド前」下車、二本松駅までの送迎あり

■教育方針

何をするのも自由、自分がやりたいことを自由にする。食育や自然体験を重視したフリースクール。自分のペースで考え、自分のやり方で行動する。不登校は自分を守るための大事な時間です。
学校の勉強や高卒認定試験にも対応します。
ご自宅に訪問するホームエデュケーションもあります。
ケーキやピザ・パン作りも体験できます。

代表者	佐藤　昌弘
設立	2013年4月
受入年齢	小学生〜20歳前後
運営日時	フリースクール 月曜〜金曜 10:00〜16:00
定員	10名
在籍者数	0名(2023年12月現在)
スタッフ数	2名

親の会	○		費用	入会金	なし
受入時面接	○			教材費	必要額
体験入学	○			授業料	1日500円〜
学校出席扱	△ (一部あり)			その他	食育費1回700円

■こんな子どもに向いています■
山や自然が好きで、料理や物づくりに興味のある人。

■主な活動内容■
毎週の食育を中心に、体験学習、スポーツ、キャンプ、旅行など。

■スタッフの特長■
男女1名ずつ。1人は教師経験者。1人は食育インストラクター・調理師。

NPO法人寺子屋方丈舎
フリースクール『トレーラー』

http://www.terakoyahoujyousha.com/
e-mail：fs.torera@gmail.com

〒963-8071　福島県郡山市富久山町久保田
字下河原191-1　福島コトひらく内
TEL：080-7169-4627
交通：磐越西線「会津若松駅」

■教育方針

学校に行く子も行かない子も同じように認められる社会を実現するために活動しています。これまで約200名の子どもたちがここから巣立ってゆきました。子どもたちが活動を通じて自信を育めるという事を最大の目的にしています。「自分は何かできる」と思った子どもは強いです。2016年はIDECの世界大会(フィンランド)にも参加しました。対話と交流から育む私たちの活動は、地域の様々な方々とのつながりと共に多様なプログラムを実施しています。教科学習に限らない学びを行います。また、通信制高校も併設しています。(2022年4月開校)

代表者	江川　和弥
設立	1999年
受入年齢	6〜18歳
運営日時	月曜〜金曜(祝日除く) 10時〜16時 火曜日のみ 13時〜16時
定員	25名
在籍者数	15名(2024年1月末現在)
スタッフ数	4名

親の会	○		費用	入会金	2,000円
受入時面接	○			教材費	3,000円
体験入学	○			授業料	30,000円
学校出席扱	○			その他	―

■こんな子どもに向いています■
周りの意見ではなく、自分の考えで学びたいという人。自分が新しい体験をしたいという人を応援します。

■主な活動内容■
子どもが企画から参加し、自分たちで運営まで行う子どもの参画事業を行っています。デザイン、音楽、体育、パソコンなどの、プロジェクトを実施しております。

■スタッフの特長■
不登校経験者。20〜30代の男女。販売、IT、教員など様々な分野で活躍してきたスタッフが子どもたちの学びを応援しております。

認定NPO法人 キドックス

https://kidogs.org
e-mail：info@kidogs.org

〒305-0042　茨城県つくば市下広岡1054-5
TEL：029-846-0661
交通：つくばエクスプレス線「つくば駅」
　　　JR常磐線「土浦駅」

■教育方針

ご本人様の今の状況と今後の希望や目標を照らし合わせながら、1人1人に個別計画を作成し、ご本人様と相談しながら活動内容を決めています。ご本人様自身が感じる課題や目標に一緒に寄り添いながら、自分らしく自分のペースで歩んでいけるようにサポートしています。目標が見つからないという方もたくさんいらっしゃるので、日々の活動を通じて一緒にやりたいことや長所や得意分野などを発見していき、自分に合った将来の道を一緒に考えています。

代表者	上山　琴美
設立	2012年
受入年齢	小中学生 (高校生以上の方は ご相談ください)
運営日時	火・水・木 10:00〜15:20
定員	6名
在籍者数	4名(2023年12月現在)
スタッフ数	10名

親の会	―		費用	入会金	11,000円
受入時面接	○			教材費	0円
体験入学	○			授業料	週2コース月額費用24800円 週3コース月額費用32400円
学校出席扱	○			その他	つくば市在住の方は 月上限2万円までの補助あり

■こんな子どもに向いています■
外に出ることが不安、活動に参加できるかどうか心配、人や人前が苦手、日によって気持ちの波があるという方。

■主な活動内容■
アニマルシェルターでの保護犬のお世話や保護犬カフェ運営などの動物と関わる活動を通じた居場所事業、体験活動、就労支援等。

■スタッフの特長■
20代〜30代の女性が中心。相談支援員、就労支援員、ドッグトレーナーなど。

TSUKUBA学びの杜学園

https://manabinomori-gakuen.com
e-mail：info@manabinomori-gakuen.com

〒305-0031　茨城県つくば市吾妻3-11-5
ヴェルンハイムK103
TEL：029-898-9905
交通：「つくば駅」から徒歩15分 つくバス 北部シャトル筑波山口行 妻木バス停下車

■教育方針

TSUKUBA学びの杜学園は学校に行けなくなってしまった子供たちが安心して登校することができるフリースクールです。生徒一人ひとりが抱える悩みや問題点を解決に導くことを目標に、生活習慣や人との関わり合い、学習面を自分のペースで登校しながら身につけていきます。また、義務教育期間中の児童生徒は在籍校との連携により、当学園での登校が出席扱いとすることも可能。中学卒業後の進路に関しては、茨城県内通信制高校の提携サポート校として、当学園で高校卒業をめざすことができます。

代 表 者	中谷　稔
設　　立	2019年
受入年齢	小·中学生　高校生
運営日時	月曜～金曜　10:00～15:00
定　　員	小中等部20名/高等部20名
在籍者数	25名(2024年2月現在)
スタッフ数	11名

■こんな子どもに向いています■
・自分のペースで物事を進めたい子
・少しずつでも学校とは別の場所に通いたい
・大勢の人が苦手な子

■主な活動内容
月曜日から金曜日までいつでも登校できるスタイル。また、校内外で多くのイベントや行事を実施・体験することで、子供たちの可能性を引き出します。

■スタッフの特長
筑波大生スタッフがやさしくサポート。

親 の 会	－
受入時面接	○
体験入学	○
学校出席扱	○

費用	入 会 金	100,000円
	教 材 費	－
	授 業 料	－
	その他	施設設備費10,000円/月、施設使用料30,000円/月、活動費2,000円/月 他

トライ式中等部 つくばキャンパス

https://www.try-gakuin.com/freeschool/
e-mail：try-gakuin-chutobu@trygroup.com

〒305-0031 茨城県つくば市吾妻1-5-7
ダイワロイネットホテルつくば1F
※全国に123ヶ所のキャンパスがあります
TEL：0120-919-439

■教育方針

不登校からの高校進学・大学進学をはじめとして、あらゆる生徒の進路を切り開くために、学力の向上はもとより社会を生き抜く力を育む様々な支援を行っているのがトライ式中等部です。夢や目標の実現に向け、一人ひとりに合わせたサポートをしています。
学習スタイルは「通学型」「在宅型」「オンライン型」の3つあり、自分にあったものを選べます。いつでも何度でも、切り替えたり組み合わせることができます。
また、在籍している中学校の学校長の許可があれば、トライ式中等部への登校を出席扱いにすることが可能です。

代 表 者	物部　晃之
設　　立	2019年4月
受入年齢	中学生
運営日時	9時～16時　指導場所、曜日、時間は自由に選択可能
定　　員	－
在籍者数	－
スタッフ数	－

■こんな子どもに向いています■
・不登校を解決したいと考えている方
・中学校の勉強についていきたい方
・高校へ進学したいと考えている方

■主な活動内容
学習の個別サポートに加え、修学旅行や体育祭などの学校行事やサークル活動、ゼミ（プログラミングなど）に参加することができます。※参加は自由です

■スタッフの特長
経験豊富なキャンパス長や講師がキャンパスに常駐し、日々の学習や生活をサポートします。

親 の 会	－
受入時面接	○
体験入学	○
学校出席扱	学校との相談が必要

費用	入 会 金	50,000円（税別）
	教 材 費	－
	授 業 料	40,000円/月（税別）
	その他	詳細は直接お問い合わせください。

トライ式中等部 水戸キャンパス

https://www.try-gakuin.com/freeschool/
e-mail：try-gakuin-chutobu@trygroup.com

〒310-0015 茨城県水戸市宮町1-2-4
マイムビル4F
※全国に123ヶ所のキャンパスがあります
TEL：0120-919-439

■教育方針

不登校からの高校進学・大学進学をはじめとして、あらゆる生徒の進路を切り開くために、学力の向上はもとより社会を生き抜く力を育む様々な支援を行っているのがトライ式中等部です。夢や目標の実現に向け、一人ひとりに合わせたサポートをしています。
学習スタイルは「通学型」「在宅型」「オンライン型」の3つあり、自分にあったものを選べます。いつでも何度でも、切り替えたり組み合わせることができます。
また、在籍している中学校の学校長の許可があれば、トライ式中等部への登校を出席扱いにすることが可能です。

代 表 者	物部　晃之
設　　立	2012年4月
受入年齢	中学生
運営日時	9時～16時　指導場所、曜日、時間は自由に選択可能
定　　員	－
在籍者数	－
スタッフ数	－

■こんな子どもに向いています■
・不登校を解決したいと考えている方
・中学校の勉強についていきたい方
・高校へ進学したいと考えている方

■主な活動内容
学習の個別サポートに加え、修学旅行や体育祭などの学校行事やサークル活動、ゼミ（プログラミングなど）に参加することができます。※参加は自由です

■スタッフの特長
経験豊富なキャンパス長や講師がキャンパスに常駐し、日々の学習や生活をサポートします。

親 の 会	－
受入時面接	○
体験入学	○
学校出席扱	学校との相談が必要

費用	入 会 金	50,000円（税別）
	教 材 費	－
	授 業 料	40,000円/月（税別）
	その他	詳細は直接お問い合わせください。

特定非営利活動法人 キーデザイン

https://www.npo-keydesign.org/
e-mail：npokeydesign@gmail.com

〒320-0837　栃木県宇都宮市弥生2-8-8
TEL：080-1853-6296
交通：東武宇都宮線「南宇都宮駅」徒歩5分

 フリースクール

■教育方針
私達は「学校に戻すこと」を目的にはしていません。勉強も本人がやる気にならない限りさせません。人と信頼関係を築くこと、困ったとき・悩んだときに周りにSOSを出せる、そんなことをできるようになるためのフリースクールです。希望制で学習時間を設けています。学習を通して、『できない』を『できる』に変え、自信をつけるきっかけをつくります。自分の好きを見つけ、それに触れる中で、集中力アップや自己肯定感向上を目指します。

親 の 会	○
受入時面接	―
体 験 入 学	○
学校出席扱	○

費用	入 会 金	10,000円
	教 材 費	0円
	授 業 料	18,000円／月～
	そ の 他	―

代 表 者	土橋　優平
設 立	2019年
受入年齢	小・中学生
運営日時	月・火・木・金 ※今後追加予定
定 員	40名
在籍者数	32名(2023年12月現在)
スタッフ数	6名

    不登校　発達障がい　ひきこもり　身体　知的

■こんな子どもに向いています■
自分に自信がない。友達がいない。人とつながることに抵抗がある、意欲がない。そんなお子さんに向いています。

■主な活動内容■
大学生などお兄さんお姉さんくらいの年齢のスタッフと、一緒にゲーム、お絵かき、外遊びなどに取り組む。

■スタッフの特長■
20代から親世代まで。男女バランスがよい。

NPO法人CCV CCV学園
シー シー ヴイ

http://ccv-npo.com/
e-mail：creative_c_a@yahoo.co.jp

〒322-0041　栃木県鹿沼市鳥居跡1420-11
TEL：0289-74-7070　FAX：0289-74-7080
交通：JR「鹿沼駅」、東武線「新鹿沼駅」
都内相談室：江戸川区東葛西6-1-13-802　東西線「葛西駅」徒歩2分

 フリースクール サポート

■教育方針
「みんなちがってみんないい」を合言葉に教育と福祉の枠を越え、一人一人の未来の可能性を創作します。地域に根ざし高齢者、若者、障がい者が共に豊かに暮らせるまちづくりを目指し、地域のNPOとつながり成長に応じて様々な体験を用意しています。
また、保護者、家族のケアや居場所づくりも行い交流会、茶話会が活発になっています。新しい時代に柔軟に対応できるよう多様な人との出会いを推進しています。鹿沼自動車教習所と提携日本で初めての発達障害者対応の運転免許取得プログラムを実施しています。

親 の 会	○
受入時面接	○
体 験 入 学	○
学校出席扱	○

費用	入 会 金	3,000円
	教 材 費	0円
	授 業 料	25,000円／月
	そ の 他	1コマとして3,000円

代 表 者	福田　由美
設 立	2009年
受入年齢	小・中・高・成人
運営日時	月曜～日曜 10:00～21:00
定 員	―
在籍者数	30名(2024年2月現在)
スタッフ数	7名

    不登校　発達障がい　ひきこもり　身体　知的

■こんな子どもに向いています■
発達障害に特化した福祉施設を併設しています。自閉症支援のプロが個別対応します。高卒資格取得のサポートもしています。

■主な活動内容■
学習指導、生活スキル訓練(宿泊研修)、演劇、農業、漢字検定、就労トレーニング、余暇支援、ゴルフ教室

■スタッフの特長■
20～60代　男性2名、女性5名／教員経験者、NPO代表、福祉支援員、塾講師、画家

栃木自主夜間中学

e-mail：3ishi3@cc9.ne.jp

〒328-0054　栃木県栃木市平井町980-9
TEL：0282-23-2290(携帯070-5555-7455)
FAX：0282-23-2290
交通：JR両毛線・東武日光線「栃木駅」

その他 サポート 高認指導

■教育方針
活動内容や時間や場所は参加希望者と相談して決めます。基本的に自分のやりたいことをやります。みんなで相談して、クリスマス会やキャンプなどをやる場合もあります。学習に取り組みたい人は、各教科のわからないところから始めます。高校卒業程度認定試験の学習に対応します。ゲームをしたい人はゲーム機持参してください。夜間という名称でも昼間活動することも多くあります。
今年度は、アウトドア・デイ・スクール部を展開します。テニス・フィッシング・バードウォッチングなどの活動を広げます。

親 の 会	○
受入時面接	―
体 験 入 学	○
学校出席扱	

費用	入 会 金	―
	教 材 費	―
	授 業 料	―
	そ の 他	年会費として1,000円

代 表 者	石林　哲子
設 立	1990年
受入年齢	年齢制限なし (現在は主に 小・中高生)
運営日時	随時 週1回程度
定 員	―
在籍者数	5名(2024年1月末現在)
スタッフ数	5名

     不登校　発達障がい　ひきこもり　身体　知的

■こんな子どもに向いています■
不登校中や過去不登校であったり、高校を中途退学したりした人で、自分のやりたいことをしたい人など。

■主な活動内容■
テニス・つり・バードウオッチング・ゲーム・学習その他各自の興味や関心や必要性に応じて活動します。

■スタッフの特長■
教育経験者やボランティアなど。

トライ式中等部 足利キャンパス

https://www.try-gakuin.com/freeschool/
e-mail：try-gakuin-chutobu@trygroup.com

〒326-0814 栃木県足利市通2-12-16
岩下ビル2F
※全国に123ヶ所のキャンパスがあります
TEL：0120-919-439

■教育方針

不登校からの高校進学・大学進学をはじめとして、あらゆる生徒の進路を切り開くために、学力の向上はもとより社会を生き抜く力を育む様々な支援を行っているのがトライ式中等部です。夢や目標の実現に向け、一人ひとりに合わせたサポートをしています。
学習スタイルは「通学型」「在宅型」「オンライン型」の3つあり、自分にあったものを選べます。いつでも何度でも、切り替えたり組み合わせることができます。
また、在籍している中学校の学校長の許可があれば、トライ式中等部への登校を出席扱いにすることが可能です。

親 の 会	―
受入時面接	○
体験入学	○
学校出席扱	○ 学校との相談が必要

費用	入 会 金	50,000円(税別)
	教材費	―
	授業料	40,000円／月(税別)
	その他	詳細は直接お問い合わせください。

代 表 者	物部 晃之
設 立	2024年4月
受入年齢	中学生
運営日時	9時～16時 指導場所、曜日、時間は自由に選択可能
定 員	―
在籍者数	―
スタッフ数	―

■こんな子どもに向いています■
・不登校を解決したいと考えている方
・中学校の勉強についていきたい方
・高校へ進学したいと考えている方

■主な活動内容
学習の個別サポートに加え、修学旅行や体育祭などの学校行事やサークル活動、ゼミ（プログラミングなど）に参加することができます。※参加は自由です

■スタッフの特長
経験豊富なキャンパス長や講師がキャンパスに常駐し、日々の学習や生活をサポートします。

トライ式中等部 宇都宮キャンパス

https://www.try-gakuin.com/freeschool/
e-mail：try-gakuin-chutobu@trygroup.com

〒321-0964 栃木県宇都宮市駅前通り1-4-6
宇都宮西口ビルd棟1F
※全国に123ヶ所のキャンパスがあります
TEL：0120-919-439

■教育方針

不登校からの高校進学・大学進学をはじめとして、あらゆる生徒の進路を切り開くために、学力の向上はもとより社会を生き抜く力を育む様々な支援を行っているのがトライ式中等部です。夢や目標の実現に向け、一人ひとりに合わせたサポートをしています。
学習スタイルは「通学型」「在宅型」「オンライン型」の3つあり、自分にあったものを選べます。いつでも何度でも、切り替えたり組み合わせることができます。
また、在籍している中学校の学校長の許可があれば、トライ式中等部への登校を出席扱いにすることが可能です。

親 の 会	―
受入時面接	○
体験入学	○
学校出席扱	○ 学校との相談が必要

費用	入 会 金	50,000円(税別)
	教材費	―
	授業料	40,000円／月(税別)
	その他	詳細は直接お問い合わせください。

代 表 者	物部 晃之
設 立	2010年4月
受入年齢	中学生
運営日時	9時～16時 指導場所、曜日、時間は自由に選択可能
定 員	―
在籍者数	―
スタッフ数	―

■こんな子どもに向いています■
・不登校を解決したいと考えている方
・中学校の勉強についていきたい方
・高校へ進学したいと考えている方

■主な活動内容
学習の個別サポートに加え、修学旅行や体育祭などの学校行事やサークル活動、ゼミ（プログラミングなど）に参加することができます。※参加は自由です

■スタッフの特長
経験豊富なキャンパス長や講師がキャンパスに常駐し、日々の学習や生活をサポートします。

なみあし学園

〒329-0602 栃木県河内郡上三川東汗1700
TEL：0285-56-3214　FAX：0285-56-0536
交通：宇都宮線「雀宮駅」

■ 教育方針

本人が希望する者のみ受け入れる。通園可。入寮可。21頭の馬とポニーの世話、乗馬、生活を通して自主性、主体性を養成する。一切指図をしない。本人が自分で行動するのを待つ。

親 の 会	―
受入時面接	○
体験入学	○
学校出席扱	○

費用	入 会 金	―
	教材費	実費
	通園料	15,000円／月
	その他	3,000円／日(寮費として)

代 表 者	篠崎 宏司
設 立	1985年
受入年齢	小学生～高校生 大人もOK
運営日時	馬といっしょに生活するので休みなし
定 員	10名
在籍者数	5名(2023年12月現在)
スタッフ数	4名

■こんな子どもに向いています■
不登校、ひきこもり

■主な活動内容
馬の世話、乗馬練習、馬との生活

■スタッフの特長
・元高校英語教師
・乗馬インストラクター
・ボランティア

フリースクールおるたの家

https://orutaoyama.amebaownd.com
e-mail：kasimagakuen.oyama@hotmail.com

〒323-0022　栃木県小山市駅東通り1-5-9
増田ビル3F
TEL：0285-38-9301
交通：JR宇都宮線・水戸線・両毛線「小山駅」

フリースクール

■教育方針

居場所であること、自由であること、協調すること。この3つがおるたの家の基本理念です。KG高等学院と併設して運営しており、すべての人にとって居心地がいいと感じられる場所を目指しています。学びは自分のやりたいと思う意思の上にのみ存在します。誰かから押し付けられたものではない自由な学びの時間を作れるよう、スタッフはサポートします。ゆるさ大歓迎。

親 の 会	―
受入時面接	○
体験入学	○
学校出席扱	○

費用	入 会 金	―
	教 材 費	―
	授 業 料	30,000円／月
	その他	―

代 表 者	岩澤　俊介
設　　立	2016年
受入年齢	12～15歳
運営日時	月～土 10時～16時
定　　員	なし
在籍者数	2名
スタッフ数	5名

■こんな子どもに向いています■

なにかをきっちりやらなければならないという圧力から解放され、ゆったりとすごしたい方

■主な活動内容■

月に行われる映画鑑賞やクッキング、ハンドメイドのイベントを実施。

■スタッフの特長■

スタッフ5名がサポート。男女比は1:9。

トライ式中等部 高崎キャンパス

https://www.try-gakuin.com/freeschool/
e-mail：try-gakuin-chutobu@trygroup.com

〒370-0841　群馬県高崎市栄町3-23
高崎タワー21 2F
※全国に123ヶ所のキャンパスがあります
TEL：0120-919-439

フリースクール
サポート

■教育方針

不登校からの高校進学・大学進学をはじめとして、あらゆる生徒の進路を切り開くために、学力の向上はもとより社会を生き抜く力を育む様々な支援を行っているのがトライ式中等部です。夢や目標の実現に向け、一人ひとりに合わせたサポートをしています。
学習スタイルは「通学型」「在宅型」「オンライン型」の3つあり、自分にあったものを選べます。いつでも何度でも、切り替えたり組み合わせることができます。
また、在籍している中学校の学校長の許可があれば、トライ式中等部への登校を出席扱いにすることが可能です。

親 の 会	―
受入時面接	○
体験入学	○
学校出席扱	○ 学校との相談が必要

費用	入 会 金	50,000円（税別）
	教 材 費	―
	授 業 料	40,000円／月（税別）
	その他	詳細は直接お問い合わせください。

代 表 者	物部　晃之
設　　立	2010年4月
受入年齢	中学生
運営日時	9時～16時 指導場所、曜日、時間は自由に選択可能
定　　員	―
在籍者数	―
スタッフ数	―

■こんな子どもに向いています■

・不登校を解決したいと考えている方
・中学校の勉強についていきたい方
・高校へ進学したいと考えている方

■主な活動内容■

学習の個別サポートに加え、修学旅行や体育祭などの学校行事やサークル活動、ゼミ（プログラミングなど）に参加することができます。※参加は自由です

■スタッフの特長■

経験豊富なキャンパス長や講師がキャンパスに常駐し、日々の学習や生活をサポートします。

アソマナ学園 北浦和校

https://asomana.jp
e-mail：info@asomana.jp

〒330-0061　埼玉県さいたま市浦和区常盤
9-17-1
TEL：048-866-0000　FAX：048-814-0901
交通：京浜東北線「北浦和駅」

フリースクール
サポート
高認指導

■ 教育方針

不登校の原因は様々です。原因や問題を解決する事よりも、「今ここに」を大切して子供達の気持ちに寄り添い支援しています。その中で子どもたち一人ひとりの「自信を取り戻す作業」を楽しく一緒に探すお手伝いをしています。
例えば勉強が苦手で学校嫌いになった子供達には、「勉強のやり方そのもの」につまずきを感じていることがあげられます。そのため、どんなに優れた教材を使っても、どれだけ有名な塾に通っても、ただ通っているだけになってしまうことも多いのです。「苦手の克服よりも得意を見つける」ことで、「自己肯定感」が高まります。
私たちの支援は最新の脳科学に基づき脳機能レベルからの支援を科学的に行っています。

親 の 会	○
受入時面接	○
体験入学	○
学校出席扱	○

費用	入 会 金	13,200円
	教 材 費	―
	授 業 料	51,130円／月
	その他	―

代 表 者	太田　樹男
設　　立	2014年
受入年齢	小学1年～ 高校3年
運営日時	月曜～金曜 9:00～17:00
定　　員	30名
在籍者数	75名(2021年12月現在)
スタッフ数	6名

■こんな子どもに向いています■

発達やボーダーが原因で不登校のお子様に学習サポートとソーシャルスキルトレーニングを組み合わせたサポートを行っています。

■主な活動内容■

オンラインとスクーリング。自分に合った学び方を選択。次世代型のフリースクール。

■スタッフの特長■

教務・運営・心理職

アトリエ・ゆう

e-mail：atorie-u1988@dream.jp

〒330-0846　埼玉県さいたま市大宮区大門町
3-205　ABCビル303号
TEL：048-658-2552　FAX：048-658-2552
交通：「大宮駅」

フリースペース

■教育方針
フリースペースではさまざまな年代の人たちが一緒になってゲームをしたり、本を読んだり、おしゃべりしたりして楽しく過ごしています。

代表者	本居　麗子
設立	1988年
受入年齢	特に制限なし
運営日時	●親の会…第2・4火曜日／第2・4土曜日 13:00～16:00 ●青少年メンタルサポート…毎週水曜日 13:00～20:00 ●コーヒーサロン…第2・4土曜日 13:00～16:30
定員	－
在籍者数	15名(2024年1月現在)
スタッフ数	10名

親の会	○
受入時面接	－
体験入学	－
学校出席扱	－

費用	入会金	5,000円
	教材費	－
	授業料	－
	その他	参加費600円／1回

■こんな子どもに向いています

■主な活動内容
学校になじめない、友だちや家族のことで悩んでいる、ひきこもりがち。そんな悩める親や子・若者の居場所。

■スタッフの特長
ボランティアとして参加

浦和高等学園 小・中学部

https://urazono.net/junior/
e-mail：adm@urazono.net

〒330-0053　埼玉県さいたま市浦和区前地3-14-12
第2スミダビル3F
TEL：0800-800-5877　FAX：048-813-5804
交通：JR「浦和駅」アトレ東口徒歩15分

フリースクール

■教育方針
★友達ができる！ 勉強が好きになる！ 自分に自信がつく！
①友達作りにピッタリ！ 1学年10～15人編成
②先生・先輩が見守ってくれる教室レイアウト
③頼れるカウンセラー・子育てアドバイザー・進路アドバイザー
④一人ひとりの学力にあわせてスタート！
⑤勉強がニガテでも、個別指導で安心
⑥学習と生活習慣をご家族と相談して毎日確認
★中学α年＋高校3年の中高連携で、大学受験突破！

代表者	菅野　愛也
設立	2003年
受入年齢	小学校高学年～中学生
運営日時	8:30～17:00
定員	1学年10名／個別生5名
在籍者数	30名(2024年2月現在)
スタッフ数	30名(高校部兼任含む)

親の会	○
受入時面接	○
体験入学	○
学校出席扱	○ 在籍校校長判断による

費用	入会金	55,000円
	教材費	検定と教材は個別
	授業料	週3…45,000円 週4…48,000円 ※令和5年度時点
	その他	－

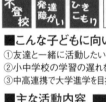 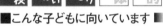

■こんな子どもに向いています
①友達と一緒に活動したい
②小中学校の学習の遅れを取り戻したい
③中高連携で大学進学を目指したい

■主な活動内容
①個別最適化された学習（e-ラーニングもあり）　②音楽・美術・技術家庭・体育の授業あり　③様々な場面でのソーシャルスキルトレーニング　④特別活動、行事多数（希望制）

■スタッフの特長
20代から経験豊富な60代まで、各年代、男女バランスよく教員が揃っています。

学校法人　角川ドワンゴ学園
N中等部　大宮キャンパス

https://n-jr.jp/
e-mail：support@n-jr.jp

〒330-0803　埼玉県さいたま市大宮区高鼻町1-20-1
大宮中央ビルディング6F
TEL：0120-0252-15
交通：各線「大宮駅」徒歩約9分

フリースクールサポート

■教育方針
N中等部は、教育機会確保法の趣旨を鑑みた、新しいコンセプトのスクール「プログレッシブスクール」。
N/S高の多様なコンテンツを活用し、主体的に行動できる人を育み続けます。
机の上だけで学ぶ勉強だけでなく、自由な発想で考え主体性をもって問題に取り組む力となるのは総合力です。総合力を礎に個性という独自性が付加価値となります。
総合力を身に付けるために、教養・思考力・実践力の3つを学びます。

代表者	奥平　博一
設立	2019年
受入年齢	中学生
運営日時	月曜～金曜 9:00～17:00
定員	通学コース：各キャンパスにより異なる（120～150名）ネットコース：定員なし
在籍者数	1,334名(2023年12月末時点)
スタッフ数	60名

親の会	－ ※保護者会実施
受入時面接	※ネットコースは書類審査のみ
体験入学	○
学校出席扱	○

費用	入会金	110,000円
	教材費	MacBook必須
	授業料	48,400円～／月
	その他	－

■こんな子どもに向いています
最先端技術や学びに興味がある、居場所が欲しい、同じ趣味の人と繋がりたい、学力を身につけたい人など。

■主な活動内容
21世紀型スキル学習・PBL、プログラミング、国語・数学・英語を中心とした基礎学習など多彩な学習コンテンツあり

■スタッフの特長
20代も多く、さまざまな背景の社会人経験者など多彩なスタッフがいます。

学研のサポート校
WILL学園 中等部 高等部 さいたまキャンパス
https://www.willschool.net/
e-mail：will@kame.co.jp

〒338-0013　埼玉県さいたま市中央区鈴谷
2-744-1 第一フロンティアビル3F
TEL：0120-883-122
交通：埼京線「南与野駅」徒歩3分

■教育方針
WILL学園では『楽しく学校に通う』ということを一番に考えています。不登校や発達障害のある生徒にとって居心地の良い場所として存在し、人間性を豊かにしていくだけでなく、学習面もしっかりサポート！WILLに通うことからスタートして、不登校を克服した生徒がたくさんいます。
できることから少しずつ、一人ひとりのペースに合わせて学園全体でバックアップ！まずは学校を楽しむことから始めましょう！
家から出づらい人には在宅訪問支援のコースもあります。

親 の 会	―
受入時面接	△
体験入学	○
学校出席扱	○

費用	入会金	24,200円、110,000円
	教材費	―
	授業料	33,000円〜66,000円
	その他	高等部活動費264,000円/年

代表者	菅原　顕人
設　立	2000年10月
受入年齢	中学生、高校生
運営日時	月曜日〜金曜日
定　員	35名
在籍者数	22名(2024年2月現在)
スタッフ数	6名(2024年2月現在)

■こんな子どもに向いています■
楽しい学校生活を送りたいと考えているものの、学校に通うのが苦手、難しいと思っている生徒に向いています。

■主な活動内容■
学習は個別指導が中心。苦手分野克服、学び直しもできます。レクリエーションや趣味、実用の時間もあります。

■スタッフの特長
不登校生、発達障害の支援の経験を積み重ねた教員が一人ひとりサポートします。

完全週5日制プラチナフリースクール
星槎学園中等部 大宮校
http://www.seisagakuen.jp
e-mail：seisagakuen_omiya@seisa.ed.jp

〒331-0804　埼玉県さいたま市北区
土呂町2-12-10
TEL：048-788-2470　FAX：048-788-2471
交通：JR宇都宮線「土呂駅」東口徒歩2分

■教育方針
本校は、「不登校生やそれぞれの個性あふれる子どもたちに対応した完全週5日制のフリースクール」です。地元の公立中学校に在籍しながら、星槎学園中等部大宮校に通学します。毎週水曜日に行われている「プラチナチャレンジプログラム」は、仲間とともに体験しながら学ぶ学習プログラム。星槎の学びは共感理解教育を実践しており、星槎の三つの約束である「人を認める」「人を排除しない」「仲間を作る」を学んでいきます。
個別指導計画を基に、一人ひとりに合わせる教育が星槎です。

親 の 会	○
受入時面接	○
体験入学	○
学校出席扱	○

費用	入会金	200,000円
	教材費	副教材費50,000円/年
	授業料	630,000円/年
	その他	施設設備費維持費150,000円/年

代表者	関根　元太
設　立	2021年
受入年齢	中学生
運営日時	月曜〜金曜 9:20〜15:30
定　員	各学年1クラス15〜20名
在籍者数	2021年4月開校
スタッフ数	20名(高等部と連携)

■こんな子どもに向いています■
今の学校に何かしらの不安を抱えていたり、休みがちで不登校傾向にある子どもたちを全面的に応援します。

■主な活動内容■
体験的な教育プログラムにより、人との関わりを学んでいきます(学習やスポーツ、芸術活動など)。

■スタッフの特長
星槎学園高等部大宮校が全面的にサポートしています。子どもたちを笑顔にさせることができるスタッフ(教員、カウンセラー等)がお待ちしております。

星槎プラチナフリースクール 川口キャンパス
せいさ　　　　　　　　　　　　　　　　　　かわぐち
http://www.seisa.ed.jp/npo/
e-mail：kawaguchi@seisa.ac.jp

〒332-0034　埼玉県川口市並木3-4-26
TEL：048-229-3522　FAX：048-229-8722
交通：JR京浜東北線「西川口駅」徒歩5分

■教育方針
さまざまな理由で学校に足が向いていなかったり、教室に入れなかったりしている生徒のみなさんの学びをサポートします。教科学習やさまざまな体験学習を通じて、学ぶ楽しさを知ってほしいと思います。一人ひとりの生徒が自分をすべてまるごと「自分らしい」と感じる場を提供します。
★西川口駅東口より徒歩5分の場所に開校
★週1日〜5日まで選べる登校日数　★定員20名程度
入所希望の方は、お気軽にご連絡ください。

親 の 会	―
受入時面接	○
体験入学	○
学校出席扱	○

費用	入会金	20,000円
	教材費	実費
	授業料	週1日15,000円/月 1日追加毎に+7,500円/月
	その他	設備費・校外活動費は別途

代表者	武内　隆央
設　立	2019年
受入年齢	小学6年生〜中学3年生
運営日時	週1日〜週5日
定　員	20名
在籍者数	―
スタッフ数	高校職員が兼務

■こんな子どもに向いています■
さまざまな理由で学校に足が向いていなかったり、教室に入れなかったりしている生徒のみなさん。さまざまなことに挑戦したいと思っている生徒のみなさん。

■主な活動内容■
教科学習はもちろん、体験授業やSSTを通して「生活スキル」として他者とかかわりあうことの大切さを学びます。またフェンシングを学べる「スポーツクラブPAL川口」への入所特典があります。

■スタッフの特長■
教員免許を持っているスタッフが丁寧に対応します。また精神保健福祉士やカウンセラーが常駐しています。

星槎プラチナフリースクール～星のいかだ教室～

（せいさ）

http://www.seisagakuen.jp
e-mail：seisagakuen_omiya@seisa.ed.jp

〒331-0804　埼玉県さいたま市北区
土呂町2-12-10
TEL：048-788-2470　FAX：048-788-2471
交通：JR宇都宮線「土呂駅」東口徒歩2分

■教育方針
誰もが安心して通え、プラチナのように輝ける教育環境を提供するのが星槎プラチナフリースクールの使命です。「こんな学校があったらいいな」を目指します。登校日数を選べるので、自分のペースで楽しい日々を送ることができます。そのためにも、以下の3つを大切にしています。
①こころのケアを優先します。
②学習面をしっかりサポートします。
③人との関わり合いを大切にします。

親の会	—
受入時面接	○
体験入学	○
学校出席扱	○

費用	入会金	20,000円
	教材費	実費徴収
	授業料	授業1日15,000円　1日追加毎に＋10,000円(週5日まで)
	その他	設備費30,000円(毎年)

代表者	関根　元太
設立	2007年
受入年齢	小学生・中学生・高校生
運営日時	火曜〜木曜　10:00〜15:00
定員	30名程度
在籍者数	20名
スタッフ数	20名(中等部・高等部と連携)

■こんな子どもに向いています ■
今の学校に何かしらの不安を抱えていたり、休みがちで不登校傾向にある子どもたちを全面的に応援します。

■主な活動内容 ■
体験的な教育プログラムにより、人との関わりを学んでいきます(学習やスポーツ、芸術活動など)。

■スタッフの特長 ■
星槎学園高等部大宮校が全面的にサポートしています。子どもたちを笑顔にさせることができるスタッフ(教員、カウンセラー等)がお待ちしております。

一般社団法人 日本フリースクール機構　セカンドスクール

http://2nd.school/
e-mail：info@2nd.school

〒338-0835　埼玉県さいたま市桜区道場3-27-1
TEL：048-789-7646　FAX：048-789-7656
交通：JR武蔵野線「西浦和駅」

■教育方針
本校は全寮制を取るフリースクールです。コーチングを受けながら集団生活を送ることで、将来の自立を目指します。寮生活では生徒の悩みや本心を引き出し寄り添いつつ、基本的な生活面の改善(起床時からスケジュール化しています)から体力作りや運動・学習プログラム・農作業プログラム等といった多方面に渡るアプローチを毎日積み重ねて生徒の生きる力や潜在的能力を全体的に底上げし、体力的にも精神的にも自信をもって元の生活に復帰してもらえるように、各方面の専門家を交えながらお子さまに合わせたプログラムを設定しサポートいたします。

親の会	—
受入時面接	○
体験入学	○
学校出席扱	○

費用	入会金	30万〜50万円
	教材費	—
	授業料	—
	その他	入寮費5,000〜10,000円/日

代表者	児島　豪
設立	2017年
受入年齢	小学生〜全年齢対応
運営日時	日〜土(週7日)　9:00〜20:00　※スタッフ24時間常駐
定員	50名
在籍者数	29名(2024年2月現在)
スタッフ数	18名

■こんな子どもに向いています ■
不登校・ひきこもり、人間関係や家族間の問題を抱えた子、生活習慣が身についていない子どもに適しています。

■主な活動内容 ■
生活習慣の改善、体力作り、学習の習慣づけ、よりよい人間関係を築く為のカウンセリングやコーチングを行います。

■スタッフの特長 ■
スタッフが24時間365日駐在。学習は専門スタッフ。運動もプロのスタッフが対応します。

中央高等学院 中学生コース さいたま校

https://chuos.com
e-mail：info@chuos.com

〒330-0854　埼玉県さいたま市大宮区桜木町1-1-6
※その他、池袋、吉祥寺、渋谷原宿、横浜、千葉、名古屋に校舎があります。
TEL：0120-89-1146
交通：JR線・東武鉄道・埼玉新都市交通「大宮駅」西口から徒歩2分

■教育方針
広域通信制高校・中央国際高校のサポートキャンパスであり、「できることからはじめようよ!」を掲げ、45年以上の歴史と経験を持つ、サポート校・中央高等学院が開設するフリースクールです。目の届く少人数制、個々にあった指導、豊富なカリキュラムで中学卒業までしっかりサポートします。勉強は生徒のレベルに合わせ丁寧に指導。授業の半分は、ゲームや課外授業を通してコミュニケーション力を育みます。また、同じ仲間、同じ先生がいる環境で、安心して中央高等学院へ進学することも可能です。

親の会	—
受入時面接	—
体験入学	○
学校出席扱	—

費用	入会金	
	教材費	直接、校舎にお問い合わせ下さい
	授業料	
	その他	

代表者	斉藤　守
設立	1978年
受入年齢	中学生
運営日時	毎週土曜日
定員	20名
在籍者数	8名
スタッフ数	—

■こんな子どもに向いています ■
「勉強についていけず不安」「相談できる先生が欲しい」「高校へ進学したい」などの悩みを解決したい方。

■主な活動内容 ■
毎週土曜日に開講しています。主要3教科の基礎学力、集団行動に慣れるためのゲーム、散策、課外授業など。

■スタッフの特長 ■
中央高等学院の経験豊富な先生が丁寧に接します。また、先生との距離の近さが魅力です。

つばさ高等学院（高等部、中学部、小学部）

https://tsubasa-school.com/
e-mail：info@tsubasa-school.com

〒342-0058　埼玉県吉川市きよみ野2-25-1
きよみ野ビル2F
TEL：048-984-0283　FAX：048-983-1109
交通：JR武蔵野線「吉川駅」からバス8分「吉川団地北」徒歩1分

■教育方針

「自立する」という建学の精神に基づき、「卒業資格」だけでなく「卒業後の進路」まで親身にサポートします。学院長による「世の中授業」。多くの合格実績を誇るプロ講師による「個別学習指導」。進学、就職など多様な進路に対応しています。
「教育コーチング」の認定校で、認定資格保持者が複数在籍しており、生徒一人ひとりの長所を伸ばす教育を実践しています。中学生にも同様の支援を行います。

代 表 者	仲野　十和田
設　　立	2013年
受入年齢	小学生～高校生
運営日時	月～金 10:00～15:00
定　　員	50名
在籍者数	25名(2024年2月現在)
スタッフ数	8名

親 の 会	―
受入時面接	○
体験入学	○
学校出席扱	○

費用	入 会 金	50,000円
	教材費	実費(1科目約1,500円)
	授業料	フリーコース…45,000円／通1コース…20,000円／通2コース…25,000円
	その他	教育充実費15,000円／半期

■こんな子どもに向いています■

人と話すのが苦手な子、集団が苦手な子、学力に不安がある子、大学進学を目指している子。

■主な活動内容■

小中学生の不登校生徒の学習指導、高校のサポート校、高校・大学受験指導。

■スタッフの特長■

受験指導可。教育コーチング有資格者在籍。

トライ式中等部 浦和キャンパス

https://www.try-gakuin.com/freeschool/
e-mail：try-gakuin-chutobu@trygroup.com

〒330-0062 埼玉県さいたま市浦和区仲町2-3-20
須原屋ビル4F
※全国に123ヶ所のキャンパスがあります
TEL：0120-919-439

■教育方針

不登校からの高校進学・大学進学をはじめとして、あらゆる生徒の進路を切り開くために、学力の向上はもとより社会を生き抜く力を育む様々な支援を行っているのがトライ式中等部です。夢や目標の実現に向け、一人ひとりに合わせたサポートをしています。
学習スタイルは「通学型」「在宅型」「オンライン型」の3つあり、自分にあったものを選べます。いつでも何度でも、切り替えたり組み合わせることができます。
また、在籍している中学校の学校長の許可があれば、トライ式中等部への登校を出席扱いにすることが可能です。

代 表 者	物部　晃之
設　　立	2019年4月
受入年齢	中学生
運営日時	9時～16時 指導場所、曜日、時間は自由に選択可能
定　　員	―
在籍者数	―
スタッフ数	―

親 の 会	―
受入時面接	○
体験入学	○
学校出席扱	○ 学校との相談が必要

費用	入 会 金	50,000円(税別)
	教材費	―
	授業料	40,000円／月(税別)
	その他	詳細は直接お問い合わせください。

■こんな子どもに向いています■

・不登校を解決したいと考えている方
・中学校の勉強についていきたい方
・高校へ進学したいと考えている方

■主な活動内容■

学習の個別サポートに加え、修学旅行や体育祭などの学校行事やサークル活動、ゼミ(プログラミングなど)に参加することができます。※参加は自由です

■スタッフの特長■

経験豊富なキャンパス長や講師がキャンパスに常駐し、日々の学習や生活をサポートします。

トライ式中等部 大宮キャンパス

https://www.try-gakuin.com/freeschool/
e-mail：try-gakuin-chutobu@trygroup.com

〒330-0854 埼玉県さいたま市大宮区桜木町4-252
ユニオンビルディング2F
※全国に123ヶ所のキャンパスがあります
TEL：0120-919-439

■教育方針

不登校からの高校進学・大学進学をはじめとして、あらゆる生徒の進路を切り開くために、学力の向上はもとより社会を生き抜く力を育む様々な支援を行っているのがトライ式中等部です。夢や目標の実現に向け、一人ひとりに合わせたサポートをしています。
学習スタイルは「通学型」「在宅型」「オンライン型」の3つあり、自分にあったものを選べます。いつでも何度でも、切り替えたり組み合わせることができます。
また、在籍している中学校の学校長の許可があれば、トライ式中等部への登校を出席扱いにすることが可能です。

代 表 者	物部　晃之
設　　立	2010年4月
受入年齢	中学生
運営日時	9時～16時 指導場所、曜日、時間は自由に選択可能
定　　員	―
在籍者数	―
スタッフ数	―

親 の 会	―
受入時面接	○
体験入学	○
学校出席扱	○ 学校との相談が必要

費用	入 会 金	50,000円(税別)
	教材費	―
	授業料	40,000円／月(税別)
	その他	詳細は直接お問い合わせください。

■こんな子どもに向いています■

・不登校を解決したいと考えている方
・中学校の勉強についていきたい方
・高校へ進学したいと考えている方

■主な活動内容■

学習の個別サポートに加え、修学旅行や体育祭などの学校行事やサークル活動、ゼミ(プログラミングなど)に参加することができます。※参加は自由です

■スタッフの特長■

経験豊富なキャンパス長や講師がキャンパスに常駐し、日々の学習や生活をサポートします。

関東

125

トライ式中等部 春日部キャンパス

https://www.try-gakuin.com/freeschool/
e-mail：try-gakuin-chutobu@trygroup.com

〒344-0067 埼玉県春日部市中央1-1-5
小島ビル5F
※全国に123ヶ所のキャンパスがあります
TEL：0120-919-439

■教育方針

不登校からの高校進学・大学進学をはじめとして、あらゆる生徒の進路を切り開くために、学力の向上はもとより社会を生き抜く力を育む様々な支援を行っているのがトライ式中等部です。夢や目標の実現に向け、一人ひとりに合わせたサポートをしています。
学習スタイルは「通学型」「在宅型」「オンライン型」の3つあり、自分にあったものを選べます。いつでも何度でも、切り替えたり組み合わせることができます。
また、在籍している中学校の学校長の許可があれば、トライ式中等部への登校を出席扱いにすることが可能です。

親 の 会	—
受入時面接	○
体験入学	○
学校出席扱	○ 学校との相談が必要

費用	入 会 金	50,000円（税別）
	教材費	—
	授業料	40,000円／月（税別）
	その他	詳細は直接お問い合わせください。

代 表 者	物部　晃之
設　　立	2019年4月
受入年齢	中学生
運営日時	9時～16時 指導場所、曜日、時間は自由に選択可能
定　　員	—
在籍者数	—
スタッフ数	—

■こんな子どもに向いています■
・不登校を解決したいと考えている方
・中学校の勉強についていきたい方
・高校に進学したいと考えている方

■主な活動内容■
学習の個別サポートに加え、修学旅行や体育祭などの学校行事やサークル活動、ゼミ（プログラミングなど）に参加することができます。※参加は自由です

■スタッフの特長■
経験豊富なキャンパス長や講師がキャンパスに常駐し、日々の学習や生活をサポートします。

トライ式中等部 川口キャンパス

https://www.try-gakuin.com/freeschool/
e-mail：try-gakuin-chutobu@trygroup.com

〒332-0012 埼玉県川口市本町4-3-2
明邦川口第8ビル5F
※全国に123ヶ所のキャンパスがあります
TEL：0120-919-439

■教育方針

不登校からの高校進学・大学進学をはじめとして、あらゆる生徒の進路を切り開くために、学力の向上はもとより社会を生き抜く力を育む様々な支援を行っているのがトライ式中等部です。夢や目標の実現に向け、一人ひとりに合わせたサポートをしています。
学習スタイルは「通学型」「在宅型」「オンライン型」の3つあり、自分にあったものを選べます。いつでも何度でも、切り替えたり組み合わせることができます。
また、在籍している中学校の学校長の許可があれば、トライ式中等部への登校を出席扱いにすることが可能です。

親 の 会	—
受入時面接	○
体験入学	○
学校出席扱	○ 学校との相談が必要

費用	入 会 金	50,000円（税別）
	教材費	—
	授業料	40,000円／月（税別）
	その他	詳細は直接お問い合わせください。

代 表 者	物部　晃之
設　　立	2019年10月
受入年齢	中学生
運営日時	9時～16時 指導場所、曜日、時間は自由に選択可能
定　　員	—
在籍者数	—
スタッフ数	—

■こんな子どもに向いています■
・不登校を解決したいと考えている方
・中学校の勉強についていきたい方
・高校へ進学したいと考えている方

■主な活動内容■
学習の個別サポートに加え、修学旅行や体育祭などの学校行事やサークル活動、ゼミ（プログラミングなど）に参加することができます。※参加は自由です

■スタッフの特長■
経験豊富なキャンパス長や講師がキャンパスに常駐し、日々の学習や生活をサポートします。

トライ式中等部 川越キャンパス

https://www.try-gakuin.com/freeschool/
e-mail：try-gakuin-chutobu@trygroup.com

〒350-1122 埼玉県川越市脇田本町18-6
川越小川ビル6F
※全国に123ヶ所のキャンパスがあります
TEL：0120-919-439

■教育方針

不登校からの高校進学・大学進学をはじめとして、あらゆる生徒の進路を切り開くために、学力の向上はもとより社会を生き抜く力を育む様々な支援を行っているのがトライ式中等部です。夢や目標の実現に向け、一人ひとりに合わせたサポートをしています。
学習スタイルは「通学型」「在宅型」「オンライン型」の3つあり、自分にあったものを選べます。いつでも何度でも、切り替えたり組み合わせることができます。
また、在籍している中学校の学校長の許可があれば、トライ式中等部への登校を出席扱いにすることが可能です。

親 の 会	—
受入時面接	○
体験入学	○
学校出席扱	○ 学校との相談が必要

費用	入 会 金	50,000円（税別）
	教材費	—
	授業料	40,000円／月（税別）
	その他	詳細は直接お問い合わせください。

代 表 者	物部　晃之
設　　立	2018年4月
受入年齢	中学生
運営日時	9時～16時 指導場所、曜日、時間は自由に選択可能
定　　員	—
在籍者数	—
スタッフ数	—

■こんな子どもに向いています■
・不登校を解決したいと考えている方
・中学校の勉強についていきたい方
・高校へ進学したいと考えている方

■主な活動内容■
学習の個別サポートに加え、修学旅行や体育祭などの学校行事やサークル活動、ゼミ（プログラミングなど）に参加することができます。※参加は自由です

■スタッフの特長■
経験豊富なキャンパス長や講師がキャンパスに常駐し、日々の学習や生活をサポートします。

トライ式中等部 熊谷キャンパス

https://www.try-gakuin.com/freeschool/
e-mail：try-gakuin-chutobu@trygroup.com

〒360-0037 埼玉県熊谷市筑波2-115
アズ熊谷6F
※全国に123ヶ所のキャンパスがあります
TEL：0120-919-439

■教育方針

不登校からの高校進学・大学進学をはじめとして、あらゆる生徒の進路を切り開くために、学力の向上はもとより社会を生き抜く力を育む様々な支援を行っているのがトライ式中等部です。夢や目標の実現に向け、一人ひとりに合わせたサポートをしています。
学習スタイルは「通学型」「在宅型」「オンライン型」の3つあり、自分にあったものを選べます。いつでも何度でも、切り替えたり組み合わせたりすることができます。
また、在籍している中学校の学校長の許可があれば、トライ式中等部への登校を出席扱いにすることが可能です。

親 の 会	―
受入時面接	○
体験入学	○
学校出席扱	○ 学校との相談が必要

費用	入会金	50,000円（税別）
	教材費	―
	授業料	40,000円/月（税別）
	その他	詳細は直接お問い合わせください。

代表者	物部　晃之
設　立	2024年4月
受入年齢	中学生
運営日時	9時〜16時 指導場所、曜日、時間は自由に選択可能
定　員	―
在籍者数	―
スタッフ数	―

■こんな子どもに向いています
・不登校を解決したいと考えている方
・中学校の勉強についていきたい方
・高校へ進学したいと考えている方

■主な活動内容
学習の個別サポートに加え、修学旅行や体育祭などの学校行事やサークル活動、ゼミ（プログラミングなど）に参加することができます。※参加は自由です

■スタッフの特長
経験豊富なキャンパス長や講師がキャンパスに常駐し、日々の学習や生活をサポートします。

トライ式中等部 所沢キャンパス

https://www.try-gakuin.com/freeschool/
e-mail：try-gakuin-chutobu@trygroup.com

〒359-0037 埼玉県所沢市くすのき台3-1-1
角三上ビル1F
※全国に123ヶ所のキャンパスがあります
TEL：0120-919-439

■教育方針

不登校からの高校進学・大学進学をはじめとして、あらゆる生徒の進路を切り開くために、学力の向上はもとより社会を生き抜く力を育む様々な支援を行っているのがトライ式中等部です。夢や目標の実現に向け、一人ひとりに合わせたサポートをしています。
学習スタイルは「通学型」「在宅型」「オンライン型」の3つあり、自分にあったものを選べます。いつでも何度でも、切り替えたり組み合わせたりすることができます。
また、在籍している中学校の学校長の許可があれば、トライ式中等部への登校を出席扱いにすることが可能です。

親 の 会	―
受入時面接	○
体験入学	○
学校出席扱	○ 学校との相談が必要

費用	入会金	50,000円（税別）
	教材費	―
	授業料	40,000円/月（税別）
	その他	詳細は直接お問い合わせください。

代表者	物部　晃之
設　立	2017年4月
受入年齢	中学生
運営日時	9時〜16時 指導場所、曜日、時間は自由に選択可能
定　員	―
在籍者数	―
スタッフ数	―

■こんな子どもに向いています
・不登校を解決したいと考えている方
・中学校の勉強についていきたい方
・高校へ進学したいと考えている方

■主な活動内容
学習の個別サポートに加え、修学旅行や体育祭などの学校行事やサークル活動、ゼミ（プログラミングなど）に参加することができます。※参加は自由です

■スタッフの特長
経験豊富なキャンパス長や講師がキャンパスに常駐し、日々の学習や生活をサポートします。

一般社団法人にじーず

https://24zzz-lgbt.com
e-mail：24zzzmail@gmail.com

さいたま市内で開催（詳細はHPをご覧ください）
※他、札幌市、仙台市、東京都内（渋谷、多摩地域）、新潟市、長岡市、長野市、松本市、京都市、大阪市、神戸市、岡山市の公共施設を借りて定期開催

■教育方針

LGBTの子ども・若者が同世代の仲間と交流することで、悩みや困りごとが共有できる居場所です。
自分の性のあり方は話しても話さなくても構いません。
また法律上の名前や学校名などを明かす必要はありません。
コロナ対策のため事前予約制にしていますが、時間内はいつ来てもいつ帰っても自由です。保護者の方は入り口まで送迎いただけます（中高生で一人で来る参加者も多いです）。

親 の 会	―
受入時面接	―
体験入学	―
学校出席扱	―

費用	入学金	0円
	教材費	0円
	授業料	0円
	その他	0円

代表者	遠藤　まめた
設　立	2016年
受入年齢	10代から23歳
運営日時	日曜日 13:00〜17:00 ※1〜数ヶ月に1回
定　員	20名／各回
在籍者数	月90人前後が利用 （各回の平均は10〜20人程度）
スタッフ数	60名

■こんな子どもに向いています
LGBTやそうかもしれない子ども・若者限定です。非当事者や大人の方は参加できません。

■主な活動内容
LGBTの子どもや若者が集まって話したり遊んだりできる居場所で定期開催しています。

■スタッフの特長
20代から30代のLGBT当事者や理解者を中心に運営。

畠塾自立支援センター

http://www.ni.bekkoame.ne.jp/bg2065/
e-mail：bg2065@ni.bekkoame.ne.jp

〒344-0011　埼玉県春日部市藤塚250-58
TEL&FAX：048-738-0701
交通：東武スカイツリーライン「一ノ割駅」

■教育方針

全寮制となりますので、生活の支援を受けながら日中は教室に通学します。晃陽学園高等学校春日部学習センターとしても指定を受けていますので、毎日の通学で高卒資格を取得します。
高卒認定希望者は希望する科目の合格を目指します。一方まだどの道に進むか決められないメンバーは、ワード・エクセル・秘書検定などの資格を取得しながら、自分に合った進路を決めていきます。
自分のことは自分で決め実行できるように支援しています。

代表者	畠　秀和
設　立	1987年
受入年齢	15～40歳代
運営日時	月曜～金曜 9:40～14:30
定　員	20名
在籍者数	7名(2024年1月末現在)
スタッフ数	5名(常勤)

親の会	－
受入時面接	○
体験入学	－
学校出席扱	○

費用	入会金	100,000円
	教材費	10,000円
	授業料	700,000円／年
	その他	全額免除・一部減免あり

■こんな子どもに向いています■
心に傷を持っている。病を持っている。発達障がいなど事情のある当事者。

■主な活動内容
訪問から関係が始まり、その後通学へ移行していきます。年齢や目的に応じた指導を行います。

■スタッフの特長
社会福祉学(博士)、社会福祉士、精神保健福祉士、心理師のスタッフが関与します。特に発達障がい、精神障がいで苦しんでいる方の指導に定評があります。

NPO法人越谷らるご

フリースクール りんごの木

http://k-largo.org/
e-mail：k-largo@k-largo.org

〒343-0042　埼玉県越谷市千間台東1-2-1
白石ビル2F
TEL：048-970-8881　FAX：048-970-8882
交通：東武スカイツリーライン「せんげん台駅」徒歩1分

■教育方針

一人ひとりちがうその人の事情を理解し、共感し、成長と学習をきめ細かに支援することを大切にしています。りんごの木には3つのルールしかありません。「自分のことは自分で決める」「みんなのことはみんなで決める」「みんなで決めたことはみんなで守る」です。子どものやりたい、やりたくないという気持ちを大切にし、「何もしない自由」も大事にしています。

代表者	鎌倉　賢哉
設　立	1990年
受入年齢	小学生から20歳まで
運営日時	月～金 10:00～17:00 ※木曜日は12:00～
定　員	約50名
在籍者数	40名(2024年1月現在)
スタッフ数	3名

親の会	○
受入時面接	○
体験入学	○
学校出席扱	○

費用	入会金	50,000円
	教材費	－
	授業料	36,750円／月
	その他	月4回コース15,750円／月

■こんな子どもに向いています■
自分のペースでやりたいことをやってみたい、自分らしい時間を過ごしたい、友だちがほしい等と思っている人。

■主な活動内容
学習やスポーツ、調理、音楽バンド、旅行など。(すべての活動は自由参加です。)

■スタッフの特長
子どもと共に成長したいと思っている個性豊かなメンバーが中心。

松実高等学園

https:// matsumi-gakuen.net
e-mail：toiawase@matsumi-gakuen.net

〒344-0067　埼玉県春日部市中央1-55-15
TEL：048-738-4191　FAX：048-738-3222
交通：東武線「春日部駅」

■ 教育方針

松実高等学園は「自立と共生」を目的とした新しい形の学校です。生徒一人ひとりが自分の夢や目標を持ち、自己実現できるよう環境を整え、手厚くサポートします。また、社会に出てからも自分で生きていく力を身につけ、周囲の人々と協力して生きていく力を養うよう支援します。個々に合わせた独自のカリキュラムやキャリア支援、部活動やボランティア活動などを通じて、夢を追いかけ、社会で活躍するグローバルな人材を育成します。

代表者	松井　石根
設　立	2003年
受入年齢	小学4年生以上～社会人
運営日時	月～金 9:20～17:00
定　員	1学年60名
在籍者数	初等部25名、中等部75名、高等部170名(2024年2月現在)
スタッフ数	20名

親の会	－
受入時面接	○
体験入学	○
学校出席扱	○

費用	入会金	100,000円
	教材費	30,000円
	授業料	コースにより異なります。お問い合わせください。
	その他	

■こんな子どもに向いています■
一般の学校では個性を伸ばせず馴染めない、集団が苦手など。マイペースで楽しみながら学びたい児童生徒。

■主な活動内容
午前中は主に教科授業、午後は豊富な専門プログラムで自己実現を目指す。部活や行事、カウンセリングも充実。

■スタッフの特長
教員免許保有の20代～30代中心。公認心理師のカウンセラー常駐。

個別指導 よすが学院

http://yosuga.net/
e-mail：info@yosuga.net

〒336-0024　埼玉県さいたま市南区根岸4-15-9
TEL：048-839-4870
交通：京浜東北線・武蔵野線「南浦和駅」下車 徒歩15分
　　　埼京線・武蔵野線「武蔵浦和駅」下車 徒歩17分

フリースクール サポート校

■教育方針

「教える」のではなく「一緒に」勉強をしていきます。教わって、その場で理解できても、ひとりでできなくては意味がありません。できるようになるまで指導していきます。とても小さな個別指導教室です。ご家庭も含め、生徒一人ひとり、講師一人ひとりと緊密にコミュニケーションを取りながら指導にあたります。

これまで多くの不登校の方、発達・学習障がいをお持ちの方の指導にあたってきました。学校見学や願書の記入、入試への引率など、それぞれの方が必要な支援を可能な限り行ってまいります。

親 の 会	—
受入時面接	○
体験入学	○
学校出席扱	○

費用	入会金	30,000円+税
	教材費	—
	授業料	デイクラス50,000円+税／1ヶ月 イブニングクラス(週1回90分)24,000円+税／1ヶ月 (週1回180分45,000円+税
	その他	サポート校の場合、別途提携通信制高校の学費

代表者	細田 洋平
設　立	2014年
受入年齢	小学生 低学年〜社会人
運営日時	デイクラス／月〜金 10:00〜15:00 イブニングクラス／月〜土 16:45〜21:45
定　員	24名（デイクラス4名、イブニングクラス20名）
在籍者数	23名(2024年1月現在)
スタッフ数	7名

不登校 発達障がい ひきこもり 身体 知的

■こんな子どもに向いています

大勢の中で学習することが苦手な方。小さな教室で個別に指導を受けたい方。また、不登校や、発達・学習障がいのある方等。

■主な活動内容

基礎的な学習指導に加えて、中学・高校・大学受験に向けた指導、提携通信制高校の卒業支援を行います。

■スタッフの特長

発達障がい、学習障がい、不登校や相談室登校の方、社会人の大学受験指導等を多数経験した講師が個別指導にあたります。

学校法人　角川ドワンゴ学園
N中等部　松戸キャンパス

https://n-jr.jp/
e-mail：support@n-jr.jp

〒271-0092　千葉県松戸市松戸1307-1
松戸ビル1・2F
TEL：0120-0252-15
交通：JR「松戸駅」徒歩約3分

フリースクール サポート

■教育方針

N中等部は、教育機会確保法の趣旨を鑑みた、新しいコンセプトのスクール「プログレッシブスクール」です。

N/S高の多様なコンテンツを活用し、主体的に行動できる人を育み続けます。

机の上だけで学ぶ勉強だけでなく、自由な発想で考え主体性をもって問題に取り組む力となるのは総合力です。総合力を礎に個性という独自性が付加価値となります。

総合力を身に付けるために、教養・思考力・実践力の3つを学びます。

親 の 会	— ※保護者会実施
受入時面接	○ ※ネットコースは書類選考のみ
体験入学	○
学校出席扱	○

費用	入会金	110,000円
	教材費	MacBook必須
	授業料	48,400円〜／月
	その他	—

代表者	奥平 博一
設　立	2019年
受入年齢	中学生
運営日時	月曜〜金曜 9:00〜17:00
定　員	通学コース：各キャンパスにより異なる(120〜150名) ネットコース：定員なし
在籍者数	1,334名(2023年12月末時点)
スタッフ数	60名

不登校 発達障がい ひきこもり 身体 知的

■こんな子どもに向いています

最先端技術や学びに興味がある、居場所が欲しい、同じ趣味の人と繋がりたい、学力を身につけたい人など。

■主な活動内容

21世紀型スキル学習・PBL、プログラミング、国語・数学・英語を中心とした基礎学習など多彩な学習コンテンツあり

■スタッフの特長

20代も多く、さまざまな背景の社会人経験者など多彩なスタッフがいます。

成美学園 中等部

https://seibi.net

〒260-0842　千葉県千葉市中央区南町3-2-1
青木ビル3F
TEL：043-312-7444
交通：JR「蘇我駅」

フリースクール サポート 高認指導

■教育方針

「挑戦」「謙虚」「感謝」を校訓に地域に根ざした、面倒見1番の学校を目指します。

「認めて」「引きだして」「応援する」を教育の指針とし、千葉県、茨城県、埼玉県、栃木県、群馬県、神奈川県に25校舎を運営しています。

親 の 会	—
受入時面接	○
体験入学	○
学校出席扱	○

費用	入会金	30,000円
	教材費	700円
	授業料	20,000円／月
	その他	母子家庭には特例免責制度有り 入学金免除

代表者	酒井 一光
設　立	2009年
受入年齢	小・中学生
運営日時	月曜〜金曜 10:00〜17:00
定　員	各学年10名
在籍者数	28名(2023年12月現在)
スタッフ数	50名

不登校 発達障がい ひきこもり 身体 知的

■こんな子どもに向いています

自分のペースで中学生活を送りたい子、コミュニケーションが苦手な子、教科の学習が苦手な子、音楽を学びたい子

■主な活動内容

午前は教科の学習、午後は自由研究や音楽活動など。個々のスタイルに合わせて活動します。

■スタッフの特長

20〜30代中心／全員教員免許保有／療育関連資格所有者・実務経験者常駐

中央高等学院 中学生コース 千葉校

https://chuos.com
e-mail：info@chuos.com

〒260-0031　千葉県千葉市中央区新千葉2-7-2
※その他、池袋、吉祥寺、渋谷原宿、横浜、大宮、名古屋に校舎があります。
TEL：0120-89-1146
交通：JR内房線・外房線・成田線・総武線「千葉駅」から徒歩4分

■教育方針

広域通信制高校・中央国際高校のサポートキャンパスであり、「できることからはじめよう!」を掲げ、45年以上の歴史と経験を持つ、サポート校・中央高等学院が開設するフリースクールです。目の届く少人数制、個々にあった指導、豊富なカリキュラムで中学卒業までしっかりサポートします。勉強は生徒のレベルに合わせ丁寧に指導。授業の半分は、ゲームや課外授業を通してコミュニケーション力を育みます。また、同じ仲間、同じ先生がいる環境で、安心して中央高等学院へ進学することも可能です。

代表者	斉藤　守
設立	1978年
受入年齢	中学生
運営日時	毎週土曜日
定員	20名
在籍者数	5名
スタッフ数	

親の会	―
受入時面接	―
体験入学	○
学校出席扱	

費用	入会金	直接、校舎にお問い合わせ下さい
	教材費	
	授業料	
	その他	

■こんな子どもに向いています ■

「勉強についていけず不安」「相談できる先生が欲しい」「高校へ進学したい」などの悩みを解決したい方。

■主な活動内容 ■

毎週土曜日に開講しています。主要3教科の基礎学力、集団行動に慣れるためのゲーム、散策、課外授業など。

■スタッフの特長 ■

中央高等学院の経験豊富な先生が丁寧に接します。また、先生との距離の近さが魅力です。

トライ式中等部 柏キャンパス

https://www.try-gakuin.com/freeschool/
e-mail：try-gakuin-chutobu@trygroup.com

〒277-0852 千葉県柏市旭町1-1-5
浜島ビル7F
※全国に123ヶ所のキャンパスがあります
TEL：0120-919-439

■教育方針

不登校からの高校進学・大学進学をはじめとして、あらゆる生徒の進路を切り開くために、学力の向上はもとより社会を生き抜く力を育む様々な支援を行っているのがトライ式中等部です。夢や目標の実現に向け、一人ひとりに合わせたサポートをしています。
学習スタイルは「通学型」「在宅型」「オンライン型」の3つあり、自分にあったものを選べます。いつでも何度でも、切り替えたり組み合わせることができます。
また、在籍している中学校の学校長の許可があれば、トライ式中等部への登校を出席扱いにすることが可能です。

代表者	物部　晃之
設立	2011年4月
受入年齢	中学生
運営日時	9時〜16時　指導場所、曜日、時間は自由に選択可能
定員	―
在籍者数	―
スタッフ数	―

親の会	―
受入時面接	○
体験入学	○
学校出席扱	学校との相談が必要

費用	入会金	50,000円(税別)
	教材費	―
	授業料	40,000円／月(税別)
	その他	詳細は直接お問い合わせください。

■こんな子どもに向いています ■

・不登校を解決したいと考えている方
・中学校の勉強についていきたい方
・高校へ進学したいと考えている方

■主な活動内容 ■

学習の個別サポートに加え、修学旅行や体育祭などの学校行事やサークル活動、ゼミ(プログラミングなど)に参加することができます。※参加は自由です

■スタッフの特長 ■

経験豊富なキャンパス長や講師がキャンパスに常駐し、日々の学習や生活をサポートします。

トライ式中等部 新浦安キャンパス

https://www.try-gakuin.com/freeschool/
e-mail：try-gakuin-chutobu@trygroup.com

〒279-0012 千葉県浦安市入船1-5-2
プライムタワー新浦安7F
※全国に123ヶ所のキャンパスがあります
TEL：0120-919-439

■教育方針

不登校からの高校進学・大学進学をはじめとして、あらゆる生徒の進路を切り開くために、学力の向上はもとより社会を生き抜く力を育む様々な支援を行っているのがトライ式中等部です。夢や目標の実現に向け、一人ひとりに合わせたサポートをしています。
学習スタイルは「通学型」「在宅型」「オンライン型」の3つあり、自分にあったものを選べます。いつでも何度でも、切り替えたり組み合わせることができます。
また、在籍している中学校の学校長の許可があれば、トライ式中等部への登校を出席扱いにすることが可能です。

代表者	物部　晃之
設立	2019年10月
受入年齢	中学生
運営日時	9時〜16時　指導場所、曜日、時間は自由に選択可能
定員	―
在籍者数	―
スタッフ数	―

親の会	―
受入時面接	○
体験入学	○
学校出席扱	学校との相談が必要

費用	入会金	50,000円(税別)
	教材費	―
	授業料	40,000円／月(税別)
	その他	詳細は直接お問い合わせください。

■こんな子どもに向いています ■

・不登校を解決したいと考えている方
・中学校の勉強についていきたい方
・高校へ進学したいと考えている方

■主な活動内容 ■

学習の個別サポートに加え、修学旅行や体育祭などの学校行事やサークル活動、ゼミ(プログラミングなど)に参加することができます。※参加は自由です

■スタッフの特長 ■

経験豊富なキャンパス長や講師がキャンパスに常駐し、日々の学習や生活をサポートします。

トライ式中等部 千葉キャンパス

https://www.try-gakuin.com/freeschool/
e-mail：try-gakuin-chutobu@trygroup.com

〒260-0015 千葉県千葉市中央区富士見2-14-1
千葉EXビル4F
※全国に123ヶ所のキャンパスがあります
TEL：0120-919-439

フリースクールサポート

■教育方針

不登校からの高校進学・大学進学をはじめとして、あらゆる生徒の進路を切り開くために、学力の向上はもとより社会を生き抜く力を育む様々な支援を行っているのがトライ式中等部です。夢や目標の実現に向け、一人ひとりに合わせたサポートをしています。
学習スタイルは「通学型」「在宅型」「オンライン型」の3つあり、自分にあったものを選べます。いつでも何度でも、切り替えたり組み合わせることができます。
また、在籍している中学校の学校長の許可があれば、トライ式中等部への登校を出席扱いにすることが可能です。

親 の 会	—
受入時面接	○
体験入学	○
学校出席扱	○ 学校との相談が必要

費用	入 会 金	50,000円（税別）
	教 材 費	—
	授 業 料	40,000円／月（税別）
	そ の 他	詳細は直接お問い合わせください。

代 表 者	物部　晃之
設 立	2010年4月
受入年齢	中学生
運営日時	9時〜16時 指導場所、曜日、時間は自由に選択可能
定 員	—
在籍者数	—
スタッフ数	—

■こんな子どもに向いています ■

・不登校を解決したいと考えている方
・中学校の勉強についていきたい方
・高校へ進学したいと考えている方

■主な活動内容

学習の個別サポートに加え、修学旅行や体育祭などの学校行事やサークル活動、ゼミ（プログラミングなど）に参加することができます。※参加は自由です

■スタッフの特長

経験豊富なキャンパス長や講師がキャンパスに常駐し、日々の学習や生活をサポートします。

関東

トライ式中等部 船橋キャンパス

https://www.try-gakuin.com/freeschool/
e-mail：try-gakuin-chutobu@trygroup.com

〒273-0005 千葉県船橋市本町1-3-1
船橋FACEビル11F
※全国に123ヶ所のキャンパスがあります
TEL：0120-919-439

フリースクールサポート

■教育方針

不登校からの高校進学・大学進学をはじめとして、あらゆる生徒の進路を切り開くために、学力の向上はもとより社会を生き抜く力を育む様々な支援を行っているのがトライ式中等部です。夢や目標の実現に向け、一人ひとりに合わせたサポートをしています。
学習スタイルは「通学型」「在宅型」「オンライン型」の3つあり、自分にあったものを選べます。いつでも何度でも、切り替えたり組み合わせることができます。
また、在籍している中学校の学校長の許可があれば、トライ式中等部への登校を出席扱いにすることが可能です。

親 の 会	—
受入時面接	○
体験入学	○
学校出席扱	○ 学校との相談が必要

費用	入 会 金	50,000円（税別）
	教 材 費	—
	授 業 料	40,000円／月（税別）
	そ の 他	詳細は直接お問い合わせください。

代 表 者	物部　晃之
設 立	2024年4月
受入年齢	中学生
運営日時	9時〜16時 指導場所、曜日、時間は自由に選択可能
定 員	—
在籍者数	—
スタッフ数	—

■こんな子どもに向いています ■

・不登校を解決したいと考えている方
・中学校の勉強についていきたい方
・高校へ進学したいと考えている方

■主な活動内容

学習の個別サポートに加え、修学旅行や体育祭などの学校行事やサークル活動、ゼミ（プログラミングなど）に参加することができます。※参加は自由です

■スタッフの特長

経験豊富なキャンパス長や講師がキャンパスに常駐し、日々の学習や生活をサポートします。

トライ式中等部 流山おおたかの森キャンパス

https://www.try-gakuin.com/freeschool/
e-mail：try-gakuin-chutobu@trygroup.com

〒270-0128 千葉県流山市おおたかの森西1-2-3
アゼリアテラス2F
※全国に123ヶ所のキャンパスがあります
TEL：0120-919-439

フリースクールサポート

■教育方針

不登校からの高校進学・大学進学をはじめとして、あらゆる生徒の進路を切り開くために、学力の向上はもとより社会を生き抜く力を育む様々な支援を行っているのがトライ式中等部です。夢や目標の実現に向け、一人ひとりに合わせたサポートをしています。
学習スタイルは「通学型」「在宅型」「オンライン型」の3つあり、自分にあったものを選べます。いつでも何度でも、切り替えたり組み合わせることができます。
また、在籍している中学校の学校長の許可があれば、トライ式中等部への登校を出席扱いにすることが可能です。

親 の 会	—
受入時面接	○
体験入学	○
学校出席扱	○ 学校との相談が必要

費用	入 会 金	50,000円（税別）
	教 材 費	—
	授 業 料	40,000円／月（税別）
	そ の 他	詳細は直接お問い合わせください。

代 表 者	物部　晃之
設 立	2024年4月
受入年齢	中学生
運営日時	9時〜16時 指導場所、曜日、時間は自由に選択可能
定 員	—
在籍者数	—
スタッフ数	—

■こんな子どもに向いています ■

・不登校を解決したいと考えている方
・中学校の勉強についていきたい方
・高校へ進学したいと考えている方

■主な活動内容

学習の個別サポートに加え、修学旅行や体育祭などの学校行事やサークル活動、ゼミ（プログラミングなど）に参加することができます。※参加は自由です

■スタッフの特長

経験豊富なキャンパス長や講師がキャンパスに常駐し、日々の学習や生活をサポートします。

日伸学院

http://www.nsgakuin.com
e-mail：mail@nsgakuin.com

〒289-2148　千葉県匝瑳市飯倉台13-12

TEL：0479-79-0637　FAX：0479-79-0639
交通：JR総武本線「飯倉駅」

フリースペース

■教育方針

勉強する意欲のある生徒に対して、時間を考えないで、「わかる」までの指導を行います。教室の空いている時間はフリースペースとして、自学自習をしていただき、また、講師の空き時間は質問室として、活用していただきます。厳しい授業、細やかな指導をモットーとして、地域密着型の学習塾として活動してまいります。

代表者	堀越　伸二
設　立	1994年
受入年齢	小4～高3
運営日時	月曜～土曜 10:00～23:00
定　員	50名
在籍者数	50名(2023年12月現在)
スタッフ数	2名

親 の 会	―	費用	入会金	16,500円
受入時面接	○		教材費	5,000円／6ヵ月
体験入学	○		授業料	10,000円～／月
学校出席扱	―		その他	維持費として7,200円／6ヵ月

■こんな子どもに向いています■
勉強する意欲のある生徒であれば、できる限りのサポートをさせていただきます。

■主な活動内容
小学生から高校生までの進学、補習を中心に集団指導、個別指導の両面からわかるまでの指導を行います。

■スタッフの特長
幼稚園から高校まで教員免許保有。

フリースクール興学社

http://www.kgs-ed.or.jp/
e-mail：khs-shinmatsudo@kohgakusha.com

〒270-0034　千葉県松戸市新松戸4-35

TEL：047-309-7715　TEL：047-348-9191
交通：武蔵野線「新松戸駅」

フリースクール サポート 高認指導

■教育方針

「自分がやりたいコト」なんて、普通はなかなか見つかりません。いろいろなことにチャレンジしていけば、夢や目標は自然と見つかります。そして、その夢をともにかなえようとする協力者も自然とあらわれるものです。学校とは違う個性にあった教育を届けます。

代表者	佐藤　純平
設　立	2007年
受入年齢	小・中学生
運営日時	月・金 10:00～15:00
定　員	10名
在籍者数	5名(2024年3月現在)
スタッフ数	50名

親 の 会	―	費用	入会金	0円
受入時面接	―		教材費	0円
体験入学	○		授業料	4,000円／回
学校出席扱	○		その他	―

■こんな子どもに向いています■

■主な活動内容
ソーシャルスキルトレーニングを中心とした教育活動。

■スタッフの特長
20代中心。

フリースクールネモ 市川

運営母体　NPO法人 ネモちば 不登校・ひきこもりネットワーク
https://npo nemo.net/
e-mail：info@npo nemo.net

〒272-0035　千葉県市川市新田5-5-15

TEL：047-383-9977
交通：京成線「市川真間駅」より徒歩2分

フリースクール

■教育方針

フリースクールネモには、いつ来て、いつ帰るか、どのような活動をするかの自由や、裏を返せば「何もしない自由」もあります。そんな環境の中で、自分がどのように過ごすかを考えたり、好きなことを見つけたり、興味・関心の幅を広げてもらえたら嬉しいです。
日常はみんなでゲームをしたりおしゃべりしたり、時にはメンバー同士のミーティングで考えた活動（実験や料理、お出かけ等）をしてすごしています。

代表者	松島　裕之
設　立	2020年
受入年齢	小1～上限なし
運営日時	月・水・木・金 10:00～16:00 火 オンライン教室 13:00～15:00
定　員	20名
在籍者数	16名(2024年1月現在)
スタッフ数	2名

親 の 会	○	費用	入会金	50,000円
受入時面接	○		教材費	無料
体験入学	○		授業料	39,000円／月
学校出席扱	○		その他	―

■こんな子どもに向いています■
来室の日数なども含め、自分のペースで活動をしたい人に向いています。教科学習は参加していない人が多数派ですので「必要な時が来たら利用しよう」程度に考えてください。

■主な活動内容
活動は各メンバーが自由に決めたり、ミーティングでみんなで決めます。また、何もしないで過ごすこともOK！／希望者はIT教材を使った学習支援にも参加できます。

■スタッフの特長
スタッフはメンバーを「指導」をする存在ではなく、やりたいことを実現できるよう一緒に考えたり、みんなが気持ちよく過ごせるように環境を整える役割を担っています。

フリースクールネモ 習志野

運営母体　NPO法人 ネモちば 不登校・ひきこもりネットワーク
https://nponemo.net/
e-mail：info@nponemo.net

〒275-0012　千葉県習志野市本大久保
3-8-14-401
TEL：047-411-5159
交通：京成線「京成大久保駅」より徒歩3分

■教育方針

フリースクールネモには、いつ来て、いつ帰るか、どのような活動をするかの自由や、裏を返せば「何もしない自由」もあります。そんな環境の中で、自分がどのように過ごすかを考えたり、好きなことを見つけたり、興味・関心の幅を広げてもらえたら嬉しいです。
日常はみんなでゲームをしたりおしゃべりしたり、時にはメンバー同士のミーティングで考えた活動（実験や料理、お出かけ等）をしてすごしています。

親 の 会	○
受入時面接	○
体 験 入 学	○
学校出席扱	○

費用	入 会 金	50,000円
	教 材 費	無料
	授 業 料	39,000円／月
	そ の 他	－

代 表 者	九富　遊馬
設 立	2010年
受入年齢	小1～上限なし
運営日時	月・水・木・金 10:00～16:00 火 オンライン教室 13:00～15:00
定 員	30名
在籍者数	18名(2024年1月現在)
スタッフ数	3名

■こんな子どもに向いています ■

居場所がほしい。とにかくゆっくりしたい！ という子ども向けです。

■主な活動内容 ■

活動は各メンバーが自由に決めたり、ミーティングでみんなで決めます。また、何もしないで過ごすこともOK！（ゲーム、音楽、スポーツ、お菓子作り等）

■スタッフの特長 ■

スタッフは全員不登校経験者で、一緒にゲームが出来て、だべっていられる「行ったらそこにいるお兄さん」みたいな感じです。あと多趣味です。(ゲーム、イラスト、ハンドクラフト、珈琲etc.)

NPO法人 フリースクール ゆうび小さな学園

http://www.yuubi.org/
e-mail：info@yuubi.org

〒277-0863　千葉県柏市豊四季360-2
TEL：04-7146-3501　FAX：04-7147-1491
交通：JR常磐線「柏駅」バス10分

■教育方針

子ども一人ひとりが「自分の個性を発見し、それを磨き伸ばし、それを生かして、豊かな人生を創り出す」よう支援する。そのために次の点を重視する。①遊びの環境を整え遊びを奨励する。②体験活動を通して学ばせる。③一人ひとりの個性に応じて活動させる。④作品を生みだす創造的活動に重点をおく。⑤異年齢集団での活動を大切にする。⑥いわゆる健常児も不登校児も障がいのある子も含めた共生活動を行う。
※社会福祉法人共働学舎「柏ゆうび」が支援

親 の 会	○
受入時面接	○
体 験 入 学	○
学校出席扱	○

費用	入 会 金	年会費3,000円
	教 材 費	0円
	授 業 料	月一律2,000円
	そ の 他	－

代 表 者	植田　誠
設 立	1989年
受入年齢	原則として 5～18歳
運営日時	月火水木金土日・祝日も 月～金 (10:00～20:00) 土日祝日(10:00～19:00) ※但し年末年始6日間と 8月中旬6日間は休園
定 員	54名
在籍者数	54名(2024年2月現在)
スタッフ数	9名

■こんな子どもに向いています ■

統合教育を実践。
多様な個性をもつ子どもたちを受け入れている。

■主な活動内容 ■

登園日数・在園時間→個人の自由。遊び・運動・制作・表現・学習などを行う。数学・英語・体操・テニス・手芸・絵画教室。

■スタッフの特長 ■

20代1名、30代2名、40代4名、50代1名、60代1名。

ペガサス

https://pegasasuwing.com/freeschool/
e-mail：info@pegasasuwing.com

〒260-0021　千葉県千葉市中央区新宿1-4-10
シーガル新宿ビル4F
TEL：070-5361-8889／043-239-7891　FAX：043-239-7891
交通：京成線「千葉中央駅」、JR「千葉駅」

■教育方針

・学校や教育委員会と連携
・教職経験豊富な指導者がわからないところを指導
・学年や学習状況に応じた個別の指導
・在籍校での出席扱い100%
・公認心理師による相談支援（事前予約制）
※学校復帰や進学を希望したときに学習の遅れがないように、在籍校で使っている教科書に沿った学習指導に力を入れています。

親 の 会	－
受入時面接	○
体 験 入 学	○
学校出席扱	○

費用	入 会 金	11,000円
	教 材 費	0円
	授 業 料	月会費27,500円／月
	そ の 他	教室運営費1,100円／月

代 表 者	杉本　景子
設 立	2015年
受入年齢	小学生 中学生
運営日時	月 10時30分～12時 /13～16時 火 9～12時／13～16時 水 9～12時／13～14時30分 木 9～12時／13～16時 金 9～12時／13～16時
定 員	20名程度
在籍者数	20名(2023年12月現在)
スタッフ数	3名

■こんな子どもに向いています ■

丁寧に見てもらいたい、自信をつけたい、学校で担任とうまくいかない、安心できる場所が欲しい親子。高校への進学を望んでいる子。

■主な活動内容 ■

在籍校で使っている教科書やワークの個別指導／パソコン学習（教科書に沿った学習ソフト）／希望の教材を使用した個別学習／中学校の定期試験の実施（在籍校の依頼による）／持参した物での活動、読書、工作など／飲食自由

■スタッフの特長 ■

保護者からの相談経験豊富な公認心理師と教員免許を有する指導員。

関東

ワイズアカデミー 中学生コース（KG高等学院・通信制 成田キャンパス内）

https://www.ys-narita.com/
e-mail：info@cai-narita.com

〒286-0033　千葉県成田市花崎町828-11
スカイタウン成田3F
TEL：0476-24-7641　FAX：0476-24-7643
交通：JR「成田駅」徒歩0分

■教育方針

「クラスで一番こわがりの子も怖くない」やさしく、ひたすらアットホームな空間です。通信制高校のサポート校であり、高校生のお兄さん・お姉さんとゲームや会話をすることで気持ちがほぐれます。ヨギボーやマンブ、巨大なぬいぐるみ、ゲームやマンガなどがあり、くつろげる環境です。毎月のイベントはディズニー遠足やスポーツ、映画鑑賞など多彩で、好きなものがあれば参加できます。ゲームもスマホも勉強も自由で、何をするかはすべて自分で決められます。あたたかいスタッフとの会話に笑い声が絶えません。

親 の 会	―
受入時面接	○
体験入学	○
学校出席扱	○

費用	入 会 金	22,000円
	教材費	0円
	授業料	27,500円／月
	その他	―

代 表 者	大森　善郎
設　立	2009年
受入年齢	中学生
運営日時	月～金 10:00～15:00
定　員	20名
在籍者数	7名(2024年1月現在)
スタッフ数	8名

■こんな子どもに向いています■

不登校の中学生。アットホームであたたかい空間で、ひたすら自由に過ごしたい生徒。

■主な活動内容■

スポーツ・パーティー・遠足・映画鑑賞・ドローン・ゲーム・eスポーツ・マンガ・教科書ワーク個別学習

■スタッフの特長■

特別支援・保育・小学校教員・塾など教育経験が豊かで優しいスタッフ

早稲田自由スクール柏校

https://www.fswaseda.jp
e-mail：kashiwa@fswaseda.jp

〒270-0005　千葉県柏市柏4-5-10
サンプラザビル6F
TEL：04-7168-0061　FAX：04-7157-1901
交通：JR常磐線・東武アーバンパークライン「柏駅」

■教育方針

早稲田自由スクールでは、「多様な学びと社会の接点を通じて、自己肯定感を育み、1人でも多くの子どもの笑顔と自信を引き出す」ことを理念としています。お子さまの意思を尊重し、活動内容をみんなで話し合い、決めることも多いです。
また、午後の活動が中心のため、朝が苦手、辛いというお子さまでも、安心して通うことができます。
お金の大切さを学ぶために、お金に関する学習も定期的に実施しています。

親 の 会	○
受入時面接	―
体験入学	○
学校出席扱	○

費用	入 会 金	39,600円
	教材費	0円
	授業料	49,500円～／月
	その他	―

代 表 者	守谷　たつみ
設　立	2023年
受入年齢	小学4年生～中学3年生
運営日時	月～金 9:30～16:00
定　員	なし
在籍者数	10名(2024年2月現在)
スタッフ数	3名

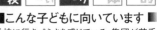

■こんな子どもに向いています■

学校に行きづらさを感じている、集団が苦手、勉強も遊びも楽しみたい。eスポーツに興味がある。

■主な活動内容■

昼以降、前半は個別学習を、後半はみんなで学習します。
校外学習や職場見学などもあります。

■スタッフの特長■

子どもの立場に立ち、個々に合わせた柔軟な対応が可能です。

---

i-school（アイスクール）

https://ischool-ta.jp/
e-mail：info@ischool-ta.jp

〒176-0002　東京都練馬区桜台4-4-5
諏訪ビル1F
TEL：03-5946-5536　FAX：03-5946-5538
交通：西武池袋線・西武有楽町線・都営大江戸線「練馬駅」

■教育方針

教科指導11年、STEAM教育23年のトゥールスアカデミーが提供する第3の学びの場です。自分を大切にしなければならないこの時期に、できる限りデジタル社会を生き抜くために必要とされる21世紀型スキルを装備して巣立っていくことを応援します。
子供は皆、生まれながらにして芸術家であり科学者。
輝ける個性と才能を思いきり伸ばし、大きく羽ばたいてほしい──それが私たちの願いです。

親 の 会	―
受入時面接	○
体験入学	○
学校出席扱	○

費用	入 会 金	33,000円
	教材費	実費
	授業料	19,360円／月
	その他	システム費11,000円/月

代 表 者	中島　晃芳
設　立	2024年
受入年齢	小中学生
運営日時	火～金 10:30～16:30
定　員	同一時間帯に10名
在籍者数	0名(2024年2月現在)
スタッフ数	3名

■こんな子どもに向いています■

プログラミングやロボットに興味のある子、基礎学力をつけたい子、科学に関心のある子

■主な活動内容■

個別指導による主要科目の学習、プログラミング・ロボティクスの学習、ボード・カードゲーム

■スタッフの特長■

60代中心／ロボット製作やプログラミング指導20年以上

梧桐学苑
（あお ぎり がく えん）

http://www.wscg.co.jp/
e-mail：info@wscg.co.jp

本部〒193-0801 東京都八王子市川口町433-2
個別教室は国分寺・西国分寺・北烏山・
牟礼・下連雀・練馬・横浜鶴見　等々
TEL&FAX：042-659-2947

サポート

■教育方針

梧桐学苑はこの13年間で学業期（小学・中学・高校期）に不登校・ひきこもりだった沢山の子供達を個別学習とカウンセリング指導で大学に入学させることが出来ました。梧桐学苑ではお子様の現状に応じ、先生がご家庭に訪問して指導を行う訪問学習指導と、生徒さんが教室会場に通う通学学習と、ウェブカメラによるスカイプ授業をお選びいただけます。指導内容は学習だけではありません。美術・デザインなど、さまざまな体験を通して自律・自己実現の力を伸ばします。一人ひとりに最適の個別学習指導を行うなかで「生きる力」「学ぶ力」を育み、本来の笑顔を取り戻すためにサポートします。「生きる力・感性教育の土台」をつくり、「学ぶ力・知性教育の主柱」をたてるための個別授業で、小学校・中学校の出席扱いになるよう支援いたします。

代表者	中嶋　丈史
設　立	2010年
受入年齢	小学生・中学生・高校生 他
運営日時	10:00～20:00 原則日曜・祝日 休み
定　員	上限なし
在籍者数	30名(2024年1月)
スタッフ数	15名

親 の 会	○
受入時面接	○
体験入学	○
学校出席扱	△ 校長裁量による

費用	入 会 金	15,000円
	教材費	実費
	授業料	20,000円～
	その他	※入会・入会金、授業料等は訪問型、通学教室型で異なりますのでお問い合わせください。

■こんな子どもに向いています
不登校・登校拒否・発達障がい・勉強・生活において何らかの障がい・困り感のある子ども。家庭訪問による学習指導・カウンセリングを希望される方。

■主な活動内容
一人ひとりの個性を伸ばし、最適の道をご提案するためにご自宅訪問や個別教室で学習支援・就活支援とカウンセリングを行います。引きこもりの方には自宅訪問も行います。

■スタッフの特長
家庭教師役とカウンセラー役を兼ねた「適応教育士」が心のケアをし、勉強もしっかり教えます。

飛鳥未来 中等部・初等部 お茶の水教室

https://www.sanko.ac.jp/asuka-fs/ochanomizu/
e-mail：info-ochanomizu-freeschool@sanko.ac.jp

〒113-0034 東京都文京区湯島2-31-8

TEL：03-3868-3519　FAX：03-5803-1993
交通：各線「本郷三丁目駅」より徒歩4分

フリースクール

■教育方針

主体性・社会性を培い、自主学習を通して生き抜く力をはぐくむという理念のもと、自分らしさを取り戻し、なりたい自分を実現していく学習支援を行います。先生から生徒に指示を与えるような一方通行の教育をせず、学ぶこと・やることを自分で決めるから、通い続けることができ、楽しく学ぶことができます。勉強・友人関係・進路の悩みなど、一人ひとりにきめ細かく寄り添ってサポートします。
※ネットコースあり

代表者	川口　真澄
設　立	2018年
受入年齢	小学4年生～中学3年生
運営日時	月曜～金曜 10:00～15:00
定　員	―
在籍者数	30名程度(2024年2月現在)
スタッフ数	11名

親 の 会	○
受入時面接	○
体験入学	○
学校出席扱	○

費用	入 会 金	50,000円
	教材費	―
	授業料	30,000～62,000円/月
	その他	―

■こんな子どもに向いています
気の合う友達をつくりたい方、自分のペースで学習に取り組みたい方、まずは自宅で学習や友だち作りをはじめたい方（ネットコース）。

■主な活動内容
教科学習の他、総合学習や道徳など社会性を身に着けるプログラムがあります。毎月校外活動があり、季節のイベントや体育祭、文化祭、姉妹校と連携した職場体験も毎月実施しています。

■スタッフの特長
教員免許保有者、臨床心理士有資格者。親しみやすい学生サポーターや教育経験豊富なベテランサポーターが、一人ひとり丁寧にサポートします。

飛鳥未来 中等部・初等部 立川教室

https://www.sanko.ac.jp/asuka-fs/tachikawa/
e-mail：info-tachikawa-freeschool@sanko.ac.jp

〒190-0012 東京都立川市曙町2-19-12
東京ビューティ&ブライダル専門学校 2F
TEL：042-540-3011　FAX：042-540-3012
交通：JR各線「立川駅」北口より徒歩5分

フリースクール

■教育方針

主体性・社会性を培い、自主学習を通して生き抜く力をはぐくむという理念のもと、自分らしさを取り戻し、なりたい自分を実現していく学習支援を行います。先生から生徒に指示を与えるような一方通行の教育をせず、学ぶこと・やることを自分で決めるから、通い続けることができ、楽しく学ぶことができます。勉強・友人関係・進路の悩みなど、一人ひとりにきめ細かく寄り添ってサポートします。
※ネットコースあり

代表者	川口　真澄
設　立	2019年
受入年齢	小学4年生～中学3年生
運営日時	月曜～金曜 10:00～15:00
定　員	―
在籍者数	60名程度(2024年2月現在)
スタッフ数	10名

親 の 会	○
受入時面接	○
体験入学	○
学校出席扱	○

費用	入 会 金	50,000円
	教材費	―
	授業料	30,000～62,000円/月
	その他	―

■こんな子どもに向いています
家以外に安心して過ごせる居場所を探している方、他者との関わり・コミュニケーションを練習し気の合う友達をつくりたい方、自分のペースで登校し生活リズムを改善したい方。

■主な活動内容
体験型の授業、教科学習、校外学習（週5日コース）等を実施しています。教科学習は、つまずきを感じたところから自分のペースで取り組むことができます。

■スタッフの特長
教育現場の経験豊富なスタッフたちが在籍しています。

ATLAS International School（荻窪校）

https://atlas.npo-iproject.com/
e-mail：support@npo-iproject.com

〒167-0043　東京都杉並区上荻1-18-16
屋酒販ビル3F
TEL：03-3220-8223
交通：JR線「荻窪駅」

■教育方針

受動的な座学スタイルではなく、体験型、創造型の能動的な授業スタイルの教育で運営しています。午前の教科の学習と午後は選択制科目でミュージック、アート、サイエンスなどの専攻科目の学習や活動を行います。日々の学習の進度、当日のフォーカスポイント、スクールでの様子を担当講師がリポートにまとめ、お知らせしています。

代 表 者	赤嶋　かなえ
設 立	2006年
受入年齢	小中学生 *高校生は系列校の ATLAS International High Schoolあり
運営日時	月〜金 9:30〜14:30
定 員	なし
在籍者数	約30名(2023年12月現在)
スタッフ数	約15名

親 の 会	—
受入時面接	—
体 験 入 学	—
学校出席扱	—

費用	入 会 金	55,000円
	教 材 費	5,500円／月
	授 業 料	59,950／月
	そ の 他	年間設備費として22,000円/年

■こんな子どもに向いています ■

英語初心者から帰国子女まで対応。プライベートやオンラインもあり、自分に合ったスタイルで受講可能です。

■主な活動内容 ■

英語圏の教科書を使い、現地校レベルの学習環境を提供します。

■スタッフの特長

教員資格を持ったネイティブ講師、自国で生徒を教えていたスタッフ中心。

ATLAS International School（五反田校）

https://atlas.npo-iproject.com/
e-mail：support@npo-iproject.com

〒141-0022　東京都品川区東五反田2-8-8
FLEZIO五反田4F
TEL：03-6456-3288
交通：JR山手、東急池上線「五反田駅」

■教育方針

受動的な座学スタイルではなく、体験型、創造型の能動的な授業スタイルの教育で運営しています。午前の教科の学習と午後は選択制科目でミュージック、アート、サイエンスなどの専攻科目の学習や活動を行います。日々の学習の進度、当日のフォーカスポイント、スクールでの様子を担当講師がリポートにまとめ、お知らせしています。

代 表 者	赤嶋　かなえ
設 立	2006年
受入年齢	小中学生 *高校生は系列校の ATLAS International High Schoolあり
運営日時	月〜金 9:30〜14:30
定 員	なし
在籍者数	約30名(2023年12月現在)
スタッフ数	約15名

親 の 会	—
受入時面接	—
体 験 入 学	—
学校出席扱	—

費用	入 会 金	55,000円
	教 材 費	5,500円／月
	授 業 料	59,950／月
	そ の 他	年間設備費として22,000円/年

■こんな子どもに向いています ■

英語初心者から帰国子女まで対応。プライベートやオンラインもあり、自分に合ったスタイルで受講可能です。

■主な活動内容 ■

英語圏の教科書を使い、現地校レベルの学習環境を提供します。

■スタッフの特長 ■

教員資格を持ったネイティブ講師、自国で生徒を教えていたスタッフ中心。

ATLAS International School（下高井戸校）

https://atlas.npo-iproject.com/
e-mail：support@npo-iproject.com

〒156-0044　東京都世田谷区赤堤4-40-8
TEL：03-6379-0215
交通：京王線「下高井戸駅」

■教育方針

受動的な座学スタイルではなく、体験型、創造型の能動的な授業スタイルの教育で運営しています。午前の教科の学習と午後は選択制科目でミュージック、アート、サイエンスなどの専攻科目の学習や活動を行います。日々の学習の進度、当日のフォーカスポイント、スクールでの様子を担当講師がリポートにまとめ、お知らせしています。

代 表 者	赤嶋　かなえ
設 立	2006年
受入年齢	小中学生 *高校生は系列校の ATLAS International High Schoolあり
運営日時	月〜金 9:30〜14:30
定 員	なし
在籍者数	約30名(2023年12月現在)
スタッフ数	約15名

親 の 会	—
受入時面接	—
体 験 入 学	—
学校出席扱	—

費用	入 会 金	55,000円
	教 材 費	5,500円／月
	授 業 料	59,950／月
	そ の 他	年間設備費として22,000円/年

■こんな子どもに向いています ■

英語初心者から帰国子女まで対応。プライベートやオンラインもあり、自分に合ったスタイルで受講可能です。

■主な活動内容 ■

英語圏の教科書を使い、現地校レベルの学習環境を提供します。

■スタッフの特長 ■

教員資格を持ったネイティブ講師、自国で生徒を教えていたスタッフ中心。

ATLAS International School（立川校）

https://atlas.npo-iproject.com/
e-mail：support@npo-iproject.com

〒190-0022　東京都立川市錦町2-6-12
メゾンブロケード1F
TEL：042-521-3535
交通：JR線「立川駅」

■教育方針

受動的な座学スタイルではなく、体験型、創造型の能動的な授業スタイルの教育で運営しています。午前の教科の学習と午後は選択制科目でミュージック、アート、サイエンスなどの専攻科目の学習や活動を行います。日々の学習の進度、当日のフォーカスポイント、スクールでの様子を担当講師がリポートにまとめ、お知らせしています。

代表者	赤嶋　かなえ
設立	2006年
受入年齢	小中学生 *高校生は系列校のATLAS International High Schoolあり
運営日時	月～金 9:30～14:30
定員	なし
在籍者数	約30名(2023年12月現在)
スタッフ数	約15名

■こんな子どもに向いています■

英語初心者から帰国子女まで対応。プライベートやオンラインもあり、自分に合ったスタイルで受講可能です。

■主な活動内容■

英語圏の教科書を使い、現地校レベルの学習環境を提供します。

■スタッフの特長■

教員資格を持ったネイティブ講師、自国で生徒を教えていたスタッフ中心。

親の会	—
受入時面接	—
体験入学	—
学校出席扱	—

費用	入会金	55,000円
	教材費	5,500円／月
	授業料	59,950／月
	その他	年間設備費として22,000円／年

ATLAS International High School

その他

https://aihs.npo-iproject.com/
e-mail：support@npo-iproject.com

〒156-0044　東京都世田谷区赤堤4-40-8
TEL：03-6379-0215
交通：京王線「下高井戸駅」

■教育方針

少人数制で教員免許保有講師、アメリカでの教師経験・学生サポート経験のある講師等が、アメリカ高校卒業資格取得までの学習・スケジュールのアドバイスをします。日本の高卒認定試験・高卒資格のサポートを行います。好きな時に好きなところで学習し、効率的に高卒資格を取得することが可能です。単位取得の学習だけではなく、高校生活を満喫できる様々な選択授業やイベントも行っています。

代表者	赤嶋　かなえ
設立	2006年
受入年齢	満15歳以上の生徒
運営日時	月～金 9:30～18:00
定員	なし
在籍者数	約3名(2023年12月現在)
スタッフ数	約5名

■こんな子どもに向いています■

英語初心者から帰国子女まで対応。プライベートやオンラインもあり、自分に合ったスタイルで受講可能です。

■主な活動内容■

米国通信制高校の卒業資格を取得するサポート、及び日本の高卒認定試験・高卒資格のサポートを行います。

■スタッフの特長■

教員資格を持ったネイティブ講師、自国で生徒を教えていたスタッフ中心。

親の会	—
受入時面接	—
体験入学	—
学校出席扱	—

費用	入会金	55,000円
	教材費	5,500円／月
	授業料	71,940／月
	その他	年間設備費として22,000円／年

池袋アートフリースクール

フリースクール

http://www.kyokei.ac.jp/afs/
e-mail：info.tokyo-iafs@kyokei.jp

〒171-0014　東京都豊島区池袋4-1-12
（北海道芸術高等学校　東京池袋キャンパス内）
TEL：03-5979-9095　FAX：03-5979-9096
交通：各線「池袋駅」C6出口より徒歩8分

■教育方針

通信制の北海道芸術高校が運営する「アート」が学べる不登校生のためのフリースクールです。「アート」を通してプロの先生が楽しく指導。国・数・英も基礎からまなび直しでき、通う楽しさが実感できます。高等学校への進学もしっかりサポートします。
※希望者には教育提携校の北海道芸術高等学校　東京池袋サテライトキャンパスへの特待生進学も可能です。
アットホームなキャンパスで自分のペースを大切に、"好き"と同時にまなびの楽しさを実感しましょう。

代表者	杉本　良行
設立	2011年
受入年齢	13～15歳 中学生
運営日時	週2回 10:00～12:00 ※変更する場合があります。
定員	15名
在籍者数	10名(2024年2月現在)
スタッフ数	9名

■こんな子どもに向いています■

好きなことなら夢中になれる、がんばれる生徒。学力に不安があっても大丈夫です。自分の居場所を見つけませんか。

■主な活動内容■

好きな分野（マンガ・イラスト、デッサン、デジタルイラスト）を学ぶことができる新しいまなびの場です。

■スタッフの特長■

芸術分野は専門のプロが基礎からわかりやすく指導します。

親の会	—
受入時面接	○
体験入学	○
学校出席扱	○

費用	入会金	20,000円
	教材費	—
	授業料	4,500円／1日 月謝制。各月の登校日数によって変わります。
	その他	途中からの入会も可能です。

一休寺子屋サポート校（日野・太田・印西）（日本ウェルネス高校）

https://sougakuken.jimdofree.com/
e-mail：sougakuken@yahoo.co.jp

〒191-0003　東京都日野市日野台1-11-1C
※千葉（印播日本医大）、群馬（太田）にも学校があります
TEL：080-3423-3703　FAX：042-511-7767
交通：JR線「日野駅」

■教育方針
主体的学習できる環境で、教員が指導してくれます。また、ZOOMや
ラインを使用し（テレワーク学習で）、コロナ禍にも対応しております。
そして、何よりも安心できるのが和尚のメンタル強化です。こういった
試みは、全国でもここだけ。その他には、数万冊の蔵書を使って発見
学習を行っております。そこから、知徳を養い、体の方は、陸上競技
が専門である教員が指導することも可能であります。文武両道を目
指す学校になります。
※フリースクール・サポート校 併置

代表者	中村　道広
設　立	2014年
受入年齢	幼稚園・小・中・高・大学・社会人まで
運営日時	毎日 9:00〜22:00
定　員	30名
在籍者数	6名(2024年2月現在)
スタッフ数	2名

親の会	—
受入時面接	○
体験入学	○
学校出席扱	○

費用	入会金	15,000円
	教材費	意欲に応じて
	授業料	32,000円／月
	その他	—

■こんな子どもに向いています ■
学校に通学できない中学生は、出席日数はカウントできます。
また、高校は併設されており、大学や専門学校にも対応可
能。心の悩みを軽くしたいなど、禅カウンセリングが可能。

■主な活動内容 ■
お寺の修行、ボランティア、農作業などの体
験学習や、文学散歩や博物館などの実施も
行っています。

■スタッフの特長 ■
30代中心／学校現職教員・坐禅カウンセリ
ング対応など

学校法人　角川ドワンゴ学園
N中等部　秋葉原キャンパス

https://n-jr.jp/
e-mail：support@n-jr.jp

〒101-0031　東京都千代田区神田東松下町14　東信神田THビル2F
TEL：0120-0252-15
交通：JR各線・東京メトロ銀座線「神田駅」徒歩4分、
　　　都営新宿線「岩本町駅」徒歩3分、JR各線・
　　　つくばエクスプレス・東京メトロ日比谷線「秋葉原駅」徒歩8分

■教育方針
N中等部は、教育機会確保法の趣旨を鑑みた、新しいコンセプトのスクール
「プログレッシブスクール」です。
N/S高の多様なコンテンツを活用し、主体的に行動できる人を育み続けま
す。
机の上だけで学ぶ勉強だけでなく、自由な発想で考え主体性をもって問題
に取り組む力となるのは総合力です。総合力を礎に個性という独自性が付
加価値となります。
総合力を身に付けるために、教養・思考力・実践力の3つを学びます。

代表者	奥平　博一
設　立	2019年
受入年齢	中学生
運営日時	月曜〜金曜 9:00〜17:00
定　員	通学コース：各キャンパスにより異なる(120〜150名) ネットコース：定員なし
在籍者数	1,334名(2023年12月末時点)
スタッフ数	60名

親の会	※保護者会実施
受入時面接	○ ※ネットコースは書類選考のみ
体験入学	○
学校出席扱	○

費用	入会金	110,000円
	教材費	MacBook必須
	授業料	48,400円〜／月
	その他	—

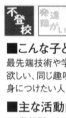

■こんな子どもに向いています ■
最先端技術や学びに興味がある、居場所が
欲しい、同じ趣味の人と繋がりたい、学力を
身につけたい人など。

■主な活動内容 ■
21世紀型スキル学習・PBL、プログラミング、
国語・数学・英語を中心とした基礎学習など
多彩な学習コンテンツあり

■スタッフの特長 ■
20代も多く、さまざまな背景の社会人経験
者など多彩なスタッフがいます。

学校法人　角川ドワンゴ学園
N中等部　池袋キャンパス

https://n-jr.jp/
e-mail：support@n-jr.jp

〒171-0014　東京都豊島区池袋4-32-8
サンポウ池袋ビル1F
TEL：0120-0252-15
交通：各線「池袋駅」徒歩約10分、池袋四丁目バス停徒歩0分

■教育方針
N中等部は、教育機会確保法の趣旨を鑑みた、新しいコンセプトのスクール
「プログレッシブスクール」です。
N/S高の多様なコンテンツを活用し、主体的に行動できる人を育み続けま
す。
机の上だけで学ぶ勉強だけでなく、自由な発想で考え主体性をもって問題
に取り組む力となるのは総合力です。総合力を礎に個性という独自性が付
加価値となります。
総合力を身に付けるために、教養・思考力・実践力の3つを学びます。

代表者	奥平　博一
設　立	2019年
受入年齢	中学生
運営日時	月曜〜金曜 9:00〜17:00
定　員	通学コース：各キャンパスにより異なる(120〜150名) ネットコース：定員なし
在籍者数	1,334名(2023年12月末時点)
スタッフ数	60名

親の会	※保護者会実施
受入時面接	○ ※ネットコースは書類選考のみ
体験入学	○
学校出席扱	○

費用	入会金	110,000円
	教材費	MacBook必須
	授業料	48,400円〜／月
	その他	—

■こんな子どもに向いています ■
最先端技術や学びに興味がある、居場所が
欲しい、同じ趣味の人と繋がりたい、学力を
身につけたい人など。

■主な活動内容 ■
21世紀型スキル学習・PBL、プログラミング、
国語・数学・英語を中心とした基礎学習など
多彩な学習コンテンツあり

■スタッフの特長 ■
20代も多く、さまざまな背景の社会人経験
者など多彩なスタッフがいます。

学校法人　角川ドワンゴ学園
N中等部　蒲田西口キャンパス
https://n-jr.jp/
e-mail：support@n-jr.jp

〒144-0051　東京都大田区西蒲田7-25-7
グレワンビル2F
TEL：0120-0252-15
交通：各線「蒲田駅」徒歩約4分

■教育方針
N中等部は、教育機会確保法の趣旨を鑑みた、新しいコンセプトのスクール「プログレッシブスクール」です。
N/S高の多様なコンテンツを活用し、主体的に行動できる人を育み続けます。
机の上だけで学ぶ勉強だけでなく、自由な発想で考え主体性をもって問題に取り組む力となるのは総合力です。総合力を礎に個性という独自性が付加価値となります。
総合力を身に付けるために、教養・思考力・実践力の3つを学びます。

親　の　会	※保護者会実施
受入時面接	○ ※ネットコースは書類選考のみ
体験入学	○
学校出席扱	○

費用	入　会　金	110,000円
	教　材　費	MacBook必須
	授　業　料	48,400円〜／月
	そ　の　他	―

代　表　者	奥平　博一
設　　立	2019年
受入年齢	中学生
運営日時	月曜〜金曜 9:00〜17:00
定　　員	通学コース：各キャンパスにより異なる（120〜150名）ネットコース：定員なし
在籍者数	1,334名(2023年12月末時点)
スタッフ数	60名

■こんな子どもに向いています ■
最先端技術や学びに興味がある、居場所が欲しい、同じ趣味の人と繋がりたい、学力を身につけたい人など。

■主な活動内容 ■
21世紀型スキル学習・PBL、プログラミング、国語・数学・英語を中心とした基礎学習など多彩な学習コンテンツあり

■スタッフの特長 ■
20代も多く、さまざまな背景の社会人経験者など多彩なスタッフがいます。

学校法人　角川ドワンゴ学園
N中等部　新宿キャンパス
https://n-jr.jp/
e-mail：support@n-jr.jp

〒170-0003　東京都渋谷区代々木4-29-3
西参道梅村ビル2F
TEL：0120-0252-15
交通：京王新線「初台駅」徒歩6分、小田急線「参宮橋駅」徒歩9分

■教育方針
N中等部は、教育機会確保法の趣旨を鑑みた、新しいコンセプトのスクール「プログレッシブスクール」です。
N/S高の多様なコンテンツを活用し、主体的に行動できる人を育み続けます。
机の上だけで学ぶ勉強だけでなく、自由な発想で考え主体性をもって問題に取り組む力となるのは総合力です。総合力を礎に個性という独自性が付加価値となります。
総合力を身に付けるために、教養・思考力・実践力の3つを学びます。

親　の　会	※保護者会実施
受入時面接	○ ※ネットコースは書類選考のみ
体験入学	○
学校出席扱	○

費用	入　会　金	110,000円
	教　材　費	MacBook必須
	授　業　料	48,400円〜／月
	そ　の　他	―

代　表　者	奥平　博一
設　　立	2019年
受入年齢	中学生
運営日時	月曜〜金曜 9:00〜17:00
定　　員	通学コース：各キャンパスにより異なる（120〜150名）ネットコース：定員なし
在籍者数	1,334名(2023年12月末時点)
スタッフ数	60名

■こんな子どもに向いています ■
最先端技術や学びに興味がある、居場所が欲しい、同じ趣味の人と繋がりたい、学力を身につけたい人など。

■主な活動内容 ■
21世紀型スキル学習・PBL、プログラミング、国語・数学・英語を中心とした基礎学習など多彩な学習コンテンツあり

■スタッフの特長 ■
20代も多く、さまざまな背景の社会人経験者など多彩なスタッフがいます。

学校法人　角川ドワンゴ学園
N中等部　町田キャンパス
https://n-jr.jp/
e-mail：support@n-jr.jp

〒194-0021　東京都町田市中町1-5-1　フレグラント町田1F
TEL：0120-0252-15
交通：JR横浜線「町田駅」徒歩9分
小田急電鉄小田原線「町田駅」徒歩5分

■教育方針
N中等部は、教育機会確保法の趣旨を鑑みた、新しいコンセプトのスクール「プログレッシブスクール」です。
N/S高の多様なコンテンツを活用し、主体的に行動できる人を育み続けます。
机の上だけで学ぶ勉強だけでなく、自由な発想で考え主体性をもって問題に取り組む力となるのは総合力です。総合力を礎に個性という独自性が付加価値となります。
総合力を身に付けるために、教養・思考力・実践力の3つを学びます。

親　の　会	※保護者会実施
受入時面接	○ ※ネットコースは書類選考のみ
体験入学	○
学校出席扱	○

費用	入　会　金	110,000円
	教　材　費	MacBook必須
	授　業　料	48,400円〜／月
	そ　の　他	―

代　表　者	奥平　博一
設　　立	2019年
受入年齢	中学生
運営日時	月曜〜金曜 9:00〜17:00
定　　員	通学コース：各キャンパスにより異なる（120〜150名）ネットコース：定員なし
在籍者数	1,334名(2023年12月末時点)
スタッフ数	60名

■こんな子どもに向いています ■
最先端技術や学びに興味がある、居場所が欲しい、同じ趣味の人と繋がりたい、学力を身につけたい人など。

■主な活動内容 ■
21世紀型スキル学習・PBL、プログラミング、国語・数学・英語を中心とした基礎学習など多彩な学習コンテンツあり

■スタッフの特長 ■
20代も多く、さまざまな背景の社会人経験者など多彩なスタッフがいます。

エポック総合教育研究所

http://www.epochps.com
e-mail：taka@epochps.com

〒153-0042　東京都目黒区青葉台1-29-6 2F
TEL：03-5725-1296　FAX：03-5725-1297
交通：東横線「中目黒駅」徒歩4分

■教育方針

生徒にとって無理がない方法を考えて、一緒に取り組んでいきたいと思っています。
まずは相談をしていただき、現状の把握を行います。次に「どうしたいのか」「目標」などを聞き、それに対し、いつまでにどの様なカリキュラムが必要かを検討していきます。
一人で考えると無理や無駄が多くなりとまってしまうこともあります。私達が役に立てる様にサポートをしていきますので、安心してご相談ください。入会に際し、審査が必要となります。

親 の 会	―
受入時面接	○
体験入学	○
学校出席扱	○

費用	入 会 金	20,000円(税別)
	教 材 費	―
	授 業 料	16,000円(税別)／月
	そ の 他	事務費として720円／月

代 表 者	髙柳　公一
設 立	1990年
受入年齢	小学生～既卒者
運営日時	毎日
定 員	なし
在籍者数	140名(2023年12月現在)
スタッフ数	7名

■こんな子どもに向いています■
話をきいてもらいたい、話したい生徒にとっては最適です。どんな小さいことでもたくさん話をしてください。

■主な活動内容
カウンセリングや個別面談などを中心に、学習面の指導を行います。親に対してのメンタルヘルスも実施。

■スタッフの特長
20代中心、男女比4:6。

学研のサポート校
WILL学園 中等部 高等部 高田馬場キャンパス

https://www.willschool.net/
e-mail：will@kame.co.jp

〒169-0075　東京都新宿区高田馬場1-14-9
TEL：0120-883-122
交通：JR・西武新宿・メトロ「高田馬場駅」徒歩5分
　　　副都心線「西早稲田駅」徒歩5分

■教育方針

WILL学園では『楽しく学校に通う』ということを一番に考えています。不登校や発達障害のある生徒にとって居心地の良い場所として存在し、人間性を豊かにしていくだけでなく、学習面もしっかりサポート！WILLに通うことからスタートして、不登校を克服した生徒がたくさんいます。
できることから少しずつ、一人ひとりのペースに合わせて学園全体でバックアップ！まずは学校を楽しむことから始めましょう！
家から出づらい人には在宅訪問支援のコースもあります。

親 の 会	―
受入時面接	△
体験入学	○
学校出席扱	○

費用	入 会 金	24,200円、110,000円
	教 材 費	―
	授 業 料	33,000円～66,000円
	そ の 他	高等部活動費264,000円/年

代 表 者	飯田　貴幸
設 立	2000年10月
受入年齢	中学生、高校生
運営日時	月曜日～金曜日
定 員	65名
在籍者数	60名(2024年2月現在)
スタッフ数	11名(2024年2月現在)

■こんな子どもに向いています■
楽しい学校生活を送りたいと考えているものの、学校に通うのが苦手、難しいと思っている生徒に向いています。

■主な活動内容
学習は個別指導が中心。苦手分野克服、学び直しもできます。レクリエーションや趣味、実用の時間もあります。

■スタッフの特長
不登校生、発達障害の支援の経験を積み重ねた教員が一人ひとりサポートします。

学研のサポート校
WILL学園 中等部 高等部 立川キャンパス

https://www.willschool.net/
e-mail：will@kame.co.jp

〒190-0023　東京都立川市柴崎町3-10-20
　　　　　　渡辺ビル4F
TEL：0120-883-122
交通：「立川駅」徒歩5分・多摩モノレール「立川南駅」徒歩4分

■教育方針

WILL学園では『楽しく学校に通う』ということを一番に考えています。不登校や発達障害のある生徒にとって居心地の良い場所として存在し、人間性を豊かにしていくだけでなく、学習面もしっかりサポート！WILLに通うことからスタートして、不登校を克服した生徒がたくさんいます。
できることから少しずつ、一人ひとりのペースに合わせて学園全体でバックアップ！まずは学校を楽しむことから始めましょう！
家から出づらい人には在宅訪問支援のコースもあります。

親 の 会	―
受入時面接	△
体験入学	○
学校出席扱	○

費用	入 会 金	24,200円、110,000円
	教 材 費	―
	授 業 料	33,000円～66,000円
	そ の 他	高等部活動費264,000円/年

代 表 者	鈴木　あゆみ
設 立	2000年10月
受入年齢	中学生、高校生
運営日時	月曜日～金曜日
定 員	35名
在籍者数	37名(2024年2月現在)
スタッフ数	7名(2024年2月現在)

■こんな子どもに向いています■
楽しい学校生活を送りたいと考えているものの、学校に通うのが苦手、難しいと思っている生徒に向いています。

■主な活動内容
学習は個別指導が中心。苦手分野克服、学び直しもできます。レクリエーションや趣味、実用の時間もあります。

■スタッフの特長
不登校生、発達障害の支援の経験を積み重ねた教員が一人ひとりサポートします。

家庭学習サポートひだまり

http://hidamari-study.com
e-mail：info@hidamari-study.com

〒136-0076　東京都江東区南砂1-22-12-210
TEL：03-5683-7441　TEL：03-6659-7441
交通：東西線「東陽町駅」

その他
家庭教師派遣
高認指導

不登校　発達障がい　ひきこもり　身体　知的

■教育方針
一番の目標はご本人が自立して生活していくことができるようにしていくことです。
そのために最も必要なことは自信を持ってもらうことだと考えています。不登校をしているからですとか障がいがあるからといった理由で引け目を感じることなく楽しく学んでもらい、将来に対する希望を胸に張って言うことができるような雰囲気作りを心がけています。

代表者	大高　健次
設立	2006年
受入年齢	小学生以上
運営日時	毎日 時間帯特になし
定員	なし
在籍者数	10名（2024年2月現在）
スタッフ数	2名（登録者は様々おります）

親の会	—
受入時面接	○
体験入学	—
学校出席扱	—

費用	入会金	20,000円
	教材費	基本0円 もしくは実費
	授業料	（学年、時間による）
	その他	往復交通費

■こんな子どもに向いています
どのような方でも対応しております。ご相談いただければ対応方法を一緒に考えさせていただきます。

■主な活動内容
学習指導がメインですが、必要に応じてコミュニケーションの練習など学習以外の活動も対応しています。

■スタッフの特長
様々な年齢、性別、立場の方々に登録していただいています。

カナディアン・アカデミー・セタガヤ

http://www.canadian-academy.jp/
e-mail：michi@canadian-academy.jp

〒154-0003　東京都世田谷区野沢4-20-13-213
TEL：03-5712-3670　FAX：03-5712-3671
交通：田園都市線「駒沢大学駅」

フリースクール

不登校　発達障がい　ひきこもり　身体　知的

■教育方針
海外の信頼する人脈と連携し［留学を軸にした転地教育］の実践で結果をだして行きます。元九州大学名誉教授・井口潔氏の生物学からみた［目から鱗の井口潔メソッド］と、3か月で人間の細胞は入れ替わる医学的見地の2枚の下敷きを実践する2大ツールにします。一方で親御さまと連携して、子供の誕生から10歳までの過去に遡り不登校に至った要因探しの丁寧な取材を続けます。その結果、井口潔メソッドの［心の成長生理チャート］と［海外の環境］の3か月パック提供の方針で進んで行きます。

代表者	難波　三津子
設立	1984年
受入年齢	小学生～高校生 青年層（ひきこもりニート）
運営日時	月曜～土曜 11:00～21:00
定員	40名
在籍者数	40名（2024年1月現在）
スタッフ数	6名

親の会	○
受入時面接	○
体験入学	○
学校出席扱	○

費用	入会金	15,000円
	教材費	—
	授業料	12,000～20,000円
	その他	—

■こんな子どもに向いています
個性の強い児童や生徒。日本の管理教育に合わない児童や生徒。

■主な活動内容
3.11の東日本大震災後立ち上げたNPO10年アリガトウプロジェクトにも参加させ、異年齢と交わる活動から「生きる」意味を考えさせる。ソーシャル・プロデューサーとして関わっている「町興しプロジェクト」にインターンシップを導入。

■スタッフの特長
帰国子女、留学体験者、女性スタッフが多い。

国立音楽院 初等部・中等部・高等部

http://www.kma.co.jp
e-mail：contact@kma.co.jp

〒154-0001　東京都世田谷区池尻3-28-8
TEL：03-5431-8085　FAX：03-5430-8020
交通：東急田園都市線「池尻大橋駅」、「三軒茶屋駅」

フリースクール
サポート
高認指導

不登校　発達障がい　ひきこもり　身体　知的

■教育方針
不登校・ひきこもり・発達障がいの学生を多く受け入れており、学校や家庭と連携を図りながら、情報を共有し、音楽を通して安心して学生生活を送ることができる居場所を提供しています。本校はプロを目指す方だけではなく、将来何をしたら良いのか分からない学生さんが本校の多数の学科を経験することで自分の隠れた才能に気付き、音大受験を目指したり、やりたい仕事を見つけたり、早い段階から音楽について学ぶことができます。

代表者	新納　智保
設立	1967年
受入年齢	12～18歳
運営日時	月曜～日曜 9:00～21:00
定員	50名
在籍者数	初等部 12名、中等部19名 高等部92名（2024年1月現在）
スタッフ数	18名

親の会	—
受入時面接	○
体験入学	○
学校出席扱	○

費用	入会金	180,000円
	教材費	0円
	授業料	400,000円／年
	その他	設備費として220,000円 実技費として160,000円

※初中高等部

■こんな子どもに向いています
自分のペースで学校に行って、自分らしい学習スタイルをもちながら大好きな音楽を一日中学びたい子供。

■主な活動内容
自分の意思で学校復帰できるよう少人数指導、個別カウンセリングを重視し、しっかりとケアしています。

■スタッフの特長
教員免許保有。不登校への理解も深く、1人ひとり親身にサポートします。

141

くらしのまなび舎Olea

http:// kurashi2020.com
e-mail：olea@kurashi2020.com

〒143-0016　東京都大田区大森北4-14-13
杉ビル301
TEL：03-6404-8094
交通：JR京浜東北線「大森駅」

フリースクール／高認指導

■教育方針
くらしのまなび舎Oleaは、学校でも職場でもない、第三の場所。大事にしたいのは、なりたい自分。「もっと知りたい」「もっとやりたい」という気持ちを全力で応援します。そのために、教科学習やプログラミング学習、料理、アウトドアアクティビティ、宿泊プログラムなどの体験的な活動を通じ、自分の意思の選択肢や動作のスキル・ノウハウを手に入れられるよう、そして安心してやりたいことに専念できるよう、サポートしていきます。

代表者	五味　修
設　立	2020年
受入年齢	小中高他・特別支援学級・特別支援学校在籍生も含む
運営日時	火・水・金 9:30～14:30
定　員	5名
在籍者数	－
スタッフ数	2名

親　の　会	－	費用	入会金	22,000円
受入時面接	○		教材費	－
体験入学	○		授業料	8,000円～／日
学校出席扱	○		その他	お問い合わせください

不登校　発達障がい　ひきこもり　身体　知的

■こんな子どもに向いています■
少人数で、静かな場所で、ゆっくりまなびを高めたいお子さんや生活スキルを高めたいお子さん。

■主な活動内容■
学習、あそび、運動、食事、手仕事などを通し、生活リズムを整えることからはじめます。

■スタッフの特長■
特別支援教育の専門知識をもったパートナーが、お子さんを支えます。

考学舎

https://edu.kogakusha.co.jp
e-mail：info@kogakusha.co.jp

〒150-0002　東京都渋谷区渋谷1-7-5
青山セブンハイツ503
TEL：03-3498-7758　FAX：03-3498-7875
交通：JR・東急・地下鉄線「表参道駅」「渋谷駅」

フリースクール／高認指導

■教育方針
一人ひとりの生徒と正面から向き合い、国語力をベースとした、考え、決断する力をつけてもらうことで、自律した大人として社会に巣立っていくことを目標としています。
学校に通うか通わないか、ではなく、何をしたいか、どんな大人になりたいか、を考え・学ぶために考学舎に来てください。
「大きな家庭、かつ小さな学校」でみなさんとともに歩みます。
「新たな一歩を踏み出しましょう!」

代表者	坂本　聰
設　立	1999年
受入年齢	6歳～20歳
運営日時	月曜日～土曜日 10:00～18:00
定　員	50名
在籍者数	48名(2023年12月現在)
スタッフ数	4名

親　の　会	－	費用	入会金	30,000円
受入時面接	○		教材費	12,000円～／年
体験入学	○		授業料	17,600円～／月
学校出席扱	○		その他	－

不登校　LD・ADHD　ひきこもり　身体　知的

■こんな子どもに向いています■
新たに何かを始めようとする時の第一歩として、まずは週1回から来てみてください。

■主な活動内容■
日常は個別での学習指導です。「独自カリキュラムの国語」を学ぶことでコミュニケーション力もつきます。

■スタッフの特長■
直接指導する4名の他に4名のスタッフがいます。

工芸技能学院【初中等部・高等部・専門校】

http://kougeiginou.com/
e-mail：k-kougeiginou@nifty.com

〒191-0034　東京都日野市落川993(2F)
TEL：042-592-4353　FAX：042-592-4353
交通：京王線「百草園駅」

フリースクール／サポート

■教育方針
発達が気になるお子さんの学校です。
学校に行きにくい・個別授業の方が向いているかも・集団の中が苦手・子どもの特性を分かって対応してくれる学校はないか・等々のお悩みに対応しています。
本人の特性に向いた課題を取り入れ、「できる!」「大丈夫!」「楽しい!」と、笑顔の日々を過ごすことを最大の理念としています。

代表者	和田　伊都子
設　立	2002年
受入対象	中学校卒業者 体験講座があります
運営日時	月曜～金曜 9:30～14:30
定　員	30名
在籍者数	10名
スタッフ数	2名

親　の　会	－	費用	入会金	高等部・専門校 300,000円
受入時面接	○		教材費	実費
体験入学	○		授業料	高等部・専門校 600,000円／年
学校出席扱	○		その他	施設維持費 100,000円

不登校　発達障がい　ひきこもり　身体　知的

■こんな子どもに向いています■
発達が気になるお子さん。療育手帳の有無は問いません。環境や学習内容を本人の特性に合わせれば、潜在能力を発揮できる可能性のあるお子さん。

■主な活動内容■
工芸をツールとして自信回復及び個別学習支援。
カウンセリング。

■スタッフの特長■
発達障害教育支援専門家。
工芸専門家。

株式会社コロロ発達療育センター（コロロフリースクール）

https://kololo.jp
e-mail：Kololosuginami.school@gmail.com

〒167-0042　東京都杉並区西荻北3-33-9
TEL：03-3399-0510　FAX：03-5310-4886
交通：JR中央線「西荻窪駅」

■教育方針
発達障がいの子ども達が、社会の中で生きる力を育てることを目的として、活動をしています。歩行や行動面の支援を中心とした身体の発達を促すプログラムや、コミュニケーション力を伸ばす学習、適応力を育てるプログラムを行い、既存のカリキュラムにとらわれずに、発達障がいの子ども達に必要な支援を行っています。また、不登校の方が学校に通えるようにサポートしたり、保護者の方へのコンサルテーションやカウンセリングを行い、ご家庭へプログラムを提供しています。

親 の 会	—
受入時面接	○
体験入学	○
学校出席扱	○

費用	入 会 金	88,000円
	教 材 費	—
	授 業 料	66,000円
	そ の 他	5,000円

代 表 者	久保田　小枝子
設 立	1983年
受入年齢	小学校1年生〜高校3年生
運営日時	火〜金曜日 9:30〜15:00 土曜日 9:30〜14:00
定 員	45名
在籍者数	39名（2024年2月現在）
スタッフ数	17名

■こんな子どもに向いています■
知的障がいの有無に関わらず、発達障がい・自閉症スペクトラムの子ども達に特化したフリースクールです。

■主な活動内容■
歩行、リズム体操、学習、作業、ソーシャルスキルトレーニング、ペアレントトレーニングなど行っています。

■スタッフの特長■
女性スタッフが多い／教員免許保有者多数／福祉系資格保有者多数

鹿の子クラブ 中学生コース （鹿島学園高等学校・通信制 調布キャンパス内）

http://www.kg-school.net
e-mail：kashima-choufu@swan.ocn.ne.jp

〒182-0024　東京都調布市布田2-10-2-1F
TEL：042-444-4744　FAX：042-444-4745
交通：京王線「布田駅」徒歩4分
他、計30キャンパス

■教育方針
鹿の子クラブは幅広い年齢の生徒が集う場です。
午前中は中学の基礎学習、午後は絵画・ダンスなど様々なレッスンや高校と合同のクラブ活動に参加することができます。
理念は、みんなが自分らしくイキイキと生きて行けるようになる為のサポートです。
一緒に楽しいスペースを作っていきましょう。

親 の 会	—
受入時面接	○
体験入学	○
学校出席扱	○

費用	入 会 金	50,000円
	教 材 費	—
	授 業 料	15,300〜30,600円／月
	そ の 他	施設利用料（教材費）として 2,400〜5,100円／月

代 表 者	片山　麻琴
設 立	2012年
受入年齢	中学生 ※中学卒以上は併設の鹿島学園高校・通信制を案内
運営日時	月曜〜金曜 9:30〜16:00
定 員	20名
在籍者数	3名（2024年3月現在）
スタッフ数	5名

■こんな子どもに向いています■
自分の好きなことなら時間を忘れて没頭できる人、好きなことを探したい人、自分らしくマイペースでいたい人。

■主な活動内容■
基礎学習の指導に加え、絵画、イラスト、アニメ、ダンス等数多くのレッスンを用意。

■スタッフの特長■
一人一人丁寧にサポートします。

松徳学習教室

http://www.tfi.ac.jp/shotoku/
e-mail：shotoku07@tfi.ac.jp

〒104-0044　東京都中央区明石町2-1
松屋明石町本館6F
TEL：03-3541-9555　FAX：03-3541-8821
交通：有楽町線「新富町駅」、日比谷線「築地駅」

■教育方針
マニュアル的指導ではなく生徒一人ひとりの性格や家庭環境、体調までを考慮した、あたたかみのある指導をポリシーとしています。必要があれば学年をこえて基礎からやりなおしをします。高校再受験や編入試験にも対応しています。不登校やLD児などは学習面での指導を中心として受け入れております。ご家庭との連携を密にして生活面までふまえ、生徒の成長を長い目で見ていくようにしております。

親 の 会	—
受入時面接	○
体験入学	○
学校出席扱	—

費用	入 会 金	20,000円
	教 材 費	実費
	授 業 料	1時間当たり小中学生4,200円 高校生以上4,700円（税別）
	そ の 他	—

代 表 者	小山　由美子
設 立	1980年
受入年齢	小学生（小1〜） 中高校生 大学受験生
運営日時	月曜〜土曜（あくまでも基本、生徒の希望次第で日祝等も） 15:00〜21:00 （これ以外も可）
定 員	なし
在籍者数	70名（2023年12月現在）
スタッフ数	10名

■こんな子どもに向いています■
1対1指導ですので集団指導にはなじめない生徒や、つきっきりでの指導を要する生徒に適しています。

■主な活動内容■
補習、受験ともに学習指導中心です。相談等は無料にて受け付けています。
（個別指導専門塾）

■スタッフの特長■
様々なタイプの先生がいます。

数学塾 むれ

http://mathmure.jp
e-mail：1983mathmure@khe.biglobe.ne.jp

〒180-0006　東京都武蔵野市中町1-25-5
ハイツ杉山403
TEL&FAX：0422-55-0563
交通：JR中央線「三鷹駅」

その他　高認指導

■教育方針

塾の開いている時間、行きたいときに行って何でも質問ができます。質問は数学に限らず、どんな科目でもOKです。私の知っている限り、出来る限り応えています。勉強は元気になるためにすることです。勉強すればする程苦しくなるのは、何かが間違っているのです。本当に自分にとって必要なことだと思っていることから始めます。何から始めるか、どんなペースで進めるか、人それぞれです。一人ひとりの気持ちを大切にやってゆきます。

代表者	池見　恒則
設　立	1983年
受入年齢	13歳〜社会人
運営日時	新型コロナが収束するまでの間はホームページ（時間割）をご覧ください。予約制（完全90分生徒1人）です。
定　員	15名
在籍者数	6名（2023年12月現在）
スタッフ数	1名

親　の　会	△
受入時面接	○
体験入学	―
学校出席扱	○

費用	入会金	15,000円
	教材費	―
	授業料	15,000〜20,000円/月
	その他	設備費として20,000円/年

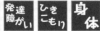
不登校　発達障がい　ひきこもり　身体　知的

■こんな子どもに向いています■

一人ひとりと向き合っていますから、世間で何とかカテゴライズされていても、私で良いと思う人は入塾して下さい。

■主な活動内容■

自分のペースで、自分のためになる学習（元気になるための勉強）をしています。親の会は、コロナが収束するまで、休会しています。

■スタッフの特長■

73歳、男、我が子の不登校や、出会った塾生たちから多くのことを学びました。

SCHOOL WILLING

http://www3.point.ne.jp/~willing/
e-mail：ホームページの「相談BOX」をご利用ください

〒154-0001　東京都世田谷区池尻3-4-8
TEL&FAX：03-5430-5478
交通：田園都市線「池尻大橋駅」

フリースクール　高認指導

■教育方針

登校・不登校に関わらず、一緒に話し合って勉強を進めています。一人の同じ仲間として一緒に過ごす時間を大切にしています。もう一度何かを始めてみよう、もう一度トライしてみようと思ったとき、「いつからでも遅くない」と自分自身に呼びかけてみましょう。自分のための勉強や、高校・大学への進学、高卒程度認定試験へのトライ、留学へのステップなど、一緒に時間を共有しながら目標にむかってがんばっていきましょう。

代表者	長谷川　たけし
設　立	1990年
受入年齢	問わない（主に中・高・浪人・中退生）
運営日時	月〜金　9:00〜23:00　土・日　9:00〜18:00
定　員	なし
在籍者数	約20名（2024年1月現在）
スタッフ数	3名

親　の　会	随時
受入時面接	○
体験入学	○
学校出席扱	○

費用	入会金	10,000円
	教材費	実費（1科目1,000円程度）
	授業料	月謝制
	その他	―

不登校　発達障がい　ひきこもり　身体　知的

■こんな子どもに向いています■

勉強をやり直したい人、仲良く勉強したい人、不登校で勉強したい人、学校を途中でやめて再受験したい人、浪人生など。

■主な活動内容■

アットホームな環境で個別勉強を進めます。一緒に話し合い、自分の目標を持ってもらいます。時間選択可能（1日2H〜、週2日〜）。

■スタッフの特長■

中高生・不登校・浪人生指導と受験指導。生徒・保護者にカウンセラー対応。

一般社団法人自在能力開発研究所
スプラウツ

https://www.jizaiken.com
e-mail：otsuhata@jizaiken.com

〒184-0013　東京都小金井市前原町
4-22-28-101&102
TEL：042-381-2894　FAX：042-381-2898
交通：JR中央線「武蔵小金井駅」

フリースクール

■教育方針

社会との接点、社会での自立することをモットーに、生徒各自に合った適切なプログラムでの指導を行います。学習面のみならず思考の片寄りであったり、コミュニケーションスキルなどについても積極的に訓練を行い、多くの人達とできるだけ共有の場が持てるようなカウンセリング、訓練を行います。点としての知識の集まりではなくそれらが結びつきネットワークを構築できるようにマインドマップを活用します。これからの社会を見据えて、ロボット製作やプログラミングに関心を持つ生徒さんへはSTEM教育を取り入れたサポートが可能です。必要に応じて宿泊が可能です。※年に、1・2回の課外活動として、清里での宿泊学習有り

代表者	（工博）乙幡　和重
設　立	2001年
受入年齢	小学生〜高校生　20代前半
運営日時	月〜金　9:00〜15:00
定　員	10名
在籍者数	7名（2024年1月現在）
スタッフ数	3名

親　の　会	―
受入時面接	○
体験入学	○
学校出席扱	○

費用	入会金	35,000円
	教材費	500円〜/月
	授業料	24,000円〜/月
	その他	年間教室維持費として10,000円

不登校　発達障がい　ひきこもり　身体　知的

■こんな子どもに向いています■

スモールステップで自らのペースを作りながらフリースクールに通いたい生徒さんには最適です。中高大受験希望生も対応します。

■主な活動内容■

学校の学習内容での学習支援、生活面で補うべき所の訓練、課外活動を介しての集団行動の訓練等。スプラウツ内での宿泊が可能。

■スタッフの特長■

代表の乙幡（工学博士）を中心に療育や学習支援にベテランのスタッフが指導。

星槎教育研究所
せい さ きょう いく けん きゅう じょ

https://edunpo.seisa.ac.jp/
e-mail：tokyo@seisa.ed.jp

〒162-0806　東京都新宿区榎町45 さくらビル2F
（札幌・仙台・立川・横浜・厚木・富山・大阪・広島・福岡ほか）
TEL：03-5225-6245　FAX：03-5225-6246
交通：東京メトロ東西線「神楽坂駅」下車徒歩8分

フリースクール

■教育方針
好きなこと・得意なことを発見して楽しく学んでほしい、友だちとわかり合い、大切にし合う喜びを感じてほしい、社会で生きるスキルを身につけ、自信を持ってほしい、と考えています。
①到達度に応じた課題で「わかる」「できる」学習。②生徒一人ひとりの個性や発達の特性を生かす。③人やものと出会う「ホンモノの体験」を通じて生きた力をつける。④自分の進む道を考え、キャリア設計する力をつける。⑤不思議『？』発見で、創造性と科学する心を育てる。

親 の 会	―
受入時面接	○
体験入学	○
学校出席扱	△

費用	入 会 金	20,000円
	教 材 費	実費
	授 業 料	5,000円〜／月
	その他	施設設備費1,500円／月

代 表 者	高田 美香
設 立	2007年
受入年齢	小学生〜
運営日時	10:30〜15:00
定 員	各クラス3名程度
在籍者数	約120名（全国）
スタッフ数	8名（地方により異なります）

■こんな子どもに向いています■
勉強が苦手な子、友だちとうまくつきあえない子、セルフコントロールの苦手な子、能力が発揮しにくい子。

■主な活動内容■
ホンモノを体験する総合学習（社会・文化・芸術・科学・生活・体育）・基礎学力・ソーシャルスキル・ライフスキルのトレーニング・キャリア設計。

■スタッフの特長■
特別支援教育や不登校・発達障がいを理解し、個に合わせて対応（教員免許保有者・臨床心理士など）

星槎ジュニアスクールPAL立川 SEISA放課後スクール
せい さ　　　　　　　　ぱる たちかわ　せいさ ほうかご

https://edunpo.seisa.ac.jp/
e-mail：tachikawa@seisa.ed.jp

〒190-0022　東京都立川市錦町6-9-5
TEL：042-521-3699　FAX：042-521-3709
交通：JR「立川駅」徒歩15分、「西国立駅」徒歩10分

フリースクール

■教育方針
好きなこと・得意なことを発見して楽しく学んでほしい、友だちとわかり合い、大切にし合う喜びを感じてほしい、社会で生きるスキルを身につけ、自信を持ってほしい、と考えています。そしてここにはひとつの小さな社会があります。
―星槎大学、星槎国際高校 併設―
■星槎ジュニアスクールPAL立川（下記費用も参照）
　（専門的少人数指導による、もうひとつの小・中学校）
■星槎たちかわセミナー〈15:30〜18:30の間で60分〜90分、週1回20,000円/月〜〉
　（少人数学習指導、登校準備プログラム）（在籍：30名,定員：30名）
■SEISA放課後スクール（16:00〜17:30、月1回1,000円）
　（体験型学習、課外活動、交流企画など）

親 の 会	○
受入時面接	○
体験入学	○
学校出席扱	○

費用	入 会 金	45,000円（施設設備費含）
	教 材 費	実費
	授 業 料	週1日:12,000円〜／月
	その他	―

代 表 者	犬山 遼
設 立	2007年
受入年齢	小学生〜中学生
運営日時	週1〜5回 9:30〜17:00
定 員	60名程度
在籍者数	50名
スタッフ数	30名（高等部と連携）

■こんな子どもに向いています■
学び方を変えればイキイキとする子どもたち。理解してもらえなかった悔しさがたまっている子どもたち。

■主な活動内容■
本物を体験する総合学習（社会・文化・芸術・科学・生活・体育）・基礎学力・ソーシャルスキル・ライフスキルのトレーニング。

■スタッフの特長■
20〜30代が中心。臨床心理から特別支援教育まで。不登校・発達障がいを理解し、教員免許保有。星槎国際高校、星槎大学 教育研究所の教員も協力。

星槎中野サテライトキャンパス　フェリーチェフリースクール

http://felicegakuin.jp/freeschool/
e-mail：contact@felicegakuin.jp

〒164-0012　東京都中野区本町2-13-2
TEL：03-5308-1616　FAX：03-5308-1617
交通：東京メトロ丸ノ内線・都営地下鉄大江戸線「中野坂上駅」3番出口徒歩7分

フリースクール
サポート
高認指導

■教育方針
子どもたちはみんなそれぞれ力を秘めています。この教室で学習やスポーツ、音楽、美術、料理等、様々なことに取り組み、才能を開花させましょう。少人数の環境の中、希望に合わせて「グループ学習」と「個別学習」から選ぶことができます。
みんな違ってみんないい！ 一人ひとりに合わせたプログラムで子どもたちの自信を後押しします。
フェリーチェとは、イタリア語で「幸せな」を意味しています。子どもたちに幸せな人生を歩んでほしいと願って運営しています。

親 の 会	○
受入時面接	○
体験入学	○
学校出席扱	○

費用	入 会 金	30,000円
	教 材 費	実費
	授 業 料	2日30,000円 1日追加毎に＋10,000円（週5日まで）
	その他	施設設備費別途

代 表 者	神林 栄
設 立	2023年
受入年齢	小学校1年生〜中学校3年生
運営日時	月曜〜金曜 10:00〜15:00
定 員	30名程度
在籍者数	―
スタッフ数	高校教員と連携

■こんな子どもに向いています■
今の学校に何かしらの不安を抱えていたり、休みがちで不登校傾向にある子どもたちを全面的に応援します。

■主な活動内容■
体験的探求プログラム（プラチナチャレンジプログラム）により、人との関わりを学んでいきます。

■スタッフの特長■
星槎の三つの約束（人を認める・人を排除しない・仲間を作る）に共感したスタッフが子どもたちを笑顔に変えていきます。

星槎フリースクール はちおうじ

（せいさ）

https://edunpo.seisa.ac.jp/
e-mail：takao@seisa.ed.jp

〒193-0826　東京都八王子市元八王子町2-1419
TEL：042-661-6700　FAX：042-661-6702
交通：高尾駅下車　北口(JR側出口、京王線の乗車券で降車可)へ出て、
北口ロータリー2番バス乗り場/3番バス乗り場より西東京バスで10分

■教育方針

好きなこと・得意なことを発見して楽しく学んでほしい、友だちとわかり合い、大切にし合う喜びを感じてほしい、社会で生きるスキルを身につけ、自信を持ってほしい、と考えています。そしてここにはひとつの小さな社会があります。
－星槎大学、星槎国際高校 併設－
■星槎フリースクールはちおうじ(下記費用も参照)
　(専門的少人数指導による、もうひとつの小・中学校　在籍：10名、定員：20名)
■星槎はちおうじセミナー
　〈16:00～18:00の間で開始 1コマ60～90分、週1回／月謝20,000円〉
　(登校準備プログラム、少人数学習指導、絵画・造形　在籍：30名、定員：30名)
■星槎教育支援センターはちおうじ〈料金についてはお問い合せ下さい〉
　(教育相談・各種アセスメント)

親 の 会	○
受入時面接	○
体験入学	○
学校出席扱	○

費用	入 会 金	45,000円（施設設備費含）
	教材費	実費
	授業料	8,000円～／月（週1日・半日の場合）
	その他	―

代 表 者	浅川 公一・山下 峻
設 立	2007年
受入年齢	小学生～中学生
運営日時	週1～5回 9:30～15:00
定 員	50名程度
在籍者数	30名
スタッフ数	30名(高等部と連携)

■こんな子どもに向いています

学び方を変えればイキイキとする子どもたち。理解してもらえなかった悔しさがたまっている子どもたち。

■主な活動内容

本物を体験する総合学習(社会・文化・芸術・科学・生活・体育)・基礎学力・ソーシャルスキル・ライフスキルのトレーニング。

■スタッフの特長

20～30代が中心。臨床心理から特別支援教育まで。不登校・発達障がいを理解し、教員免許保有。星槎国際高校、星槎大学 教育研究所の教員も協力。

世田谷みどり塾

マンツーマン学習塾

http://www.setagayamidorijuku.com
e-mail：setagayamidorijuku@yahoo.co.jp

〒156-0044　東京都世田谷区赤堤5-30-3

TEL：03-6318-7052　FAX：03-3327-5948
交通：京王線「下高井戸駅」

その他サポート

■教育方針

人間、一人一人の個性が違うように、必要とされる対応も様々です。あえて言えば、「生きる意欲」を持つことが一番大切です。その「生きる意欲」を育み、決して損なわないことに気をつけながら寄り添っていこうと考えています。競争の激化したこの社会においても、生き生きとして自由でいられるように。充分に生きていくために君自身の「学び」を見つけて下さい。
当塾は八洲学園大学国際高等学校の学務提携校です。

親 の 会	―
受入時面接	○
体験入学	○
学校出席扱	○

費用	入 会 金	0円
	教材費	実費0円
	授業料	8,000円～／月
	その他	―

代 表 者	土屋 慶
設 立	2013年
受入年齢	6～25歳位まで
運営日時	月～土 9:00～21:00
定 員	20名
在籍者数	19名(2024年1月現在)
スタッフ数	1名

■こんな子どもに向いています

つきっきりで学習をフォローして欲しい方。集団が苦手な方。無理な注文はしません。相談しながら進めよう。

■主な活動内容

英数国理社の学習中心ですが、今、その生徒さんに何が必要かを考え、柔軟に対応していくつもりです。

■スタッフの特長

教員免許、カウンセラー資格保有。講師歴約20年以上。

たぶんかフリースクール（荒川校・杉並校）

特定非営利活動法人多文化共生センター東京

https://tabunka.or.jp/
e-mail：info@tabunka.or.jp

〒116-0002　東京都荒川区荒川3-74-6
メゾン荒川II201
TEL・FAX：03-6807-7937
交通：JR常磐線「三河島駅」、千代田線「町屋駅」

■教育方針

「たぶんかフリースクール」は、外国にルーツを持つ子どもたちが毎日通え、日本語や教科を勉強できる学びの場と居場所を提供しています。本校に入学した生徒のほとんどは「ひらがな」からはじめて、1年以内に高校を受験することになります。初級文法を習得した後は、小学校2・3年生の教材を用いて読解の学習をするなどの工夫をしています。教室での学習の他、スポーツ大会や遠足などの行事も行っています。

親 の 会	―
受入時面接	○
体験入学	○
学校出席扱	△

費用	入 会 金	10,000円
	教材費	2,000円
	授業料	33,000円／月
	その他	プリント代、施設利用費など2,500円／月

代 表 者	枦木 典子
設 立	2001年
受入年齢	高校進学希望者
運営日時	火曜～金曜 9:50～15:40
定 員	45名
在籍者数	45名(2024年1月現在)
スタッフ数	26名

■こんな子どもに向いています

9年間の義務教育を修了し、高校進学を目指す外国にルーツを持つ子どもたちのための学びの場です。

■主な活動内容

日本語や数学、英語を習熟度別の少人数クラスで勉強するほか、受験に向けて面接練習等も行います。

■スタッフの特長

日本語教師や学校の教員など資格や経験のある講師が指導します。

中央高等学院 中学生コース 池袋校

〒170-0013　東京都豊島区東池袋1-12-8
※その他、吉祥寺、渋谷原宿、横浜、千葉、大宮、名古屋に校舎があります。
TEL：0120-89-1146
交通：JR線・西武池袋線・東武東上線・東京メトロ有楽町線「池袋駅」東口から徒歩3分

■教育方針
広域通信制高校・中央国際高校のサポートキャンパスであり、「できることからはじめようよ!」を掲げ、45年以上の歴史と経験を持つ、サポート校・中央高等学院が開設するフリースクールです。目の届く少人数制、個々にあった指導、豊富なカリキュラムで中学卒業までしっかりサポートします。勉強は生徒のレベルに合わせ丁寧に指導。授業の半分は、ゲームや課外授業を通してコミュニケーション力を育みます。また、同じ仲間、同じ先生がいる環境で、安心して中央高等学院へ進学することも可能です。

親 の 会	―
受入時面接	―
体 験 入 学	○
学校出席扱	―

費用	入 会 金	直接、校舎にお問い合わせ下さい
	教 材 費	
	授 業 料	
	そ の 他	

代 表 者	斉藤 守
設 立	1978年
受入年齢	中学生
運営日時	毎週土曜日
定 員	20名
在籍者数	6名
スタッフ数	―

■こんな子どもに向いています
「勉強についていけず不安」「相談できる先生が欲しい」「高校へ進学したい」などの悩みを解決したい方。

■主な活動内容
毎週土曜日に開講しています。主要3教科の基礎学力、集団行動に慣れるためのゲーム、散策、課外授業など。

■スタッフの特長
中央高等学院の経験豊富な先生が丁寧に接します。また、先生との距離の近さが魅力です。

中央高等学院 中学生コース 吉祥寺本校

〒180-0004　東京都武蔵野市吉祥寺本町2-21-8
※その他、池袋、渋谷原宿、横浜、千葉、大宮、名古屋に校舎があります。
TEL：0120-89-1146
交通：JR線、京王線「吉祥寺駅」

■教育方針
広域通信制高校・中央国際高校のサポートキャンパスであり、「できることからはじめようよ!」を掲げ、45年以上の歴史と経験を持つ、サポート校・中央高等学院が開設するフリースクールです。目の届く少人数制、個々にあった指導、豊富なカリキュラムで中学卒業までしっかりサポートします。勉強は生徒のレベルに合わせ丁寧に指導。授業の半分は、ゲームや課外授業を通してコミュニケーション力を育みます。また、同じ仲間、同じ先生がいる環境で、安心して中央高等学院へ進学することも可能です。

親 の 会	―
受入時面接	―
体 験 入 学	○
学校出席扱	―

費用	入 会 金	直接、校舎にお問い合わせ下さい
	教 材 費	
	授 業 料	
	そ の 他	

代 表 者	斉藤 守
設 立	1978年
受入年齢	中学生
運営日時	毎週土曜日
定 員	20名
在籍者数	7名
スタッフ数	―

■こんな子どもに向いています
「勉強についていけず不安」「相談できる先生が欲しい」「高校へ進学したい」などの悩みを解決したい方。

■主な活動内容
毎週土曜日に開講しています。主要3教科の基礎学力、集団行動に慣れるためのゲーム、散策、課外授業など。

■スタッフの特長
中央高等学院の経験豊富な先生が丁寧に接します。また、先生との距離の近さが魅力です。

中央高等学院 中学生コース 渋谷原宿校

〒150-0001　東京都渋谷区神宮前6-27-8
※その他、池袋、吉祥寺、横浜、千葉、大宮、名古屋に校舎があります。
TEL：0120-89-1146
交通：JR線「渋谷駅」、「原宿駅」徒歩8分、千代田線「明治神宮前駅」から徒歩2分

■教育方針
広域通信制高校・中央国際高校のサポートキャンパスであり、「できることからはじめようよ!」を掲げ、45年以上の歴史と経験を持つ、サポート校・中央高等学院が開設するフリースクールです。目の届く少人数制、個々にあった指導、豊富なカリキュラムで中学卒業までしっかりサポートします。勉強は生徒のレベルに合わせ丁寧に指導。授業の半分は、ゲームや課外授業を通してコミュニケーション力を育みます。また、同じ仲間、同じ先生がいる環境で、安心して中央高等学院へ進学することも可能です。

親 の 会	―
受入時面接	―
体 験 入 学	○
学校出席扱	―

費用	入 会 金	直接、校舎にお問い合わせ下さい
	教 材 費	
	授 業 料	
	そ の 他	

代 表 者	斉藤 守
設 立	1978年
受入年齢	中学生
運営日時	毎週土曜日
定 員	20名
在籍者数	5名
スタッフ数	―

■こんな子どもに向いています
「勉強についていけず不安」「相談できる先生が欲しい」「高校へ進学したい」などの悩みを解決したい方。

■主な活動内容
毎週土曜日に開講しています。主要3教科の基礎学力、集団行動に慣れるためのゲーム、散策、課外授業など。

■スタッフの特長
中央高等学院の経験豊富な先生が丁寧に接します。また、先生との距離の近さが魅力です。

つばさスクール　板橋校

https://school-tsubasa.com/
e-mail：itabashi@school-tsubasa.com

〒173-0005　東京都板橋区仲宿55-8-2F
TEL：080-7499-0970　FAX：03-3963-2529
交通：都営三田線「板橋区役所前駅」より徒歩約5分

フリースクール
サポート
高認指導

■ 教育方針

「そのままの自分でいてもいいんだ！」と思えるような安心安全な居場所であること、興味や関心を自信につなげていける場、勉強への不安を解消できる場であることなど、子どもが自分らしく輝いていけることを大切にしています。少人数制の学校であることやスタッフ全員が心理カウンセラーであることから、一人ひとりに対して、心のケアやきめ細やかな関りができることも特徴です。子育てで悩む親御さんの心のケアも大切にしています。様々な体験ができるように外部の先生を招いたり、心理学の授業や日常の生活を通してコミュニケーションスキルを身に付けます。
つばさスクールは、つばさ高等学院の附属中等部のため、そのまま進学もできます。

代 表 者	仲野　十和田
設 立	2019年
受入年齢	小5〜高校生 （小4は要相談）
運営日時	火〜金 9:30〜14:00
定 員	10名
在籍者数	6名(2024年2月現在)
スタッフ数	4名

親 の 会	○
受入時面接	○
体験入学	○
学校出席扱	○

費用	入 会 金	50,000円
	教 材 費	―
	授 業 料	週4コース…45,000円 週2コース…26,400円 週1コース…16,500円
	そ の 他	教育充実費2,500円／月

不登校　発達障がい　ひきこもり　身体　知的

■こんな子どもに向いています
人（周り）との関りや集団が苦手な子、学力に不安がある子、自分のペースが大切な子、個性や興味を伸ばしていきたい子。

■主な活動内容
三者で相談しながら、その子にあった活動を行います。学習・生活・進路指導、課外授業、心理学やコミュニケーションの授業、ボランティア活動など。

■スタッフの特長
心理カウンセラー、メンタルトレーナー、教員免許、介護資格保有者。温かく優しい。

学校法人 東京シューレ学園　東京シューレ葛飾中学校

https://www.shuregakuen.ed.jp
e-mail：info@shuregakuen.ed.jp

〒124-0024　東京都葛飾区新小岩3-25-1
TEL：03-5678-8171　FAX：03-5678-8172
交通：JR総武線「新小岩駅」

小中学校

■教育方針

本校では、かけがえのない生命を原点にすえた教育を行います。30年のフリースクールの活動を土台に2007年4月開校した私立中学校として、不登校を経験した子ども達の成長をしっかり支えます。いろいろタイム、プロジェクト、それぞれの活動時間、コミュニケーションタイム、職業体験など、体験重視の教育を行っています。

代 表 者	奥地　圭子
設 立	2007年
受入年齢	中1〜中3
運営日時	月〜金 9:40〜16:30
定 員	120名
在籍者数	129名(2024年1月現在)
スタッフ数	20名

親 の 会	○
受入時面接	○
体験入学	―
学校出席扱	○

費用	入 会 金	300,000円
	教 材 費	12,000円
	授 業 料	432,000円／年
	そ の 他	80,000円

不登校　発達障がい　ひきこもり　身体　知的

■こんな子どもに向いています
子どもの力でやりたいことを実現したい子、学習の遅れがあっても真剣に学びたい子、自分のペースで学びたい子。

■主な活動内容
ルールやイベントも子どもで創り、子ども中心、子どもの意見、自己決定を尊重する私立中学校で、自主的な子どもを育てていきます。

■スタッフの特長
不登校に理解があり、子どもと共にやっていく人が多くいます。

東京未来大学みらいフリースクール

https://www.freeschool.tokyomirai.ac.jp/
e-mail：fs-info@tokyomirai.jp

〒120-0005　東京都足立区綾瀬2-30-6　4F
TEL：03-5629-3790　FAX：03-5680-6289
交通：東京メトロ千代田線・常磐線「綾瀬駅」

フリースクール

■教育方針

主体性・社会性を培い、自主学習を通して生き抜く力をはぐくむという理念のもと、自分らしさを取り戻し、なりたい自分を実現していく学習支援を行います。先生から生徒に指示を与えるような一方通行の教育をせず、学ぶこと・やることを自分で決めるから、通い続けることができ、楽しく学ぶことができます。勉強・友人関係・進路の悩みなど、一人ひとりにきめ細かく寄り添ってサポートします。

代 表 者	川口　真澄
設 立	2015年
受入年齢	小学4年生 〜中学3年生
運営日時	月曜〜金曜 10:00〜15:00
定 員	―
在籍者数	100名程度(2024年2月現在)
スタッフ数	19名

親 の 会	○
受入時面接	○
体験入学	○
学校出席扱	○

費用	入 会 金	50,000円
	教 材 費	―
	授 業 料	24,000〜72,000円／月
	そ の 他	―

不登校　発達障がい　ひきこもり　身体　知的

■こんな子どもに向いています
自分のペースで通い生活リズムを整えたい方
進路について少しずつ動き出したい方
安心していられる居場所がほしいと考えている方

■主な活動内容
教科学習のほか、文化祭や調理実習などのイベントも豊富です。外出したり外部講師をお招きして授業を行うことも。姉妹校と連携した体験授業やに参加することも可能です。

■スタッフの特長
教員免許保有、臨床心理士常駐。年齢層も趣味も幅広く個性豊かなスタッフが在籍しています。

東京YMCA高等学院「あっとY」

https://tokyo.ymca.or.jp/highschool/
e-mail：highschool@tokyoymca.org

〒169-0051　東京都新宿区西早稲田2-18-12
TEL：03-3202-0326
交通：JR、西武新宿線、東京メトロ「高田馬場」駅
　　　東京メトロ副都心線「西早稲田」駅

■教育方針

少人数でアットホームな雰囲気を大切にしている「東京YMCA高等学院」。中学生のための居場所＆学びの場「あっとY」が2022年10月よりスタートしました。クラスは公認心理士や心理の勉強をしている教員が担当、安心して過ごせるように心理面・学習面でのサポートを行います。探してきた「ちょうど良い。」が見つけられる場所です。また、必要に応じて心理検査等のアセスメントを実施できます。本人の認知特性にあわせた学習方法を相談しながら見つけていきます。
※別途検査代がかかります。(希望者のみ)

親　の　会	○
受入時面接	○
体験入学	○
学校出席扱	○

費用	入会金	10,000円＋税
	教材費	0円
	授業料	10,000円＋税〜/月
	その他	活動により実費あり

代表者	井口　真
設　立	2022年
受入年齢	中学生
運営日時	火・木/10:30〜13:00 水/12:15〜15:00 ※日数:週1日〜週3日
定　員	1日あたり5名程度
在籍者数	―
スタッフ数	5名

■こんな子どもに向いています

学校に行きづらさを感じている、学習に不安がある　中学1年生〜3年生。どこに行ってもピタっとこないとき、是非一度訪ねてください。

■主な活動内容

個別学習タイム・グループタイム・選択ゼミ(ゲーム、映画、調理、音楽)などの活動のなかで興味あることにスタッフと一緒にチャレンジしていきます。

■スタッフの特長

公認心理師や心理の勉強をしている教員が心理面・学習面でのサポートを行います。

トライ式中等部 飯田橋キャンパス

https://www.try-gakuin.com/freeschool/
e-mail：try-gakuin-chutobu@trygroup.com

〒102-0072　東京都千代田区飯田橋1-10-3 1F
※全国に123ヶ所のキャンパスがあります
TEL：0120-919-439

■教育方針

不登校からの高校進学・大学進学をはじめとして、あらゆる生徒の進路を切り開くために、学力の向上はもとより社会を生き抜く力を育む様々な支援を行っているのがトライ式中等部です。夢や目標の実現に向け、一人ひとりに合わせたサポートをしています。
学習スタイルは「通学型」「在宅型」「オンライン型」の3つあり、自分にあったものを選べます。いつでも何度でも、切り替えたり組み合わせることができます。
また、在籍している中学校の学校長の許可があれば、トライ式中等部への登校を出席扱いにすることが可能です。

親　の　会	―
受入時面接	○
体験入学	○
学校出席扱	○ 学校との相談が必要

費用	入会金	50,000円(税別)
	教材費	―
	授業料	40,000円/月(税別)
	その他	詳細は直接お問い合わせください。

代表者	物部　晃之
設　立	2010年2月
受入年齢	中学生
運営日時	9時〜16時 指導場所、曜日、時間は自由に選択可能
定　員	―
在籍者数	―
スタッフ数	―

■こんな子どもに向いています

・不登校を解決したいと考えている方
・中学校の勉強についていきたい方
・高校へ進学したいと考えている方

■主な活動内容

学習の個別サポートに加え、修学旅行や体育祭などの学校行事やサークル活動、ゼミ(プログラミングなど)に参加することができます。※参加は自由です

■スタッフの特長

経験豊富なキャンパス長や講師がキャンパスに常駐し、日々の学習や生活をサポートします。

トライ式中等部 池袋キャンパス

https://www.try-gakuin.com/freeschool/
e-mail：try-gakuin-chutobu@trygroup.com

〒171-0022　東京都豊島区南池袋1-19-4
南池袋幸伸ビル8F
※全国に123ヶ所のキャンパスがあります
TEL：0120-919-439

■教育方針

不登校からの高校進学・大学進学をはじめとして、あらゆる生徒の進路を切り開くために、学力の向上はもとより社会を生き抜く力を育む様々な支援を行っているのがトライ式中等部です。夢や目標の実現に向け、一人ひとりに合わせたサポートをしています。
学習スタイルは「通学型」「在宅型」「オンライン型」の3つあり、自分にあったものを選べます。いつでも何度でも、切り替えたり組み合わせることができます。
また、在籍している中学校の学校長の許可があれば、トライ式中等部への登校を出席扱いにすることが可能です。

親　の　会	―
受入時面接	○
体験入学	○
学校出席扱	○ 学校との相談が必要

費用	入会金	50,000円(税別)
	教材費	―
	授業料	40,000円/月(税別)
	その他	詳細は直接お問い合わせください。

代表者	物部　晃之
設　立	2012年4月
受入年齢	中学生
運営日時	9時〜16時 指導場所、曜日、時間は自由に選択可能
定　員	―
在籍者数	―
スタッフ数	―

■こんな子どもに向いています

・不登校を解決したいと考えている方
・中学校の勉強についていきたい方
・高校へ進学したいと考えている方

■主な活動内容

学習の個別サポートに加え、修学旅行や体育祭などの学校行事やサークル活動、ゼミ(プログラミングなど)に参加することができます。※参加は自由です

■スタッフの特長

経験豊富なキャンパス長や講師がキャンパスに常駐し、日々の学習や生活をサポートします。

トライ式中等部 大泉学園キャンパス

https://www.try-gakuin.com/freeschool/
e-mail：try-gakuin-chutobu@trygroup.com

〒178-0063 東京都練馬区東大泉1-30-7
瀧島ビル4F
※全国に123ヶ所のキャンパスがあります
TEL：0120-919-439

■教育方針

不登校からの高校進学・大学進学をはじめとして、あらゆる生徒の進路を切り開くために、学力の向上はもとより社会を生き抜く力を育む様々な支援を行っているのがトライ式中等部です。夢や目標の実現に向け、一人ひとりに合わせたサポートをしています。
学習スタイルは「通学型」「在宅型」「オンライン型」の3つあり、自分にあったものを選べます。いつでも何度でも、切り替えたり組み合わせることができます。
また、在籍している中学校の学校長の許可があれば、トライ式中等部への登校を出席扱いにすることが可能です。

代表者	物部　晃之
設立	2019年10月
受入年齢	中学生
運営日時	9時〜16時　指導場所、曜日、時間は自由に選択可能
定員	―
在籍者数	―
スタッフ数	―

親の会	―
受入時面接	○
体験入学	○
学校出席扱	○　学校との相談が必要

費用	入会金	50,000円（税別）
	教材費	―
	授業料	40,000円/月（税別）
	その他	詳細は直接お問い合わせください。

■こんな子どもに向いています ■
・不登校を解決したいと考えている方
・中学校の勉強についていきたい方
・高校へ進学したいと考えている方

■主な活動内容
学習の個別サポートに加え、修学旅行や体育祭などの学校行事やサークル活動、ゼミ（プログラミングなど）に参加することができます。※参加は自由です

■スタッフの特長
経験豊富なキャンパス長や講師がキャンパスに常駐し、日々の学習や生活をサポートします。

トライ式中等部 蒲田キャンパス

https://www.try-gakuin.com/freeschool/
e-mail：try-gakuin-chutobu@trygroup.com

〒144-0052 東京都大田区蒲田5-38-1
第一美須ビル2F
※全国に123ヶ所のキャンパスがあります
TEL：0120-919-439

■教育方針

不登校からの高校進学・大学進学をはじめとして、あらゆる生徒の進路を切り開くために、学力の向上はもとより社会を生き抜く力を育む様々な支援を行っているのがトライ式中等部です。夢や目標の実現に向け、一人ひとりに合わせたサポートをしています。
学習スタイルは「通学型」「在宅型」「オンライン型」の3つあり、自分にあったものを選べます。いつでも何度でも、切り替えたり組み合わせることができます。
また、在籍している中学校の学校長の許可があれば、トライ式中等部への登校を出席扱いにすることが可能です。

代表者	物部　晃之
設立	2021年4月
受入年齢	中学生
運営日時	9時〜16時　指導場所、曜日、時間は自由に選択可能
定員	―
在籍者数	―
スタッフ数	―

親の会	―
受入時面接	○
体験入学	○
学校出席扱	○　学校との相談が必要

費用	入会金	50,000円（税別）
	教材費	―
	授業料	40,000円/月（税別）
	その他	詳細は直接お問い合わせください。

■こんな子どもに向いています ■
・不登校を解決したいと考えている方
・中学校の勉強についていきたい方
・高校へ進学したいと考えている方

■主な活動内容
学習の個別サポートに加え、修学旅行や体育祭などの学校行事やサークル活動、ゼミ（プログラミングなど）に参加することができます。※参加は自由です

■スタッフの特長
経験豊富なキャンパス長や講師がキャンパスに常駐し、日々の学習や生活をサポートします。

トライ式中等部 北千住キャンパス

https://www.try-gakuin.com/freeschool/
e-mail：try-gakuin-chutobu@trygroup.com

〒120-0034 東京都足立区千住2-58
ジェイシティ北千住ビル2F
※全国に123ヶ所のキャンパスがあります
TEL：0120-919-439

■教育方針

不登校からの高校進学・大学進学をはじめとして、あらゆる生徒の進路を切り開くために、学力の向上はもとより社会を生き抜く力を育む様々な支援を行っているのがトライ式中等部です。夢や目標の実現に向け、一人ひとりに合わせたサポートをしています。
学習スタイルは「通学型」「在宅型」「オンライン型」の3つあり、自分にあったものを選べます。いつでも何度でも、切り替えたり組み合わせることができます。
また、在籍している中学校の学校長の許可があれば、トライ式中等部への登校を出席扱いにすることが可能です。

代表者	物部　晃之
設立	2010年10月
受入年齢	中学生
運営日時	9時〜16時　指導場所、曜日、時間は自由に選択可能
定員	―
在籍者数	―
スタッフ数	―

親の会	―
受入時面接	○
体験入学	○
学校出席扱	○　学校との相談が必要

費用	入会金	50,000円（税別）
	教材費	―
	授業料	40,000円/月（税別）
	その他	詳細は直接お問い合わせください。

■こんな子どもに向いています ■
・不登校を解決したいと考えている方
・中学校の勉強についていきたい方
・高校へ進学したいと考えている方

■主な活動内容
学習の個別サポートに加え、修学旅行や体育祭などの学校行事やサークル活動、ゼミ（プログラミングなど）に参加することができます。※参加は自由です

■スタッフの特長
経験豊富なキャンパス長や講師がキャンパスに常駐し、日々の学習や生活をサポートします。

トライ式中等部 吉祥寺キャンパス

https://www.try-gakuin.com/freeschool/
e-mail：try-gakuin-chutobu@trygroup.com

〒180-0004 東京都武蔵野市吉祥寺本町1-10-10
ロータスビル4F
※全国に123ヶ所のキャンパスがあります
TEL：0120-919-439

■教育方針

不登校からの高校進学・大学進学をはじめとして、あらゆる生徒の進路を切り開くために、学力の向上はもとより社会を生き抜く力を育む様々な支援を行っているのがトライ式中等部です。夢や目標の実現に向け、一人ひとりに合わせたサポートをしています。

学習スタイルは「通学型」「在宅型」「オンライン型」の3つあり、自分にあったものを選べます。いつでも何度でも、切り替えたり組み合わせたりすることができます。

また、在籍している中学校の学校長の許可があれば、トライ式中等部への登校を出席扱いにすることが可能です。

親 の 会	―
受入時面接	○
体験入学	○
学校出席扱	○ 学校との相談が必要

費用	入 会 金	50,000円（税別）
	教材費	―
	授業料	40,000円/月（税別）
	その他	詳細は直接お問い合わせください。

代表者	物部 晃之
設 立	2019年4月
受入年齢	中学生
運営日時	9時～16時 指導場所、曜日、時間は自由に選択可能
定 員	―
在籍者数	―
スタッフ数	―

■こんな子どもに向いています

・不登校を解決したいと考えている方
・中学校の勉強についていきたい方
・高校へ進学したいと考えている方

■主な活動内容

学習の個別サポートに加え、修学旅行や体育祭などの学校行事やサークル活動、ゼミ（プログラミングなど）に参加することができます。※参加は自由です

■スタッフの特長

経験豊富なキャンパス長や講師がキャンパスに常駐し、日々の学習や生活をサポートします。

トライ式中等部 錦糸町キャンパス

https://www.try-gakuin.com/freeschool/
e-mail：try-gakuin-chutobu@trygroup.com

〒130-0022 東京都墨田区江東橋3-9-10
丸井錦糸町店6F
※全国に123ヶ所のキャンパスがあります
TEL：0120-919-439

■教育方針

不登校からの高校進学・大学進学をはじめとして、あらゆる生徒の進路を切り開くために、学力の向上はもとより社会を生き抜く力を育む様々な支援を行っているのがトライ式中等部です。夢や目標の実現に向け、一人ひとりに合わせたサポートをしています。

学習スタイルは「通学型」「在宅型」「オンライン型」の3つあり、自分にあったものを選べます。いつでも何度でも、切り替えたり組み合わせたりすることができます。

また、在籍している中学校の学校長の許可があれば、トライ式中等部への登校を出席扱いにすることが可能です。

親 の 会	―
受入時面接	○
体験入学	○
学校出席扱	○ 学校との相談が必要

費用	入 会 金	50,000円（税別）
	教材費	―
	授業料	40,000円/月（税別）
	その他	詳細は直接お問い合わせください。

代表者	物部 晃之
設 立	2017年4月
受入年齢	中学生
運営日時	9時～16時 指導場所、曜日、時間は自由に選択可能
定 員	―
在籍者数	―
スタッフ数	―

■こんな子どもに向いています

・不登校を解決したいと考えている方
・中学校の勉強についていきたい方
・高校へ進学したいと考えている方

■主な活動内容

学習の個別サポートに加え、修学旅行や体育祭などの学校行事やサークル活動、ゼミ（プログラミングなど）に参加することができます。※参加は自由です

■スタッフの特長

経験豊富なキャンパス長や講師がキャンパスに常駐し、日々の学習や生活をサポートします。

トライ式中等部 国分寺キャンパス

https://www.try-gakuin.com/freeschool/
e-mail：try-gakuin-chutobu@trygroup.com

〒185-0012 東京都国分寺市本町2-2-14
セントクオークビル2F
※全国に123ヶ所のキャンパスがあります
TEL：0120-919-439

■教育方針

不登校からの高校進学・大学進学をはじめとして、あらゆる生徒の進路を切り開くために、学力の向上はもとより社会を生き抜く力を育む様々な支援を行っているのがトライ式中等部です。夢や目標の実現に向け、一人ひとりに合わせたサポートをしています。

学習スタイルは「通学型」「在宅型」「オンライン型」の3つあり、自分にあったものを選べます。いつでも何度でも、切り替えたり組み合わせたりすることができます。

また、在籍している中学校の学校長の許可があれば、トライ式中等部への登校を出席扱いにすることが可能です。

親 の 会	―
受入時面接	○
体験入学	○
学校出席扱	○ 学校との相談が必要

費用	入 会 金	50,000円（税別）
	教材費	―
	授業料	40,000円/月（税別）
	その他	詳細は直接お問い合わせください。

代表者	物部 晃之
設 立	2017年4月
受入年齢	中学生
運営日時	9時～16時 指導場所、曜日、時間は自由に選択可能
定 員	―
在籍者数	―
スタッフ数	―

■こんな子どもに向いています

・不登校を解決したいと考えている方
・中学校の勉強についていきたい方
・高校へ進学したいと考えている方

■主な活動内容

学習の個別サポートに加え、修学旅行や体育祭などの学校行事やサークル活動、ゼミ（プログラミングなど）に参加することができます。※参加は自由です

■スタッフの特長

経験豊富なキャンパス長や講師がキャンパスに常駐し、日々の学習や生活をサポートします。

関東

トライ式中等部 渋谷キャンパス

https://www.try-gakuin.com/freeschool/
e-mail：try-gakuin-chutobu@trygroup.com

〒150-0031 東京都渋谷区桜丘町24-1
橋本ビル3F
※全国に123ヶ所のキャンパスがあります
TEL：0120-919-439

■教育方針

不登校からの高校進学・大学進学をはじめとして、あらゆる生徒の進路を切り開くために、学力の向上はもとより社会を生き抜く力を育む様々な支援を行っているのがトライ式中等部です。夢や目標の実現に向け、一人ひとりに合わせたサポートをしています。
学習スタイルは「通学型」「在宅型」「オンライン型」の3つあり、自分にあったものを選べます。いつでも何度でも、切り替えたり組み合わせることができます。
また、在籍している中学校の学校長の許可があれば、トライ式中等部への登校を出席扱いにすることが可能です。

代表者	物部　晃之
設　立	2016年4月
受入年齢	中学生
運営日時	9時〜16時　指導場所、曜日、時間は自由に選択可能
定　員	—
在籍者数	—
スタッフ数	—

親 の 会	—
受入時面接	○
体験入学	○
学校出席扱	○　学校との相談が必要

費用	入会金	50,000円（税別）
	教材費	—
	授業料	40,000円/月（税別）
	その他	詳細は直接お問い合わせください。

■こんな子どもに向いています
・不登校を解決したいと考えている方
・中学校の勉強についていきたい方
・高校へ進学したいと考えている方

■主な活動内容
学習の個別サポートに加え、修学旅行や体育祭などの学校行事やサークル活動、ゼミ（プログラミングなど）に参加することができます。※参加は自由です

■スタッフの特長
経験豊富なキャンパス長や講師がキャンパスに常駐し、日々の学習や生活をサポートします。

トライ式中等部 自由が丘キャンパス

https://www.try-gakuin.com/freeschool/
e-mail：try-gakuin-chutobu@trygroup.com

〒158-0083 東京都世田谷区奥沢5-26-12
XAREA自由が丘ビル3F
※全国に123ヶ所のキャンパスがあります
TEL：0120-919-439

■教育方針

不登校からの高校進学・大学進学をはじめとして、あらゆる生徒の進路を切り開くために、学力の向上はもとより社会を生き抜く力を育む様々な支援を行っているのがトライ式中等部です。夢や目標の実現に向け、一人ひとりに合わせたサポートをしています。
学習スタイルは「通学型」「在宅型」「オンライン型」の3つあり、自分にあったものを選べます。いつでも何度でも、切り替えたり組み合わせることができます。
また、在籍している中学校の学校長の許可があれば、トライ式中等部への登校を出席扱いにすることが可能です。

代表者	物部　晃之
設　立	2024年4月
受入年齢	中学生
運営日時	9時〜16時　指導場所、曜日、時間は自由に選択可能
定　員	—
在籍者数	—
スタッフ数	—

親 の 会	—
受入時面接	○
体験入学	○
学校出席扱	○　学校との相談が必要

費用	入会金	50,000円（税別）
	教材費	—
	授業料	40,000円/月（税別）
	その他	詳細は直接お問い合わせください。

■こんな子どもに向いています
・不登校を解決したいと考えている方
・中学校の勉強についていきたい方
・高校へ進学したいと考えている方

■主な活動内容
学習の個別サポートに加え、修学旅行や体育祭などの学校行事やサークル活動、ゼミ（プログラミングなど）に参加することができます。※参加は自由です

■スタッフの特長
経験豊富なキャンパス長や講師がキャンパスに常駐し、日々の学習や生活をサポートします。

トライ式中等部 新宿キャンパス

https://www.try-gakuin.com/freeschool/
e-mail：try-gakuin-chutobu@trygroup.com

〒160-0023 東京都新宿区西新宿1-7-1
松岡セントラルビル6F
※全国に123ヶ所のキャンパスがあります
TEL：0120-919-439

■教育方針

不登校からの高校進学・大学進学をはじめとして、あらゆる生徒の進路を切り開くために、学力の向上はもとより社会を生き抜く力を育む様々な支援を行っているのがトライ式中等部です。夢や目標の実現に向け、一人ひとりに合わせたサポートをしています。
学習スタイルは「通学型」「在宅型」「オンライン型」の3つあり、自分にあったものを選べます。いつでも何度でも、切り替えたり組み合わせることができます。
また、在籍している中学校の学校長の許可があれば、トライ式中等部への登校を出席扱いにすることが可能です。

代表者	物部　晃之
設　立	2023年11月
受入年齢	中学生
運営日時	9時〜16時　指導場所、曜日、時間は自由に選択可能
定　員	—
在籍者数	—
スタッフ数	—

親 の 会	—
受入時面接	○
体験入学	○
学校出席扱	○　学校との相談が必要

費用	入会金	50,000円（税別）
	教材費	—
	授業料	40,000円/月（税別）
	その他	詳細は直接お問い合わせください。

■こんな子どもに向いています
・不登校を解決したいと考えている方
・中学校の勉強についていきたい方
・高校へ進学したいと考えている方

■主な活動内容
学習の個別サポートに加え、修学旅行や体育祭などの学校行事やサークル活動、ゼミ（プログラミングなど）に参加することができます。※参加は自由です

■スタッフの特長
経験豊富なキャンパス長や講師がキャンパスに常駐し、日々の学習や生活をサポートします。

トライ式中等部 立川キャンパス

〒190-0012 東京都立川市曙町1-14-13
立川MKビル3F
※全国に123ヶ所のキャンパスがあります
TEL：0120-919-439

https://www.try-gakuin.com/freeschool/
e-mail：try-gakuin-chutobu@trygroup.com

■教育方針

不登校からの高校進学・大学進学をはじめとして、あらゆる生徒の進路を切り開くために、学力の向上はもとより社会を生き抜く力を育む様々な支援を行っているのがトライ式中等部です。夢や目標の実現に向け、一人ひとりに合わせたサポートをしています。
学習スタイルは「通学型」「在宅型」「オンライン型」の3つあり、自分にあったものを選べます。いつでも何度でも、切り替えたり組み合わせることができます。
また、在籍している中学校の学校長の許可があれば、トライ式中等部への登校を出席扱いにすることが可能です。

費用					
親 の 会	—		入会金	50,000円(税別)	
受入時面接	○		教材費	—	
体験入学	○		授業料	40,000円／月(税別)	
学校出席扱	○ 学校との相談が必要		その他	詳細は直接お問い合わせください。	

代 表 者	物部　晃之
設 立	2010年4月
受入年齢	中学生
運営日時	9時〜16時 指導場所、曜日、時間は自由に選択可能
定 員	—
在籍者数	—
スタッフ数	—

■こんな子どもに向いています■
・不登校を解決したいと考えている方
・中学校の勉強についていきたい方
・高校へ進学したいと考えている方

■主な活動内容
学習の個別サポートに加え、修学旅行や体育祭などの学校行事やサークル活動、ゼミ（プログラミングなど）に参加することができます。※参加は自由です

■スタッフの特長
経験豊富なキャンパス長や講師がキャンパスに常駐し、日々の学習や生活をサポートします。

トライ式中等部 中野キャンパス

〒164-0001 東京都中野区中野4-2-12
オーシー中野ビル2F
※全国に123ヶ所のキャンパスがあります
TEL：0120-919-439

https://www.try-gakuin.com/freeschool/
e-mail：try-gakuin-chutobu@trygroup.com

■教育方針

不登校からの高校進学・大学進学をはじめとして、あらゆる生徒の進路を切り開くために、学力の向上はもとより社会を生き抜く力を育む様々な支援を行っているのがトライ式中等部です。夢や目標の実現に向け、一人ひとりに合わせたサポートをしています。
学習スタイルは「通学型」「在宅型」「オンライン型」の3つあり、自分にあったものを選べます。いつでも何度でも、切り替えたり組み合わせることができます。
また、在籍している中学校の学校長の許可があれば、トライ式中等部への登校を出席扱いにすることが可能です。

費用					
親 の 会	—		入会金	50,000円(税別)	
受入時面接	○		教材費	—	
体験入学	○		授業料	40,000円／月(税別)	
学校出席扱	○ 学校との相談が必要		その他	詳細は直接お問い合わせください。	

代 表 者	物部　晃之
設 立	2021年4月
受入年齢	中学生
運営日時	9時〜16時 指導場所、曜日、時間は自由に選択可能
定 員	—
在籍者数	—
スタッフ数	—

■こんな子どもに向いています■
・不登校を解決したいと考えている方
・中学校の勉強についていきたい方
・高校へ進学したいと考えている方

■主な活動内容
学習の個別サポートに加え、修学旅行や体育祭などの学校行事やサークル活動、ゼミ（プログラミングなど）に参加することができます。※参加は自由です

■スタッフの特長
経験豊富なキャンパス長や講師がキャンパスに常駐し、日々の学習や生活をサポートします。

トライ式中等部 八王子キャンパス

〒192-0083 東京都八王子市旭町12-4
日本生命八王子ビル 5F
※全国に123ヶ所のキャンパスがあります
TEL：0120-919-439

https://www.try-gakuin.com/freeschool/
e-mail：try-gakuin-chutobu@trygroup.com

■教育方針

不登校からの高校進学・大学進学をはじめとして、あらゆる生徒の進路を切り開くために、学力の向上はもとより社会を生き抜く力を育む様々な支援を行っているのがトライ式中等部です。夢や目標の実現に向け、一人ひとりに合わせたサポートをしています。
学習スタイルは「通学型」「在宅型」「オンライン型」の3つあり、自分にあったものを選べます。いつでも何度でも、切り替えたり組み合わせることができます。
また、在籍している中学校の学校長の許可があれば、トライ式中等部への登校を出席扱いにすることが可能です。

費用					
親 の 会	—		入会金	50,000円(税別)	
受入時面接	○		教材費	—	
体験入学	○		授業料	40,000円／月(税別)	
学校出席扱	○ 学校との相談が必要		その他	詳細は直接お問い合わせください。	

代 表 者	物部　晃之
設 立	2020年4月
受入年齢	中学生
運営日時	9時〜16時 指導場所、曜日、時間は自由に選択可能
定 員	—
在籍者数	—
スタッフ数	—

■こんな子どもに向いています■
・不登校を解決したいと考えている方
・中学校の勉強についていきたい方
・高校へ進学したいと考えている方

■主な活動内容
学習の個別サポートに加え、修学旅行や体育祭などの学校行事やサークル活動、ゼミ（プログラミングなど）に参加することができます。※参加は自由です

■スタッフの特長
経験豊富なキャンパス長や講師がキャンパスに常駐し、日々の学習や生活をサポートします。

関東

153

トライ式中等部 府中キャンパス

https://www.try-gakuin.com/freeschool/
e-mail：try-gakuin-chutobu@trygroup.com

〒183-0055 東京都府中市府中町1-1-5
府中高木ビル5F
※全国に123ヶ所のキャンパスがあります
TEL：0120-919-439

■教育方針

不登校からの高校進学・大学進学をはじめとして、あらゆる生徒の進路を切り開くために、学力の向上はもとより社会を生き抜く力を育む様々な支援を行っているのがトライ式中等部です。夢や目標の実現に向け、一人ひとりに合わせたサポートをしています。
学習スタイルは「通学型」「在宅型」「オンライン型」の3つあり、自分にあったものを選べます。いつでも何度でも、切り替えたり組み合わせることができます。
また、在籍している中学校の学校長の許可があれば、トライ式中等部への登校を出席扱いにすることが可能です。

親 の 会	—
受入時面接	○
体験入学	○
学校出席扱	○ 学校との相談が必要

費用	入 会 金	50,000円（税別）
	教材費	—
	授業料	40,000円/月（税別）
	その他	詳細は直接お問い合わせください。

代 表 者	物部　晃之
設 立	2019年4月
受入年齢	中学生
運営日時	9時～16時 指導場所、曜日、時間は自由に選択可能
定 員	—
在籍者数	—
スタッフ数	—

■こんな子どもに向いています■
・不登校を解決したいと考えている方
・中学校の勉強についていきたい方
・高校へ進学したいと考えている方

■主な活動内容
学習の個別サポートに加え、修学旅行や体育祭などの学校行事やサークル活動、ゼミ（プログラミングなど）に参加することができます。※参加は自由です

■スタッフの特長
経験豊富なキャンパス長や講師がキャンパスに常駐し、日々の学習や生活をサポートします。

トライ式中等部 町田キャンパス

https://www.try-gakuin.com/freeschool/
e-mail：try-gakuin-chutobu@trygroup.com

〒194-0022　東京都町田市森野1-34-10
第一矢沢ビル2F
※全国に123ヶ所のキャンパスがあります
TEL：0120-919-439

■教育方針

不登校からの高校進学・大学進学をはじめとして、あらゆる生徒の進路を切り開くために、学力の向上はもとより社会を生き抜く力を育む様々な支援を行っているのがトライ式中等部です。夢や目標の実現に向け、一人ひとりに合わせたサポートをしています。
学習スタイルは「通学型」「在宅型」「オンライン型」の3つあり、自分にあったものを選べます。いつでも何度でも、切り替えたり組み合わせることができます。
また、在籍している中学校の学校長の許可があれば、トライ式中等部への登校を出席扱いにすることが可能です。

親 の 会	—
受入時面接	○
体験入学	○
学校出席扱	○ 学校との相談が必要

費用	入 会 金	50,000円（税別）
	教材費	—
	授業料	40,000円/月（税別）
	その他	詳細は直接お問い合わせください。

代 表 者	物部　晃之
設 立	2010年4月
受入年齢	中学生
運営日時	9時～16時 指導場所、曜日、時間は自由に選択可能
定 員	—
在籍者数	—
スタッフ数	—

■こんな子どもに向いています■
・不登校を解決したいと考えている方
・中学校の勉強についていきたい方
・高校へ進学したいと考えている方

■主な活動内容
学習の個別サポートに加え、修学旅行や体育祭などの学校行事やサークル活動、ゼミ（プログラミングなど）に参加することができます。※参加は自由です

■スタッフの特長
経験豊富なキャンパス長や講師がキャンパスに常駐し、日々の学習や生活をサポートします。

一般社団法人にじーず

https://24zzz-lgbt.com
e-mail：24zzzmail@gmail.com

東京都内（渋谷、多摩地域）で開催（詳細はHPをご覧ください）。
※他、札幌市、仙台市、さいたま市、新潟市、長岡市、長野市、松本市、京都市、大阪市、神戸市、岡山市の公共施設を借りて定期開催

■教育方針

LGBTの子ども・若者が同世代の仲間と交流することで、悩みや困りごとが共有できる居場所です。
自分の性のあり方は話しても話さなくても構いません。
また法律上の名前や学校名などを明かす必要はありません。
コロナ対策のため事前予約制にしていますが、時間内はいつ来てもいつ帰っても自由です。保護者の方は入り口まで送迎いただけます（中高生で一人で来る参加者も多いです）。

親 の 会	—
受入時面接	—
体験入学	—
学校出席扱	—

費用	入 学 金	0円
	教材費	0円
	授業料	0円
	その他	0円

代 表 者	遠藤　まめた
設 立	2016年
受入年齢	10代から23歳
運営日時	日曜日 13:00～17:00 ※1～数ヶ月に1回
定 員	20名／各回
在籍者数	月90人前後が利用 （各回の平均は10～20人程度）
スタッフ数	60名

■こんな子どもに向いています■
LGBTやそうかもしれない子ども・若者限定です。非当事者や大人の方は参加できません。

■主な活動内容
LGBTの子どもや若者が集まって話したり遊んだりできる居場所で定期開催しています。

■スタッフの特長
20代から30代のLGBT当事者や理解者を中心に運営。

日本文理学院wish中等部・高等部

http://www.nihon-bunri.co.jp/
e-mail：bunri@nihon-bunri.co.jp

〒150-0045　東京都渋谷区神泉町15-11
TEL：03-6455-0910　FAX：03-6455-0911
交通：京王井の頭線「神泉駅」より徒歩2分
　　　各線「渋谷駅」より徒歩13分

■教育方針
子どもの育ちに応じて進められるように…。
そして、自分とじっくり向き合い、将来をしっかり考える時間を作るために…。

日本の場合、レールが敷かれていて、義務教育を終えて、何を学びたいかわからないままみんな高校に行きます。でも、10代の時にしっかり自分のことを考えられる時間があったら、中等部はその準備期間、語らいの場や大切な居場所として、創られました。

親　の　会	○
受入時面接	○
体験入学	○
学校出席扱	○

費用	入　会　金	20,000円
	教　材　費	—
	授　業　料	15,000円〜／月
	そ　の　他	—

代 表 者	梅木　桂子
設　　立	1994年
受入年齢	小学生・中学生・高校生
運営日時	月曜〜金曜 10:00〜15:00
定　　員	30名
在籍者数	10名(2024年2月現在)
スタッフ数	5名

■こんな子どもに向いています■
不登校、発達障がい、ひきこもりなどで居場所の必要な不登校児童、生徒。

■主な活動内容■
自分発見・チャレンジ教室・基礎の基礎の授業。イラストアート他。放課後等デイサービス利用可。SSTソーシャルスキルトレーニング・ボードゲーム・YouTube講座・お菓子作り・英会話・Gifted能力開発プログラム・東京都公認放課後等デイサービス併設

■スタッフの特長■
学習サポートは現役東大生も加わり、さまざまな個性溢れるスタッフです。

原宿AIA高等学院

（エーアイエー）

https://harajuku-aia.com/
e-mail：harajuku-aia@aoike.ac.jp

〒150-0001　東京都渋谷区神宮前6-18-12
イー・ハラジュク4F
TEL：050-5369-8423
交通：東京メトロ、山手線等「渋谷駅」「原宿駅」

■教育方針
「Iをしようよ。」＝自分を大事にしようよ、自分を愛そうよ。というのが方針です。
私たちは留学、英会話、小説、音楽、起業、お祭りなどのプロジェクト学習、フィールドワーク、月1回以上のゲストスピーカー、入試対策などに力を入れています。全部やっていただいてもいいですし、一つだけやっていただいてもいいです。それ以外の相談も大歓迎です。大事なのはお子さんがお子さんらしく学べることです。

親　の　会	—
受入時面接	○
体験入学	○
学校出席扱	○

費用	入　会　金	50,000円
	教　材　費	0円
	授　業　料	25,000円／月
	そ　の　他	—

代 表 者	青池　浩生
設　　立	2023年
受入年齢	年齢不問(中高生中心に在籍)
運営日時	月〜金 9:00〜17:00
定　　員	30名
在籍者数	17名(2024年2月現在)
スタッフ数	4名

■こんな子どもに向いています■
英語、小説、漫画、音楽、お祭り、散歩が好き、いろいろな職業の人の話を聞いてみたいという子

■主な活動内容■
英会話、シナリオ作成、作曲、地域の祭り、文化祭の企画、渋谷原宿散歩、月1回以上、様々な職業の話を聴く

■スタッフの特長■
海外の学校勤務経験、小説家、東大卒、国際線CAなど個性的な職員

東村山おしゃらフリースクール

https://www.oxala-freeschool.com/
e-mail：contact@oxala-freeschool.com

〒189-0003　東京都東村山市久米川町4-43-9
OXALA COMMUNITY PARK
TEL：080-3766-8462
交通：西武新宿線「東村山駅」

■教育方針
個性を活かし、未来を楽しく、ひろげることを目標としています。
多様な学びを大切にするために地域社会とのつながりを持てる機会をつくっていきます。
学びの起点はまず興味・関心をもつ。次に探求していくこと。その中で仲間やスタッフと共に協働しながら計画を自分で立てていきます。
正解はなく自分の中の気持ちを大事にしながら進んでいきます。
市教育委員会に協力いただき自治体、学校との授業や教材、課題等の相互連携を進めていきます。

親　の　会	—
受入時面接	○
体験入学	○
学校出席扱	○

費用	入　会　金	38,500円
	教　材　費	0円
	授　業　料	27,500円〜／月
	そ　の　他	給食やイベント参加費 実費

代 表 者	村上　貴紀
設　　立	2024年
受入年齢	小学4年生〜中学3年生
運営日時	月〜金 10:00〜15:00
定　　員	30名
在籍者数	0名(2024年2月現在)
スタッフ数	2名

■こんな子どもに向いています■
やってみたいを応援してほしい。やりがいを見付けたい。色んな価値感をもつ大人と出会ってみたい子ども。

■主な活動内容■
プロジェクト型の体験学習を取り入れている。人工芝グラウンドを併設。室内外で開放的に学べる空間で過ごします。

■スタッフの特長■
スポーツ指導経験が豊富。不登校生支援のイベント実施経験あり。学校体験学習指導者。

関東

155

ビリーバーズ板橋

https://freeschool-itabashi.com/
e-mail：info.believersitabashi@gmail.com

板橋区内複数箇所で運営
TEL：　FAX：
交通：東武東上線・都営三田線
「大山駅」「高島平駅」

フリースクール

■教育方針
その子がその子らしくていいと思える自己肯定感を育み、主体の学びを大切にし、次のステップを踏み出せるようになる。親が子を信頼して見守ることができるようになる。

代表者	熊野 英一
設　立	2024年
受入年齢	小学生・中学生・高校生
運営日時	火・木・金 10:00〜14:00
定　員	10名
在籍者数	10名(2024年2月現在)
スタッフ数	10名程度

■こんな子どもに向いています■
決められたことをするのが苦手、少人数が落ちつく子。

■主な活動内容
その日に集まった子で話し合いをして1日のスケジュールを決めています。

■スタッフの特長
様々な背景を持つスタッフがその個性を活かして対応しています。

親 の 会	ー	費用	入会金	0円
受入時面接	○		教材費	0円
体験入学	○		授業料	〜3,850円／回
学校出席扱	○		その他	回数チケット制

ビリーバーズ広尾

https://peraichi.com/landing_pages/view/believershiroo/
e-mail：info.believers2021@gmail.com

〒106-0047　東京都港区南麻布5-3-20
有栖川ビル2F
TEL：　FAX：
交通：東京メトロ日比谷線「広尾駅」

フリースクール

■教育方針
子どもが自分らしく人とつがりながら、自分で考え、次の一歩を踏み出せるようになる。
親が、子どもの主体性を信じて見守ることができるようになる。

代表者	熊野 英一
設　立	2021年
受入年齢	小学生・中学生・高校生
運営日時	月曜〜金曜 ※祝日除く 10:00〜14:00
定　員	10名程度／日
在籍者数	30名程度(2024年3月現在)
スタッフ数	10名程度

■こんな子どもに向いています■
決められたことをするのが苦手、少人数が落ち着く子

■主な活動内容
その日に集まった子で話し合いをして一日のスケジュールをきめています。

■スタッフの特長
様々な背景のスタッフが在籍しており、その個性を活かして対応しています。

親 の 会	○	費用	入会金	0円
受入時面接	○		教材費	0円
体験入学	○		授業料	4,000〜6,050円／回
学校出席扱	○		その他	回数チケット制

プラドアカデミー高等学院 中等部

http://www.tomon-kg.jp/course/forjuniorhigh/
e-mail：pa-h.info@pradgroup.jp

〒170-0002　東京都豊島区巣鴨1-14-5
第一松岡ビル7F
TEL：03-5319-1230　FAX：03-5319-1240
交通：JR山手線・都営三田線「巣鴨駅」南口より徒歩1分

フリースクール
サポート
高認指導

■教育方針
大学進学専門の通信制高校サポート校「プラドアカデミー高等学院」の中等部です。中等部は高校進学や、その先の大学進学を目指す中学生の方のサポートを目的としています。中学校の出席日数から、進学先高校が限定されてしまう(進学校に入れない)のでは? 勉強が遅れていて、高校や大学への進学を目指すのは難しいのでは? といったご不安にお応えします。学習スタイルは、教師と生徒が1対1の個別指導のため、中学校の不登校状況と、1人ひとりの個性と学力に応じた学習カリキュラムを組むことができます。また、自宅にいながらオンラインで授業を受けることも可能です。

代表者	倉沢 礼宏
設　立	2014年
受入年齢	中学生以上
運営日時	月曜〜土曜 9:30〜18:00
定　員	100名
在籍者数	60名
スタッフ数	20名

■こんな子どもに向いています■
・高校進学や、その先の大学進学を目指す中学生の方
・難関大学進学を志望する方
・在宅授業を希望する方(1対1のオンライン授業コース)

■主な活動内容
高等部の生徒と共に「総合学習プログラム」やイベントに参加できます。社会的な見聞を広め、感性を磨くための総合学習です。

■スタッフの特長
個別指導進学塾としての38年の実績をベースに、教務スタッフがメンタル面もサポートします。

親 の 会	ー	費用	入会金	53,900円
受入時面接	○		教材費	ー
体験入学	○		授業料	54,450円／月〜
学校出席扱	○		その他	ー

フリースクール＠なります

http://www.asahi-net.or.jp/~bx9m-kb/home
e-mail：kubosan125@yahoo.co.jp

〒175-0094　東京都板橋区成増4-31-11
TEL：03-6784-1205　FAX：03-6327-4337
交通：東武東上線「成増駅」、東京メトロ有楽町線・副都心線
「地下鉄成増駅」、都営三田線「西高島平駅」

■教育方針
学校に通っていない(通えない)状態の方を、スクール敷地内での農業体験やスタッフとのコミュニケーション等により《心の力の回復》に重点を置いて受け容れ。対象年齢は小学生～20代。本人の心の状態に合わせて通学・在宅の2コースをご用意。本人の学力に応じた個別学習指導。高卒認定試験受験対策や通信制高校カリキュラムを受講することで高卒資格の取得も可能。

親 の 会	○	費用	入 会 金	0円
受入時面接	○		教 材 費	実費
体 験 入 学	○		授 業 料	30,000円／月
学校出席扱	○		そ の 他	0円

代 表 者	久保　正敏
設 立	2004年
受入年齢	小学生～20代
運営日時	月曜～金曜 10:00～19:00 ※月曜は不定期で 10:00～12:00の 場合あり。要確認。
定 員	10名
在籍者数	5名(2024年3月現在)
スタッフ数	2名

■こんな子どもに向いています
高卒認定試験受験対策、通信制高校カリキュラム受講による高卒資格取得を目指す方の支援をします。

■主な活動内容
フリースペースや敷地内の農業体験、スタッフ・生徒間のコミュニケーション等を通じた「心の休息」中心。

■スタッフの特長
精神保健福祉士資格や不登校経験を持つスタッフが、親身に対応します。

フリースクール英明塾

http://www.eimei-jp.org　／　http://eimei-jp.net
e-mail：eimei@eimei-jp.org　／　eimei@eimei-jp.net

〒132-0032　東京都江戸川区西小松川町15-6
TEL：03-5678-6599　FAX：03-5678-6599
交通：JR総武線「新小岩駅」
地下鉄新宿線「船堀駅」

■教育方針
塾生全員家族。統合教育を基本としいじめ・不登校・ひきこもり・発達などの障がいを持つ者と健常者の区別差別をしない共生共存共育。学習指導・進路指導・生活指導・教育指導を個人差に応じて指導。長所を伸ばし短所を美点に生かす人格教育。了ども自身が計画し子どもの意志で自分の夢を達成しうる長期的展望に立った指導。但し、現在は特別な事情を除きアウトリーチ(訪問相談)に主眼を置いているため募集を停止中。
日本フリースクール協会　理事長・統合教育研究センター　理事長
星槎教育研究所　理事

親 の 会	―	費用	入 会 金	20,000～50,000円
受入時面接	○		教 材 費	
体 験 入 学	○		授 業 料	10,000～50,000円 自己申告制
学校出席扱	○		そ の 他	相談料、訪問相談料 自己申告制(目安はHPにて)

代 表 者	川合　雅久
設 立	1975年
受入年齢	制限無し 幼～院、一般まで
運営日時	年中無休 電話・リモート相談 9:00～19:00 メール相談：随時
定 員	今年度は2名以内
在籍者数	数名
スタッフ数	12名 (アウトリーチスタッフ含めて)

■こんな子どもに向いています
どんな子どもでも相談にのります。

■主な活動内容
現在は、不登校・ひきこもりの相談活動が主でアウトリーチ(訪問相談)が中心。また家から出られない・引きこもっているなどの青少年に関する講義・講演・セミナー、家族支援、自然体験・国際交流活動(イルカ・セラピー、ネイチャー・セラピー、アドベンチャー・セラピーなど)、及びメンタルセラピスト・アウトリーチ支援員の養成講座を開設。相談は随時受付。

■スタッフの特長
家から出られないなどの対応ができるアウトリーチ支援員が訪問します。

フリースクールグレス

http://freeschoolgres.hp.peraichi.com
e-mail：info@gres-school.com

〒196-0034　東京都昭島市玉川町1-1-12
エルビル3F-A
TEL：042-519-2385　FAX：042-519-2395
交通：JR青梅線「東中神駅」徒歩1分

■教育方針
「君がじぶんらしくいられる場所、愛され、安全で、励まされ、大切にされていると感じられる場所」という思いで個性を否定することなく、幅広いサポートを実施しております。生徒1人1人と丁寧に関わりたいため、少人数制となっております。
＜特色＞
・基礎からの学び直し　・体験授業参加可能(GRES高等学院の体験授業)　・学校へ近況報告　・卒業後の進路として(通信制高校提携校GRES高等学院へ入学可能)

親 の 会	○	費用	入 会 金	11,000円
受入時面接	○		教 材 費	―
体 験 入 学	○		授 業 料	22,000円／月
学校出席扱	○		そ の 他	―

代 表 者	菅原　崇史
設 立	2016年
受入年齢	中高生対象
運営日時	火曜・木曜 午前：10:00 ～12:00 午後：13:10 ～15:10
定 員	名
在籍者数	7名(2024年2月現在)
スタッフ数	2名

■こんな子どもに向いています
大人数が苦手・勉強がついていけない、嫌い、マイペースに登校したい。　※発達障がいをお持ちの方は、ご相談ください

■主な活動内容
学び直し・体験授業・在籍している学校へ近況の報告・卒業後の進路先として当サポート校へ入学可能です。

■スタッフの特長
教員免許、家族支援カウンセラー資格保有スタッフが対応。学習支援も充実指導しています。

フリースクール恵友学園

http://www.kugakuen.com/
e-mail：info@kugakuen.com

〒110-0015　東京都台東区東上野5-11-9
上野奉英ビル1F
TEL：03-5246-6730　FAX：03-5246-6740
交通：銀座線「稲荷町駅」／JR「上野駅」

■教育方針
・ミッション系フリースクール。聖書の価値観を土台に、一人ひとりがユニークで特別な存在であり、お互いが必要な存在であることを伝えていきます。
・音楽、スポーツ、美術、合宿etc.を通じたかかわりの中で、子どもが他者との信頼関係を築く心の筋肉を強め、個から集団へと意識を向けて社会に出ていくこと、また自分の人生を自分で選ぶことができるようになることをサポートします。

親 の 会	―
受入時面接	○
体験入学	○
学校出席扱	○

費用	入 会 金	8,000〜88,000円
	教 材 費	20,000〜30,000円
	授 業 料	6,000〜36,000円／月
	そ の 他	合宿・イベント費用等

代 表 者	木村　基一
設 立	2002年
受入年齢	6才（小1）〜18才（高3）
運営日時	火〜木 9:45〜16:00 月・金 変動あり
定 員	25名
在籍者数	12名（2024年2月現在）
スタッフ数	16名

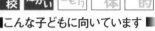

■こんな子どもに向いています■
学園生活の中で個（自分のペース）を見つけ、そこから集団に入っていく練習をしたい子ども。ホームスクーリングをしている子ども。

■主な活動内容■
教科学習、音楽・チャペルタイム・空手・スポーツ、合宿、職場体験、音楽コース（火曜日）、放課後学習支援コース。

■スタッフの特長■
色々な経験や専門分野を持つ20代から50代のスタッフ。

フリースクールだーちゃ

https://sites.google.com/view/dachalabo/home
e-mail：dachalabo@gmail.com

〒170-0003　東京都豊島区駒込7-10-17
モノリス駒込201
TEL：070-8400-0841
交通：JR山手線「駒込駅」

■教育方針
通信制高校・精神科クリニック・学生相談といった幅広い現場で支援経験を積んだ臨床心理士が常駐しており、生徒一人ひとりを「アセスメント」し、「目標を立て」、「ケア」をします。つらさや難しさに寄り添う専門的サポートが充実。多彩なプログラム活動を通してソーシャルスキルや自信を育みます。進路支援として、自立型の学習支援や職業適性テストなどを実施しています。

親 の 会	―
受入時面接	○
体験入学	○
学校出席扱	○

費用	入 会 金	55,000円
	教 材 費	―
	授 業 料	33,000〜66,000円／月（教材費込み）
	そ の 他	年会費 7,000円 初回面接料 10,000円／90分

代 表 者	松葉　百合香
設 立	2021年
受入年齢	小学生（1年〜6年）※中高生は要相談
運営日時	月・水・木・金 10:00〜15:00
定 員	15名
在籍者数	7名
スタッフ数	6名

■こんな子どもに向いています■
心のケアが必要／集団が苦手／今後の進路に悩んでいる／自発性を伸ばしたい、といった小学生に向いています。

■主な活動内容■
自立型の学習プログラムと創作や調理、運動、外出などの活動を通して様々なスキルを育成する体験プログラムを実施。

■スタッフの特長■
女性の心理士をはじめ、スタッフは毎日5名在室。全員不登校支援の研修を受講。

株式会社自由教育
フリースクール滝野川高等学院

https://takinogawa.club/
e-mail：info@takinogawa.club

〒115-0051　東京都北区浮間1-1-6
KMP北赤羽駅前ビル3F
TEL：03-5916-8900　FAX：03-5916-8901
交通：JR埼京線「北赤羽駅」

■教育方針
楽しく活動しつつも、将来社会に出て生きていくために必要な様々な力を育てます。具体的なサポートを持ち味としており、フリースクールの中で英検、漢検、数検などたくさんの検定が受けられ、それぞれの分野の専門家から検定の対策を受けられるなど、心を癒しつつも、将来に向けて前進していくことができます。教員経験のあるスタッフが複数いるので、進路のことや所属する学校との連携なども得意としています。学校復帰後の生徒が通うための学習塾「浮間ラボ」を併設しており、不登校後のサポートも充実しています。

親 の 会	―
受入時面接	―
体験入学	○
学校出席扱	○

費用	入 会 金	15,000円
	教 材 費	0円
	授 業 料	25,000〜40,000円／月
	そ の 他	―

代 表 者	豊田　毅
設 立	2019年
受入年齢	小・中・高校生、大学・大学院生
運営日時	月〜金 10:30〜15:30
定 員	70名
在籍者数	58名（2024年2月現在）
スタッフ数	10名（常勤4名・非常勤6名）

■こんな子どもに向いています■
やりたいことがある子ども、これからやりたいことを探す子ども、どちらでも向いていると思います。

■主な活動内容■
午前中は学習中心で、午後からはレクリエーション、体験学習、スポーツが中心です。

■スタッフの特長■
常勤スタッフは全員、教員免許保有です。20代の若いスタッフ中心です。

NPO法人東京シューレ
フリースクール東京シューレ王子

https://www.shure.or.jp
e-mail：info@shure.or.jp

〒114-0021　東京都北区岸町1-9-19
TEL：03-5993-3135〜6　FAX：03-5993-3137
交通：JR京浜東北線・地下鉄南北線「王子駅」徒歩4分

フリースクール
サポート
高認指導

■教育方針
子ども中心・子ども主体の学び、運営で、授業や活動もミーティングで話し合ってできていきます。子どもが創る・子どもと創るをモットーに、親や大人、スタッフは子どもたちの応援者です。子ども中心という意味は、安心して居られる居場所でもあります。ゆっくりしたいときも尊重され、苦しいときや相談にもスタッフはじっくりとつきあいます。

■併設
明聖高等学校　東京シューレコース
高卒資格が取得できます。

親 の 会	○
受入時面接	○
体験入学	○
学校出席扱	○

費用	入会金	153,000円
	教材費	0円
	授業料	52,800円(税込)／月
	その他	高校併用は学費別途

代表者	澗岡佑輔・藤井清志・川北秀人
設　立	1985年
受入年齢	6〜23歳 入会時20歳まで
運営日時	月〜金 10:00〜17:00
定　員	約60名
在籍者数	48名(2024年2月現在)
スタッフ数	8名(常勤・非常勤)

不登校　発達障がい　ひきこもり　身体　知的

■こんな子どもに向いています
自分のペースでやりたい、友達をつくりたい、多様な体験をしたい、高卒資格をとりたい、新しい学びをみつけたい、etc

■主な活動内容
基礎学習、プロジェクト学習をはじめサークル、スポーツ、ゲーム、音楽、性・人権の学び、職体験、子ども企画のイベント・行事、オンラインでの活動、旅行もあります。

■スタッフの特長
不登校への理解が深く、多様な経験者。常勤の他に非常勤、時間講師。

NPO法人東京シューレ
フリースクール東京シューレ大田

https://www.shure.or.jp
e-mail：ota@shure.or.jp

〒144-0055　東京都大田区仲六郷2-7-11
TEL：03-6424-8311　FAX：03-6424-8310
交通：京浜急行線「雑色駅」徒歩4分

フリースクール
高認指導

■教育方針
子ども中心・子ども主体の学び、運営で、授業や活動もミーティングで話し合ってできていきます。子どもが創る・子どもと創るをモットーに、親や大人、スタッフは子どもたちの応援者です。子ども中心という意味は、安心して居られる居場所でもあります。ゆっくりしたいときも尊重され、苦しいときや相談にもスタッフはじっくりとつきあいます。

■併設
明聖高等学校　東京シューレコース
高卒資格が取得できます。

親 の 会	○
受入時面接	○
体験入学	○
学校出席扱	○

費用	入会金	153,000円
	教材費	0円
	授業料	52,800円(税込)／月
	その他	高校併用は学費別途

代表者	澗岡佑輔・藤井清志・川北秀人
設　立	2018年
受入年齢	6歳〜23歳 入会時20歳まで
運営日時	月〜金 10:00〜16:30
定　員	40名
在籍者数	25名(2024年2月現在)
スタッフ数	5名(常勤3名・非常勤2名)

不登校　発達障がい　ひきこもり　身体　知的

■こんな子どもに向いています
自分のペースでやりたい、友達をつくりたい、多様な体験をしたい、高卒資格をとりたい、新しい学びをみつけたい、etc

■主な活動内容
基礎学習、プロジェクト学習をはじめサークル、スポーツ、ゲーム、音楽、性・人権の学び、職体験、子ども企画のイベント・行事、オンラインでの活動、旅行もあります。

■スタッフの特長
不登校への理解が深く、多様な経験者。イラスト、ゲームが得意なスタッフも。

フリースクール「フェルマータ」

http://free-school-fermata.com/
e-mail：free_school_fermata@ybb.ne.jp

〒164-0001　東京都中野区中野3-19-2 ディアコート1F
TEL：03-6382-5304　FAX：03-6382-5304
交通：JR中央線「中野駅」

フリースクール

■教育方針
不登校の子どもたちの夢の実現を、社会や地域で応援していくことを理念に活動しています。教員免許を持ち、経験を積んだ講師中心の少人数制の授業により、学力の向上をはかれることが最大の特長。また、楽しいイベントやゲームを通じてコミュニケーション能力を向上させたり、さまざまな方面で活躍されている社会人の方々との座談会などを通じて将来の目標づくりをサポートしていくのも、フェルマータの特色と考えています。※通信制高校生も自習コースで勉強し、一部フリースクールイベントに参加できます。

親 の 会	－
受入時面接	－
体験入学	○
学校出席扱	○

費用	入会金	10,000円
	教材費	0円
	授業料	39,000円／月
	その他	施設設備費として30,000円／年

代表者	大橋 勲
設　立	2014年
受入年齢	小・中学生 高校生
運営日時	月曜〜金曜 10:30〜15:00
定　員	未定
在籍者数	16名(2024年1月現在)
スタッフ数	5名

不登校　発達障がい　ひきこもり　身体　知的

■こんな子どもに向いています
将来の夢実現に向けて勉強をがんばりたいが、学校や大人数の塾はちょっと苦手……という子どもたち向けです。

■主な活動内容
少人数制の授業を通じた学力向上と、ゲームやイベントを通じたコミュニケーション能力の向上をはかる。

■スタッフの特長
20〜50代の経験豊富なスタッフ

フリースクールゆうがく

http://www.yuugaku.net/
e-mail：reqest@yuugaku.net

〒151-0053　東京都渋谷区代々木1-29-5-3F
TEL：03-3320-3371　FAX：03-3320-3381
交通：JR線・大江戸線「代々木駅」徒歩0分
小田急線「南新宿駅」徒歩3分

フリースクール

■教育方針

「みんなちがってみんないい」一人ひとりの良さを引き出すことを心がけています。「誰もが安心して通える場所」として、様々な理由で学校に通っていない子どもたちが毎日いきいきと過ごせるようフォローしています。個々に合わせたオリジナルの時間割を作成し、学習支援を個別に行います。また、お菓子作りや調理、体育館での軽スポーツ、外国語でのあいさつなど、みんなでなにかを達成する時間、体験学習の時間も大切にしています。フリータイムは、ゲームをしたり楽器を弾いたりおしゃべりをしたり、楽しく好きなことをして過ごしています。また、専任のカウンセラーやスタッフによる日々の丁寧な心のケアも大切にしています。ぜひ、見学、体験入学（無料）にいらして下さい。必ずお子さまにとって心地よい居場所があります。

親 の 会	―
受入時面接	○
体験入学	○
学校出席扱	○

費用	入会金	55,000円
	教材費	週5コース 48,000円
	授業料	週2コース 35,000円
	その他	行事時に実費

代 表 者	田中 雄一
設　立	2001年
受入年齢	小学5年生〜中学3年生
運営日時	月曜〜金曜 10:00〜15:00
定　員	30名程度
在籍者数	16名
スタッフ数	6名

■こんな子どもに向いています■
自分のペースで学習したい！◆教科学習以外にもいろんな体験学習がしたい！◆集団生活や人間関係に苦手意識がある◆自分らしく毎日を過ごしたい

■主な活動内容■
毎日の個別学習支援、月1〜2回校外学習（行事）を実施。一人ひとりのペースを大切に活動しています。

■スタッフの特長■
20代〜50代、教員免許保有者（小中高）、ボランティアスタッフ（大学生、院生）4〜5名。

NPO法人　文化学習協同ネットワーク（認定NPO）
フリースペースコスモ

http://www.npobunka.net/　facebook.com/Kyodonet.cosmo/
e-mail：cosmo@npobunka.net

〒181-0013　東京都三鷹市下連雀1-14-3
TEL：0422-47-8706　FAX：0422-47-8709
交通：JR線「三鷹駅」または「吉祥寺駅」

フリースペース

■教育方針

家の外に通える場所があること。そこがホッと安心できる場所であること。そこではいつでも自分ペースで自分自身を豊かにする「出会い」と「学び」に手を伸ばせること。どんな子どもにも必要な、そんな居場所。それがフリースペースコスモです。コスモには「こうしなければいけない」というルールがありません。一人ひとりの興味関心を大切にし、仲間と自分のやりたいことを共有・尊重しながら、自分の「学び」をつくっていくことができます。

親 の 会	○
受入時面接	○
体験入学	○
学校出席扱	○

費用	入会金	―
	教材費	―
	授業料	32,000円／月
	その他	年間諸費用、NPO会費 親の会会費 56,000円

代 表 者	佐藤 洋作
設　立	1993年
受入年齢	小中学生
運営日時	月〜金 10:00〜17:00 （木曜は 13:00〜17:00）
定　員	―
在籍者数	27名(2023年12月現在)
スタッフ数	3名

■こんな子どもに向いています■
どんなお子さんでもご相談に応じます。
●特別体験プログラム
　特長として、1年を通して行っている「お米づくり農業体験」、四万十川を歩いて下る「冒険旅行」など体験的なプログラムがあります。（希望者のみ参加）

■主な活動内容■
普段は外遊びや室内でのボードゲーム遊び、お菓子づくり、希望する子にはその子にあった学習指導も行います。

■スタッフの特長■
20代〜30代のスタッフ中心。法人内には心理士や教員など各種有資格者多数。

フリースペースしんじゅく

http://www.freespace-shinjuku.com
e-mail：motoyoko@silk.ocn.ne.jp

〒161-0031　東京都新宿区西落合3丁目
TEL：080-2168-7377
交通：大江戸線「落合南長崎駅」徒歩5分、
西武池袋線「東長崎駅」徒歩10分

フリースペース

■教育方針

さまざまな理由から、学校や社会との関わりに困難を感じる小学生・中学生を中心に、若者まで安心して過ごせる自由な居場所です。1対1でサポートするので、少人数に対応します。一人ひとりの気持ちや考えを大事にし、やりたいことを支援します。学習支援（中学校程度まで）やカウンセリング、お菓子作り、料理作りなどさまざまな活動を通して、自分らしく過ごしたり、進むべき道を探すお手伝いをします。自ら成長する力を信じて、見守り、支えます。

親 の 会	―
受入時面接	―
体験入学	○
学校出席扱	学校と交渉

費用	入会金	―
	教材費	―
	授業料	1500円/回（昼食代込み）
	その他	―

代 表 者	本岡 陽子
設　立	2016年
受入年齢	小学生・中学生〜若者まで
運営日時	週2日(火・金) 10:00〜15:00
定　員	10名
在籍者数	8名(2023年12月現在)
スタッフ数	1名

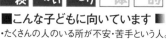

■こんな子どもに向いています■
・たくさんの人のいる所が不安・苦手という人。
・フリースペースに来られない場合、自宅訪問します。

■主な活動内容■
・好きなこと(お話・ゲーム・イラスト描き)・学習支援(中学校の基礎)・テーブルゲーム、お菓子作り。軽スポーツ、工作、料理。

■スタッフの特長■
10年以上公立中学校の相談員として勤務してきました。公認心理師。臨床心理士。

フレネ自由教育 フリースクールジャパンフレネ

e-mail：info@jfreinet.com

〒171-0032　東京都豊島区雑司が谷1-7-2
雑司が谷ビル202
TEL：03-3988-4050
交通：副都心線「雑司が谷駅」

フリースクール／高認指導

■教育方針

フランスの自由教育「フレネメソッド」をベースに自分の時間割は自分で作り、一日の生活をします。子どもの自治を大切にし、ミーティングで徹底的に話しあい、行事やルールを決めていきます。代表・木幡は、北は北海道から南は九州沖縄までまたにかけて授業する「授業屋」です。スタッフ自ら教材研究しスペシャル授業を行うフリースクール、それがジャパンフレネです。定員制をしいていますので入会を希望される方は、早目の面談を。発達障がいのお子様も元気にすごしています。

代表者	木幡　寛
設　立	1999年
受入年齢	6〜15歳
運営日時	月〜金 10:00〜15:00
定　員	10名
在籍者数	15名(2023年12月現在)
スタッフ数	2名

親　の　会	○
受入時面接	○
体　験　入　学	○
学校出席扱	○

費用	入会金	1口50,000円
	教材費	実費
	授業料	30,000〜55,000円/月
	その他	設備費 55,000円/年

不登校　発達障がい　ひきこもり　身体　知的

■こんな子どもに向いています■

学校以外の学び場で楽しい授業を経験したい、居場所としてのびのびすごしたい……そんな方はぜひ!

■主な活動内容

基礎学習、スペシャル授業、飛ぶ教室(体験宿泊)、文化祭、体育祭、お散歩の授業、お料理の授業など多彩な活動。

■スタッフの特長

ベテラン中心。全員教員免許保有。

NPO 僕んち（フリースクール僕んち）

http://npo-bokunchi.com
e-mail：fsbttoru@yahoo.co.jp

〒155-0033　東京都世田谷区代田4-32-17-B
TEL：090-3905-8124　FAX：03-3327-7142
交通：京王井の頭線「東松原駅」
小田急線「梅ヶ丘駅」「世田谷代田駅」

フリースクール／高認指導

■教育方針

「自分が来たいから来ている」という実感が掴めている時、その子の前に現れるものごと・人・時間はすべてプラス志向で学びの対象となるでしょう。どの子も自分の体内時計を見極めながら、何がしたいのか考えつつ、あらゆる事を愉しんで欲しいと願っています。ここの活動は来ている子ども達自身が生み出します。大人は、できるだけ控え目にそれを支えます。トラブルが起きた時も、それも大切なミッション=プログラムとして前向きに考え合います。近隣の羽根木プレーパークなど外での自由も豊富です。

代表者	タカハシ　トール
設　立	1994年
受入年齢	制限はなし、ケースバイケースで対応
運営日時	月・火・木・金 10:00〜17:00 水 12:00〜17:00 水 午前、相談
定　員	20名
在籍者数	正会員5名、準会員13名(2024年1月現在)
スタッフ数	8名(ボランティア含む)

親　の　会	○
受入時面接	○
体　験　入　学	○
学校出席扱	○

費用	入会金	50,000円(正会員)
	教材費	基本的になし(実費)
	授業料	35,000円/月
	その他	1日体験 5,000円

不登校　発達障がい　ひきこもり　身体　知的

■こんな子どもに向いています■

学校外で自分を育ててゆこうと考える親子。外あそびが好きな子。ものつくりをじっくりやりたい子。ゲーム好きの子。マイペースな子。

■主な活動内容

すべてをミーティングで決めていきます。沢山のボランティアさんの協力も得て、毎日愉しんでいます。詳しくは資料をお送りします。合宿も多数!

■スタッフの特長

67歳・男・元美術教室主宰・教員免許有。非常勤臨床心理士1名・社会福祉士1名+ボランティア。

NPO法人 学びの広場

http://manabinohiroba.com/
e-mail：hiroba@pop17.odn.ne.jp

〒185-0021　東京都国分寺市南町2-11-14
トミービル2F
TEL&FAX：042-322-7160
交通：JR・西武線「国分寺駅」徒歩2分

フリースクール／高認指導

■教育方針

だれもが共に学び、共に育ちあう場です。その人らしくその人のペースで、人と出会いかかわりあいながら、いろいろなことを体験し学び、興味や好奇心を広げていくことが、"生きていく力"につながっていきます。様々な活動があるので、自分にあった利用のしかたができます。

代表者	加藤　正文
設　立	1987年
受入年齢	5、6歳〜30歳位まで
運営日時	月〜土 10:00〜19:00
定　員	なし
在籍者数	55名(2024年1月現在)
スタッフ数	13名

親　の　会	―
受入時面接	○
体　験　入　学	○
学校出席扱	○

費用	入会金	15,000円
	教材費	―
	授業料	7,560円〜/月
	その他	―

不登校　発達障がい　ひきこもり　身体　知的

■こんな子どもに向いています■

ハンディの有無にかかわらず、人とのコミュニケーションが苦手、基礎学力をつけたい、自分のペースで学びたい人なども。

■主な活動内容

マンツーマンの個別学習、グループ活動(青年の会など)、その他の文化活動、野外活動。

■スタッフの特長

一人ひとりの個性を大切にしながらじっくりと向きあい、スタッフ全員でサポートします。

八洲学園 中等部 池袋キャンパス

https://yashima.ac.jp/jhs/
e-mail：s-ikebukuro@yashima.ac.jp

〒171-0022　東京都豊島区南池袋3-11-10
ベリエ池袋4F
TEL：03-5954-7391　FAX：03-5954-7503
交通：各線「池袋駅」

 フリースクール

■教育方針
同じ不登校を経験した仲間だからこそわかる「想い」や「安心感」のある環境で集団のルールを守りながら他人を思いやる心・苦手なことにも立ち向かう勇気を育て、ひとりひとり成長を促します。これまで4万人以上の卒業生を世に送り出してきた八洲学園高等学校のノウハウをいかし、中学校への復帰を目指したり、次のステップに向けた準備を行っています。また、安心できる進路先として、みのり高等部や八洲学園高等学校へ進学する方も多数おられます。

親 の 会	―
受入時面接	○
体験入学	○
学校出席扱	所属中学校ごとによる

費用	入 学 金	なし
	教材費	5,000円／年度毎
	授業料	なし
	その他	有料クラスあり

代 表 者	林　周剛
設　　立	2014年
受入年齢	13〜15歳（中学生）
運営日時	月・火・水・木 9:20〜13:30
定　　員	30名
在籍者数	25名
スタッフ数	8名

■こんな子どもに向いています ■
「安心できる居場所」で、学びなおし・通学への再チャレンジをしたいと思う子どもたちに向いています。

■主な活動内容 ■
ゆったりとした雰囲気で、レクリエーションなどの体験学習から始め、個別・グループ学習へと一歩ずつステップアップします。

■スタッフの特長 ■
高校運営で積み重ねた教育力で一人ひとりに合わせたカリキュラムを実施。教員免許はもちろん、特別支援学校教諭免許も所有しています。

八洲学園 中等部 新宿キャンパス

https://yashima.ac.jp/jhs/
e-mail：s-shinjuku@yashima.ac.jp

〒160-0023　東京都新宿区西新宿7-11-18
新宿711ビル7F
TEL：03-6279-2053　FAX：03-6279-2067
交通：各線「新宿駅」

 フリースクール

■教育方針
「安心できる居場所づくり」を目標に、一人ひとりが一歩進むためのお手伝いをします。体験学習・個別学習・集団学習を通し、コミュニケーション能力の定着を目指します。4万人以上が卒業した八洲学園高等学校のノウハウを活かし、中学校への復帰を目指したり、次のステップに向けた準備を行っています。また、そのまま安心できる進路先として八洲学園高等学校へ進学する方も多数おられます。

親 の 会	―
受入時面接	○
体験入学	○
学校出席扱	所属中学校ごとによる

費用	入 学 金	なし
	教 材 費	5,000円／年度毎
	授業料	なし
	その他	―

代 表 者	林　周剛
設　　立	2016年
受入年齢	13〜15歳（中学生）
運営日時	火・水・木 10:00〜14:30
定　　員	20名
在籍者数	15名
スタッフ数	7名

■こんな子どもに向いています ■
落ち着いた環境で、学び直し、通学への再チャレンジをしたいと思う子どもたちに向いています。

■主な活動内容 ■
学び直しや創作活動を通して、個別・グループ学習・体験学習へと楽しみながら一歩ずつステップアップします。

■スタッフの特長 ■
高校運営で積み重ねた教育力で一人ひとりに合わせたカリキュラムを実施。教員免許はもちろん、特別支援学校教諭免許も所有しています。

八洲学園 中等部 町田分室

https://yashima.ac.jp/jhs/
e-mail：s-machida@yashima.ac.jp

〒194-0022　東京都町田市森野1-27-14
サカヤビル
TEL：042-851-7192　FAX：042-851-7193
交通：各線「町田駅」

 フリースクール

■教育方針
「安心」できるを第一に、通いたいと思える居場所づくりを目標にし、一人ひとりの一歩に寄り添います。体験学習・個別学習・集団学習を通し、通うことへの慣れを促し、中学校復帰のサポートをします。また、各学習を通し、コミュニケーション能力の定着を目指します。これまで4万人以上の卒業生を世に送り出してきた八洲学園高校のノウハウをいかし、中学校への復帰を目指したり、次のステップに向けた準備を行っています。また、安心できる進路先として、みのり高等部や八洲学園高等学校へ進学する方も多数おられます。

親 の 会	―
受入時面接	○
体 験 入 学	○
学校出席扱	所属中学校ごとによる

費用	入 学 金	なし
	教材費	5,000円／年度毎
	授業料	なし
	その他	―

代 表 者	林　周剛
設　　立	2014年
受入年齢	13〜15歳（中学生）
運営日時	月曜〜金曜 9:00〜15:00
定　　員	30名
在籍者数	30名
スタッフ数	7名

■こんな子どもに向いています ■
不登校、ひきこもり、発達障がい、学習障がいなどの中学生。

■主な活動内容 ■
安心できる居場所で、学びなおし・通学への再チャレンジをしたいと思う子どもたちに向いています。

■スタッフの特長 ■
高校運営で積み重ねた教育力で一人ひとりに合わせたカリキュラムを実施。教員免許はもちろん、特別支援学校教諭免許も所有しています。

ルネ中等部 池袋校

https://www.r-ac.jp/junior/
e-mail：soudan@broadmedia.co.jp

〒170-0013　東京都豊島区東池袋1-30-6
セイコーサンシャインビルXII 5F
TEL：0120-526-611
交通：JR・各線「池袋駅」

■教育方針

ルネ中等部は、生徒一人ひとりの可能性を大切にし、学校教育にとらわれない学びの場をつくります。
eスポーツやプログラミング、自身が夢中になれることから、本気で取り組んでいる生徒達がいます。その一方で、これから何かを見つけたい、本気で取り組むことで変わりたいという生徒もたくさんいます。
現在の学習環境が合わなかった生徒も、やりたいことを見つけ、未来を生きる原動力を育む場所です。

親 の 会	―
受入時面接	○
体験入学	○
学校出席扱	○

費用	入 会 金	昼50,000円／夕20,000円
	教材費	15,000円
	授業料	昼週①37,400円 ②56,100円／夕週①13,800円 ②26,800円／月
	その他	―

代 表 者	桃井　隆良
設 立	2023年
受入年齢	中学生
運営日時	週1回または2回から選択できます。13:10～16:50 17:00～19:00
定 員	―
在籍者数	23名(2024年2月現在)
スタッフ数	―

■こんな子どもに向いています■

好きなことに夢中になって頑張れる生徒や、様々な理由で中学校に登校できていない生徒など。

■主な活動内容■

①ゲーミングPCを使用したeスポーツの講義
②STEAM教育に沿ったプログラミング学習

■スタッフの特長■

一人ひとりに向き合った個別指導中心で、講師にはeスポーツコース所属の高校生がいます。

ワイズアカデミー 中学生コース （KG高等学院・通信制 品川キャンパス内）

https://www.ys-shinagawa.com/
e-mail：info@kashima-shinagawa.net

〒108-0074　東京都港区高輪4-11-24
ヒルズ高輪 A-302
TEL：03-6721-7855　FAX：03-6721-7856
交通：JR「品川駅」徒歩3分

■教育方針

「クラスで一番こわがりの子も怖くない」やさしく、ひたすらアットホームな空間です。通信制高校のサポート校であり、高校生のお兄さん・お姉さんとゲームや会話をすることで気持ちがほぐれます。ソファやマンガ、ゲームがあり、くつろげる環境です。毎月のイベントはディズニー遠足やスポーツ、映画鑑賞など多彩で、好きなものがあれば参加できます。ゲームもスマホも勉強も自由で、何をするかはすべて自分で決められます。あたたかいスタッフとの会話に笑い声が絶えません。

親 の 会	―
受入時面接	○
体験入学	○
学校出席扱	○

費用	入 会 金	22,000円
	教材費	0円
	授業料	27,500円／月
	その他	―

代 表 者	大森　善郎
設 立	2012年
受入年齢	中学生
運営日時	月～金 10:00～15:00
定 員	10名
在籍者数	3名(2024年1月現在)
スタッフ数	4名

■こんな子どもに向いています■

不登校の中学生。アットホームであたたかい空間で、ひたすら自由に過ごしたい生徒。

■主な活動内容■

スポーツ・パーティー・遠足・映画鑑賞・ドローン・ゲーム・マンガ・教科書ワーク個別学習

■スタッフの特長■

フリースクールの経験が豊かで、子育ての経験があり、ひたすらやさしいスタッフ

ワイズアカデミー 中学生コース （KG高等学院・通信制 目黒キャンパス内）

https://www.ys-meguro.com/
e-mail：info@kashima-meguro.com

〒141-0021　東京都品川区上大崎2-11-2
第9吉田ビル3F
TEL：03-6455-7070　FAX：03-6432-5832
交通：JR「目黒駅」徒歩3分

■教育方針

「クラスで一番こわがりの子も怖くない」やさしく、ひたすらアットホームな空間です。通信制高校のサポート校であり、高校生のお兄さん・お姉さんといることもありますが、少人数で各自が自由に過ごしています。ソファやマンガ、ゲームがあり、くつろげる環境です。毎月のイベントはディズニー遠足やスポーツ、映画鑑賞など多彩で、好きなものがあれば参加できます。ゲームもスマホも勉強も自由で、何をするかはすべて自分で決められます。あたたかいスタッフとお話しながら自由に過ごせる環境です。

親 の 会	―
受入時面接	○
体験入学	○
学校出席扱	○

費用	入 会 金	22,000円
	教材費	0円
	授業料	27,500円／月
	その他	―

代 表 者	大森　善郎
設 立	2018年
受入年齢	中学生
運営日時	月～金 10:00～15:00
定 員	5名
在籍者数	1名(2024年1月現在)
スタッフ数	1名

■こんな子どもに向いています■

不登校の中学生。アットホームであたたかい空間で、ひたすら自由に過ごしたい生徒。

■主な活動内容■

スポーツ・パーティー・遠足・映画鑑賞・ドローン・ゲーム・マンガ・教科書ワーク個別学習

■スタッフの特長■

海外留学歴など幅広い経験を持ち、明るくやさしく生徒を元気にできるスタッフ

AOiスクール

https:// aoi-school-odakyu.hp.peraichi.com
e-mail：aoi.school@odakyu-dentetsu.co.jp

〒251-0871　神奈川県藤沢市善行1-28-2
小田急マルシェ善行2F
TEL：非公開
交通：小田急江ノ島線「善行駅」

フリースクール

■教育方針
「不登校を学びの可能性に変える」をミッションに、自分の興味関心のあることを出発点に将来の自立を支援するオルタナティブスクールです。2024年8月までを事業性を実証するプレ開校期間とし、生徒とともに、AOiスクールでの学びをつくっています。スタッフは小田急電鉄の社員を中心とし、自由の相互承認という考えを基に、「I'm OK.You're OK.」と「小田急のしごと」を大切に、生徒と向き合っています。

代表者	別所　尭俊
設　立	2023年
受入年齢	小学4年～中学3年が中心。状況により対象年齢外も受け入れ、要相談。
運営日時	火・水(午後のみ)・木 10:00～17:00
定　員	1コース20名
在籍者数	51名(2024年2月現在)
スタッフ数	3～4名

親 の 会	—
受入時面接	—
体験入学	○
学校出席扱	○

費用	入学金	0円
	教材費	0円
	授業料	8,000円／月
	その他	今後見直し予定

■こんな子どもに向いています■
好きなことをつきつめられる環境です。現在は鉄道が好きな生徒が多く在籍しています。

■主な活動内容■
生徒の興味関心をきっかけに、鉄道模型やゲーム、現役鉄道員との鉄道に関する研究などに取り組みます。

■スタッフの特長■
小田急電鉄の社員で運営。現役乗務員や駅員、本社員など。

NPO法人 星槎教育研究所
厚木相談室 チャレンジスクール

https://seisa.ed.jp/atsu/challengeschool/
e-mail：atsugi@seisa.ed.jp

〒243-0018　神奈川県厚木市中町3-16-8
星槎国際高等学校(通信制)内
TEL：046-296-5788　FAX：046-296-5255
交通：小田急線「本厚木駅」下車 徒歩6分　厚木市役所隣り

フリースクール

■教育方針
人はそれぞれ違った存在です。失敗もあります。嬉しい事や悲しい事もあります。自分の心を素直に表現することが、心を大きく成長させます。自分が「認められた存在」であることは生きて行く力の源です。そのために自分一人ではなく、仲間と喜びを共有し、達成感を感じ、他人を知りそして自分を知ることで共感理解が得られます。発達障がいや不登校、学力不振など分け隔てなく「排除しない」教育を実践します。そして学校や社会復帰を応援します。私たちはいつでも子どもと保護者の方のサポーターです。

代表者	安田　浩一
設　立	2007年
受入年齢	小学4年生～中学生(青年期の相談可)
運営日時	週1日～3日 10:30～15:30
定　員	10名程度
在籍者数	8名
スタッフ数	3名

親 の 会	—
受入時面接	○
体験入学	○
学校出席扱	○

費用	入会金	18,000円
	教材費	授業料に含む
	授業料	週1日～:17,000円～／月
	その他	設備費として週1日～:3,000円／月

■こんな子どもに向いています■
①学校を休みがち②人とのコミュニケーションが苦手③注意されることが多い④気持ちをうまく伝えられない

■主な活動内容■
①体験する総合学習(社会生活と科学) ②基礎教科学習 ③社会スキル・ライフスキルトレーニング

■スタッフの特長■
教育カウンセラー含むスタッフが心と発達の課題を理解し指導します。

特定非営利活動法人 アンガージュマン・よこすか

http://npoey.com
e-mail：info@npoey.com

〒238-0017　神奈川県横須賀市上町2-4
TEL：046-801-7881　FAX：046-801-7882
交通：京急線「横須賀中央駅」

フリースペース
サポート
高認指導

■教育方針
「アンガージュマン」とは社会参加という意味。自分らしい生き方を模索する場を提供します。誰もがその人らしい形で社会と関わっていけるように、本人の意欲を大切にして寄り添っていきます。様々な体験や多様な価値感を持つ人との関わりを通して、自己肯定感を高めることをサポートします。特に地域との連携にこだわり、地元商店街のイベントなどにも積極的に参加しています。

代表者	島田　徳隆
設　立	2003年
受入年齢	年齢制限なし
運営日時	月曜～金曜 10:00～21:00
定　員	特になし
在籍者数	23名(2023年12月現在)
スタッフ数	3名

親 の 会	—
受入時面接	○
体験入学	○
学校出席扱	○

費用	入会金	5,000円
	教材費	—
	授業料	22,000円／月
	その他	—

■こんな子どもに向いています■

■主な活動内容■
フリースペースではレクリエーションや社会体験。自分のペースで学べる個別学習支援、個別相談も実施。オンライン対応します。

■スタッフの特長■
個別学習は大学生から社会人・元教員などが指導します。

一般社団法人かけはし

https://kakehashi.link/
e-mail：Info@kakehashi.link

〒245-0015　神奈川県横浜市泉区中田西2-8-4

TEL：080-5626-0692
交通：横浜市営地下鉄線「中田駅」

■教育方針

子どもたちが安心しながら、自分自身を信じる力と自分の可能性を切り拓く力を育んでいけるように、一人ひとりの子どもたちにとことん寄り添いながら「まなべる居場所づくり」を行っています。子どもたちの思いから生まれる特別講座やイベントもあり、豊かな体験ができるようにしています。農園活動で自然に親しむこともできます。

代 表 者	廣瀬　貴樹
設 立	2021年
受入年齢	小中学生
運営日時	月～金 9:30～15:00
定 員	70名
在籍者数	70名(2024年2月現在)
スタッフ数	9名

親 の 会	○
受入時面接	○
体験入学	○
学校出席扱	○

費用	入学金	5,000円
	教材費	0円
	授業料	4,000円／月
	その他	体験講座などは実費

■こんな子どもに向いています■

■主な活動内容■
本人が自分でやりたいことを決め活動する。特別講座や体験活動は自由参加。学習支援や相談支援も行う。

■スタッフの特長
常勤は4名で元小学校の教員。非常勤スタッフや多世代のボランティアがいます。

学校法人　角川ドワンゴ学園
N中等部　相模原橋本キャンパス

https://n-jr.jp/
e-mail：support@n-jr.jp

〒252-0143　神奈川県相模原市緑区橋本3-25-1　橋本MNビル2F

TEL：0120-0252-15
交通：JR「橋本駅」徒歩約3分

■教育方針
N中等部は、教育機会確保法の趣旨を鑑みた、新しいコンセプトのスクール「プログレッシブスクール」です。
N/S高の多様なコンテンツを活用し、主体的に行動できる人を育み続けます。
机の上だけで学ぶ勉強だけでなく、自由な発想で考え主体性をもって問題に取り組む力となるのは総合力です。総合力を礎に個性という独自性が付加価値となります。
総合力を身に付けるために、教養・思考力・実践力の3つを学びます。

代 表 者	奥平　博一
設 立	2019年
受入年齢	中学生
運営日時	月曜～金曜 9:00～17:00
定 員	通学コース：各キャンパスにより異なる(120～150名) ネットコース：定員なし
在籍者数	1,334名(2023年12月末時点)
スタッフ数	60名

親 の 会	―　※保護者会実施
受入時面接	○　※ネットコースは書類選考のみ
体験入学	○
学校出席扱	○

費用	入会金	110,000円
	教材費	MacBook必須
	授業料	48,400円～／月
	その他	―

■こんな子どもに向いています■
最先端技術や学びに興味がある、居場所が欲しい、同じ趣味の人と繋がりたい、学力を身につけたい人など。

■主な活動内容■
21世紀型スキル学習・PBL、プログラミング、国語・数学・英語を中心とした基礎学習など多彩な学習コンテンツあり

■スタッフの特長
20代も多く、さまざまな背景の社会人経験者など多彩なスタッフがいます。

学校法人　角川ドワンゴ学園
N中等部　横浜キャンパス

https://n-jr.jp/
e-mail：support@n-jr.jp

〒221-0031　神奈川県横浜市神奈川区新浦島町1-1-32
ニューステージ横浜2F(低層棟)

TEL：0120-0252-15
交通：京急線「神奈川新町駅」徒歩約7分

■教育方針
N中等部は、教育機会確保法の趣旨を鑑みた、新しいコンセプトのスクール「プログレッシブスクール」です。
N/S高の多様なコンテンツを活用し、主体的に行動できる人を育み続けます。
机の上だけで学ぶ勉強だけでなく、自由な発想で考え主体性をもって問題に取り組む力となるのは総合力です。総合力を礎に個性という独自性が付加価値となります。
総合力を身に付けるために、教養・思考力・実践力の3つを学びます。

代 表 者	奥平　博一
設 立	2019年
受入年齢	中学生
運営日時	月曜～金曜 9:00～17:00
定 員	通学コース：各キャンパスにより異なる(120～150名) ネットコース：定員なし
在籍者数	1,334名(2023年12月末時点)
スタッフ数	60名

親 の 会	―　※保護者会実施
受入時面接	○　※ネットコースは書類選考のみ
体験入学	○
学校出席扱	○

費用	入会金	110,000円
	教材費	MacBook必須
	授業料	48,400円～／月
	その他	―

■こんな子どもに向いています■
最先端技術や学びに興味がある、居場所が欲しい、同じ趣味の人と繋がりたい、学力を身につけたい人など。

■主な活動内容■
21世紀型スキル学習・PBL、プログラミング、国語・数学・英語を中心とした基礎学習など多彩な学習コンテンツあり

■スタッフの特長
20代も多く、さまざまな背景の社会人経験者など多彩なスタッフがいます。

関東

おっちー塾

http://occhijuku.weebly.com/
e-mail : occhi_juku@yahoo.co.jp

〒244-0805　神奈川県横浜市戸塚区川上町91-1
モレラ3F　とつか区民活動センター
TEL：090-8879-9853　FAX：0467-83-0163
交通：横須賀線「東戸塚駅」

フリースペース 高認指導

■教育方針

当塾にはカリキュラムはなく、本人のその日の気分・気持ちを大切にし、今日やることは本人自身に決めてもらっています。学習面で基礎を理解し「やれば出来る」感を持たせ、更に自分が他者から認められているという実感から自信と自己肯定感を持つことを目的としています。

同世代と接すること、話すことの少ない子に対し、話を聴いてもらえる（話ができる）場です。安全で安心出来る居心地の良い"居場所"を提供しています。

親 の 会	○
受入時面接	○
体験入学	○
学校出席扱	学校(校長)判断

費用	入 会 金	1,000円
	教材費	0円
	授 業 料	10,000円／月
	その他	―

代 表 者	落合　嘉弘
設　立	2008年
受入年齢	小学校高学年〜高校生
運営日時	火曜・木曜 16:00〜18:00 土曜 13:00〜15:00
定　員	18名
在籍者数	14名(2023年12月現在) ※出入りがある為相談可
スタッフ数	38名

不登校 発達障がい ひきこもり 身体 知的

■こんな子どもに向いています■

学校には行けなくとも「勉強がしたい」「お話がしたい」人。

■主な活動内容

学習支援及びコミュニケーション能力育成。また色々なイベントも開催し子どもとスタッフの親睦を深めています。

■スタッフの特長

全員がボランティアで様々な人で構成。10代〜60代の多様なスタッフ。

学研のサポート校
WILL学園 中等部 高等部 湘南キャンパス

https://www.willschool.net/
e-mail：will@kame.co.jp

〒251-0041　神奈川県藤沢市辻堂神台2-2-2
ココテラス湘南5F
TEL：0120-883-122
交通：JR東海道本線「辻堂駅」北口より徒歩5分、神奈川中央交通バス「湘台公園前」バス停より徒歩30秒

フリースクール サポート

■教育方針

WILL学園では『楽しく学校に通う』ということを一番に考えています。不登校や発達障害のある生徒にとって居心地の良い場所として存在し、人間性を豊かにしていくだけでなく、学習面もしっかりサポート！WILLに通うことからスタートして、不登校を克服した生徒がたくさんいます。

できることから少しずつ、一人ひとりのペースに合わせて学園全体でバックアップ！まずは学校を楽しむことから始めましょう！

家から出づらい人には在宅訪問支援のコースもあります。

親 の 会	―
受入時面接	△
体験入学	○
学校出席扱	○

費用	入 会 金	24,200円、110,000円
	教材費	―
	授 業 料	33,000円〜66,000円
	その他	高等部活動費264,000円/年

代 表 者	佐藤　拓人
設　立	2000年10月
受入年齢	中学生、高校生
運営日時	月曜日〜金曜日
定　員	35名
在籍者数	11名(2024年2月現在)
スタッフ数	4名(2024年2月現在)

不登校 発達障がい ひきこもり 身体 知的

■こんな子どもに向いています■

楽しい学校生活を送りたいと考えているものの、学校に通うのが苦手、難しいと思っている生徒に向いています。

■主な活動内容

学習は個別指導が中心。苦手分野克服、学び直しもできます。レクリエーションや趣味、実用の時間もあります。

■スタッフの特長

不登校生、発達障害の支援の経験を積み重ねた教員が一人ひとりサポートします。

学研のサポート校
WILL学園 中等部 高等部 横浜キャンパス

https://www.willschool.net/
e-mail：will@kame.co.jp

〒221-0835　神奈川県横浜市神奈川区鶴屋町
2-21-1　ダイヤビル6F
TEL：0120-883-122
交通：各線「横浜駅」より徒歩5分

フリースクール サポート

■教育方針

WILL学園では『楽しく学校に通う』ということを一番に考えています。不登校や発達障害のある生徒にとって居心地の良い場所として存在し、人間性を豊かにしていくだけでなく、学習面もしっかりサポート！WILLに通うことからスタートして、不登校を克服した生徒がたくさんいます。

できることから少しずつ、一人ひとりのペースに合わせて学園全体でバックアップ！まずは学校を楽しむことから始めましょう！

家から出づらい人には在宅訪問支援のコースもあります。

親 の 会	―
受入時面接	△
体験入学	○
学校出席扱	○

費用	入 会 金	24,200円、110,000円
	教材費	―
	授 業 料	33,000円〜66,000円
	その他	高等部活動費264,000円/年

代 表 者	長谷川　有紀
設　立	2000年10月
受入年齢	中学生、高校生
運営日時	月曜日〜金曜日
定　員	45名
在籍者数	34名(2024年2月現在)
スタッフ数	6名(2024年2月現在)

不登校 発達障がい ひきこもり 身体 知的

■こんな子どもに向いています■

楽しい学校生活を送りたいと考えているものの、学校に通うのが苦手、難しいと思っている生徒に向いています。

■主な活動内容

学習は個別指導が中心。苦手分野克服、学び直しもできます。レクリエーションや趣味、実用の時間もあります。

■スタッフの特長

不登校生、発達障害の支援の経験を積み重ねた教員が一人ひとりサポートします。

寄宿生活塾 はじめ塾

https://www.hajimejyuku.jp

〒250-0045　神奈川県小田原市城山1-11-7
TEL：0465-34-6033　FAX：0465-32-4077
交通：JR東海道線・小田急線「小田原駅」

フリースクール

■教育方針
何ごとに対しても力を出し切って取り組むことで能力開発することが大切と考え、生活を通した教育実践をしている。仲間との密な関係な生活の中で、人と人、人とモノ、時間との関係性を身に付けます。また選択力をつけるために生活の中では、常に複数の提案の中から選ぶ練習をしている。生活力を生活年齢に相応しい実力と定義し、年齢に合った実力を養うことで親子の会話がスムーズに行えるようになる。進学をする子どもが多いので、進学希望がある子どもにもよい環境です。

親 の 会	○
受入時面接	○
体験入学	○
学校出席扱	○

費用	入 会 金	15,000円
	教材費	―
	授業料	120,000円／月
	その他	―

代 表 者	和田　正宏
設　　立	1933年
受入年齢	10代
運営日時	毎日 24時間
定　　員	15名
在籍者数	15名(2023年12月現在)
スタッフ数	6名

■こんな子どもに向いています■
親元を離れて、心通い合う仲間と暮らし、生活リズムを整えたいと思う人。いずれ、勉強して進学したい人向き。

■主な活動内容
体を動かす規則正しい生活を通して自分を取り戻すことに取り組みます。その延長線上にやりたいこと探しがあります。

■スタッフの特長
教員免許保有、教員経験有。

キッカケ学園 高等部・中等部

https://www.kkkgakuen.jp
e-mail：info@kkkgakuen.jp

〒224-0053　神奈川県横浜市都筑区
　　　　　　池辺町4328
TEL：045-479-5513　FAX：045-507-4529
交通：JR横浜線「鴨居駅」

サポート

■教育方針
先ずは一歩家を出る事が大切!心の健康を第一に考え、様々なイベントを行います。音楽を通しコミュニケーションを図りオンラインでは養えない自立心と健康を食を通して育てます。自然が多い環境での郊外学習は心を健康に、堅苦しいカリキュラムは無く、何もしない日やゲームする日など生徒が自分で決める自由な居場所です。

親 の 会	○
受入時面接	○
体験入学	○
学校出席扱	○

費用	入 会 金	20,000円
	教材費	―
	授業料	20,000円／月
	その他	―

代 表 者	多賀谷　彰
設　　立	2022年
受入年齢	小中高生
運営日時	月〜金 10:00〜18:00
定　　員	30名
在籍者数	15名
スタッフ数	6名

■こんな子どもに向いています■
学校が窮屈に感じる子、自分に自信が持てない子、安心できる環境で元気な自分をとり戻したい子。

■主な活動内容
さまざまな体験活動(収穫体験、竹林整備、川遊び、野外炊事)や音楽コミュニケーション(完全防音スタジオ、ダンスホール完備)を通して社会に出て生きていくためのスキルを育てます。

■スタッフの特長
不登校や発達障がい児童とも過ごしてきた経験豊かなスタッフが多いです。

教育アカデミー 中等部・高等部　新横浜駅前キャンパス

http://kyouikuacademy.com

〒222-0033　神奈川県横浜市港北区新横浜
　　　　　　3-6-1　新横浜SRビル9C号室
TEL・FAX：0120-619-134
交通：JR線、横浜市営地下鉄各線「新横浜駅」徒歩2分

サポート

高認指導

■教育方針
一人ひとり、夢も悩みも勉強でつまずいている箇所もそれぞれです。教育アカデミーでは、その生徒の学びたい気持ちを大切にして一人ひとりのペースで学習ができます。課外授業にも高校生に混じって参加できますので、コミュニケーション能力を育みながら、生きた学びができます。中等部から高等部・大学部と継続して学び続けることもできます。

親 の 会	―
受入時面接	○
体験入学	○
学校出席扱	○

費用	入 会 金	11,000円
	教材費	0円
	授業料	8,800円／月
	その他	―

代 表 者	石渡　一成
設　　立	2007年
受入年齢	中学1年生〜
運営日時	月〜金 10:00〜12:00 もしくは 13:00〜17:00
定　　員	制限なし
在籍者数	高校生10名・中学生2名 (2024年2月現在)
スタッフ数	2〜4名

■こんな子どもに向いています■
つまずいたところから学習したい、生きていくチカラを身につけたい生徒。

■主な活動内容
英国数を中心とした個別授業。高校生と交流。山村留学体験。文化祭見学。ボランティア体験。居場所さがし。

■スタッフの特長
40代中心／女性スタッフが多い／教員免許・心理カウンセラー資格保有者

教育アカデミー 中等部・高等部　横浜青葉キャンパス

http://kyouikuacademy.com

〒227-0062　神奈川県横浜市青葉区青葉台
2-11-24　セカンドエイド3F
TEL・FAX：0120-619-134
交通：東急田園都市線「青葉台駅」徒歩6分

■教育方針
一人ひとり、夢も悩みも勉強でつまずいている箇所もそれぞれです。教育アカデミーでは、その生徒の学びたい気持ちを大切にして一人ひとりのペースで学習ができます。課外授業にも高校生に混じって参加できますので、コミュニケーション能力を育みながら、生きた学びができます。中等部から高等部・大学部と継続して学び続けることもできます。

親 の 会	―
受入時面接	○
体験入学	○
学校出席扱	○

費用	入会金	11,000円
	教材費	0円
	授業料	8,800円／月
	その他	―

代 表 者	石渡　一成
設 立	2007年
受入年齢	中学1年生～
運営日時	月～金 10:00～12:00 もしくは 13:00～17:00
定 員	制限なし
在籍者数	高校生27名・中学生2名（2024年2月現在）
スタッフ数	2～4名

■こんな子どもに向いています
つまずいたところから学習したい、生きていくチカラを身につけたい生徒。

■主な活動内容
英国数を中心とした個別授業。高校生と交流。山村留学体験。文化祭見学。ボランティア体験。居場所さがし。

■スタッフの特長
40代中心／女性スタッフが多い／教員免許・心理カウンセラー資格保有者

教育アカデミー 中等部・高等部　横浜港北キャンパス

http://kyouikuacademy.com

〒224-0065　神奈川県横浜市都筑区高山1-41
TEL・FAX：0120-619-134
交通：横浜市営地下鉄グリーンライン線「都筑ふれあいの丘駅」徒歩3分

■教育方針
一人ひとり、夢も悩みも勉強でつまずいている箇所もそれぞれです。教育アカデミーでは、その生徒の学びたい気持ちを大切にして一人ひとりのペースで学習ができます。課外授業にも高校生に混じって参加できますので、コミュニケーション能力を育みながら、生きた学びができます。中等部から高等部・大学部と継続して学び続けることもできます。

親 の 会	―
受入時面接	○
体験入学	○
学校出席扱	○

費用	入会金	11,000円
	教材費	0円
	授業料	8,800円／月
	その他	―

代 表 者	石渡　一成
設 立	2007年
受入年齢	中学1年生～
運営日時	月～金 10:00～12:00 もしくは 13:00～17:00
定 員	制限なし
在籍者数	高校生75名・中学生3名（2024年2月現在）
スタッフ数	2～4名

■こんな子どもに向いています
つまずいたところから学習したい、生きていくチカラを身につけたい生徒。

■主な活動内容
英国数を中心とした個別授業。高校生と交流。山村留学体験。文化祭見学。ボランティア体験。居場所さがし。

■スタッフの特長
40代中心／女性スタッフが多い／教員免許・心理カウンセラー資格保有者

教育アカデミー 中等部・高等部　横浜戸塚キャンパス

http://kyouikuacademy.com

〒244-0003　神奈川県横浜市戸塚区戸塚町
3960　吉田屋ビル3F
TEL・FAX：0120-619-134
交通：JR線各線「戸塚駅」徒歩8分

■教育方針
一人ひとり、夢も悩みも勉強でつまずいている箇所もそれぞれです。教育アカデミーでは、その生徒の学びたい気持ちを大切にして一人ひとりのペースで学習ができます。課外授業にも高校生に混じって参加できますので、コミュニケーション能力を育みながら、生きた学びができます。中等部から高等部・大学部と継続して学び続けることもできます。

親 の 会	―
受入時面接	○
体験入学	○
学校出席扱	○

費用	入会金	11,000円
	教材費	0円
	授業料	8,800円／月
	その他	―

代 表 者	石渡　一成
設 立	2007年
受入年齢	中学1年生～
運営日時	月～金 10:00～12:00 もしくは 13:00～17:00
定 員	制限なし
在籍者数	高校生35名・中学生3名（2024年2月現在）
スタッフ数	2～4名

■こんな子どもに向いています
つまずいたところから学習したい、生きていくチカラを身につけたい生徒。

■主な活動内容
英国数を中心とした個別授業。高校生と交流。山村留学体験。文化祭見学。ボランティア体験。居場所さがし。

■スタッフの特長
40代中心／女性スタッフが多い／教員免許・心理カウンセラー資格保有者

教育アカデミー 中等部・高等部　横浜西口キャンパス

http://kyouikuacademy.com

〒220-0004　神奈川県横浜市西区北幸1-2-10
アスカ2ビル8F
TEL・FAX：0120-619-134
交通：各線「横浜駅」徒歩4分

サポート　高認指導

■教育方針

一人ひとり、夢も悩みも勉強でつまずいている箇所もそれぞれです。教育アカデミーでは、その生徒の学びたい気持ちを大切にして一人ひとりのペースで学習ができます。課外授業にも高校生に混じって参加できますので、コミュニケーション能力を育みながら、生きた学びができます。中等部から高等部・大学部と継続して学び続けることもできます。

親 の 会	―
受入時面接	○
体験入学	○
学校出席扱	○

費用	入 会 金	11,000円
	教 材 費	0円
	授 業 料	8,800円／月
	そ の 他	―

代 表 者	石渡　一成
設 立	2007年
受入年齢	中学1年生～
運営日時	月～金 10:00～12:00 もしくは 13:00～17:00
定 員	制限なし
在籍者数	高校生62名・中学生2名（2024年2月現在）
スタッフ数	2～4名

■こんな子どもに向いています

つまずいたところから学習したい、生きていくチカラを身につけたい生徒。

■主な活動内容

英国数を中心とした個別授業。高校生と交流。山村留学体験。文化祭見学。ボランティア体験。居場所さがし。

■スタッフの特長

40代中心／女性スタッフが多い／教員免許・心理カウンセラー資格保有者

教育アカデミー 中等部・高等部　横浜日吉キャンパス

http://kyouikuacademy.com

〒223-0062　神奈川県横浜市港北区日吉本町
1-18-21 塚本ウエストサイドビル2F
TEL・FAX：0120-619-134
交通：東急線、横浜市営地下鉄各線「日吉駅」徒歩2分

サポート　高認指導

■教育方針

一人ひとり、夢も悩みも勉強でつまずいている箇所もそれぞれです。教育アカデミーでは、その生徒の学びたい気持ちを大切にして一人ひとりのペースで学習ができます。課外授業にも高校生に混じって参加できますので、コミュニケーション能力を育みながら、生きた学びができます。中等部から高等部・大学部と継続して学び続けることもできます。

親 の 会	―
受入時面接	○
体験入学	○
学校出席扱	○

費用	入 会 金	11,000円
	教 材 費	0円
	授 業 料	8,800円／月
	そ の 他	―

代 表 者	石渡　一成
設 立	2007年
受入年齢	中学1年生～
運営日時	月～金 10:00～12:00 もしくは 13:00～17:00
定 員	制限なし
在籍者数	高校生50名・中学生2名（2024年2月現在）
スタッフ数	2～4名

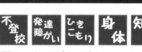

■こんな子どもに向いています

つまずいたところから学習したい、生きていくチカラを身につけたい生徒。

■主な活動内容

英国数を中心とした個別授業。高校生と交流。山村留学体験。文化祭見学。ボランティア体験。居場所さがし。

■スタッフの特長

40代中心／女性スタッフが多い／教員免許・心理カウンセラー資格保有者

教育アカデミー 中等部・高等部　横須賀中央キャンパス

http://kyouikuacademy.com

〒238-0007　神奈川県横須賀市若松町20-16
アーバンヒルズ横須賀中央2F A号室
TEL・FAX：0120-619-134
交通：京急線各線「横須賀中央駅」徒歩1分

サポート　高認指導

■教育方針

一人ひとり、夢も悩みも勉強でつまずいている箇所もそれぞれです。教育アカデミーでは、その生徒の学びたい気持ちを大切にして一人ひとりのペースで学習ができます。課外授業にも高校生に混じって参加できますので、コミュニケーション能力を育みながら、生きた学びができます。中等部から高等部・大学部と継続して学び続けることもできます。

親 の 会	―
受入時面接	○
体験入学	○
学校出席扱	○

費用	入 会 金	11,000円
	教 材 費	0円
	授 業 料	8,800円／月
	そ の 他	―

代 表 者	石渡　一成
設 立	2007年
受入年齢	中学1年生～
運営日時	月～金 10:00～12:00 もしくは 13:00～17:00
定 員	制限なし
在籍者数	高校生28名・中学生4名（2024年2月現在）
スタッフ数	2～4名

■こんな子どもに向いています

つまずいたところから学習したい、生きていくチカラを身につけたい生徒。

■主な活動内容

英国数を中心とした個別授業。高校生と交流。山村留学体験。文化祭見学。ボランティア体験。居場所さがし。

■スタッフの特長

40代中心／女性スタッフが多い／教員免許・心理カウンセラー資格保有者

NPO法人　教育★ステーション
ステップアップクラス

https://kyouikust.com
e-mail : kyouikust@gmail.com

〒231-0005　神奈川県横浜市中区本町4-43
A-PLACE馬車道7F
TEL：045-211-6500　FAX：045-264-4635
交通：JR・地下鉄「関内駅」、みなとみらい線「馬車道」

 フリースクール

■教育方針
専門家がしっかりとお子様の学習支援・生活支援のサポートを行いながら、進学や進路を目指し自立した生活を送るためのサポートをしております。さまざまな理由から不登校やひきこもりになる子どもたちの復学や進学への道は厳しいように思われがちですが、生活面や精神面などのサポートを行うことで、自らの力で復学や進学への道を切り開くことが可能となります。また、個々の状況に応じた学習支援のほかに、アセスメントを重要視しております。アセスメントとは、家族構成、生活歴、病歴、身体状況、心身状況、嗜好などを詳しくお聞きして、問題を解決するためにはどのようにすればよいかを一緒に考えていきます。自宅以外の場所で家族以外の人と繋がりながら、安心して自分の心を表現し、リラックスした状態で学習できる環境が、チャレンジクラスです。

親 の 会	○	費用	入会金	10,000円
受入時面接	○		教材費	―
体験入学	○		授業料	18,500円
学校出席扱	○		その他	施設費別途

代 表 者	山田　梨絵
設 立	2013年
受入年齢	小・中学生
運営日時	月曜日〜金曜日午前10時〜午後17時00分
定 員	15名
在籍者数	10名
スタッフ数	5名

不登校　発達障がい　ひきこもり　身体　知的

■こんな子どもに向いています
不登校・ひきこもり・保健室登校・特別クラスに通学している小学生・中学生、人と話すことが苦手、昼夜逆転、生活のリズムがバラバラ、勉強のやり方がわからない…こんな悩みをもった子をサポートします。

■主な活動内容
個々の状況に応じた学習支援、自己表現力や自立する為に必要なコミュニケーション力を身につけることにも力を入れています。

■スタッフの特長
学習支援に関しては、通信制高校教員がサポート。一人ひとりの個性を大切にする経験豊かなスタッフ。※精神保健福祉士、公認心理士　※(社)家族支援メンタルサポート協会認定 家族支援カウンセラー®資格保有者

NPO法人　楠の木学園

https://www.kusunoki-gakuen.jp/
e-mail : info@kusunokigakuen.or.jp

〒222-0036　神奈川県横浜市港北区
小机町2482-1
TEL：045-473-7880　FAX：045-473-8225
交通：JR横浜線「小机駅」徒歩3分

 フリースクール

■教育方針
不登校・ひきこもり・発達障がい(自閉症スペクトラムなど)や、さまざまな事情や個性・特性を持った、中学生から20歳前後の青少年を対象とする学び舎です。生徒たちが安心できる居場所を作る事を第一に考え、基本的な学習支援だけでなく身体表現や芸術活動などを通した人間的な成長も重視します。社会参加に向け体験活動や職場実習を積み上げ、それぞれの自信と意欲を引き出す支援を行い、一人ひとりの進路を丁寧に切り開いています。また、希望者は通信制高校の単位履修による高校卒業資格の取得も可能です。

親 の 会	○	費用	入学金	330,000円
受入時面接	○		教材費	13,200円／年
体験入学	○		授業料	71,500円／月
学校出席扱	○		その他	設備費、高卒資格取得は別途

代 表 者	高橋　義男
設 立	1993年
受入年齢	中学生〜20歳程度まで
運営日時	月曜〜金曜9:15〜15:30
定 員	約30名
在籍者数	25名(2024年1月現在)
スタッフ数	15名

不登校　発達障がい　ひきこもり　身体　知的

■こんな子どもに向いています
不登校やひきこもり状態にある人、発達障がい(自閉症スペクトラムなど)の傾向のある人。

■主な活動内容
コミュニケーション力を育てる。基礎的な学習支援。シュタイナー芸術療法を取り入れた音楽・美術の授業。和太鼓、演劇などの表現活動。高卒資格取得。就労支援活動。

■スタッフの特長
若手とベテランが力を合わせ、生徒と同じ目の高さで話し合い、常に楽しく学ぶことを第一に考えています。

NPO法人 子どもと生活文化協会（CLCA）

http://www.clca.jp　Facebook http://www.facebook.com/npo.clca
e-mail : clca@clca.jp

〒250-0045　神奈川県小田原市城山
1-6-32 Sビル2F
TEL：0465-35-8420　FAX：0465-35-8421
交通：JR東海道線「小田原駅」

 フリースクール 高認指導

■教育方針
バーチャルに偏りすぎた生活が自分を見失う結果を招いているので、手足を動かし汗を流す実体験を多く取り入れることで元気を取り戻すことを心がけています。受験教科の勉強もバーチャルなので、自分を取り戻すまではしないようにすることで、かえって勉強の成果をあげて進学につながっている。親や教師以外の多くの大人に出会う機会を持つことで、将来の夢や希望が持てるようになるケースも多い。たくさんの活動から選択することで選ぶ力をつける。

親 の 会	○	費用	入会金	4,000円
受入時面接	○		教材費	―
体験入学	○		授業料	25,000円／月
学校出席扱	○		その他	別途、合宿費やワークショップ代

代 表 者	石塚　正孝
設 立	1992年
受入年齢	小学生〜18歳位まで
運営日時	月曜〜金曜9:30〜17:00
定 員	20名
在籍者数	20名(2023年12月現在)
スタッフ数	5名

不登校　発達障がい　ひきこもり　身体　知的

■こんな子どもに向いています
自然体験が好きな子や、今は勉強していなくても将来上級学校に進学したい人に適しています。

■主な活動内容
夏期日課合宿、学習会、米づくりなどの農作業、植物観察会、作陶、修学旅行など。

■スタッフの特長
平均40歳、男女半々、元教員。

NPO法人 湘南国際アカデミー

https://npo-academy.jp/freeschool/

〒251-0015　神奈川県藤沢市川名2-5-31
TEL：0466-41-9177　FAX：0466-41-9178
交通：JR東海道・小田急線「藤沢駅」

■教育方針

湘南国際アカデミーのフリースクールでは、何らかの理由で学校に行けなかったり、様々な悩み、苦しみを抱えたりしている生徒・若者を対象に、学習支援と心のサポートを行い、一緒に考え解決へと導くための居場所づくりと支援を行います。
当フリースクールは併設の高等部とプログラムを一部共有しています。中学生は高校生活を知ることにより、進学への不安が減り、前向きに進路に向き合うきっかけをつかむことができます。

親 の 会	―
受入時面接	○
体験入学	○
学校出席扱	○

費用	入 会 金	11,000円(税込)
	教 材 費	授業料に含まれる
	授 業 料	2,200円／時間
	そ の 他	―

代 表 者	新井　信
設　　立	2016年
受入年齢	11〜20歳程度
運営日時	月・火・水・木 10:00 〜15:00
定　　員	1グループ3名まで
在籍者数	―
スタッフ数	高等部教員と連携

■こんな子どもに向いています■

学校に通えない、友達や先生と関わることが難しい、など不安や悩みを抱えている子供たちを支援します。

■主な活動内容

個別にカリキュラムを作成します。高等部のアクティビティに参加することも可能です。

■スタッフの特長

学習指導の他、キャリアコンサルタント、特別支援教諭等、経験豊富なスタッフが多角的にサポートします。

NPO法人 湘南国際 藤沢校

http://shonankokusai.jp/

〒251-0052 神奈川県藤沢市藤沢1009-6　2F
TEL：0466-47-6984
交通：JR「藤沢駅」

■教育方針

不登校・ひきこもり・発達障がい等を「個性」としてとらえ、いろいろな子ども達をありのままに受け入れています。互いに認め合い、自分の存在価値をみつけだし、ほめることによって「自己肯定感」「自信」を養い、「社会的自立」をめざします。また、「学校」「家庭」「本人」の第三者的立場から「コーディネーター」の役割を重視し、「本人」にとって一番良い選択肢をみつけたいと思っています。

親 の 会	―
受入時面接	○
体験入学	○
学校出席扱	○

費用	入 会 金	0円
	教 材 費	実費
	授 業 料	10,000〜30,000円／月
	そ の 他	―

代 表 者	吉田　勝英
設　　立	2008年
受入年齢	小・中学生
運営日時	月・水・金 10:00 〜12:00
定　　員	30名
在籍者数	2名(2024年3月現在)
スタッフ数	4名

■こんな子どもに向いています■

学校復帰・進路に関して学力充実を目指す児童・生徒はもちろんのこと、LD・障害を持つ子供たちにもそれぞれに合わせたサポートをしていきます。

■主な活動内容

学習支援を通して「自信」「自己肯定感」を高めるとともに月一回の校外学習によって機会作りをしています。

■スタッフの特長

20〜70代／男女／教員免許・学校心理士等の資格を保有

NPO法人 湘南国際 三浦校

http://shonankokusai.jp/

〒238-0101 神奈川県三浦市南下浦町上宮田3130
和光庵ビル201
TEL：046-897-7936
交通：京浜急行線「三浦海岸駅」

■教育方針

不登校・ひきこもり・発達障がい等を「個性」としてとらえ、いろいろな子ども達をありのままに受け入れています。互いに認め合い、自分の存在価値をみつけだし、ほめることによって「自己肯定感」「自信」を養い、「社会的自立」をめざします。また、「学校」「家庭」「本人」の第三者的立場から「コーディネーター」の役割を重視し、「本人」にとって一番良い選択肢をみつけたいと思っています。

親 の 会	―
受入時面接	○
体験入学	○
学校出席扱	○

費用	入 会 金	0円
	教 材 費	実費
	授 業 料	10,000〜30,000円／月
	そ の 他	―

代 表 者	吉田　勝英
設　　立	2008年
受入年齢	小・中学生
運営日時	月・水・金 10:00 〜12:00
定　　員	30名
在籍者数	2名(2024年3月現在)
スタッフ数	4名

■こんな子どもに向いています■

学校復帰・進路に関して学力充実を目指す児童・生徒はもちろんのこと、LD・障害を持つ子供たちにもそれぞれに合わせたサポートをしていきます。

■主な活動内容

学習支援を通して「自信」「自己肯定感」を高めるとともに月一回の校外学習によって機会作りをしています。

■スタッフの特長

20〜70代／男女／教員免許・学校心理士等の資格を保有

NPO法人 湘南国際 横須賀校

http://shonankokusai.jp/

〒238-0008 神奈川県横須賀市大滝町1-26
清水ビル4F
TEL：046-827-1941　FAX：046-827-4119
交通：京浜急行線「横須賀中央駅」

■教育方針

不登校・ひきこもり・発達障がい等を「個性」としてとらえ、いろいろな子ども達をありのままに受け入れています。互いに認め合い、自分の存在価値をみつけだし、ほめることによって「自己肯定感」「自信」を養い、「社会的自立」をめざします。また、「学校」「家庭」「本人」の第三者的立場から「コーディネーター」の役割を重視し、「本人」にとって一番良い選択肢をみつけたいと思っています。

代表者	吉田 勝英
設　立	2008年
受入年齢	小・中学生
運営日時	月・水・金 10:00 ～12:00
定　員	30名
在籍者数	2名(2024年3月現在)
スタッフ数	4名

親 の 会	―	費用	入会金	0円
受入時面接	○		教材費	実費
体験入学	○		授業料	10,000～30,000円/月
学校出席扱	○		その他	―

■こんな子どもに向いています■
学校復帰・進路に関して学力充実を目指す児童・生徒はもちろんのこと、LD・障害を持つ子供たちにもそれぞれに合わせたサポートをしていきます。

■主な活動内容■
学習支援を通して「自信」「自己肯定感」を高めるとともに月一回の校外学習によって機会作りをしています。

■スタッフの特長■
20～70代／男女／教員免許・学校心理士等の資格を保有

心理カウンセリング　こころの個別スクール　イル　クオーレ

https://ilcuore-yokohama.jimdo.com/
e-mail：llcuore.yokohama@gmail.com

〒211-0025　神奈川県川崎市中原区木月
3-32-11-307
TEL：044-948-4224
交通：東急東横線「元住吉駅」「日吉駅」

■教育方針

学校に行けなくなった子、合わない子、人間関係が苦手な子、人見知りの子、身体症状が出てきている子etc苦しんでいる子に対し、『そのままの自分でいいんだよ』とその子を認めて受け入れてその子にとって必要な"居場所"を提供します。リラックスできて自然体でいることができるようになると人生に前向きになって、自然や読書、ゲームなどから多くのことを学ぶようになります。

代表者	宮井 宏
設　立	2015年
受入年齢	小学3年生 ～20代
運営日時	月～金 10:00～18:00
定　員	50名
在籍者数	―
スタッフ数	6名

親 の 会	―	費用	入学金	30,000円
受入時面接	○		教材費	別途
体験入学	○		授業料	35,000円／月
学校出席扱	○		その他	―

■こんな子どもに向いています■
人とコミュニケーションするのが苦手で、自分の意見を言うのが苦手な子、うつや依存症などの症状に苦しんでいる子。

■主な活動内容■
生徒同士やスタッフと語り合ったりゲームしたり、好きなことに熱中する人のことも応援します。

■スタッフの特長■
心理カウンセラー
心の家庭教師

須藤教育研究所・アララギ学院

http://www.araragigakuin.com/
e-mail：baetis@mtb.biglobe.ne.jp

〒231-0844　神奈川県横浜市中区西之谷町
108-6
TEL：045-211-4007
交通：JR「山手駅」

■教育方針

当方は、不登校及び発達障がいのある小・中・高・高認受験生・大学生を受け入れています。楽しい学生生活が送れるよう、わかる所から個別に指導する学習や、コミュニケーション強化のSST、生活力をつけるLSTにも力を入れています。希望で受験勉強もできます。

代表者	須藤 由美子
設　立	1989年
受入年齢	11～30歳
運営日時	10:00～20:00 日曜・祝日 休み
定　員	20名
在籍者数	23名(2024年1月)
スタッフ数	9名

親 の 会	○	費用	入会金	50,000円
受入時面接	○		教材費	15,000円／年
体験入学	○		授業料	25,000円／月
学校出席扱	○		その他	―

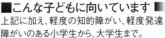

■こんな子どもに向いています■
上記に加え、軽度の知的障がい、軽度発達障がいのある小学生から、大学生まで。

■主な活動内容■
どの段階からでも学べる学習・音楽と美術のセラピー・ソーシャルスキル・ライフスキル・カウンセリング等。

■スタッフの特長■
カウンセラー4名、スタッフ全員カウンセリングの学習者。教員免許取得者。

SEISAアカデミー

https://www.seisahighschool.ed.jp/academy/
e-mail：academy@seisa.ed.jp

〒226-0016　神奈川県横浜市緑区霧が丘6丁目13番地（星槎中学校内）
TEL：045-442-8687（星槎中学校内）　FAX：045-442-66762
交通：JR横浜線「十日市場駅」下車、横浜市営バス「若葉台中央」
行き（55・345系統）約10分「霧が丘西」下車 徒歩約5分

フリースクール

■教育方針

多様な子どもの興味関心や理解度、認知特性に応じて、学年や学校種を超えた学びを実現する、小中高一貫の学び舎です。ある分野において特定の才能を持つ児童生徒がその特性から吹きこぼれとなり、学ぶ機会を失い、力を発揮できていない現状を支援していくための教育機関として2023年4月よりスタートしました。〇年生だからこれをやるべき、〇歳だからまだ早いと学びに蓋をすることなく、子どもたちの「やりたい」好奇心を大切にします。「できちゃう人も取り残さない」を掲げ、一人ひとりの持っている能力をつぶさず、今後の社会に活かし、日本の未来を創っていく人材育成をするのがSEISAアカデミーです。

代表者	森下　佳苗
設　立	2023年
受入年齢	小1〜高3
運営日時	月曜〜金曜 9:15〜16:00
定　員	各学年5名程度
在籍者数	15名(2024年4月)
スタッフ数	15名(常勤／非常勤含む)

親の会	今後発足予定	費用	入会金	210,000円(初年度)
受入時面接	○		教材費	実費(副教材費として徴収)
体験入学	○		授業料	700,000円／年
学校出席扱	在籍の学校に確認		その他	施設設備費160,000円/年(初年度) 施設維持費150,000円/年

■こんな子どもに向いています

学年にとらわれない学習がしたい、特定の分野において興味関心が強い、現在の学習環境には適応できないが自分の好きな学習・探求を行う意欲がある

■主な活動内容

午前は基礎学力を育成するためAIドリルを用いて個別最適化された学習を行います。午後はPBL型の学びでテーマを決めてとことん掘り下げたいことを探求します。STEAM教育をベースに強化学習だけにとらわれない幅広い学びを提供します。

■スタッフの特長

SEISAアカデミーのスタッフは「先生」ではなく伴走者です。一人ひとりの好奇心を大切にし、どうしたらその好奇心を満たせるか一緒に考え、形にします。

星槎学園 北斗校 初等部
（せいさがくえん）

地域の公立小学校の在籍となります。
e-mail：seisagakuen_hokuto@seisa.ed.jp

〒226-0025　神奈川県横浜市緑区十日市場町1726-4
TEL：045-530-1313　FAX：045-530-1763
交通：JR横浜線「十日市場駅」より徒歩12分

フリースクール

■教育方針

本校初等部は、小学4年生から小学6年生までの学習やコミュニケーションの苦手さ、また学校に行けなくなってしまったなどの学校生活に困り感をもった子供たちが集っています。
「仲間作り」と「様々な経験をすること」を重視し、中集団での生活がベースとなっており、本校の中等部進学に向けて準備をしていきます。また、教科書・ノートを使わず、児童たちの状況に合わせた学習内容で進めています。
1日の学校生活は、10:15〜15:00で、週1日から週4日までの登校日を選択することができ、アート・フィットネス・ミュージック・パソコン等の教科学習に準じた活動もあります。

代表者	矢吹　勝彌
設　立	2020年4月
受入年齢	小4〜小6
運営日時	月・火・木・金 10:15〜15:00
定　員	各曜日12名
在籍者数	4年生:4名／5年生:7名 6年生:11名 計22名
スタッフ数	専任教諭2名 他(48名【中高等部と連携】)

親の会	―	費用	入会金	年会費20,000円
受入時面接	○		教材費	1,000円／月
体験入学	○		授業料	週1コース/月16,000円 週2コース/月32,000円 週3コース/月48,000円 週4コース/月64,000円
学校出席扱	○		その他	行事費10,000円／年 諸経費 1,000円／月

■こんな子どもに向いています

・自信をなくしてしまった生徒　・クラスに馴染めなかった生徒　・自己肯定感を高めたい生徒　・様々なものに挑戦したい生徒

■主な活動内容

教科学習の他に、SSTや課外学習・体験学習を通して基礎学力の向上や集団性を伸ばしていきます。

■スタッフの特長

スクールカウンセラー（臨床心理士）常駐。特別支援教育にも特化した職員がサポートします。

星槎学園 北斗校 中等部
（せいさがくえん）

地域の公立中学校の在籍となります。
e-mail：seisagakuen_hokuto@seisa.ed.jp

〒226-0025　神奈川県横浜市緑区十日市場町1726-4
TEL：045-530-1313　FAX：045-530-1763
交通：JR横浜線「十日市場駅」より徒歩12分

フリースクール

■教育方針

全日型のフリースクールとして、毎日登校することで教育効果のある環境を整えています。専門知識に特化した職員が教育的支援方法、考える力や行動する力の育成を支援しています。また、15名〜20名の集団生活の中で、自己理解や社会性の育成に繋げることを目的としています。
特色としては生徒一人ひとりに個別支援目標を立て、個別支援担当が中心となり、サポートしていきます。生徒は個別支援担当との面談を通して、目標の達成度の確認や悩みを一緒に解決します。また、生徒の状況や支援方法等を全職員が共通理解するために「ケース会議」を行い生徒理解に努めています。

代表者	矢吹　勝彌
設　立	2008年4月
受入年齢	中1〜中3
運営日時	月曜〜金曜 9:15〜15:30 清掃・クラブ活動・委員会活動 17:00まで
定　員	各学年1クラス15〜20名
在籍者数	1年生:43名／2年生:34名 3年生26名 計103名
スタッフ数	48名(高等部と連携)

親の会	○	費用	入会金	入学金200,000円
受入時面接	○		教材費	副教材費 30,000〜50,000円
体験入学	○		授業料	630,000円／年
学校出席扱	○		その他	(施設設備費・維持費) 250,000円

■こんな子どもに向いています

・自信をなくしてしまった生徒　・クラスに馴染めなかった生徒　・自己肯定感を高めたい生徒　・様々なものに挑戦したい生徒

■主な活動内容

教科学習の他に、SSTや課外学習・体験学習を通して基礎学力の向上や集団性を伸ばしていきます。

■スタッフの特長

スクールカウンセラー（臨床心理士）常駐。特別支援教育にも特化した職員がサポートします。

星槎フリースクール おだわら
せい さ

https://seisa.ed.jp/odawara/
e-mail : odawara@seisa.ed.jp

〒250-0024　神奈川県小田原市根府川41
（旧片浦中学校跡地）
TEL：0465-28-3830　FAX：0465-28-3831
交通：JR東海道本線「根府川駅」徒歩8分

■教育方針

好きなこと・得意なことを発見して楽しく学んでほしい、友だちとわかり合い、大切にし合う喜びを感じてほしい、社会で生きるスキルを身につけ、自信を持ってほしい、と考えています。そしてここにはひとつの小さな社会があります。
ー星槎大学、星槎国際高校 併設ー
■星槎フリースクールおだわら〈下記費用も参照〉
　（専門的少人数指導による、もうひとつの小・中学校　在籍:10名,定員:20名）
■星槎教育支援センターおだわら〈料金についてはお問い合せ下さい〉
　（教育相談・各種アセスメント）

親 の 会	○
受入時面接	○
体験入学	○
学校出席扱	○

費用	入会金	18,000円
	教材費	実費
	授業料	週1日〜:11,000円〜/月
	その他	―

代 表 者	平澤 晶子
設 立	2019年
受入年齢	小学生〜中学生
運営日時	週1〜5回 9:30〜15:00
定 員	20名
在籍者数	5名
スタッフ数	3名(高等部と連携)

■こんな子どもに向いています
学び方を変えればイキイキとする子どもたち。理解してもらえなかった悔しさがたまっている子どもたち。

■主な活動内容
本物を体験する総合学習（社会・文化・芸術・科学・生活・体育）・基礎学力・ソーシャルスキル・ライフスキルのトレーニング。

■スタッフの特長
20〜30代が中心。臨床心理から特別支援教育まで。不登校・発達障がいを理解し、教員免許保有。星槎国際高校、星槎大学 教育研究所の教員も協力。

星槎フリースクール 横浜かもい
せい さ

http://www.seisa.ed.jp/kamo/
e-mail : kamoi_info@seisa.ed.jp

〒224-0053　神奈川県横浜市都筑区池辺町4654
TEL：045-929-5010　FAX：045-929-5325
交通：JR横浜線「鴨居駅」下車徒歩8分

■教育方針

好きなこと・得意なことを発見して楽しく学んでほしい、友だちとかかわり合い、大切にし合う喜びを感じてほしい、社会で生きるスキルを身につけ、自信を持ってほしい、と考えて、星槎フリースクール・星槎教育支援センターを開設しました。①到達度に応じた課題で「わかる」「できる」学習。②生徒一人ひとりの個性や発達の特性を生かす。③人やものと出会う「ナマの体験」を通じて生きた力をつける。④自分の進む道を考え、進路設計する力をつける。⑤不思議『?』発見で、創造性と科学する心を育てる。

親 の 会	○
受入時面接	○
体験入学	○
学校出席扱	○

費用	入会金	年会費18,000円
	教材費	実費
	授業料	週1日〜:11,000円〜/月
	その他	設備費として週1日〜:3,000円/月

代 表 者	田井 幸祐
設 立	2007年
受入年齢	小学校4年生〜中学校3年生
運営日時	週1日〜5日 10:30〜15:00 （原則として）
定 員	各曜日10名程度
在籍者数	約30名
スタッフ数	5名(ボランティア含む)

■こんな子どもに向いています
学び方を変えればイキイキとする子どもたち。理解してもらえなかった悔しさがたまっている子たち。

■主な活動内容
本物を体験する総合学習（社会・文化・芸術・科学・生活・体育）・基礎学力・ソーシャルスキル・ライフスキルのトレーニング。

■スタッフの特長
20〜30代が中心。特別支援教育や不登校・発達障がいを理解し、教員免許保有。星槎国際高校の教員も協力。

セレンディップ高等学院
（横浜磯子LS（ラーニングスペース））

https://www.facebook.com/serendip1114/
e-mail : serendipacademy@gmail.com

〒235-0033　神奈川県横浜市磯子区杉田2-8-23
TEL：045-294-4967　FAX：0982-27-5282
交通：京急本線「杉田駅」徒歩10分

■教育方針

「和を以って尊しとなす」。セレンディップでは、「同じ空間で」「別のことを」和気あいあいとやっている、という不思議な状態です。江戸時代の寺子屋のように、みんな別の方向を向いて、別のことをして、でも楽しそうに学んでいる。一人ひとりにカスタマイズされた学習計画のもと、無理のない進度で学習が進められ、誰かと比較されることはありません。フルタイムコース卒業生の就職(就労)・進学率=100%！！
★Instagramでも情報発信中！@serendipacademy

親 の 会	―
受入時面接	○
体験入学	○
学校出席扱	○

費用	入会金	55,000円
	教材費	実費
	授業料	36,600円/月
	その他	通信制高校の学費

代 表 者	新川 菜生
設 立	2010年4月
受入年齢	中学生〜高校生
運営日時	火・木 10:30〜15:30
定 員	10名
在籍者数	3名
スタッフ数	2名

■こんな子どもに向いています
落ち着いた雰囲気の中でじっくりと勉強したい生徒さんにおすすめです。

■主な活動内容
ひとりひとりの進路希望に応じて、最適な指導をしています。季節ごとのイベントもあり、学年の枠を越えて仲間ができます。オンライン学習にも対応しています。

■スタッフの特長
20代スタッフ／IT指導／教員資格保有

特定非営利活動法人　太陽の村

https://taiyounomura.com/
e-mail：school@taiyounomura.com

〒252-0239　神奈川県相模原市中央区中央
2-7-9-3F
TEL：042-707-0160　FAX：042-707-1641
交通：JR横浜線「相模原駅」　バス停「市役所前」徒歩1分

フリースクール

■ 教育方針
太陽の村は、発達特性（発達障がい）の診断があるお子さんを中心に「教えこまない教育」を実践しています。フリースクールは「僕らの道は一つじゃない」をモットーとした心に元気を与えるクラスです。自立した社会人になる為の感性を育て、自ら考え行動する力を育てます。また、松本国際高等学校と協定して相模原学習センターとして単位取得のサポートをしていますので、中学卒業後も続けて支援が受けられます。教室は中央教室、さくら教室、二本松教室の3拠点。

親 の 会	―
受入時面接	○
体験入学	○
学校出席扱	○

※保護者会・茶話会毎月有

費用	入 会 金	12,000円
	教材費	実費
	授業料	3,000～34,000円／月
	その他	施設維持費として12,000円／年

代 表 者	吉川　さやか
設　　立	2010年
受入年齢	小1～高3
運営日時	月曜～土曜 9:30～14:00
定　　員	12名
在籍者数	22名(2024年2月現在)
スタッフ数	10名

■こんな子どもに向いています■
発達障がいや適応障がいをもち、友人とのコミュニケーションの取り方や日々の生活に改善が必要な児童・生徒向け

■主な活動内容
基礎学力定着支援の他、畑や野外調理などの自然体験、サッカー教室を取り入れています。遠足などのイベントもあります。

■スタッフの特長
20代～70代の幅広い年齢層。公認心理師、社会福祉士、教員、保育士免許保有。

中央高等学院 中学生コース 横浜校

https://chuos.com
e-mail：info@chuos.com

〒231-0011　神奈川県横浜市中区太田町2−23
※その他、池袋、吉祥寺、渋谷原宿、千葉、大宮、名古屋に校舎があります。
TEL：0120-89-1146
交通：各線「横浜駅」から徒歩5分

フリースクール
中学生コース

■教育方針
広域通信制高校・中央国際高校のサポートキャンパスであり、「できることからはじめようよ！」を掲げ、45年以上の歴史と経験を持つ、サポート校・中央高等学院が開設するフリースクールです。目の届く少人数制、個々にあった指導、豊富なカリキュラムで中学卒業までしっかりサポートします。勉強は生徒のレベルに合わせ丁寧に指導。授業の半分は、ゲームや課外授業を通してコミュニケーション力を育みます。また、同じ仲間、同じ先生がいる環境で、安心して中央高等学院へ進学することも可能です。

親 の 会	
受入時面接	
体験入学	○
学校出席扱	

費用	入 会 金	直接、校舎にお問い合わせ下さい
	教材費	
	授業料	
	その他	

代 表 者	斉藤　守
設　　立	1978年
受入年齢	中学生
運営日時	毎週土曜日
定　　員	20名
在籍者数	8名
スタッフ数	―

■こんな子どもに向いています■
「勉強についていけず不安」「相談できる先生が欲しい」「高校へ進学したい」などの悩みを解決したい方。

■主な活動内容
毎週土曜日に開講しています。主要3教科の基礎学力、集団行動に慣れるためのゲーム、散策、課外授業など。

■スタッフの特長
中央高等学院の経験豊富な先生が丁寧に接します。また、先生との距離の近さが魅力です。

TOS高等学院 中等部フリースクール

https://tos-kc1.com/free-school/
e-mail：school@tos-kc1.com

〒252-0303 神奈川県相模原市南区相模大野
8-2-6　第一島ビル4F
TEL：0120-30-5897
交通：小田急線「相模大野駅」徒歩2分

フリースクール
サポート

■教育方針
不登校・発達障害専門の家庭教師派遣会社が母体となって設立されたフリースクールです。多彩な専門性と経験を持ったスタッフたちが、一人ひとりの子どもの特性を見極め、それぞれの子どもなりのやり方で社会に適応するための支援を行います。社会に出て自立するための第一歩は安心できる居場所づくりから。まずは生徒本人や、彼ら・彼女らを支えるご家族が安心して毎日を過ごせるようサポートすることを何よりも大切に考えています。

親 の 会	―
受入時面接	―
体験入学	○
学校出席扱	○ 学校との相談が必要

費用	入 会 金	11,000円
	教育運営費	0円
	授業料	11,000～22,000円／月
	その他	―

代 表 者	中村　利治
設　　立	2022年
受入年齢	中学校1～3年生 ※高校生はサポート校で対応可
運営日時	平日 （土日祝除く） 10:00～18:00
定　　員	30名
在籍者数	10名(2024年1月現在)
スタッフ数	10名

■こんな子どもに向いています■
登校する習慣を身に付けたい生徒
コミュニケーションをとるのが苦手な生徒
小学校からの勉強を学び直したい生徒

■主な活動内容
「居場所づくり」が目的であるため、学習だけではなくテレビゲームや漫画を読む等生徒様が各々やりたい事をやれます。

■スタッフの特長
母体の家庭教師センターに登録している先生達で対応致します。

トライ式中等部 青葉台キャンパス

https://www.try-gakuin.com/freeschool/
e-mail：try-gakuin-chutobu@trygroup.com

〒227-0062 神奈川県横浜市青葉区青葉台
1-6-13　ケントロンビル5F
※全国に123ヶ所のキャンパスがあります
TEL：0120-919-439

■教育方針

不登校からの高校進学・大学進学をはじめとして、あらゆる生徒の進路を切り開くために、学力の向上はもとより社会を生き抜く力を育む様々な支援を行っているのがトライ式中等部です。夢や目標の実現に向け、一人ひとりに合わせたサポートをしています。
学習スタイルは「通学型」「在宅型」「オンライン型」の3つあり、自分にあったものを選べます。いつでも何度でも、切り替えたり組み合わせることができます。
また、在籍している中学校の学校長の許可があれば、トライ式中等部への登校を出席扱いにすることが可能です。

親 の 会	—
受入時面接	○
体験入学	○
学校出席扱	○ 学校との相談が必要

費用	入 会 金	50,000円（税別）
	教材費	—
	授業料	40,000円／月（税別）
	その他	詳細は直接お問い合わせください。

代 表 者	物部 晃之
設 立	2013年4月
受入年齢	中学生
運営日時	9時〜16時 指導場所、曜日、時間は自由に選択可能
定 員	—
在籍者数	—
スタッフ数	—

■こんな子どもに向いています
・不登校を解決したいと考えている方
・中学校の勉強についていきたい方
・高校へ進学したいと考えている方

■主な活動内容
学習の個別サポートに加え、修学旅行や体育祭などの学校行事やサークル活動、ゼミ（プログラミングなど）に参加することができます。※参加は自由です

■スタッフの特長
経験豊富なキャンパス長や講師がキャンパスに常駐し、日々の学習や生活をサポートします。

トライ式中等部 上大岡キャンパス

https://www.try-gakuin.com/freeschool/
e-mail：try-gakuin-chutobu@trygroup.com

〒233-0002 神奈川県横浜市港南区上大岡西1-6-1
ゆめおおおかオフィスタワー18F
※全国に123ヶ所のキャンパスがあります
TEL：0120-919-439

■教育方針

不登校からの高校進学・大学進学をはじめとして、あらゆる生徒の進路を切り開くために、学力の向上はもとより社会を生き抜く力を育む様々な支援を行っているのがトライ式中等部です。夢や目標の実現に向け、一人ひとりに合わせたサポートをしています。
学習スタイルは「通学型」「在宅型」「オンライン型」の3つあり、自分にあったものを選べます。いつでも何度でも、切り替えたり組み合わせることができます。
また、在籍している中学校の学校長の許可があれば、トライ式中等部への登校を出席扱いにすることが可能です。

親 の 会	—
受入時面接	○
体験入学	○
学校出席扱	○ 学校との相談が必要

費用	入 会 金	50,000円（税別）
	教材費	—
	授業料	40,000円／月（税別）
	その他	詳細は直接お問い合わせください。

代 表 者	物部 晃之
設 立	2014年4月
受入年齢	中学生
運営日時	9時〜16時 指導場所、曜日、時間は自由に選択可能
定 員	—
在籍者数	—
スタッフ数	—

■こんな子どもに向いています
・不登校を解決したいと考えている方
・中学校の勉強についていきたい方
・高校へ進学したいと考えている方

■主な活動内容
学習の個別サポートに加え、修学旅行や体育祭などの学校行事やサークル活動、ゼミ（プログラミングなど）に参加することができます。※参加は自由です

■スタッフの特長
経験豊富なキャンパス長や講師がキャンパスに常駐し、日々の学習や生活をサポートします。

トライ式中等部 川崎キャンパス

https://www.try-gakuin.com/freeschool/
e-mail：try-gakuin-chutobu@trygroup.com

〒210-0007 神奈川県川崎市川崎区駅前本町
15-5　十五番館6F
※全国に123ヶ所のキャンパスがあります
TEL：0120-919-439

■教育方針

不登校からの高校進学・大学進学をはじめとして、あらゆる生徒の進路を切り開くために、学力の向上はもとより社会を生き抜く力を育む様々な支援を行っているのがトライ式中等部です。夢や目標の実現に向け、一人ひとりに合わせたサポートをしています。
学習スタイルは「通学型」「在宅型」「オンライン型」の3つあり、自分にあったものを選べます。いつでも何度でも、切り替えたり組み合わせることができます。
また、在籍している中学校の学校長の許可があれば、トライ式中等部への登校を出席扱いにすることが可能です。

親 の 会	—
受入時面接	○
体験入学	○
学校出席扱	○ 学校との相談が必要

費用	入 会 金	50,000円（税別）
	教材費	—
	授業料	40,000円／月（税別）
	その他	詳細は直接お問い合わせください。

代 表 者	物部 晃之
設 立	2024年4月
受入年齢	中学生
運営日時	9時〜16時 指導場所、曜日、時間は自由に選択可能
定 員	—
在籍者数	—
スタッフ数	—

■こんな子どもに向いています
・不登校を解決したいと考えている方
・中学校の勉強についていきたい方
・高校へ進学したいと考えている方

■主な活動内容
学習の個別サポートに加え、修学旅行や体育祭などの学校行事やサークル活動、ゼミ（プログラミングなど）に参加することができます。※参加は自由です

■スタッフの特長
経験豊富なキャンパス長や講師がキャンパスに常駐し、日々の学習や生活をサポートします。

トライ式中等部 戸塚キャンパス

https://www.try-gakuin.com/freeschool/
e-mail：try-gakuin-chutobu@trygroup.com

〒244-0817 神奈川県横浜市戸塚区吉田町
3002-1 第7吉本ビル1F
※全国に123ヶ所のキャンパスがあります
TEL：0120-919-439

■教育方針

不登校からの高校進学・大学進学をはじめとして、あらゆる生徒の進路を切り開くために、学力の向上はもとより社会を生き抜く力を育む様々な支援を行っているのがトライ式中等部です。夢や目標の実現に向け、一人ひとりに合わせたサポートをしています。
学習スタイルは「通学型」「在宅型」「オンライン型」の3つあり、自分にあったものを選べます。いつでも何度でも、切り替えたり組み合わせることができます。
また、在籍している中学校の学校長の許可があれば、トライ式中等部への登校を出席扱いにすることが可能です。

親 の 会	—
受入時面接	○
体 験 入 学	○
学校出席扱	○ 学校との相談が必要

費用	入 会 金	50,000円（税別）
	教 材 費	—
	授 業 料	40,000円/月（税別）
	そ の 他	詳細は直接お問い合わせください。

代 表 者	物部　晃之
設 立	2020年4月
受入年齢	中学生
運営日時	9時〜16時 指導場所、曜日、時間は自由に選択可能
定 員	—
在籍者数	—
スタッフ数	—

■こんな子どもに向いています
・不登校を解決したいと考えている方
・中学校の勉強についていきたい方
・高校へ進学したいと考えている方

■主な活動内容
学習の個別サポートに加え、修学旅行や体育祭などの学校行事やサークル活動、ゼミ（プログラミングなど）に参加することができます。※参加は自由です

■スタッフの特長
経験豊富なキャンパス長や講師がキャンパスに常駐し、日々の学習や生活をサポートします。

トライ式中等部 藤沢キャンパス

https://www.try-gakuin.com/freeschool/
e-mail：try-gakuin-chutobu@trygroup.com

〒251-0025 神奈川県藤沢市鵠沼石上1-5-6
渡辺ビル1F
※全国に123ヶ所のキャンパスがあります
TEL：0120-919-439

■教育方針

不登校からの高校進学・大学進学をはじめとして、あらゆる生徒の進路を切り開くために、学力の向上はもとより社会を生き抜く力を育む様々な支援を行っているのがトライ式中等部です。夢や目標の実現に向け、一人ひとりに合わせたサポートをしています。
学習スタイルは「通学型」「在宅型」「オンライン型」の3つあり、自分にあったものを選べます。いつでも何度でも、切り替えたり組み合わせることができます。
また、在籍している中学校の学校長の許可があれば、トライ式中等部への登校を出席扱いにすることが可能です。

親 の 会	—
受入時面接	○
体 験 入 学	○
学校出席扱	○ 学校との相談が必要

費用	入 会 金	50,000円（税別）
	教 材 費	—
	授 業 料	40,000円/月（税別）
	そ の 他	詳細は直接お問い合わせください。

代 表 者	物部　晃之
設 立	2010年4月
受入年齢	中学生
運営日時	9時〜16時 指導場所、曜日、時間は自由に選択可能
定 員	—
在籍者数	—
スタッフ数	—

■こんな子どもに向いています
・不登校を解決したいと考えている方
・中学校の勉強についていきたい方
・高校へ進学したいと考えている方

■主な活動内容
学習の個別サポートに加え、修学旅行や体育祭などの学校行事やサークル活動、ゼミ（プログラミングなど）に参加することができます。※参加は自由です

■スタッフの特長
経験豊富なキャンパス長や講師がキャンパスに常駐し、日々の学習や生活をサポートします。

トライ式中等部 本厚木キャンパス

https://www.try-gakuin.com/freeschool/
e-mail：try-gakuin-chutobu@trygroup.com

〒243-0018 神奈川県厚木市中町2-1-24
柳田ビル3F
※全国に123ヶ所のキャンパスがあります
TEL：0120-919-439

■教育方針

不登校からの高校進学・大学進学をはじめとして、あらゆる生徒の進路を切り開くために、学力の向上はもとより社会を生き抜く力を育む様々な支援を行っているのがトライ式中等部です。夢や目標の実現に向け、一人ひとりに合わせたサポートをしています。
学習スタイルは「通学型」「在宅型」「オンライン型」の3つあり、自分にあったものを選べます。いつでも何度でも、切り替えたり組み合わせることができます。
また、在籍している中学校の学校長の許可があれば、トライ式中等部への登校を出席扱いにすることが可能です。

親 の 会	—
受入時面接	○
体 験 入 学	○
学校出席扱	○ 学校との相談が必要

費用	入 会 金	50,000円（税別）
	教 材 費	—
	授 業 料	40,000円/月（税別）
	そ の 他	詳細は直接お問い合わせください。

代 表 者	物部　晃之
設 立	2019年10月
受入年齢	中学生
運営日時	9時〜16時 指導場所、曜日、時間は自由に選択可能
定 員	—
在籍者数	—
スタッフ数	—

■こんな子どもに向いています
・不登校を解決したいと考えている方
・中学校の勉強についていきたい方
・高校へ進学したいと考えている方

■主な活動内容
学習の個別サポートに加え、修学旅行や体育祭などの学校行事やサークル活動、ゼミ（プログラミングなど）に参加することができます。※参加は自由です

■スタッフの特長
経験豊富なキャンパス長や講師がキャンパスに常駐し、日々の学習や生活をサポートします。

トライ式中等部 武蔵小杉キャンパス

https://www.try-gakuin.com/freeschool/
e-mail：try-gakuin-chutobu@trygroup.com

〒211-0063 神奈川県川崎市中原区小杉町
1-403-60　小杉ビルディング3F
※全国に123ヶ所のキャンパスがあります
TEL：0120-919-439

■教育方針

不登校からの高校進学・大学進学をはじめとして、あらゆる生徒の進路を切り開くために、学力の向上はもとより社会を生き抜く力を育む様々な支援を行っているのがトライ式中等部です。夢や目標の実現に向け、一人ひとりに合わせたサポートをしています。

学習スタイルは「通学型」「在宅型」「オンライン型」の3つあり、自分にあったものを選べます。いつでも何度でも、切り替えたり組み合わせることができます。

また、在籍している中学校の学校長の許可があれば、トライ式中等部への登校を出席扱いにすることが可能です。

代表者	物部　晃之
設　立	2019年4月
受入年齢	中学生
運営日時	9時〜16時 指導場所、曜日、時間は自由に選択可能
定　員	―
在籍者数	―
スタッフ数	―

親の会	―	費用	入会金	50,000円（税別）
受入時面接	○		教材費	―
体験入学	○		授業料	40,000円／月（税別）
学校出席扱	○ 学校との相談が必要		その他	詳細は直接お問い合わせください。

■こんな子どもに向いています

・不登校を解決したいと考えている方
・中学校の勉強についていきたい方
・高校へ進学したいと考えている方

■主な活動内容

学習の個別サポートに加え、修学旅行や体育祭などの学校行事やサークル活動、ゼミ（プログラミングなど）に参加することができます。※参加は自由です

■スタッフの特長

経験豊富なキャンパス長や講師がキャンパスに常駐し、日々の学習や生活をサポートします。

トライ式中等部 横浜キャンパス

https://www.try-gakuin.com/freeschool/
e-mail：try-gakuin-chutobu@trygroup.com

〒220-0004 神奈川県横浜市西区北幸2-5-3
アスカビル3F
※全国に123ヶ所のキャンパスがあります
TEL：0120-919-439

■教育方針

不登校からの高校進学・大学進学をはじめとして、あらゆる生徒の進路を切り開くために、学力の向上はもとより社会を生き抜く力を育む様々な支援を行っているのがトライ式中等部です。夢や目標の実現に向け、一人ひとりに合わせたサポートをしています。

学習スタイルは「通学型」「在宅型」「オンライン型」の3つあり、自分にあったものを選べます。いつでも何度でも、切り替えたり組み合わせることができます。

また、在籍している中学校の学校長の許可があれば、トライ式中等部への登校を出席扱いにすることが可能です。

代表者	物部　晃之
設　立	2010年4月
受入年齢	中学生
運営日時	9時〜16時 指導場所、曜日、時間は自由に選択可能
定　員	―
在籍者数	―
スタッフ数	―

親の会	―	費用	入会金	50,000円（税別）
受入時面接	○		教材費	―
体験入学	○		授業料	40,000円／月（税別）
学校出席扱	○ 学校との相談が必要		その他	詳細は直接お問い合わせください。

■こんな子どもに向いています

・不登校を解決したいと考えている方
・中学校の勉強についていきたい方
・高校へ進学したいと考えている方

■主な活動内容

学習の個別サポートに加え、修学旅行や体育祭などの学校行事やサークル活動、ゼミ（プログラミングなど）に参加することができます。※参加は自由です

■スタッフの特長

経験豊富なキャンパス長や講師がキャンパスに常駐し、日々の学習や生活をサポートします。

のぞみ教室（フリースクール）

e-mail：seisagakuen_shonan@seisa.ed.jp

〒259-0123 神奈川県中郡二宮町二宮1352-4
TEL：0463-71-0991　FAX：0463-71-0902
交通：JR東海道線「二宮駅」徒歩15分

■教育方針

湘南の自然を多く取り入れた体験学習によって、子どもたちの感性を伸ばし、社会性・集団性を身につけることで、自信を回復し、自分を大切に考え、他の人々を理解しようとする心を育てます。星槎学園高等部湘南校と体育祭や文化祭など多くの活動を合同で行います。小学生から高校生まで、多くの先輩・後輩と関わり合いながらお互いの意見を聞き、お互いの存在を確認し合いながら共生を実践していきます。また社会自立を目指すために、ソーシャルスキルトレーニングや基礎学力の定着をめざした習熟度別授業、興味を持って取り組むことができる体験学習を中心に授業をおこなっています。「何にでも挑戦して、たくさんの不思議を発見する」チャンスを作っています。

代表者	加納　信人
設　立	2010年
受入年齢	小5〜中3
運営日時	月曜〜金曜 9:30〜15:00
定　員	35名程度
在籍者数	30名(2023年3月現在)
スタッフ数	3名(他、高等部スタッフが各教科を担当)

親の会	―	費用	入会金	入学金20,000円
受入時面接	○		教材費	30,000円／年 ワーキングメモリートレーニング含む
体験入学	○		授業料	週1日コース15,000円〜／月
学校出席扱	○		その他	施設設備費 30,000円／年 活動費 30,000円／年

■こんな子どもに向いています

集団の中での自分表現が苦手、他の人との関係に不安を感じている、学校生活の中で自信が持てない、などで悩んでいる子どもたちのためのフリースクールです。

■主な活動内容

課外活動、体験学習で集団としての動きや、社会性の育成。漢検、英検、日本語検定の取得やワーキングメモリートレーニングで集中力を養う。

■スタッフの特長

支援教育カウンセラーの資格を所有する職員が対応致します。

不登校を助ける会

https://www.futoukou-sien.com

〒220-0055　神奈川県横浜市西区浜松町13-6
TEL：080-7722-2026
交通：相鉄線「西横浜駅」

その他
交流・相談会

■教育方針
不登校を解決した本人と家族から直接話を聞くことができる不登校相談会をしています。アドバイザーは不登校教育約30年の実績があるフリースクールの先生と医師です。
子どもが不登校になると、本人も親も悩みます。お父さん、お母さんも助ける場が必要です。親をサポートすることで、子どもが前向きになっていきます。
岐阜：ご飯を食べる栄養改善コースあり。
参考図書：「不登校、頼ってみるのもいいものだ」

親　の　会	○
受入時面接	―
体 験 入 学	―
学校出席扱	―

費用	入 会 金	―
	教 材 費	―
	授 業 料	―
	そ の 他	相談料として5,000円

代 表 者	小林　高子
設　　立	2021年
受入年齢	小学生〜高校生
運営日時	岐阜（第2日曜日）横浜（第4日曜日）
定　　員	―
在籍者数	―
スタッフ数	名

不登校

■こんな子どもに向いています■
どこに相談したらいいか分からない方
子どもの将来のために真剣に取り組みたい方

■主な活動内容■
不登校を解決した家族と悩んでいる家族の相談・交流会、医療・栄養面でのアドバイス

■スタッフの特長■
フリースクールの先生
不登校を解決した家族

NPO法人　フリースクール鈴蘭学園

https://www.fs-suzuran-gakuen.org
e-mail：suzuran@fs-suzuran-gakuen.org

〒252-0232　神奈川県相模原市中央区矢部3-1-8
TEL：080-6577-1545／042-733-0015
交通：JR横浜線「矢部駅」

フリースクール
高認指導

■教育方針
学校へは行きたくない…。行かなくちゃとは思うけど、どうしたらいいかわからない…。私たちはコミュニケーションを通じて、そんな子どもたちの自分や社会との向き合い方を探し出していきます。身近な事から一つ一つ、一歩一歩成長しながら自分を見つけ出して行く居場所づくりを行っています。また、保護者の皆さんとも面談を通じ、今なにをしたらいいのか、子どもと一緒に考えて行けるような関係作りを目指します。

親　の　会	○
受入時面接	○
体 験 入 学	○
学校出席扱	○

費用	入 会 金	10,000円
	教 材 費	別途
	授 業 料	週1回19,000円〜
	そ の 他	施設設備費10,000円／年

代 表 者	中村　鳴美
設　　立	2007年
受入年齢	小学生から18歳位まで
運営日時	月曜〜金曜 10:00〜15:30
定　　員	5名／日
在籍者数	18名（2023年12月現在）
スタッフ数	3名

不登校 身体

■こんな子どもに向いています■
フリースクールへも来られない子どもにも自宅訪問で対応しています。

■主な活動内容■
自由なスペースで思い思いに過ごします。また、子どもたちで行きたい場所を決めて外出することもあります。

■スタッフの特長■
30〜男女／心理支援士、大学非常勤講師、社会福祉士、きめ細かなところまで一人一人に対応出来るスタッフです。

NPO法人 フリースクール鈴蘭学園
放課後等デイサービス リリーベル

https://www.fs-suzuran-gakuen.org
e-mail：lilybell@fs-suzuran-gakuen.org

〒252-0232　神奈川県相模原市中央区矢部3-18-8　プラザ矢部201
TEL・FAX：042-813-8910
交通：JR横浜線「矢部駅」

その他
放課後等デイサービス

■教育方針
学校に苦手意識のあるお子様を対象とした放課後等デイサービスです。一般の放課後デイは夕方から支援を開始しますが、リリーベルでは午前中から支援を行います。
学習や運動、職員とのコミュニケーションを通じた発達支援により、社会性とコミュニケーション能力を養い、日常生活や進路先でのつまずきを少しでも軽くできるように、計画を立てて支援を行っていきます。自宅から出られないお子様には送迎も行います。

親　の　会	○
受入時面接	○
体 験 入 学	○
学校出席扱	○

費用	入 会 金	―
	教 材 費	実費
	授 業 料	―
	そ の 他	放課後等デイサービス給付費による

代 表 者	中村　鳴美
設　　立	2018年
受入年齢	小学生から18歳まで
運営日時	月曜〜金曜 10:00〜17:00
定　　員	10名／日
在籍者数	30名（2023年12月現在）
スタッフ数	6名

不登校

■こんな子どもに向いています■
学校が苦手なお子様で、障害児通所受給証をお持ちの方がご利用できます。障害者手帳は必要ありません。

■主な活動内容■
学習、運動、創作活動、簡単な調理体験、小集団によるゲームを通したコミュニケーションなどを行います。

■スタッフの特長■
発達支援だけでなく、不登校支援の研修も受けたスタッフが対応します。

フリースクール横浜☆いちばんぼし 星槎学園高等部／横浜ポートサイド校

e-mail：info_yps@seisagakuen.jp

〒221-0045　神奈川県横浜市神奈川区神奈川
2-9-1　アシストビル
TEL：045-451-6751　FAX：045-451-6755
交通：JR「東神奈川駅」、京急「京急東神奈川駅」より徒歩約5分

■教育方針
集団性、社会性をつけることが大きな目的です。そのための仲間作りと、SST（ソーシャルスキルトレーニング）の授業を使い、様々なロールプレイを体験して実現していきます。仲間を作ることで、自己の認識が可能になり、他者の存在を認めることができるようになります。その結果、自己を見つめ自立へと向かいます。課外学習、職場体験は、自立を促す大切な実践の場であり、学習意欲向上へと続く大切な要素であると考えています。

親 の 会	―
受入時面接	○
体 験 入 学	○
学校出席扱	○

費用	入 会 金	20,000円
	教 材 費	半期ごとに40,000円
	授 業 料	月謝制。2日コース〜35,000円〜
	そ の 他	公文式希望者は別途

代 表 者	望月　展弘
設　　立	2014年
受入年齢	小4〜中3
運営日時	月曜〜金曜 9:30〜15:00
定　　員	各日15名程度
在籍者数	26名
スタッフ数	28名（高等部と連携）

■こんな子どもに向いています■
不登校、引きこもりで学校に行けなくなってしまったお子さんの自信回復、意欲の向上に最適です。特に学習支援の必要なお子さんに対して安心サポート致します。

■主な活動内容■
SST、課外学習、体験学習で集団性、社会性を伸ばす。日本語検定、漢検、英検の取得を目指す。（実績：漢検3級、英検4級）

■スタッフの特長■
支援教育カウンセラーの資格を所有する職員が対応します。

認定NPO法人 フリースペースたまりば

https://www.tamariba.org/
e-mail：info@tamariba.org

活動場所
〒213-0033　神奈川県川崎市高津区下作延5-30-1
川崎市子ども夢パーク内フリースペースえん
TEL：044-833-7562　FAX：044-833-7534
交通：JR南武線「津田山駅」

■教育方針
押しつけとなるようなプログラムはなく、ベースは「来たいときに来て、過ごしたいように過ごす」一人ひとりのペースを大切にしています。否定されることなく、ありのままの姿で安心して過ごせる関係の中で、本来の自分を取り戻し、自己存在を認識し、自分への信頼を回復していけるよう、一人ひとりのありようを尊重しています。フリースペースえんを含む川崎市子ども夢パーク全体を管理・運営し、居場所づくりを行っています。

親 の 会	○
受入時面接	○
体 験 入 学	○
学校出席扱	○

費用	入 会 金	0円
	教 材 費	0円
	授 業 料	0円
	そ の 他	法人応援会費として任意額

代 表 者	西野　博之
設　　立	1991年
受入年齢	小学生からひきこもりの若者（18歳以上も可）
運営日時	月曜〜金曜 10:30〜18:00（但し、火は14:00まで）
定　　員	―
在籍者数	145名（2023年12月現在）
スタッフ数	16名

■こんな子どもに向いています■
年齢や障がいの有無に関わらず、自分の居場所を探す子どもや若者たちが来ています。

■主な活動内容■
居場所づくり、合宿、野外体験活動、利用者による自主企画、イベント、語り合う会、保護者会、相談、講演等。

■スタッフの特長■
20代〜60代、世間一般の「評価」にとらわれないまなざしを持っている。

フレンドリースペース 金沢

http://friendlyspace-k.sakura.ne.jp
e-mail：friendly-s.kanazawa@jcom.zaq.ne.jp

〒236-0042　神奈川県横浜市金沢区釜利谷東7-19-28
金沢区福祉保健ボランティア等活動拠点内
TEL：045-783-5978　FAX：045-786-9907
交通：京急線「金沢文庫駅」西口より系統バス「パークタウン東」下車

■教育方針
理念：人権を尊重し、ともに学び、ともに育ち、ともに生きる。
運営方針：不登校、ひきこもり等の児童・生徒に安全で安心できる居場所を提供し、自主性と協調性を育んで心身共に健康な日常生活を営み、主体的に学校や社会に復帰する過程を支援する。
特色：スタッフの人数の多いこと。スタッフは全員ボランティアです。通室は出席扱いとなります。先ずはお電話ください。

親 の 会	○
受入時面接	○
体 験 入 学	○
学校出席扱	○

費用	入 会 金	0円
	教 材 費	必要に応じ徴収
	授 業 料	1回100円 但し相談はすべて無料
	そ の 他	実費（体験活動など）

代 表 者	角田　紀美子
設　　立	2003年
受入年齢	6〜20歳
運営日時	火・金 13:30〜16:30 水 10:00〜16:30 土 10:00〜14:00 月・木 電話・面接相談（要予約）
定　　員	15名
在籍者数	約60名（2023年12月現在）
スタッフ数	36名

■こんな子どもに向いています■
既存の学校という場や組織や機能に対して不適応症状を呈する児童・生徒。

■主な活動内容■
フリースペース、学習支援、親の会、相談、啓発活動（講演会など）。

■スタッフの特長■
スタッフは教員経験者、民生委員・児童委員、保護司等、子どもに関心を持って地域で活動しているボランティアです。

ミナクル あすなろの家

フリースペース

http://asunarozama.web.fc2.com/
e-mail：asunarozama0@gmail.com

〒252-0021　神奈川県座間市緑ヶ丘2-10-10
TEL：046-254-2005　FAX：046-254-2005
交通：小田急線「相武台前駅」下車
バス5分、徒歩15分

■教育方針
令和4年4月より座間市緑ヶ丘に転居。座間市役所近くです。青少年達の心の居場所として安心して参加できるように、スタッフや友達と交流することでコミュニケーション力や基本的な生活習慣を身に着けられる様配慮しています。学習支援については、参加している青少年の自主的な要望があれば支援をしています。
見学は随時受け付けています。事前にお電話でお知らせください。

親 の 会	—		入学金	—
受入時面接	○	費用	教材費	—
体験入学	○		授業料	—
学校出席扱			その他	利用料として1日200円 イベント費300円

代表者	金子 三枝子
設立	2004年
受入年齢	小・中・高生 及び ひきこもりの青少年
運営日時	火曜日・木曜日 10:00〜15:00
定員	5〜10名
在籍者数	5名(2023年12月現在)
スタッフ数	15名

■こんな子どもに向いています
不登校やひきこもりで、社会的にコミュニケーション不足の青少年達が安心しておしゃべりをしたりできる居場所。

■主な活動内容
談話・ゲーム・卓球練習等。食事会(月2回)。絵手紙教室(月1回)。学習支援。市の教育支援教室との交流活動。もちつき会。スポーツ。

■スタッフの特長
60代〜70代女性スタッフが多い。教員免許保有4名・SC資格保有1名。

八洲学園 中等部 横浜分校

フリースクール

https://yashima.ac.jp/jhs/
e-mail：s-yokohama@yashima.ac.jp

〒220-0021　神奈川県横浜市西区桜木町7-42
受付3F
TEL：045-312-5588　FAX：042-312-5606
交通：各線「横浜駅」、市営地下鉄「高島町駅」

■教育方針
自宅と中学校以外の「安心できる居場所づくり」を目標にし、一人ひとりが一歩進むためのお手伝いをします。レクリエーションや教科の学習を通し、コミュニケーション能力の定着を目指します。4万人以上が卒業した八洲学園高等学校のノウハウを活かし、中学校復帰をサポートしています。また、そのまま安心できる進路先として八洲学園高等学校へ進学する方も多数おられます。

親 の 会	—		入学金	なし
受入時面接	○	費用	教材費	5,000円／年度毎
体験入学	○		授業料	なし
学校出席扱	所属中学校ごとによる		その他	有料クラスあり

代表者	林 周剛
設立	2014年
受入年齢	13〜15歳 (中学生)
運営日時	月・火・木 10:00 〜15:00
定員	30名
在籍者数	20名
スタッフ数	9名

■こんな子どもに向いています ■
「安心できる居場所」で、学びなおし・通学への再チャレンジをしたいと思う子どもたちに向いています。

■主な活動内容
学び直しや創作活動を通して生徒さんにとって、「安心できる居場所」にするとともに通学への再チャレンジを目指します。

■スタッフの特長
高校運営で積み重ねた教育力で一人ひとりに合わせたカリキュラムを実施。教員免許はもちろん、特別支援学校教諭免許も所有しています。

ルネ中等部 横浜校

フリースクール

https://www.r-ac.jp/junior/
e-mail：soudan@broadmedia.co.jp

〒221-0056　神奈川県横浜市神奈川区金港町
6-9　横浜金港町第2ビル2F
TEL：0120-526-611
交通：JR・私鉄・地下鉄「横浜駅」

■教育方針
ルネ中等部は、生徒一人ひとりの可能性を大切にし、学校教育にとらわれない学びの場をつくります。
eスポーツやプログラミング、自身が夢中になれることから、本気で取り組んでいる生徒達がいます。その一方で、これから何かを見つけたい、本気で取り組むことで変わりたいという生徒もたくさんいます。
現在の学習環境が合わなかった生徒も、やりたいことを見つけ、未来を生きる原動力を育む場です。

親 の 会	—		入会金	昼50,000円／夕20,000円
受入時面接	○	費用	教材費	15,000円
体験入学	○		授業料	昼週①37,400円②56,100円 夕週①13,800円②26,800円／月
学校出席扱	○		その他	—

代表者	桃井 隆良
設立	2021年
受入年齢	中学生
運営日時	週1回または2回から選択できます。 13:10〜16:50 17:00〜19:00
定員	—
在籍者数	30名(2024年2月現在)
スタッフ数	—

■こんな子どもに向いています ■
好きなことに夢中になって頑張れる生徒や、様々な理由で中学校に登校できていない生徒など。

■主な活動内容
①ゲーミングPCを使用したeスポーツの講義
②STEAM教育に沿ったプログラミング学習

■スタッフの特長
一人ひとりに向き合った個別指導中心で、講師にはeスポーツコース所属の高校生がいます。

181

葵高等学院

http://aoi-school.com
e-mail：info@aoi-school.com

〒940-0062　新潟県長岡市大手通1-4-12
都屋ビル2・3F
TEL：0258-32-1900
交通：JR線「長岡駅」

■教育方針

通信制高校コース。卒業するまでに、実社会に必要な知識を身に付けます。それぞれが自信を持って一歩踏み出せるように豊富な選択肢の中から具体的に提案していきます。実社会に必要な知識とスキルを身につけると同時に、単位修得の為の学習指導を行います。

代表者	本田 雄一郎
設　立	2004年
受入年齢	15才～
運営日時	月曜～金曜 10:00～17:00
定　員	制限なし
在籍者数	校舎により異なります
スタッフ数	12名

親 の 会	―
受入時面接	○
体験入学	○
学校出席扱	―

費用	入会金	―
	教材費	24,,000円／年
	授業料	1単位10,800円～
	その他	システム管理費100,000円 受験対策費29,800円～

■こんな子どもに向いています■

友達とのトラブル、自分の理解者がいない等で不登校になってしまった。今の学校があわないと思っている方。

■主な活動内容

進学講座
ビジネスキャリア講座
資格講座　等

■スタッフの特長

自由の学び舎 やすづか学園

https://yasudukagakuen.com
e-mail：jsk-yasudukagakuen@jouetushisyakyo.jp

〒942-0539　新潟県上越市安塚区円平坊941
TEL&FAX：025-593-2004
交通：ほくほく線「虫川大杉駅」

■教育方針

不登校に悩み苦しむ子ども達は、ゆったりと流れる自由な時間の中で、傷ついた心を癒します。親元を離れての寮生活で、規律ある生活習慣を身につけ、心身のリズムを取り戻すとともに、仲間との人間関係を築き、自立心を育みます。また個別指導による教科学習で、基礎学力の定着を図ります。
自然あふれる環境の中、地域の方々と交流を深めながら、稲作やカヌー、バンド演奏等の各種体験活動を行います。
子ども達の元気づくりと自分探しのお手伝いをします。

代表者	竹田 一昭
設　立	1996年
受入年齢	小学4年生～中学3年生
運営日時	毎日 学園8:30～17:30 寮18:00～8:00
定　員	18名（寮定員）
在籍者数	31名（2024年1月現在）
スタッフ数	17名

親 の 会	―
受入時面接	○
体験入学	○
学校出席扱	○

費用	入会金	日帰りコース(上越市民対象送迎付きコース)、寮生活コース、学年に応じて費用は変わります。奨学金制度も利用できますので、詳細はお問い合わせください。
	授業料	
	その他	

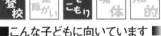

■こんな子どもに向いています■

心の傷を癒し、心身の元気を回復したい。不登校を克服して、学校復帰や高校進学を目指したい。

■主な活動内容

午前中は主に個別学習。午後はスポーツ、アウトドア、音楽、創作活動など。自分の自由な時間もたっぷりある。

■スタッフの特長

小中学校教員免許保有者7名。

トライ式中等部 長岡キャンパス

https://www.try-gakuin.com/freeschool/
e-mail：try-gakuin-chutobu@trygroup.com

〒940-0048 新潟県長岡市台町2-8-35
ホテルニューオータニ長岡1F
※全国に123ヶ所のキャンパスがあります
TEL：0120-919-439

■教育方針

不登校からの高校進学・大学進学をはじめとして、あらゆる生徒の進路を切り開くために、学力の向上はもとより社会を生き抜く力を育む様々な支援を行っているのがトライ式中等部です。夢や目標の実現に向け、一人ひとりに合わせたサポートをしています。
学習スタイルは「通学型」「在宅型」「オンライン型」の3つあり、自分にあったものを選べます。いつでも何度でも、切り替えたり組み合わせることができます。
また、在籍している中学校の学校長の許可があれば、トライ式中等部への登校を出席扱いにすることが可能です。

代表者	物部 晃之
設　立	2024年4月
受入年齢	中学生
運営日時	9時～16時 指導場所、曜日、時間は自由に選択可能
定　員	―
在籍者数	―
スタッフ数	―

親 の 会	―
受入時面接	○
体験入学	○
学校出席扱	○ 学校との相談が必要

費用	入会金	50,000円（税別）
	教材費	―
	授業料	40,000円／月（税別）
	その他	詳細は直接お問い合わせください。

■こんな子どもに向いています■

・不登校を解決したいと考えている方
・中学校の勉強についていきたい方
・高校へ進学したいと考えている方

■主な活動内容

学習の個別サポートに加え、修学旅行や体育祭などの学校行事やサークル活動、ゼミ（プログラミングなど）に参加することができます。※参加は自由です

■スタッフの特長

経験豊富なキャンパス長や講師がキャンパスに常駐し、日々の学習や生活をサポートします。

トライ式中等部 新潟キャンパス

https://www.try-gakuin.com/freeschool/
e-mail：try-gakuin-chutobu@trygroup.com

〒950-0087 新潟県新潟市中央区東大通1-7-7
IMA-Ⅲビル2F
※全国に123ヶ所のキャンパスがあります
TEL：0120-919-439

■教育方針

不登校からの高校進学・大学進学をはじめとして、あらゆる生徒の進路を切り開くために、学力の向上はもとより社会を生き抜く力を育む様々な支援を行っているのがトライ式中等部です。夢や目標の実現に向け、一人ひとりに合わせたサポートをしています。
学習スタイルは「通学型」「在宅型」「オンライン型」の3つあり、自分にあったものを選べます。いつでも何度でも、切り替えたり組み合わせることができます。
また、在籍している中学校の学校長の許可があれば、トライ式中等部への登校を出席扱いにすることが可能です。

親 の 会	―
受入時面接	○
体験入学	○
学校出席扱	○ 学校との相談が必要

費用	入会金	50,000円（税別）
	教材費	―
	授業料	40,000円/月（税別）
	その他	詳細は直接お問い合わせください。

代 表 者	物部 晃之
設 立	2010年4月
受入年齢	中学生
運営日時	9時〜16時 指導場所、曜日、時間は自由に選択可能
定 員	―
在籍者数	―
スタッフ数	―

■こんな子どもに向いています■
・不登校を解決したいと考えている方
・中学校の勉強についていきたい方
・高校へ進学したいと考えている方

■主な活動内容■
学習の個別サポートに加え、修学旅行や体育祭などの学校行事やサークル活動、ゼミ（プログラミングなど）に参加することができます。※参加は自由です

■スタッフの特長■
経験豊富なキャンパス長や講師がキャンパスに常駐し、日々の学習や生活をサポートします。

一般社団法人にじーず

https://24zzz-lgbt.com
e-mail：24zzzmail@gmail.com

新潟市内で開催（詳細はHPをご覧ください）
※他、札幌市、仙台市、さいたま市、東京都内（渋谷、多摩地域）、長野市、松本市、京都市、大阪市、神戸市、岡山市の公共施設を借りて定期開催

■教育方針

LGBTの子ども・若者が同世代の仲間と交流することで、悩みや困りごとが共有できる居場所です。
自分の性のあり方は話しても話さなくても構いません。
また法律上の名前や学校名などを明かす必要はありません。
コロナ対策のため事前予約制にしていますが、時間内はいつ来てもいつ帰っても自由です。保護者の方は入り口まで送迎いただけます（中高生で一人で来る参加者も多いです）。

親 の 会	―
受入時面接	―
体験入学	―
学校出席扱	―

費用	入学金	0円
	教材費	0円
	授業料	0円
	その他	0円

代 表 者	遠藤 まめた
設 立	2016年
受入年齢	10代から23歳
運営日時	日曜日 13:00〜17:00 ※1〜数ヶ月に1回
定 員	20名/各回
在籍者数	月90人前後が利用（各回の平均は10〜20人程度）
スタッフ数	60名

■こんな子どもに向いています■
LGBTやそうかもしれない子ども・若者限定です。非当事者や大人の方は参加できません。

■主な活動内容■
LGBTの子どもや若者が集まって話したり遊んだりできる居場所で定期開催しています。

■スタッフの特長■
20代から30代のLGBT当事者や理解者を中心に運営。

星槎フリースクール富山

http://www.seisa.ed.jp/toya/freeschool/
e-mail：toyama@seisa.ed.jp

〒930-0002 富山県富山市新富町1-2-3 CICビル5F
星槎国際高等学校 富山キャンパス内
TEL：076-471-7472　FAX：076-471-7473
交通：「富山駅」南口から徒歩3分

■教育方針

現在学校に通えていない、あるいは休みがちである、そんなすべての小中学生のための学び舎です。
星槎のフリースクールは、ただの居場所や自学自習の場所で終わらせるのではなく、基礎学習から上級学校への進学まで教科学習のサポートはもちろん、体験型・選択授業「ゼミ授業」をはじめ、好きなこと、興味のあることを入り口にして、成功体験を積み重ね、自信（＝自己肯定感）へつなげていくことを大切にしている場所です。授業、学校など、枠に縛られず、まずは本人が楽しいと思える環境作りを考えていきます。

親 の 会	―
受入時面接	○
体験入学	○
学校出席扱	○

費用	入会金	18,000円
	教材費	実費
	授業料	週1日：10,000円〜/月
	その他	設備費として週1日〜：3,000円/月

代 表 者	飯田 良智
設 立	2008年
受入年齢	小学校4年生〜中学校3年生
運営日時	週1回〜3回 10:15〜15:00
定 員	5名程度
在籍者数	若干名
スタッフ数	3名

■こんな子どもに向いています■
学び方を変えればイキイキする子どもたち。自分の好きなことで楽しい時間を過ごしたい子どもたち。

■主な活動内容■
本物を体験する総合学習（社会・文化・芸術・科学・生活・体育）・基礎学力・ソーシャルスキル・ライフスキル。

■スタッフの特長■
特別支援教育や不登校・発達障がいを理解し、教員免許保有。星槎国際高校の教員も協力。

公益財団法人 富山YMCAフリースクール

http://www.ymcajapan.org/toyama/jp/freeschool/index.html
e-mail：toy-ymst@p1.coralnet.or.jp

〒930-0003　富山県富山市桜町1-3-4
東洋ビル12　4F〜7F
TEL：076-431-5588　FAX：076-431-2693
交通：JR線「富山駅」徒歩2分

■教育方針
YMCAフリースクールは、高認や受験に向けての学習を目的としたフリースクール、活動・居場所を目的としたフリースペース、資格・検定取得を目的としたサポートクラスの3部門から成ります。他にも子どもの社会体験の場「Y'sさくらcafe」の運営、海外ホームステイ、フィリピンスタディツアーなど幅広く活動しています。様々な学習、活動体験を通して、子ども達が自信をつけたり安心感を持てる場を提供したいと思っています。

代表者	上村　香野子
設　立	1989年
受入年齢	小学生〜大人（20代）
運営日時	月曜〜金曜 11:00〜21:00
定　員	1クラス8名程度
在籍者数	65名(2024年2月現在)
スタッフ数	15名

親 の 会	ー
受入時面接	○
体験入学	○
学校出席扱	○

費用	入会金	11,000円
	教材費	2,000円／1教科
	授業料	月9,000円／1教科
	その他	校費として年100,000円

■こんな子どもに向いています■
高校中退・休学者や不登校、浪人生など。新たな目標に向け、自分に合ったペースで学習したい人。

■主な活動内容■
学校へ行っていない子ども達への、目的に合わせた学習の場や様々な活動、遊び、休息のための居場所の提供。

■スタッフの特長■
元教員、予備校講師、外国人（英会話）、通訳・翻訳家、主婦、塾講師。

トライ式中等部 富山キャンパス

https://www.try-gakuin.com/freeschool/
e-mail：try-gakuin-chutobu@trygroup.com

〒930-0002　富山県富山市新富町1-2-3
富山ステーションフロントCiC2F
※全国に123ヶ所のキャンパスがあります
TEL：0120-919-439

■教育方針
不登校からの高校進学・大学進学をはじめとして、あらゆる生徒の進路を切り開くために、学力の向上はもとより社会を生き抜く力を育む様々な支援を行っているのがトライ式中等部です。夢や目標の実現に向け、一人ひとりに合わせたサポートをしています。
学習スタイルは「通学型」「在宅型」「オンライン型」の3つあり、自分にあったものを選べます。いつでも何度でも、切り替えたり組み合わせることができます。
また、在籍している中学校の学校長の許可があれば、トライ式中等部への登校を出席扱いにすることが可能です。

代表者	物部　晃之
設　立	2020年4月
受入年齢	中学生
運営日時	9時〜16時 指導場所、曜日、時間は自由に選択可能
定　員	ー
在籍者数	ー
スタッフ数	ー

親 の 会	ー
受入時面接	○
体験入学	○
学校出席扱	学校との相談が必要

費用	入会金	50,000円（税別）
	教材費	ー
	授業料	40,000円／月（税別）
	その他	詳細は直接お問い合わせください。

■こんな子どもに向いています■
・不登校を解決したいと考えている方
・中学校の勉強についていきたい方
・高校へ進学したいと考えている方

■主な活動内容■
学習の個別サポートに加え、修学旅行や体育祭などの学校行事やサークル活動、ゼミ（プログラミングなど）に参加することができます。※参加は自由です

■スタッフの特長■
経験豊富なキャンパス長や講師がキャンパスに常駐し、日々の学習や生活をサポートします。

NPO法人 はぁとぴあ21〈フリースクール フレンズ〉

https://www.heartopia21.com
e-mail：heartopia21@gmail.com

〒939-0341　富山県射水市三ヶ2467
TEL：0766-75-3885／090-5495-7681
FAX：0766-75-3885
交通：あいの風とやま鉄道線「小杉駅」

■教育方針
子どもたちの思いを尊重することを第一に考えています。また親の会を定期的に開催し、親の悩みに対応することを大切にしています。一人一人にていねいに個別に対応いたします。

代表者	高和　正純
設　立	2016年
受入年齢	小学生〜中学生
運営日時	月曜〜金曜 9:00〜15:00
定　員	30名
在籍者数	30名(2024年1月現在)
スタッフ数	5名

親 の 会	○
受入時面接	○
体験入学	○
学校出席扱	○

費用	入会金	5,000円
	教材費	ー
	授業料	30,000円／月
	その他	ー

■こんな子どもに向いています■
不登校、ひきこもり、発達障害、HSCの方、集団が苦手。通信制高校を併設。

■主な活動内容■
作品作り、お菓子作りなどの催しを多く開いています。

■スタッフの特長■
全員教員免許保有、女性が多い。

NPO法人　北陸青少年自立援助センター
Peaceful House はぐれ雲

http://www.haguregumo.jp/
e-mail：farmfirm@ace.ocn.ne.jp

〒939-2204　富山県富山市万願寺144
TEL：076-467-0969　FAX：076-467-3597
交通：JR北陸新幹線「富山駅」、富山空港

　その他

■教育方針
共同生活により楽に自立できる環境づくり。農作業中心に身体を動かし、生活のリズムをつかむことからはじめる。学校やアルバイトへ通うもの多し。地域との交流が盛んで、地域の人たちがよく出入りしている。様々な経験をして、社会での自立を手助けしている。他に障がい者のグループホームと農家れすとらん「くるが」を所有している。33年間で470名以上が体験している。35年前より農福連携事業を行っている。厚生労働省の業務委託事業「生活困窮者の農福連携広域モデル事業」を受託。

親 の 会	○
受入時面接	○
体験入学	○
学校出席扱	○

費用	入会金	30,000円
	教材費	―
	授業料	154,000円/月（生活費として）
	その他	海外研修費は別途

代 表 者	川又　直
設　　立	1987年
受入年齢	11～34歳
運営日時	年中無休　終日
定　　員	26名
在籍者数	8名（2024年1月現在）
スタッフ数	5名

不登校　発達障がい　ひきこもり　身体　知的

■こんな子どもに向いています■

■主な活動内容
農作業、ソフトボールや体育館でのスポーツ、スキー、海外研修（毎年メキシコ）、ボランティア活動。他に放課後等デイサービス、農家れすとらん。

■スタッフの特長
30歳平均、様々な免許を所持。スタッフ募集中。

トライ式中等部 金沢キャンパス

https://www.try-gakuin.com/freeschool/
e-mail：try-gakuin-chutobu@trygroup.com

〒920-0853 石川県金沢市本町2-15-1
ポルテ金沢2F
※全国に123ヶ所のキャンパスがあります
TEL：0120-919-439

　フリースクールサポート

■教育方針
不登校からの高校進学・大学進学をはじめとして、あらゆる生徒の進路を切り開くために、学力の向上はもとより社会を生き抜く力を育む様々な支援を行っているのがトライ式中等部です。夢や目標の実現に向け、一人ひとりに合わせたサポートをしています。
学習スタイルは「通学型」「在宅型」「オンライン型」の3つあり、自分にあったものを選べます。いつでも何度でも、切り替えたり組み合わせることができます。
また、在籍している中学校の学校長の許可があれば、トライ式中等部への登校を出席扱いにすることが可能です。

親 の 会	―
受入時面接	○
体験入学	○
学校出席扱	学校との相談が必要

費用	入会金	50,000円（税別）
	教材費	―
	授業料	40,000円/月（税別）
	その他	詳細は直接お問い合わせください。

代 表 者	物部　晃之
設　　立	2019年4月
受入年齢	中学生
運営日時	9時～16時　指導場所、曜日、時間は自由に選択可能
定　　員	―
在籍者数	―
スタッフ数	―

不登校　発達障がい　ひきこもり　身体　知的

■こんな子どもに向いています■
・不登校を解決したいと考えている方
・中学校の勉強についていきたい方
・高校へ進学したいと考えている方

■主な活動内容
学習の個別サポートに加え、修学旅行や体育祭などの学校行事やサークル活動、ゼミ（プログラミングなど）に参加することができます。※参加は自由です

■スタッフの特長
経験豊富なキャンパス長や講師がキャンパスに常駐し、日々の学習や生活をサポートします。

LYHTYschool -IRORI-

https://www.irori.lyhty.or.jp/
e-mail：info@irori.lyhty.or.jp

〒920-0816　石川県金沢市山の上町26-52
TEL：076-254-5032
交通：JR線「金沢駅」

　フリースクール

■教育方針
IRORIでは『灯教育』：「燈す」（自分の興味関心のあることに出会うこと）「熾す」（とことんやってみること）「照らす」（仲間と分かち合う・周りを魅了すること）の3つのステップを大切に教育を行っています。主体的な学習・体験活動を通して自分の強みを見つけ、自信を持てるよう関わっています。学校復帰率・高校進学率が高いのが特徴です。

親 の 会	―
受入時面接	○
体験入学	○
学校出席扱	○

費用	入会金	35,000円
	教材費	―
	授業料	35,000円／月
	その他	高校生は5,000円/回

代 表 者	佐々木　健治
設　　立	2016年
受入年齢	小学生～18歳まで
運営日時	月曜～金曜　10:00～16:00
定　　員	20名
在籍者数	14名（2024年1月現在）
スタッフ数	3名＋ボランティア

不登校　発達障がい　ひきこもり　身体　知的

■こんな子どもに向いています■
○話せる相手・友達がほしい
○様々な体験活動に取り組んでみたい
○高校進学を考えている

■主な活動内容
自分の興味や関心のあることをベースに活動を行っています。
例）プログラミング、調理、工作、キャンプなど

■スタッフの特長
看護師・教員等の免許保有。
一人ひとり親身にサポートします。

NPO法人 ワンネススクール

http://www.oneness-school.org
e-mail：info@oneness-school.org

〒921-8164　石川県金沢市久安5丁目8
TEL：076-259-5359　FAX：076-259-5359
交通：JR線「西金沢駅」

■教育方針

'はたらける'人になることを目的に様々な人、もの、ことに出会い自分の可能性を広げていく場です。まずはやってみることを大切に、失敗は仲間達と笑いとばし、みんなで成長していくことを喜びとしています。寮もあり親元を離れることで自立心を養える環境もあり、地域で参加する子供たちを見守る体制ができています。社会を学校として、生きることが学び、そして喜びといえる人生を創造していきたく思っています。

親 の 会	○
受入時面接	○
体験入学	○
学校出席扱	○

費用	入 会 金	10,000円
	教 材 費	―
	授 業 料	40,000円／月
	そ の 他	他コースあり

代 表 者	森　要作
設 立	1999年
受入年齢	小学生～20代
運営日時	平日 毎日 10:00～16:00
定 員	20名
在籍者数	15名(2024年1月現在)
スタッフ数	

■こんな子どもに向いています ■

野外での活動も多いので体を動かしたい子や自然の中でのんびり心を開放したい子などは特に向いています。

■主な活動内容 ■

午前は机上での学習や料理、午後は体育などアクティブな活動を行い頭と体をバランスよく育めるようにしています。

■スタッフの特長 ■

代表はこの仕事を20年以上。スタッフには元当事者も。

トライ式中等部 福井キャンパス

https://www.try-gakuin.com/freeschool/
e-mail：try-gakuin-chutobu@trygroup.com

〒910-0005　福井県福井市大手3-4-1
福井放送会館1F
※全国に123ヶ所のキャンパスがあります
TEL：0120-919-439

■教育方針

不登校からの高校進学・大学進学をはじめとして、あらゆる生徒の進路を切り開くために、学力の向上はもとより社会を生き抜く力を育む様々な支援を行っているのがトライ式中等部です。夢や目標の実現に向け、一人ひとりに合わせたサポートをしています。
学習スタイルは「通学型」「在宅型」「オンライン型」の3つあり、自分にあったものを選べます。いつでも何度でも、切り替えたり組み合わせることができます。
また、在籍している中学校の学校長の許可があれば、トライ式中等部への登校を出席扱いにすることが可能です。

親 の 会	―
受入時面接	○
体験入学	○
学校出席扱	○ 学校との相談が必要

費用	入 会 金	50,000円(税別)
	教 材 費	―
	授 業 料	40,000円／月(税別)
	そ の 他	詳細は直接お問い合わせください。

代 表 者	物部　晃之
設 立	2018年4月
受入年齢	中学生
運営日時	9時～16時 指導場所、曜日、時間は自由に選択可能
定 員	―
在籍者数	―
スタッフ数	―

■こんな子どもに向いています ■

・不登校を解決したいと考えている方
・中学校の勉強についていきたい方
・高校へ進学したいと考えている方

■主な活動内容 ■

学習の個別サポートに加え、修学旅行や体育祭などの学校行事やサークル活動、ゼミ（プログラミングなど）に参加することができます。※参加は自由です

■スタッフの特長 ■

経験豊富なキャンパス長や講師がキャンパスに常駐し、日々の学習や生活をサポートします。

トライ式中等部 甲府キャンパス

https://www.try-gakuin.com/freeschool/
e-mail：try-gakuin-chutobu@trygroup.com

〒400-0024　山梨県甲府市北口3-4-33
セインツ25　3F
※全国に123ヶ所のキャンパスがあります
TEL：0120-919-439

■教育方針

不登校からの高校進学・大学進学をはじめとして、あらゆる生徒の進路を切り開くために、学力の向上はもとより社会を生き抜く力を育む様々な支援を行っているのがトライ式中等部です。夢や目標の実現に向け、一人ひとりに合わせたサポートをしています。
学習スタイルは「通学型」「在宅型」「オンライン型」の3つあり、自分にあったものを選べます。いつでも何度でも、切り替えたり組み合わせることができます。
また、在籍している中学校の学校長の許可があれば、トライ式中等部への登校を出席扱いにすることが可能です。

親 の 会	―
受入時面接	○
体験入学	○
学校出席扱	○ 学校との相談が必要

費用	入 会 金	50,000円(税別)
	教 材 費	―
	授 業 料	40,000円／月(税別)
	そ の 他	詳細は直接お問い合わせください。

代 表 者	物部　晃之
設 立	2022年1月
受入年齢	中学生
運営日時	9時～16時 指導場所、曜日、時間は自由に選択可能
定 員	―
在籍者数	―
スタッフ数	―

■こんな子どもに向いています ■

・不登校を解決したいと考えている方
・中学校の勉強についていきたい方
・高校へ進学したいと考えている方

■主な活動内容 ■

学習の個別サポートに加え、修学旅行や体育祭などの学校行事やサークル活動、ゼミ（プログラミングなど）に参加することができます。※参加は自由です

■スタッフの特長 ■

経験豊富なキャンパス長や講師がキャンパスに常駐し、日々の学習や生活をサポートします。

NPO法人 ひなたぼっこ

http://hinatabokko78.jimdo.com
e-mail：hinatabokko-09@docomo.ne.jp

〒408-0025　山梨県北杜市長坂町中丸1994-22
TEL：090-4024-2955
交通：中央本線「長坂駅」

■教育方針

子どもたちの気持ちに無理無く寄り添ってゆっくりとすごす。
いつ来ても、いつ帰ってもいい。それぞれやりたいことを考え、自分の
ペースでやればよい。
ゆっくり休めば必ずエネルギーが出てくる。それを信じて待つ。
みんな可能性にあふれている。

※会員になることが利用条件です。

親　の　会	○
受入時面接	適宜
体験入学	いつでも自由
学校出席扱	○(必要に応じて)

費用	入　会　金	―
	教　材　費	―
	授　業　料	500円／日
	その　他	年会費2,000円

代　表　者	西岡　美紀恵
設　　立	2009年
受入年齢	特になし
運営日時	火曜・水曜 10:00〜16:00
定　　員	特になし
在籍者数	52名
スタッフ数	18名

■こんな子どもに向いています■

学校が窮屈に感じていたり、コミュニケーションがとり辛い子どもたち。

■主な活動内容■

決まったスケジュールはない。やりたいことをする。さまざまな体験（ものづくり・野外）のできる機会を設ける。

■スタッフの特長■

若いスタッフが中心となり、40代、50代、さらに60代、70代の教育経験者も。

NPO法人 フリースクール・オンリーワン

さくら国際高等学校　大月キャンパス

http://www.fs-onlyone.jp/
e-mail：info@fs-onlyone.jp

〒401-0004 山梨県大月市賑岡町強瀬747　2F
TEL：0554-22-3362　　FAX：0554-56-7725
交通：JR中央本線・富士急行大月線「大月駅」

■教育方針

本校は＜主体の立ち上がりと協働〜弱さを絆に〜＞を理念に掲げ、一人一人に寄り添い一人一人の魅力・強みを見つけていきます。一緒に考え、学び、そのような誰もが持っている「成長の種」を育てていきます。卒業後を見据え、社会に出てから自らの力で歩いて行けるよう、支援に取り組んでいます。また、学校法人上田煌桜学園さくら国際高等学校と教育提携を結んでいるため、高校の卒業資格の取得が可能です。それぞれの個性に合わせて自分のペースで学べるような体制も整え、誰もが安心できる居場所を目指しています。

親　の　会	―
受入時面接	○
体験入学	○
学校出席扱	○

費用	入　会　金	20,000円
	教　材　費	0円
	授　業　料	28,000円〜40,000円／月
	その　他	―

代　表　者	日向　直也
設　　立	2010年
受入年齢	小学生〜 (年齢の上限なし)
運営日時	月曜〜金曜 9:30〜14:30
定　　員	30名
在籍者数	19名(2024年2月現在)
スタッフ数	25名

■こんな子どもに向いています■

不登校の方、少人数の方が学びやすい方。

■主な活動内容■

教科の学習、校外学習、キャリアワーク、ボランティア活動、野菜作り、スクールでカフェ。

■スタッフの特長■

教員免許保持者が多数いるため、広範囲の学習ができます。

NPO法人 子どもサポートチームすわ

e-mail：supportplan-suwa@crocus.ocn.ne.jp

〒392-0015　長野県諏訪市中洲上金子2843
TEL&FAX：0266-58-5678
交通：中央東線「上諏訪駅」下車

■教育方針

私たちは、子どもの心に寄り添うことを基本理念とし、その子どもの幸せを第一に考えています。子ども達の個性を認め、本人の気持ちを大切にすることで自己肯定感を養うように支援しています。私たちの経験から、また不登校の状況から見ても、今日子ども達は多種多様な学びを必要としています。未来を担う子ども・若者が安心して学び育ち、個性が伸ばせるような仕組み、環境をつくるための活動も推進しています。フリースクールでは毎月の子どもミーティングでカリキュラムを決めて活動を行っています。興味のあることに挑戦したり、スタッフと共に学んだり、様々な学びを行っています。

親　の　会	○
受入時面接	○
体験入学	○
学校出席扱	○

費用	入　会　金	なし
	教　材　費	実費
	授　業　料	30,000円／月
	その　他	年会費12,000円

代　表　者	小池　みはる
設　　立	1994年
受入年齢	小〜高校生
運営日時	月曜〜金曜 9:30〜17:00
定　　員	50名
在籍者数	約35名
スタッフ数	10名

■こんな子どもに向いています■

小・中学生の不登校児童・生徒さんと高校生の不登校及び通信制高校生、ひきこもりを体験した若者のサポート。通信高校の学習サポート校を2013.10月に開校。

■主な活動内容■

音楽・演劇活動
主に体験型学習
高校生以上の就労支援

■スタッフの特長■

スタッフは常勤2名。ハートフレンド、お兄さん、お姉さん的存在。学習支援スタッフ、講師。

認定NPO法人 侍学園 スクオーラ・今人 _{いま じん}

http://www.samugaku.com/
e-mail : info@samugaku.com

〒386-1323　長野県上田市本郷1524-1
TEL : 0268-38-0063　FAX : 0268-71-0144
交通：別所線「神畑駅」

その他
オルタナティブ
スクール

■教育方針

侍学園は子ども・若者の自立支援をする民間の教育施設です。学校や社会で生きづらさを抱え自立した生き方に困難を有する子ども・若者たちが、自分らしく充実した人生が送れるように学校＋寮スタイルで後押ししています。集団の中での様々な経験を通して「基本的な生きる力」を身につけることが最大の目的となります。誰かに与えられる教育ではなく自ら探し、求め、そして、生徒、スタッフが共に成長できる「共育」を目指します。

代 表 者	長岡　秀貴
設　　立	2004年
受入年齢	全年齢対象
運営日時	月曜〜金曜 9:30〜17:45
定　　員	50名
在籍者数	24名(2024年2月現在)
スタッフ数	14名

親 の 会	○
受入時面接	○
体験入学	○
学校出席扱	○

費用	入 会 金	50,000円
	教材費	1,000円〜
	授業料	40,000円／月
	その他	―

 不登校 発達障がい ひきこもり 身体 知的

■こんな子どもに向いています■

昼夜逆転など生活習慣に起因する社会参加不全を抱える子。

■主な活動内容

学校形式での授業を行います。内容は生きヂカラを育む座学から、仕事の経験を身につけるジョブタイム、体育など体を動かすものまで。

■スタッフの特長

様々な年代／チームワークが良い

NPO法人 ジョイフル

http://npo-joyful.com/
e-mail : joyful@taupe.plala.or.jp

〒399-0706　長野県塩尻市広丘原新田282-2
TEL&FAX : 0263-51-9088
交通：JR篠ノ井線「広丘駅」

フリースクール
居場所
自立支援施設

■教育方針

私たちは、若者が精神的に元気になり、彼ら自身が悩んで考え、彼ら自身の責任で行動する事が出来る事を共に悩み・考えながら支援をしている団体です。彼らの近くにいて感じること、伝えていかなくてはならないことを、この地域社会に伝える代弁者としての役割も担っています。

代 表 者	横山　久美
設　　立	2001年
受入年齢	小学生〜 39歳(49歳)
運営日時	お問い合わせ下さい。
定　　員	事業により異なります
在籍者数	―
スタッフ数	15名

親 の 会	―
受入時面接	○
体験入学	―
学校出席扱	△

費用	入 会 金	30,000円
	教材費	―
	授業料	―
	その他	利用により金額が異なります。お問い合わせ下さい。

 不登校 発達障がい ひきこもり 身体 知的

■こんな子どもに向いています■

不登校・ひきこもり等の経験があり、社会との接点を求めている人。自立支援をご希望の方。

■主な活動内容

不登校・ひきこもり等の当事者やご家族を支援するため個別支援活動・訪問支援・相談活動・自立支援活動をしています。

■スタッフの特長

キャリアコンサルタント、臨床心理士、保育士、カウンセラーなどの有資格者がいます。

トライ式中等部 長野キャンパス

https://www.try-gakuin.com/freeschool/
e-mail : try-gakuin-chutobu@trygroup.com

〒380-0824 長野県長野市南石堂町1971
A-ONE City the agora 3F
※全国に123ヶ所のキャンパスがあります
TEL : 0120-919-439

フリースクール
サポート

■教育方針

不登校からの高校進学・大学進学をはじめとして、あらゆる生徒の進路を切り開くために、学力の向上はもとより社会を生き抜く力を育む様々な支援を行っているのがトライ式中等部です。夢や目標の実現に向け、一人ひとりに合わせたサポートをしています。
学習スタイルは「通学型」「在宅型」「オンライン型」の3つあり、自分にあったものを選べます。いつでも何度でも、切り替えたり組み合わせることができます。
また、在籍している中学校の学校長の許可があれば、トライ式中等部への登校を出席扱いにすることが可能です。

代 表 者	物部　晃之
設　　立	2016年4月
受入年齢	中学生
運営日時	9時〜16時 指導場所、曜日、時間は自由に選択可能
定　　員	―
在籍者数	―
スタッフ数	―

親 の 会	―
受入時面接	○
体験入学	○
学校出席扱	○ 学校との相談が必要

費用	入 会 金	50,000円(税別)
	教材費	―
	授業料	40,000円／月(税別)
	その他	詳細は直接お問い合わせください。

 不登校 発達障がい ひきこもり 身体 知的

■こんな子どもに向いています■

・不登校を解決したいと考えている方
・中学校の勉強についていきたい方
・高校へ進学したいと考えている方

■主な活動内容

学習の個別サポートに加え、修学旅行や体育祭などの学校行事やサークル活動、ゼミ（プログラミングなど）に参加することができます。※参加は自由です

■スタッフの特長

経験豊富なキャンパス長や講師がキャンパスに常駐し、日々の学習や生活をサポートします。

トライ式中等部 松本キャンパス

〒390-0811 長野県松本市中央1-15-7
ハネサム松本1F
※全国に123ヶ所のキャンパスがあります
TEL：0120-919-439

https://www.try-gakuin.com/freeschool/
e-mail：try-gakuin-chutobu@trygroup.com

■教育方針

不登校からの高校進学・大学進学をはじめとして、あらゆる生徒の進路を切り開くために、学力の向上はもとより社会を生き抜く力を育む様々な支援を行っているのがトライ式中等部です。夢や目標の実現に向け、一人ひとりに合わせたサポートをしています。

学習スタイルは「通学型」「在宅型」「オンライン型」の3つあり、自分にあったものを選べます。いつでも何度でも、切り替えたり組み合わせることができます。

また、在籍している中学校の学校長の許可があれば、トライ式中等部への登校を出席扱いにすることが可能です。

親 の 会	―
受入時面接	○
体験入学	○
学校出席扱	○ 学校との相談が必要

費用	入 会 金	50,000円（税別）
	教 材 費	―
	授 業 料	40,000円/月（税別）
	その他	詳細は直接お問い合わせください。

代 表 者	物部　晃之
設 立	2019年4月
受入年齢	中学生
運営日時	9時～16時 指導場所、曜日、時間は自由に選択可能
定 員	―
在籍者数	―
スタッフ数	―

■こんな子どもに向いています ■
・不登校を解決したいと考えている方
・中学校の勉強についていきたい方
・高校へ進学したいと考えている方

■主な活動内容 ■
学習の個別サポートに加え、修学旅行や体育祭などの学校行事やサークル活動、ゼミ（プログラミングなど）に参加することができます。※参加は自由です

■スタッフの特長 ■
経験豊富なキャンパス長や講師がキャンパスに常駐し、日々の学習や生活をサポートします。

一般社団法人にじーず

長野市内で開催（詳細はHPをご覧ください）。
※他、札幌市、仙台市、さいたま市、東京都内（渋谷、多摩地域）、新潟市、長岡市、松本市、京都市、大阪市、神戸市、岡山市の公共施設を借りて定期開催

https://24zzz-lgbt.com
e-mail：24zzzmail@gmail.com

■教育方針

LGBTの子ども・若者が同世代の仲間と交流することで、悩みや困りごとが共有できる居場所です。

自分の性のあり方は話しても話さなくても構いません。

また法律上の名前や学校名などを明かす必要はありません。

コロナ対策のため事前予約制にしていますが、時間内はいつ来てもいつ帰っても自由です。保護者の方は入り口まで送迎いただけます（中高生で一人で来る参加者も多いです）。

親 の 会	―
受入時面接	―
体験入学	―
学校出席扱	―

費用	入 学 金	0円
	教 材 費	0円
	授 業 料	0円
	その他	0円

代 表 者	遠藤　まめた
設 立	2016年
受入年齢	10代から23歳
運営日時	日曜日 13:00～17:00 ※1～数ヶ月に1回
定 員	20名／各回
在籍者数	月90人前後が利用（各回の平均は10～20人程度）
スタッフ数	60名

■こんな子どもに向いています ■
LGBTやそうかもしれない子ども・若者限定です。非当事者や大人の方は参加できません。

■主な活動内容 ■
LGBTの子どもや若者が集まって話したり遊んだりできる居場所で定期開催しています。

■スタッフの特長 ■
20代から30代のLGBT当事者や理解者を中心に運営。

フリースクール佐久

〒385-0011　長野県佐久市猿久保185-1

TEL：0267-67-8986　FAX：0267-68-7425
交通：小海線「北中込駅」

■教育方針
(1)不登校の子どもたちの居場所である。
(2)子どもたちにとって、心のオアシスのような存在であるように努力する。
(3)学校へ戻ることは強制しないが、自主的・自立的に学校へ戻ることは歓迎する。
(4)教育機関と協力連携をし、信頼関係を深める。
(5)子どもたちの家庭から月謝はとらないが、寄付については歓迎する。

親 の 会	△
受入時面接	○
体験入学	○
学校出席扱	○

費用	入 会 金	―
	教 材 費	―
	授 業 料	―
	その他	通信費として 2,000円／年

代 表 者	原　治夫
設 立	1995年
受入年齢	小・中学生 例外的に中学卒業生
運営日時	月曜～金曜 12:30～16:00
定 員	なし
在籍者数	17名(2023年12月現在)
スタッフ数	11名

■こんな子どもに向いています ■
小・中学校の不登校生

■主な活動内容 ■
子どもが主体的に決めて、学習、運動、読書、遊びなどの活動をする。

■スタッフの特長 ■
ほとんどが退職教員である。

北陸・中部

189

ブルースカイ （登校拒否を考える親と子の会）

〒380-0906　長野県長野市鶴賀七瀬中276-10
長野市障害者福祉センター
TEL&FAX：026-278-7223（代表者自宅）
交通：しなの鉄道線「長野駅」

 フリースペース

■教育方針
経験者の親たちが中心的になり、ホッと安心できる居場所を目ざして活動しています。子どもたちも、大人たちも安心・信頼関係の中からエネルギーが充電でき、自分の目標ややりたいことがみつかり、それぞれの道を目ざしてはばたいていっております。とにかく無理をせずに、休むことも必要。親としての不安や悩みを経験者のお母さんたちが、ていねいにお聞きしています。「親と子の居場所」を毎週水曜日13:30～17:00に開いています。

親　の　会	○
受入時面接	○
体験入学	○
学校出席扱	―

費用	入 会 金	―
	教材費	―
	授業料	―
	その他	ひと家族　2,400円／年

代 表 者	松田　恵子
設　　立	1990年
受入年齢	小学生～特になし（青年）
運営日時	水曜日13:30～17:00（親と子どもの居場所）
定　　員	なし
在籍者数	子ども・若者15名大人70名（会報会員含む）
スタッフ数	8名

■こんな子どもに向いています■
安心していられる居場所がほしいと思っている人。（親と子の居場所）

■主な活動内容■
好きなあそび、スポーツ、おしゃべり、料理、手作り、野外活動、社会見学とやりたいことを出し合います。

■スタッフの特長■
経験者の母親が中心、ボランティアスタッフ。

特定非営利活動法人 つむぎの森

e-mail：tumuginomori2010@yahoo.co.jp

〒504-0942　岐阜県各務原市小佐野町3-54
TEL：090-1723-3002
交通：JR高山線「那加駅」

フリースクール

■教育方針
自分がどんな特性で、何がしたいのかを体験を通じてみつけていきます。家族に課題がある場合は、家族支援をいっしょに行うことで、自立ができる環境を整えます。ひとりひとりに合わせたカリキュラムになっていますので、自立に向けた方向が多様です。卒業生の中には、学歴ではなく、大手企業に就職したり、資格を取得して支援者として働いたりと、多様な生き方を歩んでいます。理念は「人と人・人と自然がつながり支え合う世界を作る」。

親　の　会	○
受入時面接	○
体験入学	○
学校出席扱	―

費用	入 会 金	3,000円
	教 材 費	実費
	授 業 料	8,000円／月
	その他	―

代 表 者	豊永　利香
設　　立	2010年
受入対象	15～20歳
運営日時	土曜日10:00～17:00
定　　員	10名
在籍者数	10名（2024年2月現在）
スタッフ数	4名

■こんな子どもに向いています■
自分が何をしたらいいかわからない、生きづらさを抱えた子どもや、家族関係に悩んでいる子ども。

■主な活動内容■
個別からカウンセリングや外出同行などを重ねながら、集団の中に入り、就労のための準備を行っています。

■スタッフの特長■
20～50代女性中心。
教員相談員等メンタル指導から就労支援も可能。

トライ式中等部 岐阜駅前キャンパス

https://www.try-gakuin.com/freeschool/
e-mail：try-gakuin-chutobu@trygroup.com

〒500-8175 岐阜県岐阜市長住町2-7
アーバンフロントビル2F
※全国に123ヶ所のキャンパスがあります
TEL：0120-919-439

フリースクールサポート

■教育方針
不登校からの高校進学・大学進学をはじめとして、あらゆる生徒の進路を切り開くために、学力の向上はもとより社会を生き抜く力を育む様々な支援を行っているのがトライ式中等部です。夢や目標の実現に向け、一人ひとりに合わせたサポートをしています。
学習スタイルは「通学型」「在宅型」「オンライン型」の3つあり、自分にあったものを選べます。いつでも何度でも、切り替えたり組み合わせることができます。
また、在籍している中学校の学校長の許可があれば、トライ式中等部への登校を出席扱いにすることが可能です。

親　の　会	―
受入時面接	○
体験入学	○
学校出席扱	学校との相談が必要

費用	入 会 金	50,000円（税別）
	教材費	―
	授業料	40,000円／月（税別）
	その他	詳細は直接お問い合わせください。

代 表 者	物部　晃之
設　　立	2013年4月
受入年齢	中学生
運営日時	9時～16時指導場所、曜日、時間は自由に選択可能
定　　員	―
在籍者数	―
スタッフ数	―

■こんな子どもに向いています■
・不登校を解決したいと考えている方
・中学校の勉強についていきたい方
・高校へ進学したいと考えている方

■主な活動内容■
学習の個別サポートに加え、修学旅行や体育祭などの学校行事やサークル活動、ゼミ（プログラミングなど）に参加することができます。※参加は自由です

■スタッフの特長■
経験豊富なキャンパス長や講師がキャンパスに常駐し、日々の学習や生活をサポートします。

元気学園

https://www.genki-gakuen.gr.jp/

〒422-8034　静岡県静岡市駿河区高松1969-7
TEL：054-236-5015
交通：JR東海道線「静岡駅」

フリースクール

■教育方針

体調不良のある不登校対応を得意としています。医療と教育が合わさった新しい形の学び舎です。「静岡ファミリークリニック」を併設。体力がない、疲れやすい、お腹の具合が悪い、やる気が出ない、姿勢の悪さ、勉強中居眠りが多いなどの症状、また、側弯症や身体の歪みなどにも注目しています。寮があり、全国・海外からも生徒が来ています。体調を整え、身体を元気にして、勉強・人間関係など、総合的な指導をしています。
30年の実績があります。効果のある不登校対応で、卒業生と父母から感謝されています。HPに卒業生の体験談多数有り。

親 の 会	—
受入時面接	○
体験入学	—
学校出席扱	○

費用	入 会 金	—
	教 材 費	—
	授 業 料	—
	その他	—

代 表 者	小林　高子
設 立	1994年
受入対象	小中高生
運営日時	月曜〜土曜 9:00〜17:00
定 員	—
在籍者数	60名
スタッフ数	12名

■こんな子どもに向いています■

体調不良のある子、頭が良くなって勉強ができるようになりたい子に向いています。国公立大学・難関私大に毎年合格者がいます。

■主な活動内容■

サッカー、国内や海外への修学旅行、海外へのホームステイなど活動は盛りだくさんです。日々の様子をブログで毎日更新。

■スタッフの特長■

博士、医師、教員免許保有、20代から経験豊かなスタッフまでいます。

自活館

http://jikatukan.jp/

〒424-0913　静岡県清水区迎山町14-18
TEL：054-236-5015
交通：JR「東静岡駅」

フリースクール

■教育方針

体調が悪くて寝込んでいたり、家でくすぶっていたりしている子たちが、太陽に当たり、若者らしい生活を始めます。将来働けることを目的に、問題解決をしています。
学習指導については、学校復帰や進学などの学習指導が主体の「フリースクール元気学園」と連携しています。不登校専門の病院として「静岡ファミリークリニック」を併設。体調不良のある不登校の方はどうぞ。不登校解決のヒントとなる本「不登校になったら最初に読む本」発売中。

親 の 会	—
受入時面接	○
体験入学	—
学校出席扱	○

費用	入 会 金	—
	教 材 費	—
	授 業 料	—
	その他	—

代 表 者	清水　和重
設 立	2009年
受入対象	23歳くらいまで
運営日時	月曜〜土曜 寮は日曜も。 相談電話は 月曜〜土曜 11時から16時
定 員	30名
在籍者数	15名
スタッフ数	5名

■こんな子どもに向いています■

体調不良を伴う不登校や引きこもりで、やる気がでるような生活をしたいと思っている人たち。

■主な活動内容■

医師との連携のもと、運動療法を取り入れて、徐々に健康にしていくように指導しています。それぞれの目的に合わせて、農作業と学習を組み合わせています。

■スタッフの特長■

年間1000件以上の電話相談や面接相談をしているスタッフや、不登校の子どもたちと24時間一緒にいる生活をしてきた経験豊かなスタッフから、若いスタッフまでいろんなタイプのスタッフがいます。

NPO法人 星槎教育研究所
フリースクール浜松

https://edunpo.seisa.ac.jp/
e-mail：hamamatsu@seisa.ed.jp

〒432-8042　静岡県松市中央区上浅田2-4-30
TEL：053-450-9820　FAX：053-450-9821
交通：JR「浜松駅」徒歩15分

フリースクール

■教育方針

「ともに学び、ともに感動する」共感理解教育実践校です。①「社会で必要な力を身につけます」人との関わり合いの中で、楽しみながらコミュニケーションを学び、社会性を身につけていきます。②「基礎学習・体育・芸術・eスポーツ・ダンス・音楽・SST等から選んで学べます」自分にあった学習方法をみつけ、基礎的な学力の定着を目指します。幅広い学習内容から興味のある分野を選んで学べます。③「登校復帰から進学までサポートします」在籍校の学校長の判断により、フリースクールに登校した日数に振り替えることもできます。そこにはきっと最強の仲間がいる!

親 の 会	○
受入時面接	○
体験入学	○
学校出席扱	○

費用	入 会 金	20,000円
	教 材 費	実費
	授 業 料	10,000円／月（週1回の場合）
	その他	施設設備費1,000円／月（週1回の場合）

代 表 者	松下　清喜
設 立	2007年
受入年齢	小学生〜中学生
運営日時	週1〜5回程度 9:30〜15:00 （原則として）
定 員	なし
在籍者数	若干名
スタッフ数	4名

■こんな子どもに向いています■

「学校に行きたい気持ちはあるけれど…。」「自分に自信が持てない。」「友だちをつくりたい。」そんな子どもたちが輝ける場所です。

■主な活動内容■

幅広い学習内容から自分で選んで学ぶことができます。基礎的な学力の定着を目指すことやSSTを通して人間関係を力を養うこと、体育や音楽、芸術、eスポーツ等自分にあった好きなこと・得意なことを活かして学ぶことができます。

■スタッフの特長■

支援教育カウンセラーの資格を所有する職員が対応します。

トライ式中等部 静岡キャンパス

https://www.try-gakuin.com/freeschool/
e-mail：try-gakuin-chutobu@trygroup.com

〒420-0857 静岡県静岡市葵区御幸町6-10
静岡モディ5F
※全国に123ヶ所のキャンパスがあります
TEL：0120-919-439

■教育方針

不登校からの高校進学・大学進学をはじめとして、あらゆる生徒の進路を切り開くために、学力の向上はもとより社会を生き抜く力を育む様々な支援を行っているのがトライ式中等部です。夢や目標の実現に向け、一人ひとりに合わせたサポートをしています。
学習スタイルは「通学型」「在宅型」「オンライン型」の3つあり、自分にあったものを選べます。いつでも何度でも、切り替えたり組み合わせることができます。
また、在籍している中学校の学校長の許可があれば、トライ式中等部への登校を出席扱いにすることが可能です。

親 の 会	―
受入時面接	○
体験入学	○
学校出席扱	○ 学校との相談が必要

費用	入 会 金	50,000円（税別）
	教 材 費	―
	授 業 料	40,000円／月（税別）
	そ の 他	詳細は直接お問い合わせください。

代 表 者	物部　晃之
設 立	2010年4月
受入年齢	中学生
運営日時	9時〜16時 指導場所、曜日、時間は自由に選択可能
定 員	―
在籍者数	―
スタッフ数	―

■こんな子どもに向いています
・不登校を解決したいと考えている方
・中学校の勉強についていきたい方
・高校へ進学したいと考えている方

■主な活動内容
学習の個別サポートに加え、修学旅行や体育祭などの学校行事やサークル活動、ゼミ（プログラミングなど）に参加することができます。※参加は自由です

■スタッフの特長
経験豊富なキャンパス長や講師がキャンパスに常駐し、日々の学習や生活をサポートします。

トライ式中等部 浜松キャンパス

https://www.try-gakuin.com/freeschool/
e-mail：try-gakuin-chutobu@trygroup.com

〒430-0933 静岡県浜松市中区鍛冶町140-4
浜松Aビル1F
※全国に123ヶ所のキャンパスがあります
TEL：0120-919-439

■教育方針

不登校からの高校進学・大学進学をはじめとして、あらゆる生徒の進路を切り開くために、学力の向上はもとより社会を生き抜く力を育む様々な支援を行っているのがトライ式中等部です。夢や目標の実現に向け、一人ひとりに合わせたサポートをしています。
学習スタイルは「通学型」「在宅型」「オンライン型」の3つあり、自分にあったものを選べます。いつでも何度でも、切り替えたり組み合わせることができます。
また、在籍している中学校の学校長の許可があれば、トライ式中等部への登校を出席扱いにすることが可能です。

親 の 会	―
受入時面接	○
体験入学	○
学校出席扱	○ 学校との相談が必要

費用	入 会 金	50,000円（税別）
	教 材 費	―
	授 業 料	40,000円／月（税別）
	そ の 他	詳細は直接お問い合わせください。

代 表 者	物部　晃之
設 立	2013年4月
受入年齢	中学生
運営日時	9時〜16時 指導場所、曜日、時間は自由に選択可能
定 員	―
在籍者数	―
スタッフ数	―

■こんな子どもに向いています
・不登校を解決したいと考えている方
・中学校の勉強についていきたい方
・高校へ進学したいと考えている方

■主な活動内容
学習の個別サポートに加え、修学旅行や体育祭などの学校行事やサークル活動、ゼミ（プログラミングなど）に参加することができます。※参加は自由です

■スタッフの特長
経験豊富なキャンパス長や講師がキャンパスに常駐し、日々の学習や生活をサポートします。

トライ式中等部 三島キャンパス

https://www.try-gakuin.com/freeschool/
e-mail：try-gakuin-chutobu@trygroup.com

〒411-0036 静岡県三島市一番町15-19
TGビル2F
※全国に123ヶ所のキャンパスがあります
TEL：0120-919-439

■教育方針

不登校からの高校進学・大学進学をはじめとして、あらゆる生徒の進路を切り開くために、学力の向上はもとより社会を生き抜く力を育む様々な支援を行っているのがトライ式中等部です。夢や目標の実現に向け、一人ひとりに合わせたサポートをしています。
学習スタイルは「通学型」「在宅型」「オンライン型」の3つあり、自分にあったものを選べます。いつでも何度でも、切り替えたり組み合わせることができます。
また、在籍している中学校の学校長の許可があれば、トライ式中等部への登校を出席扱いにすることが可能です。

親 の 会	―
受入時面接	○
体験入学	○
学校出席扱	○ 学校との相談が必要

費用	入 会 金	50,000円（税別）
	教 材 費	―
	授 業 料	40,000円／月（税別）
	そ の 他	詳細は直接お問い合わせください。

代 表 者	物部　晃之
設 立	2019年4月
受入年齢	中学生
運営日時	9時〜16時 指導場所、曜日、時間は自由に選択可能
定 員	―
在籍者数	―
スタッフ数	―

■こんな子どもに向いています
・不登校を解決したいと考えている方
・中学校の勉強についていきたい方
・高校へ進学したいと考えている方

■主な活動内容
学習の個別サポートに加え、修学旅行や体育祭などの学校行事やサークル活動、ゼミ（プログラミングなど）に参加することができます。※参加は自由です

■スタッフの特長
経験豊富なキャンパス長や講師がキャンパスに常駐し、日々の学習や生活をサポートします。

NPO法人 フリースクール 空

https://freeschoolsora.com/
e-mail：freeschool.sora@gmail.com

〒430-0855　静岡県浜松市中央区楊子町93-1
あさがお新聞店内
TEL：080-5295-5785　FAX：053-482-0482(西村)
交通：JR東海道線「浜松駅」

■教育方針
「子どもたちが心身ともに健康になり、本来の笑顔を取り戻すこと」を目指して、静かに安心して過ごせる居場所作りを心がけています。3ヶ月に一度は保護者会を設けています。遠足、小旅行など自由参加のプログラムを多く企画し、一緒に過ごす時間を大切にしています。ギター、ボーカルレッスン、クライミング、ドラム、柔道、料理などのプログラムもあります。病院・学校と連携して子どもたちにとっての最善を目指します。
28年度から公文式学習を導入しています。

親　の　会	○
受入時面接	○
体 験 入 学	○
学校出席扱	○

費用	入 会 金	50,000円
	教 材 費	—
	授 業 料	月会費 週3日 22,000円／週5日 32,000円
	そ の 他	—

代 表 者	西村　美佳孝
設　　立	2008年
受入年齢	小学生以上
運営日時	月・火・水・金 10:00～16:00 木 10:00～18:00 ※祝日除く
定　　員	20名
在籍者数	19名(2023年12月現在)
スタッフ数	常駐1名+スタッフ5名

■こんな子どもに向いています■
対人不安、摂食障がいなどで病院から紹介で来た子も通っています。静かに少人数で過ごしたい子向きです。

■主な活動内容
学習、スポーツ、アート、料理、遠足など、子どもたちの興味に応じて活動します。高卒認定試験や通信制高校の学習サポートも行っています。

■スタッフの特長
代表は認定心理士の資格を持ち、ユニークなスタッフが揃っています。

フリースクール ドリーム・フィールド

e-mail：dreamfield.staff@gmail.com

〒435-0013　静岡県浜松市東区天竜川町201
TEL：053-422-5203　FAX：053-545-5687
交通：JR東海道線「天竜川駅」

■教育方針
互いの個性や特徴を認め合いながら、それぞれのペースで社会に向けて成長してゆくための、学校以外の育ちの場です。さまざまな講座をそれぞれの希望に合わせて自由に参加できます。ほとんどの子は公立通信制高校に進学するため、経済的に大変なご家庭でも高校で学ぶことができます。(公立通信制高校は、入学金・授業料等、年間10,000円以内程度)18才以上になれば、ドリーム・フィールドが運営する福祉事務所「雑貨カフェいもねこ」「工房いもねこ」で働けます。　※小中学校出席扱い　※「放課後等デイサービス」「日中一時支援」として午前中から利用できます。

親　の　会	○
受入時面接	○
体 験 入 学	○
学校出席扱	○

費用	入 会 金	0～50,000円(要相談)
	教 材 費	実費のみ
	授 業 料	0～数千円程度 福祉サービスとしての利用をお勧めします。

代 表 者	大山　浩司
設　　立	2004年
受入年齢	小学生～20代
運営日時	月曜日～金曜日 9:00～18:00 ※イベント時は土日も
定　　員	50名程度(上限)
在籍者数	43名(2023年12月現在)
スタッフ数	22名

■こんな子どもに向いています■
周りと比較することなく、それぞれのペースでのんびりと伸び伸びと育つことのできる環境です。

■主な活動内容
学習、運動、バンド活動、アート、遠足、料理、自然保護活動などいろいろな活動に自由参加できます。

■スタッフの特長
高校講師、プロミュージシャン、画家など多彩なスタッフ。

松 浦 塾

http://catnap.hacca.jp/ma_juku/
e-mail：ma.juku@maroon.plala.or.jp

〒422-8033　静岡県静岡市駿河区登呂5-13-23
TEL：054-285-9000
交通：JR線「静岡駅」

■教育方針
一人ひとりの求める内容を見極めて、わかりやすく、楽しい教具など用いて、なるべく具体的に学びが出来るように心がけています。学校勉強の補習から、高校進学、大学進学、高認、通信制のレポート援助などさまざまな学習援助をしています。1対1の指導を求めている方に向いていると思います。
開塾以来、誰でも、いつでも学べる学校外での学び場として、地域で45年続いてきました。

親　の　会	—
受入時面接	○
体 験 入 学	○
学校出席扱	—

費用	入 会 金	5,000円
	教 材 費	6,000円／年
	授 業 料	4,000円～／月
	そ の 他	—

代 表 者	松浦　登
設　　立	1978年
受入年齢	小～高、大人
運営日時	火曜～金曜 16:00～21:00 土曜 9:00～17:00
定　　員	20名
在籍者数	12名(2023年12月現在)
スタッフ数	2名

■こんな子どもに向いています■
ゆっくりと学ぶことになりますが、真面目にとり組む姿勢のある子なら、少しの障がいがあっても大丈夫です。

■主な活動内容
学校勉強の補習、及び進学指導などです。
静岡県子ども・若者支援機関。
静岡市子ども・若者支援マップ掲載塾。

■スタッフの特長
夫婦で営む学習塾。

リベラスコーレ

http://www.libera.or.jp
e-mail：info@libera.or.jp

〒411-0855　静岡県三島市本町9-3

TEL：055-972-4344　FAX：055-972-4347

交通：伊豆箱根線「三島広小路駅」

フリースペース
サポート
高認指導

■教育方針

1. 基本的な学力・ソーシャルスキルの習得をめざします。
2. 在籍校・家庭と連携して、児童生徒の支援を進めます。
3. 通信制高校・定時制高校に在籍する生徒の受け入れにも対応しています。
4. 障がいや特性を持つ児童生徒については、福祉サービス（放課後等デイサービス）による支援を行っています。
5. 進学・就職など、進路の決定に向けた支援を行います。
6. 世帯収入による減免制度があります。

代表者	三好　徹史
設　立	1990年
受入年齢	小中学生・高校生 中退者、既卒生
運営日時	月曜日〜金曜日 9:30〜17:00
定　員	40名
在籍者数	36名(2024年1月現在)
スタッフ数	7名

親　の　会	○
受入時面接	○
体験入学	○
学校出席扱	○

費用	入会金	0円
	教材費	26,400〜92,400円
	授業料	13,200〜48,400円
	その他	―

不登校　発達障がい　ひきこもり　身体　知的

■こんな子どもに向いています■

1. 不登校が長期に継続している児童生徒
2. 障がいや特性を持っている児童生徒
3. 通信制高校・定時制高校に在籍する生徒

■主な活動内容■

1. 学習支援
2. 体験活動(芸術・スポーツ・地域イベント等)
3. 保護者支援(保護者研修会・保護者会活動)

■スタッフの特長■

教育・福祉の専門的な知識・スキルを持ったスタッフを採用しています。

飛鳥未来 中等部・初等部 名古屋教室

https://www.sanko.ac.jp/asuka-fs/nagoya/
e-mail：info-nagoya-freeschool@sanko.ac.jp

〒453-0013　愛知県名古屋市中村区亀島1-10-22　新晃ビル1F

TEL：052-433-3525

交通：JR・名鉄・近鉄「名古屋駅」L4出口より徒歩10分

地下鉄東山線「亀島駅」より徒歩2分

フリースクール

■教育方針

主体性・社会性を培い、自主学習を通して生き抜く力をはぐくむという理念のもと、自分らしさを取り戻し、なりたい自分を実現していく学習支援を行います。先生から生徒に指示を与えるような一方通行の教育をせず、学ぶこと・やることを自分で決めるから、通い続けることができ、楽しく学ぶことができます。勉強・友人関係・進路の悩みなど、一人ひとりにきめ細かく寄り添ってサポートします。

※ネットコースあり

代表者	川口　真澄
設　立	2021年
受入年齢	小学4年生 〜中学3年生
運営日時	月曜〜金曜 10:00〜15:00
定　員	―
在籍者数	40名程度(2024年2月現在)
スタッフ数	11名

親　の　会	○
受入時面接	○
体験入学	○
学校出席扱	○

費用	入会金	50,000円
	教材費	―
	授業料	30,000〜52,000円/月
	その他	―

不登校　発達障がい　ひきこもり　身体　知的

■こんな子どもに向いています■

安心して過ごせる居場所がほしい方、自分のペースで通いたい方、学習だけではなく様々な体験も楽しみたい方。

■主な活動内容■

教科学習の他、調理や制作、行事活動など。姉妹校の高等学校・専門学校と連携した体験や進路活動も実施。

■スタッフの特長■

教員免許保有、年齢層も趣味も幅広い個性豊かなスタッフが在籍。

学校法人　角川ドワンゴ学園

N中等部　名古屋キャンパス

https://n-jr.jp/
e-mail：support@n-jr.jp

〒460-0004　愛知県名古屋市中区新栄町2-9

スカイオアシス栄2F

TEL：0120-0252-15

交通：名古屋市営地下鉄「栄駅」徒歩約5分

フリースクール
サポート

■教育方針

N中等部は、教育機会確保法の趣旨を鑑みた、新しいコンセプトのスクール「プログレッシブスクール」です。

N/S高の多様なコンテンツを活用し、主体的に行動できる人を育み続けます。

机の上だけで学ぶ勉強だけでなく、自由な発想で考え主体性をもって問題に取り組む力となるのは総合力です。総合力を礎に個性という独自性が付加価値となります。

総合力を身に付けるために、教養・思考力・実践力の3つを学びます。

代表者	奥平　博一
設　立	2019年
受入年齢	中学生
運営日時	月曜〜金曜 9:00〜17:00
定　員	通学コース：各キャンパスにより異なる(120〜150名) ネットコース定員なし
在籍者数	1,334名(2023年12月末時点)
スタッフ数	60名

親　の　会	― ※保護者会実施
受入時面接	○ ※ネットコースは書類選考のみ
体験入学	○
学校出席扱	○

費用	入会金	110,000円
	教材費	MacBook必須
	授業料	48,400円〜/月
	その他	―

不登校　発達障がい　ひきこもり　身体　知的

■こんな子どもに向いています■

最先端技術や学びに興味がある、居場所が欲しい、同じ趣味の人と繋がりたい、学力を身につけたい人など。

■主な活動内容■

21世紀型スキル学習・PBL、プログラミング、国語・数学・英語を中心とした基礎学習など多彩な学習コンテンツあり

■スタッフの特長■

20代も多く、さまざまな背景の社会人経験者など多彩なスタッフがいます。

学研のサポート校
WILL学園 中等部 高等部 名古屋キャンパス
https://www.willschool.net/
e-mail：will@kame.co.jp

〒460-0008　愛知県名古屋市中区栄2-1-21
サンシャイン伏見ビル5F
TEL：0120-883-122
交通：名古屋市鶴舞線「伏見駅」徒歩2分
名古屋市鶴舞線・名古屋市桜通線「丸の内駅」徒歩9分

■教育方針
WILL学園では『楽しく学校に通う』ということを一番に考えています。不登校や発達障害のある生徒にとって居心地の良い場所として存在し、人間性を豊かにしていくだけでなく、学習面もしっかりサポート！WILLに通うことからスタートして、不登校を克服した生徒がたくさんいます。
できることから少しずつ、一人ひとりのペースに合わせて学園全体でバックアップ！まずは学校を楽しむことから始めましょう！
家から出づらい人には在宅訪問支援のコースもあります。

代 表 者	加藤　望
設　　立	2000年10月
受入年齢	中学生、高校生
運営日時	月曜日〜金曜日
定　　員	50名
在籍者数	48名(2024年2月現在)
スタッフ数	9名(2024年2月現在)

親 の 会	ー
受入時面接	△
体 験 入 学	○
学校出席扱	○

費用	入会金	24,200円、110,000円
	教材費	ー
	授業料	33,000円〜66,000円
	その他	高等部活動費264,000円/年

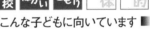

■こんな子どもに向いています ■
楽しい学校生活を送りたいと考えているものの、学校に通うのが苦手、難しいと思っている生徒に向いています。

■主な活動内容 ■
学習は個別指導が中心。苦手分野克服、学び直しもできます。レクリエーションや趣味、実用の時間もあります。

■スタッフの特長 ■
不登校生、発達障害の支援の経験を積み重ねた教員が一人ひとりサポートします。

NPO法人 星槎教育研究所　あいちサポートセンター
フリースクールなごや
https://edunpo.seisa.ac.jp/
e-mail：nagoya@seisa.ed.jp

〒461-0001　愛知県名古屋市東区泉1-2-8
星槎国際高等学校 名古屋学習センター内
TEL：052-212-8213　FAX：052-212-8212
交通：桜通線・名城線「久屋大通駅」名城線「市役所駅」より徒歩10分

■教育方針
共感理解教育のもと、好きなこと・得意なことを発見して楽しく学んでほしい、友だちとわかり合い、大切にし合う喜びを感じてほしい、社会で生きるスキルを身につけ、自信を持ってほしい、と考えて、フリースクールなごやを開設しました。　①到達度に応じた課題で「わかる」「できる」学習。②生徒一人ひとりの個性や発達の特性を生かす。　③人やものと出会う「ナマの体験」を通じて生きた力をつける。　④自分の進む道を考え、進路設計する力をつける。　⑤不思議『？』発見で、創造性と科学する心を育てる。

代 表 者	三村　紫十美
設　　立	2007年
受入年齢	小学生〜中学生
運営日時	週1〜5回 9:30〜15:00（原則として）
定　　員	各曜日5名程度
在籍者数	10名
スタッフ数	4名

親 の 会	○
受入時面接	○
体 験 入 学	○
学校出席扱	原籍校判断

費用	入会金	45,000円
	教材費	実費
	授業料	週3回以上:30,000円
	その他	年会費20,000円

■こんな子どもに向いています ■
学び方を変えればイキイキとする子どもたち。理解してもらえなかった悔しさがたまっている子たち。

■主な活動内容 ■
本物を体験する総合学習（社会・文化・芸術・科学・生活・体育）・基礎学力・ソーシャルスキル・ライフスキルのトレーニング。

■スタッフの特長 ■
20〜40代のスタッフが家族を作っていくように接する。特別支援教育や不登校・発達障がいを理解し、星槎国際高校の教員も協力。

中央高等学院 中学生コース 名古屋本校
https://chuos.com
e-mail：info@chuos.com

〒450-0002　愛知県名古屋市中村区名駅2-45-19
※その他、池袋、吉祥寺、渋谷原宿、横浜、千葉、大宮に校舎があります。
TEL：0120-89-1146
交通：各線「名古屋駅」から徒歩5分

■教育方針
広域通信制高校・中央国際高校のサポートキャンパスであり、「できることからはじめようよ！」を掲げ、45年以上の歴史と経験を持つ、サポート校・中央高等学院が開設するフリースクールです。目の届く少人数制、個々にあった指導、豊富なカリキュラムで中学卒業までしっかりサポート。勉強は生徒のレベルに合わせ丁寧に指導。授業の半分は、ゲームや課外授業を通してコミュニケーション力を育みます。また、同じ仲間、同じ先生がいる環境で、安心して中央高等学院へ進学することも可能です。

代 表 者	斉藤　守
設　　立	1978年
受入年齢	中学生
運営日時	毎週土曜日
定　　員	20名
在籍者数	9名
スタッフ数	ー

親 の 会	ー
受入時面接	ー
体 験 入 学	○
学校出席扱	ー

費用	入会金	直接、校舎にお問い合わせ下さい
	教材費	
	授業料	
	その他	

■こんな子どもに向いています ■
「勉強についていけず不安」「相談できる先生が欲しい」「高校へ進学したい」などの悩みを解決したい方。

■主な活動内容 ■
毎週土曜日に開講しています。主要3教科の基礎学力、集団行動に慣れるためのゲーム、散策、課外授業など。

■スタッフの特長 ■
中央高等学院の経験豊富な先生が丁寧に接します。また、先生との距離の近さが魅力です。

トライ式中等部 金山キャンパス

https://www.try-gakuin.com/freeschool/
e-mail：try-gakuin-chutobu@trygroup.com

〒460-0022 愛知県名古屋市中区金山1-15-10
NFC金山駅前ビル10F
※全国に123ヶ所のキャンパスがあります
TEL：0120-919-439

■教育方針

不登校からの高校進学・大学進学をはじめとして、あらゆる生徒の進路を切り開くために、学力の向上はもとより社会を生き抜く力を育む様々な支援を行っているのがトライ式中等部です。夢や目標の実現に向け、一人ひとりに合わせたサポートをしています。
学習スタイルは「通学型」「在宅型」「オンライン型」の3つあり、自分にあったものを選べます。いつでも何度でも、切り替えたり組み合わせることができます。
また、在籍している中学校の学校長の許可があれば、トライ式中等部への登校を出席扱いにすることが可能です。

親 の 会	—
受入時面接	○
体 験 入 学	○
学校出席扱	○ 学校との相談が必要

費用	入 会 金	50,000円（税別）
	教 材 費	—
	授 業 料	40,000円／月（税別）
	そ の 他	詳細は直接お問い合わせください。

代 表 者	物部　晃之
設　　立	2019年4月
受入年齢	中学生
運営日時	9時〜16時 指導場所、曜日、時間は自由に選択可能
定　　員	—
在籍者数	—
スタッフ数	—

■こんな子どもに向いています■

・不登校を解決したいと考えている方
・中学校の勉強についていきたい方
・高校へ進学したいと考えている方

■主な活動内容

学習の個別サポートに加え、修学旅行や体育祭などの学校行事やサークル活動、ゼミ（プログラミングなど）に参加することができます。※参加は自由です

■スタッフの特長

経験豊富なキャンパス長や講師がキャンパスに常駐し、日々の学習や生活をサポートします。

トライ式中等部 千種キャンパス

https://www.try-gakuin.com/freeschool/
e-mail：try-gakuin-chutobu@trygroup.com

〒464-0075 愛知県名古屋市千種区内山3-30-9
nonoha千種2F
※全国に123ヶ所のキャンパスがあります
TEL：0120-919-439

■教育方針

不登校からの高校進学・大学進学をはじめとして、あらゆる生徒の進路を切り開くために、学力の向上はもとより社会を生き抜く力を育む様々な支援を行っているのがトライ式中等部です。夢や目標の実現に向け、一人ひとりに合わせたサポートをしています。
学習スタイルは「通学型」「在宅型」「オンライン型」の3つあり、自分にあったものを選べます。いつでも何度でも、切り替えたり組み合わせることができます。
また、在籍している中学校の学校長の許可があれば、トライ式中等部への登校を出席扱いにすることが可能です。

親 の 会	—
受入時面接	○
体 験 入 学	○
学校出席扱	○ 学校との相談が必要

費用	入 会 金	50,000円（税別）
	教 材 費	—
	授 業 料	40,000円／月（税別）
	そ の 他	詳細は直接お問い合わせください。

代 表 者	物部　晃之
設　　立	2010年4月
受入年齢	中学生
運営日時	9時〜16時 指導場所、曜日、時間は自由に選択可能
定　　員	—
在籍者数	—
スタッフ数	—

■こんな子どもに向いています■

・不登校を解決したいと考えている方
・中学校の勉強についていきたい方
・高校へ進学したいと考えている方

■主な活動内容

学習の個別サポートに加え、修学旅行や体育祭などの学校行事やサークル活動、ゼミ（プログラミングなど）に参加することができます。※参加は自由です

■スタッフの特長

経験豊富なキャンパス長や講師がキャンパスに常駐し、日々の学習や生活をサポートします。

トライ式中等部 知立キャンパス

https://www.try-gakuin.com/freeschool/
e-mail：try-gakuin-chutobu@trygroup.com

〒472-0037 愛知県知立市栄1-5
エキタス知立2F
※全国に123ヶ所のキャンパスがあります
TEL：0120-919-439

■教育方針

不登校からの高校進学・大学進学をはじめとして、あらゆる生徒の進路を切り開くために、学力の向上はもとより社会を生き抜く力を育む様々な支援を行っているのがトライ式中等部です。夢や目標の実現に向け、一人ひとりに合わせたサポートをしています。
学習スタイルは「通学型」「在宅型」「オンライン型」の3つあり、自分にあったものを選べます。いつでも何度でも、切り替えたり組み合わせることができます。
また、在籍している中学校の学校長の許可があれば、トライ式中等部への登校を出席扱いにすることが可能です。

親 の 会	—
受入時面接	○
体 験 入 学	○
学校出席扱	○ 学校との相談が必要

費用	入 会 金	50,000円（税別）
	教 材 費	—
	授 業 料	40,000円／月（税別）
	そ の 他	詳細は直接お問い合わせください。

代 表 者	物部　晃之
設　　立	2017年4月
受入年齢	中学生
運営日時	9時〜16時 指導場所、曜日、時間は自由に選択可能
定　　員	—
在籍者数	—
スタッフ数	—

■こんな子どもに向いています■

・不登校を解決したいと考えている方
・中学校の勉強についていきたい方
・高校へ進学したいと考えている方

■主な活動内容

学習の個別サポートに加え、修学旅行や体育祭などの学校行事やサークル活動、ゼミ（プログラミングなど）に参加することができます。※参加は自由です

■スタッフの特長

経験豊富なキャンパス長や講師がキャンパスに常駐し、日々の学習や生活をサポートします。

トライ式中等部 豊田キャンパス

https://www.try-gakuin.com/freeschool/
e-mail：try-gakuin-chutobu@trygroup.com

〒471-0025 愛知県豊田市西町1-200
とよた参合館2F
※全国に123ヶ所のキャンパスがあります
TEL：0120-919-439

フリースクールサポート

■教育方針

不登校からの高校進学・大学進学をはじめとして、あらゆる生徒の進路を切り開くために、学力の向上はもとより社会を生き抜く力を育む様々な支援を行っているのがトライ式中等部です。夢や目標の実現に向け、一人ひとりに合わせたサポートをしています。
学習スタイルは「通学型」「在宅型」「オンライン型」の3つあり、自分にあったものを選べます。いつでも何度でも、切り替えたり組み合わせることができます。
また、在籍している中学校の学校長の許可があれば、トライ式中等部への登校を出席扱いにすることが可能です。

親 の 会	—
受入時面接	○
体験入学	○
学校出席扱	○ 学校との相談が必要

費用	入 会 金	50,000円(税別)
	教 材 費	—
	授 業 料	40,000円/月(税別)
	その他	詳細は直接お問い合わせください。

代 表 者	物部　晃之
設　　立	2020年4月
受入年齢	中学生
運営日時	9時〜16時 指導場所、曜日、時間は自由に選択可能
定　　員	—
在籍者数	—
スタッフ数	—

■こんな子どもに向いています
・不登校を解決したいと考えている方
・中学校の勉強についていきたい方
・高校へ進学したいと考えている方

■主な活動内容
学習の個別サポートに加え、修学旅行や体育祭などの学校行事やサークル活動、ゼミ(プログラミングなど)に参加することができます。※参加は自由です

■スタッフの特長
経験豊富なキャンパス長や講師がキャンパスに常駐し、日々の学習や生活をサポートします。

トライ式中等部 豊橋キャンパス

https://www.try-gakuin.com/freeschool/
e-mail：try-gakuin-chutobu@trygroup.com

〒440-0075 愛知県豊橋市花田町西宿無番地
豊橋駅ビルカルミア4F
※全国に123ヶ所のキャンパスがあります
TEL：0120-919-439

フリースクールサポート

■教育方針

不登校からの高校進学・大学進学をはじめとして、あらゆる生徒の進路を切り開くために、学力の向上はもとより社会を生き抜く力を育む様々な支援を行っているのがトライ式中等部です。夢や目標の実現に向け、一人ひとりに合わせたサポートをしています。
学習スタイルは「通学型」「在宅型」「オンライン型」の3つあり、自分にあったものを選べます。いつでも何度でも、切り替えたり組み合わせることができます。
また、在籍している中学校の学校長の許可があれば、トライ式中等部への登校を出席扱いにすることが可能です。

親 の 会	—
受入時面接	○
体験入学	○
学校出席扱	○ 学校との相談が必要

費用	入 会 金	50,000円(税別)
	教 材 費	—
	授 業 料	40,000円/月(税別)
	その他	詳細は直接お問い合わせください。

代 表 者	物部　晃之
設　　立	2019年4月
受入年齢	中学生
運営日時	9時〜16時 指導場所、曜日、時間は自由に選択可能
定　　員	—
在籍者数	—
スタッフ数	—

■こんな子どもに向いています
・不登校を解決したいと考えている方
・中学校の勉強についていきたい方
・高校へ進学したいと考えている方

■主な活動内容
学習の個別サポートに加え、修学旅行や体育祭などの学校行事やサークル活動、ゼミ(プログラミングなど)に参加することができます。※参加は自由です

■スタッフの特長
経験豊富なキャンパス長や講師がキャンパスに常駐し、日々の学習や生活をサポートします。

トライ式中等部 東岡崎キャンパス

https://www.try-gakuin.com/freeschool/
e-mail：try-gakuin-chutobu@trygroup.com

〒444-0864 愛知県岡崎市明大寺町字寺東1-1
名鉄東岡崎駅南館2F
※全国に123ヶ所のキャンパスがあります
TEL：0120-919-439

フリースクールサポート

■教育方針

不登校からの高校進学・大学進学をはじめとして、あらゆる生徒の進路を切り開くために、学力の向上はもとより社会を生き抜く力を育む様々な支援を行っているのがトライ式中等部です。夢や目標の実現に向け、一人ひとりに合わせたサポートをしています。
学習スタイルは「通学型」「在宅型」「オンライン型」の3つあり、自分にあったものを選べます。いつでも何度でも、切り替えたり組み合わせることができます。
また、在籍している中学校の学校長の許可があれば、トライ式中等部への登校を出席扱いにすることが可能です。

親 の 会	—
受入時面接	○
体験入学	○
学校出席扱	○ 学校との相談が必要

費用	入 会 金	50,000円(税別)
	教 材 費	—
	授 業 料	40,000円/月(税別)
	その他	詳細は直接お問い合わせください。

代 表 者	物部　晃之
設　　立	2024年4月
受入年齢	中学生
運営日時	9時〜16時 指導場所、曜日、時間は自由に選択可能
定　　員	—
在籍者数	—
スタッフ数	—

■こんな子どもに向いています
・不登校を解決したいと考えている方
・中学校の勉強についていきたい方
・高校へ進学したいと考えている方

■主な活動内容
学習の個別サポートに加え、修学旅行や体育祭などの学校行事やサークル活動、ゼミ(プログラミングなど)に参加することができます。※参加は自由です

■スタッフの特長
経験豊富なキャンパス長や講師がキャンパスに常駐し、日々の学習や生活をサポートします。

トライ式中等部 名駅キャンパス

https://www.try-gakuin.com/freeschool/
e-mail：try-gakuin-chutobu@trygroup.com

〒450-0002 愛知県名古屋市中村区名駅
2-45-19 桑山ビル3F
※全国に123ヶ所のキャンパスがあります
TEL：0120-919-439

■教育方針

不登校からの高校進学・大学進学をはじめとして、あらゆる生徒の進路を切り開くために、学力の向上はもとより社会を生き抜く力を育む様々な支援を行っているのがトライ式中等部です。夢や目標の実現に向け、一人ひとりに合わせたサポートをしています。
学習スタイルは「通学型」「在宅型」「オンライン型」の3つあり、自分にあったものを選べます。いつでも何度でも、切り替えたり組み合わせることができます。
また、在籍している中学校の学校長の許可があれば、トライ式中等部への登校を出席扱いにすることが可能です。

親 の 会	—
受入時面接	○
体験入学	○
学校出席扱	○ 学校との相談が必要

費用	入 会 金	50,000円（税別）
	教材費	—
	授業料	40,000円/月（税別）
	その他	詳細は直接お問い合わせください。

代 表 者	物部 晃之
設 立	2022年5月
受入年齢	中学生
運営日時	9時〜16時 指導場所、曜日、時間は自由に選択可能
定 員	—
在籍者数	—
スタッフ数	—

■こんな子どもに向いています■
・不登校を解決したいと考えている方
・中学校の勉強についていきたい方
・高校へ進学したいと考えている方

■主な活動内容
学習の個別サポートに加え、修学旅行や体育祭などの学校行事やサークル活動、ゼミ（プログラミングなど）に参加することができます。※参加は自由です

■スタッフの特長
経験豊富なキャンパス長や講師がキャンパスに常駐し、日々の学習や生活をサポートします。

名古屋みらい高等学院（愛知PFS協会）

http://www.aichi-pfs.org
e-mail：info@aichi-pfs.org

〒460-0011　愛知県名古屋市中区大須1-21-35
TEL：052-228-0280　FAX：052-228-0280
交通：名古屋市地下鉄鶴舞線「大須観音駅」

■教育方針

人は適性としてみんな違った個性や才能があり、それを理解し、発達段階や発達のテンポ、能力、ニーズなどに応じた教育の個別化を図れる学校教育が必要であると考えます。生まれついた社会的な背景や環境、何らかの障がいを持っているかどうかなどによって左右されることがあってはならないと強く願い、自分らしく成長していけるための学び場として、ひとりひとりの未来のために踏み出す「一歩」を全力で応援していきます。

親 の 会	—
受入時面接	○
体験入学	○
学校出席扱	○

費用	入 会 金	35,000円
	教材費	実費負担
	授業料	1万〜3万円（月2〜週3回）
	その他	高卒資格取得可能

代 表 者	星野 智生
設 立	2014年
受入年齢	中学生から20代前半 ※高卒資格取得希望者であれば対象以上でも可
運営日時	月・水・金 10:00〜16:00
定 員	80名
在籍者数	48名（2023年12月現在）
スタッフ数	9名 その他 科目講師、ボランティアスタッフ80名

■こんな子どもに向いています■
高校卒業資格を取りたい方、転校したい高校生、学び直しをしたい中卒者や中退者などを受け入れています。

■主な活動内容
学習支援を中心にスポーツや理科実験、調理体験などのイベントを行います。週1〜3日コースが選べます。

■スタッフの特長
教育分野のスタッフだけではなく心理および福祉の専門資格者がいます。

ひのまるキッズ　YUME School名古屋中央校

http://school.yume.support/nagoyachuo/
e-mail：nagoyachuo@yume.support

〒450-4455　愛知県名古屋市中村区名駅南
1-3-17
TEL：052-485-4455　FAX：052-583-1002
交通：各線「名古屋駅」、名古屋市営地下鉄「伏見駅」

■教育方針

学校に行きづらい児童、生徒の個々に合わせた学習、進学、社会復帰をサポートし、楽しく学び、実践していく居場所となることを目指している。様々なつながりのある企業の方による特別授業（ランドセルメーカー、お香屋、パン屋、ショッピングモール、K1チャンピオン、金メダリスト、音楽アーティスト等）が豊富で、子どもたちの興味関心に合わせた体験活動を随時行っている。また、少人数での授業がほとんどで、参加は自由。

親 の 会	—
受入時面接	—※
体験入学	○
学校出席扱	○
※入会前に体験入学あり	

費用	入 会 金	55,000円
	教材費	—
	授業料	15,000円〜55,000円/月
	その他	オンライン教材使用の生徒のみ 1,500円/月

代 表 者	青野 徹
設 立	2022年
受入年齢	小中高校生 18歳以降も受け入れ可
運営日時	月〜金 ※土日も月に2,3日開校 10:00〜15:00
定 員	なし
在籍者数	11名（2024年2月現在）
スタッフ数	20名

■こんな子どもに向いています■
HSC、LGBTQ+、外国にルーツのある生徒、その他マイノリティ、生きづらさを抱えた人に対応。

■主な活動内容
個々の習熟度に合わせた学習に加え、VRやプログラミング、その他企業家による特別授業を毎月実施している。

■スタッフの特長
全員教員免許or心理士免許保有。20代から経験豊富なベテランまで。

フリースクール てら （特定非営利活動法人 てら）

https://npotera.com
e-mail：info@npotera.com

〒440-0892　愛知県豊橋市新本町76-1
TEL・FAX：0532-82-0457
交通：「豊橋駅」より徒歩8分

■教育方針

不登校という感受性の強さや独自性といった他の子どもたちとは違うことを前向きな個性と捉え、その個性を活かした社会での自立を目的とした活動を行っています。自由な発想を大切にし、不可能と思われることも実現に向けて取り組みます。必要に応じて運動や学習はもちろん、遊びや実際の社会活動といった幅広い体験を取り入れ、復学できる力や自立できる力を養い、子どもたちと学校・社会との橋渡しを目指しています。フリースクールてらに通いながら、高校卒業資格を取得することもできます（通信制高校サポート校）。

親 の 会	○
受入時面接	○
体験入学	○
学校出席扱	○ ※学校に準ずる

費用	入 会 金	10,000円
	教 材 費	―
	授 業 料	30,000円/月～
	その他	カウンセリング料として5,000円／1回（必要な場合）

代 表 者	鈴木　秀則
設　　立	2013年
受入年齢	小3～中・高生～20歳位
運営日時	月～金 9:00～16:00 ※19:00まで延長あり
定　　員	15名
在籍者数	11名(2024年1月現在)
スタッフ数	常勤3名／非常勤4名

■こんな子どもに向いています■
集団生活が合わず、自分のペースで学びたい人。個性を活かせる大人を目指したい人。自分が存在できる居場所を探している人。

■主な活動内容■
自分たちで考えたやりたいことを最優先に行います。実際の社会での体験を取り入れた活動を多く取り入れています。

■スタッフの特長■
親身に対応するスタッフ。塾講師やコンサルタントなど経験豊富なスタッフがいます。

まなび場

https://manabiba.org
e-mail：manabiba2@gmail.com

〒467-0032　愛知県名古屋市瑞穂区弥富町紅葉園36-1
TEL：052-835-6266
交通：地下鉄「八事駅」

■教育方針

まなび場は、子どもが安心して居心地良く過ごせる場であることを何よりも大切にしています。ここでは、子ども同士および子どもと大人の自然な人間関係の中で、対話を通じて学んでいくことを目指しています。様々な年齢の子どもが集まってくること、いっしょに過ごすのが10名前後の少人数であること、大人に強制されるのではなく各自のペースで学ぶことができること等、学校とは全く雰囲気が違う場です。「○○をやるべき」という枠組みからではなく、一人ひとりの現実から出発して、「その人」は「今」何をするのがよいのか、いっしょに探っていきたいと考えています。

親 の 会	―
受入時面接	○
体験入学	○
学校出席扱	○

費用	入 会 金	25,000円
	教 材 費	0円
	授 業 料	10,000円～30,000円/月
	その他	―

代 表 者	幸　伊知郎
設　　立	2002年
受入年齢	10代～20代
運営日時	月曜～金曜 9:45～14:30 16:00～18:00
定　　員	30名程度
在籍者数	15～20名
スタッフ数	3名

■こんな子どもに向いています■
居場所が欲しい人。
人とのかかわりを求めている人。
自分のペースで学びたい人。

■主な活動内容■
学習、スポーツ、話し合い、外遊び、テーブルゲーム、料理、アート、パソコン、野外行事等。

■スタッフの特長■
常勤スタッフ:中学・高校教員経験17年間
サポートスタッフ:臨床心理士

見晴台学園

http://www.miharashidai.com/
e-mail：gakuen@miharashidai.com

〒454-0871　愛知県名古屋市中川区柳森町2708 板倉ビル
TEL：052-354-0354　FAX：052-700-6087
交通：名古屋市営地下鉄東山線「八田駅」

■教育方針

学びの主役である子ども・生徒を中心に親と教職員、関係者が協力して運営、教育実践を創造する無認可の学園。苦手なこと、できないことにもその子らしく挑戦し仲間と共にゆっくり学び育つことができる。中等部は学校に籍をおきながら小集団、対等な人間関係の下で学びたい中学生が対象。高等部は本科3年間、専攻科2年間の5年制が特色。

親 の 会	○
受入時面接	○
体験入学	○
学校出席扱	○

費用	入 会 金	200,000円
	教 材 費	14,000円／月
	授 業 料	20,000円／月
	その他	行事費、傷害保険等別途徴収あり

代 表 者	薮　一之
設　　立	1990年
受入年齢	中学生 15～20歳
運営日時	月曜～金曜 9:30～17:00
定　　員	20名
在籍者数	18名(2024年1月現在)
スタッフ数	18名

■こんな子どもに向いています■
小集団を基本とした学習体験が中心です。友だちがほしい、自分に合った学びをしたい子どもに向いています。

■主な活動内容■
軽度の発達障がい児ら一人ひとりの要求にこたえる教育活動（授業・行事・生活支援・進路探し等）。

■スタッフの特長■
常勤4名教員免許有経験豊富＋非常勤11名。音楽・美術・木工等各分野の専門家。

ゆいまーる学園

http://yuima.jp
e-mail：yuima@agz.jp

〒466-0064　愛知県名古屋市昭和区鶴舞3-4-3
富田ビル2F
TEL：052-732-0180
交通：中央線「鶴舞駅」

フリースクール

■教育方針

入学する生徒と保護者と相談をしながら、時間割や活動内容を決めていくことができます。いじめや威圧感を与える服装、他人に迷惑をかける行為は、校則で厳しく禁止されており、他人をよく気遣う生徒が良好な人間関係を作っているフリースクールです。
高校受験、大学受験の対策をしっかりしながら、次の進路先で困らないように、コミュニケーション能力のほか全体的なサポートを行っています。

代表者	佐合　和也
設立	2005年
受入年齢	中学生・高校生
運営日時	月・火・水・木・金 9:00～17:00
定員	約40名
在籍者数	―
スタッフ数	11名

親の会	―			
受入時面接	○	費用	入会金	51,000円
体験入学	○		教材費	7,000円
			授業料	47,000円／月
学校出席扱	○		その他	―

■こんな子どもに向いています■
校則が守れる、比較的学習意欲があり、授業を落ちついて受けることのできる生徒が対象です。

■主な活動内容
中学生は学校の代わりの学び場として、高校生は高校卒業資格を取得するための場として、活動しています。

■スタッフの特長
フリースクールの生徒を理解しているスタッフばかりです。

特定非営利活動法人 ゆずりは学園 田原校・豊橋校・豊川稲荷校

http://www.yuzuriha-gakuen.com
e-mail：kutsuna_ike@yahoo.co.jp

〒441-3432　愛知県田原市野田町田尻15-14
TEL：0531-22-3515
交通：豊橋鉄道線「三河田原駅」

フリースクール
サポート

■教育方針

「不登校　学びに寄り添う」のテーマで、第13回よみうり子育て応援団大賞受賞。不登校からひきこもりの連鎖を防ぐ小学生・中学生の「楽校」です。標高223メートルの手作りのゆずりはの森と三河湾の自然に囲まれた学園には、フリースクール・高校・大学・青年の部があり、個別に社会への自立支援をしています。バスケット、サッカー、キャンプ、クリスマス会、修学旅行、年6回のボランティア大学生、社会人との交流、企業参加1000人規模の海岸清掃等体験学習重視。

代表者	沓名　智彦
設立	2001年
受入年齢	小学生～大学生
運営日時	月～土 9:00～15:00
定員	100～130名
在籍者数	110名(2024年1月現在)
スタッフ数	13名

親の会	―			
受入時面接	○	費用	入学金	70,000円
体験入学	○		教材費	
			授業料	10,000～34,000円／月
学校出席扱	○		その他	会費・通信費として11,000円／年

■こんな子どもに向いています■
集団生活・対人関係が苦手、学習に偏りがあるなどの特徴を個別対応。幅広い年齢間での交流をしています。

■主な活動内容
午前中は学科中心、午後は海と森と畑を利用した仲間づくり体験学習。通信制高校、通信制大学、若者就労支援。

■スタッフの特長
30～60代の経験豊かなスタッフ。女性スタッフが多い。教員免許保育士免許保有。

ルネ中等部 名古屋校

https://www.r-ac.jp/junior/
e-mail：soudan@broadmedia.co.jp

〒460-0008　愛知県名古屋市中区栄3-18-1
ナディアパークビジネスセンター10F
TEL：0120-526-611
交通：東山線・名城線「栄駅」名城線「矢場町駅」

フリースクール

■教育方針

ルネ中等部は、生徒一人ひとりの可能性を大切にし、学校教育にとらわれない学びの場をつくります。
eスポーツやプログラミング、自身が夢中になれることから、本気で取り組んでいる生徒達がいます。その一方で、これから何かを見つけたい、本気で取り組むことで変わりたいという生徒もたくさんいます。
現在の学習環境が合わなかった生徒も、やりたいことを見つけ、未来を生きる原動力を育む場所です。

代表者	桃井　隆良
設立	2022年
受入年齢	中学生
運営日時	月曜日 13:10～16:50 月・木曜日 17:00～19:00
定員	―
在籍者数	―
スタッフ数	―

親の会	―			
受入時面接	○	費用	入会金	昼50,000円／夕20,000円
体験入学	○		教材費	15,000円
			授業料	昼週①37,400円②56,100円／月 夕週①13,800円②26,800円／月
学校出席扱	○		その他	―

■こんな子どもに向いています■
好きなことに夢中になって頑張れる生徒や、様々な理由で中学校に登校できていない生徒など。

■主な活動内容
①ゲーミングPCを使用したeスポーツの講義
②STEAM教育に沿ったプログラミング学習

■スタッフの特長
一人ひとりに向き合った個別指導中心で、講師にはeスポーツコース所属の高校生がいます。

トライ式中等部 津駅前キャンパス

〒514-0009 三重県津市羽所町242-1
近鉄津駅西口1F
※全国に123ヶ所のキャンパスがあります
TEL：0120-919-439

https://www.try-gakuin.com/freeschool/
e-mail：try-gakuin-chutobu@trygroup.com

■教育方針

不登校からの高校進学・大学進学をはじめとして、あらゆる生徒の進路を切り開くために、学力の向上はもとより社会を生き抜く力を育む様々な支援を行っているのがトライ式中等部です。夢や目標の実現に向け、一人ひとりに合わせたサポートをしています。
学習スタイルは「通学型」「在宅型」「オンライン型」の3つあり、自分にあったものを選べます。いつでも何度でも、切り替えたり組み合わせることができます。
また、在籍している中学校の学校長の許可があれば、トライ式中等部への登校を出席扱いにすることが可能です。

親 の 会	—	費用	入 会 金	50,000円（税別）
受入時面接	○		教材費	
体験入学	○		授業料	40,000円／月（税別）
学校出席扱	○（学校との相談が必要）		その他	詳細は直接お問い合わせください。

代 表 者	物部　晃之
設 立	2024年4月
受入年齢	中学生
運営日時	9時～16時　指導場所、曜日、時間は自由に選択可能
定 員	—
在籍者数	—
スタッフ数	—

■こんな子どもに向いています■
・不登校を解決したいと考えている方
・中学校の勉強についていきたい方
・高校へ進学したいと考えている方

■主な活動内容■
学習の個別サポートに加え、修学旅行や体育祭などの学校行事やサークル活動、ゼミ（プログラミングなど）に参加することができます。※参加は自由です

■スタッフの特長■
経験豊富なキャンパス長や講師がキャンパスに常駐し、日々の学習や生活をサポートします。

トライ式中等部 四日市キャンパス

〒510-0075 三重県四日市市安島1-2-5
パークサイドビル2F
※全国に123ヶ所のキャンパスがあります
TEL：0120-919-439

https://www.try-gakuin.com/freeschool/
e-mail：try-gakuin-chutobu@trygroup.com

■教育方針

不登校からの高校進学・大学進学をはじめとして、あらゆる生徒の進路を切り開くために、学力の向上はもとより社会を生き抜く力を育む様々な支援を行っているのがトライ式中等部です。夢や目標の実現に向け、一人ひとりに合わせたサポートをしています。
学習スタイルは「通学型」「在宅型」「オンライン型」の3つあり、自分にあったものを選べます。いつでも何度でも、切り替えたり組み合わせることができます。
また、在籍している中学校の学校長の許可があれば、トライ式中等部への登校を出席扱いにすることが可能です。

親 の 会	—	費用	入 会 金	50,000円（税別）
受入時面接	○		教材費	—
体験入学	○		授業料	40,000円／月（税別）
学校出席扱	○（学校との相談が必要）		その他	詳細は直接お問い合わせください。

代 表 者	物部　晃之
設 立	2018年4月
受入年齢	中学生
運営日時	9時～16時　指導場所、曜日、時間は自由に選択可能
定 員	—
在籍者数	—
スタッフ数	—

■こんな子どもに向いています■
・不登校を解決したいと考えている方
・中学校の勉強についていきたい方
・高校へ進学したいと考えている方

■主な活動内容■
学習の個別サポートに加え、修学旅行や体育祭などの学校行事やサークル活動、ゼミ（プログラミングなど）に参加することができます。※参加は自由です

■スタッフの特長■
経験豊富なキャンパス長や講師がキャンパスに常駐し、日々の学習や生活をサポートします。

認定NPO法人 フリースクール三重シューレ

〒514-0006　三重県津市広明町328　津ビル
TEL：059-213-1115　FAX：059-213-1116
交通：近鉄線「津駅」

http://mienoko.com
e-mail：npo@mienoko.com

■教育方針

フリースクール三重シューレは、仲間たちがお互いに認め合える安心できる居場所です。周囲の評価を気にしないで、ありのままの自分で生きることができます。この環境の中で、それぞれの子どもたちがマイペースで学び・育つことを大切にしています。
また、通信制高校と連携しており、希望する子どもたちは、三重シューレで完全個別で講座学習をすることができます。各講師と相談しながら丁寧に学習を進めています。

親 の 会	○	費用	入 会 金	150,000円
受入時面接	○		教材費	0円
体験入学	○		授業料	34,000円／月
学校出席扱	○		その他	給付型奨学金有

代 表 者	石山　佳秀
設 立	2003年
受入年齢	小学生から20歳未満
運営日時	月曜～金曜　10:00～17:30
定 員	30名
在籍者数	20名（2024年1月現在）
スタッフ数	20名

■こんな子どもに向いています■
現在のスタッフ体制で問題が無ければ、特に対象の子どもを限定しません。

■主な活動内容■
いろいろな活動をしていますのでホームページをご覧ください。

■スタッフの特長■
元大工、元教員、OB、OGなど、いろいろなスタッフがいます。

近畿

トライ式中等部 草津キャンパス

https://www.try-gakuin.com/freeschool/
e-mail : try-gakuin-chutobu@trygroup.com

〒525-0025 滋賀県草津市西渋川1-1-18
イーカムビル4F
※全国に123ヶ所のキャンパスがあります
TEL：0120-919-439

■教育方針

不登校からの高校進学・大学進学をはじめとして、あらゆる生徒の進路を切り開くために、学力の向上はもとより社会を生き抜く力を育む様々な支援を行っているのがトライ式中等部です。夢や目標の実現に向け、一人ひとりに合わせたサポートをしています。
学習スタイルは「通学型」「在宅型」「オンライン型」の3つあり、自分にあったものを選べます。いつでも何度でも、切り替えたり組み合わせたりすることができます。
また、在籍している中学校の学校長の許可があれば、トライ式中等部への登校を出席扱いにすることが可能です。

親 の 会	ー
受入時面接	○
体験入学	○
学校出席扱	○（学校との相談が必要）

費用	入 会 金	50,000円（税別）
	教 材 費	ー
	授 業 料	40,000円／月（税別）
	そ の 他	詳細は直接お問い合わせください。

代 表 者	物部　晃之
設 立	2013年4月
受入年齢	中学生
運営日時	9時～16時 指導場所、曜日、時間は自由に選択可能
定 員	ー
在籍者数	ー
スタッフ数	ー

■こんな子どもに向いています

・不登校を解決したいと考えている方
・中学校の勉強についていきたい方
・高校へ進学したいと考えている方

■主な活動内容

学習の個別サポートに加え、修学旅行や体育祭などの学校行事やサークル活動、ゼミ（プログラミングなど）に参加することができます。※参加は自由です

■スタッフの特長

経験豊富なキャンパス長や講師がキャンパスに常駐し、日々の学習や生活をサポートします。

フリースクール・A-COLORS

運営母体：アットスクール
https://www.at-school.jp
e-mail : office@at-school.jp

●滋賀本校：〒525-0032　滋賀県草津市大路1-18-28
●大阪校：〒553-0003　大阪市福島区福島7-14-18
TEL：077-565-7337（代）　FAX：077-565-7347
●滋賀本校：JR琵琶湖線「草津駅」●大阪校：JR環状線「福島駅」

■教育方針

子どもたちが十人いれば、十人それぞれ顔や名前が違うように、性格にも違いがあります。競争することで伸びる子もいれば、分からないことを質問できない子もいます。
一人ひとりの個性や可能性を理解し、得意なことを活かして、苦手なことを克服していくことが、子どもたちの自信を育みます。
私たちは、一人ひとりの個性とニーズに合わせた教育支援によって「やる気・根気・元気」の芽を育てていくことを目標として活動しています。

親 の 会	○
受入時面接	○
体験入学	○
学校出席扱	○

費用	入 会 金	22,000円（税込）
	教 材 費	0円
	授 業 料	週一回19,800円／月
	そ の 他	週2日コース・個別指導コースもあり

代 表 者	鈴木　正樹
設 立	2005年
受入年齢	小学3年生～高校生
運営日時	火・木 10:30～14:30
定 員	6名
在籍者数	130名（2024年1月現在）※アットスクール全体
スタッフ数	2名（フリースクール）

■こんな子どもに向いています

集団が苦手、クラスになじめないなど学校に行くことにしんどさを抱えている子どもたちが、学校以外の場所で安心してチャレンジできる場所がフリースペース・A-COLORSです。

■主な活動内容

母体であるアットスクールでは個別指導や家庭教師、SST、アットスクール高等学院によって子どもたちの生きる力を育み、高卒認定を行なっています。

■スタッフの特長

20～60代の男・女スタッフが一人ひとりに合わせて対応しています。心理士、特別支援教育士、保育士など教育や発達の専門家も常駐。

FreeSchool シャローム学園

https://shalomgakuen.localinfo.jp
e-mail : shalomgakuen@gmail.com

〒520-0806　滋賀県大津市打出浜6-7（事務所）
TEL：080-3845-2318　FAX：077-524-3395
交通：京阪線「石場駅」

■教育方針

ホームスクーリングを支援しています。全ての土台として、シャローム（平安）でいられることを最も大切にしています。自分は自分のままで良く、一人ひとりの良いところ、できるところに焦点をあて、伸ばす事に力を入れています。小学生の学習は、特に生活に必要なことも多く、併設の塾においては幼児～高校生までの学習フォローをしています。

親 の 会	○
受入時面接	○
体験入学	ー
学校出席扱	○

費用	入 会 金	10,000円
	教 材 費	0円
	授 業 料	1回4000円
	そ の 他	カウンセリング料などあり

代 表 者	衣斐　陽子
設 立	2019年
受入年齢	幼児～高校生
運営日時	毎週木曜日 10:00～14:00 他に不定期開催／月10回程度
定 員	10名
在籍者数	15名
スタッフ数	5名

■こんな子どもに向いています

全く学校に通っていないけれど、お友達と過ごしたい人／学校には通っているけれど、時々休憩したい人

■主な活動内容

居場所活動は毎週木曜日とあとは不定期10:00～14:00に開催しています。皆で料理をしたり、庭でお野菜を植えたり、ゲームをしたり外で遊んだりしています。月1回程度の体験活動もあります。

■スタッフの特長

様々な年齢層のスタッフがおり、一人一人に必要な支援を皆で考えています。

安養寺通信制大学・高校サポート校

http://anyouji.es.land.to/wiki/
e-mail：anyouji.free.school@gmail.com

〒603-8175　京都府京都市北区
紫野下鳥田町17-1
TEL&FAX：075-414-4192
交通：地下鉄烏丸線「北大路駅」

サポート　高認指導

■教育方針
生き抜く力を育てることを目標とし、自然に様々な人との出会いの体験ができるようにしています。時間をかけて、自分の将来に希望が持てるように、また、その実現に向かって、自分で考えたことを自分で実現しながら、現実に合った生き方を自分の力で探すよう周囲がサポートします。友達との出会いを大切にし、共に楽しみながら辛いことをやり抜く力がつくようにしています。そのためには一日一日の過ごし方を大切にしています。

親 の 会	○
受入時面接	○
体 験 入 学	○
学校出席扱	○

費用	入 会 金	0円
	教 材 費	必要に応じて
	授 業 料	6ヵ月前納として通1回 60,000円 1日 2,500円
	そ の 他	―

代 表 者	福島　美枝子
設 立	1999年
受入年齢	小・中・高・大学生
運営日時	月・火・木・金 10:00～14:00
定 員	20名
在籍者数	7名(2023年12月現在)
スタッフ数	5名

不登校 発達障がい ひきこもり 身体 知的

■こんな子どもに向いています■
おとなしかったり、まじめすぎたり、対人コミュニケーションが苦手なお子さんの集まりです。

■主な活動内容
自分のペースで学習しながら大学進学、就労を目標に、ゆっくりと毎日を送ることから始めます。

■スタッフの特長
様々な年代・経歴の人たちです。教員免許保持者もいます。

安養寺フリースクール

http://anyouji.es.land.to/wiki/
e-mail：anyouji.free.school@gmail.com

(京都校)
〒602-8288　京都府京都市上京区
中立売千本東入田丸町379-3
TEL&FAX：075-414-4192
交通：京都市バス「千本中立売」下車

フリースクール　高認指導

■教育方針
生き抜く力を育てることを目標とし、自然に様々な人との出会いの体験ができるようにしています。時間をかけて、自分の将来に希望が持てるように、またその実現に向かって、自分で考えたことを自分で実現しながら、現実に合った生き方を自分の力で探すよう周囲がサポートします。友達との出会いを大切にし、共に楽しみながら辛いことでもやり抜く力がつくようにしています。そのためには一日一日の過ごし方を大切にしています。

親 の 会	○
受入時面接	○
体 験 入 学	○
学校出席扱	○

費用	入 会 金	0円
	教 材 費	必要に応じて
	授 業 料	半年分前納として 60,000円 1日 2,500円
	そ の 他	―

代 表 者	福島　美枝子
設 立	1999年
受入年齢	小・中・高・大学生
運営日時	月・火・木・金 10:00～14:00
定 員	20名
在籍者数	20名(2023年12月現在)
スタッフ数	5名

不登校 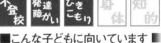発達障がい ひきこもり 身体 知的

■こんな子どもに向いています■
おとなしかったり、まじめすぎたり、対人コミュニケーションが苦手なお子さんの集まりです。

■主な活動内容
自分のペースで学習しながら大学進学、就労を目標に、ゆっくりと毎日を送ることから始めます。

■スタッフの特長
様々な年代・経歴の人たちです。教員免許保持者もいます。

学研のサポート校
WILL学園 中等部 高等部 京都キャンパス

https://www.willschool.net/
e-mail：will@kame.co.jp

〒600-8431　京都府京都市下京区綾小路通室町
145-2　AYA'S145　5F
TEL：0120-883-122
交通：地下鉄烏丸線「四条駅」徒歩3分
阪急京都線「烏丸駅」徒歩3分

フリースクール　サポート

■教育方針
WILL学園では『楽しく学校に通う』ということを一番に考えています。不登校や発達障害のある生徒にとって居心地の良い場所として存在し、人間性を豊かにしていくだけでなく、学習面もしっかりサポート！WILLに通うことからスタートして、不登校を克服した生徒がたくさんいます。
できることから少しずつ、一人ひとりのペースに合わせて学園全体でバックアップ！まずは学校を楽しむことから始めましょう！
家から出づらい人には在宅訪問支援のコースもあります。

親 の 会	―
受入時面接	△
体 験 入 学	○
学校出席扱	○

費用	入 会 金	24,200円、110,000円
	教 材 費	―
	授 業 料	33,000円～66,000円
	そ の 他	高等部活動費264,000円/年

代 表 者	竹村　博明
設 立	2000年10月
受入年齢	中学生、高校生
運営日時	月曜日～ 金曜日
定 員	20名
在籍者数	0名(2024年2月現在)
スタッフ数	2名(2024年2月現在)

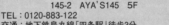不登校 発達障がい ひきこもり 身体 知的

■こんな子どもに向いています■
楽しい学校生活を送りたいと考えているものの、学校に通うのが苦手、難しいと思っている生徒に向いています。

■主な活動内容
学習は個別指導が中心。苦手分野克服、学び直しもできます。レクリエーションや趣味、実用の時間もあります。

■スタッフの特長
不登校生、発達障害の支援の経験を積み重ねた教員が一人ひとりサポートします。

NPO法人 京都教育サポートセンター

https://ksce.jpn.org/
e-mail：soudan@ksce.jpn.org

〒604-8005 京都府京都市中京区三条通河原町東入
恵比須町439 早川ビル6F
TEL&FAX：075-211-0750
交通：京阪・京都市営地下鉄「三条京阪駅」徒歩5分

■教育方針

三原則「元気、思いやり、感謝の心」の下で、人と人との関わりを含めた様々な経験を通して、社会に出ていくための勇気と自信をつけて欲しいと考えています。基本的な方針としては本人が「したい・しよう」と思うことをしていただき、それをスタッフがサポートしていきます。自分の人生をきちんと自分の目で見つめ、自分の足で歩んでいくということのお手伝いをさせていただくという考えで活動しています。お気軽にお問い合わせください。※通信制・定時制の方（レポートなど）や発達障がいの方も可能な限り対応しています。

代 表 者	南山　勝宣
設 立	2002年3月
受入年齢	小学生〜40歳位まで
運営日時	火曜日〜土曜日 12:30〜18:30
定 員	40名
在籍者数	14名(2024年1月現在)
スタッフ数	10名

親 の 会	○ 2022年4月より設置予定			
受入時面接	○	費用	入 会 金	19,800円
体験入学	○		教材費	実費
学校出席扱	学校による		授 業 料	14,000円〜/月
			その他	居場所利用等は別途必要

■こんな子どもに向いています
・定期的に通える居場所にしたい
・学習して高認受験や進学したい
・ひきこもって不足している様々な人との
　関わりや体験をしたい

■主な活動内容
受験対応個別指導学習サポート、居場所の提供、レク活動、社会活動、カウンセリング等相談活動、家庭派遣、家庭教師

■スタッフの特長
20代〜40代中心。心理士1名。男女比は6：4。色んな人がいます。

恒河沙
（ごうがしゃ）

http://gougasya.s11.xrea.com
e-mail：gougasya@gmail.com

〒603-8478　京都府京都市北区大宮釈迦谷3-22
TEL&FAX：075-493-4053
交通：京都市バス「釈迦谷口」下車

■教育方針

生き抜く力を育てることを目標とし、自然に様々な人との出会いの体験ができるようにしています。時間をかけて、自分の将来に希望が持てるように、また、その実現に向かって自分で考えたことを自分で実現しながら、現実に合った生き方を自分の力で探すよう周囲がサポートします。友達との出会いを大切にし、共に楽しみながら辛いことでもやり抜く力がつくようにしています。そのためには一日一日の過ごし方を大切にしています。

代 表 者	福島　美枝子
設 立	1999年
受入年齢	16歳以上
運営日時	月・火・木・金 10:00〜18:00
定 員	20名
在籍者数	20名(2023年12月現在)
スタッフ数	4名

親 の 会	○			
受入時面接	○	費用	入 会 金	0円
体験入学	○		教材費	必要に応じて
学校出席扱	○		授 業 料	0円
			その他	―

■こんな子どもに向いています
おとなしかったり、まじめすぎたり、対人コミュニケーションが苦手な方に向いています。

■主な活動内容
ゆっくり体調を整え、生活改善を図るために通える場を用意し、また仲間を得るための機会を提供しています。

■スタッフの特長
教員免許保持者、精神保健福祉士などです。年代はさまざまです。

志塾フリースクール オーロラ教室
（しじゅく）

https://shijuku-fs.or.jp

〒610-0121　京都府城陽市寺田高田40-9
TEL：0774-53-2016
交通：JR奈良線「城陽駅」

■教育方針

志塾フリースクールの掲げる最終目標は「自立につなげる」こと。単なる居場所にとどまらず、ひとりひとりの「つぎの一歩」＝フリースクールからの卒業、進学や就職を実現します。学習支援や各種体験活動では常に「やってみたい」「できる!」「楽しい」という気持ちを大切に、ひとつひとつの経験をこどもたちの笑顔・自信・前進する力につなげています。

代 表 者	塩田　昌代
設 立	2017 年
受入年齢	小学生〜20代
運営日時	平日 10:00〜17:00
定 員	設けていません
在籍者数	6名(2024年1月現在)
スタッフ数	4名

親 の 会	○			
受入時面接	○	費用	入 会 金	10,000円
体験入学	○		教材費	―
学校出席扱	○ 学校長判断		授 業 料	29,000円／月
			その他	空調費として500円(夏期・冬期)

■こんな子どもに向いています
向き・不向きはありません。いろんな子がいますので、一度遊びに来てください!

■主な活動内容
学習支援(教科学習・受験・各種資格の個別またはグループ指導)、体験活動(遊び・スポーツ・工作・音楽・料理・遠足)など。

■スタッフの特長
とにかく「楽しいこと」が大好き!な明るく元気な個性派スタッフがそろっています!

近畿

セイカ学園中等部 京都伏見校

一般社団法人教育・福祉支援認定協会（WESC）運営

http://www.wesc.or.jp/fs/
e-mail : fs-seika@seika-edu.jp

〒612-8052　京都市伏見区瀬戸物町732
ビックワンビル
TEL：050-3733-2278
交通：近鉄「桃山御陵前駅」、京阪「伏見桃山駅」各徒歩5分

フリースクール

■教育方針
「友人関係で悩んでいる」「教室に居場所がなかった」「優等生でいることに疲れた」などの理由で不登校状態にある方にとって「強制されない」「安心できる」「自分らしく居られる」場所となるようにストレスが少なくなる工夫をしています。
一定期間利用されている方は、提携している通信制高等学校で高卒資格が取得でき、専門学校・大学への進学、海外留学、タレント・スポーツ選手などの自分の夢を実現できます。

親 の 会	○
受入時面接	○
体験入学	○
学校出席扱	○

費用	入 会 金	最大30,000円
	教材費	実費
	授業料	利用回数により異なる
	その他	―

代 表 者	案浦　幹雄
設　立	2019年4月
受入年齢	小・中・高校生（小4～）
運営日時	月曜～金曜 10:00～16:30
定　員	30名
在籍者数	5名
スタッフ数	2名

■こんな子どもに向いています■
・おとなしくコミュニケーションが苦手な方
・友だちを作りたい方など

■主な活動内容■
小・中学校の基礎学習。コミュニケーションスキル向上のためのアナログゲーム、ドローンやロボット操作＆プログラミング

■スタッフの特長■
教員免許保持者、養護教諭、教育カウンセラー、不登校心理相談士、発達障害学習支援サポーター

聖母の小さな学校

京都府教育委員会認定フリースクール

http://seibo1989.net/

〒624-0912　京都府舞鶴市字上安1697-1
TEL&FAX：0773-77-0579
交通：JR舞鶴線「西舞鶴駅」

フリースクール

■教育方針
体験を重視した多様でゆるやかなプログラムを少人数で行うことにより、自分をみつめ、対人関係の力がついていきます。また、子どもの利益を第一とするのは当然ながら、その成長には、学校・保護者の力も不可欠と考え、互いに緊密な連携を持ちながら共通理解のもとに協力し補い合います。

親 の 会	○
受入時面接	○
体験入学	○
学校出席扱	○

費用	入 会 金	0円
	教材費	実費
	授業料	5,000円／月
	その他	1日あたり1,000円

代 表 者	梅澤　秀明
設　立	1989年
受入年齢	中・高校生（12～20歳位）
運営日時	月曜～土曜 9:00～18:00
定　員	10名
在籍者数	6名(2023年12月現在)
スタッフ数	2名

■こんな子どもに向いています■
不登校であることに悩み、様々な葛藤を抱えて苦しんでいる子どもさんに向いています。

■主な活動内容■
基礎学習・各種スポーツ・ボランティア・園芸・美術・茶道・華道・料理・遠足・キャンプ・カウンセリング等。

■スタッフの特長■
男1名、女1名。全員元中学・高校教諭、大勢のボランティア・スタッフ。

Tutti Casa みんなの家
（トゥッティ　カーサ）

NPO法人　フラワーサイコロジー協会

e-mail : tutti_casa@yahoo.co.jp

〒615-0092　京都府京都市右京区山ノ内宮脇町15-1　クエスト御池608
TEL：070-5555-4169
交通：バス停「山ノ内御池」

フリースクール
資格取得アート・花等スクール

■教育方針
学びの専門家、支援の専門家で、カルチャー・サポートセンターを運営しています。この仕組みにより、プログラム参加に対する不安や心配を軽減します。外出を拒むお子様には、保護者の方が受けられるプログラムを用意していますので、お子様に「付いてきて」と声をかけて同伴して下さい。お子様が待っている時間は大学生や支援の専門家と遊びや勉強ができます。月一回第四土曜日には、子ども食堂を開催。保護者の方と一緒にお料理を楽しみます。
また、保護者の方を対象として、「ペアレントプログラム」を花を用いてわかりやすく実施しています。

親 の 会	○
受入時面接	○
体験入学	○
学校出席扱	○

費用	入 会 金	―
	教材費	700円～
	授業料	授業料・カウンセリング費用一回3000円
	その他	

代 表 者	浜崎　英子
設　立	2009年
受入対象	小中高校生、大学生、大人、高齢者
運営日時	メール又は電話にてお問い合わせ下さい
定　員	10名
在籍者数	14名(2024年1月現在)
スタッフ数	スタッフ10名（公認心理師2名含む）

■こんな子どもに向いています■
カウンセリングや支援機関にはいきたくないけど、何か夢中になれる事、楽しいと思える事をみつけたい人。

■主な活動内容■
いけばな、フラワーアレンジメント、茶の湯、コミュニケーション訓練、ペアレントプログラム、まちづくり活動

■スタッフの特長■
大学生、花や伝統文化の専門家、公認心理師、臨床心理士

近畿

TOB塾 京都南校

とぶ きょうと みなみ こう

https://www.new-look.jp/access/category/kyoto-minami/
e-mail：sakamoto@new-look.jp

〒610-0121　京都府城陽市寺田庭井1-6

TEL：0774-52-0012　FAX：0774-64-4502

交通：近鉄京都線「寺田駅」

その他　※個別学習塾

■教育方針

TOB塾の名前は「Think outside the box:型にはまらないで考えよう」という熟語からとっており、当たり前、普通、常識に縛られないで、それぞれに合った進路を目指していきます。
高卒認定試験や大学入試を目指す人をはじめ、
通信制高校のレポートのサポートやバイトの面接練習や履歴書添削などその時々の状況に合わせてできる限りのフォローをしています。
学校に行っても行かなくても
社会で自分らしく生きれるように
自分と向き合って成長する機会を一緒に進んでいきましょう。

親 の 会	―
受入時面接	○
体験入学	△
学校出席扱	△

費用	入塾金	20,000円
	活動費	イベント参加実費
	授業料	24,000円／月
	その他	―

代 表 者	阪本　雅彦
設　　立	2018年
受入年齢	13歳～20代
運営日時	月～金 10:00～21:00 土 10:00～17:00
定　　員	10名
在籍者数	5名程度
スタッフ数	3名（ボランティアスタッフ含む）

不登校　発達障がい　ひきこもり　身体　知的

■こんな子どもに向いています■

中学不登校、高校中退者をはじめ、通信制高校や高校卒業後に入塾する方もいます。人と話すことが苦手な方や引きこもっていた方も安心です。

■主な活動内容

対面とオンラインで選べる個別授業とを軸にして、メールやアプリでの日常的なコミュニケーションも行います。(適宜イベントも企画しています)

■スタッフの特長

社会人や大学院生など経験豊富な者が多い。代表は元メーカーのエンジニア。

トライ式中等部 丹波橋キャンパス

https://www.try-gakuin.com/freeschool/
e-mail：try-gakuin-chutobu@trygroup.com

〒612-8085　京都府京都市伏見区京町南7-25-1
京町ブルームスベリー1F
※全国に123ヶ所のキャンパスがあります
TEL：0120-919-439

フリースクール　サポート

■教育方針

不登校からの高校進学・大学進学をはじめとして、あらゆる生徒の進路を切り開くために、学力の向上はもとより社会を生き抜く力を育む様々な支援を行っているのがトライ式中等部です。夢や目標の実現に向け、一人ひとりに合わせたサポートをしています。
学習スタイルは「通学型」「在宅型」「オンライン型」の3つあり、自分にあったものを選べます。いつでも何度でも、切り替えたり組み合わせることができます。
また、在籍している中学校の学校長の許可があれば、トライ式中等部への登校を出席扱いにすることが可能です。

親 の 会	―
受入時面接	○
体験入学	○
学校出席扱	○ 学校との相談が必要

費用	入会金	50,000円（税別）
	教材費	―
	授業料	40,000円／月（税別）
	その他	詳細は直接お問い合わせください。

代 表 者	物部　晃之
設　　立	2012年4月
受入年齢	中学生
運営日時	9時～16時 指導場所、曜日、時間は自由に選択可能
定　　員	―
在籍者数	―
スタッフ数	―

不登校　発達障がい　ひきこもり　身体　知的

■こんな子どもに向いています■

・不登校を解決したいと考えている方
・中学校の勉強についていきたい方
・高校へ進学したいと考えている方

■主な活動内容

学習の個別サポートに加え、修学旅行や体育祭などの学校行事やサークル活動、ゼミ（プログラミングなど）に参加することができます。※参加は自由です

■スタッフの特長

経験豊富なキャンパス長や講師がキャンパスに常駐し、日々の学習や生活をサポートします。

トライ式中等部 長岡天神キャンパス

https://www.try-gakuin.com/freeschool/
e-mail：try-gakuin-chutobu@trygroup.com

〒617-0823　京都府長岡京市長岡1-1-10
長岡プラザ2F
※全国に123ヶ所のキャンパスがあります
TEL：0120-919-439

フリースクール　サポート

■教育方針

不登校からの高校進学・大学進学をはじめとして、あらゆる生徒の進路を切り開くために、学力の向上はもとより社会を生き抜く力を育む様々な支援を行っているのがトライ式中等部です。夢や目標の実現に向け、一人ひとりに合わせたサポートをしています。
学習スタイルは「通学型」「在宅型」「オンライン型」の3つあり、自分にあったものを選べます。いつでも何度でも、切り替えたり組み合わせることができます。
また、在籍している中学校の学校長の許可があれば、トライ式中等部への登校を出席扱いにすることが可能です。

親 の 会	―
受入時面接	○
体験入学	○
学校出席扱	○ 学校との相談が必要

費用	入会金	50,000円（税別）
	教材費	―
	授業料	40,000円／月（税別）
	その他	詳細は直接お問い合わせください。

代 表 者	物部　晃之
設　　立	2020年4月
受入年齢	中学生
運営日時	9時～16時 指導場所、曜日、時間は自由に選択可能
定　　員	―
在籍者数	―
スタッフ数	―

不登校　発達障がい　ひきこもり　身体　知的

■こんな子どもに向いています■

・不登校を解決したいと考えている方
・中学校の勉強についていきたい方
・高校へ進学したいと考えている方

■主な活動内容

学習の個別サポートに加え、修学旅行や体育祭などの学校行事やサークル活動、ゼミ（プログラミングなど）に参加することができます。※参加は自由です

■スタッフの特長

経験豊富なキャンパス長や講師がキャンパスに常駐し、日々の学習や生活をサポートします。

近畿

トライ式中等部 丸太町キャンパス

https://www.try-gakuin.com/freeschool/
e-mail：try-gakuin-chutobu@trygroup.com

〒604-0862　京都府京都市中京区少将井町
230-1　トライグループ烏丸ビル1F
※全国に123ヶ所のキャンパスがあります
TEL：0120-919-439

フリースクール
サポート

■教育方針

不登校からの高校進学・大学進学をはじめとして、あらゆる生徒の進路を切り開くために、学力の向上はもとより社会を生き抜く力を育む様々な支援を行っているのがトライ式中等部です。夢や目標の実現に向け、一人ひとりに合わせたサポートをしています。

学習スタイルは「通学型」「在宅型」「オンライン型」の3つあり、自分にあったものを選べます。いつでも何度でも、切り替えたり組み合わせることができます。

また、在籍している中学校の学校長の許可があれば、トライ式中等部への登校を出席扱いにすることが可能です。

親 の 会	―
受入時面接	○
体験入学	○
学校出席扱	○（学校との相談が必要）

費用	入会金	50,000円（税別）
	教材費	―
	授業料	40,000円/月（税別）
	その他	詳細は直接お問い合わせください。

代表者	物部 晃之
設立	2010年4月
受入年齢	中学生
運営日時	9時〜16時 指導場所、曜日、時間は自由に選択可能
定員	―
在籍者数	―
スタッフ数	―

不登校／発達障がい／ひきこもり／身体／知的

■こんな子どもに向いています
・不登校を解決したいと考えている方
・中学校の勉強についていきたい方
・高校へ進学したいと考えている方

■主な活動内容
学習の個別サポートに加え、修学旅行や体育祭などの学校行事やサークル活動、ゼミ（プログラミングなど）に参加することができます。※参加は自由です

■スタッフの特長
経験豊富なキャンパス長や講師がキャンパスに常駐し、日々の学習や生活をサポートします。

一般社団法人にじーず

https://24zzz-lgbt.com
e-mail：24zzzmail@gmail.com

京都市内で開催（詳細はHPをご覧ください）
※他、札幌市、仙台市、さいたま市、東京都内（渋谷・多摩地域）、新潟市、長岡市、長野市、松本市、大阪市、神戸市、岡山市の公共施設を借りて定期開催

フリースペース

■教育方針

LGBTの子ども・若者が同世代の仲間と交流することで、悩みや困りごとが共有できる居場所です。

自分の性のあり方は話しても話さなくても構いません。

また法律上の名前や学校名などを明かす必要はありません。コロナ対策のため事前予約制にしていますが、時間内はいつ来てもいつ帰っても自由です。保護者の方は入り口まで送迎いただけます（中高生で一人で来る参加者も多いです）。

親 の 会	―
受入時面接	―
体験入学	―
学校出席扱	―

費用	入学金	0円
	教材費	0円
	授業料	0円
	その他	0円

代表者	遠藤 まめた
設立	2016年
受入年齢	10代から23歳
運営日時	日曜日 13:00〜17:00 ※1〜数ヶ月に1回
定員	20名/各回
在籍者数	月90人前後が利用（各回の平均は10〜20人程度）
スタッフ数	60名

不登校／発達障がい／ひきこもり／身体／知的

■こんな子どもに向いています
LGBTやそうかもしれない子ども・若者限定です。非当事者や大人の方は参加できません。

■主な活動内容
LGBTの子どもや若者が集まって話したり遊んだりできる居場所で定期開催しています。

■スタッフの特長
20代から30代のLGBT当事者や理解者を中心に運営。

ほっとハウス

http://www.gotohothouse.g2.xrea.com/
e-mail：gotohothouse@yahoo.co.jp

〒601-8446　京都府京都市南区西九条高畠町21
TEL：075-672-3125　FAX：075-672-3125
交通：近鉄線「十条駅」

フリースクール
高認指導

■教育方針

・主体的に生きる力をつけよう
・豊かに学びあい、仲間感情を育てよう

ほっとハウスでは、子どもたちが主人公です。多くの個性にあふれた若者が集う居場所です。ほっとハウスが、子どもたちにとって楽しい居場所となり、新たな人生を切り開いていく架け橋となるように私たちは願っています。

親 の 会	―
受入時面接	○
体験入学	○
学校出席扱	○

費用	入会金	30,000円
	教材費	
	授業料	15,000円〜38,000円/月
	その他	食費 300円

代表者	鷹羽 良男
設立	1999年
受入年齢	6歳〜15歳
運営日時	火・水・金・土 10:00〜18:00
定員	なし
在籍者数	31名（2024年1月現在）
スタッフ数	3名

不登校／発達障がい／ひきこもり／身体／知的

■こんな子どもに向いています
居場所の必要な不登校児童、生徒。

■主な活動内容
共に過ごす時間を大切にしながら、野球、勉強などの自らやりたい事に対しても真剣に取り組んでいます。

■スタッフの特長
50代の男性の代表と20代から40代の女性スタッフ。個性豊かなボランティア。

近畿

京都府教育委員会認定フリースクール 学びの森

その他
オルタナティブ
スクール

www.manabinomori.co.jp
e-mail：info@manabinomori.co.jp

〒621-0846　京都府亀岡市南つつじヶ丘
大葉台2-44-9
TEL：0771-29-5800　FAX：0771-29-5805
交通：JR嵯峨野線「亀岡駅」

■教育方針
学びの森は、一人ひとりの子どもたちが、かけがえのない命と幸せになる権利を持っていることを理解しつつ、さまざまな人とのつながりを通して生涯にわたって自分らしく生きていく自律へと向かう知性と態度を育むことをめざしたオルタナティブスクールです。J.デューイの思想をもとに、子ども主体、協働的な学び、プロジェクト型学習、地域参加活動など、これまでの学校生活ではなかなか経験できなかった新しい学びの世界を、子どもたちと一緒に創っています。また長年にわたり京都府教育委員会認定フリースクールとして、在籍校や教育委員会と連携をとりつつ、地域と共に個性豊かな子どもたちの自由な学びを支えています。

代表者	北村　真也
設立	2000年
受入年齢	小3～中3
運営日時	月曜～金曜 10:00～16:00
定員	32名
在籍者数	30名(2024年1月現在)
スタッフ数	10名

親の会	○
受入時面接	○
体験入学	○
学校出席扱	○

費用	入会金	150,000円
	教材費	8,000円／月
	授業料	42,000～54,000円/月
	その他	―

■こんな子どもに向いています■
これまでの学校に代わる環境でもっと自由にのびのび学びたい、そして学んだことを仲間と共有してみたい…、そんな思いを持たれている方に向いています。

■主な活動内容
個別やゼミを通して必要な知識を得る基礎学習、興味のあることをプロジェクトにして学ぶ探究学習、地域とのつながりの中で学ぶ共創学習を組み合わせていきます。

■スタッフの特長
これまでの枠を超えた新しい学びのカタチの実現に興味のある多領域のスタッフがそろっています。

NPO法人Reframe

フリースクール

https://reframe-npo.jp/
e-mail：reframe.npo@gmail.com

〒604-8485　京都府京都市中京区
西ノ京平町28番地
TEL：070-8533-5941
交通：JR 嵯峨野線「円町駅」

■教育方針
家と学校以外に安心して過ごすことができる居場所を作り、学校に行かなくても自分らしく生きていける力を育みます。信頼関係を大切にし、精神的に不安定な状態の子どもも安心して過ごせる環境があります。強制的に何かをさせることはありません。子どもの「したい」意欲を大切にし、一人ひとりのペースに合わせた支援をします。「自主性」を重視し、様々な活動を通して「自己受容」「自己表現」「自尊心」を育んでいます。

代表者	朝倉　美保
設立	2021年
受入年齢	小・中・高校生
運営日時	平日 10:00～18:00
定員	40名
在籍者数	30名(2024年2月現在)
スタッフ数	5名

親の会	○
受入時面接	―
体験入学	○
学校出席扱	○（学校と要相談）

費用	入会金	くらら庵　10,000円 ゆらり庵　20,000円
	教材費	必要に応じて
	授業料	くらら庵　32,000円 ゆらり庵　2,000円～
	その他	くらら庵　1000～2000円/回

■こんな子どもに向いています■
友だちを作りたい、学習やいろんな体験がしたい、自由に好きなことをして過ごしたい、軽度知的障がい可能

■主な活動内容
個別の学習支援(タブレット学習可)、体験活動(遊び、ゲーム、工作、手芸、料理など)、課外活動など

■スタッフの特長
女性スタッフ多い／大学生中心／20代～40代まで中心／専門家あり

わく星学校

フリースクール

http://www2.gol.com/users/kosa
e-mail：kosa@gol.com

〒606-8267　京都府左京区北白川西町85-3(事務局)
〒606-0026　京都府左京区岩倉長谷町745(学校)
TEL：075-722-4579(事務局)　075-702-7338(学校)
交通：京都バス「岩倉村松」

■教育方針
わく星学校は1990年4月に開校したフリースクールです。
決まったカリキュラムに縛られず、自分たちの「学び」を自分たちで計画し実行していくことによって、主体性を身につけ自立していく場です。

代表者	山下　敬子
設立	1990年
受入年齢	小・中学生
運営日時	月～金曜日 10:00～16:00
定員	15名前後
在籍者数	15名
スタッフ数	5名

親の会	○
受入時面接	○
体験入学	○
学校出席扱	○

費用	入会金	50,000円
	教材費	―
	授業料	41,000円／月
	その他	―

■こんな子どもに向いています■
低学年

■主な活動内容
子ども主体の学校運営

■スタッフの特長
30代女性、50代男スタッフ教員免許保有

飛鳥未来 中等部・初等部 大阪教室

フリースクール

https://www.sanko.ac.jp/asuka-fs/osaka/
e-mail：info-osaka-freeschool@sanko.ac.jp

〒532-0011 大阪府大阪市淀川区西中島6-11-23
TEL：050-5491-5047　FAX：06-6300-5651
交通：JR線「新大阪駅」、大阪メトロ御堂筋線「西中島南駅」徒歩10分

■教育方針
主体性・社会性を培い、自主学習を通して生き抜く力をはぐくむという理念のもと、自分らしさを取り戻し、なりたい自分を実現していく学習支援を行います。先生から生徒に指示を与えるような一方通行の教育をせず、学ぶこと・やることを自分で決めるから、通い続けることができ、楽しく学ぶことができます。勉強・友人関係・進路の悩みなど、一人ひとりにきめ細かく寄り添ってサポートします。
※ネットコースあり

親 の 会	○
受入時面接	○
体験入学	○
学校出席扱	○

費用	入会金	50,000円
	教材費	－
	授業料	30,000～52,000円/月
	その他	－

代表者	川口　真澄
設　立	2021年
受入年齢	小学4年生～中学3年生
運営日時	月曜～金曜 10:00～15:00
定　員	－
在籍者数	20名程度(2024年2月現在)
スタッフ数	6名

■こんな子どもに向いています■
不登校で高校進学に不安のある方、家以外に安心して過ごせる場所を探している方、生活リズムを改善したい方。

■主な活動内容■
教科学習の他、音楽、スポーツ、課外活動、姉妹校専門学校と連携した職業体験やイベントなどを実施しています。

■スタッフの特長■
教員免許保有、心理カウンセラー、子育て経験がある女性が中心です。

特例認定NPO法人ASOVIVA
デモクラティックスクールASOVIVA!

フリースクール

https://asovivaviva.org/
e-mail：info@asovivaviva.org

〒585-0035　大阪府南河内郡河南町寛弘寺756-2
TEL：0721-21-6989
交通：近鉄長野線「富田林」駅より金剛バス「五軒家」下車

■教育方針
「人は自ずから学び育つことができる」を教育理念とし、大人も子供も対等に関わり、一緒にスクール運営をしています。個人の好きなことの追求だけでなく、みんなとのコミュニティ作りも学んでいくことで、自己発見の体験を積み上げ、自己効力感を高めると共に、自分も他者も信頼する力を身につけていきます。学校へ戻る事を目的とせず、復学や進学も含めて、自分がどう生きたいかを探っていくスクールです。

親 の 会	－
受入時面接	－
体験入学	○
学校出席扱	○

費用	入会金	50,000円
	教材費	－
	授業料	月35,000円(レギュラー)
	その他	－

代表者	長村　知愛
設　立	2019年
受入年齢	5～18歳
運営日時	月・火・水・木 10:00～17:00
定　員	レギュラー25名程度
在籍者数	35名(2023年12月現在)
スタッフ数	3名

■こんな子どもに向いています■
自分の事は自分で決めたい主体性のある子供達が、コミュニティ作りを通して自由と責任を学んでいます。

■主な活動内容■
自分の興味関心や目的に沿って、時間をどう使うか自分で決めて活動を創っていきます。

■スタッフの特長■
20代・30代・と40代の女性3名が常勤。ニーズに合わせて外部講師と連携。

ECCフリースクール 大阪校

フリースクール

http://www.ecc.ed.jp/fs/
e-mail：eccfs@ecc.co.jp

〒531-0072　大阪府大阪市北区豊崎2-11-8
TEL：06-6377-4144　FAX：06-6373-7016
交通：大阪メトロ御堂筋線「中津駅」徒歩3分

■教育方針
総合教育・生涯学習機関ECCグループで、対面指導を重視しているECC学園高等学校の指導方針を生かした手厚いサポートを実践しています。最大で週3回の通学が可能ですが、登校日や時間を選んで自分のペースで通うことができます。英語をはじめとした授業やイベントを通し、少しずつでいいので人と触れ合ってスクールに慣れていただければと思っています。また、体験入学や見学もできますので、お気軽にお問い合わせください。

親 の 会	－
受入時面接	○
体験入学	○
学校出席扱	△ ※所属中学と要相談

費用	入会金	20,000円
	教材費	0円
	授業料	25,000円／月
	その他	諸費2,000円／月

代表者	梶野　茂
設　立	2016年
受入年齢	中学1年生～中学3年生
運営日時	月・水・金 (最大週3日) 10:00～16:00
定　員	20名
在籍者数	若干名(2023年2月現在)
スタッフ数	－

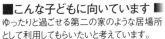

■こんな子どもに向いています■
ゆったりと過ごせる第二の家のような居場所として利用してもらいたいと考えています。

■主な活動内容■
ECC学園高校の授業や行事に参加できたり、教員免許所持者による個別指導を受けることができます。

■スタッフの特長■
30代～50代のスタッフと20代の学生講師で運営

学校法人　角川ドワンゴ学園
N中等部　江坂キャンパス

https://n-jr.jp/
e-mail：support@n-jr.jp

〒564-0051　大阪府吹田市豊津町14-12　ダイトー江坂ビル6F
TEL：0120-0252-15
交通：大阪メトロ御堂筋線「江坂駅」徒歩2分
　　　各線「新大阪駅」4分・「梅田駅」11分

■教育方針

N中等部は、教育機会確保法の趣旨を鑑みた、新しいコンセプトのスクール「プログレッシブスクール」です。
N/S高の多様なコンテンツを活用し、主体的に行動できる人を育み続けます。
机の上だけで学ぶ勉強だけでなく、自由な発想で考え主体性をもって問題に取り組む力となるのは総合力です。総合力を礎に個性という独自性が付加価値となります。
総合力を身に付けるために、教養・思考力・実践力の3つを学びます。

親　の　会	※保護者会実施 —
受入時面接	○ ※ネットコースは書類選考のみ
体験入学	○
学校出席扱	○

費用	入　会　金	110,000円
	教材費	MacBook必須
	授業料	48,400円〜／月
	その他	—

代表者	奥平　博一
設　立	2019年
受入年齢	中学生
運営日時	月曜〜金曜 9:00〜17:00
定　員	通学コース・各キャンパスにより異なる（120〜150名）ネットコース定員なし
在籍者数	1,334名(2023年12月末時点)
スタッフ数	60名

■こんな子どもに向いています ■

最先端技術や学びに興味がある、居場所が欲しい、同じ趣味の人と繋がりたい、学力を身につけたい人など。

■主な活動内容 ■

21世紀型スキル学習・PBL、プログラミング、国語・数学・英語を中心とした基礎学習など多彩な学習コンテンツあり

■スタッフの特長 ■

20代も多く、さまざまな背景の社会人経験者など多彩なスタッフがいます。

学校法人　角川ドワンゴ学園
N中等部　天王寺キャンパス

https://n-jr.jp/
e-mail：support@n-jr.jp

〒545-0052　大阪府大阪市阿倍野区阿倍野筋1-5-36　阿倍野センタービル3F
TEL：0120-0252-15
交通：JR・大阪メトロ「天王寺駅」近鉄線「大阪阿倍野橋駅」徒歩約3分

■教育方針

N中等部は、教育機会確保法の趣旨を鑑みた、新しいコンセプトのスクール「プログレッシブスクール」です。
N/S高の多様なコンテンツを活用し、主体的に行動できる人を育み続けます。
机の上だけで学ぶ勉強だけでなく、自由な発想で考え主体性をもって問題に取り組む力となるのは総合力です。総合力を礎に個性という独自性が付加価値となります。
総合力を身に付けるために、教養・思考力・実践力の3つを学びます。

親　の　会	※保護者会実施 —
受入時面接	○ ※ネットコースは書類選考のみ
体験入学	○
学校出席扱	○

費用	入　会　金	110,000円
	教材費	MacBook必須
	授業料	48,400円〜／月
	その他	—

代表者	奥平　博一
設　立	2019年
受入年齢	中学生
運営日時	月曜〜金曜 9:00〜17:00
定　員	通学コース・各キャンパスにより異なる（120〜150名）ネットコース定員なし
在籍者数	1,334名(2023年12月末時点)
スタッフ数	60名

■こんな子どもに向いています ■

最先端技術や学びに興味がある、居場所が欲しい、同じ趣味の人と繋がりたい、学力を身につけたい人など。

■主な活動内容 ■

21世紀型スキル学習・PBL、プログラミング、国語・数学・英語を中心とした基礎学習など多彩な学習コンテンツあり

■スタッフの特長 ■

20代も多く、さまざまな背景の社会人経験者など多彩なスタッフがいます。

大阪YMCA J-IVY ジェイビー （学校に通っていない中学生のまなび庭）

https://www.osk-ymca-intl.ed.jp/hc/j_ivy/
e-mail：j-ivy@osakaymca.org

〒550-0001　大阪府大阪市西区土佐堀1-5-6 4F
TEL：06-6459-1771 ※火曜日〜金曜日
FAX：06-6443-7544
交通：大阪メトロ、四ツ橋線「肥後橋駅」

■教育方針

学校に行きにくさを感じている中学生のサポートを目的としており、中学校に在籍しながら通うクラスです。学習は一人ひとりの習熟度やペースに合わせて進めます。また、豊かな人生を送るために必要なコミュニケーションの力を、SST(ソーシャルスキルトレーニング)やコミュニケーションなどの授業で、日常や学校生活の場面を具体的に取り上げて学ぶことで伸ばします。入会後は、少しずつ小集団に慣れることから始めていきます。

親　の　会	—
受入時面接	○
体験入学	○
学校出席扱	○ ※中学校が許可した場合

費用	入　会　金	31,000円
	教材費	※登録曜日により異なります
	授業料	27,300円〜／月
	その他	—

代表者	鍛治田　千文
設　立	2011年
受入年齢	中学生
運営日時	火・水・木・金 12:50〜15:40
定　員	20名
在籍者数	10名(2023年12月現在)
スタッフ数	14名

■こんな子どもに向いています ■

勉強がわかるようになりたい／友達がほしい／自分のペースで学びたい／安心して過ごせる場所がほしい

■主な活動内容 ■

一人ひとりのペースに合わせ、安心できる環境の中で、国語・英語・数学などの基礎学力を伸ばします。

■スタッフの特長 ■

中・高教員免許保有者が各授業を担当。女性スタッフ多数。

お昼間の塾 わなどぅ

https://afsc-wannado.jimdofree.com/
e-mail：info@futouko.com

〒591-8025　大阪府堺市北区中曽根町3083-19
サンティアラビル3F
TEL：06-6946-7588　FAX：06-4790-8203
交通：大阪メトロ御堂筋線「なかもず駅」

　フリースクール

■教育方針

不登校や学校に行きたくない／行けない＜悩み＞を抱えるお子さまと、そのご家族様が将来に向けて一緒に考えていくためのフリースクールです。不登校になってから何か「やってみよう」の気持ちに自信がなくなった方、何から手を付けたらいいかわからない、不安なことが多くて続かない…など、心配なことをわなどぅに持ってきてください。一緒に悩んでくれるスタッフや応援してくれる人達に出会えるはずです。

代表者	芦村 彩乃
設立	2016年
受入年齢	10歳〜20歳位
運営日時	火・水・木・金 11:00〜15:00
定員	30名
在籍者数	16名(2024年1月現在)
スタッフ数	7名

親の会	○		費用	入会金	15,000円
受入時面接	○			教材費	―
体験入学	○			授業料	約10,000円／月
学校出席扱	○			その他	基本使用料として15,000円

■こんな子どもに向いています ■
学校に行きづらい、行きたくないお子さま。進学、受験対策を希望のお子さま。将来やりたいことを見つけたいお子さま。

■主な活動内容 ■
学習時間(学習内容は一緒に決めましょう!資格試験勉強、受験勉強、学び直し学習なんでもOKです!)自由時間(ゲーム、動画、カード・ボードゲーム、ギター、創作活動など)

■スタッフの特長 ■
男性も女性も活躍中!

学研のサポート校
WILL学園 中等部 高等部 大阪梅田キャンパス

https://www.willschool.net/
e-mail：will@kame.co.jp

〒530-0015　大阪府大阪市北区中崎西1-2-13
サプライズビル4F
TEL：0120-883-122
交通：「大阪駅」徒歩10分、「阪急梅田駅」徒歩8分
　　　大阪メトロ「中崎町駅」徒歩1分

　フリースクール サポート

■教育方針

WILL学園では『楽しく学校に通う』ということを一番に考えています。不登校や発達障害のある生徒にとって居心地の良い場所として存在し、人間性を豊かにしていくだけでなく、学習面もしっかりサポート! WILLに通うことからスタートして、不登校を克服した生徒がたくさんいます。
できることから少しずつ、一人ひとりのペースに合わせて学園全体でバックアップ! まずは学校を楽しむことから始めましょう!
家から出づらい人には在宅訪問支援のコースもあります。

代表者	坂口 寛人
設立	2000年10月
受入年齢	中学生、高校生
運営日時	月曜日〜金曜日
定員	70名
在籍者数	67名(2024年2月現在)
スタッフ数	11名(2024年2月現在)

親の会	―		費用	入会金	24,200円、110,000円
受入時面接	△			教材費	―
体験入学	○			授業料	33,000円〜66,000円
学校出席扱	○			その他	高等部活動費264,000円/年

■こんな子どもに向いています ■
楽しい学校生活を送りたいと考えているものの、学校に通うのが苦手、難しいと思っている生徒に向いています。

■主な活動内容 ■
学習は個別指導が中心。苦手分野克服、学び直しもできます。レクリエーションや趣味、実用の時間もあります。

■スタッフの特長 ■
不登校生、発達障害の支援の経験を積み重ねた教員が一人ひとりサポートします。

コドモのすたじお

https://kosta.live
e-mail：kostaai@yahoo.co.jp

〒573-1105　大阪府枚方市南楠葉1-1-4
阪ロビル3F
TEL：070-5436-6347
交通：京阪本線「樟葉」駅

　フリースクール

■教育方針

子どもの「好きなコト」「得意なコト」「やっていて楽しいコト」を見つけて、それが将来のお仕事につながる様、全力でサポートしています。それらを見つけるために、日々衣食住の分野を中心に様々な体験を提供(音楽、お絵描き、農業他も含む)し、子どもの目が輝く瞬間を逃さずにキャッチして、心躍る体験からやる気を引き出し自ら学ぶ力を身につけられる様、スタッフ一同全身全霊で取り組んでいます。

代表者	柳生 志保
設立	2019年
受入年齢	小中学生
運営日時	金 10:00〜16:00 (4月より変更有 詳細はHPで)
定員	6名
在籍者数	3名(2023年12月現在)
スタッフ数	3名

親の会	○		費用	入会金	11,000円
受入時面接	○			教材費	実費
体験入学	○			授業料	11,000円／月
学校出席扱	○			その他	交通費など実費

■こんな子どもに向いています ■
学校で学ぶ科目以外で好きなコト、得意なコトがある子どものサポートをしています。

■主な活動内容 ■
料理(昼食のメニュー決め〜買い出し〜調理〜後片づけ)づくりを中心に置き、生活体験を大切に活動しています。

■スタッフの特長 ■
スタッフ全員女性で、内2名は家族が不登校経験あります。

近畿

211

NPO法人こども夢教室

e-mail：sa.bear.wa@gmail.com

〒592-0014　大阪府高石市綾園6-4-29
TEL：090-2117-4585
交通：南海本線「高石駅」、JR阪和線「北信太駅」

フリースペース

■教育方針

読書、勉強、ボードゲームなど思い思いに過ごしていただけます。
また、ボクシングスクールで軽い運動を行うこともできます。体を動かすことを目的としボクシングは行いません。
学校や家庭ではない、第三の居場所になることを目指しています。

代表者	高内　佐和	
設　立	2022年	
受入年齢	小・中・高校生	
運営日時	第1・3水曜日 10:00〜14:00	
定　員	8名	
在籍者数	名(2024年2月現在)	
スタッフ数	2名	

親の会	○	費用	入会金	0円
受入時面接	―		教材費	0円
体験入学	○		授業料	円／月
学校出席扱	―		その他	参加費500円

不登校　発達障がい　ひきこもり　身体　知的

■こんな子どもに向いています■

■主な活動内容■
保護者でそれぞれが抱える・思いを話したり悩みを共有することができます。

■スタッフの特長■
育児中、不登校経験の子の母中心／運動はボクシングジム会長が対応。

志塾フリースクール クロッキオ教室

https://shijuku-fs.or.jp
e-mail：shijukuorg@yahoo.co.jp

〒535-0031　大阪府大阪市旭区高殿7-18-7
TEL・FAX：06-4392-4109(レヴィスタ教室と共通)
交通：大阪メトロ谷町線「関目高殿駅」
　　　京阪線「森小路駅」

フリースクール
サポート
高認指導

■教育方針

志塾フリースクールの掲げる最終目標は「自立につなげる」こと。単なる居場所にとどまらず、ひとりひとりの「つぎの一歩」＝フリースクールからの卒業、進学や就職を実現します。学習支援や各種体験活動では常に「やってみたい！」「できる！」「楽しい！」という気持ちを大切に、ひとつひとつの経験をこどもたちの笑顔・自信・前進する力につなげています。
※上記クロッキオ教室の他、レヴィスタ教室(大阪市西成区鶴見橋2-10-20)、
　TEL：(代表)06-4392-4109

代表者	丸山　括哉	
設　立	1997年	
受入年齢	小学生〜20代	
運営日時	平日 10:00〜16:00 (木曜日は 13:00〜17:00)	
定　員	設けていません	
在籍者数	20名(2024年1月現在)	
スタッフ数	5名	

親の会	―	費用	入会金	10,000円
受入時面接	○		教材費	―
体験入学	○		授業料	29,000円／月
学校出席扱	学校長判断		その他	空調費として500円(夏期・冬期)

不登校　発達障がい　ひきこもり　身体　知的

■こんな子どもに向いています■
向き・不向きはありません。いろんな子がいますので、一度遊びに来てください！

■主な活動内容■
学習支援(教科学習・受験・各種資格の個別またはグループ指導)、体験活動(遊び・スポーツ・工作・音楽・料理・遠足)など。

■スタッフの特長■
とにかく「楽しいこと」が大好き！な明るく元気な個性派スタッフがそろっています！

志塾フリースクール TRANSIT教室

freeschool.transit-japan.com
e-mail：contact@transit-japan.com

〒536-0005　大阪府大阪市城東区成育3-14-13
　　　　　　旭伸ビル4F
TEL：050-5532-1504　FAX：06-6180-8663
交通：京阪本線「野江駅」

フリースクール
サポート

■教育方針

TRANSIT教室では、志塾フリースクールのカリキュラムを継承しつつ、楽しみながら「英語力」を磨き、これからの時代に必要な「国際感覚」も同時に学べるよう工夫をしています。教室長はじめ英語が指導できるスタッフが常時勤務しており、いつでも英語に触れることができます。英語は強制ではないので、あくまで生徒にとって居心地の良い場所を考え、寄り添い、親切なスタッフとともに、生徒の「やりたい」を見つけられるよう取り組んでいます。

代表者	北浦　康成	
設　立	2021年	
受入年齢	小学3年生〜高校3年生	
運営日時	月〜金 10:00〜18:00	
定　員	25名	
在籍者数	35名(2023年12月現在)	
スタッフ数	6名	

親の会	○	費用	入会金	10,000円
受入時面接	○		教材費	―
体験入学	○		授業料	31,900円(税込)／月
学校出席扱	○ 学校長判断		その他	イベント参加費・空調費として500円

不登校　発達障がい　ひきこもり　身体　知的

■こんな子どもに向いています■
向き・不向きはありません。いろんな子がいますので、一度遊びに来てください！

■主な活動内容■
学習支援(教科学習・受験・各種資格の個別またはグループ指導)、体験活動(遊び・スポーツ・工作・音楽・料理・遠足)など。

■スタッフの特長■
20〜30代中心

志塾フリースクール ラシーナ 泉北教室

https://lacina.shijuku-fs.org/
e-mail：lacina@shijuku-fs.org

〒599-8235　大阪府堺市中央区深井沢町3332
グランプリビル4F
TEL：072-275-6867
交通：泉北高速鉄道「深井駅」

■教育方針

志塾フリースクールの掲げる最終目標は「自立につなげる」こと。単なる居場所にとどまらず、ひとりひとりの「つぎの一歩」＝フリースクールからの卒業、進学や就職を実現します。学習支援や各種体験活動では常に「やってみたい！」「できる！」「楽しい！」という気持ちを大切に、ひとつひとつの経験をこどもたちの笑顔・自信・前進する力につなげています。

親 の 会	○
受入時面接	○
体 験 入 学	○
学校出席扱	○（学校長判断）

費用		
	入 会 金	10,000円
	教 材 費	―
	授 業 料	29,000円／月
	そ の 他	寄付金(3,000円／一口)

代 表 者	田重田　勝一郎
設 立	2020年
受入年齢	小学生～20代
運営日時	月・火・木・金 10:00～17:00
定 員	設けていません
在籍者数	16名(2024年1月現在)
スタッフ数	3名

■こんな子どもに向いています ■

向き・不向きはありません。いろんな子がいますので、一度遊びに来てください！

■主な活動内容 ■

学習支援(教科学習・受験・各種資格の個別またはグループ指導)、体験活動(遊び・スポーツ・工作・音楽・料理・遠足)など。

■スタッフの特長 ■

とにかく「楽しいこと」が大好き！な明るく元気な個性派スタッフがそろっています。

志塾フリースクール ラシーナ 富田林教室

https://lacina.shijuku-fs.org
e-mail：lacina@shijuku-fs.org

〒584-0036　大阪府富田林市甲田2-20-14
TEL：0721-81-0417　FAX：0721-81-0417
交通：近鉄長野線「川西駅」

■教育方針

志塾フリースクールの掲げる最終目標は「自立につなげる」こと。単なる居場所にとどまらず、ひとりひとりの「つぎの一歩」＝フリースクールからの卒業、進学や就職を実現します。学習支援や各種体験活動では常に「やってみたい！」「できる！」「楽しい！」という気持ちを大切に、ひとつひとつの経験をこどもたちの笑顔・自信・前進する力につなげています。

親 の 会	○
受入時面接	○
体 験 入 学	○
学校出席扱	○（学校長判断）

費用		
	入 会 金	10,000円
	教 材 費	―
	授 業 料	29,000円／月
	そ の 他	寄付金(3,000円／一口)

代 表 者	田重田　勝一郎
設 立	2016年
受入年齢	小学生～20代
運営日時	平日 10:00～17:00
定 員	設けていません
在籍者数	35名(2024年1月現在)
スタッフ数	9名

■こんな子どもに向いています ■

向き・不向きはありません。いろんな子がいますので、一度遊びに来てください！

■主な活動内容 ■

学習支援(教科学習・受験・各種資格の個別またはグループ指導)、体験活動(遊び・スポーツ・工作・音楽・料理・遠足)など。

■スタッフの特長 ■

とにかく「楽しいこと」が大好き！な明るく元気な個性派スタッフがそろっています。

志塾フリースクール レヴィスタ教室

https://shijuku-fs.or.jp
e-mail：shijukuorg@yahoo.co.jp

〒557-0031　大阪府大阪市西成区鶴見橋
2-10-20(レヴィスタ教室)
TEL：06-4392-4109　FAX：06-4392-4109
交通：地下鉄四ツ橋線「花園町駅」

■教育方針

志塾フリースクールの掲げる最終目標は「自立につなげる」こと。単なる居場所にとどまらず、ひとりひとりの「つぎの一歩」＝フリースクールからの卒業、進学や就職を実現します。学習支援や各種体験活動では常に「やってみたい！」「できる！」「楽しい！」という気持ちを大切に、ひとつひとつの経験をこどもたちの笑顔・自信・前進する力につなげています。
※上記レヴィスタ教室の他、クロッキオ教室(大阪市旭区高殿7-18-7)、TEL:(代表)06-4392-4109

親 の 会	―
受入時面接	○
体 験 入 学	○
学校出席扱	○（学校長判断）

費用		
	入 会 金	10,000円
	教 材 費	―
	授 業 料	29,000円／月
	そ の 他	空調費として500円(夏期・冬期)

代 表 者	丸山　括哉
設 立	1997年
受入年齢	小学生～20代
運営日時	月・木 10:00～17:00
定 員	設けていません
在籍者数	10名(2024年1月現在)
スタッフ数	5名

■こんな子どもに向いています ■

向き・不向きはありません。いろんな子がいますので、一度遊びに来てください！

■主な活動内容 ■

学習支援(教科学習・受験・各種資格の個別またはグループ指導)、体験活動(遊び・スポーツ・工作・音楽・料理・遠足)など。

■スタッフの特長 ■

とにかく「楽しいこと」が大好き！な明るく元気な個性派スタッフがそろっています！

近畿

School 330

https://tanakajuku.com
e-mail：tanaka-juku@i-next.ne.jp

〒580-0043　大阪府松原市阿保5-2-4

TEL：072-331-1424　FAX：072-330-8828

交通：近鉄南大阪線「河内松原」駅

代表者	田中　謙史
設　立	1981年
受入年齢	小学生〜高校生
運営日時	月〜金 10:00〜22:00
定　員	設けていません
在籍者数	20名(2024年2月現在)
スタッフ数	—

■教育方針
子どもたちの多様性を理解する。
いろんな可能性を見つけるために会話の時間を大切にする。
shool330を居心地の良い居場所にする。
子どもたちの学びを止めない。
子どもたちの始動者(しどうしゃ)になる。

親 の 会	—	費用	入 会 金	11,000円
受入時面接	○		教材費	必要に応じて
体 験 入 学	○		授業料	22,000円／月
学校出席扱	○		その他	—

■こんな子どもに向いています■
子どもたちの特性は様々です。一度お越しいただき、居心地が良いかお確かめください。

■主な活動内容■
学習支援・学校見学・遠足・球技大会・保護者懇親会・個人懇談・相談会・講演会

■スタッフの特長■
子どもたちの多様性を理解した女性と男性のスタッフです。元中学校校長・看護師・児童発達支援士。

スクールプラス

https://www.school-plus.net
e-mail：info@school-plus.net

〒532-0011　大阪府大阪市淀川区西中島4-5-22
レクシア西中島Ⅲ　4F
TEL：06-6195-3478　FAX：06-4862-4151
交通：御堂筋線「西中島南方駅」、阪急京都線「南方駅」、JR東海道本線「新大阪駅」

代表者	坂上　達哉
設　立	2010年
受入年齢	小学校4年生〜高校卒業資格取得希望者
運営日時	月曜〜土曜 10:00〜17:00 (土曜16:00まで)
定　員	50名
在籍者数	31名(2024年1月現在)
スタッフ数	11名

■教育方針
スクールプラスの目標は、「自主学習の力」を身につけること。
自主学習の力を身につけていくには、「何をどのようにして勉強していくのか」を自分で考え行動していくことが大切です。
中学校の勉強がわからなくても、一人ひとりに合わせた"個別カリキュラム"で、つまづいている箇所から勉強していきますので、恥ずかしくて聞けないということ はありません。「できた!」「やれた!」という小さな達成感や成功体験の積み重ねが、きっと自信へと導いてくれます。

親 の 会	勉強会	費用	入 会 金	20,000〜60,000円／月
受入時面接	○		教 材 費	2,500〜5,000円／月
体 験 入 学	○		授 業 料	15,000〜55,000円／月
学校出席扱	要相談		その他	施設費 2,000円／月

■こんな子どもに向いています■
家から出れずに悩んでいる、または自分のペースで勉教や学習サポートを望んでる人。通信制高校へ転学を考えている人。

■主な活動内容■
カウンセリングを基盤にし、コミュニケーション力や基礎学力の向上を図り、社会に出る力をつける。(アウトリーチ支援実施)

■スタッフの特長■
長年不登校生の対応をしてきた心理・教育の専門家です。

スマイルファクトリー

http://www.npotoybox.jp
e-mail：smile@npotoybox.jp (小中部)、smile-factory-high-school@npotoybox.jp (ハイスクール)

〒563-0017　大阪府池田市伏尾台2-11
旧池田市立伏尾台小学校北校舎
TEL：072-751-1145
交通：阪急宝塚線「池田駅」よりスクールバス15分

代表者	栗田　拓
設　立	2003年
受入年齢	フリースクール …小学生、中学生 ハイスクール …15歳〜
運営日時	水〜土曜日 9:30〜15:00
定　員	フリースクール…30名 ハイスクール…30名
在籍者数	50名(2023年12月現在)
スタッフ数	20名

■教育方針
大阪府池田市教育委員会と連携し、子どもたちの主体性を尊重できるよう、多様な学びの機会の実現を目指して活動しています。
子どもたちがそれぞれに思い描く自分で居られるような居場所づくり、学習のためのサポート、その他様々な相談・支援活動を行っています。地域の方々とも協力しながら、子どもも大人も互いに尊重し合い、助け合い、学び合うことを通して、活動の輪を広げていきたいです。
※月謝…所得に応じた減免制度あり。詳細はお問い合わせください。
ハイスクールでは高卒資格を取ることもできます。
新入・転編入のご相談とご見学は随時お受けしておりますのでお問い合わせください。

親 の 会	—	費用	入 会 金	—
受入時面接	○		教材費	—
体 験 入 学	○		授業料	月謝制(※)
学校出席扱	○		その他	—

■こんな子どもに向いています■
来ているみんなが安心して過ごせる場づくりを大切にしています。自分で勉強を進めたい子、友達とゆるやかにつながりたい子、好きなことを探究してみたい子など、それぞれが自分のペースで過ごしています。

■主な活動内容■
午前は個別学習の時間、午後は体育や美術、家庭科などの体験を中心としたプログラムを実施しています。学習では、一人ひとりにあった教材を一緒に探し、わからないところをフォローします。体験プログラムでは、どんな子も参加しやすい内容にしています。

■スタッフの特長■
様々な経験・資格を持つスタッフが、子どもの個性やペースを大切に関わっています。学習支援スタッフ、臨床心理士などが、必要に応じて様々な角度からサポートを行っています。

セイカ学園中等部 大阪梅田校

一般社団法人教育・福祉支援認定協会（WESC）運営

http://www.wesc.or.jp/fs/
e-mail：fs-seika@seika-edu.jp

〒530-0002　大阪府大阪市北区曽根崎新地
1-4-10　銀泉桜橋ビル4F
TEL：050-3733-2278
交通：JR「北新地駅」、地下鉄「西梅田駅」各徒歩1分、C60出口前

フリースクール

■教育方針

「友人関係で悩んでいる」「教室に居場所がなかった」「優等生でいることに疲れた」などの理由で不登校状態にある方にとって「強制されない」「安心できる」「自分らしく居られる」場所となるようにストレスが少なくなる工夫をしています。
一定期間利用されている方は、提携している通信制高等学校で高卒資格が取得でき、専門学校・大学への進学、海外留学、タレント・スポーツ選手などの自分の夢を実現できます。

親 の 会	○
受入時面接	○
体験入学	○
学校出席扱	○

費用	入 会 金	最大30,000円
	教 材 費	実費
	授 業 料	利用回数により異なる
	そ の 他	―

代 表 者	案浦　幹雄
設 立	2019年4月
受入年齢	小・中・高校生（小4～）
運営日時	月曜～金曜 10:00 ～16:30
定 員	30名
在籍者数	5名
スタッフ数	3名

■こんな子どもに向いています

・おとなしくコミュニケーションが苦手な方
・友だちを作りたい方など

■主な活動内容

小・中学校の基礎学習。コミュニケーションスキル向上のためのアナログゲーム、ドローンやロボット操作&プログラミング

■スタッフの特長

教員免許保持者、養護教諭、教育カウンセラー、不登校心理相談士、発達障害学習支援サポーター

フリースクールいずみ

星槎教育研究所　大阪相談室

https://edunpo.seisa.ac.jp/
e-mail：osakagc@seisa.ed.jp

〒530-0043　大阪府大阪市北区天満4-13-11
TEL：06-6147-3830　FAX：06-6147-3832
交通：JR「大阪天満宮駅」、大阪メトロ「南森町駅」
8番出口より徒歩3分

フリースクール

■教育方針

好きなこと・得意なことを発見して楽しく学んでほしい、友だちとわかり合い、大切にし合う喜びを感じてほしい、社会で生きるスキルを身につけ、自信を持ってほしい、と考えて、せいさフリースクール「いずみ」を開設しました。①到達度に応じた課題で「わかる」「できる」学習。②生徒一人ひとりの個性や発達の特性を生かす。　③人やものと出会う「ナマの体験」を通じて生きた力をつける。④自分の進む道を考え、進路設計する力をつける。⑤不思議『?』発見で、創造性と科学する心を育てる。

親 の 会	○
受入時面接	○
体験入学	○
学校出席扱	原籍校判断

費用	入 会 金	―
	教 材 費	実費
	授 業 料	17,000円／月（週1日の場合）
	そ の 他	設備費3,000円／月（週1日の場合）

代 表 者	山本　佳世
設 立	2008年
受入年齢	小学生（高学年）～中学生
運営日時	週1～4日 9:30～15:00（原則として）
定 員	10名程度
在籍者数	若干名
スタッフ数	3～6名

■こんな子どもに向いています

学び方を変えればイキイキとする子どもたち。理解してもらえなかった悔しさがたまっている子たち。

■主な活動内容

本物を体験する総合学習（社会・文化・芸術・科学・生活・体育）・基礎学力・ソーシャルスキル・ライフスキルのトレーニング。

■スタッフの特長

20～30代が中心。特別支援教育や不登校・発達障がいを理解し、教員免許保有、支援教育カウンセラー。星槎国際高校の教員も協力。

全日制　類学舎

https://ruigakusha.rui.ne.jp/lp/

〒532-0011　大阪府大阪市淀川区西中島4-3-2
類ビル
TEL：06-6305-0468
交通：大阪メトロ御堂筋線「西中島南方駅」北口すぐ

フリースクール 高認指導

■教育方針

◆「社会に一番近い学び舎」
類学舎ではプログラムに応じて、小1から高校生まで各課題に最適なシームレス（混成）のチームを編成し、協働して遊び、学び、仕事などの課題に取り組みます。多くの教育プログラムと体験学習を通して、子どもたちが「何のために学ぶのか」「何を学ぶのか」を見いだし、生きる目的が明確になるように導きます。そして、深い思いやりのある心と、ものごとの本質を追求する姿勢を伸ばし、社会に出てからも力強く生き抜いていける人に育てます。

親 の 会	○
受入時面接	○
体験入学	○
学校出席扱	○

費用	入 会 金	100,000円
	教 材 費	―
	授 業 料	40,000円／月
	そ の 他	兄弟姉妹割引あり

代 表 者	阿部　紘
設 立	2019年
受入年齢	小1～高3
運営日時	月～金 9:00～18:00
定 員	定員あり
在籍者数	84名（2024年1月現在）
スタッフ数	―

■こんな子どもに向いています

もっと人の役に立ちたい、もっと活力のある人になりたい、もっとイキイキしたい、そのために必要なことを学びたいと思っている子。

■主な活動内容

探求・学び（科目勉強）・仕事に加えて、能力形成の土台となる外遊びの時間もあります。農園合宿にも任意参加。

■スタッフの特長

年齢・経歴も様々。社会で活躍している人材が直接指導、社会に出るという視点から、長所だけでなく今後の期待も共有し、一緒に追求していきます。

近畿

トライ式中等部 茨木キャンパス

https://www.try-gakuin.com/freeschool/
e-mail : try-gakuin-chutobu@trygroup.com

〒567-0829 大阪府茨木市双葉町2-29
エスタシオン茨木3F
※全国に123ヶ所のキャンパスがあります
TEL：0120-919-439

■教育方針

不登校からの高校進学・大学進学をはじめとして、あらゆる生徒の進路を切り開くために、学力の向上はもとより社会を生き抜く力を育む様々な支援を行っているのがトライ式中等部です。夢や目標の実現に向け、一人ひとりに合わせたサポートをしています。

学習スタイルは「通学型」「在宅型」「オンライン型」の3つあり、自分にあったものを選べます。いつでも何度でも、切り替えたり組み合わせることができます。

また、在籍している中学校の学校長の許可があれば、トライ式中等部への登校を出席扱いにすることが可能です。

親 の 会	—
受入時面接	○
体験入学	○
学校出席扱	○ 学校との相談が必要

費用	入会金	50,000円（税別）
	教材費	—
	授業料	40,000円／月（税別）
	その他	詳細は直接お問い合わせください。

代表者	物部　晃之
設 立	2012年4月
受入年齢	中学生
運営日時	9時〜16時 指導場所、曜日、時間は自由に選択可能
定 員	—
在籍者数	—
スタッフ数	—

■こんな子どもに向いています

・不登校を解決したいと考えている方
・中学校の勉強についていきたい方
・高校へ進学したいと考えている方

■主な活動内容

学習の個別サポートに加え、修学旅行や体育祭などの学校行事やサークル活動、ゼミ（プログラミングなど）に参加することができます。※参加は自由です

■スタッフの特長

経験豊富なキャンパス長や講師がキャンパスに常駐し、日々の学習や生活をサポートします。

トライ式中等部 梅田キャンパス

https://www.try-gakuin.com/freeschool/
e-mail : try-gakuin-chutobu@trygroup.com

〒530-0012 大阪府大阪市北区芝田2-7-18
LUCID SQUARE UMEDA 1F
※全国に123ヶ所のキャンパスがあります
TEL：0120-919-439

■教育方針

不登校からの高校進学・大学進学をはじめとして、あらゆる生徒の進路を切り開くために、学力の向上はもとより社会を生き抜く力を育む様々な支援を行っているのがトライ式中等部です。夢や目標の実現に向け、一人ひとりに合わせたサポートをしています。

学習スタイルは「通学型」「在宅型」「オンライン型」の3つあり、自分にあったものを選べます。いつでも何度でも、切り替えたり組み合わせることができます。

また、在籍している中学校の学校長の許可があれば、トライ式中等部への登校を出席扱いにすることが可能です。

親 の 会	—
受入時面接	○
体験入学	○
学校出席扱	○ 学校との相談が必要

費用	入会金	50,000円（税別）
	教材費	—
	授業料	40,000円／月（税別）
	その他	詳細は直接お問い合わせください。

代表者	物部　晃之
設 立	2013年4月
受入年齢	中学生
運営日時	9時〜16時 指導場所、曜日、時間は自由に選択可能
定 員	—
在籍者数	—
スタッフ数	—

■こんな子どもに向いています

・不登校を解決したいと考えている方
・中学校の勉強についていきたい方
・高校へ進学したいと考えている方

■主な活動内容

学習の個別サポートに加え、修学旅行や体育祭などの学校行事やサークル活動、ゼミ（プログラミングなど）に参加することができます。※参加は自由です

■スタッフの特長

経験豊富なキャンパス長や講師がキャンパスに常駐し、日々の学習や生活をサポートします。

近畿

トライ式中等部 鳳キャンパス

https://www.try-gakuin.com/freeschool/
e-mail : try-gakuin-chutobu@trygroup.com

〒593-8324 大阪府堺市西区鳳東町4-354-1
プリモ鳳2F
※全国に123ヶ所のキャンパスがあります
TEL：0120-919-439

■教育方針

不登校からの高校進学・大学進学をはじめとして、あらゆる生徒の進路を切り開くために、学力の向上はもとより社会を生き抜く力を育む様々な支援を行っているのがトライ式中等部です。夢や目標の実現に向け、一人ひとりに合わせたサポートをしています。

学習スタイルは「通学型」「在宅型」「オンライン型」の3つあり、自分にあったものを選べます。いつでも何度でも、切り替えたり組み合わせることができます。

また、在籍している中学校の学校長の許可があれば、トライ式中等部への登校を出席扱いにすることが可能です。

親 の 会	—
受入時面接	○
体験入学	○
学校出席扱	○ 学校との相談が必要

費用	入会金	50,000円（税別）
	教材費	—
	授業料	40,000円／月（税別）
	その他	詳細は直接お問い合わせください。

代表者	物部　晃之
設 立	2019年10月
受入年齢	中学生
運営日時	9時〜16時 指導場所、曜日、時間は自由に選択可能
定 員	—
在籍者数	—
スタッフ数	—

■こんな子どもに向いています

・不登校を解決したいと考えている方
・中学校の勉強についていきたい方
・高校へ進学したいと考えている方

■主な活動内容

学習の個別サポートに加え、修学旅行や体育祭などの学校行事やサークル活動、ゼミ（プログラミングなど）に参加することができます。※参加は自由です

■スタッフの特長

経験豊富なキャンパス長や講師がキャンパスに常駐し、日々の学習や生活をサポートします。

トライ式中等部 岸和田キャンパス

https://www.try-gakuin.com/freeschool/
e-mail：try-gakuin-chutobu@trygroup.com

〒596-0076 大阪府岸和田市野田町1-6-21
88ビル4F
※全国に123ヶ所のキャンパスがあります
TEL：0120-919-439

■教育方針

不登校からの高校進学・大学進学をはじめとして、あらゆる生徒の進路を切り開くために、学力の向上はもとより社会を生き抜く力を育む様々な支援を行っているのがトライ式中等部です。夢や目標の実現に向け、一人ひとりに合わせたサポートをしています。
学習スタイルは「通学型」「在宅型」「オンライン型」の3つあり、自分にあったものを選べます。いつでも何度でも、切り替えたり組み合わせることができます。
また、在籍している中学校の学校長の許可があれば、トライ式中等部への登校を出席扱いにすることが可能です。

親 の 会	―
受入時面接	○
体 験 入 学	○
学校出席扱	学校との相談が必要

費用	入 会 金	50,000円(税別)
	教 材 費	
	授 業 料	40,000円/月(税別)
	そ の 他	詳細は直接お問い合わせください。

代 表 者	物部　晃之
設 立	2019年10月
受入年齢	中学生
運営日時	9時〜16時 指導場所、曜日、時間は自由に選択可能
定 員	―
在籍者数	―
スタッフ数	―

■こんな子どもに向いています ■

・不登校を解決したいと考えている方
・中学校の勉強についていきたい方
・高校へ進学したいと考えている方

■主な活動内容 ■

学習の個別サポートに加え、修学旅行や体育祭などの学校行事やサークル活動、ゼミ(プログラミングなど)に参加することができます。※参加は自由です

■スタッフの特長 ■

経験豊富なキャンパス長や講師がキャンパスに常駐し、日々の学習や生活をサポートします。

トライ式中等部 京橋キャンパス

https://www.try-gakuin.com/freeschool/
e-mail：try-gakuin-chutobu@trygroup.com

〒534-0024 大阪府大阪市都島区東野田町2-4-20
三井住友銀行京阪京橋ビル3F
※全国に123ヶ所のキャンパスがあります
TEL：0120-919-439

■教育方針

不登校からの高校進学・大学進学をはじめとして、あらゆる生徒の進路を切り開くために、学力の向上はもとより社会を生き抜く力を育む様々な支援を行っているのがトライ式中等部です。夢や目標の実現に向け、一人ひとりに合わせたサポートをしています。
学習スタイルは「通学型」「在宅型」「オンライン型」の3つあり、自分にあったものを選べます。いつでも何度でも、切り替えたり組み合わせることができます。
また、在籍している中学校の学校長の許可があれば、トライ式中等部への登校を出席扱いにすることが可能です。

親 の 会	―
受入時面接	○
体 験 入 学	○
学校出席扱	学校との相談が必要

費用	入 会 金	50,000円(税別)
	教 材 費	―
	授 業 料	40,000円/月(税別)
	そ の 他	詳細は直接お問い合わせください。

代 表 者	物部　晃之
設 立	2018年4月
受入年齢	中学生
運営日時	9時〜16時 指導場所、曜日、時間は自由に選択可能
定 員	―
在籍者数	―
スタッフ数	―

■こんな子どもに向いています ■

・不登校を解決したいと考えている方
・中学校の勉強についていきたい方
・高校へ進学したいと考えている方

■主な活動内容 ■

学習の個別サポートに加え、修学旅行や体育祭などの学校行事やサークル活動、ゼミ(プログラミングなど)に参加することができます。※参加は自由です

■スタッフの特長 ■

経験豊富なキャンパス長や講師がキャンパスに常駐し、日々の学習や生活をサポートします。

近畿

トライ式中等部 千里中央キャンパス

https://www.try-gakuin.com/freeschool/
e-mail：try-gakuin-chutobu@trygroup.com

〒560-0082 大阪府豊中市新千里東町1-4-1
阪急千里中央ビル5F
※全国に123ヶ所のキャンパスがあります
TEL：0120-919-439

■教育方針

不登校からの高校進学・大学進学をはじめとして、あらゆる生徒の進路を切り開くために、学力の向上はもとより社会を生き抜く力を育む様々な支援を行っているのがトライ式中等部です。夢や目標の実現に向け、一人ひとりに合わせたサポートをしています。
学習スタイルは「通学型」「在宅型」「オンライン型」の3つあり、自分にあったものを選べます。いつでも何度でも、切り替えたり組み合わせることができます。
また、在籍している中学校の学校長の許可があれば、トライ式中等部への登校を出席扱いにすることが可能です。

親 の 会	―
受入時面接	○
体 験 入 学	○
学校出席扱	学校との相談が必要

費用	入 会 金	50,000円(税別)
	教 材 費	
	授 業 料	40,000円/月(税別)
	そ の 他	詳細は直接お問い合わせください。

代 表 者	物部　晃之
設 立	2020年10月
受入年齢	中学生
運営日時	9時〜16時 指導場所、曜日、時間は自由に選択可能
定 員	―
在籍者数	―
スタッフ数	―

■こんな子どもに向いています ■

・不登校を解決したいと考えている方
・中学校の勉強についていきたい方
・高校へ進学したいと考えている方

■主な活動内容 ■

学習の個別サポートに加え、修学旅行や体育祭などの学校行事やサークル活動、ゼミ(プログラミングなど)に参加することができます。※参加は自由です

■スタッフの特長 ■

経験豊富なキャンパス長や講師がキャンパスに常駐し、日々の学習や生活をサポートします。

トライ式中等部 天王寺キャンパス

https://www.try-gakuin.com/freeschool/
e-mail：try-gakuin-chutobu@trygroup.com

〒545-0051 大阪府大阪市阿倍野区旭町1-1-10
竹澤ビル2F
※全国に123ヶ所のキャンパスがあります
TEL：0120-919-439

■教育方針

不登校からの高校進学・大学進学をはじめとして、あらゆる生徒の進路を切り開くために、学力の向上はもとより社会を生き抜く力を育む様々な支援を行っているのがトライ式中等部です。夢や目標の実現に向け、一人ひとりに合わせたサポートをしています。
学習スタイルは「通学型」「在宅型」「オンライン型」の3つあり、自分にあったものを選べます。いつでも何度でも、切り替えたり組み合わせることができます。
また、在籍している中学校の学校長の許可があれば、トライ式中等部への登校を出席扱いにすることが可能です。

代 表 者	物部　晃之
設　　立	2010年2月
受入年齢	中学生
運営日時	9時〜16時 指導場所、曜日、時間は自由に選択可能
定　　員	―
在籍者数	―
スタッフ数	―

親 の 会	―
受入時面接	○
体験入学	○
学校出席扱	○ 学校との相談が必要

費用	入 会 金	50,000円（税別）
	教 材 費	―
	授 業 料	40,000円/月（税別）
	そ の 他	詳細は直接お問い合わせください。

■こんな子どもに向いています ■
・不登校を解決したいと考えている方
・中学校の勉強についていきたい方
・高校へ進学したいと考えている方

■主な活動内容
学習の個別サポートに加え、修学旅行や体育祭などの学校行事やサークル活動、ゼミ（プログラミングなど）に参加することができます。※参加は自由です

■スタッフの特長
経験豊富なキャンパス長や講師がキャンパスに常駐し、日々の学習や生活をサポートします。

トライ式中等部 豊中キャンパス

https://www.try-gakuin.com/freeschool/
e-mail：try-gakuin-chutobu@trygroup.com

〒560-0021 大阪府豊中市本町3-1-57
ルミエール豊中2F
※全国に123ヶ所のキャンパスがあります
TEL：0120-919-439

■教育方針

不登校からの高校進学・大学進学をはじめとして、あらゆる生徒の進路を切り開くために、学力の向上はもとより社会を生き抜く力を育む様々な支援を行っているのがトライ式中等部です。夢や目標の実現に向け、一人ひとりに合わせたサポートをしています。
学習スタイルは「通学型」「在宅型」「オンライン型」の3つあり、自分にあったものを選べます。いつでも何度でも、切り替えたり組み合わせることができます。
また、在籍している中学校の学校長の許可があれば、トライ式中等部への登校を出席扱いにすることが可能です。

代 表 者	物部　晃之
設　　立	2019年4月
受入年齢	中学生
運営日時	9時〜16時 指導場所、曜日、時間は自由に選択可能
定　　員	―
在籍者数	―
スタッフ数	―

親 の 会	―
受入時面接	○
体験入学	○
学校出席扱	○ 学校との相談が必要

費用	入 会 金	50,000円（税別）
	教 材 費	―
	授 業 料	40,000円/月（税別）
	そ の 他	詳細は直接お問い合わせください。

■こんな子どもに向いています ■
・不登校を解決したいと考えている方
・中学校の勉強についていきたい方
・高校へ進学したいと考えている方

■主な活動内容
学習の個別サポートに加え、修学旅行や体育祭などの学校行事やサークル活動、ゼミ（プログラミングなど）に参加することができます。※参加は自由です

■スタッフの特長
経験豊富なキャンパス長や講師がキャンパスに常駐し、日々の学習や生活をサポートします。

トライ式中等部 布施キャンパス

https://www.try-gakuin.com/freeschool/
e-mail：try-gakuin-chutobu@trygroup.com

〒577-0841 大阪府東大阪市足代2-3-6
橋本ビル2F
※全国に123ヶ所のキャンパスがあります
TEL：0120-919-439

■教育方針

不登校からの高校進学・大学進学をはじめとして、あらゆる生徒の進路を切り開くために、学力の向上はもとより社会を生き抜く力を育む様々な支援を行っているのがトライ式中等部です。夢や目標の実現に向け、一人ひとりに合わせたサポートをしています。
学習スタイルは「通学型」「在宅型」「オンライン型」の3つあり、自分にあったものを選べます。いつでも何度でも、切り替えたり組み合わせることができます。
また、在籍している中学校の学校長の許可があれば、トライ式中等部への登校を出席扱いにすることが可能です。

代 表 者	物部　晃之
設　　立	2020年4月
受入年齢	中学生
運営日時	9時〜16時 指導場所、曜日、時間は自由に選択可能
定　　員	―
在籍者数	―
スタッフ数	―

親 の 会	―
受入時面接	○
体験入学	○
学校出席扱	○ 学校との相談が必要

費用	入 会 金	50,000円（税別）
	教 材 費	―
	授 業 料	40,000円/月（税別）
	そ の 他	詳細は直接お問い合わせください。

■こんな子どもに向いています ■
・不登校を解決したいと考えている方
・中学校の勉強についていきたい方
・高校へ進学したいと考えている方

■主な活動内容
学習の個別サポートに加え、修学旅行や体育祭などの学校行事やサークル活動、ゼミ（プログラミングなど）に参加することができます。※参加は自由です

■スタッフの特長
経験豊富なキャンパス長や講師がキャンパスに常駐し、日々の学習や生活をサポートします。

近畿

一般社団法人にじーず

https://24zzz-lgbt.com
e-mail：24zzzmail@gmail.com

■教育方針
LGBTの子ども・若者が同世代の仲間と交流することで、悩みや困りごとが共有できる居場所です。
自分の性のあり方は話しても話さなくても構いません。
また法律上の名前や学校名などを明かす必要はありません。
コロナ対策のため事前予約制にしていますが、時間内はいつ来てもいつ帰っても自由です。保護者の方は入り口まで送迎いただけます（中高生で一人で来る参加者も多いです）。

親 の 会	－
受入時面接	－
体験入学	－
学校出席扱	－

費用	入学金	0円
	教材費	0円
	授業料	0円
	その他	0円

代表者	遠藤 まめた
設 立	2016年
受入年齢	10代から23歳
運営日時	日曜日 13:00〜17:00 ※1〜数ヶ月に1回
定 員	20名／各回
在籍者数	月後90人前後が利用（各回の平均は10〜20人程度）
スタッフ数	60名

■こんな子どもに向いています
LGBTやそうかもしれない子ども・若者限定です。非当事者や大人の方は参加できません。

■主な活動内容
LGBTの子どもや若者が集まって話したり遊んだりできる居場所で定期開催しています。

■スタッフの特長
20代から30代のLGBT当事者や理解者を中心に運営。

パーソナルアカデミー

https://personal-academy.jp
e-mail：info@personal-ac.com

〒563-0047　大阪府池田市室町1-8
阪急池田駅前ビル2F
TEL：072-753-7203　FAX：072-734-7474
交通：阪急宝塚線「池田駅」

■教育方針
不登校になってしまったけど、勉強はしっかりやっておきたい。そういった方のニーズに応えるために、個別ブース、個別指導でしっかり勉強できる環境を用意しています。小学生から大学受験生まで、必要な範囲や自信のない場所から勉強を始められるので安心です。個別ブースでは、パソコンを利用した映像授業も受講できます。復学や進学、高認試験に大学受験など、いろんな可能性を活かすために、不登校生をサポートいたします。

親 の 会	○
受入時面接	○
体験入学	○
学校出席扱	○ ※市町村による

費用	入会金	22,000円
	教材費	6,600円
	授業料	23,100円／月
	その他	映像授業として 6,600円

代表者	谷 圭祐
設 立	2008年
受入年齢	小学生〜
運営日時	火・水・木・金 10:00〜16:20
定 員	20名
在籍者数	9名(2024年1月現在)
スタッフ数	4名

■こんな子どもに向いています
まだまだ不安で自信もないけれど、それでも真剣に勉強に取り組もうと考えている方。

■主な活動内容
小中学レベルの学力習得から、高認や大学受験の勉強まで、それぞれの目標に合わせた個別の学習指導。

■スタッフの特長
50代〜20代／男性スタッフが多い。心理士・作業療法士などの専門家も月1回勤務。

NPO法人 フォロ

http://www.foro.jp
e-mail：info@foro.jp

〒537-0025　大阪府大阪市東成区中道1-3-43
TEL：06-6720-8100　FAX：06-6720-8101
交通：JR環状線・大阪メトロ「森ノ宮」駅

■教育方針
子どもが学校に行かないというとき、子ども自身は勉強よりも何よりも、まずは自分の存在を受けとめられる場を求めています。フォロは「いるだけでいい」居場所をベースに、さまざまな活動や学習をしています。一方通行の「教育」ではなく、大人が子どもに伝えられることもあれば、子どもから大人が学ぶこと、子どもどうしが学び合うこともあります。子どもの自主性を第一に、いろんな知識や価値観と出会うことを大事にしています。また、都心部にあるので、周囲の視線を気にせず活動しやすいという面もあります。

親 の 会	○
受入時面接	○
体験入学	○
学校出席扱	○

費用	入会金	0円
	教材費	0円
	授業料	33,800円(週4日) 18,400円(月4回)
	その他	大阪市塾代助成適応及び独自の減免あり

代表者	湯上 俊男
設 立	2001年
受入年齢	小1〜19歳
運営日時	月曜〜木曜 10:30〜16:00 （金曜は予約制）
定 員	－
在籍者数	18名(2024年1月現在)
スタッフ数	3名

■こんな子どもに向いています
どんな子どもでも、体験入会を本人が希望し、入会してみたいと思ったら、入会していただけます。

■主な活動内容
居場所として安心して過ごせることを第一にしていますが、さまざまな学習機会も個別対応もあります。若者の居場所や、親の会もありますので、年齢、立場を問わず、ご相談ください。

■スタッフの特長
20〜50代の男女で不登校経験者もいます。

近畿

フリースクールこころ

http://www.cocolo.osaka.jp
e-mail：info@cocolo.osaka.jp

〒556-0016　大阪府大阪市浪速区元町1-5-7
ナンバプラザビル602
TEL：06-6636-6118　FAX：06-6636-6117
交通：地下鉄四ツ橋線「なんば駅」

■教育方針

週2日〜週5日コースがあり、また在宅型の訪問支援や個別支援などそれぞれに合わせた通学が可能。
グループ学習、個別学習、体験学習など様々なカリキュラムを用意。
フリースクールへの登校が在籍校での出席と同等の扱いになるように在籍校と連携。
小学生〜中学生の間に「自分に合う進路（将来）を見つける事」を目的とし、1人1人の卒業を目指します。

親　の　会	○
受入時面接	○
体験入学	○
学校出席扱	○

費用	入　会　金	50,000円
	教　材　費	―
	授　業　料	38,000〜円／月
	そ　の　他	有料イベントの場合、イベントごとに別途設定

代 表 者	井上　徹
設　　立	2015年
受入年齢	―
運営日時	月曜〜金曜 10:00〜16:00
定　員	50名
在籍者数	29名(2023年12月現在)
スタッフ数	9名

■こんな子どもに向いています■
家では元気なのに学校に行く事が出来ない、不登校からこれからの将来を楽しく考えたい方。

■主な活動内容
基礎学力向上のための学力別グループ学習、個別学習、また好奇心や自主性を伸ばすためのSST、プログラミング、体験学習、課外授業なども実施。

■スタッフの特長
20代〜30代中心／教員免許、臨床心理士保有のスタッフで対応。

フリースクールはらいふ

http://halife.me
e-mail：info@halife.me

〒569-1051　大阪府高槻市大字原91-13
TEL：072-668-6440
交通：JR京都線「高槻駅」

■教育方針

学校に行くだけが学ぶ方法ではないとわかっていても、学習をしたり、体験活動をしたり、友達をつくったり…という環境を得るのはなかなか大変なこと。それをお手伝いします。
自分が自分であることを大事にしながら、人や社会とどうつながって生きていくのか…そんなことをゆっくり探しながら過ごせるところが、フリースクールはらいふです。
当スクールの利用に関わらず、不登校に関するご相談も無料でおこなっています。

親　の　会	○
受入時面接	○
体験入学	○
学校出席扱	○

費用	入　会　金	20,000円
	教　材　費	―
	授　業　料	40,000円／月
	そ　の　他	―

代 表 者	木脇　嶺
設　　立	2018年
受入年齢	10〜19歳の方
運営日時	月・火・木・金 10:00〜17:00
定　員	約20名
在籍者数	18名(2023年12月現在)
スタッフ数	5名

■こんな子どもに向いています■
自由に日々を過ごしたい方
人との関わりを持ちたい・学びたい方
今を楽しく過ごすことを大切にしたい方

■主な活動内容
おしゃべり、音楽、料理、川遊び、ボードゲームなど、何をして過ごすか、何を学ぶか、全て自分で決めます。

■スタッフの特長
自然豊かな一軒家で、夫婦で暮らしながら運営しています。20〜30代を中心に個性豊かなボランティアの方も。

NPO法人 フリースクールみなも

https://fs-minamo.org
e-mail：fs-minamo@nifty.com

〒530-0044　大阪府大阪市北区東天満1-4-3
TEL：06-6881-0803　FAX：06-6881-0803
交通：堺筋・谷町線「南森町駅」徒歩7分
　　　JR東西線「大阪天満宮駅」徒歩5分
　　　大阪市バス36系統「東天満」停留所 徒歩1分

■教育方針

フリースクールみなもは、不登校のこどもたちの安心できる居場所と育ちの場です。
・「フリースクールみなも」は、不登校のこどもたちの交流と体験活動の場。大切なのは「楽しい」から育ちを始めること。午前と午後の体験活動によるまなびとフリータイムによる交流を中心に、様々な人や物事との「楽しい」「わくわくする」時間を共に過ごしましょう。
・「個別指導塾みなも」は、主に不登校のこどもたちの教科学習のサポート。それぞれの学習進度や目的に応じた学習、高校・大学・高校卒業認定試験の受験等、本気の勉強ニーズにも対応します。
・通信制高校の提携による、高校卒業資格取得のサポート校コースを併設。高校生の不登校の皆様も、退学する前に「転校」を考えてみませんか？

親　の　会	○
受入時面接	○
体験入学	○
学校出席扱	○

費用	入　会　金	25,000円
	教　材　費	必要に応じて実費(問題集等)
	授　業　料	39,000円／月 学習支援は別途授業料
	そ　の　他	保険料 1,000〜2,000円／年

代 表 者	今川　将征
設　　立	2004年
受入年齢	6〜18歳
運営日時	・フリースクール 月・火・水・金 11:00〜16:30 ・学習塾 月〜土曜日 13:30〜21:40
定　員	40名
在籍者数	フリースクール12名 学習塾60名(2024年1月現在)
スタッフ数	7名

■こんな子どもに向いています■
不登校で、どこかに居場所がほしい、学校に代わり学べる場所がほしい、進学のための準備をしたいという子。

■主な活動内容
工作、手芸、スポーツといった体験活動や、ボードゲーム、テレビゲーム等での交流。個別指導による学習等。

■スタッフの特長
20代〜30代で、子どもと一緒に遊べる者が多いです。学習支援のベテランも多くいます。

近畿

フリースクール「ラヴニール」

〒545-0011　大阪府大阪市阿倍野区昭和町 2-7-2
TEL&FAX：06-7181-5549
交通：大阪メトロ御堂筋線「昭和町駅」など

http://www.lavenir-2010.sakura.ne.jp/
e-mail：lavenir.since2010@gmail.com

■教育方針
複数路線可、最も近い駅からは徒歩3分。中心街からも郊外からも、とても利用しやすい場所にあります。「自分のことは自分で決める」「決めたことには責任をもつ」ことを大切に、自己肯定感を無理なく楽しく高めるプログラムを取り入れながら活動しています。先に立って導くよりも一緒に横並びに歩くような、大人も子どもも、スタッフも利用される方も、共に成長していくことができる場所です。

代 表 者	今川　裕子
設　　立	2010年
受入年齢	6歳〜18(20)歳
運営日時	月〜金 12:00〜17:00 土日祝、お盆、年末年始、年度末年度始めは休み
定　　員	10名
在籍者数	5名(2024年1月現在)
スタッフ数	2名

■こんな子どもに向いています
とにかく家以外の場所で、家族以外の誰かとかかわりたい方に向いています。

■主な活動内容
利用される方の興味、関心のあることをきっかけに、体験・学び主体の活動を展開しています。

■スタッフの特長
学校に行けなかった経験を有する者、児童福祉に関する資格を有する者がいます。

親 の 会	○	費用	入 会 金	25,000円
受入時面接	○		教 材 費	―
体験入学	○		授 業 料	30,000円／月
学校出席扱	○		その他	日割り額として3,000円

NPO法人 フルハウス

〒565-0842　大阪府吹田市千里山東2-22-16
TEL：06-6339-6760　FAX：06-6339-6760
交通：阪急千里線「千里山駅」

http://npofullhouse.com

■教育方針
社会的ひきこもり・ニートの若者に対して、安心して通うことができる居場所を提供するとともに、その家族とも接点を保ち、状況に応じたきめ細かなサポートを実施することで、一人ひとりに合った社会的自立ができるよう支援を行う。

代 表 者	柏谷　唯司
設　　立	1998年
受入年齢	18歳以上
運営日時	月〜金 10:00〜16:00
定　　員	20名
在籍者数	20名(2023年12月現在)
スタッフ数	14名

■こんな子どもに向いています

■主な活動内容
①家族相談　②訪問活動　③フリースペースでの活動　④就労サポート

■スタッフの特長
男性7名、女性7名

親 の 会	―	費用	入 会 金	0円
受入時面接	○		教 材 費	0円
体験入学	○		授 業 料	0円
学校出席扱	―		その他	相談1回につき8,000円

学び舎あおぞら

〒569-1127　大阪府高槻市西真上1-28-18
TEL：080-8167-2610
交通：JR京都線「高槻駅」

https://www.manabisodatinowa.net/学び舎あおぞら
e-mail：manabiya.aozora@gmail.com

■教育方針
少人数の関わりの中で、子どもが本来持っている「やりたい・知りたい」気持ちを邪魔せず尊重し、サポートします。自分の心で感じて、自分の頭で考えることを大切に、生きる力・学ぶ力を育んでいます。学び舎あおぞらでは、遊びも学びも「やる・やらない」は子ども自身が決めます。そして、子ども達とそのご家族が、主体的に自分の人生を生きられるようになることを目指しています。

代 表 者	上田　綾子
設　　立	2023年
受入年齢	小学生以上
運営日時	水曜日 (その他不定期) 10:00〜15:00
定　　員	10名
在籍者数	6名(2024年2月現在)
スタッフ数	2名他、ボランティア数名

■こんな子どもに向いています
学校生活が窮屈、学校の勉強がつまらない、集団行動が嫌いなどで、自分に合った学び方を見つけたいお子さん。

■主な活動内容
自由に過ごす時間の他、学習・探究の時間もご用意。参加者と相談の上で様々な活動を取り入れています。

■スタッフの特長
常勤スタッフは、公私ともに多様な学び場で子ども達と共に学び育ってきた母親です。

親 の 会	―	費用	入 会 金	0円
受入時面接	○		教 材 費	0円
体験入学	○		授 業 料	1,000円〜／日
学校出席扱	○		その他	施設費5,000円／年

近畿

認定NPO法人コクレオの森 箕面こどもの森学園（みのお）

http://kodomono-mori.com/
e-mail :info@kodomono-mori.com

〒562-0032　大阪府箕面市小野原西6-15-31

TEL：072-735-7676　FAX：072-735-7676

交通：阪急線「北千里駅」

その他
オルタナティブ
スクール

■ 教育方針

箕面（みのお）こどもの森学園は、子ども一人ひとりの個性を尊重し、知性・感情・創造性をのびやかに育てるオルタナティブ・スクール（小・中学校）です。子どもの興味・関心を学習の中心に置き、子ども自身の生活から学習を組み立てるというフレネの教育の考えと方法を取り入れ、子どもの主体性・自律性を促進する教育を行っています。

学習計画を立てて学ぶことと、学びの中で対話を取り入れることを重視しており、ESD（持続可能な未来を創るための教育）の実践校として、ユネスコからユネスコスクールとして認定されています。

親　の　会	―
受入時面接	○
体験入学	○
学校出席扱	在籍校による

費用	入 会 金	250,000円
	教 材 費	10,000円
	授 業 料	40,000円／月
	そ の 他	―

代 表 者	藤田　美保
設　　立	2004年
受入年齢	小学生〜中学生
運営日時	月曜〜金曜 9:00〜16:00
定　　員	60名
在籍者数	70名(2024年3月現在)
スタッフ数	―

■こんな子どもに向いています ■

自分も人も大切にしながら、自分の気持ちに向き合い、前向きな気持ちで学習していくことができる人。

■ 主な活動内容

自分で決めた個別学習と、人と協力して行う協働学習があり、自己決定や対話を重視した活動を行っています。

■スタッフの特長

多世代（20代〜70代）／女性スタッフが多い／心理学、ESD、世界の教育についての研修を積んでいる

NPO法人 み・らいず2　ME-RISE PARK

e-mail : park@me-rise.com

〒559-0015　大阪府大阪市住之江区南加賀屋4-4-19

TEL：

交通：

その他
放課後の居場所

■ 教育方針

お子さまの状態にあわせて、それぞれに合わせたプログラム（社会性をはぐくむ、ライフスキル、進路サポート、体験活動等）を実施しています。車での送迎がないため、基本的に自力通所ができるお子さまが通所しています。地域の安心安全な居場所となり、信頼関係を育み、子どもが多様な体験を重ねて、自分で将来を選び取っていけるように、スタッフや大学生ボランティアが一緒に考えて寄り添いながらサポートを行います。

親　の　会	―
受入時面接	○
体験入学	○
学校出席扱	―

費用	入 会 金	0円
	教 材 費	0円
	授 業 料	21000円(世収入による減免あり)
	そ の 他	イベントによって材料費あり

代 表 者	河内　崇典
設　　立	2022年
受入年齢	小学校〜高校生
運営日時	月〜金 14:00〜19:00
定　　員	10名／日
在籍者数	18名(2024年3月現在)
スタッフ数	6名

■こんな子どもに向いています ■

居場所がほしいという方、将来自立するために何かしたい、相談したいという方に向いています。

■ 主な活動内容

個別で過ごせる時間と小集団とにわけて、遊びや学習、ワーク等子どもにあわせた取り組みを実施しています。

■スタッフの特長

社会福祉士、保育士などの専門スタッフ、大学生ボランティアが在籍し、チームでお子さまをサポートします。

NPO法人 み・らいず2　ラーンメイト

http://www.learnmate.me/
e-mail : teachers@me-rise.com

〒559-0015 大阪府大阪市住之江区南加賀屋4-4-19

〒591-8023 大阪府堺市北区中百舌鳥町2-104 なかもず駅前ビル4F

〒569-0804 大阪府高槻市紺屋町3-1-212 グリーンプラザたかつき3号館2F

TEL：050-5840-3117

その他
学習支援・塾

■ 教育方針

できる喜び・達成感を感じられる学びの機会をすべてのお子さまに。どんなお子さまでも安心して自分のペースで学べるよう、担当の大学生講師が学習支援・指導を行います。保護者さまには、福祉の専門家が勉強のつまずきや普段の様子などのお話をお伺いし、学習支援・指導方針の検討や進路相談を行います。学習計画は「学習姿勢」「社会性」「基礎学習」の3つのポイントから立て、少しずつ学びを獲得していけるようサポートします。

親　の　会	―
受入時面接	○
体験入学	○
学校出席扱	―

費用	入 会 金	20,000円
	教 材 費	0円
	授 業 料	小学生12,000〜16,000円 中学生16,000〜 高校生22,000円 ※月額
	そ の 他	大阪市塾代助成利用可

代 表 者	河内　崇典
設　　立	2001年
受入年齢	小学生、中学生、高校生
運営日時	月〜金 16:00〜21:00
定　　員	12名(各曜日・時間)
在籍者数	70名(2024年2月現在)
スタッフ数	50名(2024年2月現在)

■こんな子どもに向いています ■

勉強の仕方がわからない、うまくコミュニケーションがとれない等、学びづらさを抱える方を受け入れています。

■ 主な活動内容

60分〜90分の授業で、学習計画に基づいて一人ひとりに合わせた授業をマンツーマンで行います。

■スタッフの特長

福祉の専門スタッフ、発達障がいや不登校について学んだ大学生講師。

八洲学園 中等部 梅田キャンパス

〒530-0001　大阪府大阪市北区梅田1-3-1
大阪駅前第1ビル2F
TEL：06-6343-1173　FAX：06-6343-1174
交通：各線「梅田駅」

https://yashima.ac.jp/jhs/
e-mail：s-umeda@yashima.ac.jp

フリースクール

■教育方針
これまで4万人以上の卒業生を世に送り出してきた八洲学園高校のノウハウを活かし、一人ひとりのペースや個性に寄り添った学習活動を行います。通うことや集団生活の中でコミュニケーション能力の定着を目指し、中学校復学を促します。また、そのまま安心できる進路先として八洲学園高校へ進学する方も多数います。

親 の 会	―
受入時面接	○
体験入学	○
学校出席扱	所属中学校ごとによる

費用	入 学 金	なし
	教材費	5,000円／年度毎
	授業料	なし
	その他	有料クラスあり

代 表 者	林　周剛
設　　立	2014年
受入年齢	13～15歳（中学生）
運営日時	月曜～金曜 9:00～14:30
定　　員	80名
在籍者数	55名(2024年2月現在)
スタッフ数	6名

■こんな子どもに向いています■
安心できる居場所で、学びなおし・通学への再チャレンジをしたいと思う子どもたちに向いています。

■主な活動内容■
月水金(午前)コースと火木(午後)コースを選択。学習を中心に体験などのグループ学習も取り入れ、個別から次のステージへ自分のペースでステップアップし、中学校への登校復帰を目指します。

■スタッフの特長■
高校運営で積み重ねた教育力で一人ひとりに合わせたカリキュラムを実施。教員免許はもちろん、特別支援学校教諭免許も所有しています。

八洲学園 中等部 大阪中央校

〒540-0004　大阪府大阪市中央区玉造1-3-15
TEL：06-6762-1248　FAX：06-6762-1249
交通：各線「玉造駅」

https://yashima.ac.jp/jhs/
e-mail：s-chuou@yashima.ac.jp

フリースクール

■教育方針
不登校になってしまう理由は、人それぞれ異なります。さまざまな事情で中学校へ登校できていない生徒さんの『居場所』として、学びやコミュニケーションの場を提供します。『居場所からの自立』をテーマに、各自のペースで中学校への復帰をめざせます。

親 の 会	―
受入時面接	○
体験入学	○
学校出席扱	所属中学校ごとによる

費用	入 学 金	なし
	教材費	5,000円／年度毎
	授業料	なし
	その他	有料クラスあり

代 表 者	林　周剛
設　　立	2014年
受入年齢	13～15歳（中学生）
運営日時	月・火・木 12:40～14:30
定　　員	50名
在籍者数	11名(2024年2月現在)
スタッフ数	7名

■こんな子どもに向いています■
安心できる居場所で、学びなおし、通学への再チャレンジをしたいと思う子どもたちに向いています。

■主な活動内容■
週に3日、学習の時間とフリーの時間を通して同年代の仲間たちと過ごしています。

■スタッフの特長■
高校運営で積み重ねた教育力で一人ひとりに合わせたカリキュラムを実施。教員免許はもちろん、特別支援学校教諭免許も所有しています。

近畿

八洲学園 中等部 堺本校

〒593-8327　大阪府堺市西区鳳中町7-225-3
TEL：072-262-5849　FAX：072-262-8282
交通：阪和線「鳳駅」

https://yashima.ac.jp/jhs/
e-mail：s-sakai@yashima.ac.jp

フリースクール

■教育方針
家と中学校以外の「安心できる居場所づくり」を目標にし、一人ひとりが一歩進むためのお手伝いをします。個別学習、体験学習等の様々な活動を通して、集団という空間に慣れ、コミュニケーション能力の定着を目指します。4万人以上が卒業した八洲学園高校のノウハウを活かし、中学校への復帰をサポートしています。また、そのまま安心できる進路先として八洲学園高校へ進学する方も多数おられます。

親 の 会	―
受入時面接	○
体験入学	○
学校出席扱	所属中学校ごとによる

費用	入 学 金	なし
	教材費	5,000円／年度毎
	授業料	なし
	その他	有料クラスあり

代 表 者	林　周剛
設　　立	2014年
受入年齢	13～15歳（中学生）
運営日時	月～金 9:00～11:50
定　　員	50名
在籍者数	29名(2024年2月現在)
スタッフ数	10名

■こんな子どもに向いています■
安心できる居場所で、規則正しい生活習慣を身に付け、自分のペースで中学校復帰を目指したいと思う子どもたちに向いています。

■主な活動内容■
心地よく過ごせる教室で、自習を中心に体験などのグループ学習も行います。個別から次へのステージへ自分のペースでステップアップします。

■スタッフの特長■
高校運営で積み重ねた教育力で一人ひとりに合わせたカリキュラムを実施。教員免許はもちろん、特別支援学校教諭免許も所有している教員もいます。

ルネ中等部 大阪校

https://www.r-ac.jp/junior/
e-mail：soudan@broadmedia.co.jp

〒530-0027　大阪府大阪市北区堂山町1-5
三共梅田ビル7F
TEL：0120-526-611
交通：御堂筋線「梅田駅」

■教育方針

ルネ中等部は、生徒一人ひとりの可能性を大切にし、学校教育にとらわれない学びの場をつくります。
eスポーツやプログラミング、自身が夢中になれることから、本気で取り組んでいる生徒達がいます。その一方で、これから何かをやりたい、本気で取り組むことで変わりたいという生徒もたくさんいます。
現在の学習環境が合わなかった生徒も、やりたいことを見つけ、未来を生きる原動力を育む場所です。

親　の　会	—
受入時面接	○
体験入学	○
学校出席扱	○

費用	入会金	昼50,000円／夕20,000円
	教材費	15,000円
	授業料	昼週¥37,400円／¥56,100円 夕週¥13,800円／¥26,800円／月
	その他	—

代表者	桃井　隆良
設　立	2020年
受入年齢	中学生
運営日時	水・木・金・土曜日 13:10～16:50 17:00～19:00
定　員	—
在籍者数	80名(2024年2月現在)
スタッフ数	—

■こんな子どもに向いています■
好きなことに夢中になって頑張れる生徒や、様々な理由で中学校に登校できていない生徒など。

■主な活動内容■
①ゲーミングPCを使用したeスポーツの講義
②STEAM教育に沿ったプログラミング学習

■スタッフの特長■
一人ひとりに向き合った個別指導中心で、講師にはeスポーツコース所属の高校生がいます。

特定非営利活動法人レイパス 大阪南校

http://raypass.jp
e-mail：raypass.npo@gmail.com

〒580-0021　大阪府柏原市東新町4-16-3　2・3F
TEL：070-1400-9639
交通：近鉄南大阪「布忍駅」

■教育方針

学習に力を入れているフリースクールです。勉強だけでなく本人の興味のあるものを広く学習対象と捉えています。スマホなどのゲームは禁止ですが、ボードゲームなどは積極的に取り入れ、社会性を学ぶ場としています。少人数で安心して通える居場所です。
また、学校との連携にも力を入れています。出席扱い・定期券手続きはもちろん、学校・保護者・レイパスでケース会議を行うなど一人ひとりの自立に向けた支援をしています。

親　の　会	○
受入時面接	—
体験入学	○
学校出席扱	○

費用	入会金	20,000円
	教材費	0円
	授業料	55,000円／月
	その他	週1コース 20,000円等

代表者	片渕　浩平
設　立	2020年
受入年齢	小学生 ～18歳程度
運営日時	月曜～金曜 10:00～ 16:00
定　員	10名
在籍者数	12名(2024年2月現在)
スタッフ数	約5名

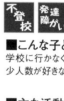

■こんな子どもに向いています■
学校に行かなくても、しっかり勉強したい子。少人数が好きな子。

■主な活動内容■
学校の勉強や自分の興味のあることの探求学習。また、ボードゲームをしたり遠足に行ったりします。

■スタッフの特長■
若いスタッフを中心に様々な経験を持つボランティアさんがいます。

特定非営利活動法人
不登校・病児自立支援事業ろーたす

https://lotus20190401.work
e-mail：goal_0226_0114@yahoo.co.jp

〒558-0011　大阪府大阪市住吉区苅田3-9-11
TEL：080-3319-2979
交通：御堂筋線「あびこ駅」

■教育方針

みんな、とにかく仲の良いとても活気のあるフリースクールです!それぞれがそれぞれの頑張りたいことに少しずつ、自分のペースでチャレンジしています。また地域の方々、沢山のボランティアさんにお力添え頂きながら「開かれたフリースクール」として、皆様に温かく見守って頂いています。是非一度見学に来られてください!
個別対応も可能ですので、お電話の際に、お気軽にご要望をお伝えください!
詳しくはHPを御参照下さい!

親　の　会	○
受入時面接	○
体験入学	○
学校出席扱	○

費用	入会金	10,000円
	教材費	—
	授業料	10,000円～／月
	その他	—

代表者	松下　祥貴
設　立	2019年
受入年齢	小1～高3
運営日時	月～金 (たまに土) 10:00～ 17:00
定　員	45名
在籍者数	50名(2024年1月現在)
スタッフ数	延べ50名

■こんな子どもに向いています■
勉強を頑張りたい子、友だちと沢山遊びたい子、ゆっくりマイペースに過ごしたい子、誰でも大歓迎です!!

■主な活動内容■
学習支援、季節行事(月1～2回)、畑での作業・各曜日ごとのカリキュラム(自由参加)、職場体験等々。

■スタッフの特長■
若いスタッフが多く活気のある教室です。ボランティアさんが沢山います。

飛鳥未来 中等部・初等部 神戸教室

フリースクール

https://www.sanko.ac.jp/asuka-fs/kobe/
e-mail：info-kobe-freeschool@sanko.ac.jp

〒651-0087 兵庫県神戸市中央区御幸通3-2-22
飛鳥未来きずな高校 神戸キャンパス2F
TEL：078-335-8881　FAX：078-335-8882
交通：各線「三ノ宮駅」より徒歩6分

■教育方針
主体性・社会性を培い、自主学習を通して生き抜く力をはぐくむという理念のもと、自分らしさを取り戻し、なりたい自分を実現していく学習支援を行います。先生から生徒に指示を与えるような一方通行の教育をせず、学ぶこと・やることを自分で決めるから、通い続けることができ、楽しく学ぶことができます。勉強・友人関係・進路の悩みなど、一人ひとりにきめ細かく寄り添ってサポートします。
※ネットコースあり

親　の　会	○
受入時面接	○
体験入学	○
学校出席扱	○

費用	入　会　金	50,000円
	教材費	—
	授業料	30,000～52,000円/月
	その他	—

代表者	川口　真澄
設　立	2019年
受入年齢	小学4年生～中学3年生
運営日時	月曜～金曜 10:00～15:00
定　員	—
在籍者数	30名程度(2024年2月現在)
スタッフ数	10名

■こんな子どもに向いています■
不登校で高校進学に不安のある方、家以外に安心して過ごせる場所を探している方、生活リズムを改善したい方

■主な活動内容■
時間割に沿って学習します。姉妹校の高等学校・専門学校と連携した体験や進路活動も実施。

■スタッフの特長■
カウンセラー、養護教諭が在籍しています。

学校法人　角川ドワンゴ学園
N中等部　神戸三宮キャンパス

https://n-jr.jp/
e-mail：support@n-jr.jp

〒650-0024 兵庫県神戸市中央区海岸通6　建隆ビルII 7F
TEL：0120-0252-15
交通：JR・阪神電鉄本線「元町駅」徒歩7分
阪急電鉄神戸線「三宮駅」徒歩12分

フリースクール サポート

■教育方針
N中等部は、教育機会確保法の趣旨を鑑みた、新しいコンセプトのスクール「プログレッシブスクール」です。
N/S高の多様なコンテンツを活用し、主体的に行動できる人を育み続けます。
机の上だけで学ぶ勉強だけでなく、自由な発想で考え主体性をもって問題に取り組む力となるのは総合力です。総合力を礎に個性という独自性が付加価値となります。
総合力を身に付けるために、教養・思考力・実践力の3つを学びます。

親　の　会	※保護者会実施
受入時面接	※ネットコースは書類選考のみ
体験入学	○
学校出席扱	○

費用	入　会　金	110,000円
	教材費	MacBook必須
	授業料	48,400円～/月
	その他	—

代表者	奥平　博一
設　立	2019年
受入年齢	中学生
運営日時	月曜～金曜 9:00～17:00
定　員	通学コース：各キャンパスにより異なる（120～150名）ネットコース定員なし
在籍者数	1,334名(2023年12月末時点)
スタッフ数	60名

■こんな子どもに向いています■
最先端技術や学びに興味がある、居場所が欲しい、同じ趣味の人と繋がりたい、学力を身につけたい人など。

■主な活動内容■
21世紀型スキル学習・PBL、プログラミング、国語・数学・英語を中心とした基礎学習など多彩な学習コンテンツあり

■スタッフの特長■
20代も多く、さまざまな背景の社会人経験者など多彩なスタッフがいます。

学研のサポート校
WILL学園 中等部 高等部 明石キャンパス

https://www.willschool.net/
e-mail：will@kame.co.jp

〒673-0892 兵庫県明石市本町1-1-28
明石中村ビル4F
TEL：0120-883-122
交通：JR山陽本線「明石駅」徒歩3分

フリースクール サポート

■教育方針
WILL学園では『楽しく学校に通う』ということを一番に考えています。不登校や発達障害のある生徒にとって居心地の良い場所として存在し、人間性を豊かにしていくだけでなく、学習面もしっかりサポート！WILLに通うことからスタートして、不登校を克服した生徒がたくさんいます。
できることから少しずつ、一人ひとりのペースに合わせて学園全体でバックアップ！まずは学校を楽しむことから始めましょう！
家から出づらい人には在宅訪問支援のコースもあります。

親　の　会	—
受入時面接	△
体験入学	○
学校出席扱	○

費用	入　会　金	24,200円,110,000円
	教材費	—
	授業料	33,000円～66,000円/月
	その他	高等部活動費264,000円/年

代表者	西山　佳宏
設　立	2000年10月
受入年齢	中学生、高校生
運営日時	月曜日～金曜日
定　員	35名
在籍者数	14名(2024年2月現在)
スタッフ数	6名(2024年2月現在)

■こんな子どもに向いています■
楽しい学校生活を送りたいと考えているものの、学校に通うのが苦手、難しいと思っている生徒に向いています。

■主な活動内容■
学習は個別指導が中心。苦手分野克服、学び直しもできます。レクリエーションや趣味、実用の時間もあります。

■スタッフの特長■
不登校生、発達障害の支援の経験を積み重ねた教員が一人ひとりサポートします。

近畿

NPO法人　京口スコラ

http://www.kyouguchi-cc.co.jp/newpage1.html
e-mail：suda@kyouguchi-cc.co.jp

〒670-0851　兵庫県姫路市京口町105

TEL：079-222-3148　FAX：079-281-1630
交通：JR播但線「京口駅」徒歩2分

■教育方針
- ●人間力を育てます。
- ●人を信じる勇気、友を愛する勇気、夢を生きる勇気が持てるように関係を作っていきます。
- ●利用者にとっての認識力と関係力のバランスをサポート。
- ●学習能力、学習意欲を向上させます。
- ●好奇心を持って、五感を刺激して、それをコトバにして、初めて体験となるため、行動・活動も重視しています。

親 の 会	○
受入時面接	○
体 験 入 学	○
学校出席扱	○

費用	入 会 金	10,000円
	教 材 費	―
	授 業 料	50,000円／月
	そ の 他	利用者の状況に応じて相談

代 表 者	須田　泰司
設　　立	1986年
受入年齢	小・中学生 高校生
運営日時	火曜～土曜 10:00～18:00
定　　員	30名
在籍者数	10名
スタッフ数	6名

■こんな子どもに向いています

■主な活動内容
学習支援に力を入れています。その他、屋外活動・屋内活動・教育相談・仲間づくり・親の会など。

■スタッフの特長
教員免許保有者・臨床心理士を含む。

神戸フリースクール

http://www.freeschool.jp/kfs/
e-mail：kobe.kfs@gmail.com

〒650-0012　兵庫県神戸市中央区北長狭通
7-3-11　坂下ビル2F
TEL：078-360-0016　FAX：078-965-7100
交通：阪急線「花くま駅」、JR「神戸駅」、阪神線「西元町駅」

■教育方針
生徒たちの興味・関心に沿って、毎月の予定を立てています。アートなどの表現活動を大切にし、自らを表現したり、仲間との共同作業を通じて、自分に自信を取り戻し、お互いを認め合うことができるようになります。スタッフは、じっくり関わりながら生徒が自発的に動き出すのを待ちます。生徒と保護者、スタッフが、共に成長していけることが特色です。
フリースクール以外の、たくさんの大人と出会うことで、生徒たちの世界が広がるきっかけづくりを心がけています。

親 の 会	○
受入時面接	○
体 験 入 学	○
学校出席扱	○

費用	入 会 金	30,000円 (高等部 50,000円)
	教 材 費	必要に応じて
	授 業 料	月32,000円 (半期 180,000円)
	そ の 他	体験5,000円 (5日間)

代 表 者	田辺　克之
設　　立	1990年
受入年齢	小学年～18歳 (但し16歳から高等部へ)
運営日時	月曜～金曜 10:30～17:00 親の会第4日曜日 14:00～16:00
定　　員	35名(小中20、高15)
在籍者数	32名(2024年1月現在)
スタッフ数	7名

■こんな子どもに向いています
仲間が欲しい、体を動かしたいeスポーツがしたい、ものづくりや音楽など創作活動に興味のある人に向いています。

■主な活動内容
スポーツやアート活動・eスポーツなど、仲間たちと自由な時間を過ごしています。鹿島学園高校と連携する「神戸自由学院」を併設。ギター・ドラム・ピアノの練習ができる音楽室有。

■スタッフの特長
- ・教員免許保有者もいます。
- ・幅広い年代のスタッフです。

一般社団法人教育・福祉支援認定協会(WESC)運営

セイカ学園中等部　神戸校・明石土山校・姫路校

http://www.wesc.or.jp/fs/
e-mail：fs-seika@seika-edu.jp

〈神 戸 校〉〒650-0015　兵庫県神戸市中央区多聞通4-1-2
〈明石土山校〉〒675-0151　兵庫県加古郡播磨町野添1662-4　瓜生ビル3F
〈姫 路 校〉〒670-0936　兵庫県姫路市古二階町80
TEL：050-3733-2278

■教育方針
「友人関係で悩んでいる」「教室に居場所がなかった」「優等生でいることに疲れた」などの理由で不登校状態にある方にとって「強制されない」「安心できる」「自分らしく居られる」場所となるようにストレスが少なくなる工夫をしています。
一定期間利用されている方は、提携している通信制高等学校で高卒資格が取得でき、専門学校・大学への進学、海外留学、タレント・スポーツ選手などの自分の夢を実現できます。

親 の 会	○
受入時面接	○
体 験 入 学	○
学校出席扱	○

費用	入 会 金	最大30,000円
	教 材 費	実費
	授 業 料	利用回数により異なる
	そ の 他	―

代 表 者	案浦　幹雄
設　　立	2019年4月
受入年齢	小・中・高校生 (小4～)
運営日時	月曜～金曜 10:00 ～16:30
定　　員	30名
在籍者数	5名
スタッフ数	3名

■こんな子どもに向いています
- ・おとなしくコミュニケーションが苦手な方
- ・友だちを作りたい方など

■主な活動内容
小・中学校の基礎学習。コミュニケーションスキル向上のためのアナログゲーム、ドローンやロボット操作＆プログラミング

■スタッフの特長
教員免許保持者、養護教諭、教育カウンセラー、不登校心理相談士、発達障害学習支援サポーター

Dull Boi Academy（ダルボイ・アカデミー）

https://dullboi.com

〒658-0047　兵庫県神戸市東灘区御影2-5-10
TEL：078-855-2612　FAX：078-855-2613
交通：阪急神戸線「御影駅」

■教育方針

ダルボイアカデミーは「競争が嫌い」「学校に行く意味がわからない」といった、既存の教育システムに合わない若者をそのまま受け入れ、元気になる（将来の目標を見つけ、継続的に努力するエネルギーをつける）ことを第一目的とします。自分が新たに進むべき道を見つけ、自信と誇りをもってその道を歩いていけるように、様々な「遊び」や「学習」を通してエネルギーを回復します。高卒認定や大学学位の取得サポート可能。最終的には、既成のシステムに同化・依存せず、一人で歩いていける元気と勇気と能力を養成する、人間再生の場です。

親 の 会	○
受入時面接	○
体験入学	○
学校出席扱	○

費用	入会金	50,000円
	教材費	―
	授業料	70,000円／月～
	その他	―

代表者	金井　祐真
設　立	2016年
受入年齢	5歳～大学生（コースによって対象年齢が異なります）
運営日時	月～土 9:00～18:00 ※土のみ 9:00～17:30
定　員	60名
在籍者数	30名(2024年1月現在)
スタッフ数	6名

■こんな子どもに向いています■

元気を取り戻したい人。「生きる意味とは何か」など哲学的な問いを模索し、語り合う仲間が欲しい人。

■主な活動内容■

社会学や心理学など幅広い学問を学ぶことで、不登校の原因を客観視します。また、合宿やイベントなど「遊び」「学び」「癒し」の要素を取り入れ、心身の元気回復に努めます。

■スタッフの特長■

1975年から不登校生の教育に携わり、計50冊以上の本を著してきた塾長大越俊夫の教え子がスタッフです。

デモクラティックスクール まっくろくろすけ

http://makkuro20.jp
e-mail：makkuro02@yahoo.co.jp

〒679-2324　兵庫県神崎郡市川町坂戸592
TEL&FAX：0790-26-1129
交通：JR播但線「甘地駅」

■教育方針

アメリカのサドベリーバレースクールと同じ教育理念にたつ日本初のデモクラティックスクールです。「自らの内なる好奇心から全ての学びは始まる」ので、カリキュラムや、クラスもなく異年齢の子どもが自由に交わる中お互いに多くを学びます。帰国生や外国人の子も受け入れています。全体に関することはミーティングで話し合って決めます。自己実現と協調性、社会性、責任感をもつ民主的な人を育みます。遠方など定期的に来られない子のための回数制もあり。出席扱に関してはお問い合わせください。

親 の 会	△
受入時面接	○
体験入学	○
学校出席扱	△

費用	入会金	10,000円
	教材費	―
	授業料	120,000～250,000／年
	その他	遠足（実費）

代表者	黒田　喜美
設　立	1997年
受入年齢	4～19歳 大人の研修生もうけいれてます。
運営日時	月曜～木曜 10:00～17:45
定　員	35名
在籍者数	29名(2024年1月現在)
スタッフ数	スタッフ5名／サポーター3名

■こんな子どもに向いています■

好奇心一杯な子、自分の個性を大切にしたい子、自然の中で学びたい子、仲間といろいろ楽しみたい子など。

■主な活動内容■

民主的なスクールの運営、その他子ども達のやりたい事、川遊び、料理、美術、ゲーム、PC、音楽、英会話、スポーツ、旅行等。

■スタッフの特長■

経験豊かなスタッフとギター、英会話などの技能サポーターがいます。

TOB塾 西宮本校
（とぶ／にしのみや・ほん・こう）

http://new-look.jp
e-mail：info@new-look.jp

〒663-8032　兵庫県西宮市高木西町14-6
TEL：0798-56-7139　FAX：0798-56-7139
交通：阪急神戸線・今津線「西宮北口駅」

■教育方針

TOB塾の名前は「Think outside the box:型にはまらないで考えよう」という熟語からとっており、当たり前、普通、常識に縛られないで、それぞれに合った進路を目指していきます。
高卒認定試験や大学入試を目指す人をはじめ、通信制高校のレポートのサポートやバイトの面接練習や履歴書添削などその時々の状況に合わせてできる限りのフォローをしています。
学校に行っても行かなくても
社会で自分らしく生きれるように
自分と向き合って成長する機会を一緒に進んでいきましょう。

親 の 会	△
受入時面接	○
体験入学	△
学校出席扱	○

費用	入塾金	20,000円
	活動費	イベント参加実費
	授業料	24,000円／月
	その他	―

代表者	山口　真史
設　立	2013年
受入年齢	（実績）13歳～50代まで
運営日時	基本:火・木 10:00～21:00 ※他曜日は要相談。 ※オンラインは他曜日含めいつでも可能です。
定　員	20名
在籍者数	15名程度
スタッフ数	10名程度（ボランティアスタッフ含む）

■こんな子どもに向いています■

中学不登校、高校中退者をはじめ、通信制高校や高校卒業後に入塾する方もいます。人と話すことが苦手な方や引きこもっていた方も安心です。

■主な活動内容■

対面とオンラインで選べる個別授業とを軸にして、メールやアプリでの日常的なコミュニケーションも行います。（適宜イベントも企画しています）

■スタッフの特長■

大学生から30代前半までの高校中退・不登校経験者も多い／代表は元中学高校の教員で中退経験者

近畿

トライ式中等部 尼崎キャンパス

https://www.try-gakuin.com/freeschool/
e-mail：try-gakuin-chutobu@trygroup.com

〒661-0976 兵庫県尼崎市潮江1-16-1
アミング潮江ウエスト2番館3F
※全国に123ヶ所のキャンパスがあります
TEL：0120-919-439

■教育方針

不登校からの高校進学・大学進学をはじめとして、あらゆる生徒の進路を切り開くために、学力の向上はもとより社会を生き抜く力を育む様々な支援を行っているのがトライ式中等部です。夢や目標の実現に向け、一人ひとりに合わせたサポートをしています。
学習スタイルは「通学型」「在宅型」「オンライン型」の3つあり、自分にあったものを選べます。いつでも何度でも、切り替えたり組み合わせることができます。
また、在籍している中学校の学校長の許可があれば、トライ式中等部への登校を出席扱いにすることが可能です。

親 の 会	—
受入時面接	○
体験入学	○
学校出席扱	○ 学校との相談が必要

費用	入 会 金	50,000円（税別）
	教 材 費	—
	授 業 料	40,000円/月（税別）
	そ の 他	詳細は直接お問い合わせください。

代 表 者	物部 晃之
設 立	2024年4月
受入年齢	中学生
運営日時	9時〜16時 指導場所、曜日、時間は自由に選択可能
定 員	—
在籍者数	—
スタッフ数	—

■こんな子どもに向いています■
・不登校を解決したいと考えている方
・中学校の勉強についていきたい方
・高校に進学したいと考えている方

■主な活動内容
学習の個別サポートに加え、修学旅行や体育祭などの学校行事やサークル活動、ゼミ（プログラミングなど）に参加することができます。※参加は自由です

■スタッフの特長
経験豊富なキャンパス長や講師がキャンパスに常駐し、日々の学習や生活をサポートします。

トライ式中等部 加古川キャンパス

https://www.try-gakuin.com/freeschool/
e-mail：try-gakuin-chutobu@trygroup.com

〒675-0064 兵庫県加古川市加古川町溝之口510-51　平成ビル3F
※全国に123ヶ所のキャンパスがあります
TEL：0120-919-439

■教育方針

不登校からの高校進学・大学進学をはじめとして、あらゆる生徒の進路を切り開くために、学力の向上はもとより社会を生き抜く力を育む様々な支援を行っているのがトライ式中等部です。夢や目標の実現に向け、一人ひとりに合わせたサポートをしています。
学習スタイルは「通学型」「在宅型」「オンライン型」の3つあり、自分にあったものを選べます。いつでも何度でも、切り替えたり組み合わせることができます。
また、在籍している中学校の学校長の許可があれば、トライ式中等部への登校を出席扱いにすることが可能です。

親 の 会	—
受入時面接	○
体験入学	○
学校出席扱	○ 学校との相談が必要

費用	入 会 金	50,000円（税別）
	教 材 費	—
	授 業 料	40,000円/月（税別）
	そ の 他	詳細は直接お問い合わせください。

代 表 者	物部 晃之
設 立	2024年4月
受入年齢	中学生
運営日時	9時〜16時 指導場所、曜日、時間は自由に選択可能
定 員	—
在籍者数	—
スタッフ数	—

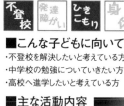

■こんな子どもに向いています■
・不登校を解決したいと考えている方
・中学校の勉強についていきたい方
・高校へ進学したいと考えている方

■主な活動内容
学習の個別サポートに加え、修学旅行や体育祭などの学校行事やサークル活動、ゼミ（プログラミングなど）に参加することができます。※参加は自由です

■スタッフの特長
経験豊富なキャンパス長や講師がキャンパスに常駐し、日々の学習や生活をサポートします。

トライ式中等部 三宮キャンパス

https://www.try-gakuin.com/freeschool/
e-mail：try-gakuin-chutobu@trygroup.com

〒650-0021 兵庫県神戸市中央区三宮町1-5-1
銀泉三宮ビル6F
※全国に123ヶ所のキャンパスがあります
TEL：0120-919-439

■教育方針

不登校からの高校進学・大学進学をはじめとして、あらゆる生徒の進路を切り開くために、学力の向上はもとより社会を生き抜く力を育む様々な支援を行っているのがトライ式中等部です。夢や目標の実現に向け、一人ひとりに合わせたサポートをしています。
学習スタイルは「通学型」「在宅型」「オンライン型」の3つあり、自分にあったものを選べます。いつでも何度でも、切り替えたり組み合わせることができます。
また、在籍している中学校の学校長の許可があれば、トライ式中等部への登校を出席扱いにすることが可能です。

親 の 会	—
受入時面接	○
体験入学	○
学校出席扱	○ 学校との相談が必要

費用	入 会 金	50,000円（税別）
	教 材 費	—
	授 業 料	40,000円/月（税別）
	そ の 他	詳細は直接お問い合わせください。

代 表 者	物部 晃之
設 立	2010年4月
受入年齢	中学生
運営日時	9時〜16時 指導場所、曜日、時間は自由に選択可能
定 員	—
在籍者数	—
スタッフ数	—

■こんな子どもに向いています■
・不登校を解決したいと考えている方
・中学校の勉強についていきたい方
・高校へ進学したいと考えている方

■主な活動内容
学習の個別サポートに加え、修学旅行や体育祭などの学校行事やサークル活動、ゼミ（プログラミングなど）に参加することができます。※参加は自由です

■スタッフの特長
経験豊富なキャンパス長や講師がキャンパスに常駐し、日々の学習や生活をサポートします。

近畿

トライ式中等部 西明石キャンパス

〒673-0016 兵庫県明石市松の内2-1-6
コーポ山口3F
※全国に123ヶ所のキャンパスがあります
TEL：0120-919-439

https://www.try-gakuin.com/freeschool/
e-mail：try-gakuin-chutobu@trygroup.com

■教育方針

不登校からの高校進学・大学進学をはじめとして、あらゆる生徒の進路を切り開くために、学力の向上はもとより社会を生き抜く力を育む様々な支援を行っているのがトライ式中等部です。夢や目標の実現に向け、一人ひとりに合わせたサポートをしています。
学習スタイルは「通学型」「在宅型」「オンライン型」の3つあり、自分にあったものを選べます。いつでも何度でも、切り替えたり組み合わせることができます。
また、在籍している中学校の学校長の許可があれば、トライ式中等部への登校を出席扱いにすることが可能です。

親 の 会	—
受入時面接	○
体 験 入 学	○
学校出席扱	○ 学校との相談が必要

費用	入 会 金	50,000円（税別）
	教 材 費	—
	授 業 料	40,000円／月（税別）
	そ の 他	詳細は直接お問い合わせください。

代 表 者	物部　晃之
設 立	2021年4月
受入年齢	中学生
運営日時	9時～16時 指導場所、曜日、時間は自由に選択可能
定 員	—
在籍者数	—
スタッフ数	—

■こんな子どもに向いています
・不登校を解決したいと考えている方
・中学校の勉強についていきたい方
・高校へ進学したいと考えている方

■主な活動内容
学習の個別サポートに加え、修学旅行や体育祭などの学校行事やサークル活動、ゼミ（プログラミングなど）に参加することができます。※参加は自由です

■スタッフの特長
経験豊富なキャンパス長や講師がキャンパスに常駐し、日々の学習や生活をサポートします。

トライ式中等部 西宮北口キャンパス

〒662-0833 兵庫県西宮市北昭和町3-18
カサマドンナV2・3F
※全国に123ヶ所のキャンパスがあります
TEL：0120-919-439

https://www.try-gakuin.com/freeschool/
e-mail：try-gakuin-chutobu@trygroup.com

■教育方針

不登校からの高校進学・大学進学をはじめとして、あらゆる生徒の進路を切り開くために、学力の向上はもとより社会を生き抜く力を育む様々な支援を行っているのがトライ式中等部です。夢や目標の実現に向け、一人ひとりに合わせたサポートをしています。
学習スタイルは「通学型」「在宅型」「オンライン型」の3つあり、自分にあったものを選べます。いつでも何度でも、切り替えたり組み合わせることができます。
また、在籍している中学校の学校長の許可があれば、トライ式中等部への登校を出席扱いにすることが可能です。

親 の 会	—
受入時面接	○
体 験 入 学	○
学校出席扱	○ 学校との相談が必要

費用	入 会 金	50,000円（税別）
	教 材 費	—
	授 業 料	40,000円／月（税別）
	そ の 他	詳細は直接お問い合わせください。

代 表 者	物部　晃之
設 立	2019年4月
受入年齢	中学生
運営日時	9時～16時 指導場所、曜日、時間は自由に選択可能
定 員	—
在籍者数	—
スタッフ数	—

■こんな子どもに向いています
・不登校を解決したいと考えている方
・中学校の勉強についていきたい方
・高校へ進学したいと考えている方

■主な活動内容
学習の個別サポートに加え、修学旅行や体育祭などの学校行事やサークル活動、ゼミ（プログラミングなど）に参加することができます。※参加は自由です

■スタッフの特長
経験豊富なキャンパス長や講師がキャンパスに常駐し、日々の学習や生活をサポートします。

近畿

トライ式中等部 姫路キャンパス

〒670-0927 兵庫県姫路市駅前町254
姫路駅前ビル5F
※全国に123ヶ所のキャンパスがあります
TEL：0120-919-439

https://www.try-gakuin.com/freeschool/
e-mail：try-gakuin-chutobu@trygroup.com

■教育方針

不登校からの高校進学・大学進学をはじめとして、あらゆる生徒の進路を切り開くために、学力の向上はもとより社会を生き抜く力を育む様々な支援を行っているのがトライ式中等部です。夢や目標の実現に向け、一人ひとりに合わせたサポートをしています。
学習スタイルは「通学型」「在宅型」「オンライン型」の3つあり、自分にあったものを選べます。いつでも何度でも、切り替えたり組み合わせることができます。
また、在籍している中学校の学校長の許可があれば、トライ式中等部への登校を出席扱いにすることが可能です。

親 の 会	—
受入時面接	○
体 験 入 学	○
学校出席扱	○ 学校との相談が必要

費用	入 会 金	50,000円（税別）
	教 材 費	—
	授 業 料	40,000円／月（税別）
	そ の 他	詳細は直接お問い合わせください。

代 表 者	物部　晃之
設 立	2013年4月
受入年齢	中学生
運営日時	9時～16時 指導場所、曜日、時間は自由に選択可能
定 員	—
在籍者数	—
スタッフ数	—

■こんな子どもに向いています
・不登校を解決したいと考えている方
・中学校の勉強についていきたい方
・高校へ進学したいと考えている方

■主な活動内容
学習の個別サポートに加え、修学旅行や体育祭などの学校行事やサークル活動、ゼミ（プログラミングなど）に参加することができます。※参加は自由です

■スタッフの特長
経験豊富なキャンパス長や講師がキャンパスに常駐し、日々の学習や生活をサポートします。

トライ式中等部 元町キャンパス

https://www.try-gakuin.com/freeschool/
e-mail：try-gakuin-chutobu@trygroup.com

〒650-0012 兵庫県神戸市中央区北長狭通
5-1-2　太陽ビル1F
※全国に123ヶ所のキャンパスがあります
TEL：0120-919-439

■教育方針

不登校からの高校進学・大学進学をはじめとして、あらゆる生徒の進路を切り開くために、学力の向上はもとより社会を生き抜く力を育む様々な支援を行っているのがトライ式中等部です。夢や目標の実現に向け、一人ひとりに合わせたサポートをしています。
学習スタイルは「通学型」「在宅型」「オンライン型」の3つあり、自分にあったものを選べます。いつでも何度でも、切り替えたり組み合わせることができます。
また、在籍している中学校の学校長の許可があれば、トライ式中等部への登校を出席扱いにすることが可能です。

親 の 会	—
受入時面接	○
体験入学	○
学校出席扱	○ 学校との相談が必要

費用	入 会 金	50,000円（税別）
	教 材 費	—
	授 業 料	40,000円／月（税別）
	そ の 他	詳細は直接お問い合わせください。

代 表 者	物部　晃之
設 立	2019年4月
受入年齢	中学生
運営日時	9時～16時 指導場所、曜日、時間は自由に選択可能
定 員	—
在籍者数	—
スタッフ数	—

■こんな子どもに向いています■

・不登校を解決したいと考えている方
・中学校の勉強についていきたい方
・高校へ進学したいと考えている方

■主な活動内容■

学習の個別サポートに加え、修学旅行や体育祭などの学校行事やサークル活動、ゼミ（プログラミングなど）に参加することができます。※参加は自由です

■スタッフの特長■

経験豊富なキャンパス長や講師がキャンパスに常駐し、日々の学習や生活をサポートします。

西宮サドベリースクール（にしのみや）

http:// www.nishinomiya-sud.com/
e-mail：staff@nishinomiya-sud.com

〒662-0837　兵庫県西宮市広田町2-15
TEL：0798-70-0777　FAX：0798-70-0777
交通：阪急線「西宮北口駅」

■教育方針

理念は子どもを100%信頼する。自分の夢を叶えるとっておきの選択肢「プロジェクト」やスクールの決定を行うための生徒とスタッフ、保護者が対等な立場で話し合う「ミーティング」子どもたちによって作られた「ルール」による自治など様々な特色がある。

親 の 会	—
受入時面接	○
体験入学	○
学校出席扱	○

費用	入 塾 金	—
	活 動 費	420,000円／年
	授 業 料	—
	そ の 他	—

代 表 者	倉谷　明伸
設 立	2000年
受入年齢	4～17 歳
運営日時	月～金 10:00～16:00
定 員	30名
在籍者数	17名（2024年1月現在）
スタッフ数	2名

■こんな子どもに向いています■

サドベリースクールを理解した上で自分の意志で参加していること。自分の行動に責任を持てること。

■主な活動内容■

時間割りがなく、子ども達が自分のしたいことをできる学校。

■スタッフの特長■

年齢、性別、資格不問

一般社団法人にじーず

https://24zzz-lgbt.com
e-mail：24zzzmail@gmail.com

神戸市内で開催（詳細はHPをご覧ください）
※他、札幌市、仙台市、さいたま市、東京都内（渋谷、多摩地域）、新潟市、長岡市、長野市、松本市、京都市、大阪市、岡山市の公共施設を借りて定期開催

■教育方針

LGBTの子ども・若者が同世代の仲間と交流することで、悩みや困りごとが共有できる居場所です。
自分の性のあり方は話しても話さなくても構いません。
また法律上の名前や学校名などを明かす必要はありません。
コロナ対策のため事前予約制にしていますが、時間内はいつ来てもいつ帰っても自由です。保護者の方は入り口まで送迎いただけます（中高生で一人で来る参加者も多いです）。

親 の 会	—
受入時面接	—
体験入学	—
学校出席扱	—

費用	入 学 金	0円
	教 材 費	0円
	授 業 料	0円
	そ の 他	0円

代 表 者	遠藤　まめた
設 立	2016年
受入年齢	10代から23歳
運営日時	日曜日 13:00～17:00 ※1～数ヶ月に1回
定 員	20名／各回
在籍者数	各回90人前後が利用（各回の平均は10～20人程度）
スタッフ数	60名

■こんな子どもに向いています■

LGBTやそうかもしれない子ども・若者限定です。非当事者や大人の方は参加できません。

■主な活動内容■

LGBTの子どもや若者が集まって話したり遊んだりできる居場所で定期開催しています。

■スタッフの特長■

20代から30代のLGBT当事者や理解者を中心に運営。

NPO法人 ふぉーらいふ
発達障害の子どもサポートクラブ

http://fsforlife.sakura.ne.jp
e-mail：forlife@hi-net.zaq.ne.jp

〒655-0022　兵庫県神戸市垂水区瑞穂通7-2
TEL&FAX：078-706-6186
交通：JR神戸「垂水駅」

その他

■教育方針
①【土曜クラブ：不定期】
どの子どもも、自分らしく輝いてほしいとの思いで地域の中で、子どもが伸びやかに活き活きと成長できるよう、自然体験や生活体験を提供。コミュニケーションスキルを高め、友だち作りを大切にした活動をしています。
②【放課後クラブ：「くれぱす」毎週土曜】
学習に関して、何が得意で何が苦手かを共に考えながら、個別にじっくり子どもに合った学びを進め自信をつけていきます。

親 の 会	○
受入時面接	○
体 験 入 学	○
学校出席扱	―

費用	入 会 金	5,000 円
	教 材 費	―
	授 業 料	小学生　3,500円／月 中学生　5,000円／月
	そ の 他	活動体験で料理などの材料費は実費

代 表 者	中林　和子
設 立	1997年
受入年齢	小・中学生
運営日時	①土 　不定期に開催 ②土 小学生/10:30～11:30 中学生/10:30～12:00 （中学生は要相談）
定 員	②5名
在籍者数	②4名 （2024年2月現在）
スタッフ数	①2名／②2名＋ボランティア

■こんな子どもに向いています
主に発達障害をもつ子どもを対象にしています。中でもお友だちがほしい子ども、好奇心旺盛な子どもに向いています。

■主な活動内容
遊びや体験活動を通してソーシャルスキルを身につけます。苦手な学習も楽しく取り組めるようなサポートを行い、達成感を味わいます。又、第4週は料理の日で皆でクッキングを実施しています。

■スタッフの特長
20～70代の女性スタッフ中心／教員免許保有者、精神保健福祉士、特別支援教育士など。

フリースクール For Life

http://fsforlife.sakura.ne.jp
https://www.facebook.com/npoforlife
e-mail：forlife@hi-net.zaq.ne.jp

〒655-0022　兵庫県神戸市垂水区瑞穂通7-2
TEL&FAX：078-706-6186
交通：JR山陽本線・山陽電鉄線「垂水駅」

フリースクール
高認指導

■教育方針
フリースクール For Lifeは、小学校低学年から20歳までの子どもたちの居場所です。スクールでは、自分のペースで学ぶことができるほか、様々な体験活動を通じて、自分の進路を見つけることができます。その他、県立または私立の通信制高校や、高卒認定の課程を学び、卒業資格を取得することもできます。仕事体験をしてみたい子、自分の好きな事に打ち込みたい子、少人数が楽な子どもなど。
フリースクールFor Lifeは自主・自律を大切に、多様に学ぶ子どもたちを支援しています。

親 の 会	○
受入時面接	○
体 験 入 学	○
学校出席扱	○

費用	入 学 金	10,000円
	教 材 費	81,000円／年
	授 業 料	33,000円／月
	そ の 他	小学校低学年はお問い合わせ下さい

※2024年度4月に学費改訂予定

代 表 者	矢野　良晃
設 立	1997年
受入年齢	7～20歳 入会は17歳まで
運営日時	・小学校低学年（1～4年） 木　10:00～14:00 ・小学校高学年（4～6年） ・中・高校生 月　12:00～16:00 火・水・金　10:00～16:00
定 員	25名
在籍者数	12名(2024年2月現在)
スタッフ数	6名

■こんな子どもに向いています
友達を求めている子、勉強に取り組みたい子、仕事体験をしてみたい子、自分の好きな事に打ち込みたい子、少人数が楽な子どもなど。

■主な活動内容
詳細はお問い合わせください。教科学習・バスケットなどのスポーツや料理・パソコン・自然体験・国際／地域交流・ボランティア活動を行っています。

■スタッフの特長
学生・20代・30代～70代以上、女性スタッフが多い。

一般社団法人教育・福祉支援認定協会（WESC）運営
放課後等デイサービス「アンの家」神戸駅前校

http://www.wesc.or.jp/anhouse/
e-mail：anhouse@wesc.or.jp

〒650-0015　兵庫県神戸市中央区多聞通4-1-2
TEL：050-3733-1298
交通：JR「神戸駅」徒歩5分、地下鉄「大倉山駅」徒歩5分
阪急/阪神「高速神戸駅」徒歩1分

その他
放課後等デイサービス

■教育方針
「コミュニケーションが極端に苦手」「他人の気持ちを理解するのが苦手」「感情の起伏が激しい」「音や匂いに対しての感覚が過敏」「漢字や数学など特定の科目が極端に苦手」。これらの症状は発達障害である可能性があります。放課後等デイサービスを利用するには各市区町村の受給者証交付窓口で相談し受給者証を取得する必要があります。受給者証の取得が難しい場合はセイカ学園中等部（フリースクール）をご利用いただけます。（詳細はご相談下さい。）

親 の 会	設置予定
受入時面接	○
体 験 入 学	○
学校出席扱	○

費用	入 会 金	なし
	教 材 費	実費
	授 業 料	1日1,000円程度
	そ の 他	月額上限あり

代 表 者	案浦　幹雄
設 立	2018年8月
受入年齢	小・中・高校生 （小4～）
運営日時	月火木金 10:00～17:30 土 10:00～16:30
定 員	10名／1日
在籍者数	40名
スタッフ数	5名

■こんな子どもに向いています
・発達障がい及びその疑いがある方
・療育手帳（B2）をお持ちの方

■主な活動内容
学習支援、ワーキングメモリー・ビジョントレーニングやコミュニケーションスキル向上のためのアナログゲーム、ライフスキルなど

■スタッフの特長
教員免許保持者、養護教諭、教育カウンセラー、不登校心理相談士、発達障害学習支援サポーター

放課後等デイサービス「アンの家」姫路校

一般社団法人教育・福祉支援認定協会（WESC）運営

http://www.wesc.or.jp/anhouse/
e-mail：anhouse@wesc.or.jp

〒670-0936　兵庫県姫路市古二階町80
TEL：050-3733-0148
交通：JR「姫路駅」徒歩7分
　　　山陽電鉄「山陽姫路駅」徒歩9分

その他
放課後等デイサービス

■教育方針

「コミュニケーションが極端に苦手」「他人の気持ちを理解するのが苦手」「感情の起伏が激しい」「音や匂いに対しての感覚が過敏」「漢字や数学など特定の科目が極端に苦手」。これらの症状は発達障害である可能性があります。放課後等デイサービスを利用するには各市区町村の受給者証交付窓口で相談し受給者証を取得する必要があります。受給者証の取得が難しい場合はセイカ学園中等部（フリースクール）をご利用いただけます。（詳細はご相談下さい。）

親の会	設置予定
受入時面接	○
体験入学	○
学校出席扱	○

費用	入会金	なし
	教材費	実費
	授業料	1日1,000円程度
	その他	月額上限あり

代表者	案浦 幹雄
設立	2018年7月
受入年齢	小・中・高校生（小4〜）
運営日時	月火木金 10:00〜17:30 土 10:00〜16:30
定員	10名／1日
在籍者数	25名
スタッフ数	5名

■こんな子どもに向いています

・発達障がい及びその疑いがある方
・療育手帳（B2）をお持ちの方

■主な活動内容

学習支援、ワーキングメモリ・ビジョントレーニングやコミュニケーションスキル向上のためのアナログゲーム、ライフスキルなど

■スタッフの特長

教員免許保持者、養護教諭、教育カウンセラー、不登校心理相談士、発達障害学習支援サポーター

八洲学園 中等部 三宮分室

https://yashima.ac.jp/jhs/
e-mail：s-sannomiya@yashima.ac.jp

〒651-0086　兵庫県神戸市中央区磯上通8-1-33
幸和ビル2F
TEL：078-261-2835　FAX：078-261-2836
交通：各線「三宮駅」

フリースクール

■教育方針

「安心の居場所」づくりをモットーに日々活動をしています。悩みは人それぞれです。中等部では、中学校に復帰する目的だけでなく、心のゆとりを大切にし、一人ひとりを大切に対応していきます。個別学習・集団学習ともに実施のできる環境があるので、一人でゆっくり学習や活動をしたい人、仲間と一緒に過ごしたい人など、それぞれのニーズに合わせてサポートをしています。

親の会	−
受入時面接	○
体験入学	○
学校出席扱	所属中学校ごとによる

費用	入学金	なし
	教材費	5,000円／年度毎
	授業料	なし
	その他	−

代表者	林 周剛
設立	2014年
受入年齢	13〜15歳（中学生）
運営日時	月・火・木 9:00〜11:50
定員	30名
在籍者数	19名（2024年2月現在）
スタッフ数	6名

■こんな子どもに向いています

安心できる居場所で、自分のペースで活動することができます。発達障がい、学習障がいなどの中学生で、自立支援が必要な方でも、一歩ずつステップアップを目指せます。

■主な活動内容

自主教材を使用した学習や、仲間や教員と一緒にゲームや体を動かしたり様々な活動をしています。

■スタッフの特長

高校運営で積み重ねた教育力で一人ひとりに合わせたカリキュラムを実施。教員免許はもちろん、特別支援学校教諭免許も所有しています。

N中等部　奈良西大寺キャンパス

学校法人　角川ドワンゴ学園

https://n-jr.jp/
e-mail：support@n-jr.jp

〒631-0824　奈良県奈良市西大寺南町2-4
サンスクリット西大寺3F
TEL：0120-0252-15
交通：近鉄線「大和西大寺駅」徒歩約2分

フリースクールサポート

■教育方針

N中等部は、教育機会確保法の趣旨を鑑みた、新しいコンセプトのスクール「プログレッシブスクール」です。
N/S高の多様なコンテンツを活用し、主体的に行動できる人を育み続けます。
机の上だけで学ぶ勉強だけでなく、自由な発想で考え主体性をもって問題に取り組む力となるのは総合力です。総合力を礎に個性という独自性が付加価値となります。
総合力を身に付けるために、教養・思考力・実践力の3つを学びます。

親の会	※保護者会実施
受入時面接	※ネットコースは書類選考のみ
体験入学	−
学校出席扱	○

費用	入会金	110,000円
	教材費	MacBook必須
	授業料	48,400円〜／月
	その他	−

代表者	奥平 博一
設立	2019年
受入年齢	中学生
運営日時	月曜〜金曜 9:00〜17:00
定員	通学コース：各キャンパスにより異なる（120〜150名）ネットコース：定員なし
在籍者数	1,334名（2023年12月末時点）
スタッフ数	60名

■こんな子どもに向いています

最先端技術や学びに興味がある、居場所が欲しい、同じ趣味の人と繋がりたい、学力を身につけたい人など。

■主な活動内容

21世紀型スキル学習・PBL、プログラミング、国語・数学・英語を中心とした基礎学習など多彩な学習コンテンツあり

■スタッフの特長

20代も多く、さまざまな背景の社会人経験者など多彩なスタッフがいます。

TOB塾 奈良校

https://www.new-look.jp/access/category/nara/
e-mail：info@new-look.jp

〒631-0034　奈良県奈良市学園南1-1-18

TEL：090-6053-7855　FAX：0798-56-7139
交通：近鉄奈良線「学園前駅」

その他
個別学習塾

■教育方針

TOB塾の名前は「Think outside the box:型にはまらないで考えよう」という熟語からとっており、当たり前、普通、常識に縛られないで、それぞれに合った進路を目指していきます。
高卒認定試験や大学入試を目指す人をはじめ、
通信制高校のレポートのサポートやバイトの面接練習や履歴書添削などその時々の状況に合わせてできる限りのフォローをしています。
学校に行っても行かなくても
社会で自分らしく生きれるように
自分と向き合って成長する機会を一緒に進んでいきましょう。

親 の 会	―
受入時面接	○
体験入学	△
学校出席扱	○

費用	入塾金	20,000円
	活動費	イベント参加実費
	授業料	24,000円／月
	その他	―

代 表 者	山口　真史
設 立	2020年
受入年齢	（実績）13歳～20代まで
運営日時	基本:月・水・金 10:00～21:00 ※オンラインは他曜日含めいつでも可能です。
定 員	15名
在籍者数	5名程度
スタッフ数	3名（ボランティアスタッフ含む）

■こんな子どもに向いています ■

中学不登校、高校中退者をはじめ、通信制高校や高校卒業後に入塾する方もいます。人と話すことが苦手な方や引きこもっていた方も安心です。

■主な活動内容 ■

対面とオンラインで選べる個別授業とを軸にして、メールやアプリでの日常的なコミュニケーションも行います。（適宜イベントも企画しています）

■スタッフの特長 ■

大学生から30代前半までの高校中退・不登校経験者も多い／代表は元中学高校の教員で中退経験者

トライ式中等部 生駒キャンパス

https://www.try-gakuin.com/freeschool/
e-mail：try-gakuin-chutobu@trygroup.com

〒630-0257 奈良県生駒市元町1-5-12
本城ビル2F
※全国に123ヶ所のキャンパスがあります
TEL：0120-919-439

フリースクールサポート

■教育方針

不登校からの高校進学・大学進学をはじめとして、あらゆる生徒の進路を切り開くために、学力の向上はもとより社会を生き抜く力を育む様々な支援を行っているのがトライ式中等部です。夢や目標の実現に向け、一人ひとりに合わせたサポートをしています。
学習スタイルは「通学型」「在宅型」「オンライン型」の3つあり、自分にあったものを選べます。いつでも何度でも、切り替えたり組み合わせることができます。
また、在籍している中学校の学校長の許可があれば、トライ式中等部への登校を出席扱いにすることが可能です。

親 の 会	―
受入時面接	○
体験入学	○
学校出席扱	○ 学校との相談が必要

費用	入 会 金	50,000円(税別)
	教材費	―
	授業料	40,000円／月(税別)
	その他	詳細は直接お問い合わせください。

代 表 者	物部　晃之
設 立	2021年4月
受入年齢	中学生
運営日時	9時～16時 指導場所、曜日、時間は自由に選択可能
定 員	―
在籍者数	―
スタッフ数	―

■こんな子どもに向いています ■

・不登校を解決したいと考えている方
・中学校の勉強についていきたい方
・高校へ進学したいと考えている方

■主な活動内容 ■

学習の個別サポートに加え、修学旅行や体育祭などの学校行事やサークル活動、ゼミ（プログラミングなど）に参加することができます。※参加は自由です

■スタッフの特長 ■

経験豊富なキャンパス長や講師がキャンパスに常駐し、日々の学習や生活をサポートします。

トライ式中等部 西大寺キャンパス

https://www.try-gakuin.com/freeschool/
e-mail：try-gakuin-chutobu@trygroup.com

〒631-0821 奈良県奈良市西大寺東町2-1-31
サンワ西大寺東町ビル7F
※全国に123ヶ所のキャンパスがあります
TEL：0120-919-439

フリースクールサポート

■教育方針

不登校からの高校進学・大学進学をはじめとして、あらゆる生徒の進路を切り開くために、学力の向上はもとより社会を生き抜く力を育む様々な支援を行っているのがトライ式中等部です。夢や目標の実現に向け、一人ひとりに合わせたサポートをしています。
学習スタイルは「通学型」「在宅型」「オンライン型」の3つあり、自分にあったものを選べます。いつでも何度でも、切り替えたり組み合わせることができます。
また、在籍している中学校の学校長の許可があれば、トライ式中等部への登校を出席扱いにすることが可能です。

親 の 会	―
受入時面接	○
体験入学	○
学校出席扱	○ 学校との相談が必要

費用	入 会 金	50,000円(税別)
	教材費	―
	授業料	40,000円／月(税別)
	その他	詳細は直接お問い合わせください。

代 表 者	物部　晃之
設 立	2012年4月
受入年齢	中学生
運営日時	9時～16時 指導場所、曜日、時間は自由に選択可能
定 員	―
在籍者数	―
スタッフ数	―

■こんな子どもに向いています ■

・不登校を解決したいと考えている方
・中学校の勉強についていきたい方
・高校へ進学したいと考えている方

■主な活動内容 ■

学習の個別サポートに加え、修学旅行や体育祭などの学校行事やサークル活動、ゼミ（プログラミングなど）に参加することができます。※参加は自由です

■スタッフの特長 ■

経験豊富なキャンパス長や講師がキャンパスに常駐し、日々の学習や生活をサポートします。

近畿

トライ式中等部 大和八木キャンパス

https://www.try-gakuin.com/freeschool/
e-mail：try-gakuin-chutobu@trygroup.com

〒634-0804 奈良県橿原市内膳町5-2-32
ナカタニ第壱ビル3F
※全国に123ヶ所のキャンパスがあります
TEL：0120-919-439

■教育方針

不登校からの高校進学・大学進学をはじめとして、あらゆる生徒の進路を切り開くために、学力の向上はもとより社会を生き抜く力を育む様々な支援を行っているのがトライ式中等部です。夢や目標の実現に向け、一人ひとりに合わせたサポートをしています。
学習スタイルは「通学型」「在宅型」「オンライン型」の3つあり、自分にあったものを選べます。いつでも何度でも、切り替えたり組み合わせることができます。
また、在籍している中学校の学校長の許可があれば、トライ式中等部への登校を出席扱いにすることが可能です。

親 の 会	―
受入時面接	○
体験入学	○
学校出席扱	○ 学校との相談が必要

費用	入 会 金	50,000円（税別）
	教材費	―
	授 業 料	40,000円/月（税別）
	その他	詳細は直接お問い合わせください。

代 表 者	物部　晃之
設　　立	2019年4月
受入年齢	中学生
運営日時	9時～16時 指導場所、曜日、時間は自由に選択可能
定　　員	―
在籍者数	―
スタッフ数	―

■こんな子どもに向いています■
・不登校を解決したいと考えている方
・中学校の勉強についていきたい方
・高校へ進学したいと考えている方

■主な活動内容
学習の個別サポートに加え、修学旅行や体育祭などの学校行事やサークル活動、ゼミ（プログラミングなど）に参加することができます。※参加は自由です

■スタッフの特長
経験豊富なキャンパス長や講師がキャンパスに常駐し、日々の学習や生活をサポートします。

奈良YMCA「心のフリースクール」

https://www.naraymca.or.jp/program/school/
e-mail：nrseisho@naraymca.org

〒631-0823　奈良県奈良市西大寺国見町2-14-1
TEL：0742-44-2207　FAX：0742-46-7550
交通：近鉄奈良線、京都線、橿原線「大和西大寺駅」

■教育方針

奈良YMCAは、人々をSPIRIT・MIND・BODYの3つの観点からとらえ、心身のバランスのとれた成長を願い、多くの活動を行っている社会教育団体です。奈良YMCAでは、1994年より「心のフリースクール」を開設し、様々な活動を通して、多くの卒業生を送ってまいりました。
現在は、週5日のスクールを実施し、心理的な援助とともに個別学習やグループ学習も行っております。学習につきましては入会して間もない方や抵抗感がある方には一切強制しない方針です。

親 の 会	○
受入時面接	○
体験入学	○
学校出席扱	○

費用	入 会 金	3,000円
	教材費	―
	授 業 料	55,220円（税込）/月
	その他	2,400円/年

代 表 者	上地　信親
設　　立	1994年
受入年齢	小学生・中学生 高校在籍生
運営日時	月・火・水・金・土 10:00～15:00
定　　員	20名
在籍者数	8名（2023年12月現在）
スタッフ数	スタッフ13名

■こんな子どもに向いています■
学校などの紹介やHPを見て入会する方が多いです。

■主な活動内容
音楽活動、教育活動、体育館での活動、春夏のキャンプ、デイキャンプ、クリスマスコンサートの演奏。

■スタッフの特長
臨床心理士、公認心理師。
学習スタッフは全員教免保有。

トライ式中等部 和歌山キャンパス

https://www.try-gakuin.com/freeschool/
e-mail：try-gakuin-chutobu@trygroup.com

〒640-8331　和歌山県和歌山市美園町5-2-5
アイワビル3F
※全国に123ヶ所のキャンパスがあります
TEL：0120-919-439

■教育方針

不登校からの高校進学・大学進学をはじめとして、あらゆる生徒の進路を切り開くために、学力の向上はもとより社会を生き抜く力を育む様々な支援を行っているのがトライ式中等部です。夢や目標の実現に向け、一人ひとりに合わせたサポートをしています。
学習スタイルは「通学型」「在宅型」「オンライン型」の3つあり、自分にあったものを選べます。いつでも何度でも、切り替えたり組み合わせることができます。
また、在籍している中学校の学校長の許可があれば、トライ式中等部への登校を出席扱いにすることが可能です。

親 の 会	―
受入時面接	○
体験入学	○
学校出席扱	○ 学校との相談が必要

費用	入 会 金	50,000円（税別）
	教材費	―
	授 業 料	40,000円/月（税別）
	その他	詳細は直接お問い合わせください。

代 表 者	物部　晃之
設　　立	2018年4月
受入年齢	中学生
運営日時	9時～16時 指導場所、曜日、時間は自由に選択可能
定　　員	―
在籍者数	―
スタッフ数	―

■こんな子どもに向いています■
・不登校を解決したいと考えている方
・中学校の勉強についていきたい方
・高校へ進学したいと考えている方

■主な活動内容
学習の個別サポートに加え、修学旅行や体育祭などの学校行事やサークル活動、ゼミ（プログラミングなど）に参加することができます。※参加は自由です

■スタッフの特長
経験豊富なキャンパス長や講師がキャンパスに常駐し、日々の学習や生活をサポートします。

トライ式中等部 鳥取キャンパス

https://www.try-gakuin.com/freeschool/
e-mail：try-gakuin-chutobu@trygroup.com

〒680-0834 鳥取県鳥取市永楽温泉町151
永楽寿商事ビル2F
※全国に123ヶ所のキャンパスがあります
TEL：0120-919-439

■教育方針

不登校からの高校進学・大学進学をはじめとして、あらゆる生徒の進路を切り開くために、学力の向上はもとより社会を生き抜く力を育む様々な支援を行っているのがトライ式中等部です。夢や目標の実現に向け、一人ひとりに合わせたサポートをしています。
学習スタイルは「通学型」「在宅型」「オンライン型」の3つあり、自分にあったものを選べます。いつでも何度でも、切り替えたり組み合わせることができます。
また、在籍している中学校の学校長の許可があれば、トライ式中等部への登校を出席扱いにすることが可能です。

親　の　会	—
受入時面接	○
体験入学	○
学校出席扱	○（学校との相談が必要）

費用	入　会　金	50,000円（税別）
	教　材　費	—
	授　業　料	40,000円／月（税別）
	そ　の　他	詳細は直接お問い合わせください。

代　表　者	物部　晃之
設　　立	2024年4月
受入年齢	中学生
運営日時	9時～16時 指導場所、曜日、時間は自由に選択可能
定　　員	—
在籍者数	—
スタッフ数	—

■こんな子どもに向いています
・不登校を解決したいと考えている方
・中学校の勉強についていきたい方
・高校へ進学したいと考えている方

■主な活動内容
学習の個別サポートに加え、修学旅行や体育祭などの学校行事やサークル活動、ゼミ（プログラミングなど）に参加することができます。※参加は自由です

■スタッフの特長
経験豊富なキャンパス長や講師がキャンパスに常駐し、日々の学習や生活をサポートします。

志塾フリースクール いわみ教室

https://shijuku-fs.or.jp

〒698-0005　島根県益田市本町2-15
TEL：080-4823-9049
交通：JR線「益田駅」

■教育方針

志塾フリースクールの掲げる最終目標は「自立につなげる」こと。単なる居場所にとどまらず、ひとりひとりの「つぎの一歩」＝フリースクールからの卒業、進学や就職を実現します。学習支援や各種体験活動では常に「やってみたい！」「できる！」「楽しい！」という気持ちを大切に、ひとつひとつの経験をこどもたちの笑顔・自信・前進する力につなげています。

親　の　会	—
受入時面接	○
体験入学	○
学校出席扱	○（学校長判断）

費用	入　会　金	10,000円
	教　材　費	—
	授　業　料	25,000円／月
	そ　の　他	保険料650円／年

代　表　者	丸山　括哉
設　　立	2016年
受入年齢	小学生～20代
運営日時	平日 10:30～17:30
定　　員	設けていません
在籍者数	21名（2024年1月現在）
スタッフ数	3名

■こんな子どもに向いています
向き・不向きはありません。いろんな子がいますので、一度遊びに来てください！

■主な活動内容
学習支援（教科学習・受験・各種資格の個別またはグループ指導）、体験活動（遊び・スポーツ・工作・音楽・料理・遠足）など。学生寮もあります！

■スタッフの特長
とにかく「楽しいこと」が大好き！な明るく元気な個性派スタッフがそろっています。

志塾フリースクール まつえ教室

https://shijuku-fs.or.jp

〒690-0002　島根県松江市大正町442-6
今岡ビル1F
TEL：080-9160-0956
交通：JR線「松江駅」

■教育方針

志塾フリースクールの掲げる最終目標は「自立につなげる」こと。単なる居場所にとどまらず、ひとりひとりの「つぎの一歩」＝フリースクールからの卒業、進学や就職を実現します。学習支援や各種体験活動では常に「やってみたい」「できる！」「楽しい」という気持ちを大切に、ひとつひとつの経験をこどもたちの笑顔・自信・前進する力につなげています。

親　の　会	—
受入時面接	○
体験入学	○
学校出席扱	○（学校長判断）

費用	入　会　金	10,000円
	教　材　費	—
	授　業　料	8,000～20,000円／月（利用コースによる）
	そ　の　他	保険料650円／年間

代　表　者	丸山　括哉
設　　立	2017年
受入年齢	小学生～20代
運営日時	火・水・木 10:00～16:00
定　　員	設けていません
在籍者数	33名（2023年12月現在）
スタッフ数	2名

■こんな子どもに向いています
向き・不向きはありません。いろんな子がいますので、一度遊びに来てください！

■主な活動内容
学習支援（教科学習・受験・各種資格の個別またはグループ指導）、体験活動（遊び・スポーツ・工作・音楽・料理・遠足）など。

■スタッフの特長
とにかく「楽しいこと」が大好き！な明るく元気な個性派スタッフがそろっています！

中国・四国

トライ式中等部 松江キャンパス

https://www.try-gakuin.com/freeschool/
e-mail：try-gakuin-chutobu@trygroup.com

〒690-0003 島根県松江市朝日町498
松江センタービル1F
※全国に123ヶ所のキャンパスがあります
TEL：0120-919-439

■教育方針

不登校からの高校進学・大学進学をはじめとして、あらゆる生徒の進路を切り開くために、学力の向上はもとより社会を生き抜く力を育む様々な支援を行っているのがトライ式中等部です。夢や目標の実現に向け、一人ひとりに合わせたサポートをしています。

学習スタイルは「通学型」「在宅型」「オンライン型」の3つあり、自分にあったものを選べます。いつでも何度でも、切り替えたり組み合わせることができます。

また、在籍している中学校の学校長の許可があれば、トライ式中等部への登校を出席扱いにすることが可能です。

親 の 会	—
受入時面接	○
体験入学	○
学校出席扱	○ 学校との相談が必要

費用	入 会 金	50,000円（税別）
	教 材 費	—
	授 業 料	40,000円／月（税別）
	その他	詳細は直接お問い合わせください。

代 表 者	物部 晃之
設 立	2022年4月
受入年齢	中学生
運営日時	9時～16時 指導場所、曜日、時間は自由に選択可能
定 員	—
在籍者数	—
スタッフ数	—

■こんな子どもに向いています

・不登校を解決したいと考えている方
・中学校の勉強についていきたい方
・高校へ進学したいと考えている方

■主な活動内容

学習の個別サポートに加え、修学旅行や体育祭などの学校行事やサークル活動、ゼミ（プログラミングなど）に参加することができます。※参加は自由です

■スタッフの特長

経験豊富なキャンパス長や講師がキャンパスに常駐し、日々の学習や生活をサポートします。

悠学館高等学院 出雲教室（サポート校）

https://sanin-kyoiku.jp
e-mail：info@sanin-kyoiku.jp

〒693-0002 島根県出雲市今市町北本町1-1-3
セントラルビル2F
TEL：0853-27-9722
交通：JR・電鉄「出雲市駅」から10分

■ 教育方針

高校卒業の資格だけでいいですか？ 「もう一つ大切なものみつけるお手伝いさせて下さい！」をスタンスに個人の能力にあった、学習、生活面のアドバイスを行います。色々な経験を持ったスタッフの歩んで来た人生の中での気付き、発見が子どもさんの心をとらえられるように人間関係を築けたらと思っています。さらに、小・中学生のフリースクール、支援の必要な子どもさんへの学習支援をはじめました。子どもの能力を見出し、それを伸ばす発育を基本とし、個別対応をして行きます。新入、編入、転入学受け付け可能です。

滋賀学園高等学校サポートセンター一般社団法人山陰教育研究所が運営。

親 の 会	○
受入時面接	○
体験入学	○
学校出席扱	○

費用	登 録 料	11,000円
	教 材 費	—
	授 業 料	30,000円～／月
	その他	—

代 表 者	山崎 伸夫
設 立	2008年
受入年齢	高校生
運営日時	開館時間 10:00～12:00 13:00～16:00 開館日 火・水・木
定 員	60名
在籍者数	50名（2024年1月末現在）
スタッフ数	5名

■こんな子どもに向いています

自分を変えてみたいと考えている方すべて…中学校に少し行きにくくなって…だけど勉強はしたい…そんな方のお手伝いをしたいと思っています。発達障がいの方の学習支援をはじめました。

■主な活動内容

心を育てることを、主な目的として、一人ひとりの目的に応じたお手伝いをできるよう心がけています。インターネット教材で学習の完全サポートはじめました。

■スタッフの特長

20～60代塾講師（学習担当）、男性3名女性3名 教員経験者、カウンセラー。

学校法人 おかやま希望学園 吉備高原のびのび小学校 吉備高原希望中学校

https://www.kibou-gakuen.com
e-mail：info@kibou-gakuen.jp

〒709-2332 岡山県加賀郡吉備中央町高谷470
TEL：0867-34-1600　FAX：0867-34-1606
交通：JR山陽本線「岡山駅」からバス1時間

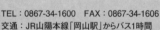

■教育方針

・豊かな自然の中で「生活すべてが学び」の理念に基づく教育を行います。
・個々の子どもの状況に応じた柔軟な指導・支援をします。
・3つの習慣づくりを大切にします。
　①基本的生活習慣（早寝、早起き、朝ごはん）
　②社会的生活習慣（あいさつ、返事、はき物整理）
　③学習習慣（読み、書き、計算、夢づくり）

親 の 会	○
受入時面接	○
体験入学	○
学校出席扱	○

費用	入 学 金	150,000円
	教 材 費	—
	授 業 料	小学生30,000円／月 中学生35,000円／月
	その他	寮費（小）→35,000円／月 （中）→40,000円／月 設備費等→12,500円／月

代 表 者	德光 泰弘
設 立	1995年（小学校） 2000年（中学校）
受入年齢	小1～中3
運営日時	月曜～金曜 （週末は帰省）
定 員	小学生20名、中学生45名
在籍者数	小学生10名、中学生19名 （2023年12月現在）
スタッフ数	40名

■こんな子どもに向いています

・ゆっくりゆったりとした環境で学びたい。
・寄宿舎生活を通して自立を目指したい。
・静かな環境、豊かな自然の中で学びたい。

■主な活動内容

・義務教育の課程を履習　・交流活動を通して表現力を育成　・寄宿舎生活を通して集団生活のルールを習得

■スタッフの特長

・各年代にわたる誠実な教職員
・一人ひとりに寄りそった指導と支援

中国・四国

志塾フリースクール おかやま教室

しじゅく

https://shijuku-fs.or.jp

〒700-0821　岡山県岡山市北区中山下2-55-3F
TEL：086-236-1832　FAX：086-236-1832
交通：JR山陽線「岡山駅」

■教育方針

志塾フリースクールの掲げる最終目標は「自立につなげる」こと。単なる居場所にとどまらず、ひとりひとりの「つぎの一歩」＝フリースクールからの卒業、進学や就職を実現します。学習支援や各種体験活動では常に「やってみたい」「できる！」「楽しい」という気持ちを大切に、ひとりひとりの経験をこどもたちの笑顔・自信・前進する力につなげています。

代表者	村本　和孝
設　立	2015 年
受入年齢	小学生〜20代
運営日時	平日 13:00〜17:00（水曜日はお休み）
定　員	設けていません
在籍者数	25名(2024年1月現在)
スタッフ数	3名

親　の　会	○
受入時面接	○
体験入学	○
学校出席扱	○（学校長判断）

費用	入会金	10,000円
	教材費	—
	授業料	15,000円／月
	その他	—

■こんな子どもに向いています ■
向き・不向きはありません。いろんな子がいますので、一度遊びに来てください！

■主な活動内容 ■
学習支援（教科学習・受験・各種資格の個別またはグループ指導）、体験活動（遊び・スポーツ・工作・音楽・料理・遠足）など。

■スタッフの特長 ■
とにかく「楽しいこと」が大好き！な明るく元気な個性派スタッフがそろっています！

NPO法人 ステップ

http://npostep.com/
e-mail：npostep.okayama@hotmail.co.jp

〒700-0907　岡山県岡山市北区下石井2-8-6
三木第一ビル2F
TEL：086-221-1001　FAX：086-899-6814
交通：JR山陽本線「岡山駅」

■教育方針

不登校などの気持ちがわかってあげられる支援を心がけています。理事長は不登校体験者。

カウンセリングやコーチングで、心の苦しみを取り、寄り沿うことで、まずは苦しみから立ちあがる力をたくわえます。根元的な問題点をクリアすることで、本人の苦しみを少なく、より楽に、早く、解決できます。高校卒業資格を取得できるサポート校も併設しています。

代表者	原　昌広
設　立	2012年
受入年齢	6歳〜22歳 中高生が多い
運営日時	月曜〜土曜 10:00〜20:00
定　員	100名
在籍者数	90名(2023年12月現在)
スタッフ数	6名

親　の　会	—
受入時面接	○
体験入学	—
学校出席扱	○

費用	入学金	22,000円
	教材費	0円
	授業料	5,000〜10,000円/時
	その他	なし

■こんな子どもに向いています ■
不登校などから、脱出したい。不登校になりかけている。どうしたら良いのかわからないという生徒に向いています。

■主な活動内容 ■
家庭に訪問し、カウンセリングや勉強を教える。教室で皆で遊んでリラックスする。

■スタッフの特長 ■
20代中心。何かしら苦悩を乗りこえた、気持ちがわかるスタッフ。

トライ式中等部 岡山キャンパス

https://www.try-gakuin.com/freeschool/
e-mail：try-gakuin-chutobu@trygroup.com

〒700-0901　岡山県岡山市北区本町1-2
炭屋ビル5F
※全国に123ヶ所のキャンパスがあります
TEL：0120-919-439

■教育方針

不登校からの高校進学・大学進学をはじめとして、あらゆる生徒の進路を切り開くために、学力の向上はもとより社会を生き抜く力を育む様々な支援を行っているのがトライ式中等部です。夢や目標の実現に向け、一人ひとりに合わせたサポートをしています。

学習スタイルは「通学型」「在宅型」「オンライン型」の3つあり、自分にあったものを選べる。いつでも何度でも、切り替えたり組み合わせることができます。

また、在籍している中学校の学校長の許可があれば、トライ式中等部への登校を出席扱いにすることが可能です。

代表者	物部　晃之
設　立	2013年4月
受入年齢	中学生
運営日時	9時〜16時 指導場所、曜日、時間は自由に選択可能
定　員	—
在籍者数	—
スタッフ数	—

親　の　会	—
受入時面接	○
体験入学	○
学校出席扱	○（学校との相談が必要）

費用	入会金	50,000円（税別）
	教材費	—
	授業料	40,000円／月（税別）
	その他	詳細は直接お問い合わせください。

■こんな子どもに向いています ■
・不登校を解決したいと考えている方
・中学校の勉強についていきたい方
・高校へ進学したいと考えている方

■主な活動内容 ■
学習の個別サポートに加え、修学旅行や体育祭などの学校行事やサークル活動、ゼミ（プログラミングなど）に参加することができます。※参加は自由です

■スタッフの特長 ■
経験豊富なキャンパス長や講師がキャンパスに常駐し、日々の学習や生活をサポートします。

中国・四国

トライ式中等部 倉敷キャンパス

https://www.try-gakuin.com/freeschool/
e-mail：try-gakuin-chutobu@trygroup.com

〒710-0055 岡山県倉敷市阿知1-7-1
天満屋倉敷店5F
※全国に123ヶ所のキャンパスがあります
TEL：0120-919-439

■教育方針

不登校からの高校進学・大学進学をはじめとして、あらゆる生徒の進路を切り開くために、学力の向上はもとより社会を生き抜く力を育む様々な支援を行っているのがトライ式中等部です。夢や目標の実現に向け、一人ひとりに合わせたサポートをしています。
学習スタイルは「通学型」「在宅型」「オンライン型」の3つあり、自分にあったものを選べます。いつでも何度でも、切り替えたり組み合わせたりすることができます。
また、在籍している中学校の学校長の許可があれば、トライ式中等部への登校を出席扱いにすることが可能です。

代 表 者	物部　晃之
設　　立	2019年4月
受入年齢	中学生
運営日時	9時〜16時 指導場所、曜日、時間は自由に選択可能
定　　員	―
在籍者数	―
スタッフ数	―

親 の 会	―
受入時面接	○
体験入学	○
学校出席扱	○ 学校との相談が必要

費用	入会金	50,000円（税別）
	教材費	―
	授業料	40,000円/月（税別）
	その他	詳細は直接お問い合わせください。

■こんな子どもに向いています■
・不登校を解決したいと考えている方
・中学校の勉強についていきたい方
・高校へ進学したいと考えている方

■主な活動内容
学習の個別サポートに加え、修学旅行や体育祭などの学校行事やサークル活動、ゼミ（プログラミングなど）に参加することができます。※参加は自由です

■スタッフの特長
経験豊富なキャンパス長や講師がキャンパスに常駐し、日々の学習や生活をサポートします。

一般社団法人にじーず

https://24zzz-lgbt.com
e-mail：24zzzmail@gmail.com

岡山市内で開催（詳細はHPをご覧ください）
※他、札幌市、仙台市、さいたま市、東京都内（渋谷、多摩地域）、
新潟市、長岡市、長野市、松本市、京都市、大阪市、神戸市の
公共施設を借りて定期開催

■教育方針

LGBTの子ども・若者が同世代の仲間と交流することで、悩みや困りごとが共有できる居場所です。
自分の性のあり方は話しても話さなくても構いません。
また法律上の名前や学校名などを明かす必要はありません。
コロナ対策のため事前予約制にしていますが、時間内はいつ来てもいつ帰っても自由です。保護者の方は入り口まで送迎いただけます（中高生で一人で来る参加者も多いです）。

代 表 者	遠藤　まめた
設　　立	2016年
受入年齢	10代から23歳
運営日時	日曜日 13:00〜17:00 ※1〜数ヶ月に1回
定　　員	20名／各回
在籍者数	月90人前後が利用 （各回の平均は10〜20人程度）
スタッフ数	60名

親 の 会	―
受入時面接	―
体験入学	―
学校出席扱	―

費用	入学金	0円
	教材費	0円
	授業料	0円
	その他	0円

■こんな子どもに向いています■
LGBTやそうかもしれない子ども・若者限定です。非当事者や大人の方は参加できません。

■主な活動内容
LGBTの子どもや若者が集まって話したり遊んだりできる居場所で定期開催しています。

■スタッフの特長
20代から30代のLGBT当事者や理解者を中心に運営。

ルネ中等部 岡山校

https://www.r-ac.jp/junior/
e-mail：soudan@broadmedia.co.jp

〒700-0821　岡山県岡山市北区中山下1-8-45
NTTクレド岡山ビル5F
TEL：0120-526-611
交通：JR「岡山駅」

■教育方針

ルネ中等部は、生徒一人ひとりの可能性を大切にし、学校教育にとらわれない学びの場をつくります。
eスポーツやプログラミング、自身が夢中になれることから、本気で取り組んでいる生徒達がいます。その一方で、これから何かを見つけたい、本気で取り組むことで変わりたいという生徒もたくさんいます。
現在の学習環境が合わなかった生徒も、やりたいことを見つけ、未来を生きる原動力を育む場所です。

代 表 者	桃井　隆良
設　　立	2023年
受入年齢	中学生
運営日時	水曜日 13:10〜16:50 金・土曜日 17:00〜19:00
定　　員	―
在籍者数	―
スタッフ数	―

親 の 会	―
受入時面接	○
体験入学	○
学校出席扱	○

費用	入会金	昼50,000円／夕20,000円
	教材費	15,000円
	授業料	昼通①37,400円②56,100円 夕通①13,800円②26,800円/月
	その他	―

■こんな子どもに向いています■
好きなことに夢中になって頑張れる生徒や、様々な理由で中学校に登校できていない生徒など。

■主な活動内容■
①ゲーミングPCを使用したeスポーツの講義
②STEAM教育に沿ったプログラミング学習

■スタッフの特長■
一人ひとりに向き合った個別指導中心で、講師にはeスポーツコース所属の高校生がいます。

中国・四国

あすなろスクール

http://asunaroschool.jp/
e-mail : asunaro.2014@hi3.enjoy.ne.jp

〒732-0053　広島県広島市東区若草町20-15

TEL・FAX：082-261-5531
交通：「広島駅」新幹線口より徒歩3分

フリースクール
サポート

■教育方針
あすなろスクールでは、何かに挑戦することの大切さについて学んで欲しいと思っています。そして、子ども達が一歩踏み出せる『きっかけ』を与えられる場所になるようにと、体験学習・農業体験・地域活動なども積極的に取り入れています。家庭訪問から集団学習まで、一人ひとりに合わせたサポートを行っていますが、最終的には社会に出られることを目的として、段階を踏んだ指導を行っています。

代表者	碓井　卓志
設　立	2014年4月1日
受入年齢	中学生 高校生 高校卒業者
運営日時	月曜〜金曜 9:00〜18:00
定　員	30名
在籍者数	20名(2024年1月現在)
スタッフ数	3名

■こんな子どもに向いています■
少人数での高卒資格取得を目指す方。集団生活になじめない、家から外に出られない、高校卒業後の進路が決まらないなどでお悩みの方。

■主な活動内容
家庭訪問、少人数登校型、基礎学習、ソーシャルスキルトレーニング、高認指導、進学就職支援、体験学習など。

■スタッフの特長
通信制高校での教員経験があり、一人ひとりに併せたサポートを行っています。

親 の 会	○
受入時面接	○
体験入学	○
学校出席扱	△ 校長裁量による

費用	入会金	10,000円
	教材費	0円
	授業料	23,000円〜／月
	その他	―

ATJエスクール

http://www.atjapan.jp/
e-mail : info@atjapan.jp

〒734-0053　広島県広島市南区青崎1-17-28

TEL：080-1725-8216
交通：JR「向洋駅」・広島バス「青崎小学校前」

その他
高認指導

■教育方針
2021年9月に名古屋本校は広島へ移転しました。広島本校と岡山校があります。
子どもから大人まで学べる学校です。
心＝頭＝からだは一つのものです。健康な心身を土台に、考える楽しさ、学ぶ方法を伝え、夢の実現を応援します。高認から大学合格まで学習の保証をします。社会で生きる力をつけます。

代表者	岡田　吏笑
設　立	1993年
受入年齢	子ども 〜大人まで
運営日時	毎日
定　員	各校4名
在籍者数	3名(2023年12月現在)
スタッフ数	常勤4名

■こんな子どもに向いています■
楽しいやり方で学びたい人。学びながら友だちがほしい人。心身共に健康でいたい人。

■主な活動内容
アレクサンダーテクニーク、NLP、国数英理社学習の保証をします。

■スタッフの特長
アレクサンダーテクニーク教師、大学予備校高校中学教師。

親 の 会	○
受入時面接	○
体験入学	○
学校出席扱	○

費用	入会金	100,000円
	教材費	実費
	授業料	200,000円〜／半年
	その他	食費など

クレラ みんなでつくる自由ながっこう

https://home.tsuku2.jp/storeDetail.php?scd=0000167697

〒737-0157　広島県呉市仁方町3939-2

TEL：090-5701-7791
交通：呉線「仁方駅」

その他
オルタナティブ
スクール

■教育方針
百聞は一見(一験)にしかず！もちろん紙のうえの知識も重要ですが、経験に勝るものはないと思っています。先生でも親でもないオトナ、異年齢の子どもとの関わり。

人間の思い通りにはならない自然の中でどうやって自分のしたいことをやっていくか？時に失敗をし学びながら、自分らしくいられる場所であることを目指しています。

代表者	佐藤　理沙
設　立	2021年
受入年齢	小学1年生 〜中学3年生
運営日時	月・火 10:00〜15:00
定　員	20名
在籍者数	9名(2024年2月現在)
スタッフ数	3名

■こんな子どもに向いています■
自然体験が多いので外での活動が好きな子、活発な子に向いていますが室内活動もあるのでインドア派の子も通ってきています。

■主な活動内容
季節の手仕事、衣食住を大切に活動しています。大人提案のもの子供提案のもの両方取り入れています。あえて大まかなものしか決めていないですし、小回りが効くのでしたいことがあればミーティングで提案OKがでればやりたいことを活動にとりいれることができます。

■スタッフの特長
30代〜50代女性。

親 の 会	―
受入時面接	○
体験入学	○
学校出席扱	○

費用	入会金	3,500円
	教材費	実費
	授業料	1,000円／月
	その他	―

中国・四国

認定NPO法人 こども発達支援センター ひゅーるぽん きっず組

http://www.hullpong.jp
e-mail : hotspace@hullpong.jp

〒731-0102　広島県広島市
安佐南区川内6-28-15
TEL：082-831-6888　FAX：082-831-6889
交通：JR可部線「七軒茶屋駅」

■教育方針
子ども主義で子どもたちの主体性を大切にした活動を行っています。安心できる場で、人と関わる力、自分の力を見出し発揮する力、いろいろなことを考え決めていく力を育てて、いつか社会の中で自分の力を発揮して生きていけるようになること。個々の状況や成長段階を見据え、一人ひとりの子どもに応じたアプローチを行いながら、子どもたち同士の関わりを通して心を育み、ともに楽しく育つ場です。

代表者	川口 隆司
設　立	2001年
受入対象	原則18歳まで（主として中学生くらいまで）
運営日時	月・火・木・金曜日 10:00～17:45 土曜日 9:15～15:30 水・日・祝日はお休み
定　員	15名
在籍者数	39名(2024年1月現在)
スタッフ数	4名

親 の 会	―
受入時面接	○
体験入学	○
学校出席扱	○ 学校との相談が必要

費用	入会金	4,000円
	教材費	―
	授業料	―
	その他	障がい福祉サービスでの利用可。そうでない場合、利用費として44,000円/月

■こんな子どもに向いています ■
集団の中で、子ども同士のかかわりを深めたいお子さん。外に気持ちの向きはじめたお子さん。

■主な活動内容 ■
遊び、スポーツ、趣味、学習など子ども主体の活動を行っています。集団活動が中心です。

■スタッフの特長 ■
女性が多い。有資格者:教職免許保持者、保育士、社会福祉士、保健師など。

一般社団法人 スイス村

https://suisu-mura.jp
e-mail : info@suisu-mura.jp

〒728-0501　広島県庄原市口和町宮内285
TEL&FAX：0824-87-2808
交通：芸備線「三次駅」
＜自家用車＞中国やまなみ街道口和インター下車15分

■教育方針
豊かな自然の中で、楽しく健康的な共同生活を送ることにより、望ましい人間関係を築くと共に、心身共にたくましい子になることを目指す。キリスト教精神に基づく教育。(フリースクール)

代表者	木原 信行
設　立	1988年
受入年齢	小～大学生 若者も可
運営日時	全寮制で フルタイム
定　員	20名
在籍者数	4名(2024年1月現在)
スタッフ数	6名

親 の 会	―
受入時面接	○
体験入学	○
学校出席扱	○

費用	入会金	10,000円
	教材費	
	授業料	ホームページにご家庭の収支・都合に応じた料金体系を記載。
	その他	

■こんな子どもに向いています ■
大自然の中で伸び伸び学習やスポーツに取り組み、たくましく生きる力をつけようとする子。

■主な活動内容 ■
教科学習、さまざまなスポーツ、創作活動、農作業、自立支援等。

■スタッフの特長 ■
代表(76)、妻(70)、社会福祉士(45)、中高教員免許取得者(44)、妻(40)、大卒(33)。

星槎フリースクール　ぴぃす
（せいさ）

https://edunpo.seisa.ac.jp/
e-mail : hiroshima@seisa.ed.jp

〒733-0034　広島県広島市西区南観音町1-1
TEL：082-503-1430　FAX：082-295-4020
交通：市内電車「舟入本町」電停、徒歩8分
広電バス「新観音橋西」停留所、徒歩2分

■教育方針
好きなこと・得意なことを発見して楽しく学んでほしい、友だちとわかり合い、大切にし合う喜びを感じてほしい、社会で生きるスキルを身につけ、自信を持ってほしいと考えて、星槎フリースクール ぴぃすを開設しました。①心理面のケアをしつつ、納得のいくまで親身な指導をし、居場所づくりをする。②規則正しい生活のリズムをつくる。③自発的学習の習慣と基礎学力をつける。④コミュニケーション能力を高める。

代表者	池田 祐一
設　立	2018年
受入年齢	中1～中3
運営日時	火曜日・木曜日 10:20～14:00 (原則として)
定　員	10名程度
在籍者数	若干名
スタッフ数	10名

親 の 会	―
受入時面接	○
体験入学	○
学校出席扱	所属校判断による

費用	入会金	25,000円
	教材費	週2回25,000円/月 週1回15,000円/月 (設備費含む)
	授業料	
	その他	

■こんな子どもに向いています ■
学校に行くのがちょっと不安、勉強が苦手、友だちとうまくいかない、自分を理解してもらえないから学校に行きづらいなど、多くの悩みを抱えている子どもたちを総合的にサポートします。

■主な活動内容 ■
午前は国語・数学・英語を中心に基礎学習に取り組みます。午後はパソコン、クッキングなど体験的な学習を行います。月に1度、校外での活動もあります。

■スタッフの特長 ■
不登校や発達障がいを理解し、教員免許を保有する星槎国際高校の教員が支援・対応します。

トライ式中等部 広島キャンパス

https://www.try-gakuin.com/freeschool/
e-mail：try-gakuin-chutobu@trygroup.com

〒732-0822 広島県広島市南区松原町5-1
ビッグフロント広島タワービル6F
※全国に123ヶ所のキャンパスがあります
TEL：0120-919-439

■教育方針

不登校からの高校進学・大学進学をはじめとして、あらゆる生徒の進路を切り開くために、学力の向上はもとより社会を生き抜く力を育む様々な支援を行っているのがトライ式中等部です。夢や目標の実現に向け、一人ひとりに合わせたサポートをしています。
学習スタイルは「通学型」「在宅型」「オンライン型」の3つあり、自分にあったものを選べます。いつでも何度でも、切り替えたり組み合わせることができます。
また、在籍している中学校の学校長の許可があれば、トライ式中等部への登校を出席扱いにすることが可能です。

代 表 者	物部　晃之
設　　立	2013年4月
受入年齢	中学生
運営日時	9時〜16時 指導場所、曜日、時間は自由に選択可能
定　　員	―
在籍者数	―
スタッフ数	―

親 の 会	―
受入時面接	○
体 験 入 学	○
学校出席扱	○ 学校との相談が必要

費用	入 会 金	50,000円（税別）
	教 材 費	―
	授 業 料	40,000円／月（税別）
	そ の 他	詳細は直接お問い合わせください。

■こんな子どもに向いています
・不登校を解決したいと考えている方
・中学校の勉強についていきたい方
・高校へ進学したいと考えている方

■主な活動内容
学習の個別サポートに加え、修学旅行や体育祭などの学校行事やサークル活動、ゼミ（プログラミングなど）に参加することができます。※参加は自由です

■スタッフの特長
経験豊富なキャンパス長や講師がキャンパスに常駐し、日々の学習や生活をサポートします。

トライ式中等部 福山キャンパス

https://www.try-gakuin.com/freeschool/
e-mail：try-gakuin-chutobu@trygroup.com

〒720-0066 広島県福山市三之丸町4-1
ツツミビル3F
※全国に123ヶ所のキャンパスがあります
TEL：0120-919-439

■教育方針

不登校からの高校進学・大学進学をはじめとして、あらゆる生徒の進路を切り開くために、学力の向上はもとより社会を生き抜く力を育む様々な支援を行っているのがトライ式中等部です。夢や目標の実現に向け、一人ひとりに合わせたサポートをしています。
学習スタイルは「通学型」「在宅型」「オンライン型」の3つあり、自分にあったものを選べます。いつでも何度でも、切り替えたり組み合わせることができます。
また、在籍している中学校の学校長の許可があれば、トライ式中等部への登校を出席扱いにすることが可能です。

代 表 者	物部　晃之
設　　立	2019年4月
受入年齢	中学生
運営日時	9時〜16時 指導場所、曜日、時間は自由に選択可能
定　　員	―
在籍者数	―
スタッフ数	―

親 の 会	―
受入時面接	○
体 験 入 学	○
学校出席扱	○ 学校との相談が必要

費用	入 会 金	50,000円（税別）
	教 材 費	―
	授 業 料	40,000円／月（税別）
	そ の 他	詳細は直接お問い合わせください。

■こんな子どもに向いています
・不登校を解決したいと考えている方
・中学校の勉強についていきたい方
・高校へ進学したいと考えている方

■主な活動内容
学習の個別サポートに加え、修学旅行や体育祭などの学校行事やサークル活動、ゼミ（プログラミングなど）に参加することができます。※参加は自由です

■スタッフの特長
経験豊富なキャンパス長や講師がキャンパスに常駐し、日々の学習や生活をサポートします。

トライ式中等部 横川キャンパス

https://www.try-gakuin.com/freeschool/
e-mail：try-gakuin-chutobu@trygroup.com

〒733-0011 広島県広島市西区横川町2-9-1
マツモトビル1F
※全国に123ヶ所のキャンパスがあります
TEL：0120-919-439

■教育方針

不登校からの高校進学・大学進学をはじめとして、あらゆる生徒の進路を切り開くために、学力の向上はもとより社会を生き抜く力を育む様々な支援を行っているのがトライ式中等部です。夢や目標の実現に向け、一人ひとりに合わせたサポートをしています。
学習スタイルは「通学型」「在宅型」「オンライン型」の3つあり、自分にあったものを選べます。いつでも何度でも、切り替えたり組み合わせることができます。
また、在籍している中学校の学校長の許可があれば、トライ式中等部への登校を出席扱いにすることが可能です。

代 表 者	物部　晃之
設　　立	2018年4月
受入年齢	中学生
運営日時	9時〜16時 指導場所、曜日、時間は自由に選択可能
定　　員	―
在籍者数	―
スタッフ数	―

親 の 会	―
受入時面接	○
体 験 入 学	○
学校出席扱	○ 学校との相談が必要

費用	入 会 金	50,000円（税別）
	教 材 費	―
	授 業 料	40,000円／月（税別）
	そ の 他	詳細は直接お問い合わせください。

■こんな子どもに向いています
・不登校を解決したいと考えている方
・中学校の勉強についていきたい方
・高校へ進学したいと考えている方

■主な活動内容
学習の個別サポートに加え、修学旅行や体育祭などの学校行事やサークル活動、ゼミ（プログラミングなど）に参加することができます。※参加は自由です

■スタッフの特長
経験豊富なキャンパス長や講師がキャンパスに常駐し、日々の学習や生活をサポートします。

中国・四国

株式会社 ノーベル学習館

http://www.nobel-g.co.jp/
e-mail : honbu@nobel-g.co.jp

〒725-0026　広島県竹原市中央四丁目6-24
TEL : 0846-22-6077　FAX : 0846-22-1040
交通 : 呉線「竹原駅」

 サポート

■教育方針

生徒と保護者と塾が三位一体となって共に学び共に育つことが大切。子どもたちは、思春期にさまざまな悩みをかかえながら、他者とのかかわりの中で自我形成していく。そして、学ぶことを通じて将来の夢を持ち、その実現に向けて努力をしていく。塾では不登校の子どもたちが、先生との対話の中で少しずつ変化し、前向きに学習し始め、やがて学校へ通学するようになった例もある。また、高卒資格を塾で取得し、大学へ進学する生徒もいる。どの子もみんな、かけがえのない大切な存在である。

親 の 会	—
受入時面接	○
体験入学	○
学校出席扱	—

費用	入会金	5,500円
	教材費	—
	授業料	週2回通信サポート 17,600円／月
	その他	—

代 表 者	西川　敏博
設 立	1960年
受入年齢	6〜20歳
運営日時	月曜〜土曜 13:00〜22:30 日曜 10:00〜18:00
定 員	若干名
在籍者数	0名
スタッフ数	3名

■こんな子どもに向いています■

高校には行けないけど、なんとか単位を取って高卒資格を取りたい。小中学校に通えないけど学びを続けたいと思っているお子さん。

■主な活動内容■

不登校の生徒に対する個別指導と、不登校の高校生に対する通信教育のサポート授業。

■スタッフの特長■

生涯学習1級インストラクター。(社)日本青少年育成協会 教育コーチング資格取得。

Free School あいびぃ

http://school-free.com
e-mail : ivy@school-free.com

〒739-0014　広島県東広島市西条昭和町5-3
TEL : 082-424-3391　FAX : 082-424-3392
交通 : 山陽線「西条駅」

 フリースクール 高認指導

■教育方針■

スタッフは、社会への架け橋という役割を果たすために生徒と先生、生徒と大学生、生徒と生徒という関わりの中から、生徒自身が自分を見つめるためのサポートをしていきます。そして、教育と医療の連携を大切にしています。小児科や児童精神科の医師との連絡を密にしています。また、教員を目指している広島大学の学生たちがボランティアとして理科実験、美術、体育、家庭科や各教科の指導などで子どもたちに関わってくれています。

親 の 会	○
受入時面接	○
体験入学	○
学校出席扱	○

費用	入会金	10,000円
	教材費	0円
	授業料	36,000円／月
	その他	雑費として1,000円

代 表 者	田邊　恭
設 立	2004年
受入年齢	小・中・高校生
運営日時	火曜〜土曜日 10:00〜16:00 16:00〜19:00
定 員	50名
在籍者数	39名(20242年1月現在)
スタッフ数	3名+大学生30名

■こんな子どもに向いています■

人間関係やコミュニケーションで困っている方、高校卒業資格を取得したい方、学力を向上させたい方。

■主な活動内容■

理科実験、美術、料理、体育、PC、川柳の他、月1回の行事を実施。教科指導やカウンセリング・SSTも実施。児童デイサービスも併設しています。

■スタッフの特長■

全員カウンセリングの資格を有します。大学生は教員志望です。

悠学館高等学院 広島教室（サポート校）

https://sanin-kyoiku.jp
e-mail : info@sanin-kyoiku.jp

〒730-0042　広島県広島市中区国泰寺町2-2-24 増田ビル2F
TEL : 082-569-4560　FAX : 082-569-4575
交通 : 広島電鉄「鷹野橋駅」

 サポート

■ 教育方針■

高校卒業の資格だけでいいですか？「もう一つ大切なものみつけるお手伝いさせて下さい！」をスタンスに個人の能力にあった、学習、生活面のアドバイスを行います。色々な経験を持ったスタッフの歩んで来た人生の中での気付き、発見が子どもさんの心をとらえられるように人間関係を築けたらと思っています。さらに、小・中学生のフリースクール、支援の必要な子どもさんへの学習支援をはじめました。子どもの能力を見出し、それを伸ばす発育を基本とし、個別対応をして行きます。新入、編入、転入学受け付け可能です。
滋慶学園高等学校サポートセンター一般社団法人山陰教育研究所が運営。

親 の 会	○
受入時面接	○
体験入学	○
学校出席扱	○

費用	入会金	22,000円〜
	教材費	—
	授業料	30,000円〜／月
	その他	—

代 表 者	山崎　伸夫
設 立	2000年
受入年齢	サポート校：高校生
運営日時	火曜〜金曜 10:00〜16:30 月曜 個別対応 土曜 個別対応
定 員	30名
在籍者数	12名(2024年1月末現在)
スタッフ数	5名

■こんな子どもに向いています■

自分を変えてみたいと考えている方すべて…中学校に少し行きにくくなって…だけど勉強はしたい…そんな方のお手伝いをしたいと思っています。発達障がいの方の学習支援をはじめました。

■主な活動内容■

心を育てることを、主な目的として、一人ひとりの目的に応じたお手伝いをできるよう心がけています。インターネット教材で学習の完全サポートはじめました。

■スタッフの特長■

20〜60代塾講師（学習担当）、男性3名女性3名　教員経験者、カウンセラー。

中国・四国

楽らくゼミナール

http://www.rakuzemi.com
e-mail：rakuzemi@ccv.ne.jp

〒730-0847　広島県広島市中区舟入南1-4-41
TEL&FAX：082-234-1004
交通：江波線「舟入川口町駅」

■教育方針
マンツーマンで一人ひとりの生徒と向き合い生徒達の成長とともに自らも成長していくことを目標とします。生徒の家を訪問して家庭教師のような形で授業をするので、多感な子に対してもストレスの少ない環境で勉強ができると好評です。勉強のみというのではなくカウンセリングで心のサポートもしていきます。通信制高校や通信制大学とも連携しています。カウンセリングや各種セラピーも導入しております。

親 の 会	—
受入時面接	○
体験入学	○
学校出席扱	○

費用	入 会 金	10,000円
	教 材 費	—
	授 業 料	30,000円／月
	その他	初回カウンセリング料として 10,000円

代 表 者	岩崎　正導
設　　立	1996年
受入年齢	問わない
運営日時	第5週以外毎日 10:00～22:00
定　　員	17名
在籍者数	14名(2024年1月末現在)
スタッフ数	1名

■こんな子どもに向いています■
マンツーマンなので多様な価値観を持つ個性的な子に対しても肯定的にしっかり受けとめます。

■主な活動内容■
生徒の家を訪問してカウンセリングをしたり、通信制高校のレポートをしていきます。

■スタッフの特長■

トライ式中等部 新山口キャンパス

https://www.try-gakuin.com/freeschool/
e-mail：try-gakuin-chutobu@trygroup.com

〒754-0043　山口県山口市小郡明治2-12-5
TPUビル2F
※全国に123ヶ所のキャンパスがあります
TEL：0120-919-439

■教育方針
不登校からの高校進学・大学進学をはじめとして、あらゆる生徒の進路を切り開くために、学力の向上はもとより社会を生き抜く力を育む様々な支援を行っているのがトライ式中等部です。夢や目標の実現に向け、一人ひとりに合わせたサポートをしています。
学習スタイルは「通学型」「在宅型」「オンライン型」の3つあり、自分にあったものを選べます。いつでも何度でも、切り替えたり組み合わせることができます。
また、在籍している中学校の学校長の許可があれば、トライ式中等部への登校を出席扱いにすることが可能です。

親 の 会	—
受入時面接	○
体験入学	○
学校出席扱	学校との相談が必要

費用	入 会 金	50,000円(税別)
	教 材 費	—
	授 業 料	40,000円／月(税別)
	その他	詳細は直接お問い合わせください。

代 表 者	物部　晃之
設　　立	2019年10月
受入年齢	中学生
運営日時	9時～16時 指導場所、曜日、時間は 自由に選択可能
定　　員	—
在籍者数	—
スタッフ数	—

■こんな子どもに向いています■
・不登校を解決したいと考えている方
・中学校の勉強についていきたい方
・高校へ進学したいと考えている方

■主な活動内容■
学習の個別サポートに加え、修学旅行や体育祭などの学校行事やサークル活動、ゼミ（プログラミングなど）に参加することができます。※参加は自由です

■スタッフの特長■
経験豊富なキャンパス長や講師がキャンパスに常駐し、日々の学習や生活をサポートします。

NPO法人 Nest（旧フリースクール下関）

http://www.nest-fs.sakura.ne.jp/
e-mail：nest-free@polka.ocn.ne.jp

〒751-0832　山口県下関市生野町2-27-7
TEL&FAX：083-255-1026
交通：JR山陽本線「幡生駅」

■教育方針
Nestには「巣」という意味の他に「居心地のいい場所」という意味合いがあります。人に対する肯定的な見方が、それぞれの人が自分らしく生きることへのエネルギーになります。人を変えることではなく、私というものを変えることでもなく、あなたや私が自分らしく存在しあえること、そしてそれが命の尊厳に繋がって行くと考えています。そうしたところを根幹に、不登校・ひきこもり状態の子どもたちや青年たちの生き方の応援になる活動に取り組んでいます。

親 の 会	○
受入時面接	○
体験入学	○
学校出席扱	○

費用	入 会 金	0～1,000円
	教 材 費	実費
	授 業 料	家庭経済状況に応じて ～5,000円／月
	その他	詳細につきましては お問い合わせください

代 表 者	石川　章
設　　立	1996年
受入年齢	小・中・高校生年齢
運営日時	月～金曜 9:00～16:00 個別・集団あり
定　　員	—
在籍者数	50名(2024年1月現在)
スタッフ数	7名

■こんな子どもに向いています■
自分を否定的に見ている人／将来に不安を感じている人／自分の生き方を模索している人。

■主な活動内容■
居場所としてのフリースクール下関／学習サポート／個別相談・カウンセリング・出向き相談・訪問サポート。

■スタッフの特長■
当法人のサポート養成講座修了者で、20代以上の幅広い経歴の男女。

中国・四国

トライ式中等部 徳島キャンパス

https://www.try-gakuin.com/freeschool/
e-mail：try-gakuin-chutobu@trygroup.com

〒770-0831 徳島県徳島市寺島本町西1-57
徳島駅前ターミナルビル4F
※全国に123ヶ所のキャンパスがあります
TEL：0120-919-439

■教育方針

不登校からの高校進学・大学進学をはじめとして、あらゆる生徒の進路を切り開くために、学力の向上はもとより社会を生き抜く力を育む様々な支援を行っているのがトライ式中等部です。夢や目標の実現に向け、一人ひとりに合わせたサポートをしています。
学習スタイルは「通学型」「在宅型」「オンライン型」の3つあり、自分にあったものを選べます。いつでも何度でも、切り替えたり組み合わせることができます。
また、在籍している中学校の学校長の許可があれば、トライ式中等部への登校を出席扱いにすることが可能です。

親 の 会	—
受入時面接	○
体験入学	○
学校出席扱	○ 学校との相談が必要

費用	入 会 金	50,000円(税別)
	教材費	—
	授 業 料	40,000円/月(税別)
	その他	詳細は直接お問い合わせください。

代 表 者	物部　晃之
設　立	2015年4月
受入年齢	中学生
運営日時	9時〜16時 指導場所、曜日、時間は自由に選択可能
定　員	—
在籍者数	—
スタッフ数	—

■こんな子どもに向いています ■
・不登校を解決したいと考えている方
・中学校の勉強についていきたい方
・高校へ進学したいと考えている方

■主な活動内容 ■
学習の個別サポートに加え、修学旅行や体育祭などの学校行事やサークル活動、ゼミ(プログラミングなど)に参加することができます。※参加は自由です

■スタッフの特長 ■
経験豊富なキャンパス長や講師がキャンパスに常駐し、日々の学習や生活をサポートします。

トライ式中等部 高松キャンパス

https://www.try-gakuin.com/freeschool/
e-mail：try-gakuin-chutobu@trygroup.com

〒760-0054 香川県高松市常磐町1-3-1
瓦町FLAG 9F
※全国に123ヶ所のキャンパスがあります
TEL：0120-919-439

■教育方針

不登校からの高校進学・大学進学をはじめとして、あらゆる生徒の進路を切り開くために、学力の向上はもとより社会を生き抜く力を育む様々な支援を行っているのがトライ式中等部です。夢や目標の実現に向け、一人ひとりに合わせたサポートをしています。
学習スタイルは「通学型」「在宅型」「オンライン型」の3つあり、自分にあったものを選べます。いつでも何度でも、切り替えたり組み合わせることができます。
また、在籍している中学校の学校長の許可があれば、トライ式中等部への登校を出席扱いにすることが可能です。

親 の 会	—
受入時面接	○
体験入学	○
学校出席扱	○ 学校との相談が必要

費用	入 会 金	50,000円(税別)
	教材費	—
	授業料	40,000円/月(税別)
	その他	詳細は直接お問い合わせください。

代 表 者	物部　晃之
設　立	2013年4月
受入年齢	中学生
運営日時	9時〜16時 指導場所、曜日、時間は自由に選択可能
定　員	—
在籍者数	—
スタッフ数	—

■こんな子どもに向いています ■
・不登校を解決したいと考えている方
・中学校の勉強についていきたい方
・高校へ進学したいと考えている方

■主な活動内容 ■
学習の個別サポートに加え、修学旅行や体育祭などの学校行事やサークル活動、ゼミ(プログラミングなど)に参加することができます。※参加は自由です

■スタッフの特長 ■
経験豊富なキャンパス長や講師がキャンパスに常駐し、日々の学習や生活をサポートします。

フリースクール「ヒューマン・ハーバー」

https://fshh.jp/
e-mail：free-school-human-harbor@hotmail.com

〒761-8064　香川県高松市上之町3-3-7
TEL：090-7623-6496　FAX：087-865-0157
交通：コトデン琴平線「三条駅」

■教育方針

学校に行かない選択をした子どもたちが心をいやし、日々の活動がすべて学びという中から社会へ出ていくための準備を自分のペースでできる居場所です。仲間たちと色々な体験をし、時には自分と向き合うことで、自分は今何をすべきなのかを考え成長していけるようなサポートを行っています。あなたも一度ヒューマン・ハーバーにいらしてみませんか?

親 の 会	○
受入時面接	○
体験入学	○
学校出席扱	○

費用	入 会 金	0円
	教材費	—
	授業料	—
	その他	会費小・中 20,000円/月 高校生 30,000円/月

代 表 者	木村　清美
設　立	1996年
受入年齢	小〜高
運営日時	月: 20歳以上の活動日 火・水・木・金・土: 小・中学生対象
定　員	—
在籍者数	16名(2023年12月現在)
スタッフ数	5名

■こんな子どもに向いています ■
学校に行っていない子、学校に通っているが学校外でも学びたい子ども。

■主な活動内容 ■
スポーツ、バンド、キャンプ、人形劇団、ボランティアなど自分たちで自主的に活動内容やルールをミーティングで話し合って決めていきます。

■スタッフの特長 ■
カウンセラー、教員免許保有者、社会人など様々。

トライ式中等部 松山キャンパス

https://www.try-gakuin.com/freeschool/
e-mail：try-gakuin-chutobu@trygroup.com

〒790-0011 愛媛県松山市千舟町5-5-3
EME松山千舟町ビル1F
※全国に123ヶ所のキャンパスがあります
TEL：0120-919-439

■教育方針

不登校からの高校進学・大学進学をはじめとして、あらゆる生徒の進路を切り開くために、学力の向上はもとより社会を生き抜く力を育む様々な支援を行っているのがトライ式中等部です。夢や目標の実現に向け、一人ひとりに合わせたサポートをしています。

学習スタイルは「通学型」「在宅型」「オンライン型」の3つあり、自分にあったものを選べます。いつでも何度でも、切り替えたり組み合わせることができます。

また、在籍している中学校の学校長の許可があれば、トライ式中等部への登校を出席扱いにすることが可能です。

親 の 会	—
受入時面接	○
体験入学	○
学校出席扱	○（学校との相談が必要）

代 表 者	物部　晃之
設　　立	2019年4月
受入年齢	中学生
運営日時	9時〜16時 指導場所、曜日、時間は自由に選択可能

費用	入 会 金	50,000円（税別）
	教材費	—
	授業料	40,000円／月（税別）
	その他	詳細は直接お問い合わせください。

定　　員	—
在籍者数	—
スタッフ数	—

■こんな子どもに向いています

・不登校を解決したいと考えている方
・中学校の勉強についていきたい方
・高校へ進学したいと考えている方

■主な活動内容

学習の個別サポートに加え、修学旅行や体育祭などの学校行事やサークル活動、ゼミ（プログラミングなど）に参加することができます。※参加は自由です

■スタッフの特長

経験豊富なキャンパス長や講師がキャンパスに常駐し、日々の学習や生活をサポートします。

（社）フリースクール楓・松山東林館

http://www.matuyama-tuusin.com/
e-mail：jack-hoo@dream.jp

〒790-0006　愛媛県松山市南堀端町5-10
清水ビル3F
TEL&FAX：089-948-8106
交通：伊予鉄道市内電車「南堀端駅」

■教育方針

小規模・少人数での心地よい居場所をめざしています。安心して充電できれば、巣立てる力が育ちます。

自分に、人に、新たなセカイに出会って、人と関わる楽しさとコツを知り、自分らしい可能性を見つけてほしいと願っています。

〈大事にしていること〉
・「自分で決める、選ぶ」（そして一歩踏み出す）
・「そうなんだ！」という気づき
・遊び心、笑い

親 の 会	—
受入時面接	○
体験入学	○
学校出席扱	○

※学校出席扱は、校長判断による

代 表 者	加藤　美樹
設　　立	2008年
受入年齢	小・中・高校生 20歳前後の方
運営日時	月・火・水・木・金・土曜 9:30〜 個別や訪問は相談可

費用	入 会 金	5,000円〜
	教材費	—
	授業料	20,000円〜／月 雑費等1,000円／月
	その他	回数制が主体

定　　員	35名
在籍者数	30名
スタッフ数	2名+大学生

■こんな子どもに向いています

学校集団、人間関係やコミュニケーションで困っている方、高校卒業資格を取得したい方、基礎的学力を向上させたい方。

■主な活動内容

通信制高校生の援助、社会性コミュニケーション力を育てるSSTやカウンセリング。訪問可能。eラーニング教材あり。

■スタッフの特長

臨床発達心理士、元・教員（高校・特支）
公認心理師2名、大学生・大学院生。

中国・四国

トライ式中等部 高知キャンパス

https://www.try-gakuin.com/freeschool/
e-mail：try-gakuin-chutobu@trygroup.com

〒780-0833　高知県高知市南はりまや町1-17-1
ケンタッキービル3F
※全国に123ヶ所のキャンパスがあります
TEL：0120-919-439

■教育方針

不登校からの高校進学・大学進学をはじめとして、あらゆる生徒の進路を切り開くために、学力の向上はもとより社会を生き抜く力を育む様々な支援を行っているのがトライ式中等部です。夢や目標の実現に向け、一人ひとりに合わせたサポートをしています。

学習スタイルは「通学型」「在宅型」「オンライン型」の3つあり、自分にあったものを選べます。いつでも何度でも、切り替えたり組み合わせることができます。

また、在籍している中学校の学校長の許可があれば、トライ式中等部への登校を出席扱いにすることが可能です。

親 の 会	—
受入時面接	○
体験入学	○
学校出席扱	○（学校との相談が必要）

代 表 者	物部　晃之
設　　立	2020年4月
受入年齢	中学生
運営日時	9時〜16時 指導場所、曜日、時間は自由に選択可能

費用	入 会 金	50,000円（税別）
	教材費	—
	授業料	40,000円／月（税別）
	その他	詳細は直接お問い合わせください。

定　　員	—
在籍者数	—
スタッフ数	—

■こんな子どもに向いています

・不登校を解決したいと考えている方
・中学校の勉強についていきたい方
・高校へ進学したいと考えている方

■主な活動内容

学習の個別サポートに加え、修学旅行や体育祭などの学校行事やサークル活動、ゼミ（プログラミングなど）に参加することができます。※参加は自由です

■スタッフの特長

経験豊富なキャンパス長や講師がキャンパスに常駐し、日々の学習や生活をサポートします。

フリースクールウィン

https://free-win.jp
e-mail：info@free-win.jp

〒781-8010　高知県高知市桟橋通3丁目26-29
TEL：088-833-1137　FAX：088-833-1173
交通：JR土讃線「高知駅」

■教育方針

フリースクールウィンは、「不登校」「高校中退」など様々なニーズをもつ方に開かれた「新しい学びのコミュニティー」を目指すフリースクールです。10人の人間がいれば10通りの個性がそこにあります。一通りの教育では、はみ出してしまう方が必ずいます。一人ひとりの個性に応じた指導こそがウィンが目指す教育です。

代表者	山波　嘉律雄
設立	2003年
受入年齢	年齢制限なし
運営日時	月曜〜金曜 13時00分〜16時00分
定員	30名
在籍者数	23名(2023年12月現在)
スタッフ数	8名

親の会	—		費用	入会金	20,000円
受入時面接	○			教材費	—
体験入学	○			授業料	30,000円／月
学校出席扱	○			その他	—

■こんな子どもに向いています■
不登校や高校中退者、高校入試や高卒認定試験、大学受験を目指している方。

■主な活動内容■
高校入試や高卒認定試験、大学受験のための学習支援(個別指導)ひきこもり傾向の方には訪問支援。

■スタッフの特長■
20代中心／男性スタッフの方が少し多い／教員免許保有者がいます

さくらフリースクール久留米

（くるめ）

https://sakura-fs.net
e-mail：info@sakura-fs.net

〒830-0035　福岡県久留米市東和町1-14
成冨ビル4F
TEL：0942-36-8833　FAX：0942-36-8873
交通：西鉄大牟田線「久留米駅」徒歩3分

■教育方針

通信制『さくら国際高等学校久留米キャンパス』が運営する中学生対象のスクールです。一般的なフリースクールでは小中学生が居場所として一緒に利用することが多いのですが、当校では在籍する中学校への行きづらさがある、学習の遅れが気になる、人との関わりを増やしたいなどさまざまな思いから不安を感じている中学生を対象としています。教科の学習や体験活動、遊びや高校のイベント参加など様々な活動をしています。
さくら国際高等学校に進学することが前提ではないので、安心してご相談ください。

代表者	星野　毅
設立	2010年
受入年齢	中学生・中学校既卒生
運営日時	基本は火曜・木曜の午後から3時間程度。それ以上の登校は別途個別相談
定員	15名程度
在籍者数	5名前後(1日あたりの登校人数)
スタッフ数	4名

親の会	—		費用	入会金	6,000円
受入時面接	○			教材費	実費
体験入学	○			授業料	13,200円／月〜
学校出席扱	○(学校長判断による)			その他	イベント等の参加費

■こんな子どもに向いています■
・大きな集団の中では不安を感じる方
・中学校への行きづらさを感じている方
・学習面の不安を少しずつでも解消したい方
・自分のペースで様々なことに取り組みたい方

■主な活動内容■
・数学や英語を中心とした振り返り学習(iPad活用)
・「遊び」を通じたコミュニケーションの構築
・高校のプチイベント参加で高校生との異年齢交流
・家から出ることを目的とした居場所としての活用

さくらフリースクール太宰府

（だざいふ）

https://sakura-fs.net
e-mail：info@sakura-fs.net

〒818-0104　福岡県太宰府市通古賀3-11-21
フィールド都府楼1F
TEL：092-555-3688　FAX：0942-36-8873
交通：西鉄大牟田線「都府楼前駅」徒歩1分

■教育方針

通信制『さくら国際高等学校太宰府キャンパス』が運営する中学生対象のスクールです。一般的なフリースクールでは小中学生が居場所として一緒に利用することが多いのですが、当校では在籍する中学校への行きづらさがある、学習の遅れが気になる、人との関わりを増やしたいなどさまざまな思いから不安を感じている中学生を対象としています。教科の学習や体験活動、遊びや高校のイベント参加など様々な活動をしています。
さくら国際高等学校に進学することが前提ではないので、安心してご相談ください。

代表者	星野　毅
設立	2021年
受入年齢	中学生・中学校既卒生
運営日時	基本は火曜・木曜の午後から3時間程度。それ以上の登校は別途個別相談
定員	15名程度
在籍者数	5名前後(1日あたりの登校人数)
スタッフ数	4名

親の会	—		費用	入会金	6,000円
受入時面接	○			教材費	実費
体験入学	○			授業料	13,200円／月〜
学校出席扱	○(学校長判断による)			その他	イベント等の参加費

■こんな子どもに向いています■
・大きな集団の中では不安を感じる方
・中学校への行きづらさを感じている方
・学習面の不安を少しずつでも解消したい方
・自分のペースで様々なことに取り組みたい方

■主な活動内容■
・数学や英語を中心とした振り返り学習(iPad活用)
・「遊び」を通じたコミュニケーションの構築
・高校のプチイベント参加で高校生との異年齢交流
・家から出ることを目的とした居場所としての活用
・絵やイラストなどのアートへの取り組み

中国・四国

九州・沖縄

スタディプレイス春日原校

〒816-0931　福岡県大野城市筒井2-2-26
TEL：070-5495-2695　FAX：
交通：西鉄大牟田線「春日原駅」徒歩7分

https://education-a3.net/studyplace/
e-mail：info@education-a3.net

■教育方針
スタディプレイスでは、1人1台のICT端末を活用した個別最適化された教科学習と探求学習や体験型学習による社会で必要な新しい学びの機会を提供。ひとり親世帯や住民税非課税世帯等経済的困窮世帯を対象に、寄付を原資に授業料の50〜70%を減免する独自の奨学制度を提供。

親 の 会	—
受入時面接	○
体験入学	○
学校出席扱	○

費用	入 会 金	55,000円
	教 材 費	—
	授 業 料	37,600円／月
	そ の 他	—

代 表 者	草場　勇一
設　　立	2017年
受入年齢	小・中・高校生
運営日時	月〜金曜日 9:30〜14:45
定　　員	20名
在籍者数	16名(2024年2月現在)
スタッフ数	4名

■こんな子どもに向いています
・学校という場所・集団が苦手
・自分の好きなことややりたいことがある
・学校は嫌だけど学習には取り組みたい

■主な活動内容
学校の代わりに安心して通えるフリースクール・オルタナティブスクール「スタディプレイス」。

■スタッフの特長
フレンドリーな20代の若いスタッフが中心で子どもたちの学びや体験をサポートします。

スタディプレイス野方校

〒819-0043　福岡県福岡市西区野方1-19-33
TEL：070-5495-2695　FAX：
交通：地下鉄七隈線「橋本駅」徒歩15分

https://education-a3.net/studyplace/
e-mail：info@education-a3.net

■教育方針
スタディプレイスでは、1人1台のICT端末を活用した個別最適化された教科学習と探求学習や体験型学習による社会で必要な新しい学びの機会を提供。ひとり親世帯や住民税非課税世帯等経済的困窮世帯を対象に、寄付を原資に授業料の50〜70%を減免する独自の奨学制度を提供。

親 の 会	—
受入時面接	○
体験入学	○
学校出席扱	○

費用	入 会 金	55,000円
	教 材 費	—
	授 業 料	37,600円／月
	そ の 他	—

代 表 者	草場　勇一
設　　立	2017年
受入年齢	小・中・高校生
運営日時	月〜金曜日 9:30〜14:45
定　　員	16名
在籍者数	15名(2024年2月現在)
スタッフ数	4名

■こんな子どもに向いています
・学校という場所・集団が苦手
・自分の好きなことややりたいことがある
・学校は嫌だけど学習には取り組みたい

■主な活動内容
学校の代わりに安心して通えるフリースクール・オルタナティブスクール「スタディプレイス」。

■スタッフの特長
フレンドリーな20代の若いスタッフが中心で子どもたちの学びや体験をサポートします。

スタディプレイス箱崎校

〒812-0053　福岡県福岡市東区箱崎6-14-18
TEL：070-5495-2695　FAX：
交通：地下鉄空港線「箱崎九大前駅」徒歩5分

https://education-a3.net/studyplace/
e-mail：info@education-a3.net

■教育方針
スタディプレイスでは、1人1台のICT端末を活用した個別最適化された教科学習と探求学習や体験型学習による社会で必要な新しい学びの機会を提供。ひとり親世帯や住民税非課税世帯等経済的困窮世帯を対象に、寄付を原資に授業料の50〜70%を減免する独自の奨学制度を提供。

親 の 会	—
受入時面接	○
体験入学	○
学校出席扱	○

費用	入 会 金	55,000円
	教 材 費	—
	授 業 料	37,600円／月
	そ の 他	—

代 表 者	草場　勇一
設　　立	2017年
受入年齢	小・中・高校生
運営日時	月〜金曜日 9:30〜14:45
定　　員	16名
在籍者数	7名(2024年2月現在)
スタッフ数	9名

■こんな子どもに向いています
・学校という場所・集団が苦手
・自分の好きなことややりたいことがある
・学校は嫌だけど学習には取り組みたい

■主な活動内容
学校の代わりに安心して通えるフリースクール・オルタナティブスクール「スタディプレイス」。

■スタッフの特長
フレンドリーな20代の若いスタッフが中心で子どもたちの学びや体験をサポートします。

九州・沖縄

トライ式中等部 久留米キャンパス

https://www.try-gakuin.com/freeschool/
e-mail：try-gakuin-chutobu@trygroup.com

〒830-0033 福岡県久留米市天神町1-6
FLAG KURUME 2F
※全国に123ヶ所のキャンパスがあります
TEL：0120-919-439

■教育方針

不登校からの高校進学・大学進学をはじめとして、あらゆる生徒の進路を切り開くために、学力の向上はもとより社会を生き抜く力を育む様々な支援を行っているのがトライ式中等部です。夢や目標の実現に向け、一人ひとりに合わせたサポートをしています。

学習スタイルは「通学型」「在宅型」「オンライン型」の3つあり、自分にあったものを選べます。いつでも何度でも、切り替えたり組み合わせることができます。

また、在籍している中学校の学校長の許可があれば、トライ式中等部への登校を出席扱いにすることが可能です。

親 の 会	―
受入時面接	○
体 験 入 学	○
学校出席扱	○ 学校との相談が必要

費用	入 会 金	50,000円（税別）
	教 材 費	―
	授 業 料	40,000円／月（税別）
	そ の 他	詳細は直接お問い合わせください。

代 表 者	物部　晃之
設 立	2020年4月
受入年齢	中学生
運営日時	9時〜16時 指導場所、曜日、時間は自由に選択可能
定 員	―
在籍者数	―
スタッフ数	―

■こんな子どもに向いています■
・不登校を解決したいと考えている方
・中学校の勉強についていきたい方
・高校へ進学したいと考えている方

■主な活動内容■
学習の個別サポートに加え、修学旅行や体育祭などの学校行事やサークル活動、ゼミ（プログラミングなど）に参加することができます。※参加は自由です

■スタッフの特長■
経験豊富なキャンパス長や講師がキャンパスに常駐し、日々の学習や生活をサポートします。

トライ式中等部 小倉キャンパス

https://www.try-gakuin.com/freeschool/
e-mail：try-gakuin-chutobu@trygroup.com

〒806-0006 福岡県北九州市小倉北区魚町1-4-21
北九州魚町センタービル2F
※全国に123ヶ所のキャンパスがあります
TEL：0120-919-439

■教育方針

不登校からの高校進学・大学進学をはじめとして、あらゆる生徒の進路を切り開くために、学力の向上はもとより社会を生き抜く力を育む様々な支援を行っているのがトライ式中等部です。夢や目標の実現に向け、一人ひとりに合わせたサポートをしています。

学習スタイルは「通学型」「在宅型」「オンライン型」の3つあり、自分にあったものを選べます。いつでも何度でも、切り替えたり組み合わせることができます。

また、在籍している中学校の学校長の許可があれば、トライ式中等部への登校を出席扱いにすることが可能です。

親 の 会	―
受入時面接	○
体 験 入 学	○
学校出席扱	○ 学校との相談が必要

費用	入 会 金	50,000円（税別）
	教 材 費	―
	授 業 料	40,000円／月（税別）
	そ の 他	詳細は直接お問い合わせください。

代 表 者	物部　晃之
設 立	2018年4月
受入年齢	中学生
運営日時	9時〜16時 指導場所、曜日、時間は自由に選択可能
定 員	―
在籍者数	―
スタッフ数	―

■こんな子どもに向いています■
・不登校を解決したいと考えている方
・中学校の勉強についていきたい方
・高校へ進学したいと考えている方

■主な活動内容■
学習の個別サポートに加え、修学旅行や体育祭などの学校行事やサークル活動、ゼミ（プログラミングなど）に参加することができます。※参加は自由です

■スタッフの特長■
経験豊富なキャンパス長や講師がキャンパスに常駐し、日々の学習や生活をサポートします。

トライ式中等部 福岡天神キャンパス

https://www.try-gakuin.com/freeschool/
e-mail：try-gakuin-chutobu@trygroup.com

〒810-0041 福岡県福岡市中央区大名2-9-30
淀ビル1F
※全国に123ヶ所のキャンパスがあります
TEL：0120-919-439

■教育方針

不登校からの高校進学・大学進学をはじめとして、あらゆる生徒の進路を切り開くために、学力の向上はもとより社会を生き抜く力を育む様々な支援を行っているのがトライ式中等部です。夢や目標の実現に向け、一人ひとりに合わせたサポートをしています。

学習スタイルは「通学型」「在宅型」「オンライン型」の3つあり、自分にあったものを選べます。いつでも何度でも、切り替えたり組み合わせることができます。

また、在籍している中学校の学校長の許可があれば、トライ式中等部への登校を出席扱いにすることが可能です。

親 の 会	―
受入時面接	○
体 験 入 学	○
学校出席扱	○ 学校との相談が必要

費用	入 会 金	50,000円（税別）
	教 材 費	―
	授 業 料	40,000円／月（税別）
	そ の 他	詳細は直接お問い合わせください。

代 表 者	物部　晃之
設 立	2010年4月
受入年齢	中学生
運営日時	9時〜16時 指導場所、曜日、時間は自由に選択可能
定 員	―
在籍者数	―
スタッフ数	―

■こんな子どもに向いています■
・不登校を解決したいと考えている方
・中学校の勉強についていきたい方
・高校へ進学したいと考えている方

■主な活動内容■
学習の個別サポートに加え、修学旅行や体育祭などの学校行事やサークル活動、ゼミ（プログラミングなど）に参加することができます。※参加は自由です

■スタッフの特長■
経験豊富なキャンパス長や講師がキャンパスに常駐し、日々の学習や生活をサポートします。

九州・沖縄

トライ式中等部 薬院キャンパス

https://www.try-gakuin.com/freeschool/
e-mail：try-gakuin-chutobu@trygroup.com

〒810-0004 福岡県福岡市中央区渡辺通2-4-8
福岡小学館ビル2F
※全国に123ヶ所のキャンパスがあります
TEL：0120-919-439

フリースクール
サポート

■教育方針
不登校からの高校進学・大学進学をはじめとして、あらゆる生徒の進路を切り開くために、学力の向上はもとより社会を生き抜く力を育む様々な支援を行っているのがトライ式中等部です。夢や目標の実現に向け、一人ひとりに合わせたサポートをしています。
学習スタイルは「通学型」「在宅型」「オンライン型」の3つあり、自分にあったものを選べます。いつでも何度でも、切り替えたり組み合わせることができます。
また、在籍している中学校の学校長の許可があれば、トライ式中等部への登校を出席扱いにすることが可能です。

親 の 会	―
受入時面接	○
体験入学	○
学校出席扱	○ 学校との相談が必要

費用	入会金	50,000円(税別)
	教材費	
	授業料	40,000円/月(税別)
	その他	詳細は直接お問い合わせください。

代表者	物部 晃之
設 立	2019年4月
受入年齢	中学生
運営日時	9時〜16時 指導場所、曜日、時間は自由に選択可能
定 員	―
在籍者数	―
スタッフ数	―

■こんな子どもに向いています■
・不登校を解決したいと考えている方
・中学校の勉強についていきたい方
・高校へ進学したいと考えている方

■主な活動内容
学習の個別サポートに加え、修学旅行や体育祭などの学校行事やサークル活動、ゼミ(プログラミングなど)に参加することができます。※参加は自由です

■スタッフの特長
経験豊富なキャンパス長や講師がキャンパスに常駐し、日々の学習や生活をサポートします。

NPO法人 箱崎自由学舎ESPERANZA （えすぺらんさ）

http://www.esperanzahp.jp/
e-mail：info@esperanzahp.jp

〒812-0053 福岡県福岡市東区箱崎3-18-8
TEL：092-643-8615 FAX：092-643-8625
交通：地下鉄箱崎線「箱崎九大前駅」

フリースクール
フリースペース

■教育方針
あふれる笑顔 伸びゆく個性 希望に輝く子ども達！をモットーに、「いろんな個性、みんな違ってみんないい！」と考え、スペイン語で「希望・夢」の意味を持つ当学舎。常勤・ボランティアスタッフによる少人数〜個別での丁寧な学習指導。関係する人々との出会いからコミュニケーション能力を高め、自信を引き出す。自主性を重んじた様々な体験活動(陶芸、キャンプ、ボランティア等)を通して、元気を取り戻して、生きる力を育む居場所。

親 の 会	○
受入時面接	○
体験入学	○
学校出席扱	○ (随時学校と相談)

費用	入会金	0円
	教材費	授業料に含む
	授業料	小学生2,500円/日 中学生35,000円/月 高校生3〜50,000円/月
	その他	施設費として年間100,000円(入学月により月割計算)

代表者	小田 哲也
設 立	2005年
受入年齢	小・中・高校生
運営日時	月〜金曜日 9:00〜17:30 フリースペースは 10:00〜14:00
定 員	20名
在籍者数	16名(2024年1月現在)
スタッフ数	4名

■こんな子どもに向いています■
何かを始める時にとてもプレッシャーを感じる子。少人数でアットホームな雰囲気を好む子。小学生対応可能なフリースペース(2,500円/日)を開設しています。まずご相談下さい。

■主な活動内容
教科学習／米作り／様々な自然体験や地域活動／ランチクッキングデー／ゲストティーチャーとの交流など。

■スタッフの特長
20代〜(ボランティアスタッフ10名)
常勤:男性2名、女性2名(全員教員免許保有)

フリースクール☆かがやき

https://edunpo.seisa.ac.jp/
e-mail：fukuoka@seisa.ed.jp

〒811-0213 福岡県福岡市東区和白丘
1-20-9 (福岡東学習センター内)
TEL：092-605-0577 FAX：092-605-0576
交通：JR鹿児島本線「福工大前駅」
和白方面出口より徒歩3分

フリースクール

■教育方針
現在、学校に通っていない、あるいは休みがちな中学生や進路模索中の若者たちのための「新しい学びの場」です。ここでは、子ども達が「自分らしく・充実した」毎日を過ごしていくための総合的なサポートをしています。子ども達の居場所の提供と一人ひとりの特性・ペースに合わせた指導・支援を行います。
また、規則正しい生活リズムの定着を促すと共に、①好きなこと・得意なことを発見して楽しく学ぶ、②仲間とわかり合い、大切にし合う喜びを感じる、③社会で生きるスキルを身につけ、自信をつけるなど、個々の目的・目標に応じて星槎独自の学習プログラムを導入し、効果的な指導・支援を行います。

親 の 会	○
受入時面接	○
体験入学	○
学校出席扱	△ 所属校判断による

費用	入会金	10,000円(年会費込み)
	教材費	実費
	授業料	週2日:50,000円/半期
	その他	行事費・施設設備費 45,000円

責任者	中山 結城
設 立	2008年
受入年齢	小学生(高学年)〜高校生
運営日時	週1〜5日 9:20〜15:00 (基本)
定 員	15名程度
在籍者数	5名
スタッフ数	15名

■こんな子どもに向いています■
学び方を変えればイキイキとする子どもたち。新しい仲間を求めている子どもたち。同世代の中での生活に困っている子どもたち。

■主な活動内容
本校が開講している選択ゼミ授業を受講し、基礎学力やソーシャルスキル、表現力などを高めていきます。

■スタッフの特長
様々な視点から星槎国際高校の教員やゼミ講師が支援・対応します。

フリースクール☆きらり

https://edunpo.seisa.ac.jp/
e-mail：fukuoka2@seisa.ed.jp

〒810-0012　福岡県福岡市中央区白金1-6-2
（福岡中央学習センター内）
TEL：092-534-6705　FAX：092-534-6706
交通：地下鉄七隈線、西鉄大牟田線「薬院駅」より徒歩6分

■教育方針
現在、学校に通っていない、あるいは休みがちな中学生や進路模索中の若者たちのための「新しい学びの場」です。ここでは、子ども達が「自分らしく・充実した」毎日を過ごしていくための総合的なサポートをしています。子ども達の居場所の提供と一人ひとりの特性・ペースに合わせた指導・支援を行います。また、規則正しい生活リズムの定着を促すと共に、①好きなこと・得意なことを発見して楽しく学ぶ、②仲間とわかり合い、大切にし合う喜びを感じる、③社会で生ききるスキルを身につけ、自信をつけるなど、個々の目的・目標に応じて星槎独自の学習プログラムを導入し、効果的な指導・支援を行います。

代表者	濱　慎
設　立	2008年
受入年齢	中学生以上 ※小学生以下は 要相談
運営日時	週1～5回 9:30～15:00 （基本）
定　員	20名程度
在籍者数	10名
スタッフ数	20名

親　の　会	○
受入時面接	○
体験入学	○
学校出席扱	△ 所属校判断による

費用	入会金	5,000円（年会費込み）
	教材費	実費
	授業料	週2日:60,000円／半期
	その他	35,000円／半期

■こんな子どもに向いています■
学び方を変えればイキイキとする子どもたち。新しい仲間を求めている子どもたち。同世代の中での生活に困っている子どもたち。

■主な活動内容■
本校が開講している選択ゼミ授業を受講し、基礎学力やソーシャルスキル、表現力などを高めていきます。

■スタッフの特長■
様々な視点から星槎国際高校の教員やゼミ講師が支援・対応します。

フリースクール未来学舎 北野校

NPO法人 未来学舎

http://miraigakusha.org
e-mail：info@miraigakusha.org

〒830-1121　福岡県久留米市北野町
十郎丸1492-1
TEL：0942-27-6641
交通：西鉄甘木線「古賀茶屋駅」

■教育方針
フリースクール未来学舎では、全ての活動を「練習」と捉え、「みんなで楽しく」活動するためにも、みんなで一緒に居られる様自分が何を頑張らなければいけないか、どう頑張るかを少しずつやっていきます。

主な活動内容はキッチンカーでの体験販売や農作業など様々です。

代表者	中島　靖博
設　立	2018年
受入年齢	小学生・中学生
運営日時	月曜～金曜 9:00～16:00
定　員	20名
在籍者数	10名
スタッフ数	2名

親　の　会	－
受入時面接	○
体験入学	○
学校出席扱	○

費用	入会金	110,000円
	教材費	－
	授業料	33,000円／月
	その他	－

■こんな子どもに向いています■
仲間や友達、お世話になった人に、感謝や思いやりの気持ちを持とうと少しでも思える人。また、それに少しでも頑張ろうとできる人。

■主な活動内容■
『みんなで楽しく』をスローガンに、遊んだり、遊んだり、遊んだりしてます。

■スタッフの特長■
率先して遊んでます。

フリースクール未来学舎六ツ門校

https://miraigakusha.org/wp/

〒830-0031　福岡県久留米市六ツ門町19-6
TEL：0942-33-0086　FAX：0942-33-0086
交通：西鉄天神大牟田線「西鉄久留米駅」

■教育方針
状況に応じた支援ができる様にサポート体制を整えています。不登校や引きこもり、高校中退などに悩んでいる子供達に、一つ一つ支援のステップを積み重ねていってもらい、自信をつけさせ、しっかりと自立できるようにサポートしていきます。

無料相談カウンセリング・訪問支援、学習支援、活動支援、就労支援を通し、総合的な支援をおこないます。

また、明誠高等学校通信制過程のサポート校も併設しており、中高一貫校のような環境で、高校卒業までサポートしていきます。

代表者	中島　靖博
設　立	2003年
受入年齢	小・中・高
運営日時	月曜～金曜 9:00～17:00
定　員	100名
在籍者数	40名(2024年1月現在)
スタッフ数	6名

親　の　会	○
受入時面接	○
体験入学	○
学校出席扱	○

費用	入会金	11,000円
	教材費	－
	授業料	22,000円／月
	その他	－

■こんな子どもに向いています■
安心できる居場所が欲しい方、自分のペースで学習したい方。

■主な活動内容■
月～金10時～17時の間で自由登校。個別に学習指導・カウンセリング。野外活動・体験活動・調理実習等イベント多数。

■スタッフの特長■
30代・40代・50代と幅広い年齢層の経験豊富なカウンセラーが親身になって相談・支援を行います。

九州・沖縄

NPO法人 うめづメンタルケアセンター
フリースクール ゆうゆう

http://yuyu2000.hp2.jp/
e-mail：f.s.yuyu@muse.ocn.ne.jp

〒815-0032　福岡県福岡市南区塩原3-17-14
ウエストヒルズ塩原401
TEL：092-562-0233　FAX：092-562-0253
交通：西鉄大牟田線「大橋駅」

■教育方針
学校という枠になじめなかった子どもさんたちが社会に出て行くための足がかりになるようにと、「ゆうゆう」を始めました。学校とは違う環境の中で仲間を作って社会性を身につけてもらえたらいいと思います。今すぐは人と交われない子どもさんは、グループに無理に入らずに一人で静かな時間を過ごしながら、皆に少しずつ慣れていってもらえたらいいと思います。子どもも大人も生きていくのが大変なこの時代に、ほっとできる場所になればいいと思います。

親 の 会	―
受入時面接	○
体験入学	○
学校出席扱	○

費用	入 会 金	―
	教材費	なし
	授業料	1日4,000円（日数により減額）
	その他	施設使用料として10,000円、昼食代として260円

代表者	梅津　和子
設　立	2000年
受入年齢	原則として学齢の子ども
運営日時	火・金9:30～16:30月・水・木・土個別活動
定　員	―
在籍者数	14名(2023年12月現在)
スタッフ数	―

■こんな子どもに向いています
心の回復を中心に活動しているので、心のケアが必要な方。ひきこもり・・・出てこられる方、発達障がい・・・軽度。

■主な活動内容
一日のスケジュール　午前:小グループ活動 勉強、料理、工作、お話など自分のテーマで　午後:グループ活動 運動、クラフト、季節の行事、お菓子作り、おでかけなど。

■スタッフの特長
臨床心理士、公認心理師、精神保健福祉士、社会福祉士等。

フリースクール星槎北九州　ひまわり
（せいさ）

http://seisa.ed.jp/kitakyu/
e-mail：kitakyu@seisa.ed.jp

〒804-0066　福岡県北九州市戸畑区初音町9-34　ジュネス汐井2F
TEL：093-967-2685　FAX：093-883-9955
交通：JR鹿児島本線「戸畑駅」徒歩3分

■教育方針
現在、学校に通っていない、あるいは休みがちな児童・生徒のための「新しい学びの場」です。ここでは、誰もが安心して通え、様々な人との関わりや体験学習を通じて好きなこと・得意なことを発見し、楽しく学びながら社会で生きるスキルを身につけるサポートをしています。①好きなこと・得意なことを発見して楽しく学ぶ ②仲間とわかり合い、大切にし合う喜びを感じる ③社会で生ききるスキルを身につけ、自信をつける、など、個々の目的・目標に応じて星槎独自のプログラムを導入し、効果的な指導・支援を行います。

親 の 会	○
受入時面接	○
体験入学	○
学校出席扱	要相談

費用	入 会 金	5,000円
	教材費	実費
	授業料	90,000円／半期
	その他	体験学習費・施設設備費25,000円／半期

代表者	緒方　香
設　立	2018年
受入年齢	中学生以上※小学生以下は要相談
運営日時	週1～5日
定　員	10名程度
在籍者数	5名
スタッフ数	15名

■こんな子どもに向いています
学校に行きたい気持ちはあるけれど…学び方を変えればイキイキとする子どもたち。新しい仲間を求めている子どもたち。同世代の中での生活に困っている子どもたち。

■主な活動内容
週1～3日の登校日と共に、本校が開講している選択ゼミ授業を受講し、基礎学力やソーシャルスキル、表現力などを高めていきます。

■スタッフの特長
不登校や発達障害を理解し、様々な視点から星槎の教員やゼミ講師が支援・対応します。

ルネ中等部 博多校

https://www.r-ac.jp/junior/
e-mail：soudan@broadmedia.co.jp

〒812-0011　福岡県福岡市博多区博多駅前1-23-2
Park Front博多駅前一丁目ビル2F
TEL：0120-526-611
交通：JR・地下鉄「博多駅」

■教育方針
ルネ中等部は、生徒一人ひとりの可能性を大切にし、学校教育にとらわれない学びの場をつくります。
eスポーツやプログラミング、自身が夢中になれることから、本気で取り組んでいる生徒達がいます。その一方で、これから何かを見つけたい、本気で取り組むことで変わりたいという生徒もたくさんいます。
現在の学習環境が合わなかった生徒も、やりたいことを見つけ、未来を生きる原動力を育む場所です。

親 の 会	―
受入時面接	○
体験入学	○
学校出席扱	○

費用	入 会 金	昼50,000円／夕20,000円
	教材費	15,000円
	授業料	昼週①37,400円②56,100円夕週①13,800円②26,800円／月
	その他	―

代表者	桃井　隆良
設　立	2022年
受入年齢	中学生
運営日時	水曜日13:10～16:5017:00～19:00
定　員	―
在籍者数	―
スタッフ数	―

■こんな子どもに向いています
好きなことに夢中になって頑張れる生徒や、様々な理由で中学校に登校できていない生徒など。

■主な活動内容
①ゲーミングPCを使用したeスポーツの講義
②STEAM教育に沿ったプログラミング学習

■スタッフの特長
一人ひとりに向き合った個別指導中心で、講師にはeスポーツコース所属の高校生がいます。

九州・沖縄

251

トライ式中等部 佐賀キャンパス

https://www.try-gakuin.com/freeschool/
e-mail : try-gakuin-chutobu@trygroup.com

〒840-0801 佐賀県佐賀市駅前中央1-6-20
駅前局ビル3F
※全国に123ヶ所のキャンパスがあります
TEL : 0120-919-439

■教育方針

不登校からの高校進学・大学進学をはじめとして、あらゆる生徒の進路を切り開くために、学力の向上はもとより社会を生き抜く力を育む様々な支援を行っているのがトライ式中等部です。夢や目標の実現に向け、一人ひとりに合わせたサポートをしています。

学習スタイルは「通学型」「在宅型」「オンライン型」の3つあり、自分にあったものを選べます。いつでも何度でも、切り替えたり組み合わせることができます。

また、在籍している中学校の学校長の許可があれば、トライ式中等部への登校を出席扱いにすることが可能です。

代 表 者	物部　晃之
設　　立	2019年4月
受入年齢	中学生
運営日時	9時〜16時 指導場所、曜日、時間は自由に選択可能
定　　員	—
在籍者数	—
スタッフ数	—

親 の 会	—	費用	入 会 金	50,000円（税別）
受入時面接	○		教 材 費	—
体験入学	○		授 業 料	40,000円/月（税別）
学校出席扱	○ 学校との相談が必要		その他	詳細は直接お問い合わせください。

■こんな子どもに向いています
・不登校を解決したいと考えている方
・中学校の勉強についていきたい方
・高校へ進学したいと考えている方

■主な活動内容
学習の個別サポートに加え、修学旅行や体育祭などの学校行事やサークル活動、ゼミ（プログラミングなど）に参加することができます。※参加は自由です

■スタッフの特長
経験豊富なキャンパス長や講師がキャンパスに常駐し、日々の学習や生活をサポートします。

フリースクールしいのもり

〒840-0202　佐賀県佐賀市大和町久池井1349-1
TEL：080-4474-7620
交通：長崎線「佐賀駅」

■教育方針

「経験」「体験」をベースにした学びの中から自分で選びとっていく力を培い、生きて行く力を育みます。ありのままの自分でいられる場を提供し、子どもたちの自己肯定感を育んでいきたい。

個性豊かな子ども、感受性豊かな子どもほど、集団の中での生活に苦痛を感じているかもしれません。ゆったりとした時間と空間の中で、その子に合ったペースで学べるように支援します。

代 表 者	藤崎　久美子
設　　立	2016年
受入年齢	小学1年生〜中学生（サポート校としては高校1〜3年生）
運営日時	月〜金 10:00〜17:00
定　　員	40名程度
在籍者数	—
スタッフ数	4〜6名（常駐）

親 の 会	○	費用	入 会 金	10,000円
受入時面接	○		教 材 費	5,000円
体験入学	○		授 業 料	2,000円／日
学校出席扱	学校によっては出席扱いとなっています		その他	—

■こんな子どもに向いています
何らかの理由で学校に行けなくなった子ども、学校生活に疲れてしまった子ども。

■主な活動内容
・野外で体を動かして遊ぶ　・創作、手芸、ゲーム、音楽など自分の好きな事、得意な事を伸ばす　・アニマルセラピーの体験もできる

■スタッフの特長
幅広く経験豊かなスタッフと心理の専門職が支援。

トライ式中等部 佐世保キャンパス

https://www.try-gakuin.com/freeschool/
e-mail : try-gakuin-chutobu@trygroup.com

〒857-0862 長崎県佐世保市白南風町1-16
エス・プラザ2F
※全国に123ヶ所のキャンパスがあります
TEL : 0120-919-439

■教育方針

不登校からの高校進学・大学進学をはじめとして、あらゆる生徒の進路を切り開くために、学力の向上はもとより社会を生き抜く力を育む様々な支援を行っているのがトライ式中等部です。夢や目標の実現に向け、一人ひとりに合わせたサポートをしています。

学習スタイルは「通学型」「在宅型」「オンライン型」の3つあり、自分にあったものを選べます。いつでも何度でも、切り替えたり組み合わせることができます。

また、在籍している中学校の学校長の許可があれば、トライ式中等部への登校を出席扱いにすることが可能です。

代 表 者	物部　晃之
設　　立	2024年4月
受入年齢	中学生
運営日時	9時〜16時 指導場所、曜日、時間は自由に選択可能
定　　員	—
在籍者数	—
スタッフ数	—

親 の 会	—	費用	入 会 金	50,000円（税別）
受入時面接	○		教 材 費	—
体験入学	○		授 業 料	40,000円/月（税別）
学校出席扱	○ 学校との相談が必要		その他	詳細は直接お問い合わせください。

■こんな子どもに向いています
・不登校を解決したいと考えている方
・中学校の勉強についていきたい方
・高校へ進学したいと考えている方

■主な活動内容
学習の個別サポートに加え、修学旅行や体育祭などの学校行事やサークル活動、ゼミ（プログラミングなど）に参加することができます。※参加は自由です

■スタッフの特長
経験豊富なキャンパス長や講師がキャンパスに常駐し、日々の学習や生活をサポートします。

九州・沖縄

トライ式中等部 長崎キャンパス

https://www.try-gakuin.com/freeschool/
e-mail：try-gakuin-chutobu@trygroup.com

〒852-8154 長崎県長崎市住吉町2-26
シャンドゥブレ住吉2F
※全国に123ヶ所のキャンパスがあります
TEL：0120-919-439

■教育方針

不登校からの高校進学・大学進学をはじめとして、あらゆる生徒の進路を切り開くために、学力の向上はもとより社会を生き抜く力を育む様々な支援を行っているのがトライ式中等部です。夢や目標の実現に向け、一人ひとりに合わせたサポートをしています。
学習スタイルは「通学型」「在宅型」「オンライン型」の3つあり、自分にあったものを選べます。いつでも何度でも、切り替えたり組み合わせることができます。
また、在籍している中学校の学校長の許可があれば、トライ式中等部への登校を出席扱いにすることが可能です。

親 の 会	―
受入時面接	○
体 験 入 学	○
学校出席扱	○ 学校との相談が必要

費用	入 会 金	50,000円(税別)
	教 材 費	―
	授 業 料	40,000円／月(税別)
	そ の 他	詳細は直接お問い合わせください。

代 表 者	物部　晃之
設 立	2013年4月
受入年齢	中学生
運営日時	9時～16時 指導場所、曜日、時間は自由に選択可能
定 員	―
在籍者数	―
スタッフ数	―

■こんな子どもに向いています■
・不登校を解決したいと考えている方
・中学校の勉強についていきたい方
・高校へ進学したいと考えている方

■主な活動内容
学習の個別サポートに加え、修学旅行や体育祭などの学校行事やサークル活動、ゼミ(プログラミングなど)に参加することができます。※参加は自由です

■スタッフの特長
経験豊富なキャンパス長や講師がキャンパスに常駐し、日々の学習や生活をサポートします。

フリースクール　アリビオ

https://industrious-lion-wjdgrm.mystrikingly.com/
e-mail：masahiro520310@gmail.com

〒850-0024　長崎県長崎市大井手町45
上戸ビル301号
TEL：090-8762-9213
交通：長崎電軌「市役所前駅」から徒歩5分

■教育方針

30年以上のキャリアを持つ元中学校教員が立ち上げたフリースクール。子どもや保護者、先生方に「安心・ほっとできる時間」を提供したいという想いを込めています。
落ち着いて過ごせる「フリースペース」、心配・不安なことを話せる「カウンセリングルーム」、学習の遅れやこれからの進路のための「学習塾」を合体させたようなスクールです。
要望に応じて、在籍校との教材の共有化を図り、学校の評価資料の参考にしていただくなど、頑張りを評価してもらえるような取り組みを行っています。

親 の 会	○
受入時面接	○
体 験 入 学	○
学校出席扱	○

費用	入 会 金	5,000円
	教 材 費	
	授 業 料	週1回コース…12,000円 週3回コース…20,000円 週4～5日コース…30,000円
	そ の 他	入校後の面談は月額に含まれますので、何回でも無料です

代 表 者	大石　真弘
設 立	2023年
受入年齢	小学1年生～18歳未満
運営日時	月曜～金曜 10:00～14:00
定 員	10名
在籍者数	4名(2024年2月現在)
スタッフ数	1名

■こんな子どもに向いています■
学校に行くことが難しい、学習の遅れや進路が心配、大人数や集団の中にいることが辛い…そういった方が「安心できる」「学習できる」「ゆっくり話ができる」居場所です。

■主な活動内容
一人ひとりの心理状態や学習の習熟度、対人関係スキルなどに応じた個別支援。保護者の方向けの教育・子育て相談も実施。

■スタッフの特長
教員免許の他、児童発達支援士、不登校訪問支援カウンセラーの資格を保持しています。

NPO法人 フリースクール クレイン・ハーバー

https://craneharbor.info/
e-mail：crane_harbor@yahoo.co.jp

〒852-8145　長崎県長崎市昭和3-387-1
TEL：095-844-8899　FAX：095-844-8799
交通：長崎バス、長崎県営バス「園折」バス停

■教育方針

「学校に行けない・行かない」子どもたちが安心して過ごせる居場所です。スポーツ、木工、農作業などの様々な活動やいろんな人とのふれあいを通じ、ゆっくりと、じっくりと「自分の生き方」を探せます。
通いはじめた子どもたちはみんな笑顔が増えて、元気や自信を取りもどしています。地域のボランティア活動にも参加し、子どもたちは多様な機会で自分の可能性を芽ばえさせています。
クレイン・ハーバーでは猫とウサギを飼っていて、子どもたちを癒してくれています。クレイン・ハーバーに通うことに不安が大きい子には、訪問相談やネット上でのオンラインフリースクールの利用もできます。

親 の 会	―
受入時面接	○
体 験 入 学	○
学校出席扱	○

費用	入 会 金	10,000円
	教 材 費	―
	授 業 料	30,000円／月
	そ の 他	―

代 表 者	中村　尊
設 立	2004年
受入年齢	小学1年生～19歳
運営日時	月曜～金曜 9:30～17:00 (ただし金曜のみ 13:00まで)
定 員	20名
在籍者数	10名(2024年2月現在)
スタッフ数	4名

■こんな子どもに向いています■
学校には行かないけど友達が欲しい、話せる相手が欲しい、何かすることを見つけたい、学びたいという子ども。

■主な活動内容
友達やスタッフとの会話やトランプ等でゆっくり過ごしたり、農作業、スポーツ、木工等の野外活動・創作活動。子ども企画の活動も豊富。連携している通信制高校に所属も可能で、居ながら高校卒業を目指せます。

■スタッフの特長
30代～50代のスタッフ4名。うち、教員免許保有1名。

九州・沖縄

日本航空高校【熊本キャンパス】 志成館高等学院

http://www.siseikan.net
e-mail：sg1008@siseikan.net

〒862-0973　熊本県熊本市大江本町7-3
志成館ビル
TEL：096-366-1008　FAX：096-371-3871
交通：JR豊肥線「新水前寺駅」
バス・市電「味噌天神前」下車

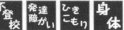

■教育方針

少人数のクラス編成により、一人ひとりの能力・適性に最大限合わせた指導。指導内容は高校の教育内容に基づいた科目履修は当然ながら、それらの基礎となる中学時代までの既習事項の復習も大幅に取り入れながら指導していく。
いろんなイベントを通して学園生活を楽しくさせ、一人ひとりに達成感、満足感、充実感を体感させ、豊かな人間形成や体力の増強に意を注ぐ。
文部科学省「就学支援金制度」あり。
育英会奨学金、志成館奨学金。

親の会	○
受入時面接	○
体験入学	○
学校出席扱	○

費用	入学金	10,000円
	教科書	6,000円
	授業料	39,000円/月
	その他	単位料として@10,000円

代表者	中道　久雄
設立	2003年
受入年齢	中卒〜18歳
運営日時	月曜〜金曜 10:00〜16:30
定員	各学年60名
在籍者数	170名(2024年1月現在)
スタッフ数	16名

■こんな子どもに向いています

■主な活動内容

部活(サッカー、バスケットボール、バドミントン、柔道、剣道、合気道ほか)(茶道、華道、新聞制作、弁論、写真、ギター)。

■スタッフの特長

経験豊富な講師陣で、全員教員免許保有。平均年齢35歳。

トライ式中等部 熊本駅前キャンパス

https://www.try-gakuin.com/freeschool/
e-mail：try-gakuin-chutobu@trygroup.com

〒860-0047 熊本県熊本市西区春日1-14-2
くまもと森都心201
※全国に123ヶ所のキャンパスがあります
TEL：0120-919-439

■教育方針

不登校からの高校進学・大学進学をはじめとして、あらゆる生徒の進路を切り開くために、学力の向上はもとより社会を生き抜く力を育む様々な支援を行っているのがトライ式中等部です。夢や目標の実現に向け、一人ひとりに合わせたサポートをしています。
学習スタイルは「通学型」「在宅型」「オンライン型」の3つあり、自分にあったものを選べます。いつでも何度でも、切り替えたり組み合わせることができます。
また、在籍している中学校の学校長の許可があれば、トライ式中等部への登校を出席扱いにすることが可能です。

親の会	—
受入時面接	○
体験入学	○
学校出席扱	学校との相談が必要

費用	入会金	50,000円(税別)
	教材費	—
	授業料	40,000円/月(税別)
	その他	詳細は直接お問い合わせください。

代表者	物部　晃之
設立	2018年4月
受入年齢	中学生
運営日時	9時〜16時 指導場所、曜日、時間は自由に選択可能
定員	—
在籍者数	—
スタッフ数	—

■こんな子どもに向いています

・不登校を解決したいと考えている方
・中学校の勉強についていきたい方
・高校へ進学したいと考えている方

■主な活動内容

学習の個別サポートに加え、修学旅行や体育祭などの学校行事やサークル活動、ゼミ(プログラミングなど)に参加することができます。※参加は自由です

■スタッフの特長

経験豊富なキャンパス長や講師がキャンパスに常駐し、日々の学習や生活をサポートします。

フリースクール青山教室

https://kumagaku.net/
e-mail：info@kumagaku.net

〒862-0954　熊本県熊本市中央区神水1-15-9
サンレイビル2F
TEL・FAX：0962-85-7461
交通：熊本市電健軍線「八丁馬場駅」

■教育方針

青山教室は勉強中心のフリースクールになります。個別の学習塾のような形でそれぞれの生徒がそれぞれの目的に合わせて勉強をしています。また勉強だけでなく、週1回はレクレーション活動としてボードゲームなども行っています。学校によっては出席扱いも可能で、自宅訪問等も行っております。

親の会	—
受入時面接	—
体験入学	○
学校出席扱	○

費用	入学金	3,000円
	教科書	要相談
	授業料	8,800円/月
	その他	—

代表者	中山　聖也
設立	2014年
受入年齢	中学生以上
運営日時	月、火、木、金 ※祝日を除く 10:00〜15:00
定員	30名
在籍者数	15名(2024年2月現在)
スタッフ数	5名

■こんな子どもに向いています

不登校、勉強を頑張りたい、騒がしい環境が苦手、少人数で基礎から教えてもらいたい人向けです。

■主な活動内容

基本は個別の学習塾のような形で、勉強を中心に活動を行います。週に1回はレクレーションも行っています。

■スタッフの特長

年齢・性別は様々で、教員免許保持者や、社会福祉士やカウンセラー等の資格や元塾の講師など、様々な資格や経験を持ったスタッフがおります。

九州・沖縄

志塾フリースクール おおいた教室

https://shijuku-fs.or.jp

〒870-0918　大分県大分市日吉町2-19
TEL：097-574-4087　　FAX：097-574-4087
交通：JR「高城駅」

■教育方針■
志塾フリースクールの掲げる最終目標は「自立につなげる」こと。単なる居場所にとどまらず、ひとりひとりの「つぎの一歩」＝フリースクールからの卒業、進学や就職を実現します。学習支援や各種体験活動では常に「やってみたい」「できる！」「楽しい」という気持ちを大切に、ひとつひとつの経験をこどもたちの笑顔・自信・前進する力につなげています。

代表者	上野 聡子
設　立	2017 年
受入年齢	小学生～20代
運営日時	平日 10:00～14:00
定　員	設けていません
在籍者数	10名(2024年1月現在)
スタッフ数	5名

親 の 会	○
受入時面接	○
体験入学	○
学校出席扱	○（学校判断）

費用	入会金	10,000円
	教材費	―
	授業料	26,800円／月
	その他	空調費として800円(夏期冬期)

■こんな子どもに向いています■
向き・不向きはありません。いろんな子がいますので、一度遊びに来てください！

■主な活動内容■
学習支援(教科学習・受験・各種資格の個別またはグループ指導)、体験活動(遊び・スポーツ・工作・音楽・料理・遠足)など。

■スタッフの特長■
とにかく「楽しいこと」が大好き！な明るく元気な個性派スタッフがそろっています！

トライ式中等部 大分キャンパス

https://www.try-gakuin.com/freeschool/
e-mail：try-gakuin-chutobu@trygroup.com

〒870-0026　大分県大分市金池町2-6-15
EME大分駅前ビル1F
※全国に123ヶ所のキャンパスがあります
TEL：0120-919-439

■教育方針■
不登校からの高校進学・大学進学をはじめとして、あらゆる生徒の進路を切り開くために、学力の向上はもとより社会を生き抜く力を育む様々な支援を行っているのがトライ式中等部です。夢や目標の実現に向け、一人ひとりに合わせたサポートをしています。
学習スタイルは「通学型」「在宅型」「オンライン型」の3つあり、自分にあったものを選べます。いつでも何度でも、切り替えたり組み合わせることができます。
また、在籍している中学校の学校長の許可があれば、トライ式中等部への登校を出席扱いにすることが可能です。

代表者	物部 晃之
設　立	2019年4月
受入年齢	中学生
運営日時	9時～16時 指導場所、曜日、時間は自由に選択可能
定　員	―
在籍者数	―
スタッフ数	―

親 の 会	―
受入時面接	○
体験入学	○
学校出席扱	○（学校との相談が必要）

費用	入会金	50,000円(税別)
	教材費	―
	授業料	40,000円／月(税別)
	その他	詳細は直接お問い合わせください。

■こんな子どもに向いています■
・不登校を解決したいと考えている方
・中学校の勉強についていきたい方
・高校へ進学したいと考えている方

■主な活動内容■
学習の個別サポートに加え、修学旅行や体育祭などの学校行事やサークル活動、ゼミ(プログラミングなど)に参加することができます。※参加は自由です

■スタッフの特長■
経験豊富なキャンパス長や講師がキャンパスに常駐し、日々の学習や生活をサポートします。

セレンディップ高等学院
(みやざき延岡LS(ラーニングスペース))

https://www.facebook.com/serendip1114/
e-mail：serendipacademy@gmail.com

〒882-0816　宮崎県延岡市桜小路369-4
TEL：0982-21-8560　　FAX：0982-27-5282
交通：JR日豊線「延岡駅」

■教育方針■
「和を以って尊しとなす」。セレンディップでは、「同じ空間で」「別のことを」和気あいあいとやっている、という不思議な状態です。江戸時代の寺子屋のように、みんな別の方向を向いて、別のことをして、でも楽しそうに学んでいる。一人ひとりにカスタマイズされた学習計画のもと、無理のない進度で学習が進められ、誰かと比較されることはありません。フルタイムコース卒業生の就職(就労)・進学率＝100％！！
★Instagramでも情報発信中！@serendipacademy

代表者	新川 菜生
設　立	2016年4月
受入年齢	中学生～高校生
運営日時	月・火・木 10:30～15:30
定　員	30名
在籍者数	20名
スタッフ数	3名

親 の 会	―
受入時面接	○
体験入学	○
学校出席扱	○

費用	入会金	55,000円
	教材費	実費
	授業料	26,600円／月
	その他	通信制高校の学費

■こんな子どもに向いています■
落ち着いた雰囲気の中でじっくりと勉強したい生徒さんにおすすめです。

■主な活動内容■
ひとりひとりの進路希望に応じて、最適な指導をしています。季節ごとのイベントもあり、学年の枠を越えて仲間ができます。オンライン学習にも対応しています。

■スタッフの特長■
相談員／子育て経験豊富／教員資格保有

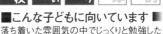

九州・沖縄

トライ式中等部 宮崎キャンパス

https://www.try-gakuin.com/freeschool/
e-mail：try-gakuin-chutobu@trygroup.com

〒880-0805 宮崎県宮崎市橘通東4-6-30
朝日生命宮崎第2ビル1F
※全国に123ヶ所のキャンパスがあります
TEL：0120-919-439

■教育方針
不登校からの高校進学・大学進学をはじめとして、あらゆる生徒の進路を切り開くために、学力の向上はもとより社会を生き抜く力を育む様々な支援を行っているのがトライ式中等部です。夢や目標の実現に向け、一人ひとりに合わせたサポートをしています。
学習スタイルは「通学型」「在宅型」「オンライン型」の3つあり、自分にあったものを選べます。いつでも何度でも、切り替えたり組み合わせることができます。
また、在籍している中学校の学校長の許可があれば、トライ式中等部への登校を出席扱いにすることが可能です。

親 の 会	―
受入時面接	○
体験入学	○
学校出席扱	○ 学校との相談が必要

費用	入 会 金	50,000円（税別）
	教 材 費	―
	授 業 料	40,000円／月（税別）
	その他	詳細は直接お問い合わせください。

代 表 者	物部　晃之
設 立	2021年4月
受入年齢	中学生
運営日時	9時～16時 指導場所、曜日、時間は自由に選択可能
定 員	―
在籍者数	―
スタッフ数	―

■こんな子どもに向いています■
・不登校を解決したいと考えている方
・中学校の勉強についていきたい方
・高校へ進学したいと考えている方

■主な活動内容
学習の個別サポートに加え、修学旅行や体育祭などの学校行事やサークル活動、ゼミ（プログラミングなど）に参加することができます。※参加は自由です

■スタッフの特長
経験豊富なキャンパス長や講師がキャンパスに常駐し、日々の学習や生活をサポートします。

桜心学院 中等部

https://ohshin-gakuin.com/
e-mail：info@ohshin-gakuin.com

〒892-0847 鹿児島県鹿児島市西千石町3-21
有馬ビル6F
TEL：099-813-7515　FAX：099-813-7516
交通：JR「鹿児島中央駅」

■教育方針
成長、友愛、発見、健康、笑顔の5つの柱を中心に生徒一人ひとりの個性を尊重し、目標に向かって可能性を広げていく学校です。不登校だった生徒に対して悩みを聞くようにし、勉学よりもレクリエーション療法で人とコミュニケーションが取れるようになるまでゆっくり過ごさせます。在校生との距離感に安心感が得られるようになったら学習をスタートさせていきます。生徒それぞれにあった頑張り方があるため、その頑張りを見逃さず、大きな成長へとつなげます。同じ悩みを持つ生徒と共に学び合い、新しい自分を探していきます。

親 の 会	―
受入時面接	○
体験入学	○
学校出席扱	○

費用	入 会 金	11,000円
	教 材 費	―
	授 業 料	33,000円／月
	その他	―

代 表 者	東　勝彦
設 立	2017年
受入年齢	中学生
運営日時	月曜～金曜 10:00 ～17:00
定 員	20名
在籍者数	6名（2024年3月現在）
スタッフ数	9名

■こんな子どもに向いています■
様々な理由で、学校になじめず、不登校になった生徒さん。

■主な活動内容
学習面では個別指導を受けたり、ひとりでICTプログラム（タブレット授業すらら）をすすめたり、資格検定合格のための勉強を頑張ったりしています。精神面ではソーシャルトレーニングやレクリエーション療法など、コミュニケーション力を鍛えています。

■スタッフの特長
生徒の気持ちに寄り添えるメンタルケアカウンセラーの講師がいます。

オルタナティブスクール楠学園（小学部・中学部）

http://naturalstance.jp/
e-mail：primary@naturalstance.jp

〒899-5305 鹿児島県姶良市蒲生町白男2780-1
NPO法人 森の学校楠学園
TEL&FAX：0995-52-0385
交通：日豊本線「帖佐駅」より25分

■教育方針
人はみな違う。それならば、得意なことを引き受け、苦手な事は補い合いながら生きていくのが自然な社会のあり方ではないだろうか。
森の学校楠学園では、ひとりひとりが自分の気持ちを素直に見つめ、好きなことや得意なことを見つけることを大切にしています。そして、専門家への依頼を含めその才能を伸ばすための環境を準備します。カリキュラムは教科を超えた総合学習。「本質を見抜く感性を磨く」をモットーとし、次世代を担う人材を育てています。
寮、冒険遊び場を併設。入寮は小1よりご相談可能です。

親 の 会	○
受入時面接	○
体験入学	○
学校出席扱	○※学校により

費用	入 会 金	42,000円
	教 材 費	0円
	授 業 料	35,000円／月
	その他	研修旅費など

代 表 者	藤浦　清香
設 立	2008年
受入年齢	小中学生 ※転入は小3まで
運営日時	平日 8:10～15:10 （6～7月は 7:10～14:10）
定 員	24名
在籍者数	5名（2024年1月現在）
スタッフ数	常駐1名　非常勤5名 その他ボランティア

■こんな子どもに向いています■
自分の考えを持った子ども、世界へ羽ばたいていく子どもに向いている。ホームスクーリング経験者多し。新入学・転入学とも対応。

■主な活動内容
基礎学習は日に2時間。表現や絵画・哲学などのプログラムあり。体験活動および自主活動が中心になっている。

■スタッフの特長
常駐スタッフ以外の講師やサポーター・外国人ボランティア等、関わる人が多く、しかも面白い。

九州・沖縄

256

NPO法人しののめフリースクール

https://shinonome-fs.com
e-mail：shinonomeschool@gmail.com

〒890-0065　鹿児島県鹿児島市郡元1-16-50
TEL：080-9108-8436
交通：JR「郡元駅」徒歩2分

■教育方針
臨床心理士、公認心理師が中心となって対応し、安心できる第3の居場所を目指しています。学校との連携を視野に入れており、現在在籍校からの出席扱いも全ていただいています。子供の状況に応じて、個別にカウンセリングを行ったり、ご家族のエンパワーメントを図るために保護者のカウンセリングも行っています。希望があれば発達検査（WISC-Ⅳ等）を使って、その結果をもとに、子供の特性や伸ばしてあげたいところや、それを踏まえたかかわり方等について、アドバイスをさせていただいております。

親　の　会	○
受入時面接	○
体験入学	○
学校出席扱	○

費用	入会金	20,000円
	教材費	0円
	授業料	11,800〜35,000円(利用頻度による) ※ひとり親家庭やきょうだいは割引あり。
	その他	チケット制1回3000円

代表者	中村　紫乃
設立	2019年
受入年齢	中高生（小学生要相談）
運営日時	月・水・金 10:00〜17:00
定員	10名程度
在籍者数	7名(2024年2月現在)
スタッフ数	6名

■こんな子どもに向いています■
コミュニケーションをとることが苦手でも、一緒に遊べる友達や、また話を聞いてもらえる大人がいて欲しい。

■主な活動内容
分からないところから個別の学習、一般常識クイズ、総合芸術、ゲストを招いて創作活動や体験学習、交流では、カードゲーム、ボードゲーム、トランプやunoで遊びます。

■スタッフの特長
20代〜60代で幅が広い。男女同じくらい。臨床心理士・公認心理師か教員免許保有者がほとんど。

そらひフリースクール

https://sorahi.academy.jp/
e-mail：sorahischool@gmail.com

〒899-5432　鹿児島県姶良市宮島町14-1
TEL：0995-40-416
交通：日豊本線「帖佐駅」

■教育方針
勉強がしんどい場合や他の生徒さんとの交流がしんどい場合などは、勉強も交流も無理してやらなくてもいいと考えています。
ちょっと元気が出てからやられればいいと思っています。
楽しみながら、ちょっとずつ賢くなって成長して頂けたらと考えております。

親　の　会	—
受入時面接	○
体験入学	○
学校出席扱	○

費用	入会金	0円
	教材費	0円
	授業料	30,000円／月
	その他	母子家庭、世帯収入割引あり

代表者	前畑　雄亮
設立	2020年
受入年齢	主に小学校高学年〜高校生
運営日時	月〜金 9:00〜17:00
定員	20名
在籍者数	12名(2024年2月現在)
スタッフ数	3名

■こんな子どもに向いています■
学校に行きづらいけど、勉強も気になるお子さんや、ゲームで遊ぶのが好きなお子さん。

■主な活動内容
一緒に勉強をしたり遊んだりします。
また学校と連携を取らせて頂きます。

■スタッフの特長
学問の指導経験豊富な先生がいます。

トライ式中等部 鹿児島中央キャンパス

https://www.try-gakuin.com/freeschool/
e-mail：try-gakuin-chutobu@trygroup.com

〒890-0053　鹿児島県鹿児島市中央町10
キャンセビル5F
※全国に123ヶ所のキャンパスがあります
TEL：0120-919-439

■教育方針
不登校からの高校進学・大学進学をはじめとして、あらゆる生徒の進路を切り開くために、学力の向上はもとより社会を生き抜く力を育む様々な支援を行っているのがトライ式中等部です。夢や目標の実現に向け、一人ひとりに合わせたサポートをしています。
学習スタイルは「通学型」「在宅型」「オンライン型」の3つあり、自分にあったものを選べます。いつでも何度でも、切り替えたり組み合わせることができます。
また、在籍している中学校の学校長の許可があれば、トライ式中等部への登校を出席扱いにすることが可能です。

親　の　会	—
受入時面接	○
体験入学	○
学校出席扱	○ 学校との相談が必要

費用	入会金	50,000円(税別)
	教材費	—
	授業料	40,000円／月(税別)
	その他	詳細は直接お問い合わせください。

代表者	物部　晃之
設立	2010年4月
受入年齢	中学生
運営日時	9時〜16時 指導場所、曜日、時間は自由に選択可能
定員	—
在籍者数	—
スタッフ数	—

■こんな子どもに向いています■
・不登校を解決したいと考えている方
・中学校の勉強についていきたい方
・高校へ進学したいと考えている方

■主な活動内容
学習の個別サポートに加え、修学旅行や体育祭などの学校行事やサークル活動、ゼミ（プログラミングなど）に参加することができます。※参加は自由です

■スタッフの特長
経験豊富なキャンパス長や講師がキャンパスに常駐し、日々の学習や生活をサポートします。

九州・沖縄

珊瑚舎スコーレ

<ruby>珊<rt>さん</rt></ruby><ruby>瑚<rt>ご</rt></ruby><ruby>舎<rt>しゃ</rt></ruby>

http://www.sangosya.com
e-mail : info@sangosya.com

〒901-1414　沖縄県南城市佐敷津波古509-4
TEL：098-975-7781　FAX：098-975-7783
交通：バス停「馬天入口」

フリースクール

■教育方針

教室は教員が知識や技術を伝達するためにあるのではありません。クラスメート同士がお互いをサポートし合い、共に成長するためにあるのです。教員はその手助けをするために教室にいるのです。生徒一人一人が授業を、あるいは学校そのものを「思索と表現と交流」の場として作るための手助けをすることが学校の役割です。それが、生徒一人一人の成長につながります。
2022年4月より小学1～3年生の児童を対象としたキッズスコーレを開校しました。

代 表 者	星野　人史
設　　立	2001年
受入年齢	7歳～
運営日時	月曜～金曜 8:30～16:00
定　　員	キッズ10名、初等部14名 中等部14名
在籍者数	30名(2024年1月現在)
スタッフ数	5名(講師20名)

親 の 会	○
受入時面接	○
体験入学	○
学校出席扱	○

費用	入 会 金	38,500円
	教材費	実費
	授業料	30,000円／月
	その他	277,200円(教育活動維持費／年)

■**こんな子どもに向いています**■

不登校だった生徒もおりますが、そのための学校というわけではありません。仲間と一緒にもっと学びたいと思っている生徒の参加をお待ちしています。

■**主な活動内容**■

珊瑚舎独自のカリキュラムに沿った授業に参加したり校外施設で自然・農業体験をします。

■**スタッフの特長**■

その分野を専門とする様々な講師が授業を担当します。スタッフは生徒と共に一人ひとりが尊重される場づくりを行います。

志塾フリースクール うるま教室

<ruby>志<rt>し</rt></ruby><ruby>塾<rt>じゅく</rt></ruby>

https://shijuku-fs.or.jp
e-mail : shijukufs.uruma@gmail.com

〒904-2211　沖縄県うるま市宇堅28
TEL：080-7175-4688
交通：公共交通機関の場合は、赤野バス停・具志川バスターミナルが最寄り

フリースクール サポート 高認指導

■教育方針

志塾フリースクールの掲げる最終目標は「自立につなげる」こと。単なる居場所にとどまらず、ひとりひとりの「つぎの一歩」＝フリースクールからの卒業、進学や就職を実現します。学習支援や各種体験活動では常に「やってみたい!」「できる!」「楽しい!」という気持ちを大切に、ひとつひとつの経験をこどもたちの笑顔・自信・前進する力につなげています。

代 表 者	丸山　括哉
設　　立	2020年
受入年齢	小学生～20代
運営日時	平日 10:00～16:00
定　　員	設けていません
在籍者数	25名(2024年1月現在)
スタッフ数	3名

親 の 会	―
受入時面接	○
体験入学	○
学校出席扱	○（学校長判断）

費用	入 会 金	10,000円
	教材費	―
	授業料	25,000円／月
	その他	―

■**こんな子どもに向いています**■

向き・不向きはありません。いろんな子がいますので、一度遊びに来てください!

■**主な活動内容**■

学習支援(教科学習・受験・各種資格の個別またはグループ指導)、体験活動(遊び・スポーツ・工作・音楽・料理・遠足)など。

■**スタッフの特長**■

とにかく「楽しいこと」が大好き!な明るく元気な個性派スタッフがそろっています。

志塾フリースクールLINO教室

<ruby>志<rt>し</rt></ruby><ruby>塾<rt>じゅく</rt></ruby>　<ruby>理<rt>り</rt></ruby><ruby>乃<rt>の</rt></ruby>

https://shijuku-fs.or.jp

〒904-2143　沖縄県沖縄市知花1-26-19-2F
TEL：080-3909-2238
交通：沖縄北インターより10分

フリースクール サポート 高認指導

■教育方針

志塾フリースクールの掲げる最終目標は「自立につなげる」こと。単なる居場所にとどまらず、ひとりひとりの「つぎの一歩」＝フリースクールからの卒業、進学や就職を実現します。学習支援や各種体験活動では常に「やってみたい!」「できる!」「楽しい!」という気持ちを大切に、ひとつひとつの経験をこどもたちの笑顔・自信・前進する力につなげています。

代 表 者	深澤　理香
設　　立	2020年
受入年齢	小学生～20代
運営日時	平日 10:00～17:00
定　　員	設けていません
在籍者数	26名(2024年1月現在)
スタッフ数	5名

親 の 会	―
受入時面接	○
体験入学	○
学校出席扱	○（学校長判断）

費用	入 会 金	10,000円
	教材費	―
	授業料	30,000円／月
	その他	―

■**こんな子どもに向いています**■

向き・不向きはありません。いろんな子がいますので、一度遊びに来てください!

■**主な活動内容**■

学習支援(教科学習・受験・各種資格の個別またはグループ指導)、体験活動(遊び・スポーツ・物づくり・音楽・料理・遠足)など。

■**スタッフの特長**■

とにかく「楽しいこと」が大好き!な明るく元気な個性派スタッフがそろっています。

九州・沖縄

トライ式中等部 小禄キャンパス

〒901-0151 沖縄県那覇市鏡原町34-21
コープおろく2F
※全国に112ヶ所のキャンパスがあります
TEL：0120-919-439

https://www.try-gakuin.com/freeschool/
e-mail：try-gakuin-chutobu@trygroup.com

■教育方針

不登校からの高校進学・大学進学をはじめとして、あらゆる生徒の進路を切り開くために、学力の向上はもとより社会を生き抜く力を育む様々な支援を行っているのがトライ式中等部です。夢や目標の実現に向け、一人ひとりに合わせたサポートをしています。
学習スタイルは「通学型」「在宅型」「オンライン型」の3つあり、自分にあったものを選べます。いつでも何度でも、切り替えたり組み合わせることができます。
また、在籍している中学校の学校長の許可があれば、トライ式中等部への登校を出席扱いにすることが可能です。

代表者	物部　晃之
設　立	2019年10月
受入年齢	中学生
運営日時	9時〜16時　指導場所、曜日、時間は自由に選択可能
定　員	—
在籍者数	—
スタッフ数	—

親　の　会	—
受入時面接	○
体験入学	○
学校出席扱	○ 学校との相談が必要

費用	入会金	50,000円（税別）
	教材費	—
	授業料	40,000円／月（税別）
	その他	詳細は直接お問い合わせください。

■こんな子どもに向いています■
・不登校を解決したいと考えている方
・中学校の勉強についていきたい方
・高校へ進学したいと考えている方

■主な活動内容■
学習の個別サポートに加え、修学旅行や体育祭などの学校行事やサークル活動、ゼミ（プログラミングなど）に参加することができます。※参加は自由です

■スタッフの特長■
経験豊富なキャンパス長や講師がキャンパスに常駐し、日々の学習や生活をサポートします。

トライ式中等部 那覇新都心キャンパス

〒900-0006 沖縄県那覇市おもろまち3-3-1
あっぷるタウン2F
※全国に112ヶ所のキャンパスがあります
TEL：0120-919-439

https://www.try-gakuin.com/freeschool/
e-mail：try-gakuin-chutobu@trygroup.com

■教育方針

不登校からの高校進学・大学進学をはじめとして、あらゆる生徒の進路を切り開くために、学力の向上はもとより社会を生き抜く力を育む様々な支援を行っているのがトライ式中等部です。夢や目標の実現に向け、一人ひとりに合わせたサポートをしています。
学習スタイルは「通学型」「在宅型」「オンライン型」の3つあり、自分にあったものを選べます。いつでも何度でも、切り替えたり組み合わせることができます。
また、在籍している中学校の学校長の許可があれば、トライ式中等部への登校を出席扱いにすることが可能です。

代表者	物部　晃之
設　立	2023年7月
受入年齢	中学生
運営日時	9時〜16時　指導場所、曜日、時間は自由に選択可能
定　員	—
在籍者数	—
スタッフ数	—

親　の　会	—
受入時面接	○
体験入学	○
学校出席扱	○ 学校との相談が必要

費用	入会金	50,000円（税別）
	教材費	—
	授業料	40,000円／月（税別）
	その他	詳細は直接お問い合わせください。

■こんな子どもに向いています■
・不登校を解決したいと考えている方
・中学校の勉強についていきたい方
・高校へ進学したいと考えている方

■主な活動内容■
学習の個別サポートに加え、修学旅行や体育祭などの学校行事やサークル活動、ゼミ（プログラミングなど）に参加することができます。※参加は自由です

■スタッフの特長■
経験豊富なキャンパス長や講師がキャンパスに常駐し、日々の学習や生活をサポートします。

フリースクール星槎沖縄「ちゅら海教室」
（せいさおきなわ）

〒904-0032　沖縄県沖縄市諸見里3-7-1
TEL：098-931-1003　FAX：098-931-1015
交通：「諸見」バス停下車、山里方面へ徒歩2分

https://seisa.ed.jp/event/event-20011/
e-mail：okinawa@seisa.ed.jp

■教育方針

好きなこと・得意なことを発見して楽しく学んでほしい、友だちとわかり合い、大切にし合う喜びを感じてほしい、社会で生きるスキルを身につけ、自信を持ってほしい、と考えて、星槎フリースクール「ちゅら海教室」を開設しました。①到達度に応じた課題で「わかる」「できる」学習。②生徒一人ひとりの個性や発達の特性を生かす。③人やものと出会う「ナマの体験」を通じて生きた力をつける。④自分の進む道を考え、進路設計する力をつける。⑤不思議『？』発見で、創造性と科学する心を育てる。

代表者	下條　隆志
設　立	2008年
受入年齢	中学1年生〜
運営日時	週1回〜　10:00〜15:00　※時間相談可
定　員	15名
在籍者数	5名
スタッフ数	3名

親　の　会	—
受入時面接	○
体験入学	○
学校出席扱	要相談

費用	入会金	20,000円
	教材費	実費
	授業料	週1日：10,000円／月　週2日：20,000円／月　週3日：25,000円／月
	その他	施設設備費2,500円／月　保険料500円／年

■こんな子どもに向いています■
「学校に行きたい気持ちはあるけれど…。」「自分に自信が持てない。」「友だちをつくりたい。」そんな子どもたちが輝ける場です。

■主な活動内容■
一人ひとりの習熟度に合わせて学習を行います。教科以外にもさまざまな体験学習（社会・芸術・科学・体育等）やソーシャルスキルトレーニングを実施しています。

■スタッフの特長■
20〜30代が中心。特別支援教育や不登校・発達障がいを理解し、教員免許保有。星槎国際高校の教員も協力。

九州・沖縄

259

フリースクール星槎那覇「ちゅら星教室」

せいさなは

https://edunpo.seisa.ac.jp/
e-mail：naha@seisa.ed.jp

〒902-0066　沖縄県那覇市大道130
TEL：098-917-0501　FAX：098-917-0502
交通：モノレール「安里駅」より徒歩5分

代 表 者	大平　奈美佳
設　　立	2016年
受入年齢	中学生〜
運営日時	9:30〜15:30 ※時間相談可
定　　員	10名
在籍者数	若干名
スタッフ数	3名

■教育方針

★共感理解教育「つながりを学ぶ」…仲間と共に学び合い、共に成長していきます。自信と笑顔を取り戻すために、信頼関係に基づいた人間的な関わり合いを重視します。　★社会で必要な力を身につけます…自分の気持ちを表現することが得意でない子どもたちが、人との関わりの中で楽しみながらコミュニケーションを学び、社会性を身につけていきます。　★基礎学力を身につけます…自分に合った学習方法をスタッフと共に見つけ、読み書き、計算などの基礎的な学力の定着を目指します。

親 の 会	―
受入時面接	○
体 験 入 学	○
学校出席扱	要相談

費用	入 会 金	20,000円
	教 材 費	実費
	授 業 料	週1日:16,000円／月 週2日:20,000円／月 週3日:25,000円／月
	そ の 他	25,000円

■こんな子どもに向いています

学び方を変えればイキイキとする子どもたち。理解してもらえなかった悔しさがたまっている子たち。

■主な活動内容

本物を体験する総合学習（社会・文化・芸術・科学・生活・体育）・基礎学力・ソーシャルスキル・ライフスキルのトレーニング。

■スタッフの特長

特別支援教育や不登校・発達障がいを理解し、教員免許保有。星槎国際高校の教員も協力。

よみたん自然学校 フリースクール「小学部」

https://yomitan-ns.org
e-mail：info@yomitan-ns.org

〒904-0323　沖縄県中頭郡読谷村字高志保1020
体験王国むら咲むら内
TEL：098-958-7767　FAX：050-3156-0021
交通：28系統バス　読谷線「大当駅」（バス停）

その他
自然学校

代 表 者	小倉　宏樹
設　　立	2010年
受入年齢	小学生
運営日時	月曜〜金曜 8:30〜14:45
定　　員	20名
在籍者数	23名(2024年1月現在)
スタッフ数	2〜3名(曜日による)

■教育方針

子ども自身が「やりたい！」と思うことを見つけ、それを形にしていく体験を積み重ね、失敗したり成功したりしながら、喜怒哀楽を仲間と共に経験しています。そのために私たちは、学びたいと思う子どもたちの気持ちや主体性を尊重し、その子自身のペースで学び成長する過程をサポートしています。自然豊かな環境で感性は開かれていき、好奇心から始まる遊びは、集中力が強く意欲の高い学びへと発展していくことでしょう。

親 の 会	○
受入時面接	○
体 験 入 学	○
学校出席扱	―

費用	入 会 金	50,000円
	教 材 費	0円
	授 業 料	42,000円／月
	そ の 他	食費として3,000円／月

■こんな子どもに向いています

自分のペースで学び成長する場を求めている子。

■主な活動内容

朝の集まりの時間に今日やりたい事を聞き、話し合ってその日1日の活動を決めます。

■スタッフの特長

30代／男性／教員免許保有
20代／男性／保育士免許保有

WIALISオンラインフリースクール

うぃありす

http://wialis.co.jp
e-mail：info@wialis.co.jp

〒160-0023　東京都新宿区西新宿3-3-13
西新宿水間ビル6F
TEL：03-6555-3132
交通：JR・各線「新宿駅」

代 表 者	中島　由貴子
設　　立	2022年
受入年齢	中学1年生 〜中学3年生
運営日時	月曜〜金曜 11:00〜16:00
定　　員	なし
在籍者数	77名(2024年2月現在)
スタッフ数	17名

■教育方針

定期的な面談で学習計画や活動計画を立て、学習意欲のある子は学校の進度についていけるよう、勉強が苦手な子には、少しずつでも学習に取り組んでいけるようサポートを行います。個別学習指導も行います。学習を中心としながらも、クラブ活動、探究活動で興味を深める活動も行います。最終的には、自律的に日々の生活を送れるようになること、中学卒業後の進路を前向きに自ら考えていけるような成長を目指してサポートを行います。

親 の 会	○
受入時面接	○
体 験 入 学	○
学校出席扱	○

費用	入 会 金	22,000円
	教 材 費	0円
	授 業 料	24,200円／月
	そ の 他	―

■こんな子どもに向いています

自宅のPCから登校可能。
家でゲームばかり、外出するのはまだ難しい、朝起きられないなどのお子さま向き。

■主な活動内容

バーチャルキャンパスで学習サポートを中心にクラブ等好きな活動に参加できます。在籍校の出席扱いにも対応。

■スタッフの特長

発達障害の特性や不登校のタイプを理解し、一人ひとりに寄り添います。

九州・沖縄

オンライン

学校法人 角川ドワンゴ学園
N中等部　ネットコース
https://n-jr.jp/
e-mail：support@n-jr.jp

■教育方針
N中等部は、教育機会確保法の趣旨を鑑みた、新しいコンセプトのスクール「プログレッシブスクール」です。
N/S高の多様なコンテンツを活用し、主体的に行動できる人を育み続けます。
机の上だけで学ぶ勉強だけでなく、自由な発想で考え主体性をもって問題に取り組む力となるのは総合力です。総合力を礎に個性という独自性が付加価値となります。
総合力を身に付けるために、教養・思考力・実践力の3つを学びます。

親 の 会	※保護者会実施		費用	入会金	22,000円
受入時面接	※ネットコースは書類審査のみ			教材費	MacBook必須
体験入学	○			授業料	40,700円／月
学校出席扱	○			その他	―

代 表 者	奥平　博一
設　立	2019年
受入年齢	中学生
運営日時	月曜～金曜 11:00 ～20:00
定　員	なし
在籍者数	1,334名(2023年12月末時点)
スタッフ数	60名

■こんな子どもに向いています■
最先端技術や学びに興味がある、居場所が欲しい、同じ趣味の人と繋がりたい、学力を身につけたい人など。

■主な活動内容■
21世紀型スキル学習・PBL、プログラミング、国語・数学・英語を中心とした基礎学習など多彩な学習コンテンツあり

■スタッフの特長■
20代も多く、さまざまな背景の社会人経験者など多彩なスタッフがいます。

オンラインフリースクールまなれぼ
https://freeschool-manarevo.com/
e-mail：free.school.droom@gmail.com

〒700-0962　岡山県岡山市北区北長瀬表町2-17-80
※オンラインのため普段はこちらにはいません。
TEL：080-3598-8120
交通：山陽本線「北長瀬駅」

■教育方針
学校復帰や大学高校進学は基本的には目指さず、子どもさん一人一人の「好きなこと」や「得意なこと」を徹底的に伸ばして仕事にするための学びや実践を行っています。完全オンラインでの実施となっているため起立性調節障害の子どもさんや昼夜逆転傾向にある子どもさんにも気軽にご利用いただけます。子どもさん一人一人に合った学習方法を考え、学ぶことのできる新しい形のフリースクールです。

親 の 会	―		費用	入会金	40,000円
受入時面接	Zoomで簡単面談を行います。			教材費	―
体験入学	○			授業料	25,000円／月
学校出席扱	○			その他	―

代 表 者	真部　大輝
設　立	2021年
受入年齢	10歳～20歳
運営日時	月曜～金曜 9:00～
定　員	10名
在籍者数	5名(2024年2月現在)
スタッフ数	1名(+サポーター5名)

■こんな子どもに向いています■
好きなことや得意なことを将来の自分の仕事にしたいという子どもさんに向いています。

■主な活動内容■
完全オンラインで学べるフリースクールです。ビジネスを学び、好きな事でお金を稼ぐ力を身につけます。

■スタッフの特長■
20代中心／女性サポーター在籍／教員免許保有／学校経験有

学研のサポート校
WILL学園　中等部　高等部 メタバースキャンパス
https://www.willschool.net/
e-mail：will@kame.co.jp

■教育方針
WILL学園のコンセプトである「自立を無理なく暖かく。」を保ちながら、メタバース空間を活用した完全オンラインのフリースクール・サポート校です。
アバターを通じて、リアルタイムに他の生徒や先生とコミュニケーションを取ることができるため、気楽に参加できます。
また、自宅から出られなくても出席認定が可能です。
いつでもログインでき、画面の向こうには先生や仲間が待っているので、決して孤独を感じることはありません。

親 の 会	―		費用	入会金	24,200円、110,000円
受入時面接	△			教材費	―
体験入学	○			授業料	38,500円
学校出席扱	○			その他	高等部活動費264,000円／年

代 表 者	中野　心
設　立	2000年10月
受入年齢	中学生、高校生
運営日時	月曜日～ 金曜日
定　員	30名
在籍者数	5名(2024年2月現在)
スタッフ数	2名(2024年2月現在)

■こんな子どもに向いています■
楽しい学校生活を送りたいと考えているものの、学校に通うのが苦手、難しいと思っている生徒に向いています。

■主な活動内容■
学習は個別指導が中心。苦手分野克服、学び直しもできます。レクリエーションや趣味、実用の時間もあります。

■スタッフの特長■
不登校生、発達障害の支援の経験を積み重ねた教員が一人ひとりサポートします。

オンライン

クラスジャパン小中学園

https://www.cjgakuen.com/
e-mail：info@cjgakuen.com

〒150-0002　東京都渋谷区渋谷2-14-13
岡崎ビル902
TEL：03-6805-0550　FAX：03-6805-0004
交通：JR線「渋谷駅」

その他
ネットスクール
高認指導

■教育方針

文部科学省の通知に沿って、在籍学校と連携し、登校していない期間においても学校の出席扱いとなる在宅ネットスクールとして、学校とご家庭とを繋ぐサポートを行います。

不登校生の安心の居場所というだけでなく、ICT学習を進めることにより、個別最適化された映像授業で学力が身に付き、オンライン上でネット担任との関係性が育まれることで今まで埋もれていた可能性を見出し、自己肯定感を育むことを目指します。

親 の 会	○
受入時面接	○
体 験 入 学	○
学校出席扱	○

費用	入 会 金	11,000円（税込）※2021年5月入会者から
	教 材 費	―
	授 業 料	27,500円（税込）／月※2021年5月入会者から
	そ の 他	―

代 表 者	原田　隆史
設 立	2019年7月
受入年齢	小学生・中学生
運営日時	月曜～土曜 9:00～18:00
定 員	10,000名
在籍者数	505名
スタッフ数	25名

■こんな子どもに向いています■

パソコン・タブレット・スマートフォン・ゲーム機等のデジタル機器を使ったことのある子供。

■主な活動内容

教科書に対応した映像授業、ネットの先生との日常会話、プログラミング学習、ネット部活、24時間ネット健康診断。

■スタッフの特長

担任は、女性が中心・年齢20代後半～40代・教員免許保有50%

SOZOWスクール小中等部
（そぞう）

https://sozow-school.com/
e-mail：contact-school@go-visions.com

オンラインでカリキュラムを受けていただきますので実際に通うキャンパスはございません。

TEL：入学後にお伝えしています

フリースクール
サポート

■教育方針

【出席認定率75%の実績】

ありのままを受け入れ、自信を育み、社会に生きる力を共に学んでいくフリースクール。

すべての土台として「安心感」を重要視し、学校に合わなかったお子さんが自分のペースで一歩ずつ学んでいける居場所です。

550名在籍の規模を活かした出会い・つながり、「とにかく楽しい！友だちができた！」という声をいただくコンテンツ、毎日の学習をサポートする仕組みが特徴。高等部もあり、進学も安心です。

親 の 会	○
受入時面接	―
体 験 入 学	―
学校出席扱	○

費用	入 会 金	19,800円
	教 材 費	0円
	授 業 料	25,000円～／月
	そ の 他	―

代 表 者	小助川　将
設 立	2021年
受入年齢	小学4年生～中学3年
運営日時	平日月曜～金曜 10:00～18:00
定 員	なし
在籍者数	550名以上（2024年2月現在）
スタッフ数	150名

■こんな子どもに向いています■

お子さんに合わせてコースが選べます。

自信を失った子から、自分の「好き」を深めたい子まで多数在籍。

■主な活動内容

好きなゲームを通した友達づくり・みんなで5教科学習・スタッフと個別面談・発表会に向けたチーム課題など。

■スタッフの特長

20代中心・男女比は同じくらいです。社会福祉士・作業療法士も所属。

オンライン

- 高等専修学校

- 技能連携校

【技能連携校】【サポート校】

浦和高等学園 （うらわこうとうがくえん） 高校部 中学部

(https://urazono.net　E-mail：adm@urazono.net)　モバイル専用サイトもあります。

■**住　所：**
< 高校部 >〒 330-0052　埼玉県さいたま市浦和区本太 2-29-12
< 中学部 >〒 330-0053　埼玉県さいたま市浦和区前地 3-14-12
第 2 スミダビル 3 階
■**電　話：**0800-800-5877　■**FAX：**048-813-5804
■**URL：**https://urazono.net
■**最寄駅：**JR 京浜東北線、宇都宮線・高崎線（湘南新宿ライン・上野東京ライン）「浦和」駅、アトレ北口徒歩 8 分
■**沿　革：**2003 年 4 月　設立
■**教育理念：**
「自由・平等・博愛」を共通価値として、必要としている者に必要な教育を提供する
■**運営母体【設立法人】：**
名　　称：URAZONO
所在地：〒 330-0052　埼玉県さいたま市浦和区本太 2-29-12
電　　話：048-813-5803
（主な事業）教育
■**生徒が同時に入学する通信制高校：**星槎国際高等学校

特色

★難関大学合格も夢じゃない！★
友達ができる！　勉強が好きになる！　自分に自信がつく！

◎ゼロからはじめる大学受験！
・やりたいことに合わせて自分で作れる時間割。
・難関大学合格はおまかせ！カリスマティーチャー！

◎検定合格を徹底サポート！
・英語検定、漢字検定、数学検定、秘書検定などの対策授業を実施。
・8 級から 2 級、準 1 級まで、合格実績あり。
・検定合格で指定校推薦ゲット！
ワード・エクセル・パワーポイントの検定で内定！！

◎ AI「すらら」×先生で偏差値⇒60 へ！
・小中学校の復習から、大学受験まで幅広い学力（偏差値～ 60）に対応！！
・「教科書」＝「検定」＝「すらら」で、無駄のない授業。
・学力アップの秘訣は、やっぱり個別指導！

◎担任の先生と週 1 回の面談
・担任の先生と週 1 回の面談で、学習や生活の悩みを徹底サポート
・学習習慣が身につく"IEP"（生活・学習記録）

◎友達ができるゼミ・部活・特別活動
・仲間とつくれる部活
（ゲーム・イラスト・エンタメ・ビューティー・スポーツ・ダンス・歴史・鉄道など）
・選択ゼミでキャリアデザイン！
（音楽・アート・プログラミング・スポーツ・ライフなど）
・進学・就職・将来に向けた多彩な特別活動
（臨海学校・スノボ合宿・紅葉ハイキング・三ツ又沼自然観察・社会科見学・ボランティア活動・ゲームショウなど）

この学校にアクセスしてみよう！

学校説明会	入学前電話相談	文化祭見学	体育祭見学	資料請求
○	○	○	○	○

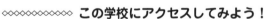

※資料請求は電話またはメールによる請求。学園に直接取りに来ていただくことも可能です。

＜学校の施設＞

校舎面積	222m²	事務室	なし
保健室	あり	ラウンジ	なし
職員室	あり	カウンセリング室	あり

その他の施設　軽運動のできるスペースと屋上。駐車場が 5 台分。

▼学校説明会・学校見学　随時可能

≪教科学習≫
個別学習×グループ学習×学年別授業のハイブリッド！！

「個別学習」
●県内初導入となる満足度№1のe-ラーニング教材「すらら」を英語・数学・国語の授業で積極的に活用。
●無学年式教材で丁寧にやり直しができるので、基礎学力が定着。
●できるところからはじめられるので、学習の進め方が自然と身につく。
●マンツーマンの個別指導も実施し、わかるまでサポート。

「グループ学習」
●学力別にグループ分けを行い、同じ課題に取り組むので仲間意識をもって学習に取り組める。
●お互いに教えあうことを含め、思考力や伝える力を養える。

「学年別授業」
●高校卒業に必要な課題を進めるために丁寧な解説を実施。
●全生徒に1人1台の無線LAN内蔵ノートパソコンを貸与し、各授業で使用。
●動画やオンラインでも学習をサポート。
●入学時からの進路指導により、一人ひとりの希望する進路を実現。

≪各種検定≫
全生徒が様々な検定を受験、合格の喜びを実感！！
●英語検定、漢字検定、数学検定、日本語検定、ワープロ検定、秘書検定を全員受験。
●7,8級から準2級、2級、準1級の上位級まで合格多数！！

≪教員≫
学校、塾などで実績のある教科担当者。親身に寄り添う担任。教員はカウンセラーの資格を保持し、定期的に研修を受けた上で生徒と接していますので、安心です。

生徒情報

【毎日の登校に不安がある生徒への指導】担任だけでなく、教科担当教員も生徒・保護者と連絡をとりながら個別面談・個別指導からはじめていきます。登校が難しい生徒さんには家庭訪問を実施します。放課後や土曜日も含め、ご家庭や学校以外の場所で面談をしたり、学習指導に取り組むことも可能です。スクールカウンセラーと教員が連携しながら、学校生活・教科学習のサポートを一緒にしていきます。
【ソーシャルスキルトレーニング】学習が成果に結びつかない、友達づくりが苦手、感受性が強く様々なことが気になる、長期間学校に登校していない…という生徒さんには、中学部からの中高連携サポートをお勧めしています。3＋a（1～3）年間の教育を行うことで、時間をかけて課題に対応し、改善していくことが可能になります。また、日常の学校生活の中で細かい指導を行っていますので、ソーシャルスキルが身につき、先輩・後輩・同級生の仲間たちとの関わりが楽しくなり、友達ができるようになります。
【メンタルサポート】教員間で常に生徒達を見守る環境が整っています。朝・昼・夕方の会議を通して生徒一人ひとりの状況について情報共有をしています。定期的にスクールカウンセラーによるカウンセリング・SSTの授業を行っています。
【転編入】入学は随時受け入れていますのでご相談ください。個人の目標に合わせて学習を進めていきます。途中からクラスに入る不安もあると思いますが、生徒たちが温かく受け入れるサポート体制、雰囲気があるので安心して転編入ができます。

【生徒数】　　　　　　　　　　　　　　　2024年1月現在

学年	生徒数	クラス数
1年次	39名	1クラス
2年次	30名	1クラス
3年次	35名	1クラス
中学部・その他	30名	3クラス
※個別時間割で登校　5名程度		

【教員数】
専任講師：男性3名、女性3名／非常勤講師：男性10名、女性15名
専任カウンセラー：臨床心理士5名

2023年度の行事（参考）

月	4月～6月	7月～9月	10月～12月	1月～3月
行事	4月／入学式、新入生ガイダンス、新入生歓迎会、各教科二者面談 5月／三又沼ビオトープ自然観察、進路三者面談 6月／SEISAフットサル大会、進路ガイダンス、秘書検定、環境展	7月／SEISAオリンピック（スポーツ大会）、進路面談、漢字検定 8月／三者面談 9月／野球大会、臨海学校（マリンスポーツ実習）、英語検定	10月／URAZONO祭（文化祭） 11月／紅葉ハイキング、日本語検定 12月／職業体験フェスタ見学、クリスマス会、ワープロ検定	1月／進路ガイダンス、個別カウンセリング、数学検定 2月／スノーボード合宿 3月／卒業式、駅伝大会、卒業旅行

2024年度の募集・進路状況

募集について

随時募集しています。
※パンフレットと募集要項をお送りします。
募集定員
・中学部 ― 集団生30名、個別指導生10名
・高校部 ― 集団生25名、個別指導生5名
・転入生 ― 若干名
・編入生 ― 若干名

学費について

◎入学方法、登校スタイルによって学費が変わりますので、詳細はご来校の上ご相談ください。

卒業後の進路

【過去5年間の卒業者】
大学　40%　　　専門学校　42%
就職　10%　　　その他　8%

主な合格実績

埼玉大、早稲田大、上智大、学習院大、中央大、青山学院大、成蹊大、國學院大、立教大、嘉悦大、ものつくり大、人間科学総合大、芝浦工業大、東京電機大、東洋大、専修大、多摩美術大、成城大、目白大、城西大、帝京平成大、東京未来大、東洋大、大正大、武蔵野大看護科、十文字女子大、国士舘大、日本女子大、東海大、拓殖大、大東文化大、尚美学園大、日本橋学館大、聖学院大、立正大、星槎大、星槎道都大、跡見学園女子大、帝京短大、埼玉学園大、埼玉工業大、高崎健康福祉大、明星大、埼玉工業専門、中央工学校、ヤマザキ動物看護専門職短大、TCA専門、埼玉福祉専門、東京アニメ声優専門、声優専門、東京スクールオブミュージック＆ダンス専門、日本工学院、越生自動車大学校、関東工業自動車大学校、華服飾専門、共立医療秘書専門、音響芸術専門、資生堂美容技術専門、西武文理大学附属調理師専門、エコール・ベルエポック専門、東都コンピュータ専門、日本芸術写真専門、東京自動車大学校、中央工学校、日本電子専門、国際航空専門、西武調理師専門、ミス・パリビューティ専門、呉竹医療専門、埼玉自動車専門、東京農業大学校、国際理容美容専門学校、埼玉コンピュータ専門、IT会計専門、大原専門

265

北海道
青森
岩手
宮城
秋田
山形
福島
茨城
栃木
群馬
埼玉
千葉
東京 ★
神奈川
新潟
富山
石川
福井
山梨
長野
岐阜
静岡
愛知
三重
滋賀
京都
大阪
兵庫
奈良
和歌山
鳥取
島根
岡山
広島
山口
徳島
香川
愛媛
高知
福岡
佐賀
長崎
熊本
大分
宮崎
鹿児島
沖縄

【高等専修学校】

芸術工芸高等専修学校
(げい じゅつ こう げい こう とう せん しゅう がっ こう)

(https://www.geijutsu.ac.jp　E-mail：info@geijutsu.ac.jp)

■校長名：浦野　香奈子
■住　所：〒206-0001　東京都多摩市和田 1717-2
■電　話：042-375-7314
■ＦＡＸ：042-375-7345
■最寄駅：京王線「聖蹟桜ヶ丘」駅より徒歩 15 分、またはバス 5 分
　　　　　「多摩センター」駅、「国立」駅よりバスあり
■沿　革：1941 年　　福祉団体 愛泉会　設立
　　　　　1986 年　　　　　開校
　　　　　2016 年 4 月　学科変更、募集再スタート
■教育理念：
　芸術教育を通して創造力、探求心、社会性を育む
■運営母体【学校法人】：
　名　称：学校法人愛泉会
　所在地：〒206-0001　東京都多摩市和田 1717-2
　電　話：042-375-7314　　ＦＡＸ：042-375-7345
■併設校：なし
■生徒が入学する通信制高校：
　学校法人野田鎌田学園 あずさ第一高等学校

芸術工芸高等専修学校では独自の支援教育を行うことで、インクルーシブ教育を実践します。個々を尊重し、様々な能力を可能な限り最大限伸ばすことで、社会に効果的に参加することを可能にするという目的のもと、必要な配慮を行います。
　一人ひとりに合わせた個別支援計画を作成し、それに沿って、実習授業での手順や説明方法の工夫、生徒それぞれの個性や能力に合わせた目標設定等の配慮をしていきます。
　基礎科目では ICT 教材を活用し、個別の対応を行うことで、「わかる」授業を展開していきます。集団生活の中だからこそ学べること、同年代の友達だからこそわかりあえることを大切にし、全ての生徒が学習や生活の両面において、それぞれのペースで成長していくこと、またお互いをフォローし合って一緒に成長していけることを目指し、サポートしていきます。

〈教育方針〉
①創造力を磨く
　自由な想像と発想を促して、一人ひとりの創作意欲を高めます。
　また、構成力やデッサン力といった専門的な技能と知識を基礎から伝え、実社会にて活用できる創造力・表現力を磨きます。
②探求心を培う
　様々な表現や考え方、未知の物事との出会いを通して生徒の知的好奇心を刺激していきます。
　世界に対する視野が広がると同時に、自分自身の新しい可能性にも気づいていけるでしょう。
③社会性を育む
　コミュニケーションスキルとは、他者の視点に立つとともに、自分の気持ちや考えもしっかりと伝えていけること。
　一人ひとりが安心して「自分らしさ」を表現できるよう、自他の個性を尊重する姿勢を育みます。

学習状況

●カリキュラムの特長
　3 つのステップによる教育システム

〈step1〉　個別支援計画の作成
新入生全員に入学前面談を実施し、その生徒の興味・関心や学習面・心理面での不安などを丁寧に聴きとります。また、カウンセラーが中心となり、聴きとった内容を個別支援計画としてまとめ、教員間で共有をします。

〈step2〉　一人ひとりの「居場所」づくり
初めての場所・初めての人間関係は、誰しも緊張するもの。「友だちができるだろうか」「クラスメイトに受け入れてもらえるだろうか」……そうした不安も当然、出てくるでしょう。でも、焦らなくても大丈夫。自分のペースに合わせて、自分なりの距離感で周囲との関係性を築いていけるよう、教職員が連携して、一人ひとりの居場所づくりに努めます。例えば、普段過ごす教室が居心地の良い場であるように、カウンセラーが声掛けをしたり、休み時間や放課後、自分に合った過ごし方ができるように環境を整えたり、さらには行事を通した他学年との交流や、ボランティアの大学生（メンタルフレンド）との出会いを重ねたり……様々な機会を設けて、関係性の中での安心感・居場所感を育んでいきます。

〈step3〉きめ細やかな学習サポートと進路指導
本校の学習カリキュラムは、専門科目と基礎科目、そして校外学習・行事から成っています。基礎科目（一般科目）では、社会へ出た時に必要な基礎学力の定着を目指し、徐々に学ぶ楽しさを感じてもらえるような授業を行います。専門科目では、一人ひとりの個性や能力を最大限に伸ばす、実習を中心とした授業を展開します。時間をかけた作品が出来上がったときの達成感は、学校生活の充実感へとつながっていくはずです。校外学習・行事は、年間 10 回程度実施しています。友人との楽しい思い出作りももちろん大切ですが、様々な行事への取り組みの中で、自ら考え、判断し、問題を解決できる力や社会の中で他人との良いかかわりを築くためのスキルの獲得など、社会性を育む機会でもあります。
また進路指導では、生徒本人・保護者と面談を重ねながら、一人ひとりが自分の「目標」を見つける過程を丁寧にサポートします。必要に応じて外部の専門機関、民間教育機関とも連携し、充実した社会参加が可能になるように、適切な進路選択に向けて支援を行います。

生活指導

学校指定の標準服が 2 種あります。
夏季・冬季、時期によって私服登校期間を設けています。

進路指導

生徒本人の希望を第一に考えながら、保護者や担任（進路担当）、必要に応じて様々な外部機関とも連携し、進路希望先を決定します。
生徒本人のもつ才能・能力・意欲を考慮し、進学・就職希望先とのマッチングやその先の進路状況もふまえた支援をしていきます。

学校行事

入学式、デイキャンプ、美術館見学、サマーキャンプ、文化祭、芸術鑑賞会、修学旅行、卒業式等を予定しています。

クラブ活動

クラフト部、創作部、バドミントン部、軽音部、園芸部、筋トレ部など
生徒の希望で活動しています。

また、2022 年度開催の「全国高等専修学校 体育大会」でバドミントン、陸上、スポーツウエルネス吹矢、自転車競技に出場しました。

【生徒数】 2023 年 1 月現在

学年	生徒数	クラス数	1 クラスの平均人数
1 年次	30 名	1 クラス	30 名
2 年次	15 名	1 クラス	15 名
3 年次	12 名	1 クラス	12 名

【教員数】
常勤 教員：5 名　　カウンセラー（公認心理師）：1 名
非常勤講師：12 名

2024 年度の募集・進路状況

募集について

【2024 年度】
募集定員：デザイン科 30 名程度
出願資格：本人・保護者ともに本校の説明会等に参加し、教育方針・教育内容に賛同している方
出願期間：2023 年 11 月 1 日（水）～ 2024 年 3 月 14 日（木）
（定員になり次第締め切ります）
試験日：2023 年 11 月 11 日（土）以降、学校が指定する日
（詳細はお問い合わせください）
選考方法：前期…作文、面接、適性検査
後期…作文、面接、実技審査

学費について

■デザイン科
学費等納入金：（1 年次）796,000 円

※高等学校等就学支援金が受給できます。
さらに東京都私立高等学校等授業料軽減助成金も受給可能です（都内在住者）。
詳しくは本校へお問い合わせください。

※別途、教材費、積立金（行事費）が必要になります。

卒業後の進路

進学希望が半数を超えますが、就職や就労移行支援・就労継続支援等の利用など、進路は多岐に渡ります。

【進学（合格実績）】
多摩美術大学・東京造形大学・女子美術大学・横浜美術大学・日本工学院・町田デザイン専門学校・日本デザイン福祉専門学校・東洋美術学校

＜学校の施設＞

校舎面積	636m²	事務室	あり
保健室	あり	ラウンジ	－
職員室	あり	カウンセリング室	あり
図書室	あり		

◇◇◇◇◇◇◇◇ **この学校にアクセスしてみよう！**

学校説明会	入学前電話相談	文化祭見学	体育祭見学	資料請求
○	○	○	－	○

▼体験授業・学校説明会
毎月 2 回程度、主に土曜日に開催
▼個別相談・学校見学
随時受付（要予約　当日予約も可能）
※詳しくは HP をご覧ください

北海道
青森
岩手
宮城
秋田
山形
福島
茨城
栃木
群馬
埼玉
千葉
東京 ★
神奈川
新潟
富山
石川
福井
山梨
長野
岐阜
静岡
愛知
三重
滋賀
京都
大阪
兵庫
奈良
和歌山
鳥取
島根
岡山
広島
山口
徳島
香川
愛媛
高知
福岡
佐賀
長崎
熊本
大分
宮崎
鹿児島
沖縄

【高等専修学校】【技能連携校】

学校法人 野田鎌田学園杉並高等専修学校

(https://noda-kamada.ac.jp/sugi/)

- ■校長名：藤井　弘晶
- ■住　所：〒167-0043　東京都杉並区上荻 4-29-8
- ■電　話：03-6913-5655　■FAX：03-6913-5993
- ■最寄駅：JR 中央線「西荻窪」駅下車、徒歩 10 分
- ■校　訓：「誠実・勤勉・奉仕」
　目指すのは心身ともに健康で豊かな人間性の育成
- ■運営母体【設立法人】：
　名　称：学校法人　野田鎌田学園　代表者：長森　修三
　所在地：〒278-0037　千葉県野田市野田 389-1
　電　話：04-7121-5523　FAX：04-7121-1136
- ■グループ校：
●野田鎌田学園横浜高等専修学校
　所在地：〒223-0059　神奈川県横浜市港北区北新横浜 1-4-1
　電　話：045-642-3900
　最寄駅：横浜市営地下鉄ブルーライン「北新横浜」駅
　　　　　徒歩 2 分／ JR 横浜線、相鉄・東急線「新横浜」駅 徒歩 15 分
●野田鎌田学園高等専修学校
　所在地：〒278-0037　千葉県野田市野田 389-1
　電　話：04-7121-5523
　最寄駅：東武アーバンパークライン（東武野田線）「野田市」
　　　　　駅下車、徒歩 4 分／「愛宕」駅下車、徒歩 4 分
- ■生徒が入学する通信制高校：あずさ第一高等学校

【学校へのアクセス】

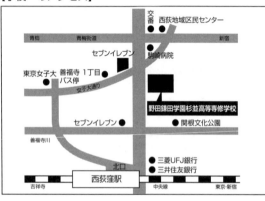

特色 一挙両得！
国家資格調理師免許 ＆
あずさ第一高等学校卒業資格

東京都教育委員会が指定する技能教育施設、高等専修学校です。高卒資格も取得できます。
「調理高等科」では調理コースとスイーツ・パンコースを設置。国家資格「調理師免許」とあずさ第一高等学校卒業資格、2 つの資格が取得できます。
「情報高等科」はパソコンを徹底的にマスターし、あずさ第一高等学校卒業資格と進学や就職に有利な資格にチャレンジできます。普通教科の学習もしっかり行いますので幅広い進路選択が可能です。校内には生徒一人ひとりが、より良い学校生活を送るために「心の相談室」も設置。スクールカウンセラーが相談に応じます。

＜第 16 回スイーツ甲子園東日本ブロック進出！＞
高校生パティシエ日本一を決定するコンテストであるスイーツ甲子園は、パティシエへの登竜門。多くの学校が参加する中、見事 1 次選考を突破し、全国で 24 チーム（東西 12 チームずつ）のみが出場できる東日本ブロック大会進出を果たしました。

学習状況

【カリキュラムの特長】
●調理高等科
○調理コース
☆日本料理、西洋料理、中華料理を幅広く学べます
☆調理実習を中心に技術を身につけます
調理の現場を支え新しい食文化を作り出す人材を育成します。料亭やホテルの料理長など各分野に精通した特別講師から指導を受ける経験は一生の財産となります。レシピが一つずつ増える喜びを肌で感じることができます。
○スイーツ・パンコース
☆製菓・製パンの基本をしっかりと身につけます
☆調理台は人工大理石！一流の設備に触れられます
心の栄養であるお菓子を通し、お客様に夢と感動を与える作品を生み出します。『スイーツ甲子園』をはじめ、各種コンテストへのチャレンジを応援してくれる校風です。調理師免許を取得しますので、日本料理・西洋料理・中華料理の実習も行います。

●情報高等科
即戦力になるための実践力を身につけることに主眼をおいています。
一人一台パソコン使用環境で初歩のキーボードの入力から、社会人必須の office の修得から画像処理、言語までを学んでいきます。また就職に有利な資格試験にも積極的に取り組んでいきます。1 年生で IT パスポートに合格した生徒もいます。
資格への挑戦で、自信を育てよう！
・IT パスポート試験
・基本情報技術者試験
・P 検
・文書デザイン検定
・MOS（マイクロソフト オフィス スペシャリスト）
・LPIC
情報関係に限らず、将来に有利な資格の取得を推奨しています。e スポーツにもチャレンジしています！

生活指導	学校指定の基準服があります。制服はブランド「ベネトン」を採用。都会的なライトグレーを基調としたブレザーに、女子はイタリアンブランドならではのポップなチェック、男子はシックなダークのチェックで制服を着ることが楽しみになります。調理高等科の生徒はコックコートもユニフォームとして着用します。
進学指導	三年間で学んだ専門技術や知識が問われるのは進路。教職員という協力者は担当や肩書きに係わらず本気で親身の協力を惜しみません。生徒の夢の実現への熱い思いと行動に同じ熱意で応えます。
補習指導	普通科目は高等学校を卒業するための最小限度の単位数を修得します。授業は基礎的な内容中心になります。専門科目、普通科目とも休まないで出席していれば修得できますが補習授業も行っています。
その他	〈卒業時に取得できる資格について〉 調理高等科は国家資格である調理師免許とあずさ第一高等学校卒業資格です。さらに専門調理師学科試験免除を取得できます。専門調理師の学科試験の合格者は90％です。専門調理師とは調理師免許取得者が実務6年以上で学科試験と実技試験を合格すると取得できる資格です。その学科が免除になります。情報高等科はあずさ第一高等学校卒業資格です。さらに在学中に本人の希望にあわせてITパスポート、P検等の資格の取得に挑戦することができます。

生徒情報

【不登校生への対応】
ノダスギは新しい学校ですから校風は生徒の皆さんが作り出すものです。自分の好きなことをやれる、自分の夢の実現に近づいている、という実感や期待感が不登校を解消してくれるでしょう。校内に相談室があり専任のカウンセラーがいますので、気軽に相談できます。遠慮なくいつでもご相談ください。

【カウンセリングについて】
生徒一人ひとりがより良い学校生活を送るために、「心の相談室」を設置し、専任のスクールカウンセラーが生徒の抱える問題に一緒に取り組んでいます。常勤カウンセラーですから、生徒の動きや人間関係も観察しながら対応ができます。この安心感がノダスギの魅力の一つです。

【生徒数】　2024年2月1日現在

学年	生徒数	男	女	1クラスの平均人数
1年次	98名	74名	24名	33名
2年次	83名	49名	34名	28名
3年次	82名	53名	29名	27名

【教員数】
専任講師：男性11名、女性6名
スクールカウンセラー：3名

行事予定

月	4月～6月	7月～9月	10月～12月	1月～3月
行事	4月：入学式、新入生オリエンテーション、宿泊校外学習（1年生）、健康診断 5月：修学旅行（九州等：3年生）、校外学習（1・2年生） 6月：テーブルマナー研修、調理校外実習（3年生）	7月：全国高等専修学校体育大会参加、体験入学スタート（12月まで毎月実施） 8月：夏休み 9月：前期末試験 　　　スイーツ甲子園	10月：創立記念日（1日） 　　　体育祭（野田杉杯） 11月：文化祭（杉学祭）	1月：専門調理師学科試験（技術考査3年生） 2月：学年末試験、卒業試験（3年生）、スキー教室（希望者）、卒業記念保護者昼食会 3月：卒業式、終了式

2025年度の募集要項（予定）

募集について

募集人員：調理高等科：80名、情報高等科：20名
考査料：20,000円

【推薦入試】
願書受付日：2024年11月1日（金）～12月13日（金）
　　　　　　　受付時間…本校窓口9時から17時
　　　　　　　　　　※日曜・祝日＜11月9日（土）、25日（月）、26日（火）＞を除く
選考日：早期…2024年12月14日（土）
　　　　　特待生…2025年1月11日（土）
選考方法：面接（本人のみ）、作文
　　　　　　　特待生は学科試験あり（英・数）
　　　　　　　　　　　　　　　　　　※単願のみ

【一般入試】
願書受付日：2025年1月10日（金）～受験日の前日まで
　　　　　　　受付時間…本校窓口9時から17時
　　　　　　　　　　※日曜・祝日＜1月25日（土）、2月1日（土）＞を除く
選考日：① 2025年1月18日（土）
　　　　　② 2025年2月8日（土）
　　　　　以降、随時実施します。
　　　　　定員になり次第締め切ります。
選考方法：面接（本人のみ）、作文
　　　　　　　　　　　　　※都立高校等との併願可

学費について

入 学 金：	0円
授 業 料：	596,000円
施設・設備費：	100,000円
合　　　計：	696,000円

※特待生制度及び10万円免除の早期入学割引のほか、国の就学支援金や東京都の助成金の補助制度もあります。
※東京都にお住まいの方　私立高等学校等授業料軽減助成金適用されます

この学校にアクセスしてみよう！

学校説明会	入学前電話相談	文化祭見学	体育祭見学	資料請求
○	○ 要予約	－	－	○

※資料は、電話、メール、FAX、来校等により請求してください。

【技能連携校】

町田みのり高等部

（ https://minori-hs.jp ）

【学校へのアクセス】

■校長名：多田　浩之

【町田みのり高等部】
■住　所：〒 194-0022　東京都町田市森野 1-27-14　サカヤビル
■電　話：042-851-7191　■ FAX：042-851-7193
■最寄駅：小田急線「町田」駅 徒歩 4 分、JR「町田」駅 徒歩 7 分

【三宮みのり高等部】
■住　所：〒 651-0086　兵庫県神戸市中央区磯上通 8-1-33　幸和ビル 2F
■電　話：078-261-2835　■ FAX：078-261-2836
■最寄駅：JR「三ノ宮」駅 徒歩 5 分、阪神「神戸三宮」駅 徒歩 5 分、
　　　　　阪急「神戸三宮」駅 徒歩 7 分

■沿　革：
　1948 年　　　奈良県においてヤシマ裁縫学院として創立
　1992 年　　　八洲学園高等学校 設立
　1997 年　　　八洲学園高等学校東京本部 設立（広域化）
　2010 年　　　八洲学園高等学校横浜分校 認可
　2016 年　　　大阪中央校、町田分室 開校
　2016 年　　　町田みのり高等部 開校
　2021 年 4 月　三宮みのり高等部 開校

■教育理念：
　1）先を見据え、将来の為に必要なことを学び力を育む。
　2）人とのふれあいを大切にする力を育む。
　3）心を育て、自分自身と周囲の人も幸せになる力を育む。

■運営母体：
名称：学校法人　八洲学園　学校運営機構株式会社
代表者：和田　公人
所在地：〒 160-0022　東京都新宿区 2-12-13
ＴＥＬ：03-6457-8989
ＦＡＸ：03-6457-8989
（主な事業）学校の「管理・運営機能」

■併設校：学校法人　八洲学園　八洲学園高等学校
■生徒が入学する通信制高校：学校法人　八洲学園　八洲学園高等学校

特色　町田みのり高等部は、発達障がいや不登校、対人関係等で
お悩みの方のための完全少人数制の高校です

小・中学校で何らかの理由で学校に通うことが難しくなった経験がある
方や、友人関係などの対人関係に不安がある方、発達障がいなどの特性
で進学に不安がある方、学習面に不安を抱えている方のための学校です。
一学年 20 名定員の完全少人数制教育で、生徒一人ひとりの特性や能力に
あわせ、学習と自立への支援をおこない、個々の能力を引き出すサポー
トをおこないます。常に生徒一人ひとりの将来を見据え、今本人に何が
必要かを考え一緒に学んでいきます。
また、教員は様々な生徒に対応できるよう、特別支援教諭の免許を取得
しています。主要五教科の復習と商業科目の技能教育をおこなう学校の
ため、将来に役立つ知識と技術を身に付けていきます。
また、勉強だけでなく、体験型の学習や実践、行事などを通して、学校
生活の中で心の成長を育むことができます。
八洲学園高等学校の卒業資格を取得することができるため、進路選択の
幅を広く持つことができます。

＜サポート体制＞
教員は高校の教員免許はもちろんですが、特別支援教諭の免許も所持し
ています。
教え導くことだけではなく、生徒に寄り添い、「待つ」ことも大事にし、
自ら踏み出す一歩を常に促していきます。
教員の人数も通常より多めに配置し、様々な視点をもってサポートしま
す。

学習状況

【カリキュラムの特長】
「進学」「就職」「自立」を目指すカリキュラム
学ぶ意欲育成を目的に動機づけ学習をおこないます。また、
商業科目などを中心に、ＰＣスキルの習得や、ビジネスマ
ナーと知識を学び、将来に役立つ実践的な内容を学習しま
す。さらに、心を育てる授業として、コミュニケーション
能力の育成と様々な体験型授業や行事を通し、情操教育を
実践していきます。
【学習システムの特長】
八洲学園高等学校との教育連携施設です。そのため、確実
な卒業と様々な状況の生徒への配慮とサポートを個々にお
こなえる学習システムになります。

進路指導

卒業後の進路は生徒一人ひとりの状況にあわせ、進学・就職・福祉と多岐にわたる選択があります。希望を実現するために、様々な学習やトレーニングを重ねていきます。将来生きていくうえで知っておくべき情報を学び、活用する力も身に付けていきます。

【検定について】

生徒それぞれでタイミングは異なりますが、いずれ訪れる就業に向け必ず役に立つ資格や検定へのチャレンジを積極的に実施しています。

最終的な目標は検定に合格し、資格を取得することですが、学んだ知識や努力し続けた経験を自信へと繋げ、自らの歩みに役に立つことを見越し、毎日の学校生活の中で資格・検定をきっかけにし、成長を促す教育も実施しています。

＜実施資格＞

将来の就業に向け、下記の資格取得に力を入れ学習を実施しています。
※年度により実施内容を変更する場合があります。
・ICT プロフィシエンシー検定試験（P 検定）
・MOS 検定
・ニュース時事能力検定
・秘書技能検定
・ビジネス文書技能検定
・簿記
・実用英語技能検定
・日本漢字能力検定

補習指導

能力別の学習を実施するとともに、個別補講などをおこない、一つ一つ、つまずきがなくなるまで指導します。

生徒情報

【保護者連絡】

保護者面談、電話、メール、通信物などを用いて、頻繁におこないます。

【不登校生に対する指導について】

小・中学校と不登校経験がある生徒が多く在籍しています。それぞれの状況にあわせて対応していきます。

現在、毎日の登校に不安がある方でも、教員が家庭訪問や電話・メールなどでつながりを継続することで、学習フォローや相談できる存在となります。

【いじめ防止対策】

いじめ自体がない学校です。少人数教育をおこなうため、一人ひとりと向きあい、いじめに発展する前に、防ぐことが可能です。感謝の気持ちと思いやりの心の育成に力を入れています。

【教員数】

常勤教職員：男性 3 名／非常勤講師：男性 5 名、女性 10 名
カウンセラー：週 1 回来校

生活指導

制服があります。身だしなみを整えることで、気持ちの落ち着きを持つようにします。
※着用困難な場合は、要相談。

頭髪、ピアスなどの指導は、身だしなみや高校生らしさを逸脱しないことをルールとし、身だしなみの大切さを教えていきます。

生活面の指導は、物事に対して、粘り強く誠実に取り組む姿勢を身に付けさせ、一歩一歩積み重ねることの重要性を理解させます。

自転車・バイクでの通学はできません。

主な行事

月	4月〜6月	7月〜9月	10月〜12月	1月〜3月
行事	入学式 親睦会 飯盒炊爨 店舗見学 遠足	夏祭り 遠足 スポーツ大会	みのり祭 登山遠足 試演会	初詣 学年末遠足 感謝の会 卒業式

2024 年度の募集要項

募集について

【第 1 期】（優先入試）
募集人員：15 名程度
出願期間：2023 年 7 月 1 日（月）〜 7 月 24 日（水）
試 験 日：2023 年 7 月 26 日（金）〜 8 月 5 日（月）

【第 2 期】
募集人員：5 名程度
出願期間：2023 年 8 月 22 日（木）〜 9 月 6 日（金）
試 験 日：2023 年 9 月 11 日（水）〜 9 月 24 日（火）

【第 3 期】
募集人員：若干名
出願期間：2023 年 10 月 1 日（火）〜 10 月 11 日（金）
試 験 日：個別設定

【第 4 期】
出願期間：2023 年 11 月 1 日（金）〜 11 月 11 日（月）

【第 5 期】
出願期間：2023 年 12 月 2 日（月）〜

選考方法：三者面談
受 験 料：なし

※出願期間は土日祝・休校日除きます。
※定員 20 名を満たした場合は、受付を終了します。

学費について

入 学 金：	100,000 円
授 業 料：	700,000 円
施設管理費：	100,000 円
通信制高校費：	95,000 円
合 計：	995,000 円

※通信制高校学費が含まれます。
※教材費 5,000 円が年度毎にかかります。

【入学時点での学力検査】 実施しません。

2022 年度卒業生の進路状況

【進路先】 卒業者数…19 名
大学…6 名　専門学校…5 名　就職…4 名　その他…4 名

【合格実績】 桜美林大学、多摩大学、田園調布学園大学、和光大学、厚木総合専門学校、医療ビジネス観光福祉専門学校、東京デザインテクノロジーセンター専門学校、町田デザイン＆建築専門学校、横浜デジタルアーツ専門学校、関東サービス株式会社、株式会社スルガ相模原工場、株式会社山助、職業能力開発校、ミライてらす大和など

◇◇◇◇◇◇◇◇◇◇◇◇ **この学校にアクセスしてみよう！**

学校説明会	入学前 電話相談	文化祭見学	体育祭見学	資料請求
○	○	○	−	○

※資料は、電話、メール、インターネットなどでの申込みになります。
▼学校説明会：随時個別にて対応

北海道
青森
岩手
宮城
秋田
山形
福島
茨城
栃木
群馬
埼玉
千葉
東京
神奈川 ★
新潟
富山
石川
福井
山梨
長野
岐阜
静岡
愛知
三重
滋賀
京都
大阪
兵庫
奈良
和歌山
鳥取
島根
岡山
広島
山口
徳島
香川
愛媛
高知
福岡
佐賀
長崎
熊本
大分
宮崎
鹿児島
沖縄

【高等専修学校】【技能連携校】

学校法人 野田鎌田学園 野田鎌田学園横浜高等専修学校

（ https://noda-kamada.ac.jp/yoko/ ）

■校長名：新留 光一郎
■住　所：〒 223-0059　神奈川県横浜市港北区北新横浜 1-4-1
■電　話：045-642-3900　　■ＦＡＸ：045-642-3910
■最寄駅：横浜市営地下鉄ブルーライン「北新横浜」駅
　　　　　徒歩 2 分
　　　　　JR 横浜線、相鉄・東急線「新横浜」駅 徒歩 15 分
■校　訓：「誠実・勤勉・奉仕」
　　　　　目指すのは心身ともに健康で豊かな人間性の育成
■運営母体【設立法人】：
　名　称：学校法人　野田鎌田学園　　代表者：長森　修三
　所在地：〒 278-0037　千葉県野田市野田 389-1
　電　話：04-7121-5523　　ＦＡＸ：04-7121-1136
■グループ校：
　●野田鎌田学園杉並高等専修学校
　所在地：〒 167-0043　東京都杉並区上荻 4-29-8
　電　話：03-6913-5655
　最寄駅：JR 中央線「西荻窪」駅下車、徒歩 10 分
　●野田鎌田学園高等専修学校
　所在地：〒 278-0037　千葉県野田市野田 389-1
　最寄駅：東武アーバンパークライン（東武野田線）「野田市」
　　　　　駅下車、徒歩 4 分／「愛宕」駅下車、徒歩 4 分
■生徒が入学する通信制高校：あずさ第一高等学校

【学校へのアクセス】

北新横浜駅
↑あざみ野駅
■ローソン
野田鎌田学園横浜高等専修学校
■エスポット
ローソン
横浜市営地下鉄ブルーライン
●サイゼリヤ
●かっぱ寿司
●すき家
↓新横浜駅

一挙両得！
国家資格調理師免許 &
あずさ第一高等学校卒業資格

神奈川県教育委員会が指定する技能教育施設、高等専修学校です。あずさ第一高等学校との技能連携により高卒資格も取得できます。

「調理高等科」では調理コースとスイーツ・パンコースを設置。国家資格「調理師免許」とあずさ第一高等学校卒業資格、2 つの資格が取得できます。

「情報メディア高等科」はパソコンをマスターし、あずさ第一高等学校卒業資格と進学や就職に有利な資格にチャレンジできます。普通教科の学習もしっかり行いますので幅広い進路選択が可能です。校内には生徒一人ひとりが、より良い学校生活を送るために「心の相談室」も設置。スクールカウンセラーが相談に応じます。

＜第 16 回スイーツ甲子園東日本ブロック進出！＞
高校生パティシエ日本一を決定するコンテストであるスイーツ甲子園は、パティシエへの登竜門。多くの学校が参加する中、見事 1 次選考を突破し、全国で 24 チーム（東西 12 チームずつ）のみが出場できる東日本ブロック大会進出を果たしました。

学習状況

【カリキュラムの特長】

●調理高等科
　○調理コース
　　包丁の持ち方や切り方といった調理の基本、食材の見極め方など料理人に必要な技術と知識を学びます。調理実習では日本料理・中国料理・西洋料理などをすべて学習。また栄養学、食品衛生なども学びます。
　○スイーツ・パンコース
　　時代のニーズに応えられるパティシエをめざし、スイーツの基本から高度なテクニックまでを習得します。調理実習ではスイーツだけでなく日本料理・中国料理・西洋料理も学ぶので、幅広い調理法が身につきます。
　　※ 2 年次進級時、調理コース又はスイーツ・パンコースを選択

＜生徒たちの夢のせた「お菓子の船」完成 !!＞
　2019 年には野田鎌田学園 80 周年と野田鎌田学園横浜高等専修学校開校を記念して、生徒たちが全長 5 m、高さ 2.6 m の「お菓子の船」を完成させました。

●情報メディア高等科
　パソコンをマスターし、進学や就職に有利な資格（日商簿記検定、IT パスポート試験、MOS ＜マイクロオフィスソフトスペシャリスト＞など）にチャレンジします。普通教科の学習もしっかり行いますので幅広い進路選択が可能です。
　2023 年度から「e スポーツコース」「ビジネスコース」を開設しました。実習時にコース分けをし、知識やスキルの習得はもちろんのこと、仕事や将来につながるように指導します。

資格への挑戦で、自信を育てよう！
・日商簿記検定
・IT パスポート試験
・ビジネス文書実務検定
・MOS（マイクロソフト オフィス スペシャリスト）
　情報関係に限らず、将来に有利な資格の取得を推奨しています！

生活指導

学校指定の制服があります。制服はブランド「ベネトン」を採用。都会的なライトグレーを基調としたブレザーで、女子はイタリアンデザインならではのライトなタータンチェック、男子はシックなダークタータンの制服を着ることが楽しみになります。調理高等科の生徒はコックコートもユニフォームとして着用します。

進学指導

三年間で学んだ専門技術や知識が問われるのは進路。教職員は担当や肩書きに係わらず本気で親身の協力を惜しみません。生徒の夢の実現への熱い思いと行動に同じ熱意で応えます。

補習指導

一般科目は高等学校を卒業するための最小限度の単位数を修得します。授業は基礎的な内容が中心になります。専門科目、一般科目ともきちんと出席し試験に合格すれば修得できますが、欠席してしまった場合でも補習授業を行っています。

その他

〈卒業時に取得できる資格について〉
調理高等科は国家資格である調理師免許とあずさ第一高等学校卒業資格です。さらに専門調理師学科試験免除を取得できます。専門調理師とは調理師免許取得者が実務6年以上で学科試験と実技試験を合格すると取得できる資格です。その学科が免除になります。情報メディア高等科はあずさ第一高等学校卒業資格です。さらに在学中に本人の希望にあわせて簿記、ITパスポート試験等の資格の取得に挑戦することができます。

生徒情報

【不登校生への対応】
野田横は新しい学校ですから校風は生徒の皆さんが作り出すものです。自分の好きなことをやれる、自分の夢の実現に近づいている、という実感や期待感が不登校を解消してくれるでしょう。校内に相談室もあり専任のカウンセラーがいますので、気軽に相談できます。遠慮なくいつでもご相談ください。

【カウンセリングについて】
生徒一人ひとりがより良い学校生活を送るために、「心の相談室」を設置し、専任のスクールカウンセラーが生徒の抱える問題に一緒に取り組んでいます。何らかの理由により、学習への不安や友人関係などの悩みがある生徒にはマン・ツー・マンで対応。生徒一人ひとりの置かれた状況を把握し、心のケアと適切なアドバイスをします。

【教員数】
専任講師　：男性8名、女性7名
非常勤講師：男性2名、女性4名

行事予定

月	4月〜6月	7月〜9月	10月〜12月	1月〜3月
行事	4月：入学式、新入生オリエンテーション、健康診断 5月：修学旅行（沖縄等：3年生）、新入生歓迎スポーツ大会 6月：体験入学スタート（12月まで毎月実施）、宿泊校外学習（1年生）	7月：全国高等専修学校体育大会、調理校外実習（3年生） 8月：夏休み 9月：前期末試験　校外研修	10月：創立記念日（1日）　体育祭（野田横杯） 11月：学園祭（翔新祭） 12月：冬休み	1月：専門調理師学科試験（技術考査3年生）、テーブルマナー＜ホテルにて＞ 2月：学年末試験、卒業試験（3年生）、芸術鑑賞会 3月：卒業式、修了式

2025年度の募集要項（予定）

募集について

募集人員：調理高等科：80名
情報メディア高等科：40名
（ビジネスコース：20名
eスポーツコース：20名）

入学検定料：20,000円

【推薦入試】
願書受付日：2024年11月1日（金）〜受験日の前日まで
受付時間…本校窓口9時から17時
※日曜・祝日・本校休校日を除く

選考日：早期推薦…① 2024年11月23日（土）
② 2024年12月14日（土）
特待生推薦…2024年11月23日（土）

選考方法：面接、作文
特待生推薦は面接、作文、学科試験（英・数）
※単願のみ

【一般入試】
願書受付日：2024年12月17日（火）〜受験日の前日まで
受付時間…本校窓口9時から17時
※日曜・祝日・本校休校日を除く

選考日：一般推薦…2025年1月11日（土）
一般単願・併願…① 2025年1月25日（土）
② 2025年2月1日（土）

選考方法：面接、作文
※併願可

学費について

入学金：	150,000円
授業料：	596,000円
施設費：	100,000円
合　計：	846,000円

※技能連携校（あずさ第一高等学校）単位履修登録料102,000円（予定）等が別途必要です。
※制服代・教材費・積立金（修学旅行等）等が別途必要です。
※特待生制度及び10万円免除の早期入学割引のほか、国の就学支援金や神奈川県の学費補助金の学費負担軽減制度もあります。
※神奈川県にお住まいの方には私立高等学校等生徒学費補助金が適用されます。

◇◇◇◇◇◇◇◇◇◇ この学校にアクセスしてみよう！

学校説明会	入学前電話相談	文化祭見学	体育祭見学	資料請求
○ 要予約	○ 要予約	○ 要予約	ー	○

※資料は、ホームページ、電話により請求してください。

北海道
青森
岩手
宮城
秋田
山形
福島
茨城
栃木
群馬
埼玉
千葉
東京
神奈川
新潟
富山
石川
福井
山梨
長野
岐阜
静岡
愛知
三重
滋賀
京都
大阪 ★
兵庫
奈良
和歌山
鳥取
島根
岡山
広島
山口
徳島
香川
愛媛
高知
福岡
佐賀
長崎
熊本
大分
宮崎
鹿児島
沖縄

【高等専修学校】【技能連携校】

学校法人 岡崎学園 東朋高等専修学校
がっこうほうじん おかざきがくえん とうほうこうとうせんしゅうがっこう

(https://www.okazakigakuen.jp/　E-mail：toho@okazakigakuen.jp)

■校長名：太田　功二
■住　所：〒543-0017　大阪府大阪市天王寺区城南寺町7番19号
■電　話：06-6761-3693　　■FAX：06-6761-5810
■最寄駅：近鉄大阪線「大阪上本町」駅より徒歩約7分
　　　　　大阪メトロ「谷町九丁目」駅（11番出口）より徒歩約7分
　　　　　JR大阪環状線「鶴橋」駅（中央改札）より徒歩約13分
　　　　　大阪シティバス「上本町六丁目バス停」より徒歩約7分
■沿　革：1946年コンドル洋裁学校を開校／1951年コンドルドレスメーカー学校に改名／1976年私立専修学校認可コンドル家政専門学校に改名／1984年技能教育施設認可／1986年東朋モード工科専門学校に改名／1990年東朋ビジネス工科専門学校に改名／2000年東朋高等専修学校に改名
■教育理念：生きていくための力を身につけることを目標に、自ら考え、判断し、行動できる人間を育成する。また、知識だけでなく知恵を身につけさせ、社会に即戦力として通用する人材を育成する。
【教育目標】可能性を最大限に伸ばす3つの指導
　「自立する力」「生きる知恵」「考える力」
■運営母体：名称／（学）岡崎学園　代表者／岡崎泰道（理事長）
■併設校：「大阪自動車整備専門学校」「東朋学園高等学校」
　　　　　「就労移行支援事業所レアルタ」
　　　　　「自立訓練（生活訓練）事業所 カムデイ」
　　　　　「放課後等デイサービス フォレスト」
■生徒が同時に入学する高校（選択制）：東朋学園高等学校
　※狭域制のため入学可能エリアが大阪府、兵庫県に在住の方になります。

【学校へのアクセス】

　心の成長を促しながら「生きる力」を育みます

一人ひとりの個性を伸ばす
生徒が主役のキャンパスライフ
　本校は生徒の個性に合わせた2つの学科「普通科」と「総合教育学科（特別支援教育）」を設置しています。
普通科、総合教育学科 高卒資格コースは、技能連携制度により高校卒業資格が取得できます。
◆『普通科』
　"好きなコトが見つかるたくさんの学び"
　3年間で「やりたい！」ことを見つけ出す。
【特徴】・1クラス30名程度のクラス編成
　　　　・たくさんのコースから学びたいコトを自分で選択できる
　　　　・様々な検定・資格に挑戦できる
◆『総合教育学科』（特別支援教育）
　"一人ひとりの自立に向けた学び"
　3年間でひとつでも多くの「できる！」を見つける。
【特徴】・1クラス10名程度の少人数制
　　　　・学科行事が多く、いろいろな体験をしながら生きる力を身につけられる
《高等専修コース》
学力・学習ペースに合わせた習熟度別・進路希望別クラス
《高卒資格コース》
少人数クラスのよさはそのまま、高校卒業資格が取得できる！
◆心のサポート＆安心できる居場所◆
不登校傾向生徒受け入れクラス「ほほえみクラス（普通科）」「ふれあいクラス（総合教育学科）」を設置し、生徒の個性を尊重する授業を実施。
自分のペースで少しずつ学校に慣れていくことを大切にしています。
また、イライラする時、体調が優れない時の休憩スペースとして「らくらくルーム」、「ほっとルーム」を設置しています。

学習状況

■普通科 学習内容
月曜日～金曜日の週5日制です。
普通科は、午前中に一般科目を効率よく学習。
午後からの授業のほとんどは、生徒の能力や個性に応じたコース別の選択科目になっており、楽しみながら学ぶことができます。
《選択教科》
「プロフェッショナルコース」
〜専門的な知識と技術の習得を目標に〜
トータルビューティー / オリジナルアート
モータービジネス / フードクリエイト
「情報コース」
〜情報社会への対応、多彩なスキルと知識の習得〜
ITベーシック / ゲーム＆イラスト制作 /
コンピュータクリエイティブ / ビジュアル・プログラミング
「資格取得コース」
〜社会で役立つ資格取得に挑戦〜
商業系 / 工業系 / ビジネス系 / 教養系 / 介護系

■総合教育学科（特別支援教育）学習内容
月曜日～金曜日の週5日制です。
総合教育学科は1クラス10名程度の少人数制で、社会に出て生きていく力を身につけるため、基礎学力に加え、生活する力・コミュニケーションスキルの向上にも重点を置いたカリキュラムを用意しています。
■エンジョイコース ※普通科・総合教育学科 共通
〜20種類以上の講座から選べます〜
屋外スポーツ、まち歩き、わくわく料理教室、楽しい陶芸、デジタルゲーム研究、映画研究、アナログゲーム など

■取得できる「資格」について
文書処理能力検定、情報処理検定 表計算、日本語ワープロ検定、電卓計算能力検定、硬筆毛筆書写技能検定、漢字能力検定、秘書検定、ビジネス実務マナー検定、ネイリスト技能検定、介護職員初任者研修、小型フォークリフト、小型車両系建設機械、小型移動式クレーン、玉掛け、危険物取扱丙種 など

<table>
<tr><td>進学・補習
指導</td><td>希望大学・専門学校の入試状況にあわせて対策し、補習を行っています。
各学期ごとに補習指導を行っています。</td></tr>
<tr><td>生活
指導</td><td>「自立する力」「生きる知恵」「考える力」
可能性を最大限に伸ばす指導を行っています。</td></tr>
<tr><td>クラブ活動</td><td>野球部、バドミントン部、卓球部、陸上部、ダンス部、スポーツ吹き矢部、音楽部、アート部、鉄道研究部、e スポーツマルチメディア部など</td></tr>
</table>

生徒情報

【保護者連絡】
電話連絡、家庭訪問等は、必要に応じて行っています。
【不登校生に対する指導について】
平成11年度から不登校傾向生徒受け入れクラスを各学科に設置し、学校をあげて取り組んでいます。
【いじめ防止対策】
教職員対象・生徒対象に人権研修を実施し、啓発しています。

【教員数】専任講師　：男性18名、女性17名
　　　　　非常勤講師：男性4名、女性19名　　カウンセラー：2名

【生徒数】普通科　　2023年12月31日現在

学年	生徒数	男	女	クラス数	1クラスの平均人数
1年次	72名	54名	18名	3クラス	24名
2年次	81名	61名	20名	3クラス	27名
3年次	83名	52名	31名	3クラス	28名
合計	236名	167名	69名	9クラス	26名

【生徒数】総合教育学科　　2023年12月31日現在

学年	生徒数	男	女	クラス数	1クラスの平均人数
1年次	81名	56名	25名	7クラス	12名
2年次	57名	39名	18名	5クラス	11名
3年次	36名	27名	9名	3クラス	12名
合計	174名	122名	52名	15クラス	12名

学校行事

※下記以外にもたくさんの「やりたい！」「できる！」が見つかる行事を予定しています

月	4月〜6月	7月〜9月	10月〜12月	1月〜3月
行事	【4月】入学式、始業式、健康診断 【5月】修学旅行（普通科3年）、クラス行事（普通科1・2年）、学年行事（総合教育学科）、中間考査、東朋スポ☆レクDAY 【6月】期末考査	【7月】三者懇談、終業式、全国高等専修学校体育大会、ラフティングキャンプ 【8月】サイクリングキャンプ 【9月】始業式、修学旅行（総合教育学科3年）	【10月】中間考査、校外学習 【11月】東朋祭、期末考査 【12月】スキー・スノーボード実習、三者懇談、終業式	【1月】始業式、卒業考査、マラソン大会 【2月】学年末考査 【3月】創立記念日、卒業式、進路説明会、三者懇談、修了式

募集要項・進路状況

募集について

募集人員：普通科…100名　男・女
　　　　　総合教育学科…60名　男・女
出願期間：
普通科…推薦入試出願1月9日（火）〜1月12日（金）
　　　　一般入試出願1月24日（水）〜1月31日（水）
総合教育学科…推薦入試出願12月4日（月）〜12月8日（金）
　　　　　　　一般入試出願1月24日（水）〜1月31日（水）
試験日：
普通科…推薦入試1月20日（土）／一般入試2月10日（土）
総合教育学科…推薦入試12月16日（土）／一般入試2月10日（土）

学費について

※学費詳細につきましては学科によって異なりますのでお問い合わせ下さい。
【助成制度】・大阪府育英会奨学金制度　・各市町村等奨学金制度・大阪府私立高校生等就学支援推進校の指定をされております。（国の就学支援金、大阪府の授業料支援補助金の対象校）
【その他】JR・各私鉄・大阪シティバス・大阪メトロの学割が利用できます。
【岡崎学園グループ特典】卒業後、大阪自動車整備専門学校への進学の場合は入学金が免除されます。

<学校の施設>
校舎面積　2,930m²　事務室　あり
保健室　なし　ラウンジ　なし
職員室　あり　カウンセリング室　あり
図書室　なし　体育館　あり
その他の施設…ほほえみクラス（普通科）、ふれあいクラス（総合教育学科）、らくらくルーム、ほっとルーム

この学校にアクセスしてみよう！

学校説明会	入学前電話相談	文化祭見学	体育祭見学	資料請求
○	○	○	−	○

※資料は、メール・FAX・電話での申し込みになります。
▼学校説明会・見学会随時（メール・FAX・電話でご連絡下さい）

卒業後の進路・過去5年間の主な合格実績

【進路先】卒業者数118名
進学…36名　　　就職…33名
福祉サービス…35名　　その他…14名
その他…84名（訓練校等含）

進学：大阪商業大学、東大阪大学　短期大学部、ECCコンピュータ専門学校、HAL大阪、OCA大阪デザイン＆ITテクノロジー専門学校、大阪ECO動物海洋専門学校、大阪アニメーションカレッジ専門学校、大阪観光専門学校、大阪航空専門学校、大阪こども専門学校、大阪自動車整備専門学校、大阪社体スポーツ専門学校、大阪情報ITクリエイター専門学校、大阪情報コンピュータ専門学校、大阪情報専門学校、大阪総合デザイン専門学校、大阪美術専門学校、大阪保健福祉専門学校、キャットミュージックカレッジ専門学校、近畿コンピュータ電子専門学校、修成建設専門学校、専門学校ESPエンタテイメント大阪、辻学園調理・製菓専門学校、南海福祉看護専門学校、ビジュアルアーツ専門学校大阪、ヒューマンアカデミー大阪校、ユービック情報専門学校、大阪動物専門学校、尼崎理容美容専門学校　他
就職：アサヒサンクリーン株式会社、井藤漢方製薬株式会社、株式会社ENEOSジェネレーションズ、角丸ゴム株式会社、株式会社KSP・WEST　関西空港事業部、株式会社セイワ運輸、株式会社ゼテックス、株式会社ナニワ電装、株式会社マルハニチロ物流サービス関西、株式会社ヨシダオートサービス、河内環境株式会社、関西チューブ株式会社、北野緑生園株式会社、協和電線工業株式会社、コマツカスタマーサポート株式会社、山洋商事株式会社、サンヨー機材株式会社、社会福祉法人　宝生会、社会福祉法人稲穂会　やすらぎの園、社会福祉法人逢花　特別養護老人ホーム菜乃花、センコー株式会社、中華料理五福、浪速工業株式会社、ニシヤマグマグネット、日興精機株式会社、日本製線株式会社、ビューティドア株式会社、福田工業株式会社、フジミ印刷株式会社、北港化学株式会社、大和鋼材株式会社、ヤマト精機株式会社、吉川運輸株式会社、利昌工業株式会社　尼崎工場、医療法人みどり会、株式会社　大村組、株式会社グッドライフケア、株式会社ハッピーフードシステム、株式会社渡辺塗装、阪和化工機株式会社、三坂工業株式会社、社会医療法人若弘会　わかくさ竜間リハビリテーション病院、西村電装、扇町運送株式会社、相互タクシー株式会社、大開工業株式会社、日本ルートサービス株式会社、豊國製油株式会社、陸上自衛隊　他

【技能連携校】

三宮みのり高等部
（さんのみや）（こうとうぶ）

(https://minori-hs.jp/sannomiya/)

【学校へのアクセス】

ここ

■校長名：多田　浩之

【三宮みのり高等部】
■住　所：〒651-0086　兵庫県神戸市中央区磯上通 8-1-33　幸和ビル 2F
■電　話：078-261-2835　　■FAX：078-261-2836
■最寄駅：JR「三ノ宮」駅 徒歩 5 分、阪神「神戸三宮」駅 徒歩 5 分、
　　　　　阪急「神戸三宮」駅 徒歩 7 分

【町田みのり高等部】
■住　所：〒194-0022　東京都町田市森野 1-27-14　サカヤビル 1F
■電　話：042-851-7191　　■FAX：042-851-7193
■最寄駅：小田急線「町田」駅 徒歩 4 分、JR「町田」駅 徒歩 7 分

■沿　革：
　1948 年　　　奈良県においてヤシマ裁縫学院として創立
　1992 年　　　八洲学園高等学校 設立
　1997 年　　　八洲学園高等学校東京本部 設立（広域化）
　2010 年　　　八洲学園高等学校横浜分校 認可
　2016 年　　　大阪中央校、町田分室 開校
　2016 年　　　町田みのり高等部 開校
　2021 年 4 月　三宮みのり高等部 開校

■教育理念：
　1）先を見据え、将来の為に必要なことを学び力を育む。
　2）人とのふれあいを大切にする力を育む。
　3）心を育て、自分自身と周囲の人も幸せになる力を育む。

■運営母体：
名称：学校法人　八洲学園　学校運営機構株式会社
代表者：和田　公人
所在地：〒160-0022　東京都新宿区 2-12-13
ＴＥＬ：03-6457-8989
ＦＡＸ：03-6457-8989
（主な事業）学校の「管理・運営機能」
■併設校：学校法人　八洲学園　八洲学園高等学校
■生徒が入学する通信制高校：学校法人　八洲学園　八洲学園高等学校

【特色】

三宮みのり高等部は、発達障がいや不登校、対人関係等で
お悩みの方のための完全少人数制の高校です

机に座って学ぶだけじゃない！
みのりの学びは、『ポジティブな学び』です！

小・中学校で何らかの理由で学校に通うことが難しくなった経験がある
方や、友人関係などの対人関係に不安がある方、発達障がいなどの特性
で進学に不安がある方、学習面に不安を抱えている方のための学校です。
一学年 20 名定員の完全少人数制教育で、生徒一人ひとりの特性や能力に
あわせ、学習と自立への支援をおこない、個々の能力を引き出すサポー
トをおこないます。常に生徒一人ひとりの将来を見据え、今本人に何が
必要かを考え一緒に学んでいきます。
また、教員は様々な生徒に対応できるよう、特別支援教諭の免許を取得
しています。主要五教科の復習と商業科目の技能教育をおこなう学校の
ため、将来に役立つ知識と技術を身に付けていきます。
また、勉強だけでなく、体験型の学習や実践、行事などを通して、学校
生活の中で心の成長を育むことができます。体験型学習が多いことから、
仲間との交流時間も増え、楽しく学校生活を過ごせます。
八洲学園高等学校の卒業資格を取得することができるため、進路選択の
幅を広く持つことができます。

＜体験学習＞
「みのり食堂」を運営し、疑似体験を通じて社会に必要な力を身に付けま
す。お店のチラシ、看板やメニュー表などの作成から、商品の仕入れや
売り上げなどの商業的な内容、お店での業務の役割分担、そして実際の
接客など、あらゆることが学びの場となります。また、八洲学園内にあ
る農園で農業体験をすることで、自分たちで育てる喜びや、その野菜を
利用してお客様に提供をすることで自信に繋げます。これらの体験学習
は、年間を通して運営体験をしますので、繰り返し学ぶことが経験となり、
自信に繋がります。また、人との繋がりを通し、コミュニケーション能
力を高めます。活動を通し、自己肯定感を育みながら、生徒の自立を促
します。

＜サポート体制＞
教員は高校の教員免許はもちろんですが、特別支援教諭の免許も所持し
ています。教え導くことだけではなく、生徒に寄り添い、「待つ」ことも
大事にし、自ら踏み出す一歩を常に促していきます。
教員の人数も通常より多めに配置し、様々な視点をもってサポートしま
す。

学習状況

【カリキュラムの特長】
「進学」「就職」「自立」を目指すカリキュラム
学ぶ意欲育成を目的に動機づけ学習をおこないます。また、商業科目などを中心に、ＰＣスキルの習得や、ビジネスマナーと知識を学び、将来に役立つ実践的な内容を学習します。さらに、心を育てる授業として、コミュニケーション能力の育成と様々な体験型授業や行事を通し、情操教育を実践していきます。
【学習システムの特長】
八洲学園高等学校との教育連携施設です。そのため、確実な卒業と様々な状況の生徒への配慮とサポートを個々におこなえる学習システムになります。

生活指導

制服があります。身だしなみを整えることで、気持ちの落ち着きを持てるようにします。
※着用困難な場合は、要相談。
頭髪、ピアスなどの指導は、身だしなみや高校生らしさを逸脱しないことをルールとし、身だしなみの大切さを教えていきます。
生活面の指導は、物事に対して、粘り強く誠実に取り組む姿勢を身に付けさせ、一歩一歩積み重ねることの重要性を理解させます。
自転車・バイクでの通学はできません。

進路指導

卒業後の進路は生徒一人ひとりの状況にあわせ、進学・就職・福祉と多岐にわたる選択があります。希望を実現するために、様々な学習やトレーニングを重ねていきます。将来生きていくうえで知っておくべき情報を学び、活用する力も身に付けていきます。

生徒情報

【保護者連絡】
保護者面談、電話、メール、通信物などを用いて、頻繁におこないます。

【不登校生に対する指導について】
小・中学校と不登校経験がある生徒が多く在籍しています。それぞれの状況にあわせて対応していきます。
現在登校することが困難な方でも、教員が家庭訪問や電話・メールなどでつながりを継続することで、学習フォローや相談できる存在となります。

【いじめ防止対策】
いじめ自体がない学校です。少人数教育をおこなうため、一人ひとりと向きあい、いじめに発展する前に、防ぐことが可能です。感謝の気持ちと思いやりの心の育成に力を入れています。

【教員数】
常勤教職員：男性3名、女性2名／非常勤講師：男性4名、女性8名
カウンセラー：週1回来校

補習指導

能力別の学習を実施するとともに、個別補講などをおこない、一つ一つ、つまずきがなくなるまで指導します。

2024年度実施予定行事

月	4月～6月	7月～9月	10月～12月	1月～3月
行事	入学式 交流会 遠足 進路懇談会	みのり旅行 芸術鑑賞	みのり文化祭 大掃除 ハロウィンパーティー クリスマス会	書き初め 初詣 感謝の会 遠足

2024年度の募集要項

募集について

募集人員： 20名

【推薦入試】（専願）
出願期間：第1期　2023年7月3日（月）～7月26日（水）
　　　　　第2期　2023年8月1日（火）～8月25日（金）

【一般入試】
出願期間：第1期　2023年 9月1日（金）～ 9月29日（金）
　　　　　第2期　2023年10月2日（月）～11月30日（木）

試験日： 推薦入試：2023年8月1日（火）、9月1日（金）
　　　　　一般入試：出願日当日
選考方法： 三者面談
受験料： なし

※定員20名を満たした場合は、受付を終了します。
※二次募集は欠員が出た時のみ行いますので
　詳しくはお問い合わせください。
※優先入試、専願入試、一般入試の詳細は
　説明会参加時にお話しさせていただきます。

学費について

入 学 金：	100,000 円
授 業 料：	700,000 円
施設管理費：	100,000 円
通信制高校費：	95,000 円
合　　計：	995,000 円

※通信制高校学費が含まれます。
※教材費5,000円程度が年度毎にかかります。
【入学時点での学力検査】 実施しません。

2022年度卒業生の進路状況

2021年4月開校のため卒業生はいません。

この学校にアクセスしてみよう！

学校説明会	入学前電話相談	文化祭見学	体育祭見学	資料請求
○	○	○	—	○

※資料は、電話、メール、インターネットなどでの申込みになります。
▼学校説明会：随時個別にて対応

不登校からの進路選択
～自分の歩幅で社会とつながる～

不登校からの進路選択
～自分の歩幅で社会とつながる～

親子支援ネットワーク♪あんだんて♪
福本 早穂

学びリンク

定価： 1320円（税込）
発行： 2021年5月　四六版　200ページ

著者紹介

福本 早穂
親子支援ネットワーク♪あんだんて♪代表、臨床心理士。
小学校6年生の子どもが不登校になったことを機に、カウンセリングや心理学講座に通い始める。2003年に子どもの不登校を経験した母親たち9人で「親子支援ネットワーク♪あんだんて♪」を設立。心理的な専門知識と18年間の実績をもとにサポートを続けている。

京都で活動する親の会
親子支援ネットワーク♪あんだんて♪
HP：http://oyakonet-andante.org/

『不登校でも子は育つ』から7年を経て、

「今、学校に行けなくても進む道はある」

という本が出ました。

不登校の子どもを持つ親御さんにとって、どのように進路を選べばいいのか不安はつきません。無理に人と同じような道を進むのではなく、お子さんにあった「オリジナルの進路」を見つけてみませんか？　不登校の子の心の状態がわかる「回復過程の表」のほか、子どもたちを見守ってきたお母さんたちの声や、不登校経験者の進路選択事例など、かずかず掲載しています！

不登校の子どもを見守ってきた
お母さんたちの声

多くの子が偏差値で進路を決めているなか、
不登校の子は「どう生きたいか」を
じっくり考えながら
進路を選ぶ自由があるように思います。

子どもが必要とする支援をしながら
暮らしていけば、
きっとその子なりに歩み出すよ。

 学びリンク株式会社　https://www.manabilink.co.jp
〒101-0064　東京都千代田区神田猿楽町2-1-14　A&Xビル6F
TEL：03-6260-5100　　FAX：03-6260-5101

学校探しなら『通信制高校があるじゃん！』
https://www.stepup-school.net

- 通信制高校

- 学習センター

- サポート校
（学習等支援施設）

【広域通信制】 （単位制）

飛鳥未来きずな高等学校
（あすかみらい こうとうがっこう）

（ https://www.sanko.ac.jp/asuka-kizuna/　E-mail : info-tome-kizuna@sanko.ac.jp ）

高校卒業資格取得　単位制・広域通信制高校

■校長名：今野　一幸
■住　所：〒987-0331　宮城県登米市米山町中津山字筒場埣 215
■電　話：0220-55-3770
■最寄駅：JR「瀬峰」駅または「田尻」駅から車で18分
■生徒が入学できる都道府県：
　全国47都道府県
■沿　革：
　2017年4月　開校
■教育理念：
　技能と心の調和

■形態・課程・学科：
　独立校・単位制による通信制・普通科
■併設する課程：なし
■入学・卒業時期：
　［転・編入］・入学時期　随時　・卒業時期　3月、9月
　［新入学］　・入学時期　4月　・卒業時期　3月
■修業年限：3年以上
■学期制：2学期制
■卒業認定単位数：74単位
■技能連携：なし　　■実務代替：なし
■技能審査：20単位まで

スクーリングの日数と場所

【登校日数】
①週1日〜登校可能なベーシックスタイル、週1回のホームルームで皆に会えるスタンダードスタイル、週3日登校で生活習慣が身につく3DAYスタイル、毎日通学で充実した高校生活を送れる5DAYスタイル、好きな時に好きな場所で勉強できるネットスタイルから選択。
②履修科目数により異なりますが、最低年間20日程度。

【場　所】
札幌、仙台、登米、宇都宮、高崎、大宮、池袋、御茶ノ水、立川、小田原、静岡、名古屋、神戸、福岡、熊本、沖縄

特色

●ポイント①
自分にあった通学スタイルが選べて、服装も自由！
一人ひとりの個性や自己表現を大切にしている飛鳥未来きずな高校は、自分にあった通学スタイルを選ぶことができます。さらに、登校時の服装は自由！（制服を購入することもできます。）

●ポイント②
なりたい自分に！将来の夢につながる自由に選べるコース選択制（希望者のみ）
自分にあった通学スタイルが選べるだけでなく、本校では美容・医療事務・スポーツ・保育・調理などさまざまな専門分野を高校生のうちから学ぶことができます。
それは、飛鳥未来きずな高校が全国にあらゆる分野の専門学校を持つ三幸学園グループの学校だからできること。各専門分野の授業は、専門学校のプロの先生が直接教えてくれます。
週に2日、好きな専門科目を自由に受講できるコースと、高校卒業と同時に最短3年間で美容師免許取得ができるコースがあります。
自分のやりたいこと・好きな専門分野を深めても良し、いろいろ体験してみて自分に向いている分野を探しても良し。
高校で専門科目を学んだ上で、三幸学園の専門学校に内部進学すれば、進学後の授業もスムーズにスタートすることができます。

●ポイント③
気軽にチャレンジ！「できる！」が見つかるアカデミー選択制（希望者のみ）
自分の好きな分野を学んだり、新しいことにチャレンジしてみたり、↗

↗気楽に楽しみながら興味の幅を広げていきます。「好き」を「できる！」に変えてみよう！

●ポイント④
参加自由！友達と一緒に学校行事に参加して思い出をたくさん作ろう！
クラス制だけでなく、飛鳥未来きずな高校には、参加・不参加を自由に選べる学校行事がたくさんあり、行事を通してクラスや学年を越えたたくさんの友達ができます。

●ポイント⑤
教職員が親身に一人ひとりの勉強も心もサポート。
メンタルサポートから、スマートフォンで学習状況がチェックできる学習サポートまで、生徒一人ひとりが安心して学校生活を送れるよう、担任の他、スクールカウンセラーや養護教諭、スクールソーシャルワーカーがサポートします。

●ポイント⑥
希望に合わせた進路サポートで卒業後の進路も安心！
大学、専門学校、就職など希望の進路の実現のために一人ひとりにあわせた個別の進路指導で希望の将来を目指します。姉妹校の専門学校や短大、大学への進学も有利で安心です。

●ポイント⑦
通信制高校だから自分のペースで学べて、学費の負担が少ない！
飛鳥未来きずな高校は通信制高校なので、年間数日の通学から毎日の通学まで、自分のペースにあわせて通えます。また、通信制サポート校と違い、学費の負担が少ない点も魅力です。

併修・単位について	併修することはできません。
クラブ活動	キャンパスごとに活動は異なります。
学校行事	文化祭・スポーツ大会・入学式・卒業式など。キャンパスごとに異なります。
進学指導	個人面談を重ね、生徒本人の希望や目標を尊重した進路指導体制を整えます。
補習指導	一人ひとりの学力レベルに合わせて、個別にわかるまで、粘り強く教えています。
生活指導	服装は自由ですが、制服を購入することもできます。

生徒情報

【不登校生】
一人ひとりの生徒の高校生活が充実したものになるように担任制を導入しています。

【保護者連絡】
電話、メールなどで常に保護者様と密に連絡を取っています。

【転編入生】
前籍高校で修得した単位は認めています。転編入生も随時入学できます。

1年次	2年次	3年次	4年次
転入生　名	転入生　名	転入生　名	転入生　名
編入生　名	編入生　名	編入生　名	編入生　名

2024年度の募集要項

募集について

【推薦入試】
出願期間：キャンパスごとに異なります。
試 験 日：キャンパスごとに異なります。
選考方法：書類審査・面接
選 考 料：10,000円

【一般入試】
出願期間：キャンパスごとに異なります。
試 験 日：キャンパスごとに異なります。
選考方法：書類審査・面接
選 考 料：10,000円

【転・編入】
出願期間：随時
試 験 日：随時
選考方法：書類審査・面接
選 考 料：10,000円

学費について

【初年度】
入 学 金：　　　　　　10,000円
授 業 料：　1単位 10,000円
施設設備費：　　　　　60,000円（後期入学 約30,000円）
補 習 費：　　　　　100,000円（後期入学 約50,000円）
諸 経 費：　　　　約55,000円（後期入学 約32,000円）

※上記は登米本校のベーシックスタイル学費例です。
※別途特別活動費がかかります（参加を申し込んだ場合のみ）。
※授業料は高等学校等就学支援金制度により、補助の対象となります。

◇◇◇◇◇◇◇ この学校にアクセスしてみよう！

学校説明会	入学前電話相談	文化祭見学	体育祭見学	資料請求
○	○	○	○	○

※授業見学もできます。
※資料は電話・ホームページから請求して下さい。

＜学校の施設＞※キャンパスごとに異なります。

校地面積 4376.92m²	図書室	あり
運動場面積4337.96m²	プール	なし
視聴覚教室 あり	食堂	なし
体育館 あり	ラウンジ	あり
カウンセリング室 あり		

卒業生の進路状況

【進路先】
4年制大学、短期大学、専門学校、就職

●大学
慶應義塾大学、早稲田大学、東京都立大学、日本大学、駒澤大学、東海大学、専修大学、青山学院大学、桜美林大学、国士舘大学、杏林大学、東京成徳大学、文化学園大学、帝京大学、城西国際大学、東京福祉大学、埼玉医科大学、日本経済大学、尚美学園大学、相模女子大学、十文字学園女子大学、跡見女子学園大学、埼玉学園大学、文京学院大学、大東文化大学、八州学園大学、白百合女子大学、日本女子体育大学、東京富士大学、駿河台大学、多摩大学、昭和音楽大学、聖学院大学、川村学園女子大学、明海大学、関西大学、大阪芸術大学、大阪経済大学、大阪産業大学、天理大学、芦屋大学、奈良大学　他多数

●三幸学園
東京未来大学、東京医療秘書歯科衛生＆IT専門学校、東京リゾート＆スポーツ専門学校、東京ビューティーアート専門学校、東京ウェディング＆ブライダル専門学校、東京ビューティー＆ブライダル専門学校、東京スイーツ＆カフェ専門学校、東京みらいAI&IT専門学校、大宮こども専門学校、大宮ビューティー＆ブライダル専門学校、大宮スイーツ＆カフェ専門学校、札幌こども専門学校、札幌ビューティーアート専門学校、札幌ブライダル＆ホテル観光専門学校、仙台医療秘書福祉＆IT専門学校、仙台スイーツ＆カフェ専門学校、名古屋医療秘書福祉＆IT専門学校　他多数

●専門学校
日本外国語専門学校、神田外語学院、東京デザイン専門学校、東京コミュニケーションアート専門学校、履正社医療スポーツ専門学校、東京YMCA専門学校、首都医校、東京服飾専門学校、東京外語専門学校、専門学校大原学園、西武学園医学技術専門学校、JAPANサッカーカレッジ　他多数

●就職先
三幸福祉会、日本郵便株式会社、東京カリント株式会社、キャピタルウッズ株式会社、株式会社アオキスーパー、エイベックス株式会社、有限会社リップル動物医学研究所かいづ動物病院、POLATHEBEAUTY、タリーズコーヒージャパン株式会社 他多数

【広域通信制】2024年4月開校　茨城県設置認可申請中（設置計画承認済み）　　（単位制）

飛鳥未来きぼう高等学校（仮称）

（あすかみらい　こうとうがっこう）

（ https://www.sanko.ac.jp/asuka-kibou/　E-mail：info-mito-kibou@sanko.ac.jp ）

■**住　所**：〒310-0801　茨城県水戸市桜川1丁目7番1号
■**電　話**：050-5530-5358
■**最寄駅**：JR「水戸」駅から徒歩5分
■**生徒が入学できる都道府県**：
　全国47都道府県
■**沿　革**：
　2024年4月　開校
■**教育理念**：
　技能と心の調和

■**形態・課程・学科**：
　独立校・単位制による通信制・普通科
■**併設する課程**：なし
■**入学・卒業時期**：
　[転・編入]・入学時期　随時　・卒業時期　3月、9月
　[新入学]　・入学時期　4月　・卒業時期　3月
■**修業年限**：3年（在籍最長年数：6年）
■**学期制**：2学期制
■**卒業認定単位数**：74単位
■**技能連携**：なし　　■**実務代替**：なし
■**技能審査**：20単位まで

スクーリングの日数と場所

【登校日数】
①週1日〜登校可能なベーシックスタイル、週1日のホームルームでみんなに会えるスタンダードスタイル、週3日から生活習慣が身につく3DAYスタイル、毎日通学で充実した高校生活を送れる5DAYスタイル、好きな時に好きな場所で勉強できるネットスタイルから選択。
②履修科目数により異なりますが、最低年間20日程度。
【場　　所】
北海道、茨城、埼玉、東京、神奈川、愛知、京都、大阪、兵庫

特色

●ポイント①
自分にあった通学スタイルが選べて、服装も自由！
一人ひとりの個性や自己表現を大切にしている飛鳥未来きぼう高校は、自分にあった通学スタイルを選ぶことができます。さらに、登校時の服装は自由！（制服を購入することもできます。）
●ポイント②
なりたい自分に！将来の夢につながる自由に選べるコース選択制（希望者のみ）
自分にあった通学スタイルが選べるだけでなく、本校では美容・医療事務・スポーツ・保育・調理などさまざまな専門分野を高校生のうちから学ぶことができます。それは、飛鳥未来きぼう高校が全国にあらゆる分野の専門学校を持つ三幸学園グループの学校だからできること。各専門分野の授業は、専門学校のプロの先生が直接教えてくれます。週に2日、好きな専門科目を自由に受講できるコースと、高校卒業と同時に最短3年間で美容師免許取得ができるコースがあります。自分のやりたいこと・好きな専門分野を深めても良し、いろいろ体験してみて自分に向いている分野を探しても良し。高校で専門科目を学んだ上で、三幸学園の専門学校に内部進学すれば、進学後の授業もスムーズにスタートすることができます。
●ポイント③
気軽にチャレンジ！「できる！」が見つかるアカデミー選択制（希望者のみ）
自分の好きな分野を学んだり、新しいことにチャレンジしてみた↗

り、気楽に楽しみながら興味の幅を広げていきます。「好き」を「できる！」に変えてみよう！
●ポイント④
参加自由！友達と一緒に学校行事に参加して思い出をたくさん作ろう！
クラス制だけでなく、飛鳥未来きぼう高校には、参加・不参加を自由に選べる学校行事がたくさんあり、行事を通してクラスや学年を越えたたくさんの友達ができます。
●ポイント⑤
教職員が親身に一人ひとりの勉強も心もサポート。
メンタルサポートから、スマートフォンで学習状況がチェックできる学習サポートまで、生徒一人ひとりが安心して学校生活を送れるよう、担任の他、スクールカウンセラーや養護教諭、スクールソーシャルワーカーがサポートします。
●ポイント⑥
希望に合わせた進路サポートで卒業後の進路も安心！
大学、専門学校、就職など希望の進路の実現のために一人ひとりにあわせた個別の進路指導で希望の将来を目指します。姉妹校の専門学校や短大、大学への進学も有利で安心です。
●ポイント⑦
通信制高校だから自分のペースで学べて、学費の負担が少ない！
飛鳥未来きぼう高校は通信制高校なので、年間数日の通学から毎日の通学まで、自分のペースにあわせて通えます。また、通信制サポート校と違い、学費の負担が少ない点も魅力です。

| 進学指導 | 個人面談を重ね、生徒本人の希望や目標を尊重した進路指導体制を整えます。 |

進学指導 個人面談を重ね、生徒本人の希望や目標を尊重した進路指導体制を整えます。

学校行事 文化祭・スポーツ大会・入学式・卒業式など。キャンパスごとに異なります。

併修・単位について 併修することはできません。

補習指導 一人ひとりの学力レベルに合わせて、個別にわかるまで、粘り強く教えています。

生活指導 服装は自由ですが、制服を購入することもできます。

生 徒 情 報

【不登校生】
一人ひとりの生徒の高校生活が充実したものになるように担任制を導入しています。

【保護者連絡】
電話、メールなどで常に保護者様と密に連絡を取っています。

【転編入生】
前籍高校で修得した単位は認めています。転編入生も随時入学できます。

2024年度の募集要項

募集について

【推薦入試】
出願期間：キャンパスごとに異なります。
試験日：キャンパスごとに異なります。
選考方法：書類審査・面接
選考料：10,000 円

【一般入試】
出願期間：キャンパスごとに異なります。
試験日：キャンパスごとに異なります。
選考方法：書類審査・面接
選考料：10,000 円

【転・編入】
出願期間：随時
試験日：随時
選考方法：書類審査・面接
選考料：10,000 円

学費について

【初年度】
入 学 金：　　　　　10,000 円
授 業 料：1 単位 10,000 円
施設設備費：　　　　　60,000 円
補 習 費：　　　　 100,000 円
諸 経 費：　　　　　55,000 円

＜学校の施設＞※キャンパスごとに異なります。

校 地 面 積	m²	図 書 室	なし
運動場面積	m²	プ ー ル	なし
視聴覚教室	なし	食 堂	なし
体 育 館	なし	ラ ウ ン ジ	なし
カウンセリング室	なし		

◇◇◇◇◇◇◇◇◇◇ **この学校にアクセスしてみよう！**

学校説明会	入学前電話相談	文化祭見学	体育祭見学	資料請求
○	○	○	○	○

※資料は電話・ホームページから請求して下さい。

【広域通信制】　　　　　　　　　　　　　　　　　　　（単位制）

かしまがくえんこうとうがっこう
鹿島学園高等学校

(https://www.kg-school.net/gakuen/ 　E-mail でのご質問は HP よりどうぞ)

■校長名：常井 安文
（鹿島本校）
■住 所：〒314-0042　茨城県鹿嶋市田野辺 141-9
■最寄駅：JR 鹿島線「鹿島神宮」駅
■TEL：（通信制本部）0299-85-2020
　　　　（入学相談室－全国）029-846-3212
　　　　　　　　　　　　　 050-3379-2235
■教育理念：
「確かな学力」「豊かな人格形成」「将来をみすえた国際理解」を教育目標にし、21 世紀に求められる有意な国際人の育成を目指す。

■形態・課程・学科：
　全日制課程（学校法人）が母体
　単位制による通信制課程・普通科を設置
■入学・卒業時期：
　・入学時期 4 月、10 月※転入・編入は随時受付
　・卒業時期 3 月、9 月
■修業年限：3 年以上
■学期制：前期・後期 2 学期制
■卒業認定単位数：74 単位

特色

鹿島学園高等学校は、J 1 鹿島アントラーズ提携校で、全日制はサッカー（茨城県代表全国高校サッカー選手権大会出場、全国ベスト 3）、ゴルフ（全国制覇 3 回）などの強豪校として知られ、国公立大学（東京大学）や難関私立大学（早稲田大学、慶應義塾大学など）への進学実績も上げています。2004 年に「生徒ひとりひとりが自分を見つめ直し、次の一歩を踏み出す足がかりをつくること」を目的とした通信制を開設しました。

＊＊＊スイスイ、イキイキ、カシマの通信＊＊＊

「スイスイと高卒資格を取得できる学習環境」と
「心を癒し、イキイキとした新しい自分に出会える多彩な体験学習」が、
"カシマの通信"の大きな特色です。

1．全日制の学校法人が運営
2．全日制と同じ卒業証書
3．全国に広がる学習等支援施設
4．良心的な学費
5．通学は年間数日から週 5 日まで選択可
6．各種学割適用・通学定期の利用可
7．鹿島アントラーズ提携校

スクーリング場所

【場　所】
東京（大塚・巣鴨）、神奈川（横浜・横須賀）、千葉（千葉）、埼玉（大宮）、茨城（つくば・本校）、栃木（栃木・小山）、群馬（高崎）、岩手（盛岡）、宮城（仙台）、福島（いわき）、長野（長野・松本）、新潟（長岡・新潟）、静岡（三島）、愛知（名古屋・豊橋）、京都（京都）、大阪（大阪）、兵庫（神戸）、広島（広島）、鹿児島（鹿児島）、福岡（福岡）
【その他】
テレビ・ラジオ・Web でスクーリングの最大 8 割までを自宅で学習できます。

◇◇◇◇◇◇この学校にアクセスしてみよう！

学校説明会	入学前電話相談	学校見学	資料請求
○	○	○	○

※資料は、ホームページ、電話、FAX で請求頂けます。

生活指導
私服または学校指定の制服のどちらでも通学できます。

体験学習
ダンス・スキー・スノーボード・テーブルマナーなど…年間を通して多彩な体験学習があり、希望するものに参加することができます。

学習システム

＜選べる学習スタイル＞
●週 2～5 日制
週に 2 日～5 日学習等支援施設に通学できて、指導を受けられるコースです。「学習に集中したい」「生活リズムを整えたい」「高校生活を楽しみたい」という人におすすめです！

●週 1 日制
週に 1 日学習支援施設に通学して、指導を受けられるコースです。「サポートを受けながら、趣味や好きな事にも時間を使いたい」「週 1 日の通学から、ゆっくり学校に慣れたい」という人におすすめです！

●自宅学習制
年間数日のスクーリング以外は通学せず、自学自習で学習するコースです。「自分のペースで学習に取り組みたい」「働きながら高校卒業を目指したい」という人におすすめです！

●家庭教師制
講師が自宅に来て、指導を受けられるコースです。「自宅でマンツーマンの指導を受けたい」「外出は難しいが直接指導を受けたい」という人におすすめです！

●個人指導制
学習等支援施設で、希望の時間に個人指導が受けられるコースです。「自分のペースで指導を受けたい」「先生と 1 対 1 でしっかり学びたい」という人におすすめです！

●ネット指導制
パソコン、スマートフォン、タブレットなどで、ネットテレビ電話などを利用して、指導を受けられるコースです。「好きな時間に好きな場所で学習したい」という人におすすめです！

＜選べる多彩な授業：14 レクチャー＞
○大学進学：それぞれの目標に合わせた、プロ講師の指導で、志望校合格を目指す。
○アニメ・マンガ・声優：作画などの基礎から学び、アニメーター・マンガ家・声優としての豊かな表現力を養い、プロデビューを目指す。

▼学校見学・説明・個別相談　随時ご予約をお受けしています。ホームページより、ご希望の学習等支援施設までご連絡下さい。

○ダンス・芸能・声優：「自己表現を通して人に感動を与える」ことを学び、タレントやダンサー・声優を目指す。
○音楽：音楽の基礎から実践的なテクニックまで、プロの指導を受け音楽中心の高校生活を実現する。
○スポーツ：サッカー・テニス等、学習サポートを受けながら、スポーツに専念する。
○ネイル・メイク・美容：ネイリスト・メイクアップアーティストに必要な知識とテクニックを学ぶ。
○ペット：トリマーやトレーナーなどに必要な知識と技術を学ぶ。
○スキルアップ：就職や将来のためになる技術を身につけ、資格の取得などを目指す。
○海外留学：アメリカ・イギリス・カナダ…、短期・中期・長期留学を通して国際人を目指す。
○保育・福祉：将来、保育や福祉のエキスパートを目指すための基礎を学ぶ。
○製菓・製パン：プロの講師からお菓子作りの基礎を学び、将来パティシエやブーランジェ（パン職人）などを目指すための基礎を学ぶ。
○eスポーツ：スポーツの世界と同様、日々の練習や戦略を練る思考力や集中力を身につける。
○ファッション・デザイン・アート：プロ講師による指導のもと、デザインや造形技術の取得を目指す。
○IT：プロ講師による指導で、パソコンや情報の技術を、高校生のうちから学びます。

進路状況

【主な合格実績】
【国公立大学】一橋大学、東京工業大学、岩手大学、長野県立大学、信州大学、静岡県立大学、千葉県立保健医療大学、富山大学、兵庫県立大学、愛知県立芸術大学、県立広島大学、滋賀大学、尾道市立大学
【私立大学】慶應義塾大学、中央大学、東京理科大学、明治大学、青山学院大学、北里大学、学習院大学、法政大学、麻布大学、玉川大学、近畿大学、東海大学、立命館大学、名城大学、芝浦工業大学、日本大学、南山大学、愛知工業大学、東洋大学、関西学院大学 他多数
【私立短期大学】日本歯科大学東京短期大学、共立女子短期大学、四天王寺大学短期大学部、大阪成蹊短期大学、関西外国語大学、短期大学部、千葉明徳短期大学
【専門学校】東京医療秘書福祉専門学校、東京マルチ・AI専門学校、横浜システム工学院専門学校、日本写真芸術専門学校、丸の内ビジネス専門学校、仙台デザイン専門学校 他多数
【就職】陸上自衛隊、北日本石油株式会社、ダイドードリンコビバレッジ株式会社、海上自衛隊 山崎製パン株式会社、株式会社近江建設 他多数

2024年度の募集要項

募集について

【一般入試】
募集人員：普通科　2500名（男女）
出願期間（新入生）：（前期）12月15日～4月5日
　　　　　　　　　　（後期）8月1日～9月25日
　　　　　　　　　　（転・編入生）：随時
選考方法：書類、面接
選考料：10,000円

学費について

入学金：　　　　　　　38,000円
授業料：　　1単位 8,000円
　　　　　（就学支援金が支給された場合1単位 3,188円）※
施設費：　　　　　　　24,000円（年間）
システム管理費・通信費：　37,000円（年間）

※支給には条件があり、ご家庭の経済状況により
　支給の対象とならない、あるいは加算される場合があります。

▼全国に広がる学習等支援施設ネットワーク（グループ校含む）※2023年12月現在

●北海道・東北
【北海道】札幌・函館・旭川・帯広・釧路・月寒中央・新川
【青　森】青森・本八戸・白銀
【秋　田】秋田・横手・新屋
【岩　手】盛岡・花巻・北上・水沢・一関・久慈・宮古・釜石・大船渡・二戸・遠野
【宮　城】仙台・石巻・古川
【山　形】山形・鶴岡
【福　島】福島・いわき・白河・会津若松・郡山

●関東（首都圏）
【東　京】西葛西・蓮根・大塚・御嶽山・荏原・国立・荻窪・新宿・池袋・渋谷・代々木・原宿・高田馬場・目黒・品川・飯田橋・水道橋・秋葉原・御徒町・両国・日暮里・赤羽・北千住・西新井・金町・木場・表参道・自由が丘・西蒲田・蒲田・池上・練馬・幡ヶ谷・中野・吉祥寺・三鷹・田無・国分寺・千歳烏山・下北沢・調布・狛江・立川・町田・八王子・拝島・麻布十番・東京・錦糸町・浅草・江北・西日暮里・経堂・多摩センター・昭島・巣鴨・府中・鷺の木
【神奈川】横浜・厚木・藤沢・溝の口・川崎・日吉・青葉台・戸塚・能見台・港南台・磯子・二俣川・中山・新横浜・相模原・橋本・逗子・横須賀中央・久里浜・小田原・稲田堤・金比ガ浜・大和・山北・大船・新百合ヶ丘・鶴見・根岸・上大岡・鎌倉・都筑ふれあいの丘・武蔵小杉・中田
【埼　玉】志木・所沢・草加・川口・南越谷・南浦和・川越・大宮・春日部・上尾・蓮田・鴻巣・行田・熊谷・深谷・加須・浦和
【千　葉】市川・浦安・船橋・津田沼・印西・新鎌ヶ谷・我孫子・流山・野田・千葉・市原・成田・銚子・茂原・柏・東金・八千代台
【茨　城】鹿島・水戸・土浦・つくば・下館・古河・常総・守谷・龍ヶ崎・石岡・日立・取手・荒川沖
【群　馬】高崎・伊勢崎・太田・館林・前橋
【栃　木】宇都宮・栃木・小山・足利・那須・鹿沼

●東海・北陸・甲信越
【愛　知】名古屋・鶴舞・本郷・高蔵寺・春日井・大府・金山・一宮・犬山・岡崎・豊橋・豊田・刈谷・東岡崎・今池・千種・知立
【静　岡】沼津・静岡・浜松・三島・新富士・焼津・熱海・片浜
【岐　阜】岐阜・大垣・各務原・多治見・高山・関・恵那・可児
【富　山】富山

【石　川】金沢・小松
【福　井】福井・敦賀
【長　野】松本・佐久・上田・飯田・長野・岡谷・諏訪
【新　潟】新潟・長岡・上越・佐渡・青山
【山　梨】富士吉田・甲府

●近畿
【大　阪】梅田・天王寺・京橋・堺・東大阪・枚方・豊中・岸和田・阿倍野・新大阪・なんば・高槻・堺筋本町・松原・四条畷・西大橋・千里中央・茨木・布施・鳳
【京　都】京都・四条・伏見桃山・舞鶴・椥辻・宇治・亀岡・福知山・丸田町・丹波橋・西院・長岡天神
【滋　賀】大津・彦根・草津・長浜
【兵　庫】神戸・三宮・姫路・尼崎・西宮・丹波・加東・土山・西明石・滝野・芦屋
【奈　良】奈良・葛城・橿原・香芝・富雄
【三　重】四日市・津・桑名
【和歌山】和歌山

●中国・四国
【広　島】広島・福山・東広島・呉・安佐南・向洋・廿日市・横川
【鳥　取】鳥取・米子
【島　根】松江・出雲
【岡　山】岡山・倉敷・津山
【山　口】岩国・宇部・山口・周南・防府・下関
【徳　島】徳島
【香　川】高松
【愛　媛】松山・新居浜
【高　知】高知

●九州・沖縄
【福　岡】天神・博多・小倉・久留米・大牟田・薬院
【鹿児島】鹿児島・鹿屋・薩摩川内・国分・指宿・奄美
【佐　賀】佐賀・唐津
【長　崎】長崎・佐世保・諫早
【大　分】大分・別府・佐伯
【宮　崎】宮崎・都城・延岡
【沖　縄】那覇・沖縄・うるま・石垣・西表・久米島・宮古島・与那国・渡嘉敷・浦添・座間味・北中城

北海道
青森
岩手
宮城
秋田
山形
福島
茨城 ★
栃木
群馬
埼玉
千葉
東京
神奈川
新潟
富山
石川
福井
山梨
長野
岐阜
静岡
愛知
三重
滋賀
京都
大阪
兵庫
奈良
和歌山
鳥取
島根
岡山
広島
山口
徳島
香川
愛媛
高知
福岡
佐賀
長崎
熊本
大分
宮崎
鹿児島
沖縄

【広域通信制】　　　　　　　　　　　　　　　　　　　　　　　（単位制）

ルネサンス高等学校
こうとうがっこう

(https://www.r-ac.jp)

- ■校長名：菊池　一仁
- ■住　所：〒 319-3702　茨城県久慈郡大子町大字町付 1543
- ■電　話：0120-816-737　　■ＦＡＸ：0295-76-8032
- ■最寄駅：JR 水郡線「下野宮」駅下車、車 8 分
- ■生徒が入学できる都道府県：
  全国 47 都道府県
- ■沿　革：
  2006 年 4 月　開校
- ■教育理念：
  人と異なることが、人に劣ることではないように、学校のあり方にも多様性が必要です。生徒の置かれた現実に対応し、学校側が柔軟に考えて教育を実践し、より素敵な学校をめざしていきます。

- ■形態・課程・学科：
  独立校・単位制による通信制課程・普通科
- ■併設する課程：なし
- ■入学・卒業時期：
  ・入学時期　4 月、10 月（転入学は随時）
  ・卒業時期　3 月、9 月
- ■修業年限：
  3 年以上（前籍校含む在籍最年長数　制限なし）
- ■学期制：前期・後期の二期制
- ■卒業認定単位数：78 単位以上

スクーリングの日数と場所

【登校日数】
年 4 日～
※標準科目を履修しメディア学習が完了した場合の日数です。ルネサンス高等学校の場合、年 4 ～ 5 日程度（単位認定試験を含む）を要します。転入等で履修科目が多い場合、所要日数が増えることになります。

【場　所】
ルネサンス高等学校本校

【内　容】
東京駅に集合し、バスと新幹線で本校へ移動します。
2020 年 5 月に移転した新校舎はこれまでより広いグラウンドがあり、体育館、図書室、家庭科室、美術室、理科室、視聴覚室など施設も充実しています。また、宿泊施設の美味しい夕食と温泉も魅力の一つです。
スクーリングは分割でも OK！ 仲間ができる集団型、自分のペースでできる個別型、成人限定や親子で参加できるタイプなどあります。

ルネサンス高等学校は、インターネットを活用し、「自分のペースにあわせて」「いつでも」「どこでも」正規の高校教育カリキュラムが学べる環境づくりを行っています。

●レポート（課題）学習
普段のレポート（課題）はスマートフォンやタブレット・パソコンで学習できるので、時間や場所にとらわれずに、効率良く自分のペースですすめていくことができます。動画授業の「メディア学習」は分かりやすく基礎から楽しく学ぶことができます。

●スクーリング（面接指導）
必須登校日であるスクーリングは、本校にて行われます。3 泊 4 日のタイプが中心で、集団が苦手な方向けの個別スクーリングや、親御様に同行いただける親子スクーリングのご用意もございます。※内容は毎年変わります。

●進路サポート
きめ細やかなサポート体制と効率的な学習システムにより、毎年多くの卒業生が希望の進路を実現させています。

●生徒の活躍・実績など
2023 年に行われた e スポーツの大会『STAGE：0』では、リーグ・オブ・レジェンド部門とヴァロラント部門で優勝、フォートナイト部門で準優勝という成績を収めています。
※グループ校全体実績

履修・単位について
自分で学びたい教科や科目を選択し履修することができる単位制をとっています。卒業認定単位は 78 単位以上です。

特別活動
進路セミナー、ワークショップ、アクティビティーツアーなど、興味のあるイベントに自由に参加することができます。
※面接指導（スクーリング）や特別活動には含みません。

進路指導
就職から大学・短大・専門学校等の進学まで、個々の希望に応じた進路指導を行っています。

生活指導
制服は通学スタンダードコース以外、着用自由です。髪の色、ピアス、服装などの規制はありません。「自分らしさ」を重視した指導を行っています。

コース

ルネ高生なら誰でも、キャンパスを利用できる！

もっと高校生活を楽しみたい人、基礎学習を高めたい人などのために、キャンパスがあります。

新宿代々木キャンパスは「代々木駅」から徒歩4分、JR各線「新宿駅」南口から徒歩9分の便利な立地にあり、また、2021年4月に横浜キャンパス、2023年4月には池袋キャンパスも開校しました。Wi-Fi完備の教室で自習したり、仲間とスクールライフを楽しんだり、さまざまな体験をすることができます。

高卒資格取得に＋α
「なりたい自分」へ　Wスクールコース

高校卒業をめざす学習カリキュラムに追加できるのが、Wスクールコース。ルネ高に在籍しながら提携校に通うことで、早期に専門スキルを身につけることができます。

- ●進学コース
- ●留学・英会話コース
- ●資格取得コース
- ●スポーツコース
- ●芸能コース
- ●美容コース

●eスポーツコース

eスポーツ、語学、心理学等の一流の講師陣を揃え、勝つために必要な「実用レベルの英会話能力」・「コミュニケーション能力」・「強いメンタル」を育てる講義を行います。また、eスポーツを通して将来の夢を描き、目標に向かって進む力を身につけることができます。

生徒情報

【不登校生】

過去に不登校だった生徒には、電話やメール、LINEなどを通して、時間をかけて本人とコミュニケーションを図ることで学習意欲を取り戻し、学校生活や日常生活の楽しさを教えます。

【転編入生】

前籍校で取得した単位は引き継ぐことが出来る場合もあります。転入学は随時入学可能で、条件を満たせば前籍校の同級生と同じ時期に進級、卒業ができます。編入学は、年に2回（4月、10月）に入学が可能です。

●アコピアK-POPコース
※講義はオンラインで実施

韓国芸能事務所の練習生をめざすコースです。パフォーマンスの技術だけでなく、容姿や心身の健康にも配慮したオーダーメイドのカリキュラムを提供。日本の高校卒業を諦めることなくK-POPアイドルをめざすことができます。希望者は留学プログラムも利用可能です。

2024年度の募集要項

学費について

入 学 金：	50,000円（入学初年度のみ）
授 業 料：	単位数×10,000円（初年度は標準26単位を履修）
施設設備費（年額）：	20,000円
教育関連諸費（年額）：	60,000円
スクーリング費（年額）：	65,000円

※高校卒業には3年以上の在籍及び、78単位以上の取得が必要となります。
※前籍校での在籍期間と修得単位数は引き継ぐことが可能です。
※Wスクールコース、eスポーツコースなどのオプションコース受講を希望する場合は、別途費用が必要です。

募集について

募集対象：① 2024年3月中学卒業見込みの者
　　　　　② 中学校既卒者
　　　　　③ 現在、高校に在籍中の生徒
　　　　　④ 高校を中途退学した者
出願期間：随時受付（詳しくはお問い合わせください）
試 験 日：お問い合わせください
入学検定料：10,000円

2022年度合格実績 （グループ校全体）

＜国公立大学＞

大阪大学／九州大学／東京工業大学／東京農工大学／東京藝術大学／金沢大学／千葉大学／国際教養大学／大阪公立大学

＜私立大学＞

早稲田大学／慶應義塾大学／上智大学／明治大学／青山学院大学／立教大学／中央大学／法政大学／日本大学／成城大学／多摩美術大学／フェリス女学院大学／杏林大学／横浜薬科大学／日本歯科大学／愛知大学／中京大学／中部大学／日本赤十字豊田看護大学／日本福祉大学／名古屋外国語大学／朝日大学／同志社大学／関西大学／立命館大学／近畿大学／甲南大学／龍谷大学／京都産業大学／関西外国語大学／大阪経済大学／同志社女子大学／武庫川女子大学／大和大学／大阪商業大学／関西医療大学　など

＜学校の施設＞

校地面積	15,308m²	図 書 室	あり
運動場面積	8,708m²	プ ー ル	なし
視聴覚教室	あり	食 堂	なし
体 育 館	あり	ラウンジ	なし
借りグラウンド	なし	カウンセリング室	あり

この学校にアクセスしてみよう！

学校説明会	入学前電話相談	文化祭見学	体育祭見学	資料請求
○	○	○	―	○

学校資料は、電話もしくはHPからご請求ください。
▼個別相談会　随時実施中
　　※ご希望の方はお問い合わせください。
　　0120-816-737（はいろーな、みな）

【学校情報】

●ルネサンス高等学校	茨城県久慈郡大子町大字町付1543	TEL.0295-76-8031
●ルネサンス豊田高等学校（グループ校）	愛知県豊田市藤沢町丸竹182	TEL.0565-49-0051
●ルネサンス大阪高等学校（グループ校）	大阪府大阪市北区芝田2-9-20 学園ビル	TEL.06-6373-5900
●ルネ中等部（中学生向け）eスポーツ&プログラミングが学べます		TEL.0120-526-611

【連携キャンパス情報】 全国共通フリーダイヤル　0120-816-737
　●池袋キャンパス（2023年4月開設）　東京都豊島区東池袋1-30-6　セイコーサンシャインビルXI　5F
　●新宿代々木キャンパス　東京都渋谷区代々木1-13-5
　●横浜キャンパス　神奈川県横浜市神奈川区金港町6-9 横浜金港町第2ビル　2F

【広域通信制】　　　　　　　　　　　　　　　　　　　　　　　　（単位制）

あずさ第一高等学校
（だいいちこうとうがっこう）

(https://www.azusa1.ed.jp)

■校長名：白波瀬　正人
■住　所：〒 278-0037　千葉県野田市野田 405-1
■電　話：04-7122-2400　　■ＦＡＸ：04-7125-8115
■最寄駅：
立川キャンパス：JR「立川」駅 徒歩 3 分、
　　　　　　　　　多摩モノレール「立川南」駅徒歩 1 分
町田キャンパス：「町田」駅 小田急線徒歩 2 分、JR 徒歩 5 分
横浜キャンパス：「横浜」駅西口 徒歩 10 分、きた西口 徒歩 8 分
渋谷キャンパス：JR「渋谷」駅 徒歩 8 分
さいたまキャンパス：JR「宮原」駅 徒歩 10 分、埼玉新都市交通「東
　　　　　　　　　　宮原」駅徒歩 12 分、「今羽」駅徒歩 14 分
千葉キャンパス：JR 各線「千葉」駅西改札右の北口 徒歩 1 分
柏キャンパス：JR・東武アーバンパークライン「柏」駅西口 徒
　　　　　　　歩 4 分
野田キャンパス／野田本校：東武アーバンパークライン「野田市」駅
　　　　　　　　　　　　　　徒歩 6 分、「愛宕」駅徒歩 6 分
■生徒が入学できる都道府県：
　千葉、茨城、埼玉、東京、神奈川、長野、岐阜、愛知、群馬、
　山梨、静岡、新潟、石川、京都、奈良、北海道
■沿　革：
　昭和 51 年 4 月　　学校法人野田鎌田学園が認可される
　平成 17 年 4 月　　あずさ第一高等学校開校及び柏学習センタ
　　　　　　　　　　ー開設
　平成 17 年 9 月　　千葉学習センター開設
　平成 23 年 3 月　　大宮学習センター開設
　平成 25 年 4 月　　渋谷、立川、町田、横浜キャンパス開設
　令和 4 年 2 月　　大宮キャンパスがさいたまキャンパスに名
　　　　　　　　　　称変更
■教育方針：
中学校における教育の基礎の上に
一人ひとりの生徒の心身の発達に応じた指導の下、
一人ひとりの個性が最も伸びる教育を実践する。
1．あたたかみあふれる「対面教育」長年培ってきた野田鎌田学園
　の精神を活かし、様々な状況の生徒一人ひとりに教職員が心か
　らふれあい一緒に考えていきます。
2．一人ひとりを伸ばす「個性教育」何か一つ生徒が輝く力を見つ
　けることを目標にし、生徒一人ひとりの良いところを伸ばす働
　きかけを行います。
3．仲間とともに育てる「社会力教育」クラスでの活動、学内外で
　の多彩な行事、部活動など、友達と関わる機会を少しずつ広げ、
　「社会力」を養っていきます。

■形態・課程・学科：独立校・単位制による通信制課程・普通科
■入学・卒業時期：
　・入学時期　4 月、10 月
　・卒業時期　3 月、9 月
　・転入生随時
■修業年限：3 年以上（在籍最長年数：制限なし）
■学期制：2 期制
■始業・終業時刻：9 時 15 分～ 16 時 00 分
　　　　　　　　　1 日 4 時限、1 時限 50 分
　　　　　　　　〔5 日間通学スタイル、一般通信制スタイル他併設〕
■技能連携：野田鎌田学園高等専修学校、野田鎌田学園杉並高等
　専修学校、野田鎌田学園横浜高等専修学校、千葉モ
　ードビジネス専門学校、静岡アルス美容専門学校

特色　生徒一人ひとりの個性に合わせて、自分のペースで
夢を叶える、9 つの魅力

◎選べる登校日数、学習スタイル。
　個性に合わせて、登校日数・学習スタイルが選べます。自分のペー
　スで、自分らしい高校生活を送りましょう。
①「スタンダードスタイル」5 日制
　集合授業 5 日間＋スペシャル授業（ウィークリー・マンスリー）
②「スタンダードスタイル」3 日制＋ one
　集合授業 3 日間＋フリースタイル学習 1 日＋スペシャル授業
　（ウィークリー・マンスリー）
③「フリーツーデイスタイル」2 日制
　フリースタイル学習 2 日間＋スペシャル授業（マンスリー）
④「フリーワンデイスタイル」1 日
　フリースタイル学習 1 日＋スペシャル授業（マンスリー）
⑤「一般通信制スタイル」
　年 13 日程度登校＋月 1 度のレポート提出＋前・後期考査合
　格及び特別活動の出席。
⑥「スペシャルスタンダードスタイル」5 日間（技能連携校等）
　普通科目＋専門科目、技能連携校等に通う 5 日間の全日型ス
　クールライフです。

◎安心して高校生活が送れる、担任制。
　いつも生徒一人ひとりを見守るクラス担任がいます。勉強や進路
　のことはもちろん、普段の生活のことまで、気軽に相談できます。↗

◎夢を見つける、スペシャル授業。
　「楽しく学べて、チョットためになる」がキーワード。生徒の「やっ
　てみたい」を応援し、今まで気づかなかった興味を引き出します。
◎夢に向かっていく、オリジナルコース。
　プロの講師に学べる、本格的な授業。声優・アニメ、音楽、ファッ
　ション、ダンス、プログラミング、e スポーツなど多彩なコース
　があります。
①学力を伸ばすオリジナルコース
　「基礎コース」「大学進学コース」「資格コース」と自分の学習ス
　タイルにオリジナルコースをプラスして、幅のあるスクールラ
　イフが楽しめます。
②感性を伸ばすオリジナルコース
　「保育コース」「音楽コース」「声優・アニメコース」「ファッショ
　ンコース」「ダンスコース」「プログラミングコース」「e スポー
　ツコース」「デザイナー・クリエイターコース」を設置し、キミ
　たちの「好きなコト」「興味あるコト」を伸ばし、夢の実現を応
　援しています。
　※設置コースはキャンパスごとに異なりますので、最寄りのキャ
　　ンパスまでお問い合わせください。↗

◎学校のもう一つの楽しみ、部活動。
仲間と一緒に楽しんで、毎日をさらに充実させましょう。スポーツ系、アート系、趣味系などのクラブがあります。
◎最高の思い出をつくる、年間行事。
年間を通して、さまざまな行事やイベントを行っています。いまここにしかない、最高の思い出をつくりましょう。
◎心をサポートする、カウンセリング。
自分で抱え込まずに話してみよう。スクールカウンセラーが一人ひとりの生徒に寄り添い、一緒に考えていきます。
◎卒業までの進路サポート。
大学・短大・専門学校への進学、就職…。一人ひとりの目標に合わせて、進路ガイダンスの開催や面接・小論文指導など、丁寧にサポートしていきます。
◎フレンドリーな先生がいっぱい。
私たちは生徒の目線で一緒に考えます。授業で分からない事はもちろん、進路や夢の実現に向けて応援していきます。

生活指導

学校指定の標準服はありますが、服装は自由です。学校の場にふさわしい服装での登校を指導しています。

クラブ活動

バスケットボール部、陸上部、スポーツ部、新体操部、フットサル部、イラスト部、軽音楽部、写真部、演劇部、アート部、ボードゲーム部、コスプレ部、ボランティア部、生徒会部　等

学校行事

入学式、修学旅行、サマーライブ、校外学習（遠足）、ハイキング、芸術鑑賞会、文化祭、ライブ甲子園、卒業式　等
※社会情勢などの事情により行事が変更または中止になる場合があります。

進路指導

大学・短大・専門学校への進学や就職など、高校卒業後の進路はさまざまです。
あずさ第一高等学校では、生徒たちがどのような進路を選んでもきちんと対応できるよう、入学時からコミュニケーションを取りながら、希望する進路へ進めるようサポートしています。

【生徒数】　2023年5月1日現在

年次	生徒数	男女比	クラス数	1クラスの平均人数
1年次	1,053名		38クラス	20〜30名
2年次	1,075名	1:1	40クラス	20〜30名
3年次以上	977名		38クラス	20〜30名

スクーリングの日数と場所

【登校日数】
原則として夏期、冬期の集中スクーリング（年13日程度）、前期・後期の考査及び特別活動。
【場　所】
野田本校及び各地指定面接指導等実施施設

◇◇◇◇◇◇◇◇ この学校にアクセスしてみよう！

学校説明会	入学前電話相談	文化祭見学	体育祭見学	資料請求
○	○ 要予約	○	—	○

※資料は電話、メール、FAX、来校等により請求してください。

2024年度の募集要項

募集について

【前期選抜入試】（単願・併願）
出願期間：2023年12月18日〜2024年2月2日
試験日：2024年1月17日、27日、2月3日
　　　　※併願は1月27日及び2月3日のみ実施。
選考方法：書類・面接
選考料：20,000円

【後期選抜入試】（単願・併願）
出願期間：2024年2月5日〜3月28日
試験日：2024年2月17日、24日、
　　　　3月2日、9日、16日、23日、29日
　　　　※併願は2月17日及び24日のみ実施。
選考方法：書類・面接・作文
選考料：20,000円

学費について

一般通信制スタイルの場合

入学金：	0円
単位履修登録料：	8,500円／単位
施設費：	36,000円
諸経費：	実費

合　計：※240,000円
（単位履修登録料は標準24単位で計算）
※通学スタイルによって学費が異なります。詳細はキャンパスまで直接お問い合わせください。
※高校奨学金の利用について
本校生徒は各都道府県が実施している高校奨学金の対象となります。各種公的奨学金のご利用については、本校奨学金担当者までお問い合わせください。

卒業生の過去の進路状況

【主な進路先】
大学：青山学院大、茨城大、江戸川大、桜美林大、大妻女子大、学習院大、神奈川大、川村学園女子大、神田外語大、國學院大、国士舘大、埼玉学園大、相模女子大、芝浦工業大、淑徳大、成蹊大、専修大、洗足学園音楽大、大正大、大東文化大、玉川大、千葉工業大、中央大、中央学院大、帝京大、田園調布学園大、東海大、東京藝術大、東京情報大、東京農業大、東洋大、東洋学園大、獨協大、奈良大、二本学舎大、日本大、日本保健医療大、福知山公立大、法政大、武蔵野美術大、明海大、明治大、明治学院大、立教大、立命館大、流通経済大、麗澤大、横浜薬科大、和光大、和洋女子大　他
専門学校：江戸川学園おおたかの森専門、大原簿記専門、埼玉コンピュータ＆医療事務専門、専門学校東京クールジャパン、専門学校東京ビジュアルアーツ、中央自動車大学校、東京コミュニケーションアート専門、東京スクールオブミュージック＆ダンス専門、東京デザイナー学院、日本工学院専門、華調理製菓専門、パリ総合美容専門、横浜こども専門　他
就職：青木製作所、イトーキ東光製作所、江戸川段ボール工業　他

▼文化祭　10/28（土）・10/29（日）※2023年度日程　▼学校見学会〈個別相談：随時〉

立川キャンパス	〒190-0023	東京都立川市柴崎町3-8-14	TEL.042-595-9915
町田キャンパス	〒194-0022	東京都町田市森野1-39-10	TEL.042-850-8800
横浜キャンパス	〒221-0834	神奈川県横浜市神奈川区台町14-22	TEL.045-322-6336
さいたまキャンパス	〒331-0812	埼玉県さいたま市北区宮原町4-23-9	TEL.048-782-9962
千葉キャンパス	〒260-0045	千葉県千葉市中央区弁天1-3-5	TEL.043-254-1877
柏キャンパス	〒277-0843	千葉県柏市明原1-2-2	TEL.04-7145-1023
野田キャンパス／野田本校	〒278-0037	千葉県野田市野田405-1	TEL.04-7122-2400
渋谷キャンパス	〒150-0031	東京都渋谷区桜丘町5-4	TEL.03-6416-0425

北海道
青森
岩手
宮城
秋田
山形
福島
茨城
栃木
群馬
埼玉
千葉 ★
東京
神奈川
新潟
富山
石川
福井
山梨
長野
岐阜
静岡
愛知
三重
滋賀
京都
大阪
兵庫
奈良
和歌山
鳥取
島根
岡山
広島
山口
徳島
香川
愛媛
高知
福岡
佐賀
長崎
熊本
大分
宮崎
鹿児島
沖縄

【広域通信制】

成美学園高等學校
せ い び が く え ん こ う と う が っ こ う

（ https://k-seibi.ed.jp ）

■校長名：中島　宗一
■住　所：〒 299-5241　千葉県勝浦市松部 1000-1
■電　話：0470-64-4777　　■ＦＡＸ：0470-64-4778
■最寄駅：JR 外房線「勝浦」駅　徒歩 25 分
■生徒が入学できる都道府県：全国 47 都道府県
■沿革：
　2023 年 4 月　開校
■創立理念：
「15 歳からの独立宣言」を理念とし、自律人の育成を本校では
教育のテーマとしております。具体的には、午後のクラブ活動な
どにおいて企業育成クラブや IT クラブなど、将来に役立つスキ
ルや野球、音楽など自分の興味のある分野に取り組める環境を整
えております。

■形態・課程・学科：
　独立校・単位制による通信制課程・普通科
■入学・卒業時期：
　・入学時期　4 月　　・卒業時期　3 月、9 月
■修業年限：3 年以上（在籍最長年数：なし）
■学期制：2 学期制
■卒業認定単位数：74 単位
■始業・終業時刻：始業 10：00 ～　完全下校 17:00
■技能連携：なし　　■実務代替：なし　　■技能審査：なし
■開設講座数：47 科目

スクーリングの日数と場所

【登校日数】

【場所】
　成美学園高等學校
　住所：〒 299-5241　千葉県勝浦市松部 1000-1
　TEL：0470-64-4777

【学校へのアクセス】

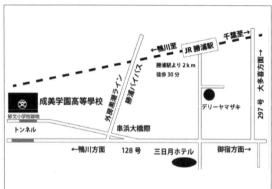

特色
生徒の多様性を重んじ、様々な通い方、コースを設置
しております。

●全日通学クラス
　…毎日登校する学科です。

●オンラインクラス
　…オンラインによる学習指導を受けながら卒業をめざす学科で
　す。

また、スポーツコースや大学受験コースなど生徒の興味ある分野
や進みたい将来に向けて学べるコースやカリキュラムを多数設置
しております。

＜学校の施設＞
校 舎 面 積　　2300m²　運動場面積　　5000m²
視聴覚教室　　　あり　体 育 館　　　あり
図 書 室　　　なし　プール　　　なし
食 　 　 堂　　　なし　ラウンジ　　　あり
カウンセリング室　　　あり

◇◇◇◇◇◇◇◇◇◇◇◇　**この学校にアクセスしてみよう！**

学校説明会	入学前電話相談	文化祭見学	体育祭見学	資料請求
○	○	−	−	○

※資料は HP または電話でお問い合わせください。
▼学校説明会　9 月以降実施検討中。

併修・単位	併修はできません。高卒程度認定試験受験生は 10 科目まで履修できます。
クラブ活動	女子硬式野球部、ゴルフ部、音楽、eスポーツ バスケットボール部新設予定
学校行事	修学旅行は 3 年次に実施予定です（2 泊 3 日、行き先は未定）。入学式・校外学習・体育祭・文化祭・卒業式。
進学補習指導	進学希望の生徒には、外部の専門講師と委託して大学受験のカリキュラムを設定しております。 学力不振の生徒には、学習支援コースやクラブ活動の中でも補習クラブを設置し、個々でしております。
生活指導	学校指定の制服があります。 茶髪やピアスに関する校則がないため、特に指導はしません。 バイクでの通学ができます。（許可制）

生徒情報

【不登校生】

【転編入生】
随時受付中です。

【保護者連絡】
主に電話、保護者面談で連絡を取ります。保護者会や三者面談を年間スケジュールの中に設けております。

【生徒数】

【教員数】
教員：13 名
カウンセラー：なし

2025 年度の募集・進路状況

募集について

【一般入試】
募集人員：50 名
出願期間：2024 年 12 月 9 日～2025 年 3 月 31 日
試験日：未定
選考方法：面接・作文
選考料：10,000 円

学費について

入学金：　　100,000 円
授業料：　　12,000 円／1 単位

2023 年度卒業生の進路状況

【主な進学先】
城西国際大学、淑徳大学、敬愛大学、清和大学、千葉工業大学、東京福祉大学　など

【指定校推薦】
清和大学、城西国際大学、横浜薬科大学、尚美学園大学、東京福祉大学　など

【学習センター・協力校】

成美学園	茂原校	〒 297-0022	千葉県茂原市町保 37-3　成美学園ビル
成美学園	かずさ校	〒 292-0057	千葉県木更津市東中央 2-1-1　ドリームビルディング 3・4・5F
成美学園	成田校	〒 286-0044	千葉県成田市不動ヶ岡 2158-4　マルセイビル
成美学園	蘇我校	〒 260-0834	千葉県千葉市中央区今井 2-10-2　第二山一ビル 3F
成美学園	館山校	〒 294-0045	千葉県館山市北条 1872-8　水口ビル 2F
成美学園	旭校	〒 289-2516	千葉県旭市ロの 633-10　三川屋ビル 2・3F 西号室・東号室
成美学園	八千代校	〒 276-0031	千葉県八千代市八千代台北 1-13-3　第 1 アイディール八千代 2F
成美学園	市川校	〒 272-0133	千葉県市川市行徳駅前 1-17-17　一條ビルII 2F
成美学園	取手校	〒 302-0024	茨城県取手市新町 3-1-23　セントラルビル TORIDE　2・4F
成美学園	小山校	〒 323-0022	栃木県小山市駅東通り 2-36-11　小山サンビル
成美学園	栃木校	〒 328-0037	栃木県栃木市倭町 6-20　ラポルト倭 1・2F
成美学園	足利校	〒 326-0814	栃木県足利市通 2-12-16　岩下書店ビル 3・4F
成美学園	前橋校	〒 371-0843	群馬県前橋市新前橋町 25-1　うちでビル 3F
成美学園	伊勢崎校	〒 372-0052	群馬県伊勢崎市寿町 83-3
成美学園	熊谷校	〒 360-0037	埼玉県熊谷市筑波 1-146　つくばねビル 2・3F
成美学園	久喜校	〒 346-0014	埼玉県久喜市吉羽 1-27-3　OKP 久喜吉羽ビル
成美学園	秦野校	〒 257-0035	神奈川県秦野市本町 1-1-6　クレアーレMKビル 4F
成美学園	茅ヶ崎校	〒 253-0044	神奈川県茅ヶ崎市新栄町 1-14　新榮ビル 5F
成美学園	横須賀校	〒 238-0008	神奈川県横須賀市大滝町 1-9　品川ビル 402

北海道
青森
岩手
宮城
秋田
山形
福島
茨城
栃木
群馬
埼玉
千葉 ★
東京
神奈川
新潟
富山
石川
福井
山梨
長野
岐阜
静岡
愛知
三重
滋賀
京都
大阪
兵庫
奈良
和歌山
鳥取
島根
岡山
広島
山口
徳島
香川
愛媛
高知
福岡
佐賀
長崎
熊本
大分
宮崎
鹿児島
沖縄

【サポート校】

成美学園高等部
せ い び が く え ん こ う と う ぶ

(https://seibi.net)

■学園長名：酒井 一光
■住 所：
【営業本部】〒 260-0842　千葉県千葉市中央区南町 3-2-1
　　　　　　青木ビル 3F
■電 話：043-312-7444
■ＦＡＸ：043-312-0868
■最寄駅：JR「蘇我」駅
■沿 革：2007 年 4 月〜
■教育理念：
当学園は、【毎日通えるコース】から、【年に数回通うコース】
まで自分に合ったスタイルで高校生活を送ることができ、先生
のサポートもと、3 年間で高校卒業資格の修得が目指せます。
また、特徴として少人数制の学園なので、勉強のサポートや卒
業後の進路まで担任の先生が一人ひとり丁寧にサポートしてい
ます。

■形態・課程・学科：
　独立校・単位制による通信制課程・普通科
■入学・卒業時期：
　・入学時期　4 月　　・卒業時期　3 月、9 月
■修業年限：3 年以上（在籍最長年数：なし）
■学期制：3 学期制
■卒業認定単位数：74 単位
■始業・終業時刻：始業 10：00 〜　完全下校 17：00
■技能連携：あり
■実務代替：なし
■技能審査：なし
■開設講座数：47 科目

特色

生徒の多様性を重んじ、様々な通い方、コースを設置
しております。

●普通科…毎日登校して、学校生活を enjoy できる学科です。

●個別指導科…自分のペースで登校し、個別の学習指導を受けな
がら卒業をめざせる学科です。

●通信科・社会人科…働きながらでも通えるように、週に一度の
通学で学習指導を受けながら卒業をめざす学科です。

●音楽科…プロの音楽講師から個別レッスンを手厚く受けられる
学科です。

●eスポーツ科…eスポーツ科の専用カリキュラムを通し、ゲー
ムスキルのみならず動画編集やデザインななどを専門的に学べる
学科です。

●オンライン校…オンラインにより、在宅で学習指導を受けなが
ら卒業をめざせる学科です。

＜学校の施設＞
校舎面積　　　　− ㎡　運動場面積　　　　− ㎡
視聴覚教室　　　　　　体育館
図書室　　　　　　　　プール
食堂　　　　　　　　　ラウンジ
カウンセリング室

◇◇◇◇◇◇◇◇ この学校にアクセスしてみよう！

学校説明会	入学前 電話相談	文化祭見学	体育祭見学	資料請求
○	○	○	○	○

※資料は HP または電話でお問い合わせください。
▼学校説明会　7 月以降実施検討中。
▼文化祭　毎年 12 月頃　▼体育祭　毎年 11 月頃
※校舎によって変動

併修・単位	併修はできません。高卒程度認定試験受験生は10科目まで履修できます。
クラブ活動	音楽、ダンス、パソコン、ゲーム、調理など。詳しくは各校舎にお問い合わせください。
学校行事	卒業旅行は3年次に実施予定です。入学式、校外学習、体育祭、文化祭、卒業式。
進学補習指導	進学希望の生徒には、外部の専門講師と委託して大学受験のカリキュラムを設定しております。学力不振の生徒には、学習支援コースやクラブ活動の中でも補習クラブを設置し、個々でしております。
生活指導	学校指定の制服があります。茶髪やピアスに関する校則がないため、特に指導はしません。申請すればバイクでの通学ができます。

【生徒数】

【教員数】
教員：サポート校による
カウンセラー：未定

2025年度の募集・進路状況

募集について

募集人員：サポート校による
出願期間：2024年11月1日〜2025年3月31日
試験日：サポート校による
選考方法：面接・作文・学力試験
選考料：10,000円

学費について

入学金：	100,000円（12月末までの出願で免除）
授業料：	38,000円×12
教科外活動費：	46,000円
本校実習費：	12,000円
スクーリング費：	48,000円
冷暖房費：	20,000円
教育充実費：	1,500円×12
合　　計：	700,000円

卒業生の進路状況

北海道
青森
岩手
宮城
秋田
山形
福島
茨城
栃木
群馬
埼玉
千葉
東京 ★
神奈川
新潟
富山
石川
福井
山梨
長野
岐阜
静岡
愛知
三重
滋賀
京都
大阪
兵庫
奈良
和歌山
鳥取
島根
岡山
広島
山口
徳島
香川
愛媛
高知
福岡
佐賀
長崎
熊本
大分
宮崎
鹿児島
沖縄

【サポート校】

こくさいぶんかがくえん こうとうぶ
国際文化学園 高等部

(https://www.web-ics.jp)

■校長名：吉積 和成
■住 所：〒 160-0004 東京都新宿区四谷 2 丁目 11-6
■電 話：03-3355-9811 ■ＦＡＸ：03-3355-9812
■最寄駅：JR 中央線「四ツ谷」駅下車、徒歩 5 分
　　　　　東京メトロ丸の内・南北線「四ツ谷」駅下車、
　　　　　徒歩 5 分
■創立年：1998 年
■教育理念：
　人はありのまま受け入れられることで、ホッとして、自分らし
さを発見し、少しずつ自立していくものだと信じています。本
校は、のびのびとした自由な環境のもと、その人らしさを本当
に見つけてもらいたいという願いから創立しました。
■運営母体【設立法人】：
　名　称・　　　　　　　　　　代表者・
　所在地・
　電　話　　　　　　　　ＦＡＸ
　（主な事業）
■生徒が入学する通信制高校：
　私立通信制高校

【学校へのアクセス】

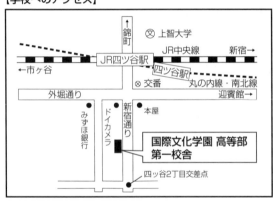

学習状況

【カリキュラムの特長】
すべてのコースが週 5 日制と週 3 日制から選択できます。希望者には、14：30 以降に選択コースとして、美術コース、大学進学コース、国際コース、保育・福祉コース、音楽コース、芸能・演劇コース、ダンスコース、ファッション＆ビューティーコースがあります。

【入学時点の学力検査】
実施していません。

【進学希望者への指導】
大学、短大、専門学校希望に分けてきめ細かく指導します。

【補習の指導】
中学校の内容の基礎補習、不登校者のための時間外補習。

特色　すべてのコースが週 5 日制と週 3 日制から選択できます。10：00 始業・1 コマ 40 分の授業で必修授業は 14：30 で終了します。この後は希望者には自由選択授業および各種選択コース授業となります。高校卒業コースの他、選択コースは大学進学コース、保育・福祉コース、音楽コース（ギター、ボーカル、ベース、ドラム、キーボード、シンガーソングライター）、国際コース、美術コース、芸能・演劇・ダンスコース、ファッション＆ビューティーコースの 7 つ。
一方、学習・登校ペースのつかめない生徒には、個別家庭訪問を行い、在宅学習課題を用意しています。
1 クラス 20 名程度の少人数クラス編成により、学力不振、勉強嫌いの方から、学力に自信のある方まで、生徒個人に適した方法で、最短期間による高卒資格取得に向けて、無理なく学習できます。
新入学の入学時期は 4 月と 10 月の年 2 回、転入は年間随時受け入れています。

＜学校の施設＞
校舎面積　　　　m²　　ラウンジ　　なし
体育館　　なし　　カウンセリング室　なし
図書室　　あり　　職員室　　あり
事務室　　あり
その他の施設

◇◇◇◇◇◇◇◇◇ **この学校にアクセスしてみよう！**

学校説明会	入学前電話相談	文化祭見学	体育祭見学	資料請求
○	○	－	－	○

※資料は電話やハガキで請求して下さい。 遠隔地からの入学希望者は提携学生寮への入居が可能です。
※学校見学も受け付けています。予約制なのでご連絡の上お越し下さい。

<table>
<tr><td>学習システムの特徴</td><td>少人数による大学受験指導、英語指導、美術指導、音楽指導（ロック・ポピュラーのギター、ボーカルなど）、芸能・演劇指導（ダンス、演技等）。</td></tr>
</table>

＜大学進学コース＞
大学・短大進学希望者のためのコースです。あなたの志望校に沿ってベテランの進路指導教師による徹底した進路指導と各人に応じた個別学習で総合的学習指導を行っています。

＜保育・福祉コース＞
幼児教育や福祉に関心があり、保父母や社会福祉関係の仕事を目標にする人のコースです。卒業後は各種の専門学校に進学し、より専門的な学習を行うことを前提にしたカリキュラムを編成しています。

＜音楽コース＞
高卒資格を目指しながら、音楽のロック、ポピュラーなどのジャンルに応じて少人数の個別レッスンを受けます。（ボーカル科、キーボード科、ピアノ科、ギター科、シンガーソングライター科、ドラム科）

＜国際コース＞
国際人を目指す人のためのコースです。国際文化理解、日常英会話の習得、英検合格のための実践的内容です。就職時にも有利です。年間及び短期留学希望の方、ご相談下さい。

＜美術コース＞
制作を通し、美術の表現力を高めます。リラックスして、一緒に何かを探しましょう。

＜芸能・演劇・ダンスコース＞
演技指導・ダンスレッスンを通じて自分らしさの発見や芸能界への道も。芸能・演劇のみ、ダンスのみも可能。

＜ファッション＆ビューティーコース＞
ファッション・ヘア＆メイク・ネイルアートに興味がある方を対象とした"プロ"による実践的なレッスン＆実技。

生活指導
基準服があります。着用は、生徒本人の自由意志により着用または非着用が選べます。
本学園では、校則や出席日数には制限は一切ありません。一人ひとりの個性を本当に認めております。

クラブ活動
あります。

生徒情報

【登校ペースのできていない生徒への指導】
過去に不登校だった生徒は20%程度います。登校ペースがつかめない生徒には特別補習や家庭訪問も実施しています。安心して学習に取り組むことができます。

【保護者への連絡】
担任よりの電話、保護者面談、学校だよりなど頻繁に行っています。保護者サークルを開設し、親・子・学校がスムーズな連絡体制をとれるよう、細かい配慮をしています。

【生徒数】
全体で約50名

【教員数】
常勤講師：男性　名、女性　名
非常勤講師：男性　名、女性　名
専任カウンセラー：常駐しています。

2024年度の行事　※すべての行事は自由参加

月	4月～6月	7月～9月	10月～12月	1月～3月
行事	入学式 バーベキュー大会 スポーツ大会 音楽鑑賞会 ディズニーランド遠足	保護者会 合同キャンプ 前期テスト 教育セミナー	修学旅行 スポーツ大会 学園フェスティバル クリスマスパーティー 保護者会 ディズニーシー遠足	東京ドーム遠足 教育セミナー 後期テスト 卒業式

2024年度の募集・過去の進路実績

募集について

募集人員：50名（年間）
受験資格：中学校卒業者および2024年3月卒業見込みの者
必要書類：1. 入学願書（本学園所定用紙）
　　　　　2. 調査書（本学園所定用紙）
　　　　　3. 写真3枚（縦4cm×横3cm）
選考料：20,000円
出願期間：9月より願書受付中
　　　　　（転入は年間いつでも受け付け）
試験日：日程はお問い合わせ下さい。
選考内容：面接

学費について

高卒資格取得コース
　　　　　年間 480,000円～
※コースにより異なります。
※通信制高校の費用が別途必要。

卒業後の進路

早稲田大、上智大、多摩美大、東海大、和光大、慶應義塾大、駒澤大、専修大、桜美林大、文化服装学院、山野美容専門、代々木アニメーション学院　etc.

【通信制】

学校法人 上田煌桜学園 さくら国際高等学校 東京校

（ https://www.tokyo.sakura-kokusai.ed.jp/ ）

じぶんらしく、輝く。

- ■学校長：田中 雄一
- ■住 所：〒151-0053 東京都渋谷区代々木 1-43-8
- ■電 話：03-3370-0718 ■ＦＡＸ：03-3370-5198
- ■最寄駅：JR 線「代々木」駅下車、徒歩 3 分
  都営大江戸線「代々木」駅下車、徒歩 3 分
  小田急線「南新宿」駅下車、徒歩 2 分
  京王新線・都営新宿線「新宿」駅下車、徒歩 10 分
  副都心線「北参道」駅下車、徒歩 8 分
- ■創立年：1992 年
- ■沿 革：

1974 年	2 月	伸学会創立
1979 年	2 月	伸学会予備校設立
1989 年	3 月	不登校生、中退者のためのサポートアカデミー設立
1992 年	2 月	さくら国際高等学校の前身である東京国際学園高等部設立
2001 年	11 月	山田洋次監督を招いて 10 周年記念イベントを開催
2003 年	11 月	ラオスでの支援活動が評価され社会貢献支援財団より「21 世紀若者賞」を受賞
2006 年	4 月	翔和学園設立
2007 年	9 月	第 1 回ラオスフェスティバルを代々木公園にて開催
2010 年	7 月	ラオスへの貢献が評価され「外務大臣表彰」を受賞
2012 年	9 月	東京国際学園設立 20 周年式典
2015 年	4 月	学校法人さくら国際高等学校 東京校へと校名変更
2015 年	5 月	第 5 回日ラオス外交関係樹立 60 周年記念認定行事 ラオスフェスティバル 2015 を代々木公園にて開催
2015 年	11 月	日ラオス外交関係樹立 60 周年記念ツアー開催
2016 年	7 月	ラオス政府よりラオスへの貢献について表彰
2016 年	8 月	全国高等学校定時制通信制卓球大会 女子シングルス優勝
2017 年	8 月	全国高等学校定時制通信制卓球大会 女子シングルス 3 位
2019 年	11 月	ダンス部がニューヨークのカーネギーホールに出演
2022 年	8 月	全国高等学校定時制通信制卓球大会 女子シングルス 3 位
2023 年	5 月	東京都体育連盟定時制テニス選手権大会 男子ダブルス優勝
2023 年	8 月	第 2 回「上田わっしょい」祭で「わっしょい賞」を受賞

【学校へのアクセス】

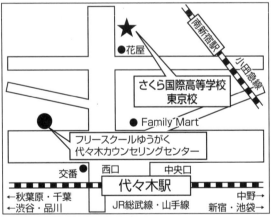

さくら国際高等学校 東京校

●花屋

●Family Mart

フリースクールゆうがく 代々木カウンセリングセンター

交番 西口 中央口

代々木駅

←秋葉原・千葉 ←渋谷・品川 JR総武線・山手線 中野→ 新宿・池袋→

- ■教育理念：
- ・生徒一人ひとりが主体となった教育
  教育の主体は生徒。教育制度や学校の都合を一方的に押しつけるのではなく、いま抱えている課題を解決できる、生徒に寄り添った教育を目指します。
- ・好きなこと得意なことを伸ばす教育
  出席を前提とした「知識詰め込み型」の教育ではなく、生徒が得意とすること、興味のあることを伸ばしていく教育を目指します。
- ・人とは違う「個性」を理解する教育
  生徒一人ひとりの個性を認め、個性が誰かの役に立つことを伝え、小さな成功体験を積み重ねることで、社会的な自立を目指します。
- ■運営母体【設立法人】：
  名 称・学校法人上田煌桜（こうおう）学園
  所在地・〒386-1433 長野県上田市手塚 1065 番地
  （主な事業） 通信制高校

特色

本校は、大学受験、高校受験に 30 年以上の実績を誇る伸学会予備校から始まり、多様な生徒の要望に応え、柔軟に対応するものとして高い評価を得ています。そして 2015 年 4 月、「学校法人さくら国際高等学校 東京校」として新たにスタートを切りました。

本校の「人とは違う個性」を理解する教育システムは、従来の教育制度の中では実を結ばなかった生徒に、柔軟に対応するものとして高い評価を得ています。
関連教育機関も充実しており、◆登校拒否の子どもたちの進路を考える研究会（略称：登進研）、◆代々木カウンセリングセンター、◆フリースクールゆうがく等があり、不登校や様々な悩みを持った子どもたちのカウンセリング、個別指導、セミナー等を行っております。
これまで本校の取り組みが、フジテレビ「奇跡体験アンビリバボー」や、同局のドキュメンタリー番組で、「青春漂流」というタイトルで取り上げられるなど、各方面のメディアからも注目されています。

【最新ニュース】
生徒たちが主体となった「ラオスに学校プロジェクト」。募金活動や、チャリティーバザーにより、ラオスに小学校を建設してきました。1994 年 4 月の学校建設の様子は NHK ワールドニュースとして世界に放映されました。
これまで 9 回のラオス訪問でのべ 180 名の生徒がラオスを訪問し、2016 年 4 月には 8 校目の学校が完成しました。
また、本校のボランティア活動が評価され、外務大臣表彰（2010）、日本財団国際ソロプチミスト「社会ボランティア賞」（2011）、プレデンシャル生命・ジブラルタ生命主催ボランティアスピリットアワード「コミュニティ賞」（2011）、「ボランティアスピリット賞」（2013）を受賞しました。
2007 年より本校とラオス大使館主催で「ラオスフェスティバル」を代々木公園にて開催。日本とラオスを結ぶ国内最大級の国際交流イベントとして高い評価を得ています。
2015 年 11 月には日ラオス外交関係樹立 60 周年記念ツアーを開催。有志生徒によるラオス訪問を行い、記念レセプションへの参加や、国家主席官邸表敬訪問を行いました。また、8 校目の竣工式も執り行い、現地の小学生との国際交流も行いました。貧困や施設不足などの理由で、学校に行きたくても行けないラオスの子どもたちとの交流は、自分の生き方や日本のあり方を見つめなおす良い機会となっています。

◇◇◇◇◇◇◇◇ この学校にアクセスしてみよう！

学校説明会	入学前 電話相談	文化祭見学	体育祭見学	資料請求
○	○	○	○	○

※資料請求は電話・HP より申込みしていただければ送付致します。
※遠隔地からの入学希望者には転居を前提に入学が可能です。生徒の住居については事前相談を受けます。本学園と提携している学生会館が親戚縁者等の家で生活するかをお選びいただきます。
※学校見学も受け付けています。ご連絡の上お越し下さい。

▼学校見学・個別相談 随時
▼説明会
　2024 年…6/22（土）、7/6（土）、8/2（金）、8/8（木）、9/7（土）、10/12（土）、10/26（土）、10/27（日）、11/16（土）、12/7（土）
　2025 年…1/11（土）
▼個別相談会
　2025 年…3/8（土）
※上記の日程は予定につき変更の可能性があります。

学習状況

【カリキュラムの特長】
9時半始業、週5日型、担任制。好きなことや進路にあわせてコースを選択し、自分のペースで楽しく学びながら3年間で卒業します。教科学習（国語・数学・英語）は、習熟度別に編成されており、一人ひとりの進度や希望にあわせた学習支援を行います。他にも魅力的な講座がそろう選択授業、運動部・文化部共に豊富な部活動など、クラスや学年の枠をこえて学ぶことができ、活躍の場も広がります。

【入学時点の学力検査】
筆記テスト（国語・数学・英語）

【進学希望者への指導】
生徒・保護者対象の進路説明会の実施。総合型選抜や学校推薦型選抜に向けた「小論文指導」、「面接指導」も教職員が丁寧に行います。

【補習の指導】
放課後や、時間割の中で、教科の復習や自主的な勉強を教科担当が個別に指導します。

＊ここもポイント
いじめなどはありません。「誰もが安心して通える学校」です。思いやりの心を持った優しく、さわやかな生徒たちが、信頼できる友人や教員と出会い、楽しく学校生活を送っています。

学習システムの特徴

・全ての生徒が集中して、楽しく授業を受けるための学習環境が整っています。
・基礎学力の積み上げ、大学・専門学校への進路指導、きめ細かな個別指導など、あらゆるニーズに対応できる教員やスタッフ、体制が整っています。
・登校とオンラインのハイブリッドスタイルで学習をサポートしています。

＜進学コース＞
勉強の基礎や基本をマイペースで学べるのはもちろん、大学や専門学校への進学を目指した受験対策も万全です。

＜美術・イラストコース＞
デッサンの基本や、パソコンを使った画像編集・動画制作などをプロの講師陣から学び、世界に一つだけの作品作りに挑戦。表現の世界が広がる技術を学べます。

＜総合エンターテインメントコース＞
レッスンスタジオや、レコーディングスタジオなどの本格的な設備の中、発声や演劇、ダンスなど幅広い表現方法をプロの講師陣から学ぶ。プロとして活躍する卒業生も多数輩出！

＜ペット・アニマルコース＞
動物行動学・生理学・心理学を座学で学び、動物とのコミュニケーションを実習で実践します。

生徒情報

【登校ペースのできていない生徒への指導】
小・中学生の時、不登校を経験した生徒が70％程度在籍しています。様々な要因があり、非常にきめ細かい対応が要求されます。本校では、教育コーチングの理念のもと、様々な子ども達のニーズに応えています。

【いじめ対策】
いじめ防止対策を行っています。教職員が一丸となり「気づき」を大切にしています。授業やホームルームだけではなく、昼食時間なども生徒と一緒に過ごし、教室内の様子を注意深く観察しています。またホームルームなどでいじめについて全員で考え、討論し、いじめる側、いじめられる側についての気持ちを理解させることを心がけ、とことん話し合うようにしています。

【保護者との連絡】
頻繁に行っています。電話やメールだけでなく面談を定期的に行い、保護者の方々とはきめ細かいコミュニケーションをとっています。

★ここもポイント
"誰もが安心して通える学校" "元気が出る学校"です。一人ひとりが認められる存在であり、大事な仲間です。更にすばらしい学校を作りあげるために是非みなさんも参加して下さい。

【生徒数】（2023年）
330名

【教員数】
常勤：36名
非常勤：4名
専任カウンセラー：3名

生活指導

制服があります。
茶髪、化粧、ピアス等は禁止。
身だしなみについては生活指導、進路指導の両面から指導しております。

クラブ活動

15の運動部、文化部が活動しており、全校生徒の半数近くが参加しています。
卓球部（全国大会優勝、日本オルタナティブスクール協会主催大会優勝）、サッカー部（全国大会出場、日本オルタナティブスクール協会主催フットサル大会連続優勝）、テニス部（全国大会ベスト8、日本オルタナティブスクール協会主催大会優勝）、野球部（全国大会出場）、バドミントン部（全国大会出場）、陸上部（全国大会出場）、バスケットボール部、ダンス部（ニューヨークカーネギーホール出演）、演劇部、合唱部、軽音楽部、交通研究部、写真部、ボルダリング部、アート＆コミック部

2024年度の行事

月	4月〜6月	7月〜9月	10月〜12月	1月〜3月
行事	入学式／オリエンテーション／健康診断／保護者会／体育校外授業／修学旅行／ラオスフェスティバル／部活動春季大会／進路相談会・進路説明会／新入生歓迎ライブ	前期試験／三者面談／全国定通制体育大会／部活動合宿／上田わっしょい祭り／体育祭／部活動秋季大会／ラオス訪問／音楽祭	文化祭（校舎開催・ホール開催）／代々木ハロウィンフェス／保護者会／渋谷区くみんの広場／進路相談会・進路説明会／クリスマスライブ	単位認定試験／スキー授業／成人を祝う会／音楽祭／三者面談／卒業式

2024年度の募集・進路状況

募集について

募集人員：90名（男女）
受験資格：中学校卒業見込みの方、及び卒業された方。
必要書類：1. 入学願書　2. 調査書
選考方法：一般入試（筆記試験＜英・数・国＞、面接、書類審査）
推薦入試（面接、書類審査）
選考料：20,000円
入学試験：2025年1月16日（木）、1月20日（月）、
1月28日（火）、2月19日（水）

学費について

学費：	730,000円
施設設備費：	320,000円
合　計：	1,050,000円

※入学時に入学金100,000円が必要となります。
※上記は「進学コース」の金額です。各コースごとに学費は異なります。
詳しくはお問い合わせ下さい。
※高等学校等就学支援金は、ご家庭の収入に応じて受けられます。
最高（年額）297,000円の助成があります。申請は本校を通して行います。

＜学校の施設＞
校舎面積　　1,740m²　　カウンセリング室　　あり
その他の施設…職員室（各階に設置）、ドーム型多目的ホール、ダンススタジオ、美術・イラスト実習室、PC室、ペット・アニマル実習室、録音スタジオ、編集スタジオ、救護室

主な合格実績

東京大、京都大、東京工業大、筑波大、東京外国語大、東京学芸大、北海道大、千葉大、信州大、新潟大、広島大、宮崎大、長崎大、早稲田大、慶應義塾大、上智大、国際基督教大、東邦大、杏林大、東京女子医科大、東海大、帝京大、遼寧中医薬大、中国医科大、立教大、明治大、東京理科大、津田塾大、法政大、中央大、学習院大、青山学院大、同志社大、立命館大、成蹊大、芝浦工業大、東京電機大、工学院大、東京都市大、麻布大、日本獣医生命科学大、北里大、酪農学園大、ヤマザキ動物看護大、鶴見大、成城大、國學院大、明治学院大、東京農業大、日本大、東洋大、駒澤大、専修大、武蔵大、順天堂大、関西大、東京音楽大、洗足学園音楽大、昭和音楽大、武蔵野美術大、多摩美術大、女子美術大、東京女子大、日本女子大、聖心女子大、フェリス女学院大、共立女子大、大妻女子大、東洋英和女学大、昭和女子大、白百合女子大、女子栄養大、杉野服飾大、獨協大、神奈川大、大東文化大、亜細亜大、国士舘大、東京経済大、立正大、千葉工業大、和光大、玉川大、二松学舎大、拓殖大、関東学院大、流通経済大、城西大、文教大、大正大、桜美林大、新潟薬科大、中央学院大、東京工芸大、聖学院大、東京女学館大、日本橋学館大、日本女子体育大、明星大、目白大、東京国際大、岩手医科大、他
上智大短大部、大妻女子大短大部、白梅学園短大、東京家政大短大部、東京家政学院短大、桐朋学園芸術短大、昭和音楽大短大部、鎌倉女子大短大部、自由が丘産能短大、東京交通短大、東京成徳短大、共立女子短大、洗足こども短大、日大短期大学部、ヤマザキ動物看護専門職短期大　他
専門学校、就職先多数

【通信制】
精華学園高等学校 町田校
（ http://seika-machida.jp ）

■校舎長：黒氏　健一朗
■住　所：〒 194-0013　東京都町田市原町田 4-1-10 4F
■電　話：042-739-7140
■ＦＡＸ：042-739-7141
■最寄駅：JR「町田」駅、徒歩 5 分
　　　　　小田急線「町田」駅、徒歩 8 分
■沿　革：
　2010 年 10 月開校
■教育理念：
　「高校を卒業したい」「友だちと交流したい」という目標を持っ
ている生徒にとって
・自由な雰囲気の中で学習をする場
・レクリエーションで生徒同志が交流を深める場
　です。
■運営母体【設立法人】：
　名　称：椎名ストレスケア研究所株式会社
　所在地：〒 194-0013 東京都町田市原町田 4-1-10 4F
　電　話：042-739-7140　ＦＡＸ：042-739-7141
　（主な事業）心理カウンセラーの養成・企業研修

【学校へのアクセス】

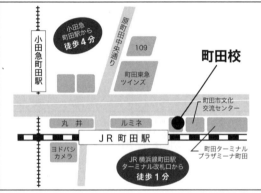

特色　校舎長が公認心理師（臨床心理士）です。
心理学の観点から不登校の中高生の理解やサポートを
行っています。スクーリングは全て町田校で行います。

○教員と公認心理師（臨床心理士）による入学相談
教員が教育の視点から、公認心理師が心理学の視点からお子さん
にベストな提案をいたします。実施日時はお問合せを。

○自由参加の校外学習
・よこはま動物園ズーラシア　　　・新江ノ島水族館
・工場見学（森永、崎陽軒など）　・よみうりランド
・日清カップヌードルミュージアム　・BBQ　他

○進路ガイダンス（実施の一例）
・大学・専門学校進学ガイダンス
・就職・アルバイトガイダンス
・分野別ガイダンス（調理・保育・イラスト・漫画・アニメ・動
　画編集・IT など）

○卒業生主催のゲームイベント（月 2 回）
・ニンテンドースイッチやボードゲームで在校生と中学生が交流
　する時間です

○地域との共同プロジェクト
・寺フェス（町田市内のお寺の縁日でゲームコーナーを担当）
・温泉旅館での職場体験＆ボランティア（群馬県）

○職業学習と体験学習が充実（これまでの実施例）
・調理（ピザ、沖縄風焼きそば、バターチキンカレーなど）
・お菓子作り（パンケーキ、ミルクレープ、わらびもちなど）
・大富豪大会
・人生ゲーム大会
・将棋・オセロ名人戦
・好きなものカフェ（アニメ・声優・ボカロ・ゲーム・お笑いなど）
・クイズ交流会
・芋掘り
・みかん狩り
・いちご狩り
・ミュージカル鑑賞
・まちだ謎解きゲーム　他

学習状況

【カリキュラムの特長】
少人数制で週５日の通学ができます。週に１回など、自分のペースでの学習も可能です。

【入学時点の学力検査】
面接のみ

【進学希望者への指導】
AO や推薦入試の希望者は個別指導で受験対策を実施しています。

学習システムの特徴

・通学回数は週５日から自分のペースまで相談ができます。（少人数制）
・自由でアットホームな雰囲気です。
・外部講師による特別授業や職業学習、校外学習などの機会が多いです。
・家から出にくい生徒への心理カウンセラーの家庭訪問も実施しています。
・卒業生による家庭訪問では、ゲームなどでの交流をしています。

生活指導

制服はありません。服装、髪型は自由です。
バイクでの通学はできません。

生徒情報

【不登校生】
公認心理師がカウンセリングを行います。

【保護者連絡】
保護者面談は年に２回実施しています。毎月、ニュースレターを発行し、授業や行事の様子を報告しています。

【生徒数】 2024 年 2 月現在
3 学年の合計で 45 名位の少人数制です。

【教員数】
専任講師：男性１名、女性１名
非常勤講師：男性１名、女性７名
カウンセラー：１名常駐しています。

クラブ活動

クラブ活動はありませんが、アルバイトをしている生徒は多いです。

2024 年度の行事

月	４月～６月	７月～９月	10 月～12 月	１月～３月
行事	入学式 外部講師の特別授業 オリエンテーション 校外学習	ボランティア活動 （校外のイベントの会場ボランティア） 生徒面談 保護者面談	校外学習 特別授業 職業学習	修学旅行 卒業式＆卒業パーティ 生徒面談 保護者面談

2024・2025 年度の募集状況

募集について

【一般入試】
募集定員：1 年間で 15 名程度（新・転・編入学の合計）
出願受付：新入生 12 月 1 日～
　　　　　※5 月頃より入学の予約を開始し、予約が定員になり次第募集終了
　　　　　※転編入生は随時。10 月 1 日付新入学あり
試 験 日：日時を相談して決定
選考方法：本人との面接
選 考 料：10,000 円
※お気軽にお問い合わせください。

※お気軽にお問い合わせください。

学費について

※お気軽にお問い合わせください。

卒業生の進路状況

【主な合格実績】 ※ 2010 年の開校からの実績
《大学》
麻布大学・桜美林大学・学習院大学・國學院大學・北海道短期大学部・中央大学・東京工芸大学・法政大学・東北大学・和光大学・明治大学・大阪教育大学・大阪総合保育大学・駒沢女子大学・明星大学
《専門学校》
アーティステックＢ横浜美容専門学校・神奈川県立職業技術校・工学院八王子専門学校・国際ビューティーカレッジ・首都医校・情報科学専門学校・町田デザイン専門学校

◇◇◇◇◇◇◇◇◇ この学校にアクセスしてみよう！

学校説明会	入学前電話相談	文化祭見学	体育祭見学	資料請求
○	○	―	―	○

※資料は、電話または info@seika-machida.jp までご請求下さい。
▼学校説明会　個別相談で説明をしています。
　事前予約制で平日・土日祝日　10:00 ～ 20:00
※教員と公認心理師（臨床心理士）による入学相談を行っています。

【サポート校】

東京共育学園高等部

とうきょうきょういくがくえんこうとうぶ

(https://www.kyoiku-gakuen.com/　E-mail：kyoiku@kyoiku-gakuen.com)

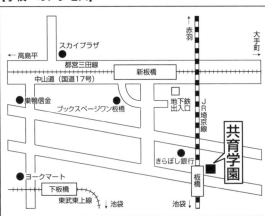

- ■校長名：櫻井　啓子
- ■住　所：〒114-0023 東京都北区滝野川 7-3-2
- ■電　話：03-3910-2400　　■ＦＡＸ：03-3910-4300
- ■最寄駅：JR埼京線「板橋」駅下車、徒歩 0 分
　　　　　都営地下鉄三田線「新板橋」駅下車、徒歩 5 分
　　　　　東武東上線「下板橋」駅下車、徒歩 7 分
- ■創立年：1995 年
- ■沿　革：1995 年 4 月　　開校
　　　　　2023 年 3 月　　第 26 期卒業生
- ■教育理念：
　1. 自由と責任を自覚し、真に自立（自律）できる人材を育てる。
　2. 常に目標を持ち、積極的に行動する人材を育てる。
　3. 幅広い視野と人をいたわる心を培い、
　　　社会に貢献できる人材を育てる。
- ■運営母体【設立法人】
　名　称・一般財団法人 共生教育財団　代表者・芹澤　健二
　所在地・〒114-0023　東京都北区滝野川 7-3-2
　電　話・03-3910-2344　ＦＡＸ：03-3910-4300
　（主な事業）通信制サポート校
- ■生徒が入学する通信制高校：
　さくら国際高等学校

【学校へのアクセス】

スカイプラザ
高島平
赤羽
大手町
都営三田線
新板橋
中山道（国道17号）
巣鴨信金
ブックスページワン板橋
地下鉄出入口
JR埼京線
共育学園
きらぼし銀行
板橋
ヨークマート
下板橋
東武東上線
池袋
池袋

学習状況

【カリキュラムの特長】

通常授業は 12 時 40 分まで。午後は 2 年次から「進学コース」、「ビジネスコース」「普通コース」のいずれかを選択します。
（進学コース）大学、短大への進学希望者のためのコースです。より高度で実践的な知識とともに、受験に向けての学習方法や心構えを身に付けられるよう指導しています。
開講科目：英語、現代文、古文、漢文、世界史、日本史、地理、政治経済、物理、化学、生物、理系数学、文系数学他。
（ビジネスコース）就職希望者・専門学校への進学希望者のためのコースです。各種資格検定に向けての学習を通して、「やればできる」という自信を持つことができるよう指導しています。
開講科目：ワード検定、エクセル検定、簿記検定、秘書検定、電卓検定。

【入学時点の学力検査】

実施しています。合否の参考とし、入学後、基礎講座（中学の復習講座）を受講すべきかどうかのアドバイスのために利用しています。

【進学希望者への指導】

進学コースの他、随時個別に対応しています。

【補習の指導】

入学前は「プレ入学」（希望者には入学直前の 3 月まで隔週の土曜日に学校を開放し遊びに来てもらう制度）で、小・中学校の復習をすることもできます。入学後は、基礎講座（小・中学の復習講座、英・数）を火曜日、木曜日、午後 1 時 30 分から 3 時 10 分まで開講しています。

特色

必修授業は月～金曜日、午前 9 時～ 12 時 40 分まで。ゆとりある時間割ですから、無理なく自分の時間が作れます。1 クラス 20 名程度の少人数クラス編成です。職員室がありませんから、先生と生徒の距離が近く、悩み事など、いつでも気軽に話すことができます。
希望者は、2 年生よりコース（進学、ビジネス）別授業を選択できます。それぞれの進路を万全にフォローします。
小・中学校分野の復習（英語・数学）をしたい生徒のための講座「基礎講座」があります。学力にどうしても自信の持てない生徒も「わからないところ」から一人ひとりのペースに合わせて個別にじっくりと指導しますから、着実にレベルアップできます。不登校、高校中退、転入・編入希望の生徒も積極的に受け入れています。

◇◇◇◇◇◇◇◇◇◇ **この学校にアクセスしてみよう！**

学校説明会	入学前電話相談	文化祭見学	体育祭見学	資料請求
○ 要予約	○	―	―	○

※資料は電話またはハガキ、メールなどで請求して下さい（無料）。
※遠隔地からの入学を希望する生徒には提携学生寮への入居が可能です。またアパートなどの斡旋も行っています。
　（提携学生寮の寮費：年間約 90 万円、1 カ月約 8 万円 2 食込み）
※学校見学も受け付けています。予約制です。ご連絡の上お越し下さい。

＜学校の施設＞

校舎面積	513.7㎡	事務室	あり
保健室	あり	ラウンジ	あり
職員室	なし	カウンセリング室	あり
図書室	なし		

学習システムの特徴

●基礎講座

基礎講座では、小・中学校での既習分野を中心に、少人数で生徒一人ひとりの「わからない部分」からはじめます。学力に不安のある生徒でも理解しやすいように配慮しています。

●進学コース特別集中授業

普段の受験対策の授業に加え、春期・夏期・冬期に集中授業を行います。

●進路対策の授業

3年生は、通常授業の中に「進路対策の授業」が組み込まれます。「時事問題」「論文・面接対策」「一般教養」「社会常識」など、進学・就職に直接役に立つ内容を幅広く指導しています。

クラブ活動

半数以上の生徒が加入しています。現在、活動中のクラブは、野球部、屋外競技部（フットサル、ソフトテニスなど）、室内競技部（バドミントン、卓球、バレーボール、バスケットボールなど）、スキー・スノーボード部、ダンス部、フリーライティング部、アニメカラオケ部、インドアゲーム部、映画鑑賞部、鉄道研究部、ボウリング部、アニメ研究部、軽音楽部、プログラミング部、写真同好会、生物研究同好会、フリークラフト同好会です。他にも自分たちのやりたいクラブを作ることができます。
野球部は2010年JASA野球大会にて優勝しました。

生活指導

基準服があります。本人の自由意志により着用または非着用が選べます。
頭髪（茶髪など）やピアスなどに対する指導は特に行いません。

生徒情報

【登校ペースのできていない生徒への指導】
欠席の理由として考えられるあらゆるケースを想定し、対応しています。もし万が一、休みがちになった場合でも、無理のないペースで通学し、休んだ授業も後日必ず個別の学習のフォローを行います。また「個別指導クラス」は、登校を強制せず、フレックスな時間帯で通えるクラスです。専任のカウンセラーと相談しながらその子その子に合わせて学習を進めていきます。

【いじめ対策】
職員室を廃止し、安心できるスペースを作っています。また、ホームルームなどでの動機付けやカウンセリングを通して、生徒との対話を重視しています。

【保護者との連絡】
保護者との連絡は頻繁に行っています。
電話連絡、保護者会、保護者面談の実施、保護者向け会報の送付、父母勉強会、教育講演会の実施

【生徒数】 2023年

学年	生徒数	クラス数	1クラスの平均人数
1年次	40名	2クラス	20名
2年次	57名	2クラス	28名
3年次	41名	2クラス	20名
合 計	138名	6クラス	23名

【教員数】
常勤講師：男性 6名、女性 8名
非常勤講師：男性 0名、女性 0名
専任カウンセラー：常勤2名

行　　事

月	4月～6月	7月～9月	10月～12月	1月～3月
行事	入学式・始業式 （4月） 新入生歓迎オリエンテーション （4月） 父母勉強会 （5月） 遠足 （5月） 保護者会 （6月） 春の校外学習 （6月）	ボウリング大会 （7月） 教育講演会 （7月） 前期試験 （7月） スポーツ祭 （9月） 秋の校外学習 （9月）	父母勉強会 （10月） 共育学園祭 （10月） 保護者会 （11月） 芸術鑑賞会 （11月） アイススケート （12月）	修学旅行（2年） （1月） 保護者会 （2月） 後期試験 （2月） スキー・スノーボードスクール （2月） 卒業式・修了式 （3月）

2024年度の募集・進路状況

募集について

募集人員：1年生…40名、2・3年生…募集しておりません

出願期間：第1回…2023年11月6日（月）～17日（金）

試験日：第1回…2023年11月25日（土）、26日（日）
※定員に余裕がある場合は、2024年4月5日（金）まで随時実施します
※出願期間・試験日の第2回以降はホームページをご覧ください。

選抜方法：面接（生徒及び保護者）、基礎学力診断

受験資格：中学卒業者及び卒業見込みの者（高校転編入学可）

必要書類：1. 入学願書（本学園所定用紙に写真を貼付したもの）
2. 調査書
3. 在学証明書（転入希望の場合）
4. 併願申請書（併願の場合）
5. 作文（推薦の場合）
6. 写真2枚（入学願書に貼付）

選考料：15,000円

卒業後の進路

これまで26回の卒業生（911名）を輩出しています。

【2022年度卒業者数：43名】
大学・短大 5名
専門学校 9名
各種学校 20名
就職 1名
浪人、他 8名

主な合格実績

＜大学＞埼玉大、青山学院大、国学院大、亜細亜大、専修大、明治大、立教大、東洋大、日本大、上智大学 他

＜専門＞神田外語学院専門、中央動物専門、東京電子専門、東京ビューティーアート専門、日本外国語専門、目白デザイン専門 他

＜就職＞株式会社トステム、日本郵便株式会社、西東京バス株式会社、東京都特別区公務員 他

学費について

お問い合わせください。

北海道
青森
岩手
宮城
秋田
山形
福島
茨城
栃木
群馬
埼玉
千葉
東京 ★
神奈川
新潟
富山
石川
福井
山梨
長野
岐阜
静岡
愛知
三重
滋賀
京都
大阪
兵庫
奈良
和歌山
鳥取
島根
岡山
広島
山口
徳島
香川
愛媛
高知
福岡
佐賀
長崎
熊本
大分
宮崎
鹿児島
沖縄

【サポート校】

東京YMCA高等学院 /YMCA学院高校
とうきょうワイエムシーエー こうとうがくいん　ワイエムシーエー がくいんこう こう

(https://tokyo.ymca.or.jp/highschool/　E-mail：highschool@tokyoymca.org)

探してきた「ちょうど良い」がここにある

【学校へのアクセス】

東京メトロ東西線 高田馬場駅7番出口 徒歩5分
至早稲田
JR山手線 高田馬場駅
BIG BOX　カラオケ館　早稲田松竹　AOKI　VELOCE　インド大使官部　YMCA
早稲田通り
明治通り
西武新宿線
至新宿
東京メトロ副都心線 西早稲田駅1番出口 徒歩3分
自転車屋

特色

一人ひとりのあり方、考え方を尊重し、「あなたは、あなたらしくあっていい」という自己肯定感を持てる環境の中で、自由と信頼を基礎に、体験を重視した学びを進めます。
少人数でアットホームな雰囲気を大切にします。
単位制・総合学科なので、YMCAの得意とする福祉分野、保育や社会体育の分野、世界に拠点のあるYMCAの特色を生かした多文化共生や、エコロジーやキャンプといった体験活動を多く取り入れた豊富な選択科目が用意されています。

■選べる学習プラン

①カラフルプラン
たっぷりサポート！学校生活を満喫したい！

週3日以上、毎日でもOKです。全日制の高校と同じ生活サイクルになるので、生活のペースを作りやすくなります。レポートに則した授業でレポートの作成もグッとラクに！多彩な授業に出席して、カラフルな高校生活を送りましょう。

②フレックスプラン
マイペースで自分の時間も大切にしたい！

週1日または2日が選べます。自分の夢が決まっていて、夢のために時間を使いたい人や、仕事を持っている等、なるべく少ない登校で卒業を目指したい人にうってつけのプランです。登校に割く時間は最低限にして、それでも確実に高校卒業を目指します。授業時間外の補講・質問にも対応します。

■校長名：井口 真
■住　所：〒169-0051　東京都新宿区西早稲田2-18-12
■電　話：03-3202-0326
■FAX：03-3202-0329
■最寄駅：JR山手線・西武新宿線「高田馬場」駅、早稲田口より徒歩7分
　　　　　東京メトロ東西線「高田馬場」駅、7番出口より徒歩5分
　　　　　東京メトロ副都心線「西早稲田」駅、1番出口より徒歩3分
■沿　革：
YMCAは1844年イギリスのロンドンで誕生しました。日本では1880年東京YMCAが誕生したのが最初です。以来、人間関係を養うスポーツとしてのバスケットボールやバレーボールなどYMCAが生み出したものは多く、組織キャンプによる体験的教育活動など、青少年の育成、社会教育の分野に貢献してきました。
■教育理念：
「あなたは、あなたらしくあっていい」ということを大切にする学校です。その自己肯定感を持てる環境の中で、自由と信頼を基礎に、体験を重視した学びを進めます。
■運営母体【設立法人】：
名　称：公益財団法人東京YMCA　代表者名：菅谷 淳
所在地：〒169-0051　東京都新宿区西早稲田2丁目3番18号
　　　　日本キリスト教会館6階
TEL：03-6302-1960　　FAX：03-6302-1966
（主な事業）青少年育成活動　社会教育活動
■併設校：オープンスペースliby、社会体育保育専門学校、
　　　　　国際ホテル専門学校、医療福祉専門学校、
　　　　　にほんご学院TYIS（インターナショナルスクール）
■生徒が入学する通信制高校：
　　YMCA学院高等学校（大阪府）

■多様なプログラム展開
東京YMCAは学校の他にも
多彩なプログラムを展開しています！

学校と同じ建物の中には、永年に渡って指導しているスイミングスクール、英会話クラス、ピアノ、また100周年を迎えた野外教育キャンプなどの様々な活動があり、興味・関心に応じて参加することができます。
他にも、オープンスペースliby（let it be at the YMCA of Tokyo）もあります。1998年より学校でも家庭でもない第3の居場所として運営を始め、主に不登校の子どもたちの居場所を活動の柱にしています。見学なども実施していますので、お気軽にお問合せください。

◇◇◇◇◇◇◇◇◇◇ **この学校にアクセスしてみよう！**

学校説明会	入学前電話相談	文化祭見学	体育祭見学	資料請求
○	○			○

※資料請求は、ホームページから、または電話、ファックスなどで請求ください。

＜学校の施設＞

校舎面積	m²	ラウンジ	なし
保健室	なし	カウンセリング室	あり
職員室	あり	図書室	あり
事務室	あり		

学習状況

【カリキュラムの特長】
東京YMCA高等学院は、高校卒業資格に必要な必修単位はもちろんのこと、エコロジーや福祉、保育、多文化共生、ウエルネスといった充実した選択科目があります。またYMCAの得意である体験学習の機会が豊富なので机上ではなく実体験に裏打ちされた、しっかりした新しい自分に出会えます。
登校パターンは、全日制高校のように週3日～週5日通うカラフルプランと、自分のペースを大切にして、週1日か2日、個別対応を基本としながら通うフレックスプランの2種類から選べます。
また、好きなことややりたいことが見つかる「選択ゼミ」も開講しています。(ゼミ一例：調理、ゲーム、スポーツ、ギター、食×農、野外活動　等)

【入学時点での学力検査】
簡単な面接による入学検定のみ実施しています。

【サポート体制】
・中学生のための居場所・学びの場「あっとY」
・発達段階に応じた小・中・高生のためのソーシャルスキルトレーニング「ASCA（あすか）クラス」
・高校卒業後の大学適応・就労支援クラス「START-Y」
＊他校の生徒・学生も参加・受講可能です

学習システムの特徴

総合学科の特色を生かし、YMCAならではの体験学習を重視した学習を行います。レポート作成をサポートする授業を展開し、無理なく学習が進められます。スクーリングは夏と冬に集中して実施。豊富な特別活動は参加・不参加を選べます。

進路指導

先ずは自分の特色を知り、興味の方向を見出します。その上で大学の他YMCAの持つ専門学校等、じっくり話し合って進めていきます。推薦入学の枠も用意します。また、就職活動も指導します。

生徒情報

【不登校生に対する指導について】
個別相談からじっくり本人と、家族のお話を伺います。その上で学習のプランを考えて、本人と家庭の気持を尊重し、うまくいかないことがあっても、何度もやり直せます。

【クラスの雰囲気】
少人数のアットホームな学校です。教員も生徒もニックネームで呼び合うなど、温かな雰囲気のクラス運営をしています。

【保護者との連携】
学校通信やホームページを通じて学校の状況を報告しています。保護者面談やメーリングリスト、電話等、必要に応じて用い、保護者との連携を進めています。

【教員数】
専任：男性3名、女性2名
非常勤：男性8名、女性6名
※常勤者として 臨床心理士、公認心理師がいるので気軽に相談できます

補習指導

少人数ならではの個別指導で、動機付けを確かなものとし、意欲を持って取り組みます。一人ひとりの進度や都合に合わせて個別に指導します。

クラブ活動

生徒の意欲や興味に合わせて、日々いろんな活動がされています。生徒の興味や意欲で次々と新しい活動を行っています。

生活指導

標準服を用意していますが、購入は自由です。特別な服装規定は設けていません。バイク通学はできません。校則は原則ありません。自由と信頼を基礎に指導をしていきます。

年間行事

月	4月～6月	7月～9月	10月～12月	1月～3月
行事	4月：入学礼拝、講座登録、オリエンテーション、サポート校授業開始、田植え 5月：遠足、社会見学 6月：芸術鑑賞（音楽など）、保護者面談	7月：サポート校授業終了、スクーリング 8月：夏休み、夏祭り、単位認定テスト、特別活動（キャンプ・ボランティアなど） 9月：チャリティーラン、卒業礼拝、稲刈り	10月：入学礼拝、講座登録、オリエンテーション、サポート校授業開始、バザー、ソフトボール大会 11月：芸術鑑賞、社会見学、保護者面談 12月：クリスマス礼拝、冬休み	1月：スクーリング、特別活動（スノースポーツなど） 2月：サポート校授業終了、単位認定テスト 3月：卒業礼拝

2024年度の募集・進路状況

募集について

【一般入試】
募集人員：30名
出願期間：各回前々日までに到着のこと
試験日：2月11日（祝）
　※2月11日（祝）以降は、随時実施します。
　※新入学は4月・10月に随時入学可能。
　　転・編入は毎月可能です。

選抜方法：面接
選考料：10,000円

学費について

諸 経 費：　13,200円／半期
学習指導料：363,000円／半期
施設使用料：　66,000円／年度ごと

合　計：　　442,200円

※通信制高校（YMCA学院高等学校）の学費が別途必要となります。（高等学校等就学支援金が適用されます）

▼学校見学・説明会　毎月の説明会・体験授業の予定はホームページにてご確認ください。
個別相談にも応じます。ご希望の方はお申し出ください。

【サポート校】

トライ式高等学院
しきこうとうがくいん

(https://www.try-gakuin.com　E-mail：try-gakuin-info@trygroup.com)

トライ式高等学院は通信制高校の中で大学進学率 No.1 ※

日本全国すべての都道府県で、
完全マンツーマン授業を行います。

全国に 123 ヶ所にキャンパスがあります（2024 年 4 月現在）。
最寄りのキャンパスへの通学が可能です。

＜トライ式だからできる、一人ひとりの夢や目標の実現！＞

◆一人ひとりの夢や目標をかなえる
「家庭教師のトライ」で培ってきたマンツーマン授業のノウハウを活かし、お子さま一人ひとりの夢や目標の実現に向けてマンツーマンでサポートします。
生活スタイルや体調に合わせて「通学型」「在宅型」「オンライン型」の 3 つから自分に合ったスタイルを選択することができます。もちろん、途中で変更することも可能です。どのスタイルも、高校卒業から大学進学、就職などその先の進路を実現できるよう、目標に合わせて「普通科」「特進科」をお選びいただけます。
当学院の強みは、全教職員が「ご家族やお子さまの、夢や目標の実現を絶対にあきらめないこと」。志望校に特化したオーダーメイドの学習カリキュラムと完全マンツーマンサポート、トライ式 AI 学習で、お子さまの夢や目標の実現をサポートします。

◆生徒一人ひとりの夢や目標に合わせて担任が個別に学習計画を作成！
生活スタイルや性格、学力や精神面の状況は生徒一人ひとり大きく異なります。トライ式では生徒一人ひとりに担任が付き、お子さまの状況を考慮した学習計画をオーダーメイドで作成しています。まずは自信を回復させることから始めたり、高い目標を最短距離で実現する学習計画を立てるなど、一人ひとりの生徒が主役になれるプランを個別にご案内します。

◆「不登校」「ひきこもり」でも大丈夫。
　無理なく自宅から始めることができる！
当学院には、不登校のお子さまや新しい高校生活になじめなかったお子さまも多数在籍しています。体調が悪かったり、人と接することが苦手な方など、通学が難しい場合はご自宅へ講師やカウンセラーが訪問しサポートを行うため、無理なく始めることが可能です。キャンパスに通学ができるよう、ステップを踏みながら導きます。

◆「教育支援カウンセラー」によるメンタルサポートも万全！
トライ式高等学院には不登校のお子さまへのサポートスキルを持つ「教育支援カウンセラー」資格を有した職員が在籍しております。不登校解決をご家族と一緒になって考え、解決策をご提案します。
※「教育支援カウンセラー」とは：一般社団法人全国心理業連合会により現場での一定の実地訓練を経た職員が資格取得の権利を得て、連合会による研修と資格試験に合格した者に与えられる資格です。

■名　称：トライ式高等学院
【東京本部・飯田橋キャンパス】
■住　所：〒 102-0072 東京都千代田区飯田橋 1-10-3
■最寄駅：JR・東京メトロ「飯田橋」駅より徒歩 5 分

【名古屋本部・千種キャンパス】
■住　所：〒 464-0075 愛知県名古屋市千種区内山 3-30-9 nonoha 千種 2F
■最寄駅：地下鉄「千種」駅 4 番出口より徒歩 5 分

【大阪本部・天王寺キャンパス】
■住　所：〒 545-0051 大阪府大阪市阿倍野区旭町 1-1-10 竹澤ビル 2F
■最寄駅：JR・大阪メトロ「天王寺」駅西口より徒歩 5 分
上記含め、全国に 123 ヶ所のキャンパス

■電　話：0120-919-439（受付 9:00 ～ 22:00 土日・祝日も対応）
■創立年：2010 年
■沿　革：

1987 年	「家庭教師のトライ」の前身となる「富山大学トライ」を創業
1990 年	株式会社トライグループ設立
2000 年	1 対 1 個別指導塾「個別教室のトライ」事業を開始
2010 年	通信制高校サポート校「トライ式高等学院」を開校
2014 年	特定非営利活動法人「JHP・学校をつくる会」と協同で、カンボジアに小学校を設立
2014 年	「トライ式合宿」事業を開始
2015 年	永久 0 円の映像授業サービス「Try IT（トライ イット）」を開始
2017 年	全国で「プログラミング教室」を開始
2019 年	学習支援事業が全国 200 以上の自治体・行政機関・学校に展開
2020 年	ソニーグループの AI の会社であるギリア株式会社と資本業務提携を行い、共同制作により「トライ式 AI 学習診断」を開発、2019 年度「教育 AI 賞」を受賞
2020 年	ZVC Japan 株式会社（Zoom）と事業協力をし、「オンライン個別指導」サービスを開始
2020 年	株式会社旺文社と業務提携。さらに、ギリア社との共同制作により、トライグループ、旺文社、ギリア社の 3 社連携によって志望大学別入試対策 AI「入試問題的中 AI」を開発
2021 年	株式会社旺文社と、英検学習サービス「トライ式英検 ® 合格コース」を開始
2023 年	「トライ式中等部」開校

■教育理念：
「人は、人が教える。人は、人が育てる。」という理念を大切にしながらすべての生徒の夢や目標を実現へ導くためのサポートを行います。
・マンツーマンによる個別サポートで生徒一人ひとりを丁寧に指導します。
・キャンパスライフや様々な学校行事を通じて社会性を育み、心身共に成長させて自立へと導きます。

■運営母体：
名　称：㈱トライグループ　　代表取締役：物部　晃之
所在地：〒 102-0072 東京都千代田区飯田橋 1-10-3
＜主な事業＞ "家庭教師のトライ" や "個別教室のトライ"、大人向けの生涯教育事業、映像授業などの e-learning 事業などを展開中。

■生徒が入学する通信制高校：
鹿島学園高等学校、日本航空高等学校、高松中央高等学校、ルネサンス大阪高等学校、鹿島朝日高等学校、近畿大阪高等学校

◆「家庭教師のトライ」のノウハウを活かし難関大も多数合格！
当学院には受験対策に強いプロ講師、医学部受験や難関大受験の専門チームもいるため、どのような進学先に対しても万全の体制でサポートします。大学進学に向けた学習サポートだけではなくプログラミングや料理などの分野においても、専門講師による個別サポートも行っています。予備校に行く必要がなくトライ式高等学院だけで対策できるので、費用対効果も抜群です。

※在籍生徒数 3,500 人以上の通信制高校・サポート校において
進学率全国 1 位。2023/3/23 産経メディックス調べ。
トライ式高等学院は通信制高校サポート校です。

▼学校説明会　随時開催中。お申し込み・お問い合わせはいつでも受け付けております。　0120-919-439（受付時間 9:00 ～ 22:00　※土日・祝も受付）

学習システムの特徴

■ 一人ひとりの夢や目標に合わせた個別プラン ■

当学院では、生徒一人ひとりが目標に向けて学びたいことを自由に学べるように、個別に学習プランを設定しています。「生徒が学校に合わせるのではなく、学校が生徒に合わせてカタチを変える」これがトライ式高等学院です。

＜様々な目的に合わせて一歩ずつ確実に。＞

■大学進学
・選べる3つのスタイル（通学／在宅／オンライン）
・一般入試／推薦入試の対策が可能
・難関大学の合格者が多数

■就職や専門学校への進学
・進路を見つけるキャリア教育が充実
・各種資格の就職サポートを実施
・短期間での高認取得もサポート

■フリースクール（トライ式中等部）
・中学生を対象としたサポートコース
・学習のフォローアップも万全
・在籍中学の学校長の許可があれば出席カウントも可能

■一人ひとりの可能性を広げるトライ式ならではの「多様な学び」

当学院では、各科目の学習サポートに加えて「多様な学び」を「授業」としてご受講いただけます。授業の中には、興味関心がある業界で働く人と交流できる機会もあります。また、トライグループが運営する「大人の家庭教師」とのサービス連携で「習い事」から「仕事に必要なスキル」まで幅広く授業を受けられます。その道のプロがマンツーマンで授業を行うので、高校生のうちから将来への具体的なイメージを膨らませることができます。

「人は、人が教える。人は、人が育てる。」という理念のもと、当学院は一人ひとりの夢に向かって前向きに学べる環境を提供し、視野を広げることで、生徒の将来の可能性を伸ばします。

＜1対1で受講できるカリキュラム＞

テニス、ダンス、料理、語学、マンガ、美術、プログラミング、語学、演技、ボーカロイド、音楽、マジック・・・他多数

Q&A

Q. ひきこもって全く部屋から出てこない子でも入学できますか。

A. 入学できます。トライ式高等学院では自宅やオンラインで授業を受けることも可能です。ひきこもり解決の経験を持つ講師がお子さまと根気よく向き合い、スクーリングに参加できるよう少しずつ導きます。自宅カウンセリングも可能です。

Q. 人と接するのが苦手なので、先生との1対1の個別サポートは緊張すると思います。

A. ご安心ください。最初の授業は特に勉強よりもコミュニケーションに重点を置き、距離を縮めることから始めています。また、緊張をほぐすために周りが気にならない環境を用意したり、生徒と趣味が似ている講師を担任にするなど工夫しています。各キャンパスでは個別サポートの机の間に仕切りを設けていますので、個々のスペースが確保されています。

Q. いじめを受けて心に深い傷を負っているのですが、精神面のサポートもしていただけますか。

A. 可能です。学習面だけでなく精神面でのサポートも万全です。当学院には「教育支援カウンセラー」の資格を所有した職員が在籍しています。

Q. 高卒資格のほかにも資格を取ることはできますか。

A. 様々な専門資格や検定を取得することが可能です。英検®、漢検、TOEIC®、日商簿記、MOS、ITパスポート、公務員試験などの対策授業を行っています。当学院には公認会計士や行政書士の資格を持つ講師もいるので、難関資格対策も個別サポートで受けられます。

Q. トライ式高等学院へ入学したいと思ったら、どうすればいいですか。試験などはありますか。

A. まずは保護者の方と一緒にキャンパスへお越しいただき、雰囲気や授業の様子などをご覧ください。その際に、申込書等をお渡しします。入学選考は、面接試験と作文です。面接は保護者の方と一緒に受けていただき、作文は事前に作成していただきます。作文のテーマは「将来の自分について」で、300～350文字です。

Q. 現在中3ですが、中学の学習内容がほぼ理解できていない状態です。授業についていけますか。

A. 大丈夫です。当学院はマンツーマンサポートなので、一人ひとりの学力レベルに合わせたサポートを行います。理解するまで講師が何度でも教えるため、わからない部分を残したまま進むことはありません。

Q. トライはマンツーマンサポートですが、友達を作ることもできますか。

A. もちろん可能です。毎日のランチタイムや様々なイベント・行事など、生徒同士の時間を通じて交流を深めることができます。ボウリングやゲーム大会などの少人数で行うイベントや林間学校、修学旅行、体育祭、文化祭などの行事を通して価値観の合う友人を見つけることができます。参加は自由選択制のため、無理なく参加することができます。

2024年度の行事　※行事は変更する場合がございます。詳しくはお問い合わせください。

	4月～6月	7月～9月	10月～12月	1月～3月
行事	入学式、オリエンテーション、新入生歓迎、進路説明会、入学後三者面談、林間学校、体育祭	スクーリング＋単位認定テスト、夏期講習、夏期三者面談、推薦入試対策合宿、弁論大会(高3)、チームプレゼン大会	文化祭、修学旅行、冬期講習、受験生進路面談、冬期三者面談、弁論大会（高1・2）、進路探求合宿	スクーリング＋単位認定テスト、3年生を送る会、卒業式、春期講習、春期三者面談

募集について

2024年度の募集要項

出願資格：
【推薦】・現中3生（2024年3月に中学校卒業見込みの方）
　　・中学校卒業後高校に入学したことのない方
　　・本学院入学を単願希望の方で、在籍中学校の推薦がある方
　　・本学院実施のオープンキャンパスに参加した方
【一般】・現中3生（2024年3月に中学校卒業見込みの方）
　　・中学校卒業後高校に入学したことのない方
【転・編入学】・現在、高等学校に在学中の方（休学中も含みます）
　　・高等学校中途退学者

出願受付期間：
【推薦】 2023年7月1日～2023年12月27日
【一般】 〈単願〉2024年1月5日～2024年3月31日
　　　〈併願〉2023年10月2日～2024年1月25日

募集定員：キャンパスにより異なります。※詳細はお問い合わせください。

入学時期：2023年8月1日～2024年4月1日
　　　転入・編入は上記期間以外も随時受入れ

選考内容：面接、作文（一般のみ）

※転・編入学は随時受け付けております。

卒業後の進路

卒業生の進路状況

卒業率 99.2%（※1）
進学率 68.7%（※2）
過去5年間の大学合格実績 6,957名

≪過去5年間の主な合格実績≫
東京大、京都大、北海道大、名古屋大、大阪大、九州大、一橋大、東京工業大、神戸大、山梨大（医）、岡山大（医）、広島大（医）、佐賀大（医）、和歌山県立医科大、奈良県立医科大、筑波大、横浜国立大、広島大学、千葉大、金沢大、熊本大、新潟大、信州大、富山大、山形大、福島大、埼玉大、静岡大、大阪教育大、滋賀大、山口大、長崎大、慶應義塾大、早稲田大、上智大、東京理科大、国際基督教大、明治大、青山学院大、立教大、中央大、法政大、学習院大、関西大、関西学院大、同志社大、立命館大

他多数（トライ式高等学院のみの合格実績）

※1. 卒業対象のうち、退学者を除いた割合。2023年3月末時点。
※2. 進路決定者のうち、大学・短大・専門職大学に合格した割合。2023年3月末時点。

**学校推薦型・総合型選抜で難関大学へ合格する生徒も多数！
自分の強みを生かせる受験方式や志望校合格に向けたアドバイスなど、一人ひとりに合わせた丁寧な進路指導を行います。**

学費

履修単位およびご希望のコースにより変動します。詳しくはお問い合わせください。

【インターナショナルスクール】

四谷インターナショナルスクール 小等部・中等部・高等部

(https://www.web-yis.jp)

■校長名：
■住　所：〒160-0004　東京都新宿区四谷 2-11
■電　話：03-3355-4990
■創立年：2003 年
■最寄駅：JR 中央線「四ツ谷」駅下車、徒歩 5 分
　　　　　東京メトロ丸の内線・南北線「四ツ谷」駅下車、
　　　　　徒歩 5 分
■沿　革：
■教育理念：
■運営母体【設立法人】：
　名　称：
　代表者名：
　所在地：
　電　話：
　ＦＡＸ：
■生徒が入学する通信制高校：

【学校へのアクセス】

↑錦町
⊗ 上智大学
JR 中央線　新宿→
JR四ツ谷駅
←市ヶ谷
四ツ谷駅
丸の内線・南北線
⊗ 交番
迎賓館→
外堀通り
新宿通り
● 本屋
みずほ銀行
ドイカメラ
● ドイカメラ
四谷インターナショナルスクール
本校舎
四ツ谷2丁目交差点

学習状況

【カリキュラムの特長】
授業形態は、生徒の英語力に合わせて
　（1）英語中心
　（2）日本語と英語をミックス
の 2 つからの選択できます。

特色

当校は 2003 年、アメリカ合衆国の正式教育認定機関の加盟校として新宿区四谷に開校。英語の苦手な生徒にも対応した新しいタイプのインターナショナルスクールです。生徒の英語力に合わせて「英語中心」「日本語と英語をミックス」の 2 つの授業形態から選択できることを最大の特長としています。生徒の自主性・独立心を育て、真の意味での「国際的な視野を持つ人材」の育成に力を注いでいます。年間を通じて多彩な校外活動・ボランティア活動等を実施。また、様々な分野のユニークな外部講師を招き、単に英語力をつけるだけではなく、真の意味での“国際的な視野を持つ人材”の育成に力を注いでいます。加えて、在学中に短期・中期・長期の留学制度もあります。

＜学校の施設＞
校舎面積　　　　m²　保健室
図書室　　　　　　　ラウンジ
職員室　　　　　　　カウンセリング室
事務室

◇◇◇◇◇◇◇◇◇ この学校にアクセスしてみよう！

学校説明会	入学前電話相談	文化祭見学	体育祭見学	資料請求
○ 要予約	○	○	○	○

※体験入学も受け付けています。

進学指導	卒業後は本校卒業資格と同時に、希望者は日本の高校卒業資格を取得できます。卒業後は海外の大学等の他、日本の大学・短大への進学が可能です。

転編入について	新入学は4月および9・10月ですが、転・編入学は年間を通じていつでも可能です。日本国内外を問わず、前在籍校で修得した単位・在籍期間の認定が可能です。中学卒業程度の人であれば、最長3年間で本校卒業資格が取得できます。また、希望者は日本の高校卒業資格も取得できます。

生活指導	基準服があります。インターナショナルスクールなので着用は本人の自由意志です。人にめいわくをかけない事以外は、校則は一切ありません。一人ひとりの生徒の個性を尊重しています。

生徒情報

【保護者との連絡】
担任より電話、保護者面談、学園だより等を頻繁に行っています。親・子・学校が緊密な連絡体制をとれるよう、細かい配慮をしています。

帰国子女の受け入れも積極的に行っております。
高校在学中の方も年間いつでも転入できます。
●小等部・中等部あります。いつでも転入学できます。

【生徒数】
全体で約100名

【教員数】
常勤スタッフ：男性　名、女性　名
非常勤スタッフ：男性　名、女性　名
専任カウンセラー：常駐しています。

2024年度の行事　※すべての行事は自由参加

月	4月〜6月	7月〜9月	10月〜12月	1月〜3月
行事	入学式 新入生歓迎ディズニーランド遠足 スポーツレクリエーション	水族館見学 ぶどう狩り 高原野外教室	ディズニーシー遠足 スポーツレクリエーション クリスマス会	バーベキュー遠足 修学旅行（ハワイ） 卒業式

2024年度の募集・過去の進路状況

募集について	
【一般入試】	
募集人員：50名	
出願期間：9月より願書受付中	
選抜方法：面接	
選考料：20,000円	

卒業後の進路	**【進路先】** 卒業者数　名	
	大学	名
	短大	名
	専門学校	名
	浪人	名
	就職	名
	フリーター	名

学費について	
入学金：	100,000円
授業料：	1,050,000円
教材費：	200,000円
設備費：	200,000円
合計：	1,550,000円

主な合格実績
慶應義塾大、上智大、早稲田大、青学大、立教大、明治大、明治学院大、国学院大、法政大、フェリス女子大、桜美林大、高麗大（韓国）
その他、米国の大学および日本の各種専門学校等

【サポート校】

代々木グローバル高等学院

（ https://www.yoyogigh.jp ）

【東京校へのアクセス】

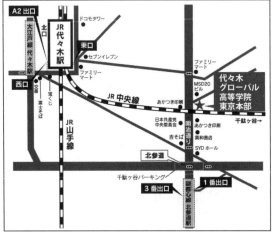

【沖縄校へのアクセス】

己を知り、日本を知り、そして海外を知ることで、『真の国際人を目指す』ことを軸に学習、生活指導をします。

　これからますます国際社会に向かう日本で、国内外で養う国際感覚と共に、日本独自の文化や考え方とは異なる様々な基準で物事を捉えるべく3つの点を重視しています。
『グローバルな人材育成』英語の上達のみならず、生徒一人ひとりの資質や個性を伸ばし、日本独自の文化や考え方とは異なる世界で通用するグローバルな人材育成を目的にしています。
『人間力の向上』自分の考えと意見をしっかりと持ち、それを伝えられる日本語・英語共に高いコミュニケーション能力を身につけ、一人ひとりの資質や個性を伸ばし人間力の高い真の国際人として羽ばたいて欲しいとの願いを込めて指導します。

【東京校】
■住　所：〒151-0051　東京都渋谷区千駄ヶ谷5-8-2
■電　話：03-6384-2388　■ＦＡＸ：03-6893-8905
■最寄駅：JR「代々木」駅 東口 徒歩5分、
　　　　　東京メトロ 副都心線「北参道」駅1番出口 徒歩5分
　　　　　都営大江戸線「代々木」駅 A2出口 徒歩7分
【沖縄校】
■住　所：〒902-0067　沖縄県那覇市安里361-34
　　　　　託一ビル6階
■電　話：098-884-7320
■最寄駅：ゆいレール「安里」駅徒歩6分
【金沢校】
■住　所：〒920-0919　石川県金沢市南町5-14 アポー金沢1階
■電　話：076-255-6560
■最寄駅：北陸本線「金沢」駅徒歩20分
　　　　　北鉄バス 南町・尾山神社バス停 徒歩1分

■沿　革：2013年　代々木高等学校　海外留学コース　設立
　　　　　2019年　代々木高等学校　国際教養課程　設立
　　　　　2021年　代々木グローバル高等学院　創設
■教育理念：
　将来的に世界で通用するグローバルな人材育成を目指します。
　広い世界に視野を向け高校留学を目指す生徒はもちろん、様々な理由から通学に問題を抱える生徒でもこの高校生活を通してリセット、そして「人間力」の高い真の国際人として羽ばたいてほしいとの願いを込めて指導します。
■運営母体【設立法人】
　名　称：株式会社代々木グローバル学園
　所在地：東京都渋谷区千駄ヶ谷5-8-2
　理事長：鶴巻　智子
　（主な事業）通信制高校サポート、学習支援、海外留学企画手配、国際交流促進、各種コンサルティング等
■生徒が入学する通信制高校：本校が提携する通信制高校

『主体性を育む』
高校生活を通して様々な経験をし、世界に通用する基準で多角的に物事を考え判断し、リーダーシップの強い生徒を育てる。
●グローバルコース
国内学習×海外留学のハイブリッドコースで、高校3年間のうち2年間を海外で過ごします。休学や留年なく高校卒業を目指しつつ、海外でたくさんの経験をし、英語力だけでなく協調性や主体性を養います。
1年次は英語「を」学ぶカナダ語学留学。ここで英語のベースを作り、2年次は英語「で」学ぶアメリカ高校交換留学。
英語漬け環境でアメリカンハイスクールライフを過ごします。これは異文化交流を目的としたプログラムなので、学業以外にも様々な日本では出来ない体験・経験をします。
帰国後、3年次では留学で培った高い英語力や国際的な感覚をアドバンテージに入試対策に取り組みます。
●DYOコース
DYO（Design Your Own）コースでは、あなただけのこれがやりたいという希望に合わせてコースをデザインすることができます。日本の高校卒業資格取得を目指しながら、国内外でのいろいろな経験を通じ、通信制高校だからこそある「時間」というアドバンテージを最大限利用して、自分自身で高校生活をデザインします。また、プロによるレッスンで専門的な知識やスキルを身につけることができる専門コースにも参加できます。多様なコースの中からあなたのやりたいことを見つけて、一緒に将来の可能性を広げていきましょう。
●高卒資格取得コース（基礎コース）
学習は自宅で、自分のペースで進めることが可能です。時間を有効活用しながら、高校卒業を目指しましょう。

学習状況

【カリキュラムの特長】
・Global Communication
真の国際人を目指し、実用的かつ実践的な英語をツールとして身に付けることができるようなカリキュラムを組んでいます。外国人講師とのスピーキングに重きを置いた内容はもちろん、グループディスカッションやワークを通し、各自の自発性、積極性を養うことを大切にしています。

【学習システムの特徴】
複数の通信制高校との提携により、一人一人の学習スタイルや目的に合った通信制高校を選択することが可能です。学習面やスクーリングへの不安等もヒヤリングしながら、ベストな通信制高校を一緒に選びましょう。

進路指導

自己の経験や授業などを通して「どんな未来を歩んでいきたいのか」を、生徒自身がしっかりと見つめることを大切にし、面談や指導を行う中でそれぞれ生徒に合ったサポートを行っています。進学においても面接指導や論文対策なども行っています。

転編入について

前籍校で習得した単位や在籍期間は認定することができます。また、転入生は随時入学することができます。編入生については、都度ご相談ください。

生活指導

社会で必要とされるルールやマナーをしっかり学ぶとともに、自己管理や時間への意識を持つことをコミュニケーションを通して理解することを大切にしています。
また、社会の一員としっかりとした自分自身を築き上げることで、自己肯定感を高めていくように面接指導なども行います。

生徒情報

【個別対応】
他人と比べる前に、自分自身としっかり向きあうこと、また目的意識を持った生活を行うことを大切にしております。
そして、人との繋がりの重要性を学び、多くの人の中で生きている自分を知ることで、自分の行動や意識を考えることを指導しています。
また、生徒が悩みや話したいことを相談しやすい環境や多様なツールでの環境を整え、迅速に対応できるよう体制を整えています。

【保護者との連絡】
電話、メール、保護者面談、手紙の送付など、保護者・本人にとって必要であればその都度、もしくは生活面、学習面での伝達を定期的に行う予定です。

その他

■主な留学先（例）
語学学校：
カナダ（バンクーバー、ビクトリア）、マルタ、イギリス（カンタベリー、ボーンマス）、アメリカ（ロサンゼルス、ボストン）、オーストラリア（シドニー、ゴールドコースト）、ニュージーランド（オークランド）など
現地高校：
カナダ（ブリティッシュコロンビア州、アルバータ州、ノバスコシア州、ニューブランズウィック州など）、アメリカ（オハイオ州、ユタ州、インディアナ州、ミズーリ州、コロラド州、カンザス州、ミネソタ州、ノースカロライナ州など）、ニュージーランド（オークランド、クライストチャーチなど）

Q&A

Q. 不登校でも留学に行けますか？
A. もちろん、可能です。なんとなく海外に興味ある、英語が話せたらいいなくらいの気持ちがあれば十分、留学は可能なので安心してください。

Q. 英語が全然できません。大丈夫ですか？
A. 問題ありません！最初は全く分からなくても、毎日の積み重ねで「英語耳」に変わっていきます。あとは身振り手振りでも、相手に伝えようとする意気込みさえあれば楽しく学ぶことができます。

Q. 遠方の場合でも通学は可能ですか？
A. 提携する学生寮があります。各キャンパス近隣の学生寮から通学が可能です。

Q. イベントや行事はありますか？
A. BBQや遠足、ハロウィンやクリスマスパーティーなど様々あります。他にも当校では、「遊び」が「学び」になるアクティビティがあり、生徒が主体となって様々な計画・実施を行います。

2025年度の募集・進路状況

募集について

募集人員：300名（グローバルコース80名）
　　　　　※グローバルコースは定員になり次第、募集を締め切らせて頂きます。

出願期間：
専願入試（Ⅰ期）第1回…2024年7月～9月（予定）
専願入試（Ⅱ期）第2回…2024年9月～11月（予定）
一般入試…2024年12月2日～2025年3月31日
※転入学、編入学は随時受け付けております。

試験日：随時

選考方法：
専願入試…エントリーシート、面接
一般入試…面接

選考料：10,000円

※専願入試（Ⅰ期）の場合、入学金を免除
※専願入試（Ⅱ期）の場合、入学金から55,000円を免除

学費について

入学金：入学時期やコースによって変わります。
授業料：直接お問い合わせください。

卒業生の主な進路状況

【主な合格実績】
国内：早稲田大学、慶應義塾大学、立教大学、法政大学、学習院大学、上智大学、国際基督教大学、明治大学、立命館アジア太平洋大学、明治学院大学、駒澤大学、日本大学、専修大学、國學院大學、国士舘大学、立正大学　等
海外：清華大学、ブリティッシュコロンビア大学、アルバータ大学、ハンバーカレッジ、ミラコスタカレッジ、マッコーリー大学　等

◇◇◇◇◇◇◇◇◇◇◇ **この学校にアクセスしてみよう！**

学校説明会	入学前電話相談	文化祭見学	体育祭見学	資料請求
○	○	―	―	○

※資料はWEBサイト、メール、電話等でお申し込みください。

＜学校の施設＞

職員室	あり	事務室	あり
ラウンジ	あり	自習室	あり

北海道
青森
岩手
宮城
秋田
山形
福島
茨城 ★
栃木
群馬
埼玉
千葉
東京 ●
神奈川 ●
新潟
富山
石川
福井
山梨
長野
岐阜
静岡
愛知
三重
滋賀
京都
大阪
兵庫
奈良
和歌山
鳥取
島根
岡山
広島
山口
徳島
香川
愛媛
高知
福岡
佐賀
長崎
熊本
大分
宮崎
鹿児島
沖縄
●……このキャンパスの所在地

【広域通信制】　　　　　　　　　　　　　　　　　　　　　　　　（単位制）

ルネサンス高等学校 池袋／新宿代々木／横浜キャンパス
こうとうがっこう　　いけぶくろ／しんじゅくよよぎ／よこはま

(https://www.r-ac.jp)

■校長名：菊池　一仁
【池袋キャンパス】
■住　所：〒170-0013 東京都豊島区東池袋 1-30-6
　　　　　セイコーサンシャインビル XII　5F
■最寄駅：JR 各線「池袋駅」より徒歩 5 分
【新宿代々木キャンパス】
■住　所：〒151-0053 東京都渋谷区代々木 1-13-5
■最寄駅：JR 各線「新宿駅」南口より徒歩 9 分、
　　　　　「代々木駅」より徒歩 4 分
【横浜キャンパス】
■住　所：〒221-0056 神奈川県横浜市神奈川区金港町 6-9
　　　　　横浜金港町第 2 ビル　2F
■最寄駅：JR 各線「横浜駅」（きた東口 A）より徒歩約 4 分
【本校】
■住　所：〒319-3702　茨城県久慈郡大子町大字町付 1543
■電　話：0120-816-737　　■ＦＡＸ：0295-76-8032
■生徒が入学できる都道府県：全国 47 都道府県
■沿　革：2006 年 4 月　開校
■教育理念：
　人と異なることが、人に劣ることではないように、学校のあり方にも多様性が必要です。生徒の置かれた現実に対応し、学校側が柔軟に考えて教育を実践し、より素敵な学校をめざしていきます。

■形態・課程・学科：独立校・単位制による通信制課程・普通科
■入学・卒業時期：
　・入学時期　4 月、10 月（転入学は随時）
　・卒業時期　3 月、9 月
■修業年限：
　3 年以上（前籍校含む在籍最長年数　制限なし）
■学期制：前期・後期の二期制
■卒業認定単位数：78 単位以上

スクーリングの日数と場所

【登校日数】
　年 4 日〜
　※標準科目を履修しメディア学習が完了した場合の日数です。ルネサンス高等学校の場合、年 4 〜 5 日程度（単位認定試験を含む）を要します。転入学等で履修科目が多い場合、所要日数が増えることになります。
【場　所】
　ルネサンス高等学校本校
【内　容】
　東京駅に集合し、新幹線とバスで本校へ移動します。2020 年 5 月に移転した新校舎はこれまでより広いグラウンドがあり、体育館、図書室、家庭科室、美術室、理科室、視聴覚室など施設も充実しています。また、宿泊施設の美味しい夕食と温泉も魅力の一つです。
　スクーリングは分割でも OK！仲間ができる集団型、自分のペースでできる個別型、成人限定や親子で参加できるタイプなどあります。

進路指導
　生徒一人ひとりに担任がつき、大学・短大・専門学校等の進学から就職まで、個々に応じた進路指導を行っています。きめ細やかなサポート体制と効率的な学習システムにより、毎年多くの卒業生が希望の進路を実現させています。

生活指導
　制服は通学スタンダードコース以外、着用自由です。髪の色、ピアス、服装などの規制はありません。「自分らしさ」を重視した指導を行っています。

特色
ルネサンス高校グループは 2006 年の開校以来20,000 名以上（2023 年実績）卒業の実績、インターネットを活用した学習システムと、LINE や電話を使った担任の先生の手厚いサポートで、安心して卒業をめざせます！

●インターネット型「通信制高校」
担任の先生による手厚いサポートがあるので、スムーズに高校卒業をめざせます。
担任の先生は Web 上でレポートの提出状況を確認し、全国各地の生徒それぞれに LINE や電話で連絡をとり、進捗管理を行っています。また、生徒に合わせて学習面以外の相談にのったり、時には趣味について話したりなど、コミュニケーションを大切にしています。

●学校生活を満喫！
　池袋・新宿代々木・横浜キャンパスを活用
卒業に必要なレポート学習やスクーリングなどの他に、もっと高校生活を楽しみたい人、進学をめざす人等のために、連携キャンパスがあります。「新宿代々木キャンパス」、「横浜キャンパス」に続き、2023 年 4 月、「池袋キャンパス」を新設しeスポーツコースも開講しました。
キャンパスでは Wi-Fi 完備の教室で自習したり、仲間とスクールライフを楽しめます。また、首都圏圏ならではのイベントも用意しています。

コース

高卒資格取得に＋α「なりたい自分」へ　Wスクールコース

高校卒業をめざす学習カリキュラムに追加できるのが、Wスクールコース。ルネ高に在籍しながら提携校に通うことで、早期に専門スキルを身につけることができます。

- ●進学コース
- ●留学・英会話コース
- ●資格取得コース
- ●スポーツコース
- ●芸能コース
- ●美容コース

●eスポーツコース

eスポーツ、語学、心理学等の一流の講師陣を揃え、勝つために必要な「実用レベルの英会話能力」・「コミュニケーション能力」・「強いメンタル」を育てる講義を行います。また、eスポーツを通して将来の夢を描き、目標に向かって進む力を身につけることができます。

●アコピアK-POPコース
※講義はオンラインで実施

韓国芸能事務所の練習生をめざすコースです。パフォーマンスの技術だけでなく、容姿や心身の健康にも配慮したオーダーメイドのカリキュラムを提供。
日本の高校卒業を諦めることなくK-POPアイドルをめざすことができます。希望者は留学プログラムも利用可能です。

生徒情報

【不登校生】

過去に不登校だった生徒には、電話やメール、LINEなどを通して、時間をかけて本人とコミュニケーションを図ることで学習取り戻し、学校生活や日常生活の楽しさを教えます。

【転編入生】

前籍校で修得した単位は引き継ぐことができます。転入学は随時入学可能で、条件を満たせば前籍校の同級生と同じ時期に進級、卒業ができます。編入学は、年に2回（4月、10月）に入学が可能です。

その他

●各種イベント
- ・文化祭
- ・修学旅行
- ・学校イベント（りんご収穫、お茶狩り体験…etc.）
- ・キャンパスイベント（新入生歓迎会、ゲーム大会、クリスマス会…etc.）
- ※イベントは全て任意参加です。
- ※イベントは面接指導（スクーリング）や特別活動には含みません。

●生徒の活躍・実績など

2023年に行われたeスポーツの大会『STAGE：0』では、リーグ・オブ・レジェンド部門とヴァロラント部門で優勝、フォートナイト部門で準優勝という成績を収めています。
※グループ校全体実績

2024年度の募集要項

学費について

入 学 金：	50,000円（入学初年度のみ）
授 業 料：	単位数×10,000円（初年度は標準26単位を履修）
施設備費（年額）：	20,000円
教育関連諸費（年額）：	60,000円
スクーリング費（年額）：	65,000円

※高校卒業には3年以上の在籍及び、78単位以上の取得が必要となります。
※前籍校での在籍期間と修得単位数は引き継ぐことが可能です。
※Wスクールコース、eスポーツコースなどのオプションコース受講を希望する場合は、別途費用が必要です。

募集について

募集対象：①2024年3月中学卒業見込みの者
②中学校既卒者
③現在、高校に在籍中の生徒
④高校を中途退学した者

出願期間：随時受付（詳しくはお問い合わせください）
試 験 日：お問い合わせください
入学検定料：10,000円

＜学校の施設＞※ルネサンス高等学校本校

校地面積	15,308m²	図書室	あり
運動場面積	8,708m²	プール	なし
視聴覚教室	あり	食堂	なし
体育館	あり	ラウンジ	なし
借りグラウンド	なし	カウンセリング室	あり

2022年度合格実績（グループ校全体）

＜国公立大学＞

大阪大学／九州大学／東京工業大学／東京農工大学／東京藝術大学／金沢大学／千葉大学／国際教養大学／大阪公立大学

＜私立大学＞

早稲田大学／慶應義塾大学／上智大学／明治大学／青山学院大学／立教大学／中央大学／法政大学／日本大学／成城大学／多摩美術大学／フェリス女学院大学／杏林大学／横浜薬科大学／日本歯科大学／愛知大学／中京大学／中部大学／日本赤十字豊田看護大学／日本福祉大学／名古屋外国語大学／朝日大学／同志社大学／関西大学／立命館大学／近畿大学／甲南大学／龍谷大学／京都産業大学／関西外国語大学／大阪経済大学／同志社女子大学／武庫川女子大学／大和大学／大阪商業大学／関西医療大学　など

◇◇◇◇◇◇◇◇◇ この学校にアクセスしてみよう！

学校説明会	入学前電話相談	文化祭見学	体育祭見学	資料請求
○	○	○	－	○

学校資料は、電話もしくはHPからご請求ください。
▼個別相談会　随時実施中
※ご希望の方はお問い合わせください。
0120-816-737（はいろーな、みな）

【学校情報】

●ルネサンス高等学校	茨城県久慈郡大子町大字町付1543	TEL.0295-76-8031
●ルネサンス豊田高等学校（グループ校）	愛知県豊田市藤沢町丸竹182	TEL.0565-49-0051
●ルネサンス大阪高等学校（グループ校）	大阪府大阪市北区芝田2-9-20 学園ビル	TEL.06-6373-5900
●ルネ中等部（中学生向け）eスポーツ＆プログラミングが学べます		TEL.0120-526-611

北海道
青森
岩手
宮城
秋田
山形
福島
茨城
栃木
群馬
埼玉
千葉
東京
神奈川 ★
新潟
富山
石川
福井
山梨
長野
岐阜
静岡
愛知
三重
滋賀
京都
大阪
兵庫
奈良
和歌山
鳥取
島根
岡山
広島
山口
徳島
香川
愛媛
高知
福岡
佐賀
長崎
熊本
大分
宮崎
鹿児島
沖縄

【広域通信制】　　　　　　　　　　　　　　　　　　　　　　　　　　（単位制）

かしまやまきたこうとうがっこう

鹿島山北高等学校

(https://www.kg-school.net/yamakita　E-mail でのご質問は HP よりどうぞ)

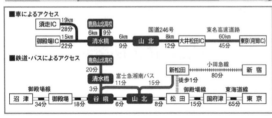

■校長名：石塚　孝男
■住　所：〒 258-0201　神奈川県足柄上郡山北町中川 921-87
■電　話：0465-78-3900　　■FAX：0465-78-3901
■最寄駅：JR 御殿場線「谷峨」駅　バス 20 分
　　　　　スクーリング時小田急線新松田駅よりスクールバス運行
■生徒が入学できる都道府県：全国 47 都道府県
■沿革：2017 年 9 月 1 日開校
■創立理念：
「大自然から現代社会へ」をテーマに
「生きる力」を育んでいきます。
地域と連携し、生徒がコミュニティーの一員になることで、
課題発見・解決能力を養います。

■形態・課程・学科：独立校、単位制による通信制課程・普通科
■入学・卒業時期：
　・入学時期　4 月・10 月　　・卒業時期　3 月・9 月
　　　　　　　　　　　　　　　　※転編入生は毎月入学可能
■修業年限：3 年以上（在籍最長年数：8 年）
■学期制：2 学期制
■卒業認定単位数：74 単位

スクーリングの日数と場所

山北町で宿泊型スクーリングを行います。
生きる力=「自ら考え行動し、変化する社会の中で生き抜いていくことができる力」を身に付けるために、「なぜ？どうして？」と感じる力を磨いていきます。自然豊かな山北町は「なぜ？どうして？」が溢れている場所です。鹿島山北高校では、実際に肌で感じ、学び、考えることができる体験型スクーリングを実施していきます。

【体験活動例】
　丹沢湖でのカヌー体験や、丹沢山域の滝をめぐるハイキング、湖の周辺の自然を満喫できるサイクリングなど、大自然が舞台となる特色のある体験活動を行います。ピザ作り体験、BBQ なども自然の中で、自分の手で作ると一味違います。
　今まで、アウトドア活動をやったことがない人でも、楽しく安全に活動できるよう取り組んでいます。

【登校日】
宿泊スクーリング…3 泊 4 日（年 1 回以上の参加）
※履修単位数に応じて宿泊日数及び参加回数は異なります。

【場　　所】
鹿島山北高等学校
〒 258-0201　神奈川県足柄上郡山北町中川 921-87
TEL：0465-78-3900

【その他】
電話・メール等でレポートの指導を行います。また、視聴覚教材の提供も行います。

鹿島山北高等学校は、豊かな自然に恵まれた山北町（神奈川県）とのタイアップによって 2017 年 9 月に開校した、カシマ通信教育グループ（姉妹校：鹿島学園高等学校、鹿島朝日高等学校）の新しい通信制高校です。

1. 47 都道府県から入学可能
2. 「就学支援金」により授業料が減免されます
　※各世帯の収入状況により、受給できない場合があります。

鹿島山北高等学校は神奈川県西部の山北町、丹沢湖のほとりに位置し、校地の外周 270 度がぐるっと湖面に囲まれている半島に建っています。丹沢湖は自然の環境を大切にした美しい湖で、「全国ダム湖百選」、「かながわの景勝 50 選」などに選ばれており素晴らしい景観です。湖畔からは富士山の眺望、春の桜、秋の紅葉など四季折々の自然が楽しめます。
山北町の周囲に広がる丹沢山地は美しい山々が連なり、登山やハイキングにもってこいです。また、丹沢湖でのカヌー体験や自然の中でのマスの掴み取り体験もできます。さらに、周辺にはキャンプ場・渓流釣り場・中川温泉などもあり、多くのアウトドア派に人気のスポットとなっています。
そのような素晴らしい環境の地に鹿島山北高等学校はあります。恵まれた大自然の環境の中で、多くのアクティビティプログラムを体験し、都会に暮らす子ども達に、「新しい自分を発見して欲しい！」と願っています。

◇◇◇◇◇◇◇◇◇◇　**この学校にアクセスしてみよう！**

学校説明会	入学前電話相談	文化祭見学	体育祭見学	資料請求
○	○			○

※個別に入学相談を受け付けています。
※資料はお電話にてお問い合わせください。10 時〜 17 時。

学習システム

地域特性を活かした4つの独自科目

鹿島山北高等学校では、山北町の恵まれた教育環境を最大限に活用し、「森林保全と生命」「山北町の新しい農業」「山北町の観光促進」「介護支援とコミュニケーション」の4つを「学校設定科目」として教育課程（カリキュラム）に組み入れています。これらの科目では、地域の方々に直接指導いただく現場支援実習を通じ、現状を知ることから始め、課題や問題点を自分たちで見つけ出し、それをどのように解決していくべきかを考えます。

ホンモノに触れることで「生きる力」を育てます。

見る（視覚）…目をこらして星空を眺める
聞く（聴覚）…鳥の声を聞く
味わう（味覚）…自分で捕まえた魚を食す
嗅ぐ（嗅覚）…森のにおい、季節のにおい
触れる（触覚）…自然に触れる
自然体験を通し五感にはたらきかけます！

生活指導

高校生活を通じ、人間力をしっかりと身に付けて欲しいと考えています。挨拶など礼儀を大切にしてください。

指定の制服（制服の購入は自由）があります。また、自然体験時や式典時には服装を指定します。通常授業の服装は自由ですが、華美な装飾は避け、高校生らしい格好を心がけてください。

車・バイク通学は不可。

学校行事

自然体験アクティビティ（カヌー・登山・サイクリング等）、ピザ作り体験、遠足、BBQ、音楽祭など。

＜選べる多彩な授業：オプションコース＞

〇大学進学コース：それぞれの目標に合わせた、プロ講師の指導で、志望校合格を目指す。

〇海外留学コース：アメリカ・カナダ・マルタ・ニュージーランド・オーストラリア・マレーシアなど、短期・中期・長期留学を通して国際人を目指す。

〇アニメ・マンガ・声優コース：作画などの基礎から学び、アニメーター・漫画家・声優としての豊かな表現力を養い、プロデビューを目指す。

〇ダンスコース：基礎からしっかりとプロから学ぶことで、韓国などの海外に渡っても通用するグローバルなエンターテインメントアーティストを目指します。

〇美術・美大進学コース：イラスト・絵画・造形について、アナログのデッサンからデジタルツール必須の基礎を幅広く学び、美大受験に向けた専門的、多彩なスキルを身に付ける。

〇ITコース：これからの時代に必須の「＋DX」教育を学び、デジタル社会に対応できる人材を育成します。

〇スキルアップコース：資格取得や就職・芸事など将来に目的に合わせた技術を身に付ける。

〇音楽コース：音楽の基礎から実践的なテクニックまで、音楽中心の高校生活を実現する。

〇スポーツコース：学習サポートを受けながらゴルフやボクシングなど、全くの初心者からスタートできる。

〇ネイル・メイクコース：ネイリスト・メイクアップアーティストに必要な知識とテクニックを学ぶ。

〇保育・福祉コース：将来、保育や福祉のエキスパートを目指すための基礎を学ぶ。

〇美容・エステコース：エステティシャン・セラピストに必要な技術と知識を学ぶ。

〇ファッション・デザインコース：ファッションデザインや服飾造形技術の取得を目指す。

生徒情報

【不登校生】
一人ひとりのペースに合わせて、無理のないように課題指導を行っていきます。また、カウンセリングを受けることができる環境を整えています。

【転編入生】
前籍高校で修得した単位を活かすことができます。
入学前に高卒認定試験で合格した科目は、卒業に必要な単位に振り替えることも可能です。毎月20日までの出願で翌月1日付の転編入が可能です。

【生徒数】 2023年11月1日現在

年次	生徒数	男	女
1年次	212名	98名	114名
2年次	96名	51名	45名
3年次	183名	91名	92名
合計	491名	240名	251名

【教員数】

教員：男性4名、女性2名　　講師：男性7名、女性13名
カウンセラー：1名

2025年度の募集・進路状況

学費について

入 学 金：	50,000円	※1
授 業 料：	79,700円	※2
施 設 費：	24,000円	
システム管理費：	37,000円	

※1　修学奨励金として12,000円が補助され、
　　　実質38,000円となります。
※2　授業料は25単位を履修した場合の金額です。就学支援金4,812円×25単位を差し引いた金額になります。

＜その他ご留意ください＞
※就学支援金は各世帯の収入状況により、受給できない場合があります。
※スクーリング費用は別途徴収します。

募集について

【一般入試】
募集定員：普通科　1,200名（男・女）
出願期間：新入生
　　　　　4月生…2024年12月12日（木）
　　　　　　　　　　　～2025年4月8日（火）
　　　　　10月生…2025年9月1日（月）
　　　　　　　　　　　～2025年10月6日（月）
試 験 日：なし（面接を課す場合は本校で指定）
選抜方法：書類選考（必要に応じて面接）
選 考 料：10,000円
※転編入生は随時受け付けています。

2023年度卒業生の進路

早稲田大学、慶應義塾大学、法政大学、日本大学、駒澤大学、帝京大学、桜美林大学、和光大学、横浜美術大学、京都芸術大学、大阪芸術大学、星槎大学、新潟産業大学managara、東洋学園大学、聖徳大学、東京通信大学　ほか

【通信制】

松陰高等学校 みなとみらい学習センター

(https://minatomirai-gc.com)

■住　所：〒 231-0005　神奈川県横浜市中区本町 4-43
　　　　　A-PLACE 馬車道 7F
■電　話：045-264-4637
■最寄駅：みなとみらい線「馬車道」駅、7 番出口から徒歩 10 歩
　　　　　JR「関内」駅、北口から徒歩 7 分
　　　　　市営地下鉄「関内」駅、3 番出口から徒歩 8 分
■教育理念：「社会でイキイキする人財の輩出」
画一的な授業形態とは異なる少人数で生徒の「個」に応じた学習スタイルを基本に、一人ひとりの個性や可能性を引き出し、どんな時代になっても自分の力で生きていける人財の育成を目指します。

【アクセス】

みなとみらい学習センターは、馬車道駅 7 番出口直上。駅から徒歩 10 歩のアクセスが便利な場所にある通信制高校です。

●週 3 日コース
激動の時代に活躍できる人財を育成するためのコースです。
・今！起きている時事問題から考え学ぶ 「よのな科」授業。
・自分を知り・自分の未来を築くための 「キャリアデザイン」授業。
・これからの世の中で生きる力（思考力・発信力）を鍛える「リベラルアーツ」授業。
・社会で活躍されている現役の社会人からこれからを生き抜く力を学ぶ「社会人基礎力」授業。
・いつの時代も必要なコミュニケーション力を学び、未来へとつながるリーダー教育を目指す「キャリア開発」授業
　授業は無学年制で行い、ディスカッションを中心として学ぶことで複眼的に考える力や論理的に話す力が身につきます。1 年間学び続けたことを発表する場として毎年プレゼン大会を実施しております。

●学び直しコース（週4日）
　中学校の基礎学力から学び直しができるコースです。10 名までと少人数で学べる為、生徒一人ひとりの状況を把握しながらゆっくりと丁寧に指導を行います。
　登校日数は週 4 日ですが、授業は午後からのスタートになりますので、朝が苦手な方も生活リズムを整えながら授業に参加することが可能となります。

学習状況

◆学校生活のポイント①
　無学年制だからできるユニット活動
1 年生から 3 年生まで一緒に学ぶ無学年制システムで、少人数のグループ（ユニット）に分かれて学校生活を過ごすことができるため、不安な学校生活も安心して学べます。

◆学校生活のポイント②
　一人ではできないことに挑戦できるプレゼン大会
仲間と共に全員が一つのことに集中し、目標達成へ向けて協力しながら考え行動する経験が一人のためではなく全員の目標のために全力を尽くす体験へとつながり自信へと変わります。

◆学習面のポイント①
　問題解決のために多角的な視点で物事を考えられる力が身につく
今、世のなかで起きている時事問題をテーマに、あらゆる事象に疑問をもちながら自分自身の意見を表す実践的な授業

◆学習面のポイント②
　ディスカッション授業スタイルで複眼的に考える力、論理的に話す力が身につく
自分の頭で考える癖が自然と身につくだけではなく、今日学んだことを次の授業で活用する機会を増やし多彩な面で問題を理解する力へとつなげていく授業

◆学習面のポイント③
　現役の社会人の先輩からこれからを生き抜く力を学べる
「なぜ？ 働くの？」その答えは人それぞれ。将来の職業を考えるきっかけだけではなく、世の中にある職業や働く意味を現役の社会人の方より学ぶ授業

◆学習面のポイント④　自分で選べる学べるゼミ
「中学校の基礎学力から学びたい」「大学受験の勉強がしたい」「小論文を学びたい」とひとり一人学びたい内容が違います。だからこそ、自分が学びたい学習を自分で選び学びを深めていくことができる。

　高校の学習に関しては、中学の基礎学力を土台に築いていく為、安心して学びを深めることができます。また、レポート対策やテスト対策にもしっかりと取り組みます。

●週 1 日コース
　登校ペースは 1 日から自分の時間を大切にしながら体調に合わせ無理なく通うことが可能です。
　自分のペースで計画的に高校卒業を目指しましょう。

<table>
<tr><td rowspan="2">進学指導</td><td>在籍中に卒業後を見据えた進路指導を行います。</td></tr>
<tr><td>社会で活き活きしている自分を具体的にイメージできるようになるカリキュラムで「自ら考え」「自ら決め」「自ら行動する」生徒へと成長していきます。</td></tr>
<tr><td rowspan="2">生活指導</td><td>誰もが安心して通学できる環境をつくるため、「社会ルール」を守るように生活指導を行っています。</td></tr>
<tr><td>制服を導入しています。着用については自由選択です。</td></tr>
</table>

生徒情報

【不登校生】
生徒の進路相談・親子関係など、現場で起きる悩みの解決は「教育★ステーション」でサポートします。
有資格者による教育相談所を併設、活動内容は
①中学生・高校生の進路相談
②親カフェ
③不登校中学生対象フリースクール
以上の３つを柱としております。

【教員数】
専任講師：
非常勤講師：
カウンセラー：常駐しています

2025 年度の募集・進路状況

募集について

募集人員：20 名
出願期間：＜AO入試＞
　　　　　①9月2日（月）〜9月27日（金）
　　　　　②10月1日（火）〜10月25日（金）
　　　　　③11月1日（金）〜11月29日（金）
　　　　　④12月2日（月）〜12月20日（金）
　　　　　＜一般入試＞
　　　　　①1月6日（月）〜1月24日（金）
　　　　　②2月3日（月）〜2月21日（金）
　　　　　③3月3日（月）〜3月14日（金）
　　　　　④3月17日（月）〜3月28日（金）

試験日：＜AO入試＞
　　　　①9月28日（土）
　　　　②10月26日（土）
　　　　③11月30日（土）
　　　　④12月21日（土）
　　　　＜一般入試＞
　　　　①1月25日（土）
　　　　②2月22日（土）
　　　　③3月15日（土）
　　　　④3月29日（土）

選考方法：書類選考、作文※、面接
選考料：10,000 円

※テーマは「あなたの将来の夢について」「本校に入学してからやりたい事について」のいずれか。
※作文は出願書類と一緒に提出。

学費について

※費用等は
みなとみらい学習センターへお問い合わせください。

主な合格実績

＜国公立＞
横浜市立大学、徳島大学、京都府立大学、鳥取環境大学

＜私立＞
神奈川大学、桜美林大学、國學院大学、東海大学、国士舘大学、法政大学、明治大学、中央大学、芝浦工科大学、桐蔭横浜大学、関東学院大学、多摩人学、東京家政大学、帝京大学、日本大学、亜細亜大学、目白大学、和光大学、東洋大学、東邦大学、文教大学、武蔵野大学、二松学舎大学、フェリス女学院大学、洗足学園音楽大学、松藤大学、神奈川工科大学、相模女子大学、明海大学、大阪経済大学、大阪芸術大学、広島経済大学、流通科学大学、同志社大学、立命館大学、関西学院大学、関西大学、近畿大学、南山大学、花園大学
他多数

北海道
青森
岩手
宮城
秋田
山形
福島
茨城
栃木
群馬
埼玉
千葉
東京
神奈川 ★
新潟
富山
石川
福井
山梨
長野
岐阜
静岡
愛知
三重
滋賀
京都
大阪
兵庫
奈良
和歌山
鳥取
島根
岡山
広島
山口
徳島
香川
愛媛
高知
福岡
佐賀
長崎
熊本
大分
宮崎
鹿児島
沖縄

【サポート校】【高認予備校】

たいせいがくえん

大成学園

(http://taiseigakuen.net/)

■学院長：浅葉　孝己（慶應義塾大学　卒）
■住　所：〒 221-0835　神奈川県横浜市神奈川区鶴屋町 3-33-7
　　　　　横浜 OS ビル 3 階
■電　話：045-313-1359
■最寄駅：JR 線等「横浜」駅 西口下車、徒歩 5 分
■創立年：2020 年
■教育理念：
　時代は昭和・平成を駆け抜け、令和となりました。世界中を巻き込んだ新型コロナウイルス感染を避けるため、多くの学校では授業形態が変わりました。未曾有の社会生活の変動の中、不安を抱えた現代の高校生は、将来へも大きな不安を持つようになっています。特に色々な悩みを乗り越えてきた通信制高校生にとっても大きな指針が必要になっています。引きこもりを避け、できるだけ多くの方と触れ合う大切さ、仲間、友人を持つ楽しさを知ることは自立への第一歩として支援します。今は、他の高校生に比べて未熟な点が多いが、時間をかけ、切磋琢磨し、自分の特技や資格を身につけいずれ成功者になっていく。このような大きな夢を持った大器晩成型の生徒にも支援していく学校づくりをしていきます。

【学校へのアクセス】

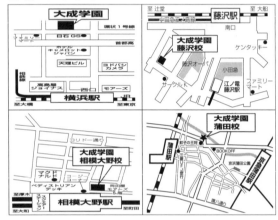

大成学園／横浜駅
大成学園 藤沢校／藤沢駅
大成学園 蒲田校／蒲田駅
大成学園 相模大野校／相模大野駅

学習シ
ステム
の特徴

学習システムの特徴

【カリキュラムの特長】
・大学進学コースあり
・週 3 回・5 回通学型あり
・不登校生もサポート
・発達障がい児に学習支援コースあり
・費用が安い
・ワンディコースあり

【特別講習】
高認試験に 8 月・11 月に合格のための特別講習を実施。大学受験希望の方には、並行して受験科目についての特訓を実施。

【設置クラス】
・全日総合クラス（週 3・5 日制）
週 3 日制：各学習センターに通い、レポート作成のほか、高校生にふさわしい能力・学力を養成するとともに、将来の進学・就職までを見据えた学習を行います。中学校までの復習ができる科目を 1 年生に組み込んでいるので、基礎学力を固めることができます。
週 5 日制：週 3 日制に、2 日を加えたコース。加えられた 2 日は、高校 1・2 年次は、中学校時代の基礎学力を高めるためのプログラムを個別に作成し、基礎・基本の定着をはかります。高校 3 年次には、大学受験（AO 入試や推薦入学対策講座など）や就職試験等の一般教養やビジネススキル定着のための学習・実習も行います。
・個別指導クラス
学習拠点は全日総合クラスの 3 校のほか、ご相談のうえ実施できます。
集団コースが苦手な方など、少人数の個別指導で学習を行うコースです。
・学習支援コース
週 5 日制。県内 16 教室利用の学習支援コース。
全日総合コースに加えて、完全個別プログラムの特別授業を含む週 5 日の学習支援授業を併用した、基礎学力の定着、及び生活力の向上を目的としたカリキュラムを行うコースです。教室には専門支援員が常駐しています。

特色

当校は、いじめ・不登校・学校が合わないなどの理由で、"学校に通学できなくなった" などの挫折感を味わった子どもたち、学業不振で悩まれている子どもたちや支援級の生徒だったり、発達障がいがあったとしても、将来の目標として高卒取得挑戦のための学校作りを目的としています。通信制高校の単位を無事取得し、通学して卒業し、その後のステップアップ（大学進学や専門学校を目標とする進路や就職）のための努力を併用して行う高等教育機関です。個々の生徒の能力や目標に合わせ、全日総合コース（週 3 回、5 回）、個別指導コース、学習支援コース（発達障がい児対応）など多くのコースを用意しております。

当校は、年々増加している不登校の生徒や高校中退者達に "リベンジ（復活）の大切さ" を教え、伝えながら多感な生徒達の潜在的な能力や個性を引き出し、夢や希望のある人生のスタートラインに彼らを再び立たせたいと考えています。その実現のため主要科目（英・数・国）などの基礎学習指導や発展的な大学受験のための内容の濃い授業まで生徒の個々の実力と目標に合わせたメニュー作りをしています。

◇◇◇◇◇◇◇◇ この学校にアクセスしてみよう！

学校説明会	入学前 電話相談	文化祭見学	体育祭見学	遠隔地からの 生徒の入学
○	○	○	○	○

※資料は電話・ハガキ・ホームページ等で請求して下さい。4 回の無料体験授業を実施しています。

補習

個別に、必要に応じて補習しています。

進学指導

将来の進学・就職までを見据えた学習を行います。主要科目（英・数・国）などの基礎学習指導や発展的な大学受験のための内容の濃い授業まで、生徒の個々の実力と目標に合わせたメニュー作りをしております。

生活指導

服装は自由ですが、学校指定の制服もあります。

生徒情報

【心理面の相談】
長年の指導実績のある教務スタッフが常に相談に応じます。

【いじめ対策】
遅刻・欠席時の電話連絡等、頻繁に御家庭と連絡をとっています。学期ごとに三者面談を実施しています。

【生徒数】
＜出身別＞

区 分	高校中退者	中学卒業者	その他	合 計
構成比	50%	50%	－ %	100%

【教員数】
常勤講師：男性5名、女性5名
非常勤講師：男性3名、女性3名
専任カウンセラー：常時5名の教務スタッフが指導

2024年度の行事

月	4月～6月	7月～9月	10月～12月	1月～3月
行事	入学式・前期スタート 遠足 英検・漢検	校内スポーツ大会 前期試験対策講座 前期単位認定試験 夏季集中スクーリング（7・9月）	後期スタート 英検・漢検 スタンプラリー バーベキュー大会 遠足 校内スポーツ大会 クリスマス会	冬期講習 冬期集中スクーリング 後期試験対策 後期認定試験 終業式・卒業式 春季講習

募集・実績と進路状況

募集について

募集対象：① 2025年3月に中学校卒業見込みの生徒
②中学校を既に卒業した生徒
出願期間：2024年10月1日～2025年3月29日
選抜方法：面談によって受験生の能力、適性、将来の夢や目標から総合的に審査し、受験生が本校に適するかを人物重視で選抜します。
入学時の学力検査：実施していません。目的・目標を聞き個別にカリキュラムを作成します。
選 考 料：10,000円
※詳しくは、お問い合せください。
※学校説明会もしくは、個別相談会にご参加ください。

学費について

（週3回・5回コース）
入 学 金：無料
教材費等：15,000円（税別）／月
授 業 料：週3回…380,000円（税別）／年
週5回…560,000円（税別）／年

（注）大学受験コースは別途費用が必要です。8月合格者は、9月以降費用を大学受験コースに移行できます。

進路状況（過去3年間）

基礎力のない生徒を1年間で見事、下記大学に合格させました。

早稲田大、慶應義塾大、上智大…12名
明治大、中央大、立教大、青山学院大、法政大　等…25名
日本大、東洋大、駒澤大、専修大　等…40名
その他中堅大…70名
その他短大…50名

卒業後の進路

ほとんどの生徒が大学進学をめざします。当校の推薦のある大学もあります。

日本大、国士舘大、指定校推薦あり

＜学校の施設＞

校 舎 面 積	180m²		
保 健 室	なし	図 書 室	なし
職 員 室	あり	ラ ウ ン ジ	あり
自 習 室	あり	カウンセリング室	なし

神奈川（横浜）学習センター　神奈川県横浜市神奈川区鶴屋町3-33-7　　　　　TEL：045-313-1359
藤沢校　　　　　　　　　　　神奈川県藤沢市南藤沢2-1-3　　　　　　　　　TEL：0466-54-7779
相模大野校　　　　　　　　　神奈川県相模原市相模大野3-9-1　　　　　　　TEL：042-701-0256
東京学習センター　　　　　　東京都大田区蒲田5-5-6　　　　　　　　　　　TEL：045-313-1359（藤沢校／準備室）
その他の校舎所在地　　　　　川崎、戸塚、JR相模原、小田急相模原駅前、淵野辺駅前、港北ニュータウン、上大岡、金沢文庫、横須賀、平塚駅前

【広域通信制】 ルネサンス豊田高等学校 （単位制）

（ https://www.r-ac.jp ）

■校長名：牛山 尚也

【本校】
■住 所：〒 470-0302 愛知県豊田市藤沢町丸竹 182
【豊田駅前キャンパス】
■住 所：〒 471-0034 愛知県豊田市小坂本町 1-9-1
【名古屋栄キャンパス】
■住 所：〒 460-0008 愛知県名古屋市中区栄 3-4-21
　　　　　　　　　　　　TOSHINSAKAE ビル 6F
【名古屋 e スポーツキャンパス】
■住 所：〒 460-0008 愛知県名古屋市中区栄 3-18-1
　　　　　　　　　　　　ナディアパークビジネスセンター 10F
■最寄駅：地下鉄東山線・名城線「栄駅」から徒歩 7 分
　　　　　地下鉄名城線「矢場町駅」より徒歩 5 分

■電 話：0120-816-737
■生徒が入学できる都道府県：全国 47 都道府県
■沿 革：2011 年 10 月開校
■教育理念：
　人と異なることが、人に劣ることではないように、学校のあり
　方にも多様性が必要です。生徒の置かれた現実に対応し、学校
　側が柔軟に考えて教育を実践し、より素敵な学校をめざしてい
　きます。

■形態・課程・学科：独立校・単位制による通信制課程・普通科
■併設する課程：なし
■入学・卒業時期：・入学時期　4 月、10 月（転入学は随時）
　　　　　　　　　・卒業時期　3 月、9 月
■修業年限：3 年以上（前籍校含む在籍最長年数　制限なし）
■学期制：前期・後期の二期制　■卒業認定単位数：78 単位以上

スクーリングの日数と場所

【登校日数】年 4 〜 5 日程度、複数の日程から選べ、日帰り・宿
　　　　　　泊（集中・分割）も選択可能。
　　　　　※標準科目を履修しメディア学習が完了した場合の日
　　　　　　数です。ルネサンス豊田高等学校の場合、年 4 〜 5
　　　　　　日程度（単位認定試験を含む）を要します。転入等
　　　　　　で履修科目が多い場合、所要日数が増えることにな
　　　　　　ります。
【場　所】ルネサンス豊田高等学校本校
【内　容】生徒に人気の理科実験講座や映像を活用した授業など
　　　　　さまざまな工夫を凝らした楽しい授業を行っています。
　　　　　また、男子、女子、親子、成人スクーリングから自分
　　　　　に合ったタイプが選べます。

| 履修・単位について | 自分で学びたい教科や科目を選択し履修することができる単位制をとっています。当校の卒業認定単位は 78 単位以上です。 |

| 生活指導 | 制服は通学スタンダードコース以外、着用自由です。髪の色、ピアス、服装などの規制はありません。「自分らしさ」を重視した指導を行っています。 |

| その他 | ●各種イベント
進路セミナー、ワークショップ、各種イベント　等
●生徒の活躍・実績など
2023 年に行われた e スポーツの大会『STAGE：0』では、リーグ・オブ・レジェンド部門とヴァロラント部門で優勝、フォートナイト部門で準優勝という成績を収めています。※グループ校全体実績
※イベントは面接指導（スクーリング）や特別活動には含みません。 |

ルネサンス豊田高等学校は、学年の枠にとらわれず、自分で学びたい教科や科目を選択し学習できる学校です。インターネットを活用し、「自分のペースにあわせて」「いつでも」「どこでも」正規の高校教育カリキュラムが学べる環境づくりを行っています。

●レポート（課題）学習
　普段のレポート（課題）はスマートフォンやタブレット・パソコンで学習できるので、時間や場所にとらわれずに、効率良く自分のペースですすめていくことができます。動画授業の「メディア学習」は分かりやすく基礎から楽しく学ぶことができます。

●スクーリング（登校）
　必須登校日であるスクーリングは、本校もしくは豊田駅前キャンパスにて行われます。当校では年 4 日〜の少ない日数の登校で卒業が可能となっています。集団が苦手な方向けの個別スクーリングや、親御様に同行いただける親子スクーリングのご用意もございます。
　※内容は毎年変わります

●進路サポート
　生徒一人ひとりに担任がつき、大学・短大・専門学校等の進学から就職まで、個々に応じた進路指導を行っています。きめ細やかなサポート体制と効率的な学習システムにより、毎年多くの卒業生が希望の進路を実現させています。

●スポーツ・芸能活動など
　卒業生の中には、アイドルやアーティストとして活躍しており、スポーツや芸能活動など夢や目標に向かって、時間を有効に活用して頑張っています。

コース

通学スタンダードコース、eスポーツコースを実施

豊田駅前キャンパスでは、卒業に必要なレポート学習やスクーリングなどの他に、もっと高校生活を楽しみたい人のための通学スタンダードコースを用意しています。クラスメイトと一緒に、教科にしばられないオリジナルの講義を受けることができます。時には学校外でのイベントも用意しており、通信制高校だからできるさまざまな体験をすることができます。

また、名古屋eスポーツキャンパスは、名古屋栄キャンパスからeスポーツ専用施設として拡張された東海地区で最大級の規模を誇る本格的なキャンパスです。ゲームだけではなく、eスポーツに必要な英語やメンタルについての講義も展開しています。

高卒資格取得に＋α

「なりたい自分」へ　Wスクールコース

高校卒業をめざす学習カリキュラムに追加できるのが、Wスクールコース。ルネ高に在籍しながら提携校に通うことで、早期に専門スキルを身につけることができます。

- ●進学コース　　　●留学・英会話コース
- ●資格取得コース
- ●スポーツコース　●芸能コース

●美容コース「RuneBi」 2024年4月開講

名古屋栄キャンパスに通学して高校生活を満喫しながら「アフロート美容専門学園」の講師陣に美容分野の実践的な技術を学べます。

高校1年生ではメイクアップ・高校2年生ではヘアアレンジ・高校3年生ではネイルの技術と知識を習得できるコースです。

●アコピアK-POPコース
※講義はオンラインで実施

韓国芸能事務所の練習生をめざすコースです。パフォーマンスの技術だけでなく、容姿や心身の健康にも配慮したオーダーメイドのカリキュラムを提供。日本の高校卒業を諦めることなくK-POPアイドルをめざすことができます。希望者は留学プログラムも利用可能です。

2024年度の募集要項

学費について

入 学 金：	50,000円（入学初年度のみ）
授 業 料：	単位数×10,000円（初年度は標準26単位を履修）
施設設備費（年額）：	20,000円
教育関連諸費（年額）：	60,000円
スクーリング費（年額）：	65,000円

※高校卒業には3年以上の在籍及び、78単位以上の取得が必要となります。
※前籍校での在籍期間と修得単位数は引き継ぐことが可能です。
※eスポーツコースなどのオプションコース受講を希望する場合は、別途費用が必要です。

＜学校の施設＞

校 地 面 積	3,261m²	図 書 室	あり
運動場面積	942m²	プ ー ル	なし
視聴覚教室	あり	食 堂	なし
体 育 館	あり	ラウンジ	なし
借りグラウンド	なし	カウンセリング室	あり

◇◇◇◇◇◇◇◇ この学校にアクセスしてみよう！

学校説明会	入学前電話相談	文化祭見学	体育祭見学	資料請求
○	○	○	－	○

学校資料は、電話もしくはHPからご請求ください。
▼個別相談会　随時実施中
　※ご希望の方はお問い合わせください。
　0120-816-737（はいろーな、みな）

募集について

募集対象：	①2024年3月中学卒業見込みの者
	②中学校既卒者
	③現在、高校に在籍中の生徒
	④高校を中途退学した者
出願期間：	随時受付（詳しくはお問い合わせください）
試験日：	お問い合わせください
入学検定料：	10,000円

2022年度合格実績（グループ校全体）

＜国公立大学＞

大阪大学／九州大学／東京工業大学／東京農工大学／東京藝術大学／金沢大学／千葉大学／国際教養大学／大阪公立大学

＜私立大学＞

早稲田大学／慶應義塾大学／上智大学／明治大学／青山学院大学／立教大学／中央大学／法政大学／日本大学／成城大学／多摩美術大学／フェリス女学院大学／杏林大学／横浜薬科大学／日本歯科大学／愛知大学／中京大学／中部大学／日本赤十字豊田看護大学／日本福祉大学／名古屋外国語大学／朝日大学／同志社大学／関西大学／立命館大学／近畿大学／甲南大学／龍谷大学／京都産業大学／関西外国語大学／大阪経済大学／同志社女子大学／武庫川女子大学／大和大学／大阪商業大学／関西医療大学　など

【学校情報】

●ルネサンス豊田高等学校	愛知県豊田市藤沢町丸竹182	TEL.0565-49-0051
●ルネサンス高等学校（グループ校）	茨城県久慈郡大子町大字町付1543	TEL.0295-76-8031
●ルネサンス大阪高等学校（グループ校）	大阪府大阪市北区芝田2-9-20　学園ビル	TEL.06-6373-5900
●ルネ中等部（中学生向け）eスポーツ＆プログラミングが学べます		TEL.0120-526-611

【連携キャンパス情報】全国共通フリーダイヤル　0120-816-737

●名古屋栄キャンパス	愛知県名古屋市中区栄3-4-21　TOSHINSAKAEビル6F
●名古屋eスポーツキャンパス	愛知県名古屋市中区栄3-18-1　ナディアパークビジネスセンター10F
●豊田駅前キャンパス	愛知県豊田市小坂本町1-9-1
●広島相談センター	広島県広島市西区横川町3-3-7　2F
●博多キャンパス	福岡県福岡市博多区博多駅前1-23-2　Park Front 博多駅前一丁目ビル2F

北海道
青森
岩手
宮城
秋田
山形
福島
茨城
栃木
群馬
埼玉
千葉
東京
神奈川
新潟
富山
石川
福井
山梨
長野
岐阜
静岡
愛知
三重 ★
滋賀
京都
大阪
兵庫
奈良
和歌山
鳥取
島根
岡山
広島
山口
徳島
香川
愛媛
高知
福岡
佐賀
長崎
熊本
大分
宮崎
鹿児島
沖縄

【広域通信制】 （単位制）

代々木高等学校
（よよぎこうとうがっこう）

(https://yoyogi.ed.jp　E-mail：info@yoyogi.ed.jp)

志摩本校

東京校

■校長名：清水　宝文
（志摩本校）
■住　所：〒517-0217　三重県志摩市磯部町山原785
■電　話：0599-56-0770
■FAX：0599-77-7692
■最寄駅：近鉄志摩線「志摩磯部」駅下車
（東京校）
■住　所：〒151-0051　東京都渋谷区千駄ヶ谷5-8-2
■電　話：050-3535-2797
■FAX：03-5919-0528
■最寄駅：JR、地下鉄大江戸線「代々木」駅 西口下車　徒歩5分
　　　　　副都心線「北参道」駅 一番出口　徒歩3分
※ほか、大阪校があります。
　詳しくはお問い合わせください。
■沿　革：2005年4月　開校
　☆お問い合わせは、全国共通フリーダイヤル
　　0120-72-4450（なに、よこ～）まで。
■教育理念
「自分の意思で歩いていけるように」
「多様性を認め合う」
学校は本来、社会へ巣立っていくために様々な経験を積み、学んでいく予行演習の場と考えております。
多様な仲間と様々な経験を通し、気づき・考え・成長する学びの場を社会のあらゆる人材や団体とともに提供しています。

■形態・課程・学科：独立校　単位制による通信制　普通科
■併設する課程：なし
■入学・卒業時期：
　・入学時期　4月、10月（転入学は随時）
　・卒業時期　3月、9月
■修学年限：3年以上（在籍最長年数：―）
■卒業認定単位数：75単位

スクーリングの日数と場所

【登校日数】
　集中スクーリング（東京校または志摩本校）
　その他、各校舎・提携校に通い、補習を受けるスタイルもあります。
【場　所】
　東京校・志摩本校・大阪校
【その他】
　メディア学習により、登校日数を少なくすることができます。
【各校舎・提携校】
　・各校舎：
　　入学に関するご相談。メディア学習やレポート作成のサポート、学習相談を行っています。
　・提携校：
　　当校の考えに共感する熱心な教育機関・企業・団体などで、それぞれ独自のスタイルとシステムにより、あらゆるニーズに応えています。

特色　一人ひとりで異なる学びの志向やレベル、スケジュールに合わせて、自分らしい高校生活を作ることができます。

◆オルタナティブスクール（週5日コース・週3日コース）【東京校】
多様な仲間とともにさまざまな体験、学習を通して、自分らしい高校生活を送ります。思う存分学校を楽しみたい人やしっかり面倒を見てほしい人に最適です。
・週5日コース：2023年度より従来の「総合講座」に加え「声優」「イラスト」「プログラミング」「進学」「韓国語」の専門講座がスタート。
＊発達支援：専門的なアプローチをベースに楽しく成長します。
・週3日コース：ひとり一人に対応した「学習サポート」コースです。
◆通信一般コース
学習は自宅で自分の好きな時間に取り組みます。東京校では毎月一回土曜日に補習を受けられるようにしています。
◆奨学金コース
働きながら高校卒業資格取得を目指すことができます。学費の支払いサポートの他、充実した特典があります。
◆国内外に90の提携校、130のコースがあります。
大学進学やスポーツだけでなく、専門教育や海外留学など、あなたにピッタリのコースが見つかります。
◆スタディールーム（自習室）
全てのコース生が利用できます。月～金曜日：10時～16時30分

※学校説明会：東京校：5月～年10回程度。（体験入学・個別相談会同時開催）個別相談は月～土曜受付中。
　　　　　　志摩本校：年数回。料理人コース説明会もこちらで開催します。個別相談は随時受付中。
　　　　　　大阪校については直接、お問い合わせください。TEL：06-6115-6450
　　※詳細・最新情報はHPにてご確認頂くか、各校舎へお問い合せ下さい。

コース紹介

[オルタナティブスクール【東京校】]
（週5日コース・週3日コース）
多様な仲間とともにさまざまな体験、学習を通して、自分らしい高校生活を送ります。思う存分学校を楽しみたい人やしっかり面倒を見てほしい人に最適です。

・週5日コース：2023年度より従来の「総合講座」に加え「声優」「イラスト」「プログラミング」「進学」「韓国語」の専門講座がスタート。
＊発達支援：専門的なアプローチをベースに楽しく成長します。

・週3日コース：ひとり一人に対応した「学習サポート」コースです。

[通信一般コース]
学習は自宅で自分の好きな時間に取り組みます。東京校では毎月一回土曜日に補習を受けられるようにしています。

[奨学金コース]
働いて自分で稼ぎながら、同時に高校も卒業できる。就労の中で社会常識や職業スキルも身につきます。就労先からの学費の支払いサポートや働くことによる単位修得など、特典も充実。料理人や左官職人、飲食業、バイクメカニックなど。

[アスリートゴルフコース] など
通信制高校の特性を活かしたアスリート育成コース。ゴルフをはじめ、テニス、ボクシング、乗馬、ダイビングなど。オールシーズン、トレーニングに取り組める環境を提供します。技術に留まらず、メンタル・ソーシャルトレーニングにも力を入れています。

[海外留学コース]
提携校を利用していただいて、短期から長期までの留学が可能です。
また、すでに留学中の方や海外在住の方の入学も受け入れています。

生徒情報

【不登校生】
入学時に本人の不安をとりのぞくためにガイダンスを行います。

【転編入生】
随時出願可能です。前籍校で修得した単位や高認試験（旧大検）で合格した科目は原則、活かすことができます。

【保護者連絡】
電話連絡、手紙、Eメールなど

【生徒数】普通科　2023年8月現在

年次	生徒数	男女比
1年次	290名	5：5
2年次	350名	5：5
3年次	340名	5：5

【教員数】
教員：男性7名、女性3名／講師：男性8名、女性9名

学習指導
学力に不安がある方でも中学校の学び直しサポートがあるので、基礎学力を固めることができます。

生活指導
〔制服（基準服）〕
制服の着用は自由です。何種類かある＜よよこ～オリジナル制服＞を選ぶこともできます。頭髪や装飾品は自由ですが、登校時、社会良識等の指導をしています。

クラブ活動
運動部、T.T部（カードゲーム）、茶道部、音楽部
その他、コースごとに様々なものに取り組めます。

2024年度の主な行事 ※コロナの為、変更になる場合もあります

月	4月～6月	7月～9月	10月～12月	1月～3月
行事	入学式、始業式 授業ガイダンス レポート学習会 特別活動（全校ハイキング）	夏期集中スクーリング レポート学習会	秋期集中スクーリング よよこ～祭 レポート学習会 修学旅行 クリスマス会 志摩自然教室	冬期集中スクーリング 遠足 終了式、卒業式 春期集中スクーリング

2024年度の募集・進路状況

一般入試
募集人員：普通科　700名
選考方法：書類選考、面接
出願料：10,000円
出願期間：新入生…2023年10月～2024年3月末頃まで
　　　　　編入生、転入生…随時。
　　　　　詳しくはご相談ください。

学費について
入学金：	10,000円
授業料：	264,000円（年間30単位を上限）
教科書代：	12,000円
登録手数料：	3,000円
諸雑費：	3,000円
メディア視聴費用：	7,000円
スクーリング会場運営費：	20,000円
合計：	319,000円

※願書提出時に出願料10,000円を要します。
※通信一般コース以外のコースを選択した場合、上記金額にコース料金等が別途必要となります。

＜学校の施設＞
校舎面積　1,975.65m²
ラウンジ　なし
PCルーム　あり
視聴覚室　あり
カウンセリング室　あり

2022年度卒業生の進路状況

＜卒業者数310名＞

【進路先】
大学…35名　　短大…16名　　専門学校…35名
就職…22名　　その他…202名

【主な合格実績】
NIC、慶應義塾大、立教大、東海大、大東文化大、明治学院大、帝京大、国士舘大、城西大、鶴見大、関西学院大、大阪国際大、大阪産業大、皇學館大、中部大、名城大　他

【指定校推薦】
国士舘大、城西大、和光大、東洋学園大、専修大、東京富士大、多摩大、聖学院大、日本福祉大（愛知）、大阪学院大、愛知東邦大、横浜薬科大、帝京科学大　他

◇◇◇◇◇◇◇◇◇ この学校にアクセスしてみよう！

学校説明会	入学前電話相談	文化祭見学	体育祭見学	資料請求
○	○	○ 東京校のみ	―	○

※資料は、直接（来校）、電話またはFAX・手紙・HP等にて請求して下さい。

【通信制】

学校法人 岡崎学園 東朋学園高等学校

(https://www.okazakitoho.ed.jp　E-mail：request@okazakitoho.ed.jp)

■校長名：太田　功二
■住　所：〒543-0017　大阪府大阪市天王寺区城南寺町7番28号
■電　話：0120-960-224
■FAX：06-6761-3112
■最寄駅：近鉄大阪線「大阪上本町」駅より徒歩約7分
　　　　　大阪メトロ「谷町九丁目」駅（11番出口）より徒歩約10分
　　　　　JR大阪環状線「鶴橋」駅（中央改札）より徒歩約13分
　　　　　大阪シティバス「上本町六丁目バス停」より徒歩約7分
■沿　革：1946年　コンドル洋裁学校を開校
　　　　　1951年　コンドルドレスメーカー学院に改名
　　　　　1976年　私立専修学校認可コンドル家政専門学校に改名
　　　　　1984年　技能教育施設認可
　　　　　1986年　東朋モード工科専門学校に改名
　　　　　1990年　東朋ビジネス工科専門学校に改名
　　　　　2000年　東朋高等専修学校に改名
　　　　　2020年　東朋学園高等学校を開校
■教育理念：仏教精神を教育の基本とし、知識偏重の教育ではなく、
　　　　　豊かな個性を生かした人間形成、
　　　　　目的理想に精進する努力型の人間形成を行う。
【教育目標】可能性を最大限に伸ばす3つの指導
　　　　　「自立する力」「生きる知恵」「考える力」
■運営母体：名称／（学）岡崎学園　代表者／岡崎泰道（理事長）
■併設校：大阪自動車整備専門学校、東朋高等専修学校、
　　　　　就労移行支援事業所「レアルタ」、
　　　　　放課後等デイサービス「フォレスト」、キラナ保育園
　　　　　自立訓練（生活訓練）事業所「Come-day カムディ」

■形態・課程・学科：単位制による通信制課程（男女共学）、普通科
■入学・卒業時期：（単位制個人生）
　　　・入学時期　4月、10月　　・卒業時期　3月、9月
■修業年限：3年
■学期制：2学期制
■卒業認定単位数：74単位

【学校へのアクセス】

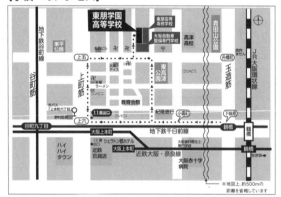

※地図上、約500mの距離を省略しています

スクーリングの日数と場所

【登校日数】
　　コース・クラスにより異なります。
　　下記「学習状況」をご参照ください。
【場所】本校

特色

**スクールライフをカスタマイズ！
自分に合わせた"学び"**

本校は大阪府認可の通信制高校で、合理的配慮に基づいた個別支援教育の経験を生かし、それぞれの特性に応じた教育・指導を行っています。
学習面では自分に合った学習スタイルを選び、個々のペースで学習できる教育により、生徒に寄り添った支援を行います。
また、自立を促す実践的な知識や技術の習得により、それぞれの個性・適性・能力を生かして幅広く社会で活躍できる人材育成を目指しています。
無理せず、自分のペースで高卒資格を取得しましょう！
本校でみんなと一緒に"自分らしい夢"を描きませんか？

＜東朋学園高等学校の3つの特長＞
●大阪府認可の通信制高校
●登校＆学習スタイルをカスタマイズ！
●一人ひとりに合わせた支援・指導計画により単位修得をサポート

＜選べる！学びのスタイル＞
登校日やどのような高校生活をおくりたいかで通学スタイルを選べます。
通学スタイルについては直接学校にお問合せください。

学習状況

【自分に合わせて選べる学びのスタイル】
＜シンプルに高校卒業！＞
●週1日登校クラス

＜自分でつくる！さまざまな高校生活！＞
●週2日登校クラス
●週3日登校クラス（クラス所属型）

【基礎をしっかり「学びなおし科目」】
小学校高学年からの基礎をしっかり！高校からスタートする科目もOK！
丁寧な授業で、勉強に自信が持てない人も自分のペースで取り組めます。
「学びなおし」で、わかった！できた！が実感できます。

生活指導

●制服：購入・着用自由の制服を用意しています。

学校行事

●行事　※参加は自由です
校外学習（豚まんづくり、さつま芋苗植えと収穫、金魚ミュージアム、奈良でうちわ作り、ユニバーサルスタジオ遠足）等
●部活：フリースタイルアート同好会、eスポーツ部

その他

【スクールライフをサポートするICTツール】
新しい授業スタイル「ハイブリッド授業」を導入！
本校では、「対面授業」と「オンライン授業」を組み合わせた授業スタイル『ハイブリッド授業』を導入しています。授業スタイルの選択肢が増えますので、科目、条件により状況に合わせた学び方で学習できます。対面もオンラインも教員のサポート体制は変わりません。どのような状況になっても学びを止めることなく、授業スタイルや授業の受け方など臨機応変に対応できるようにしています。
映像学習は東京書籍株式会社の教科書をベースに制作された「インターネット講座教科書授業」や「NHK高校講座」を導入し学習効果を高めています。

生徒情報

【保護者連絡】
電話連絡、家庭訪問等は、必要に応じて行っています。
【不登校生に対する指導について】
カウンセリングルームを設置しています。
【いじめ防止対策】
教職員対象・生徒対象に人権研修を実施し、啓発しています。

【教員数】
専任講師：男性7名、女性3名
非常勤講師：女性4名　　カウンセラー：1名
【生徒数】
332名

進学・補習指導

希望大学・専門学校の入試状況にあわせて対策し、進路指導を行います。
また、各学期ごとに補習指導を行います。

募集要項・進路状況

募集について

募集人数：200名

募集地域：大阪府、兵庫県

出願期間・入試日：出願期間・入試日につきましては
　　　　　　　　　直接本校までお問い合わせください。

学費について

週1日登校クラス
入学金　　　　50,000円　（入学時のみ）
施設運営費　　42,000円　（半期）
授業料　　　　10,000円　×単位数
教材費　　　　2,000円　×科目数
　　　　　※教科書・学習書・レポート等です。
その他　　　　2,000円　（半期）
　　　　　※スポーツ振興会費用、連絡用アプリ費用などです。
　　　　　※タブレット学習ツールをご利用いただくため、タブレット（iPad）のご購入をお願いしています。

※学費は登校日数等、選択クラスによって異なります。
また、今後改定する場合もありますので、詳細は本校まで直接お問い合わせください。

【助成制度】
大阪府育英会奨学金制度、各市町村等奨学金制度、国の就学支援金の対象校です。

【その他】
JR・各私鉄・大阪シティバス・大阪メトロの学割が利用できます。

卒業後の進路

【進路先】　　　　　　　　　※技能連携校（東朋高等専修学校）含む実績です
卒業者数100名
大学…5名　　　短大…1名　　専門学校…32名　　　就職…34名
その他…28名（訓練校等含）

進学先：帝塚山大学、大阪樟蔭女子大学、大手前大学、大阪青山大学、大阪経済法科大学、大阪芸術大学、大阪工業大学、大阪商業大学、神戸医療福祉大学、嵯峨美術大学、相愛大学、羽衣国際大学、花園大学、大阪芸術大学短期大学部、関西外国語大学短期大学部、京都西山短期大学、東大阪短期大学部、白鳳短期大学、大阪国際工科専門職大学、ECCアーティスト美容専門学校、OCA大阪デザイン&IT専門学校、YIC京都工科大学校、アーデントビューティーカレッジ、キャットミュージックカレッジ専門学校、ナンバペット美容学院、バンタンゲームアカデミー、ヒコ・みづのジュエリーカレッジ大阪、ビジュアルアーツ専門学校、ベルエベル専門学校、ユービック情報専門学校、関西調理師学校、京都伝統工芸大学校、阪神自動車航空鉄道専門学校、修成建設専門学校、駿台観光&外語ビジネス専門学校、森ノ宮医療学園、神戸国際調理製菓専門学校、大原スポーツ&メディカルヘルス専門学校、大原学園、大原簿記法律専門学校、大阪ECO動物海洋専門学校、大阪アニメ・声優&eスポーツ専門学校、大阪アニメーションスクール専門学校、大阪アミューズメントメディア専門学校、大阪ウェディング&ブライダル専門学校、大阪キャリナリー製菓調理専門学校、大阪ゲームデザイナー学院、大阪コミュニケーションアート専門学校、大阪スクールオブミュージック専門学校、大阪ダンス&アクターズ専門学校、大阪バイオメディカル専門学校　他多数
就職先：株式会社サンエイプラテック、株式会社水谷設備工業、株式会社とみづや、株式会社ブレインディレクション、P-FACTORY株式会社、アサヒサンクリーン株式会社、アルインコ株式会社、エヌエス・テック株式会社、キッズMパステル、グリーンライフ株式会社エスペラル城東、グループホームめい、フジックス株式会社、阿津間電気株式会社、医療法人龍慶会東仁吉森本病院、株式会社S-FIELD、株式会社アイステージ、株式会社あたらし畳、株式会社アテナ、株式会社エーエスオー、株式会社カットツイン、株式会社メディブラン、株式会社孝兄社、株式会社阪弘、株式会社山岩、株式会社神戸屋ロジスティクス、株式会社杉並藪蕎麦、株式会社丹栄、株式会社東宝紙器、株式会社湯川、株式会社Eikyu、株式会社ENEOSジェネレーションズ、株式会社エースタイル、株式会社カワ、株式会社くれおーる、株式会社コノミヤ、株式会社サロン・ド・ロワイヤル、株式会社サンパーク、株式会社ジーユー、株式会社ショッピングセンター池忠、株式会社スイスポートジャパン、株式会社セイワ運輸　他多数

この学校にアクセスしてみよう！

学校説明会	入学前電話相談	文化祭見学	体育祭見学	資料請求
○	○	－	－	○

※資料は、ホームページ・電話での申込みになります。
▼入学前個別相談は、電話またはホームページよりお申し込みください。

＜学校の施設＞

校舎面積	1,210m²	事務室	あり
保健室	あり	ラウンジ	あり
職員室	あり	カウンセリング室	あり
図書室	あり	体育館	なし

【サポート校】

豊翔高等学院
ほうしょうこうとうがくいん

（ https://hs-gakuin.com/ ） ※お問い合わせは HP よりお願いします→ http://hs-gakuin.com/inquiry/）

■学校長：小林　純兒

■住　所：
<大阪本部校>
〒543-0021　大阪市天王寺区東高津町9-23　ロロモチノキビル5階
■最寄駅：近鉄「大阪上本町」駅より徒歩5分
　　　　　大阪メトロ谷町線／千日前線「谷町九丁目」駅より徒歩10分
（総合受付）TEL：06-6710-4555
　　　　　　FAX：06-6191-9005

<京都校>
〒601-8211　京都市南区久世高田町257-139　コニシビル1階
■最寄駅：JR「桂川」駅より徒歩3分、阪急「洛西口」駅より徒歩6分

■沿　革：
　平成22年　広域通信制高校のキャンパスとて開校
　平成28年　複数の通信制高校のサポート校「豊翔高等学院」として
　　　　　　再スタート

■教育理念：
　卒業後もその先も、関わり合いを大切にする学校

●不登校や発達障害を抱える生徒のための通信制高校サポート校
卒業後『ただいま』と笑顔で報告できる学校、気軽に相談できる場所が
豊翔高等学院にはあります。
ひきこもりの生徒から毎日登校したい生徒まで、個々の状況に合わせた
時間割を一緒に考え、自立に立ち向かう生徒を育みます。「自立」すなわ
ち、卒業後、次のステップアップ先で継続して頑張って行く「力」を少
しずつ、焦らず、自分のペースで、一緒に身に付けていきましょう。は
じめの一歩は勇気が必要ですが踏み出してください。次の一歩からは君
たちと共に歩んでくれる職員・仲間がこの学校にいます。必ず笑顔で
過ごせる日がやってきます。その時まで私たちは全力で応援します！何
があっても君たちの味方です！
ぜひ一度、豊翔高等学院にお越しください。職員一同、君たちと出会え
る日を楽しみにしています。

■生徒が入学する通信制高校：
　明誠高等学校

【学校へのアクセス】

豊翔高等学院

大阪メトロ谷町線
大阪メトロ
8番出口
上町筋
たかつ
ガーデン
谷町九丁目　千日前通り　ローソン
ハイハイタウン
近鉄百貨店
上本町店
大阪上本町

特色

ひきこもりの生徒から毎日登校したい生徒まで、
個々の状況に合わせた時間割を一緒に考え、
自立に立ち向かう生徒を育むサポート校

「自立に立ち向かう生徒と自立を促がす職員」という教育の原点の姿を理
想としています。
高等学校卒業資格取得はもちろん、基礎学力やコミュニケーション能力
など卒業後に必要となる“自立”するために必要な力を生徒が学校生活
を通して、身につけることを目指しています。職員は学習だけでなく、
生活全般も含めて、生徒とともに問題解決・改善に真剣に取り組んでい
ます。
時間割を生徒に合わせて一緒に考えていくため、様々な状況の生徒への
対応が可能です。入学前の事前相談で生徒本人と保護者様の要望を豊翔
高等学院のカリキュラムと調整し、毎日登校したい、アルバイトと両立
したい、発達障害、起立性調節障害、ひきこもりなど様々な生徒の状況
にできる限り対応した時間割の作成が可能です。

個々の学力に合わせた学習指導
集団授業はありません。個別のレポート指導はもちろん、レポート作成
が完了した生徒には、本人と職員で相談し、検定や大学受験などの学習
計画を一緒に考えサポートしています。生徒一人一人の学力に合わせた
映像授業の利用や、小学校から難関大学受験までの学びなおしもするこ
とができます。

卒業後の自立に向けたコミュニケーション能力の育成
豊翔高等学院では、生徒間交流を大切にしています。教室内での会話や
ゲーム、校内外でのイベントを毎月3〜4回以上のペースで実施してい
ます。最初は必ず生徒と生徒の間に職員が入るため、人とのコミュニ
ケーションが苦手な人でも徐々に人と接することに慣れることができま
す。強制参加ではなく、自由参加なので無理なく生徒本人のペースで社交性
を身につけることができます。

学習システムの特徴

【入学時点での学力検査】
実施していません。

【入学後の学習指導】

■卒業資格取得について
レポート指導や試験前の対策など、学力に自信がない生徒の方へも全力でサポートし、卒業資格の取得に必要な単位の修得をサポートします。

■基礎学力について
レポート指導が完了した生徒で基礎学力の向上を希望する生徒には、映像授業や個別の学習計画に沿って、基礎学力の定着を目指した指導を本人のペースで学習します。

■各種検定取得について
進学や就職を見据えた検定取得を生徒と職員が一緒に考え、学習計画を立て検定合格を目指します。不定期に講座を開講することもあります。

■大学受験を目指す
志望校の決定から、学習計画の作成や進行状況の確認など、職員と一緒に考え、合格を目指します。不定期に講座や個別指導を実施することもあります。

生活指導

服装の規定はありません。
豊翔高等学院では、職員も生徒と話をする中で、"絶対にこれをしなければいけない"と強制することがありません。各教室の職員は、いつも生徒のペースや目標を把握しながら的確に指導し、そして見守っています。見守っているからこそ、すべての生徒に、自由な環境で学校生活を送ってもらえるのです。
もちろん自由な校風だからといって、何をしてもいいわけではありません。他人に迷惑をかけたり、人間としてモラルに欠ける行動をした時は敏感にキャッチし、"怒る"のではなく叱ることも大切にしています。

進路指導

大学や短大、専門学校、就職など、進路はさまざまです。進路ガイダンスや面接指導をはじめ、指定校推薦枠も活用できます。大学、短大、専門学校、就職などさまざまな進路希望に対応しており、進路面談や面接のレッスン指導をはじめ、きめ細かくサポートしています。
高校卒業後、進学・就職するときには、「自立」の基本である「自分の意思で決め、自分の意思で社会を歩いて行ける」ようになってほしいと思っています。そんな近い将来に向け、安心して学べる場所を提供すること。これが、私たちの使命だと考えています。

■アドバンスコース（高校卒業資格取得済みの方対象）
高卒資格を取得した生徒で進路未決定の生徒が在籍できるコースです。日本の通信制高校卒業生の中には進路未決定のまま卒業する生徒や卒業後、進路先に継続して通うことができず辞めてしまう人がたくさんいるのが現状です。豊翔高等学院では当学院を卒業した生徒はもちろん、他校を卒業した生徒であっても進路が決定するまで、しっかりとサポートします。進学に必要な受験指導や就職に必要な社会人としての礼儀・マナー、社交性などの社会人基礎力を身に付けることを目的としています。

生徒情報

【生徒間交流の場】
当学院では人とコミュニケーションを取ることに慣れるための場を生徒に提供し、卒業後の新しい環境に慣れるために必要なコミュニケーション能力の育成を積極的に実施しています。たくさんのイベントの実施や教室内でのレクリエーションなど、職員が必ず入り、生徒同士がつながりを持てるよう生徒間交流の場を提供しています。

【不登校生への対応 】
ひきこもりの生徒に対しては、まず家庭訪問から職員とコミュニケーションを取り、信頼関係を築くことができれば、他の生徒が登校していない日や時間帯に登校時間を設定し、教室の雰囲気に慣れるように働きかけます。登校できるようになった後は、少人数の生徒の中での活動、校外学習への参加など、本人の意志を確認しながら、段階的にサポートしていきます。

【教員数】
専任職員：5名　　　非常勤職員・ボランティア：：5名
専任カウンセラー：常駐しています。

学校行事

豊翔高等学院のイベントはコミュニケーション能力と自主性の育成を目指して実施しています。
コミュニケーション能力を育むために多彩な内容の校内外のイベントを通して、生徒間交流を促し、卒業後に必ず必要となる人と接する力を育みます。
自主性を身につけるため、実施したいイベント内容を職員と生徒が一緒に考えることやイベントの実施中に生徒だけで行動するなど自ら考えて動くことができる力を育みます。

■各種イベント（過去の実施内容）※自由参加制
[行事]
体育祭、文化祭など
[日帰り]
バーベキュー、USJ、逃走中、いちご狩り、ボウリング大会、映画上映会、たこ焼きパーティー、TCG大会、釣り大会、スポチャン、謎解き・脱出ゲーム、スマブラ・マリオカート大会など
[宿泊]
・夏季宿泊実習（2泊3日）[島根][白浜]など
　　…シャワークライミング、ラフティング、海水浴、スポーツ大会など
・スキー・スノボー宿泊実習、修学旅行など
[ボランティア]
・大阪マラソン…ゴール地点で外国人ランナーへの荷物返却
[スポーツ]
野球、フットサル、バスケットボール、バレーボール、卓球、バドミントンなど

■いなかっ子（農業宿泊体験プログラム）
豊翔高等学院では、農村での自然体験宿泊実習『いなかっ子』を毎年開催しています。
欲しいものが簡単に手に入る現代の中で過ごしているこどもたちが、自給自足を基本としている村で、村民の方々から様々な生きるための知恵を教えてもらいながら、集団生活を営みます。「自分のことは自分でする。」という生きる力を身に付けることを目的としたプログラムです。

2024年度の募集・過去3年間の進路状況

募集について

募集定員：各学年30名
出願期間：随時受付中
試 験 日：出願受付より10日以内
選考方法：作文、面接（本人及び保護者）
受験資格：新入学：2024年度中学卒業者
　　　　　　※2025年度中学卒業予定者
　　　　　　※過去に高校入学経験がない方
　　　　　　※高校1年在籍中に中退された方
　　　　編入学：諸事情で既に高校を中退された方
　　　　　　高校2年・3年在籍中に中退された方
　　　　転入学：現在高校に在籍中の転入希望者
　　　　　　※取得単位の引き継ぎはご相談下さい。

選 考 料：15,750円

学費について

入 学 金：　　　　　　　50,000円
単位認定料：　　1単位 7,000円
学習指導料：360,000 ～ 480,000円
その他：　60,000 ～ 120,000円

合　　計：600,000 ～ 700,000円

※在籍高校による

主な合格実績

【大学】
同志社大学、立命館大学、関西大学、近畿大学、広島修道大学、大谷大学、花園大学、帝京平成大学、桃山学院大学、摂南大学、大阪経済大学、四天王寺大学、京都先端科学大学、龍谷大学、相愛大学、京都精華大学、大阪電気通信大学

【専門学校】
大阪ビューティーアート専門学校、駿台観光＆ビジネス専門学校、HAL専門学校、ESPエンタテイメント大阪、放送芸術専門学校、関西学研医療福祉学院、清風情報工科学院、大阪アミューズメントメディア専門学校、大阪情報コンピュータ専門学校、大阪中央理容美容専門学校、OCA大阪デザイン＆ITテクノロジー専門学校、ECCコンピュータ専門学校、大阪ファッションアート専門学校、大阪モード学園、大阪航空専門学校、ODC大阪デザイナー専門学校

【広域通信制】　　　　　　　　　　　　　　　　　　　　　　　　　（単位制）

八洲学園高等学校

やしまがくえんこうとうがっこう

(https://www.yashima.ac.jp/hs)

■校長名：林　周剛
■住　所：〈堺本校〉
　〒593-8327　大阪府堺市西区鳳中町 8-3-25
　〈大阪中央校〉
　〒540-0004　大阪府大阪市中央区玉造 1-3-15
　〈横浜分校〉
　〒220-0021　神奈川県横浜市西区桜木町 7-42 受付 3F
■電　話：〈堺本校〉072-262-8281
　〈大阪中央校〉06-6762-1248
　〈横浜分校〉045-312-5588
■ＦＡＸ：〈堺本校〉072-264-0950
　〈大阪中央校〉06-6762-1249
　〈横浜分校〉045-312-5606
■最寄駅：〈堺本校〉
　JR 阪和線「鳳」駅、徒歩 10 分
　〈大阪中央校〉
　JR 環状線「玉造」駅より徒歩 1 分
　大阪メトロ長堀鶴見緑地線「玉造」駅より徒歩 1 分
　〈横浜分校〉
　各線「横浜」駅より徒歩 10 分
　横浜市営地下鉄「高島町」駅より徒歩 1 分
■生徒が入学できる都道府県：
　埼玉県、千葉県、東京都、神奈川県、静岡県、三重県、滋賀県、
　京都府、大阪府、兵庫県、奈良県、和歌山県
■沿革：
　1948 年　奈良県においてヤシマ裁縫学院として創立
　1992 年　八洲学園高等学校 設立
　1997 年　八洲学園高等学校東京本部 設立（広域化）
　2010 年　八洲学園高等学校横浜分校 認可
　2016 年　大阪中央校、町田分室 開校
　2016 年　町田みのり高等部 開校
　2020 年　三宮みのり高等部 開校
■教育理念：
　一人ひとりの状況に合わせた柔軟な教育環境で、学び直しによ
　る基礎学力の定着、将来を見据えた社会性の育成、規則正しい
　生活リズムの形成を目標に、個性を活かし、卒業後を意識した
　教育の実現に努める。

■形態・課程・学科：独立校・単位制による通信制・普通科
■併設する課程：なし
■入学・卒業時期：・入学時期　新卒生：4 月
　　　　　　　　　　　　　　　転編入・既卒生：毎月
　　　　　　　　　・卒業時期　3 月・9 月
■修業年限：3 年以上（在籍最長年数：制限なし）
■学期制：2 期制（前期・後期）
■卒業認定単位数：74 単位
■実務代替：なし
■技能審査：なし

|特色| 「学び直し」、「社会性の育成」、「規則正しい生活リズム
の形成」をキーワードに、一人ひとりの状況に合わせて、
全日制型（週 5 日登校）、半日型（週 3 日登校）、完全
個別型の 3 つのクラスで「通う」ことへの慣れを身に
付けます。無理のない形での高校生活を実現できます。
また、学習面だけでなく、多くの学校行事を実施し、充実した楽
しい高校生活をおくれます。高校在学中で転校を希望される方、
高校を途中退学された方で、再度、高校卒業を目指される方、中
学校卒業後、高校に進学をされなかった既卒生の方は毎月入学す
ることができます。入学にあたっては、面談（という形で試験）
を実施していますが、高校進学・卒業への想いを最優先にしてい
ます。また、高校卒業程度認定試験受験者用の高認コースも併設
しており、科目履修制度を利用することによって、高認合格を目
指せます。詳しくは八洲学園高等学校の HP でご確認ください。

◇◇◇◇◇◇◇◇◇ **この学校にアクセスしてみよう！**

学校説明会	入学前 電話相談	文化祭見学	体育祭見学	資料請求
○	○	※	※	○

※資料は電話、Ｅメール、ホームページ、または直接来校し請求して下さい。（無料）
※文化祭・体育祭の見学は各キャンパスまでお問合せください。

スクーリングの日数と場所

【登校日数】
個人の状況に合わせてクラス選択をし、決めることができる。
【場　　所】
関西：堺本校・大阪中央校　　関東：横浜分校
（梅田キャンパス・三宮キャンパスの生徒は堺本校・大阪中央校、新宿キャンパス・池袋キャンパスの生徒は横浜分校）

クラス紹介

【全日制型クラス：ベーシッククラス】

週5日登校の全日制型クラスです。勉強面では中学校レベルの復習から始め、高校生のレベルまで学んでいきます。またクラス制で、グループワークなどクラスメイトと共に行う授業も充実しており、コミュニケーション能力の育成・向上を目指します。他のクラスに比べ学校行事も多く、学力や社会性の育成に重点を置くと共に「楽しい学校生活」を実現しています。

【全日制型クラス：5年制クラス】

本クラスは、発達障がいなどの課題を抱えている生徒一人ひとりの「個性」や「特性」を十分に理解し、5年間じっくり時間をかけることで卒業を目指すクラスです。「学習支援」・「登校支援」を実施していくだけではなく、進学する・就職する際に必要となる、社会に出ていける「自立」のための力、「コミュニケーション能力」・「環境適応能力」を身に付けるカリキュラムを実現します。

【週3日クラス：マイスタイルクラス】

週3日登校が可能なクラスです。出席する日程を調整できるため、自分のペースで登校したい方、体調面などで毎日通うことが困難な方の初めの一歩として最適なクラスです。無理のないペースで通い、心身的な負担を軽減しながら、卒業を目指していくクラスです。

【完全個別対応クラス：ホームサポートクラス】

自宅や学校などの安心できる場所で学習を進めるクラスです。外出が苦手な方や、集団が苦手な方に最適なクラスです。学習スケジュールも一人ひとりに合わせて計画できるため、無理のないペースで進めることができます。個別学習から始め、最終的には集団学習への参加を目指すクラスです。

学校行事

文化祭をはじめ、遊園地への遠足や、バーベキュー大会、科学館や博物館の見学、職業体験など多岐にわたり実施。学校生活を楽しく、充実したものにするためだけでなく、卒業後の進路を見据えた内容も多く取り入れています。

進路指導

学園創立73年を越え、培った確かな実績と、積み重ねてきた教員力と指導力で、指定校推薦はもちろん、総合型選抜入試や公募制推薦入試など、一人ひとりの進路選択に合わせた指導を実施。各種資格・検定のための講座も充実させ、就職・進学の際の強みを多く身につけます。

生徒情報

【不登校生】

小・中学校と不登校経験がある生徒が多く在籍しています。一人ひとりの状況に合わせて選択できるクラスで、無理のないペースでの登校を可能にしています。また、担任・副担任、スクールカウンセラーに勉強や生活面の悩みをいつでも相談できる環境を整えています。

【転編入生】

学力面や体調面などで進級が難しくなってしまった方や転校先、高校卒業再チャレンジを希望される方が多く在籍しています。随時入学相談・受付を行っています。また、前籍校での在籍期間や修得単位数の引継も可能です。転・編入学は、毎月受け入れをしています。

【保護者連絡】

三者面談や保護者面談を定期的に実施し、保護者連絡も適宜実施しています。学校と家庭で密な連携を行い、生徒育成に努めています。（保護者面談、三者面談、保護者会、通信物の発送、電話連絡など）。

【生徒数】　　　　　　　　　　　　　　　　　2023 年 8 月 1 日現在

1,829 名

【教員数】

教員：男性 20 名、女性 25 名
講師：男性 50 名、女性 50 名
カウンセラー：各キャンパス 1 名

2024 年度の募集要項

募集について

募集人員：普通科　500 名（男女）

出願期間：第1期：2024 年 1 月 22 日（月）～ 2 月 29 日（木）
（変更の可能性有）
第2期：2024 年 3 月 1 日（金）～ 4 月 5 日（金）
（変更の可能性有）

受付時間：月～金の午前9時～午後4時（事前ご予約が必要です）

選抜方法：筆記試験・面接試験は実施しません。面談等によって、当校の教育方針へのご理解を確認し、学びたいというご本人の意思を尊重します。

検 定 料：なし

学費について

入学金：	なし	
入学登録料：	20,000 円	（入学時のみ）
ID システム利用料：	20,000 円	（入学時のみ）
授業料：	1 単位 10,000 円	
諸経費：	20,000 円	（年度ごと）
施設費：	20,000 円	（年度ごと）

※科目ごとに別途教材費（教科書・リポート・視聴教材・発送費など）がかかります。
※入学するクラスによって別途クラス費が必要です。

卒業生の進路状況

【合格実績】

慶應義塾大、北海道大、早稲田大、駒澤大、帝京大、東洋大、日本大、杏林大、専修大、近畿大、大阪芸術大、大手門大、横浜商科大、上智大学短期大学部　他

【指定校推薦】あり

＜学校の施設＞

自 習 室	あり	プ ー ル	なし
食 堂	なし	体 育 館	あり
ラ ウ ン ジ	なし	グラウンド	なし
カウンセリング室	あり		

■本校・分校以外の学習拠点

【関西】
・梅田キャンパス　各線 JR「北新地」駅より徒歩 1 分、大阪メトロ「西梅田」駅より徒歩 1 分
・三宮キャンパス　各線「三宮」駅より徒歩 8 分

【関東】
・新宿キャンパス　各線「新宿」駅より徒歩 5 分
・池袋キャンパス　各線「池袋」駅より徒歩 10 分
・町田分室　　　　JR 横浜線「町田」駅より徒歩 7 分、小田急線「町田」駅より徒歩 4 分

【広域通信制】 （単位制）

ルネサンス大阪高等学校
おおさかこうとうがっこう

(https://www.r-ac.jp)

■校長名：板倉　正典
■住　所：〒530-0012　大阪府大阪市北区芝田2-9-20 学園ビル
■電　話：0120-816-737
■最寄駅：「大阪」駅、「梅田」駅より徒歩5分
■生徒が入学できる都道府県：全国47都道府県
■沿　革：2014年4月開校
■教育理念：人と異なることが、人に劣ることではないように、学校のあり方にも多様性が必要です。生徒の置かれた現実に対応し、学校側が柔軟に考えて教育を実践し、より素敵な学校をめざしていきます。

■形態・課程・学科：独立校・単位制による通信制課程・普通科
■併設する課程：なし
■入学・卒業時期：入学時期4月、10月　卒業時期3月、9月
■修業年限：3年以上（前籍校含む在籍最長年数　制限なし）
■学期制：前期・後期の二期制　■卒業認定単位数：78単位以上

スクーリングの日数と場所

【登校日数】都市型の高校なので、スクーリングは日帰りで年7〜9日※を要する生徒が多いです。遠方に住む生徒向けに、宿泊を伴う集中タイプも用意しています。
※転入等で履修科目が多い場合、所要日数が増えることになります
【場　所】ルネサンス大阪高等学校本校
【内　容】教室での科目別授業が中心となります。

特色
大阪駅・梅田各駅より徒歩5分という利便性の高い都市型の通信制高校で、大阪府の「私立高校生等就学支援推進校」です。
インターネットを活用し、「自分のペースにあわせて」「いつでも」「どこでも」正規の高校教育カリキュラムが学べる環境づくりを行っています。

●ネット完結型学習
普段の学習はネット環境があればスマートフォン、タブレットやパソコンで、いつでもどこでも学習することが可能です。わかりやすい動画授業で効率的に進められます。

●進路サポート
「対話」を重視した進路指導を心がけています。直接会ってお話する以外にも、電話やメールなどの手段も活用し、生徒と保護者の方とも一緒に本人が本当に進みたい進路を考えていきます。

●進学対策
大学・短大・専門学校の指定校推薦枠利用やAO入試、一般入試など個々に合った受験方法や学習方法を提案します。

●生徒の活躍・実績など
2023年に行われたeスポーツの大会『STAGE：0』では、リーグ・オブ・レジェンド部門とヴァロラント部門で優勝、フォートナイト部門で準優勝という成績を収めています。
※グループ校全体実績

コース

●通学スタンダードコース：「高校を軸にした日々の生活を送りたい」「ルネ高で＋αの知識・教養を身に付けたい」…
そんな方には週2日の通学スタンダードコースを追加することができます。一人ひとりに合せて、講義は教科科目に拘らず、英会話やパソコン等の社会に出て役立つものや体験講義、社会見学等のフィールドスタディで卒業後の進路を決める機会を提供します。

●eスポーツコース：高等学校では日本では初めて、2018年度よりeスポーツコースを開講しました。梅田eスポーツキャンパスとなんばeスポーツキャンパスではeスポーツ、語学、心理学等の一流の講師陣を揃え、勝つために必要な「実用レベルの英会話能力」・「コミュニケーション能力」・「強いメンタル」を育てる講義を行います。また、eスポーツを通して将来の夢を描き、目標に向かって進む力を身につけることができます。

●アコピアK-POPコース※講義はオンラインで実施：韓国芸能事務所の練習生をめざすコースです。パフォーマンスの技術だけでなく、容姿や心身の健康にも配慮したオーダーメイドのカリキュラムを提供。日本の高校卒業を諦めることなくK-POPアイドルをめざすことができます。希望者は留学プログラムも利用可能です。

●Wスクールコース：高校卒業をめざす学習カリキュラムに追加できるのが、Wスクールコース。ルネ高に在籍しながら提携校に通うことで、早期に専門スキルを身につけることができます。
　●進学コース　　　●留学・英会話コース
　●資格取得コース
　●スポーツコース　●芸能コース
　●美容コース

履修・単位について
自分で学びたい教科や科目を選択し履修することができる単位制をとっています。卒業認定単位は 78 単位以上です。

特別活動
進路セミナー、ワークショップ、イベント　等
※面接指導（スクーリング）や特別活動には含みません。

進路指導
担任や進路指導担当教員によって、就職から大学・短大・専門学校等の進学まで、個々に応じた進路指導を行います。

生活指導
通学スタンダードコースは、制服が標準服となり、一定の校則が設けられています。通信コースは「自分らしさ」を重視した指導を行います。

生徒情報

【不登校生】
過去に不登校だった生徒には、電話やメール、LINE などを通して、時間をかけて本人とコミュニケーションを図ることで学習意欲を取り戻し、学校生活や日常生活の楽しさを教えます。

【転編入生】
前籍校で修得した単位は引き継ぐことができる場合もあります。転入学は随時入学可能で、条件を満たせば前籍校の同級生と同じ時期に進級、卒業ができます。編入学は、年に 2 回（4月、10月）入学が可能です。

2024 年度の募集要項

学費について

入　学　金：　　50,000 円（入学初年度のみ）
授　業　料：単位数 × 10,000 円（初年度は標準 26 単位を履修）
施設整備費（年額）：　20,000 円
教育関連諸費（年額）：50,000 円

※高校卒業には 3 年以上の在籍及び、78 単位以上の修得が必要となります。
※前籍校での在籍期間と修得単位数は引き継ぐことが可能です。
※ W スクールコース、e スポーツコースなどのオプションコース受講を希望する場合は、別途費用が必要です。

大阪府在住の方へ
国の就学支援金に加え、府の授業料支援補助制度もあります。
（3 年間総額 7 万円～）
※詳しくはお問い合わせください。

募集について

募集対象：① 2024 年 3 月中学卒業見込みの者
　　　　　②中学校既卒者
　　　　　③現在、高校に在籍中の生徒
　　　　　④高校を中途退学した者
出願期間：詳しくはお問い合わせください
試　験　日：お問い合わせください
入学検定料：10,000 円
※②③④については定員の都合上、受け入れを停止している場合があります。

2022 年度合格実績（グループ校全体）

< 国公立大学 >
大阪大学／九州大学／東京工業大学／東京農工大学／東京藝術大学／金沢大学／千葉大学／国際教養大学／大阪公立大学

< 私立大学 >
早稲田大学／慶應義塾大学／上智大学／明治大学／青山学院大学／立教大学／中央大学／法政大学／日本大学／成城大学／多摩美術大学／フェリス女学院大学／杏林大学／横浜薬科大学／日本歯科大学／愛知大学／中京大学／中部大学／日本赤十字豊田看護大学／日本福祉大学／名古屋外国語大学／朝日大学／同志社大学／関西大学／立命館大学／近畿大学／甲南大学／龍谷大学／京都産業大学／関西外国語大学／大阪経済大学／同志社女子大学／武庫川女子大学／大和大学／大阪商業大学／関西医療大学　など

< 学校の施設 >

校 舎 面 積	2,132m²	図 書 室	あり
運動場面積	0m²	プ ー ル	なし
視聴覚教室	あり	食 堂	なし
体 育 館（体育ホール）			あり
ラ ウ ン ジ	なし	借りグラウンド	なし
カウンセリング室	あり		

この学校にアクセスしてみよう！

学校説明会	入学前電話相談	文化祭見学	体育祭見学	資料請求
○	○	○	−	○

学校資料は、電話もしくは HP からご請求ください。
▼ 個別相談会　随時実施中　※ご希望の方はお問い合わせください。
　　　　　　0120-816-737（はいろーな、みな）

【学校情報】
●ルネサンス大阪高等学校　　　　　　大阪府大阪市北区芝田 2-9-20 学園ビル　　　　　　TEL.06-6373-5900
●ルネサンス高等学校（グループ校）　茨城県久慈郡大子町大字町付 1543　　　　　　　　TEL.0295-76-8031
●ルネサンス豊田高等学校（グループ校）愛知県豊田市藤沢町丸竹 182　　　　　　　　　　TEL.0565-49-0051
●ルネ中等部（中学生向け）e スポーツ＆プログラミングが学べます　　　　　　　　　　TEL.0120-526-611
【キャンパス情報】全国共通フリーダイヤル　0120-816-737
●梅田 e スポーツキャンパス　　　　　大阪市北区堂山町 1-5　三共梅田ビル 7F
●なんば e スポーツキャンパス　　　　大阪市中央区難波 2-3-7　南海難波御堂筋ウエスト 6F

精華学園高等学校 姫路校 / 神戸駅前校

せいかがくえんこうとうがっこう ひめじこう こうべえきまえこう

(http://seika-edu.jp　E-mail：seika@seika-edu.jp)

精華学園高等学校の校歌は、クリプトン・フューチャー・メディア（株）とのコラボレーションにより「初音ミク」を使用した公募で生まれました。
©Crypton Future Media,inc.
All Rights Reserved.

初音ミク
HATSUNE MIKU

■校舎長：案浦　幹雄
【姫路校】
■住　所：〒 670-0936　兵庫県姫路市古二階町 80 番地
■電　話：079-284-4488
■最寄駅：JR「姫路」駅、徒歩 7 分
　　　　　山陽電鉄「山陽姫路」駅、徒歩 9 分
【神戸駅前校】
■住　所：〒 650-0015　兵庫県神戸市中央区多聞通 4-1-2
■電　話：078-371-7155
■最寄駅：JR「神戸」駅、徒歩 5 分
　　　　　阪急 / 阪神「高速神戸」駅、徒歩 1 分
　　　　　地下鉄「大倉山」駅、徒歩 5 分
■沿革：
　2009 年 7 月 1 日　　精華学園高等学校開校
　2018 年 4 月　　　　姫路校 / 神戸駅前校開校
■教育理念：
「生徒第一主義」を徹底するため、個人ごとの困りごとに可能な範囲で対応する校舎です。サポート校でない本当の通信制高校として「強制せず自主性・本人の希望を尊重する」「安心できる居場所を提供する」「ストレスの少ない環境」を目標にしています。
■姫路校・神戸駅前校　校舎運営法人：
　名　称：一般社団法人教育・福祉支援認定協会
　代表者：案浦　幹雄
　所在地：〒 650-0015　兵庫県神戸市中央区多聞通 4-1-2
　電　話：050-3733-1028
　（主な事業）放課後等デイサービス「アンの家」、フリースクール「セイカ学園中等部」を運営

【学校へのアクセス】

■姫路校

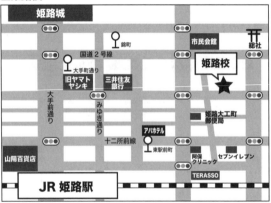

■神戸駅前校

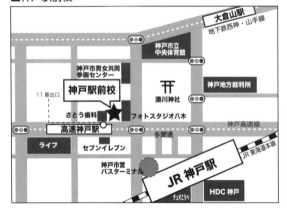

 特色

①「不登校支援」と「卒業支援」を最大の目標としており、入学者全員が「高校卒業」できるようにします。
②「生徒第一主義」を掲げて「ストレス」のない生活が送れるように各種行事については強制はしません。
③悪い点を叱るよりも「努力したこと」「頑張っている点」を見つけ「自己肯定感」が高まるようにしています。
④精華学園高等学校姫路校 / 神戸駅前校（略称 SGH）は、学校教育法第 1 条に記されている高等学校の一部に準ずると山口県知事より認可されています。
⑤レポート添削・面接指導（スクーリング）・試験は本校と同等に SGH の校舎内で実施することができますので、SGH に登校すればレポートとスクーリングが同時に完了します。
⑥体育の実技が苦手な場合は、体調や体力等を考慮して体育教員と相談できます。また、教室で受講する授業に振り替えることもできます。
⑦年度途中の転入の場合は、科目・単位数等により異なりますが、前籍校で履修した内容を承継できる場合があります。承継できると、転入後のレポート添削枚数やスクーリングの時間数を減らすことができ、入学時期にもよりますが一般的な通信制サポート校より多くの単位取得が可能となります。
⑧前籍校を月の途中で辞めてしまった場合、通常は 1 日付けでの入学ですので編入となり卒業延期となりますが、SGH なら退学した翌日での受け入れが可能ですので卒業延期にならないように配慮します。

※上記⑥〜⑧は生徒個人ごとの状況により異なりますし、法律改正等により対応が異なる場合もあります。

学習状況

【進学希望者への指導】
AOや推薦で大学を希望する者には「大学入試基礎コース」を設定し対応しています。（小論文や入学願書の添削、面接練習など）一般入試で大学受験を希望する者は、入学後に配布するタブレット端末で基礎から入試レベル（難関レベルの私大から国公立受験まで）まで自由に視聴できる映像授業を利用することができます。（視聴のための追加費用は不要）

学習システムの特徴

①登校して教員から面接授業（スクーリング）を受けながら、同時にレポートについても指導を受ける。そのため、姫路校・神戸駅前校に登校することでレポートとスクーリングが同時に完了します。
②特別活動や学校行事は毎月2～3種類があるので自由に選択して参加します。
③レポートが全て完了したら、試験範囲の対策を実施し、十分に合格できる水準に達したと判断された科目から時間を計って単位認定試験を受験します。
④基礎学力に不安がある生徒は週1回、小学・中学レベルの英語・数学・国語等の復習をする「ベーシックコース」を設定しており、併設している「セイカ学園中等部」を活用することもできます。
⑤専門学校や大学への進学を希望する生徒には、「就職・専門学校コース」「大学入試基礎コース」を設定しています。

生活指導

生徒一人ひとりの個性や自己表現を大切にします。
服装や髪形などの規制はありませんが、社会規範から逸脱しないよう指導します。
また、希望者には制服の購入もできます。（全国の「洋服の青山」にて購入できます。）

生徒情報

【不登校生】
①併設している「セイカ学園中等部」（フリースクール）と連携し、登校することが楽しくなるようなイベント（ビンゴ大会、クリスマス会、ハロウィン、ボードゲーム、ドローン・ロボットの操作）を実施しています。②本人、保護者へのカウンセリングを定期的に実施しています。

【保護者連絡】
各種行事の案内、学習状況、出欠等については随時メールまたは文書にて連絡しています。年に2回程度の保護者面談では進路についての相談も行います。

【生徒数】
2024年1月現在、姫路校・神戸駅前校ともに、新型コロナウイルスへの感染対策から少人数（毎回数名～10名以内）で授業を実施しています。原則として週1～2回・2時間以内の登校が中心です。

【教職員数】
教育心理カウンセラー、不登校心理相談士、ひきこもり支援相談士、発達障がい学習支援サポーターが相談に応じます。

年間の行事予定

※行事は日程及び内容が変更・追加になる場合があります。学校行事への参加は事前申し込み制による自由参加です。
※スクーリング、単位認定試験の日程は転編入により入学月が異なる場合や体調不良等の場合には、状況に応じて柔軟に対応します。

月	4月～6月	7月～9月	10月～12月	1月～3月
行事	入学式 オリエンテーション 新入生歓迎遠足 潮干狩り	前期スクーリング 前期単位認定試験 3者面談 映画鑑賞	裁判所見学 USJ遠足 ボーリング ハロウィン クリスマス会	後期スクーリング 後期単位認定試験 3者面談 卒業式

2024年度の募集要項

募集・学費について

【推薦入試】
募集定員：新入30名（専願のみ）
出願受付：新入生は9月1日から第1回目の募集が開始され、最終12月25日まで。（必着）
※推薦入試の場合は、「特別教科学習費」が減額されます。詳細はご確認下さい。
試験日：出願期間により異なる（お問合せ下さい）。
選考方法：事前に教育相談に参加した上で、書類選考・面接。
選考料：10,000円

【一般入試】
募集定員：新入20名（専願・併願）、転編入生は別枠。
出願受付：新入生は12月26日から第1回目の募集が開始され、最終4月8日まで。（必着）
※転編入生は原則として毎月25日までに願書提出で翌月1日入学。
※詳細はご確認下さい。
試験日：出願期間により異なる（お問合せ下さい）。
選考方法：事前に教育相談に参加した上で、書類選考・面接。
選考料：10,000円

※学費はコースによって異なりますのでお問合せ下さい。

卒業生の進路状況

東京工業大学、東北大学、佐賀大学、静岡大学、和歌山大学、北九州市立大学、早稲田大学、慶應義塾大学、上智大学、明治大学、法政大学、学習院大学、中央大学、自治医科大学、東京理科大学、ノートルダム清心女子大学、女子美術大学、南山大学、同志社大学、立命館大学、関西学院大学　その他、短期大学、専門学校多数

◇◇◇◇◇◇◇◇◇◇◇◇ この学校にアクセスしてみよう！

学校説明会	入学前電話相談	文化祭見学	体育祭見学	資料請求
○	○	―	―	○

▼学校説明会 / 教育相談会
平日10時～19時、土曜10時～17時の範囲で個別対応。
※ご相談はZoomまたは来校にて（感染対策充実）
不登校・発達障害のカウンセラーが対応しますので安心。
長期の不登校、体調不良、特別支援が必要な方にも優しく対応します。
中・高生を中心とした放課後等デイサービスも案内します。

※フリースクール【一般社団法人教育・福祉支援認定協会（WESC）運営　セイカ学園中等部】
※放課後等デイサービス【一般社団法人教育・福祉支援認定協会（WESC）運営　放課後等デイサービス「アンの家」】

Left margin prefecture tabs:

北海道 / 青森 / 岩手 / 宮城 / 秋田 / 山形 / 福島 / 茨城 / 栃木 / 群馬 / 埼玉 / 千葉 / 東京 / 神奈川 / 新潟 / 富山 / 石川 / 福井 / 山梨 / 長野 / 岐阜 / 静岡 / 愛知 / 三重 / 滋賀 / 京都 / 大阪 / 兵庫 / 奈良 ★ / 和歌山 / 鳥取 / 島根 / 岡山 / 広島 / 山口 / 徳島 / 香川 / 愛媛 / 高知 / 福岡 / 佐賀 / 長崎 / 熊本 / 大分 / 宮崎 / 鹿児島 / 沖縄

【広域通信制】　　　　　　　　　　　　　　　　　　　　　　　　　　（単位制）

飛鳥未来高等学校
（あすかみらいこうとうがっこう）

（ https://www.sanko.ac.jp/asuka-mirai/　E-mail：asuka-jimu@sanko.ac.jp ）

その夢も、自分らしさも、きっとうまく行く。

高校卒業資格取得　単位制・広域通信制高校

■校長名：植村　育代
■住　　所：〒 632-0004　奈良県天理市櫟本町 1514-3
■電　　話：0743-61-0031
■ＦＡＸ：0743-61-0131
■最寄駅：JR 桜井線「櫟本」駅 徒歩 1 分
■生徒が入学できる都道府県：
　北海道、宮城、千葉、東京、神奈川、愛知、大阪、奈良、広島、福岡など
■沿　　革：
　2009 年 4 月 1 日　開校
■教育理念：技能と心の調和

■形態・課程・学科：独立校・単位制による通信制・普通科
■併設する課程：なし
■入学・卒業時期：
　［転・編入］・入学時期　随時　　・卒業時期　3 月、9 月
　［新入学］　・入学時期　4 月　　・卒業時期　3 月
■修業年限：3 年（在籍最長年数：6 年）
■学期制：2 学期制
■卒業認定単位数：74 単位
■技能連携：なし　　■実務代替：なし
■技能審査：20 単位まで

スクーリングの日数と場所

【登校日数】
①週 1 日〜登校可能なベーシックスタイル、週 1 回のホームルームで皆に会えるスタンダードスタイル、週 3 日登校で生活習慣が身につく 3DAY スタイル、毎日通学で充実した高校生活を送れる 5DAY スタイル、好きな時に好きな場所で勉強できるネットスタイルから選択。
②履修科目数により異なりますが、最低年間 20 日程度。
【場　　所】
札幌、仙台、千葉、池袋、綾瀬、横浜、名古屋、大阪、奈良、広島、福岡

特色

●ポイント①
自分にあった通学スタイルが選べて、服装も自由！
一人ひとりの個性や自己表現を大切にしている飛鳥未来高校は、自分にあった通学スタイルを選ぶことができます。さらに、登校時の服装は自由！（制服を購入することもできます。）

●ポイント②
なりたい自分に！将来の夢につながる自由に選べるコース選択制（希望者のみ）
自分にあった通学スタイルが選べるだけでなく、本校では美容・医療事務・スポーツ・保育・調理などさまざまな専門分野を高校生のうちから学ぶことができます。
それは、飛鳥未来高校が全国にあらゆる分野の専門学校を持つ三幸学園グループの学校だからできること。各専門分野の授業は、専門学校のプロの先生が直接教えてくれます。
週に 2 日、好きな専門科目を自由に受講できるコースと、高校卒業と同時に最短 3 年間で美容師免許取得ができるコースがあります。
自分のやりたいこと・好きな専門分野を深めても良し、いろいろ体験してみて自分に向いている分野を探しても良し。
高校で専門科目を学んだ上で、三幸学園の専門学校に内部進学すれば、進学後の授業もスムーズにスタートすることができます。

●ポイント③
気軽にチャレンジ！「できる！」が見つかるアカデミー選択制（希望者のみ）
自分の好きな分野を学んだり、新しいことにチャレンジしてみたり、気楽に楽しみながら興味の幅を広げていきます。「好き」を「できる！」に変えてみよう！

●ポイント④
参加自由！友達と一緒に学校行事に参加して思い出をたくさん作ろう！
クラス制だけでなく、飛鳥未来高校には、参加・不参加を自由に選べる学校行事がたくさんあり、行事を通してクラスや学年を越えたたくさんの友達ができます。

●ポイント⑤
教職員が親身に一人ひとりの勉強も心もサポート。
メンタルサポートから、スマートフォンで学習状況がチェックできる学習サポートまで、生徒一人ひとりが安心して学校生活を送れるよう、担任の他、スクールカウンセラーや養護教諭、スクールソーシャルワーカーがサポートします。

●ポイント⑥
希望に合わせた進路サポートで卒業後の進路も安心！
大学、専門学校、就職など希望の進路の実現のために一人ひとりにあわせた個別の進路指導で希望の将来を目指します。姉妹校の専門学校や短大、大学への進学も有利で安心です。

●ポイント⑦
通信制高校だから自分のペースで学べて、学費の負担が少ない！
飛鳥未来高校は通信制高校なので、年間数日の通学から毎日の通学まで、自分のペースにあわせて通えます。また、通信制サポート校と違い、学費の負担が少ない点も魅力です。

332

| 併修・単位について | 併修することはできません。 |

クラブ活動
サッカー部、野球部、テニス部、バドミントン部などがあります。キャンパスごとに異なります。

学校行事
体育祭、文化祭、入学式、卒業式など、キャンパスごとに異なります。

進学指導
個人面談を重ね、生徒本人の希望や目標を尊重した進路指導体制を整えています。

補習指導
一人ひとりの学力レベルに合わせて、個別にわかるまで、粘り強く教えています。

生活指導
服装は自由ですが、制服を購入することもできます。

生徒情報

【不登校生】
一人ひとりの生徒の高校生活が充実したものになるように担任制を導入しています。

【保護者連絡】
電話、メールなどで常に保護者様と密に連絡を取っています。

【転編入生】
前籍高校で修得した単位は認めています。転編入生も随時入学できます。

1年次	2年次	3年次	4年次
転入生　名 編入生　名	転入生　名 編入生　名	転入生　名 編入生　名	転入生　名 編入生　名

◇◇◇◇◇◇◇◇ この学校にアクセスしてみよう！

学校説明会	入学前 電話相談	文化祭見学	体育祭見学	資料請求
○	○	○	○	○

※資料は電話・ホームページから請求して下さい。

2024年度の募集要項

募集について

【推薦入試】
出願期間：キャンパスごとに異なります。
試験日：キャンパスごとに異なります。
選考方法：書類審査・面接
選考料：10,000円

【一般入試】
出願期間：キャンパスごとに異なります。
試験日：キャンパスごとに異なります。
選考方法：書類審査・面接
選考料：10,000円

【転・編入】
出願期間：随時
試験日：随時
選考方法：書類審査・面接
選考料：10,000円

学費について

【初年度】
入　学　金：　　　　10,000円
授　業　料：　1単位 10,000円
施設設備費：　　　　60,000円（後期入学 約30,000円）
補　習　費：　　　100,000円（後期入学 約50,000円）
諸　経　費：　約55,000円（後期入学 約32,000円）

※上記は奈良本校のベーシックスタイル学費例です。
　金額は各キャンパスによって異なります。
※別途特別活動費がかかります（参加を申し込んだ場合のみ）。
※授業料は高等学校等就学支援金制度により、
　補助の対象となります。

＜学校の施設＞※キャンパスごとに異なります。

校地面積	1,656.01m²	図書室	あり
運動場面積	550m²	プール	なし
視聴覚教室	なし	食堂	なし
体育館	なし	ラウンジ	あり
借りグラウンド	なし	カウンセリング室	あり

卒業生の進路状況

【進路先】
4年制大学、短期大学、専門学校、就職

【主な合格実績】
●大学　電気通信大学、三重大学、愛知県立大学、大阪府立大学、慶應義塾大学、上智大学、明治大学、青山学院大学、中央大学、法政大学、南山大学、獨協大学、明治学院大学、日本大学、東洋大学、駒澤大学、専修大学、金城学院大学、中京大学、名城大学、東京女子大学、順天堂大学、東京農業大学、日本体育大学、武蔵野大学、神奈川大学、立正大学、神田外国語大学、東京工芸大学、桜美林大学、実践女子大学、昭和女子大学、大東文化大学、東海大学、亜細亜大学、帝京大学、国士舘大学、多摩美術大学、武蔵野美術大学、洗足音楽大学、日本経済大学、関東学院大学、北海道医療大学　他多数
●三幸学園　東京未来大学、札幌スポーツ＆メディカル専門学校、札幌ビューティーアート専門学校、札幌こども専門学校、札幌スイーツ＆カフェ専門学校、札幌ブライダル＆ホテル観光専門学校、札幌医療秘書福祉専門学校、東京医療秘書歯科衛生＆IT専門学校、東京スイーツ＆カフェ専門学校、東京こども専門学校、東京リゾート＆スポーツ専門学校、東京スイーツ＆カフェ専門学校、東京ウェディング＆ブライダル専門学校、大宮ビューティー＆ブライダル専門学校、大宮こども専門学校、大宮医療秘書専門学校、大宮スイーツ＆カフェ専門学校、横浜ビューティーアート専門学校、横浜医療秘書専門学校、東京未来大学福祉保育専門学校　他多数
●専門学校　ベルエポック美容専門学校、日本電子専門学校、日本外国語専門学校、専門学校ビジョナリーアーツ、日本工学院専門学校、東京モード学園、日本児童教育専門学校、神田外語学院、東京工科自動車大学校、華調理製菓専門学校、東京エアトラベルホテル専門学校、山野美容専門学校、新宿鍼灸柔整歯科衛生専門学校、日本ペット＆アニマル専門学校、山手調理製菓専門学校、文化服装学院、早稲田美容専門学校　他多数
●就職先　株式会社そごう・西武、株式会社サイゼリヤ、株式会社テンポスホールディングス、株式会社フューチャーコミュニケーションズ、医療法人社団信長会オレンジ歯科クリニック、協和電機空調株式会社、ヤマトホールディングス株式会社、防衛省・自衛隊、三幸福祉会、神奈川県警事務職員、三菱ふそうトラック・バス株式会社、EARTH、LIPSERVICE　他多数

【広域通信制】　　　　　　　　　　　　　　　　　　　　　　　（単位制）

学校法人 みつ朝日学園 鹿島朝日高等学校
（がっこうほうじん あさひがくえん かしまあさひこうとうがっこう）

(https://www.kg-school.net)

夢一途に

- ■学園長：玉井　康宏
- ■本　校：
  - 住　所：〒709-2136　岡山県岡山市北区御津紙工 2590
  - 最寄駅：JR 津山線「金川」駅よりスクールバス 20 分
- ■電　話：（本校）086-726-0120（入学相談室）03-6709-9886
- ■生徒が入学できる都道府県：47 都道府県、海外
- ■学校法人朝日学園グループ　沿革：
  - 1981 年　4 月　学校法人朝日学園　朝日塾幼稚園　開園
  - 1993 年　4 月　学校法人朝日学園　朝日塾小学校　開校
  - 2004 年　4 月　株式会社朝日学園　朝日塾中学校　開校
  - 2007 年　4 月　株式会社朝日学園　朝日塾高等学校　開校
  - 　　　　　　　（朝日塾中学高等学校一貫教育を開始する）
  - 2011 年　4 月　朝日塾中学校・朝日塾高等学校を
  - 　　　　　　　学校法人みつ朝日学園　朝日塾中等教育学校に
  - 　　　　　　　移行・開校
  - 2014 年　4 月　学校法人みつ朝日学園　朝日塾国際高等学校 開校
  - 2016 年　4 月　鹿島朝日高等学校へ名称変更
- ■建学の精神：「個性を伸ばすハイレベルの教育」

【鹿島朝日のここが違う！】
1. 全日制と同じ卒業資格
2. 選べる学習センター（学習等支援施設）への通学
3. 進学実績で有名な学校法人が運営
4. 「就学支援金」適用（所得に応じて国から授業料が支給されます）
5. 学割適用－通学定期の利用可－※一部の公共交通機関は利用できません

転入学・編入学の方は、以前に在籍していた高校の単位と在籍期間を引き継ぐことができるので、最短で卒業することもできます。

【スイスイ高卒・イキイキ未来発見】
自分が思い描く高校生活、自分らしい学び方を自由に選べる高校
全日制も運営している学校法人が運営する通信制高校です。卒業時には、全日制と同じ卒業資格が授与されます。

●単位制だから…
単位制を採用しており、累計 3 年間の高校在籍期間で 74 単位を修得して卒業となります。
「学年」や「進級」という考え方がないため、「留年」がありません。

●学習センターを選べる！
日本各地に広がる学習センターから自分にぴったりの学習センターを選べます。

●スクーリングは地元で！
卒業までのすべての課程を地元（または最寄りのスクーリング会場）で修了できます。
※一部準備中の会場あり。地元会場だけでは時間数が足りない場合など、近県の会場にも参加するケースもあります。詳しくは学習センターへご相談ください。

●学習スタイルを選べる！
自分のライフスタイルやペースに合わせて学習への取り組み方を選べます。
《完全自宅学習／週 1 ～ 2 日通学／週 3 ～ 5 日通学／個人指導制／家庭教師制》
※途中で変更もできます。

●オプションも充実！
職人養成／音楽家養成／サッカー選手養成／ペットトリマー養成／インストラクター養成／e スポーツ／大学進学／韓国語講座／声優養成／スポーツトレーナー養成／特殊メイク／英会話・英検Ⓡ対策／海外大学進学／暮らしのヨガ／IT ／K-POP・メイク留学（韓国）スポーツ留学（カナダ）
※詳細はホームページでご確認ください。

- ■形態・課程・学科：独立校・通信制課程（単位制）、普通科
- ■入学・卒業時期：入学時期：4 月・10 月（転・編入学随時）
  - 　　　　　　　　卒業時期：3 月・9 月
- ■修業年限：3 年（在学最長年数：6 年）
- ■卒業認定単位数：74 単位以上

スクーリングの日数と場所等

【スクーリング】
月 1 回程度の学校行事のほか集中スクーリングは、年に 2 ～ 3 回（夏・冬・春）10 日間程度。

併修・単位について
在学期間や単位数を累積。単位制ですから、在学期間や修得単位数は累積加算されます。学年の区切りがないので留年がなく、一度修得した科目が無効になることもありません。転入学・編入学の場合は、以前の高校で修得した単位も卒業単位として認められます。また、高卒認定試験（旧大検）で合格した科目は振り替えられます。

生活指導
学習に適した服装での登校。
学校指定の制服がありますが着用は任意です。

学校行事
体験学習や芸術鑑賞その他の行事を予定しています。

＜学校の施設＞
校 地 面 積　32,318m²
（寮敷地、テニスコート、実習田は含まない）

運動場面積	20,576m²	図 書 室	あり
視聴覚教室	あり	体 育 館	あり
情報処理室	あり	グラウンド	－

◆学びのスタイルは自分で決める！
通信制高校とは、レポートの提出（添削指導）と、スクーリング（面接指導）を中心に学ぶシステムです。
好きなときに勉強する「自学自習」が基本ですから、自分流の学び方でムリなく高卒資格を取得できます。

※月1回程度の学校行事のほか集中スクーリングは、年に2～3回（夏・冬・春）10日間程度。

◆最寄りの教室・自分に合った教室で学ぶ
通いやすい学習センターを選べるのも、全国にある学習センター鹿島朝日の大きな魅力のひとつです。
各学習センターでは、授業を受けたり、レポートを作成したり、友達とふれあうことができます。

◆卒業までの道のりをきめ細かくサポート
各学習センターの職員が、どの科目をどのようなスケジュールで履修すればよいか、一人ひとりにぴったりの履修方法を個別にアドバイスします。
少人数制なので先生との距離がとても近いのも特徴です。学習面だけでなく、日常の悩みや卒業後の進路なども気軽に相談してください。

◆進学希望者に対する受験指導も充実
大学受験に高い実績を誇る提携予備校などの協力を得て、進学希望者のための受験指導も行います。時間に余裕がある通信制高校ならではの受験対策を、きめ細やかにサポート。国公立大学や難関私立大学への進学も実現します！

通学スタイル　※学習センターによって通学コースの設定は異なります。

■週3～5日通学コース
「中学の勉強から学びなおしたい」「しっかりと学力をつけたい」「学校行事やイベントにも参加して思い出をたくさん作りたい」「仲間との交流がほしい」「大学進学を目指して指導を受けたい」
このような皆さんには週3～5日通学コースが最適です。学習指導はグループ指導や個別指導など、それぞれの学力や目標に合わせたペースで行います。

■週1（～2日）通学コース
趣味やアルバイトなど「自分の時間と学習の時間を両立させたい」「勉強のペースメーカーが必要」「専門学校や各種学校とダブルスクールで専門的な勉強も同時にしたい」

という皆さんには週1（～2日）通学コースがピッタリ。曜日を決めたり事前連絡の必要もないので、自分の体調や予定に合わせて通えます。

■自宅学習コース
自宅学習コースではレポート学習は各自で行ない、授業は必修のスクーリングのみ（年に15日前後）参加して卒業を目指します。
芸能活動やスポーツなど「プロを目指して夢の実現に時間を使いたい」「アルバイトや家業の手伝いなど仕事をしながら高校を卒業したい」「"人"が苦手」「外に出るのがきつい」と考える皆さんには、自宅学習コースが最適です。

■個人指導コース
「自分のペースで指導を受けたい」「先生と1対1でしっかりと学習したい」…。このような人には、希望の時間にマンツーマンの指導が受けられる個人指導制があります。

■家庭教師コース
「自宅でレポートの指導を受けたい」「自宅で受験指導を受けたい」…。そんな人には、家庭教師が自宅に来る家庭教師制が最適です。

卒業までのペース配分は自由にフレキシブルに
※学習センターによって設定コースが異なりますので、詳細はお問い合わせください。
※通学コースを選択したからといって、必ず決められた日数通わなければいけないわけではありません。
※完全自宅学習コースでも進路の相談や日常の悩みなど、職員・スタッフにご相談いただけます。

【生徒数】　　　　　　　　　　　　　　2023年11月1日現在

年次	生徒数	男女比	クラス数	1クラスの平均人数
1年次	1,167名	1：1	―クラス	―名
2年次	1,779名	1：1	―クラス	―名
3年次	2,377名	1：1	―クラス	―名
合計	5,323名	1：1	―クラス	―名

2024年度の募集要項

募集について
【一般入試】
定　　員：普通科　8,000名（男女）
出願期間（新入生）：（前期）1月上旬～4月上旬
　　　　　　　　　　（後期）9月上旬～9月下旬
　　　　　（転・編入生）：随時
選考方法：書類、面接
選　考　料：　　　　　　10,000円

学費について
入　学　金：38,000円
施　設　費：24,000円（年間）
システム管理費・通信費：37,000円（年間）
授　業　料：8,000円（1単位）

※別途教科書代がかかります。
　（25単位履修で8,000～10,000円程度）
※前年度収入により
　高等学校就学支援金制度を利用することができます。

◇◇◇◇◇◇◇◇ この学校にアクセスしてみよう！

学校説明会	入学前電話相談	学校見学	資料請求
○	○	○	○

※資料はHP問い合わせフォームまたは電話にてお問い合わせください。

★全国47都道府県に約400の提携学習センターを開設。
　各地の学習センターについて、詳しくは『カシマの通信ホームページ（www.kg-school.net）』より、「鹿島朝日高等学校の学習支援施設（学習センター）」をご覧ください！

【広域通信制】　　　　　　　　　　　　　　　　　　　　（単位制）

学校法人 ワオ未来学園 ワオ高等学校
（ https://www.wao.ed.jp/ ）

ミライに向かって走り出したワオ高生たち

■校長名：山本　潮
■住　所：（本校）〒700-0826　岡山県岡山市北区磨屋町7-2
■電　話：0120-806-705
■最寄駅：JR「岡山駅」山陽新幹線発着　徒歩10分
■生徒が入学できる都道府県：
　全国47都道府県
■教育理念：
　豊かな教養と正しい心をもって自ら幸福を求め、
　社会に貢献する人材の育成。

■形態・課程・学科：独立校・単位制による通信制課程・普通科
■入学・卒業時期：
　・入学時期　4月
　※転入生は随時（高1・2対象）※高3は5月まで
■修業年限：3年以上
■学期制：前期・後期の2学期制
■卒業認定単位数：74単位以上

スクーリングの日数と場所

【登校日数】
　年2回　3泊4日のスクーリング
【スクーリング会場】
　ワオ高等学校　岡山本校

普段はオンライン上でディスカッションを行っている全国の仲間たちと実際に会って、学びを深めよう。
※ご自宅からスクーリング会場（本校）までの往復交通費は各自でご用意ください。

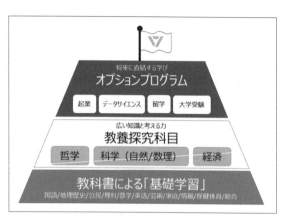

特色

「好き×学び」でミライを切り拓く
対話を通じて生きる力を育むオンライン高校

能開センター・個別指導Axisのワオ・コーポレーションがつくったオンライン高校です。教養探究科目（哲学・科学・経済）をベースに、生徒が自分の「好き」を自由に究めることができる教育を展開。大学の総合型選抜に強いカリキュラムを整えているほか、高校長期留学や海外大学進学、起業の夢を叶えるプログラムも提供しています。

学びの真ん中に「教養」を

急速な社会の変化に伴い、学び方、働き方、生き方について様々な選択肢が求められています。答えのない時代だからこそ「自ら学び、自ら考え、自ら判断し行動できる人」になってほしい。そこで、ワオ高では実社会を生き抜くために必要な知識と思考力を身につけるために「哲学・科学・経済」の学びを加えました。そしてこれらの普遍的な学びを通して、はじめて「知識を正しく活用し社会に役立てる考え方」を身につけることができると考えます。ワオ高校では時間や場所の制約を受けないオンラインを活用することで多様な人と情報が結びつき、学びの共創が始まり、人間として成長していく。そんな「学びのひろば」となることを目指します。

【学ぶ内容が違う】
■哲学探究
物事の捉え方を通して考える力を磨きます。
自己肯定感や志の大切さを学ぼう。

■自然科学探究
なぜだろう？不思議だな？と感じたら、それが科学の入り口。現象・理由から世界を読み解く力を手に入れよう。

■数理科学探究
計算が苦手でも、数学のすごさ、面白さは体験できる。物事をモデル化して仮説する力を身につけよう。

■経済探究
お金の本質である価値を知り、活かし方を身につけよう。経営や起業についても学びます。

教科の枠を超え、実社会とつながっている「哲学・科学・経済」を全国の仲間と対話を通してじっくり学ぶことで、どんな時でも自分でしっかりと考え、行動できる自立心を磨いて行きます。

コース

<<オプションコース>>

「共通コース」のカリキュラムにプラスし、より深い学びを楽しむオプションコースを準備しています。

【留学コース】

通信制高校の利点を最大限に活かした「高校留学」と、英語力を最大限まで引き上げてからチャレンジできる「海外大学進学」、2つの選択肢を用意しています。

◆英検対策　長期高校留学プログラム

英検3級から準1級までレベルにあわせて英語4技能を磨くプログラムを用意。身につけた英語力で提携先のオーストラリアの高校へ休学することなく長期留学にチャレンジできるプログラムです。高い英語力と留学経験を実績に、総合型選抜による大学進学に強みを発揮します。英検2級A以上の人は日豪両方の高校卒業資格が得られるダブルディプロマにもチャレンジ可能です。

◆ TOEFL®iBT 対策　海外大学進学プログラム

アカデミックな英語力を強化する TOEFL®iBT 対策を通じて英語スキルを身に付けます。専門家が留学先の国選定や大学選びも手厚くサポート。教養×英語のスキルを徹底的に磨き、海外大学進学後に役立つ力を養いプログラムです。

【起業コース】

高校生のうちからアントレプレナーシップ（起業家精神）を学ぶため、アウトプットを重視したプログラムを展開しています。起業に関するノウハウを学び、実際の起業家による授業などを受けながら、株式会社の設立・運営を目指します。経済探究を実践的に学びます。

【通学コース】

※2024年4月スタート　岡山キャンパスのみ

週5日まで通えるスタイルでリアルの学びを充実させます。教養探究に、英会話・プログラミング学習を加えたシン・5科目を学びながら、仲間たちとの対話を通じてオンラインとリアル両面で学びを深めます。キャンパス専属コーチが学びの習慣化をサポートします。

★今後、東京、大阪でのキャンパス開校を予定しています。

生徒情報

【新入学生】

既存の全日制での学び方が合わない、不登校を経験している、一般的な学び内容では満足できないという生徒が数多く在籍しています。

【転編入生】

随時入学相談などを受付ています。また、在籍校または前籍校での修得科目や在籍期間によって、ワオ高での履修科目や在籍期間も変わってきますので、事前に個別相談を実施しています。

【生徒・保護者連絡】

学校独自のコミュニケーションツール「ワオ高 HOME」を使い、双方向で連絡を取ります。学習の進捗状況、進路指導などはバーチャルキャンパスや電話等で面談を実施します。

学習システムの特徴

【学ぶ方法が違う】

主体的に学ぶと共に、自分の考えを表現できる最適な環境として「オンラインアクティブラーニング」を導入。デジタルツールを駆使し、議論と対話を繰り返し実践する中で、異なる意見を持つ他者と協働するコミュニケーションスキルと自己表現力を磨きます。

その他

<<プラスアルファの学び>>

◆データサイエンティスト養成講座

Python のトレーニングや AI の核となる技術「機械学習」の理解などを経て、AI に関する一般的な知識を問う「G検定」の取得を目指します。外部のプログラミングコンペにも参加し、実践形式の開発にもチャレンジ可能です。

◆ユニークな部活動

ワオ高校独自科目「教養探究」の哲学をさらに発展した哲学部では、毎週「哲学カフェ」を開催し、外部の人も交えて答えのない問いに挑んでいます。生徒発案でさまざまな部活動が誕生し、英会話を楽しむ「英語café」、人の心について研究する「こころの研究会（心理学部）」、お嬢様部などがあります。

◆スタディツアー

実際に動いて社会の問題に触れる活動として、スタディツアーを実施しています。2023年度に東京で行ったスタディツアーではニュース配信会社や大学でワークショップを受け、学びの成果をプレゼンしました。

2024 年度の募集要項

募集について

【新入学：新高1生】

◆新入学入試（9月から毎月実施）

出願期間：9月開始。詳細はＨＰまたは学校まで。

選考方法：書類審査（自己PRシート・調査書）、面接
オプションプログラム希望者は別途課題あり。

選考料：10,000円

◆スカラシップ制度

本校を専願で受験する中学生対象に実施。特待生として、入学金・オプションプログラムの受講料一部免除する制度。（※入試結果により免除額は異なります）詳細はHPまたは学校まで。

【転編入学】

◆転入学（随時受付）

◆編入学（4月、10月のみ編入学可）

選考方法：書類審査（自己PRシート・調査書）、面接

選考料：10,000円

※単位互換については、事前に本校までお問い合わせください。個別にて対応いたします。

学費について

【初年度学費】

入 学 金：	50,000円（スカラシップ制度合格者は免除）
授 業 料：	9,600円×登録単位数
教育関連諸費：	120,000円
スクーリング費：	90,000円（3泊4日×年2回）

※オプションプログラムは別途費用がかかります

2022 年度卒業生の進路状況

<国公立大 1,960 名>東大17名、京大32名、東北大43名、大阪大53名、北海道大12名、名古屋大9名、九州大49名、国公立大医一医102名（他多数合格）

※総合型選抜：28名　学校推薦型選抜：11名

<私立大 6,308 名>早慶上理169名、MARCH241名、関関同立811名、私立大医一医29名（他多数合格）

※ワオ・コーポレーションの2023年度合格実績です。

◇◇◇◇◇◇◇◇◇◇ この学校にアクセスしてみよう！

学校説明会	入学前相談 (オンライン・電話・来校)	文化祭見学	体育祭見学	資料請求
○	○	○	―	○

※資料は電話もしくはメールにて請求してください。

※オンラインでの学校説明会や各種イベントを開催中。

【サポート校】

桜心学院 高等部・中等部
（おうしんがくいん こうとうぶ ちゅうとうぶ）

(https://ohshin-gakuin.com/　E-mail：info@ohshin-gakuin.com)

■校長名：東　勝彦
■住　所：〒892-0847　鹿児島県鹿児島市西千石町3-21
　　　　　有馬ビル6F
■電　話：099-813-7515　　■ＦＡＸ：099-813-7516
■最寄駅：JR「鹿児島中央」駅から徒歩8分
■沿　革：2017年開校
　　　　　2022年第5期卒業生

■教育理念：
成長、友愛、発見、健康、笑顔の5つの柱を中心に生徒一人ひとりの個性を尊重し目標に向かって可能性を広げていきます。
お互いがお互いを認め合って、それぞれが頑張っていることに共感、応援できるような学校づくりを目指します。
人生の宝となるような友達が見つかるよう、コミュニケーション力の向上に努めます。
生徒自身の良いところを発見してもらうために、さまざまな経験をさせます。
起立性調節障害、ネット（ゲーム）依存症などの不登校やひきこもりの原因となる病気や疾患を改善できるようにサポートします。
人はどんな時に笑うのか、笑ったらどんな気持ちになるのか、体験・体感しそれを伝えていけるような人材を育成します。

■生徒が入学する通信制高校：
八洲学園大学国際高等学校、日本航空高等学校

【学校へのアクセス】

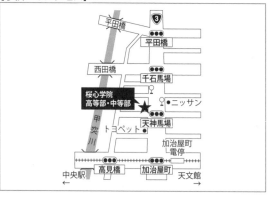

【特色】
高校卒業資格を通信で取得するための施設で3つのコースがあります。
スタンダードコースでは、通信制でありながら全日制の高校に通っているのと同じような体験ができます。年間を通じて遠足やレクリエーションイベントなど、勉強以外のイベントも豊富です。
フレックスコースでは週2回の登校の中で卒業のためのレポート作成と資格検定取得に向けてカリキュラムを組んでいます。社会人の方や主婦の方、スポーツや芸能活動などで学習時間が取れない方におすすめのコースです。
アドバンスコースでは大学受験や専門学校の特待生試験に合格するための試験対策が受講できます。就職希望者には企業説明会への参加や同伴。履歴書の作成指導、添削指導。面接試験の模擬練習を行っています。どのような職業に向いているのかを一緒に考えます。3年生になってからこちらのコースに変えることもできます。
自分のライフスタイルと目標を考えて、コース選択できるようになっています。教室内は天井が高く、開放感があり、落ち着いた環境で学習することができます。
コロナの影響などで、登校ができなくなっても、オンライン授業を行うので、学習の歩みが止まることはありません。
アットホームな雰囲気で笑顔の絶えない教室です。

学習状況

【カリキュラムの特長】
スタンダードコース、アドバンスコース、フレックスコースの三つのコースがあります。
○スタンダードコース：レポート作成・資格検定試験対策を行うコースです。自分のペースで学習を進めながら、全日制過程と同様に3年間で高校を卒業できます。
○アドバンスコース：卒業後に上級学校（四年制大学・短期大学・専門学校等）に進学を希望する生徒が、入試対策のための受験指導や進路指導を受講できるコースです。指定校推薦やAO入試での合格を目指すことができます。就職活動のサポートも受けられます。
○フレックスコース：登校が毎日は難しいという方におすすめの、週1日～週2日通って高校卒業ができるコースです。個別に相談しながら授業を組むため、夕方や夜の時間も有効活用でき、自分のライフスタイルに合わせて卒業を目指せます。

【入学時点の学力検査】
ありません。

【進学希望者への指導】
一人ひとりに合わせた個別カリキュラムを作成し、小論文対策や大学入学共通テスト対策など幅広い学習指導を行います。
ICTプログラム（タブレット授業すらら）のIDを発行し、得意分野では「さきどり学習」、苦手分野では「さかのぼり学習」を行います。
希望者には個別指導のプロの講師がマンツーマン授業で大学入試対策、その他受験対策を行っています。
英語検定、漢字検定、数学検定、パソコン検定など、入試優遇制度が活用できる検定指導も行っています。

【補習の指導】
発達障害や学習障害を持つ生徒、学力の低い生徒も学年をさかのぼって指導しています。
ICTプログラム（タブレット授業すらら）のIDを発行し、「さかのぼり学習」で中学の基礎から丁寧に学習しています。

<table>
<tr><td rowspan="1">生活指導</td><td>制服はありません。八洲学園大学国際高等学校、日本航空高等学校の制服を購入することができます。
登校時の服装は自由です。式典や試験の時などは正装を促しています。
特に髪型については自由ですが、奇抜な髪型や周りが不快と感じる髪型については禁止しています。ピアスも禁止してはいません。
就職活動や面接などを控えてる生徒に関しては、髪型、服装指導を厳しく行っています。
バイク通学可。</td></tr>
</table>

生活指導

制服はありません。八洲学園大学国際高等学校、日本航空高等学校の制服を購入することができます。
登校時の服装は自由です。式典や試験の時などは正装を促しています。
特に髪型については自由ですが、奇抜な髪型や周りが不快と感じる髪型については禁止しています。ピアスも禁止してはいません。
就職活動や面接などを控えてる生徒に関しては、髪型、服装指導を厳しく行っています。
バイク通学可。

学習システムの特徴

所属する通信制高校のカリキュラムに合わせて、月ごとに提出するレポートの学習量を設定し、進めていきます。（個人差あり）
集団の授業で進める生徒、個別指導で進める生徒、インターネットの映像授業で進める生徒の3パターンが主です。
資格検定の指導は集団、個別で行っています。1学期ごとに各生徒（希望者のみ）1つの資格検定を取得できるように進めています。
受験対策指導は、ICTプログラム（タブレット授業すらら）で苦手教科をなくしつつ、受験校の過去問を指導して合格へと導いています。

生徒情報

【不登校生】 過去に不登校だった生徒は多くいます。入学前の中学校、高等学校で不登校だった生徒に対して、悩みを聞くようにし、勉学よりもレクリエーション療法で人とコミュニケーションが取れるようになるまでゆっくり過ごさせます。在校生との距離感に安心感が得られるようになったら、学習をスタートさせていきます。それでも慣れない生徒は個別指導などで学習をスタートさせています。3年生になる頃にはみなさん集団でも授業を受けられるようになります。
【いじめ対策】 中学で不登校だった生徒が多いので、アクティブラーニングでグループ討議や道徳授業を行いながら、命の大切さや社会人としてのルールを指導しています。・
【保護者連絡】 必要に応じて、電話相談、三者面談、家庭訪問等を行っています。

【生徒数】 2024年3月5日現在

年次	生徒数	男女比
1年次	7名	4：3
2年次	4名	0：4
3年次	12名	5：7

【教員数】
専任講師：男性1名、女性3名
非常勤講師：男性2名　女性3名
近くにご紹介できる心療内科の先生もいます。

2024年度の行事

月	4月～6月	7月～9月	10月～12月	1月～3月
行事	4月：入学式、オリエンテーション、新入生歓迎会、三者面談（3年） 5月：春の遠足、資格検定講座スタート 6月：進学ガイダンス、芸術鑑賞会	7月：就職対策講座、スポーツ大会、夏期講習 8月：スクーリング、単位認定試験、職場体験、大学AO入試、夏休み 9月：企業エントリー開始、十五夜イベント	10月：体育大会、ハロウィンパーティー 11月：社会科見学、秋の遠足 12月：クリスマスパーティー、冬期講習、冬休み	1月：大学入学共通テスト、お正月イベント、スクーリング、単位認定試験 2月：節分イベント、バレンタインイベント、お別れ遠足、二者面談（2年） 3月：ひな祭りイベント、卒業式、スクーリング

2024年度の募集・過去の進路状況

募集について

【一般入試】
募集人員：60名
出願期間：
試験日：随時
選抜方法：面接
選考料：なし

学費について

入学金：　　　　　　　 15,000 円
授業料：　 300,000 ～ 480,000 円
スクーリング代：　　　 55,000 円
単位登録料：　　 0 ～ 250,000 円

合　計：　 370,000 ～ 800,000 円
※コースによって授業料が変わります。
※単位登録料は就学支援金によって変わります。
※スクーリング費用は提携校ごとに違います。
※上記は八洲学園大学国際高等学校に入学した場合の金額です。

卒業後の進路

【進路先】 卒業者数　20名
大学　　　　　4名
専門学校　　 13名
就職　　　　　3名

主な合格実績

鹿児島国際大学、鹿児島志學館大学、九州産業大学、鹿児島県立短期大学、鹿児島女子短期大学、鹿児島美容専門学校、鹿児島キャリアデザイン専門学校、神村学園専修学校、鹿児島環境・情報専門学校、KBCC鹿児島情報ビジネス公務員専門学校、鹿児島レディスカレッジ、徳島文理大学、鹿児島理容美容専門学校、鹿児島医療福祉専門学校、赤塚学園美容デザイン専門学校、福岡外語専門学校、鹿児島第一医療リハビリ専門学校

＜学校の施設＞

校地面積	220m²	保健室	なし
図書室	あり（蔵書数1000冊）		
職員室	あり	事務室	なし
ラウンジ	あり	カウンセリング室	あり

この学校にアクセスしてみよう！

学校説明会	入学前電話相談	文化祭見学	体育祭見学	資料請求
○	○	○	○	○

※学校説明会は毎週土曜日の午後、ご予約にて随時行っております。平日に設定することもできます。
※資料はホームページ、電話、資料請求サイトなどから請求できます。

相談窓口リスト

一般社団法人 チャレンジド LIFE

オンライン
TEL ▶　　　FAX ▶
Email ▶ challengedlife001@gmail.com
ホームページ▶ https://www.challenged-life.com/

◆相談内容
発達障害、グレーゾーン、家庭療育、不登校、就学・進学・就労、親の生き方・働き方など（主にオンラインでの座談会、イベント、セミナー、SNSでの情報発信などの形で運営。個別相談には対応しておりません）

◆特色
発達障害児の親が運営。「発達障害の子と家族に笑顔を！」をモットーに、発達障害児が社会の中で生きていくため、働くために必要な様々な情報、発達障害児やその家族を取り巻く人たちとの関わり方などを、広く学び発信しています。主にオンラインで活動しており、主催イベントには全国から多数の保護者、支援者、企業の方などが参加されます。

◆費用

◆対応日時

◆対応
オンライン座談会、各種イベントを随時実施。
詳しくは HP よりご確認ください。

一般社団法人 みらいのいばしょ研究所

〒 371-0014 群馬県前橋市朝日町 1-26-21
TEL ▶ 050-7110-1455
Email ▶ info@mira-iba.org
ホームページ▶ https://www.mira-iba.org/

◆相談内容
不登校、ひきこもり、発達障害、ストレス対処等

◆特色
当団体では、心理相談事業として、不登校、ひきこもり、発達障害、ストレス対処等について、本人、ご家族のご相談をお受けしています。また、発達特性が影響している可能性のある不登校やひきこもりのご相談も多くお受けしています。また、心理相談事業と連携して、当団体が実施しているフリースクール、フリースペース、団体開催プログラムへの参加もご案内しています。

◆費用
基本料金：50 分 5,000 円。詳細については団体 HP をご覧ください。

◆対応日時
月・火・木・金の 10:00 ～ 18:00（要予約）

◆対応
相談は公認心理師が対応します。Zoom などを使ったオンラインでの相談もお受けしています。

一般社団法人 共生と共育ネットワーク

〒 105-0014 東京都港区芝 1-5-9 住友不動産芝ビル 2 号館 5F
TEL ▶ 03-6865-1910　　FAX ▶ 03-6865-1918
Email ▶ info-nw@kyousei-kyouiku.or.jp
ホームページ▶ http://www.kyousei-kyouiku.or.jp

◆相談内容
不登校・いじめ・ネットいじめ

◆特色
不登校・いじめ・ネットいじめ等で、お悩みの保護者の支援と親子のコミュニケーションの取り方や各種学校・教育機関と連携し円滑な家庭運営のためのカウンセリングを行っています。ネット社会や多様性の受容に必要な力を育み、親も子も問題解決に取り組む活動をしています。お気軽にご相談ください。（有料。詳細は事務局までお問合せください。）

◆費用
初回は事前ヒアリングのみ無料、2 回目からカウンセリング有料。

◆対応日時
電話対応の場合、平日 10：00 ～ 16：00（土日祝日および年末年始を除く）
メールは 24 時間受け付け。

◆対応
電話、オンラインで相談可能。※事前予約が必要になります。
講演会・研修会なども承っております。

NPO 法人 次世代育成フォーラム・リスタ

〒 113-0033 東京都文京区本郷 5-25-14
TEL ▶ 03-5805-3320
Email ▶ info@npo-resta.jp
ホームページ▶ http://www.npo-resta.jp

◆相談内容
学習相談

◆特色
青少年が生涯を通じて主体的に学習することのできる社会環境の実現を目標に活動を行っています。子どもたちやその保護者の方に対し、「より良い学習環境とは何か」「学習意欲とは何か」をテーマに調査研究を行い、情報提供および相談・セミナー・講演を行っています。また、小学生～高校生までを対象にしたイベント「つばさクラブ」を開催しています。

◆費用
つばさクラブは実費のみ。詳しくは HP をご覧ください。

◆対応日時
月～土　10：00 ～ 18：00

◆対応
まずはお問い合わせください。

星槎教育支援センター

〒 162-0806 東京都新宿区榎町 45 さくらビル 2F
TEL ▶ 03-5225-6245　　FAX ▶ 03-5225-6246
Email ▶ tokyo@seisa.ed.jp
ホームページ▶ https://edunpo.seisa.ac.jp

◆相談内容
いじめ、発達障がい、不登校、ひきこもり、ニート、学習支援、進路、若者自立支援

◆特色
心理面や発達障がい（学習障がい、ADHD、アスペルガーなど）、不登校やコミュニケーションなど、さまざまな困難をかかえている子どもたちを、一人ひとりのニーズに合わせて支援。保護者や先生の相談・サポートも行っています。学校や医療機関、支援センター、親の会とも連携。

◆費用
面接相談　1 時間　7,000 円（初回 80 分）

◆対応日時
月～土　AM10：00 ～ PM6：00

◆対応
不登校向けのフリースクールや、若者向けのフリースペースと、個別指導・相談などを行っています。また、カウンセリングや発達検査なども実施しています。電話による申し込みの後、くわしくご相談を伺わせていただきます。

NPO 法人 育て上げネット

〒 190-0011 東京都立川市高松町 2-9-22 生活館ビル 3F
TEL ▶ 042-527-6051
Email ▶ info@sodateage.net
ホームページ ▶ http://www.sodateage.net/

◆相談内容
親子関係、家族相談、不登校、ひきこもり、ニートの状態など
◆特色
子どもの自立のためにできること。今すぐに生活の中から始められる具体的なこと。母親の会「結（ゆい）」は、ただお話をお聞きするだけでなく、一緒に考えご提案する"コンサルティング"をおこなっております。精神保健福祉士、家族相談士、キャリアカウンセラーなどの経験豊富な有資格者がご対応いたします。

◆費用
説明会無料、事前相談料 10,300 円、入会費 10,300 円（初回のみ）、月会費 10,300 円（定期相談・ワークショップなどの利用）※いずれも税込
◆対応日時
無料説明会は月 1 回、入会後の定期相談は随時可・ワークショップは日曜日「結」に関するお問い合わせは月～金曜日 9 ～ 17 時
◆対応
お電話でのお問い合わせは、上記時間帯にお願いいたします。メールでのお問い合わせも承っております。お気軽にどうぞ。

登校拒否の子どもたちの 進路を考える研究会

〒 151-0053 東京都渋谷区代々木 1-43-8
TEL ▶ 03-3370-4078　　FAX ▶ 03-3370-5198
Email ▶ info@to-shin-ken.net
ホームページ ▶ http://www.to-shin-ken.net/

◆相談内容
不登校、ひきこもり、発達障がい
◆特色
不登校の子どもの進路に関する情報提供と保護者の支援を目的に 1995 年に設立。年数回のシンポジウムの開催や、不登校・ひきこもりに関するこころや進路の相談を随時受け付けている。カウンセラーや専任の相談員が対応。

◆費用
進路相談（無料）
カウンセリング（セミナーに参加された方は初回無料、次回より 6,000 円／時間）
◆対応日時
月～金　10：00 ～ 16：00
◆対応
電話、メール、手紙、FAX、面談による相談（面談の場合は予約が必要）。

NPO 法人 日本子どもソーシャルワーク協会

〒 157-0073 東京都世田谷区砧 6-23-15 メゾン白名 103
TEL ▶ 03-5727-2133　　FAX ▶ 03-3416-6994
Email ▶ kodomo-sw@jcsw.jp
ホームページ ▶ http://www.jcsw.jp/

◆相談内容
発達障がい、不登校、ひきこもり、いじめ、少年非行、家庭内暴力、子育て（子ども・大人を問わず）
◆特色
ひきこもり・不登校・発達障がいなどに悩む子ども・若者や保護者を対象に、自宅に"お兄さん""お姉さん"が訪問するユースワーカー訪問事業、子育て・家事支援のケアワーカー訪問事業、非行少年の立ち直り支援事業（審判・少年院・保護観察時）を実施。また、子どもソーシャルワーカーの養成講座も開いている。

◆費用
面接相談　1 時間　4,000 円（外税）
電話相談　30 分　2,000 円（外税）※ 30 分ごとに 2,000 円加算
◆対応日時
毎週月～金曜日 11：00 ～ 17：00　（土日祝日も応相談）
◆対応
面接相談、ユースワーカー・ケアワーカー訪問支援。
少年事件の少年の立ち直り支援（就労・就学・自立）。

NPO 法人 日本フリースクール協会

〒 151-0053 東京都渋谷区代々木 1-29-5 代々木教会ビル 3F
TEL ▶ 03-3370-6779　　FAX ▶ 03-3320-3381
Email ▶ mail@japan-freeschool.jp
ホームページ ▶ http://www.japan-freeschool.jp/

◆相談内容
不登校、中退、留学、発達障がい
◆特色
相談会を定期的に実施し、不登校などで悩んでいる親子の相談と支援を行う。また、フリースクールでの指導実例や方法などの成果を紹介する。不登校の進学などについての情報発信と、電話やメールによる相談を随時行っている。

◆費用
相談無料
◆対応日時
月～金　10：00 ～ 17：00
◆対応
最寄のフリースクールやサポート校、必要な場合にはカウンセラーを紹介。

日本 YMCA 同盟

〒 160-0003 東京都新宿区四谷本塩町 2-11
TEL ▶ 03-5367-6640　　FAX ▶ 03-5367-6641
Email ▶ info@japanymca.org
ホームページ ▶ http://www.ymcajapan.org

◆相談内容
発達障がい、不登校、ほか
◆特色
東京 YMCA「liby」も含めて 10 カ所でフリースクール・フリースペースを設けている。発達障がいについては全国 39 カ所で学習指導、ソーシャルスキルトレーニングなどを実施。北海道、仙台、大阪などでは就職支援も実施。日本 YMCA 同盟で、各地域での取り組みについて問い合わせができる。

◆費用
無料（各地域でのプログラム受講は有料）
◆対応日時
月～金（祝除く）　10：00 ～ 17：00
◆対応
相談者が必要とするプログラムを用意している最寄の YMCA を紹介。
実際の相談は個々の YMCA で行う。

相談窓口リスト

・下記にまとめた各種教育団体による相談窓口は、学びリンク編集部が各団体に調査したものです。
調査期間は2023年12月〜2024年3月。調査後に内容の変更がある場合もあります。
・詳細は各団体にお問い合わせください。
・団体により、相談内容や方法が異なりますのでご注意ください。

NPO法人 教育★ステーション

〒231-0005 神奈川県横浜市中区本町 4-43 A-PLACE 馬車道 7F
TEL ▶ 045-211-6500　　FAX ▶ 045-264-4635
Email ▶ kyouikust@gmail.com
ホームページ ▶ https://kyouikust.com

◆相談内容
　不登校、ひきこもり、学力低下、高校中退、人間関係、発達障がい　等
◆特色
　教育★ステーションは、さまざまな教育問題に直面している方のサポートステーションです。家族支援カウンセラー®と公認心理士、精神保健福祉士が、さまざまなケースに合わせて、進学や進路を目指し自立した生活を送るためのサポートをいたします。1人で問題を解決しようと考えるのではなくまずは安心して信頼できるパートナー（教育・相談機関）を見つけてください。

◆費用
　無料（50分）
◆対応日時
　【完全予約制】受付時間：月〜金　午前10時〜午後17時00分
　※大切なご相談の為、完全予約制とさせて頂きます。
◆対応
　不登校・ひきこもりに関わる児童・生徒の進路相談、保護者のカウンセリングを中心に専門機関と連携を行い対応致します。また、保護者自身が学べる学習会を開催しています。

みえ不登校支援ネットワーク

〒514-0006 三重県津市広明町 328 津ビル1階（認定NPO法人フリースクール三重シューレ内）
TEL ▶ 059-213-1116　　FAX ▶ 059-213-1115
Email ▶ jimukyoku@mie-futoko.net
ホームページ ▶ http://www.mie-futoko.net/

◆相談内容
　不登校、ひきこもり、いじめ、進学・就職、発達障がい、学校との関わり方など
◆特色
　「みえ不登校支援ネットワーク」では、保護者や直接子どもと関わる方々を対象に一回2時間の「相談窓口」を設けています。お気持ちを聞かせていただいた上で、子どもに対する支援や向き合い方をご一緒に考えさせていただきます。

◆費用
　無料
◆対応日時
　月〜金　AM 10:00 〜 12:00（午後は調整により可能です）
◆対応
　フリースクール三重シューレが「みえ不登校支援ネットワーク」の事務局及び「相談窓口」を担当しています。ご相談では当事者である子どもの視点を大切にしています。

親子支援ネットワーク あんだんて

〒607-8084 京都府京都市山科区竹鼻立原町 3-50
TEL ▶ 075-595-8255　　FAX ▶ 075-595-8255
Email ▶ oyakonet-andante2003@kyoto.email.ne.jp
ホームページ ▶ http://oyakonet-andante.org/

◆相談内容
　不登校、子育て
◆特色
　8人の母親によるボランティアグループ。スタッフはすべて、子どもが不登校だった経験を持つ。親の会「ゆうスペース」で相談を受け付ける。「不登校でも子は育つ〜母親たち10年の証明〜」「不登校からの進路選択〜自分の歩幅で社会とつながる」「みんないろいろありました『不登校あるある』」（学びリンク）を発行。

◆費用
　♪あんだんて♪サポーター会員年会費…1口 1000円（2口以上）
　ゆうスペース参加費…1,000円（会員限定当日入会可）
◆活動日時
　親の会「ゆうスペース」は原則として
　第2水曜 13:00 〜 15:00／最終金曜 11:00 〜 13:00
　（要予約。変更することがあります、詳しくはHPをご覧ください）
◆対応
　親の会「ゆうスペース」

家庭教育推進協会

〒540-0025 大阪市中央区徳井町 2丁目 2-14-304
TEL ▶ 06-6926-4601
Email ▶ rcp@fepa.or.jp
ホームページ ▶ http://www.fepa.or.jp

◆相談内容
　不登校、子育て
◆特色
　不登校や子育てに関する悩みを電話相談でアドバイスしたり、カウンセリングに来られないお子さんにはメンタルフレンドの訪問も可能です。学ぶ子育てとしての講演会や親の会も定期的に開催しています。会報「ぷらすエール」年2回発行

◆費用
　電話相談…初回無料　／　2回目以降　30分〜40分　3,000円
◆対応日時
　毎週金曜　10:00 〜 18:00
◆対応
　メンタルフレンドの訪問をご希望の方もまずはお電話で相談ください。詳しくはHPをご覧ください。

NPO法人 コミュニティ総合カウンセリング協会

〒532-0011 大阪府大阪市淀川区西中島 4-5-22 レクシア西中島III 4F
TEL ▶ 06-4862-4141　　FAX ▶ 06-4862-4151
Email ▶ info@aacc.jp
ホームページ ▶ https://www.aacc.jp

◆相談内容
　軽度発達障がい、不登校、ひきこもり、いじめ、高校中退、進路ほか
◆特色
　子どもたちの抱える様々な不安や悩み、ストレスなどのこころの問題をもっている子どもの支援のために、安心して利用できる心理カウンセリングを実施しています。そして学校、医療、家庭との連携を図り、一日も早い学校復帰や自立に向けて支援を行っています。また、進路相談や通信制高校の悩み等の教育相談も随時行っています。

◆費用
　カウンセリング60分 5,000円（学校紹介 3,000円）
　メールカウンセリング1カ月 6,000円。　電話相談無料。
◆対応日時
　月曜〜金曜　10:00 〜 18:00／土曜　10:00 〜 16:00
◆対応
　●電話・メールによるカウンセリング・相談（面接の場合は事前に予約が必要です）。●アウトリーチ支援（訪問によるカウンセリング）。●月1回（第4日曜日）親子のココロ教室の実施

NPO 法人 NIWA教育相談室

(本部) 〒543-0021 大阪市天王寺区東高津町 9-23 ロロモチノキビル 5F
(京都相談室) 〒601-8211 京都市南区久世高田町 257-139 コニシビル 1F
フリーダイヤル▶ 0120-113-764 (受付、相談予約)
＊相談予約は、いつでもお気軽にお電話下さい！

◆相談内容
不登校・発達障害・引きこもり・留年（中退）・通信制高校への転校 etc
◆特色
「NIWA教育相談室」は不登校に悩み苦しむ生徒・保護者のための相談室です。『高校卒業をあきらめず、楽しい豊かな高校生活を！』を合言葉に、不登校生（中学）の高校進学、不登校・いじめ・留年などによる高校中退や転校で悩む高校生の個別無料相談を積極的に行っています。不登校生徒の生活改善の取り組み、生徒に合った通信制高校の情報を提供するなど、高校進学や高校生活そして高校卒業を全面的に支援しています。お気軽に相談室へお問い合わせください！

◆費用
保護者・生徒は無料です（継続相談も無料）！
◆対応日時
〔相談時間〕平日・土日祝日 11:00 ～ 21:00
（対象地域：面接相談）大阪・京都・兵庫・奈良・滋賀
◆対応
＊電話相談及びリモートでの相談は、全国対象です
＊保護者面談カウンセリング、生徒面談カウンセリング、メンタルフレンド派遣など、ご希望をお電話ください。詳しくは相談室 HP をご覧ください。

不登校自立支援センター FHE

大阪本部 〒530-0001 大阪市北区梅田 2 丁目 2-2 ヒルトンプラザウエストオフィスタワー 19 階
東京支部 〒100-0004 東京都千代田区大手町 1-7-2 東京サンケイビル 27 階
TEL▶ （大阪本部）06-4799-9590 （東京支部）03-3242-3067
Email▶ soudan@first-h.co.jp
ホームページ▶ http://www.first-h.co.jp

◆相談内容
不登校
◆特色
不登校の子どもたちとご両親へのカウンセリング、訪問カウンセリング、コーチング、復学支援を行っています。長期不登校の復学支援が専門となります。『不登校 13 万人の親にできること』の藤本先生の直接カウンセリングも受けられます。

◆費用
学年やケースによって異なります。電話および電子メールにてお問い合わせください。
◆対応日時
月曜～金曜 10:00 ～ 17:00
◆対応
初回の電話相談は無料です。どんな些細なお悩みでもまずは気軽にご相談ください。

NPO 法人み・らいず 2
ラーンメイト

〒559-0015 大阪府大阪市住之江区南加賀屋 4-4-19
〒591-8023 大阪府堺市北区中百舌鳥町 2-104　なかもず駅前ビル 4 階
〒569-0804 大阪府高槻市紺屋町 3-1-212　グリーンプラザたかつき 3 号館 2 階
TEL▶ 050-5840-3117　　Email▶ learnmate@me-rise.com
ホームページ▶ https://www.learnmate.me/

◆相談内容
学びづらさを抱えるお子さま、不登校・発達障がい、学習面のフォロー等
◆特色
ラーンメイトは、障がいのある人、不登校やひきこもりの子ども・若者など支援を必要としている人に支援を届け、必要な支援をつくり続けている NPO 法人み・らいず 2 が営む塾です。どんなお子さまでも安心して自分のペースで学び、一人ひとりのお子さまに合った「学び」を獲得していけるよう、マンツーマンで学習支援・指導を行っています。

◆費用
入金…20,000 円（うち年会費 2,000 円 ＊4 月更新）／月謝〔月 4 回・1 回 90 分〕…小学生：16,000 円 ＊4 年生までは 60 分（12,000 円）も可、中学生：19,000 円、高校生：22,000 円 ＊すべて税別表記 ＊大阪市塾代助成利用可 ＊追加授業も可
◆対応日時
電話受付時間：月～土 13:00 ～ 21:00 ※授業曜日・時間：月～金 16:00 ～ 21:00
◆対応
社会福祉士などの有資格者や障がい児（者）の支援経験を持つ福祉の専門家が、勉強のつまずきや普段の様子などのお話をお伺いし、学習支援・指導方針の検討や進路相談を行います。授業は学習計画を立て、それに基づいて大学生の担当講師がマンツーマンで学習支援・指導を工夫しながら行います。学習計画は年に 3 回更新し、子どもたちが少しずつ学びを獲得していけるようサポートします。

北九州市子ども家庭局青少年課（業務委託先：北九州市福祉事業団）
北九州市子ども・若者応援センター「YELL」

〒804-0067 北九州市戸畑区汐井町 1-6　ウェルとばた 2 階
TEL▶ 093-882-0188
Email▶
ホームページ▶ https://www.yell-kitaq.com/

◆相談内容
様々な悩みを抱える子ども・若者（おおむね 15 歳～ 39 歳）とそのご家族を応援する総合相談窓口
◆特色
まずは、面談を通して本人や家族の気持ちをお聞きします。その後、継続面談を続けながら、コミュニケーション講座や農業体験、就労体験等の社会参加プログラムをご紹介します。また、YELLは、保健、福祉、矯正、更生、教育、雇用など様々な専門機関で構成される「北九州市子ども・若者支援地域協議会」に参加しており、必要に応じて各機関と連携を行いながら、一人ひとりに応じた自立支援を行っていきます。

◆費用
相談無料（プログラムへの参加費等は一部有料）
◆対応日時
火・水・木・金・土曜日 10 時～ 18 時 45 分
（日曜・月曜・祝日・年末年始は閉所、月曜日が祝日の場合はその翌日も閉所）
◆対応
電話で予約をいただき、面談を行います。現在、電話、メールでの相談は行っていません。

教育支援センター（適応指導教室）一覧

● 「教育支援センター（適応指導教室）」とは、不登校児童生徒などに対する指導を行うために、教育委員会が教育センター等学校以外の場所や学校の余裕教室などにおいて、学校生活への復帰を支援するための、児童生徒の在籍校と連携をとりつつ、個別カウンセリング、集団での指導、教科指導などを組織的に、計画的に行う組織として設置したものです。

● 原則として、その地域に住んでいる人が利用対象となっています。

● 市町村合併なども含めて、内容に変更がある場合もあります。
詳細は、教室または市町村の教育委員会へお問い合わせください。
※調査期間：2023年11月～2024年3月（情報更新）

教室名	郵便番号	住　　所	電話
【北海道】			
教育支援センター月寒	062-0052	札幌市豊平区月寒東2条4-54　札幌市立月寒中学校敷地内旧セミナーハウスつきさむ	見学は各在籍の学校を通して教育相談センターへ連絡してください。011-671-3210
教育支援センター白石	003-0026	札幌市白石区本通16丁目南4-26　リフレ・サッポロ2F	
教育支援センター宮の沢	063-0051	札幌市西区宮の沢1条1-1-10　ちえりあ3F	
教育支援センター真駒内	005-0014	札幌市南区真駒内幸町2-2-2　まこまる3F	
教育支援センター新琴似	011-0907	札幌市北区新琴似7条3-2-1　札幌市立新琴似小学校内	
教育支援センター伏見	064-0918	札幌市中央区南18条西15-1-1　札幌市立伏見小学校内	
登校支援室（緑が丘ルーム）	068-0835	岩見沢市緑が丘2-34-1	0126-31-4030
登校支援室（有明ルーム）	068-0034	岩見沢市有明町南1-20	0126-33-3333
チャレンジクラブ	072-8660	美唄市西3条南1-1-1	0126-62-7892
ふれあいルーム	073-0014	滝川市文京町4-1-1	0125-74-4800
しらかば教室	074-0003	深川市3条18-36	0164-26-8180
ステップ・クラブ	075-0011	芦別市北1条東2-4	0124-22-3110
ハマナスくらぶ	069-1315	長沼町南町2-3-1	0123-88-1711
適応指導教室	078-2102	秩父別町2条1	0164-33-2555
教育支援センター（ゆきの芽）	078-2202	沼田町南1条4-6-5	0164-35-2132
教育支援室	079-1141	赤平市大町4-5-3	0125-32-1822
ふれあいルーム	061-1447	恵庭市有明町1-11-4	0123-32-8201
学びの森	061-1449	恵庭市黄金中央5-196-1（北海道分文教大学本館4F 教職員センター）	080-7613-0763
ステップルーム	061-1351	恵庭市島松東町1-1-15「島松憩の家」2F地域活動室	－
みらい塾	061-1123	北広島市朝日町5-1-3	011-372-7733
おあしす	066-8686	千歳市東雲町1-10-1	0123-24-0859
教育支援センター「ふらっとくらぶ」	061-3283	石狩市花畔3条1-263-2	0133-62-8411
適応指導教室	061-0233	当別町白樺町2792-1	0133-22-3861
すぽっとケア	067-0002	江別市緑町西2-11	011-381-1409
ふれあいルーム	047-0034	小樽市緑3-4-1	0134-32-4111
ふらっとルーム	047-0033	小樽市富岡1-5-1	0134-24-3363
ふらっとルーム	047-0024	小樽市花園5-1-1	0134-22-7726
ふらっとルーム	047-0261	小樽市銭函2-28-10	0134-62-2654
しぃーがるず	046-0004	余市町大川町4-143	0135-23-5745
つばさ教室	045-0013	岩内町高台203	090-6216-4191
すくーる	048-2202	共和町南幌42-22	0135-67-8977
談	044-0001	倶知安町北3条東4	0136-56-8018
まっかりクラブ	048-1611	真狩村光4	0136-45-3336

教室名	郵便番号	住　　　所	電話
ふぁーがす	048-0101	黒松内町黒松内392-2	0136-72-3160
室蘭市教育サポートセンターくじらん	050-0083	室蘭市東町4-20-6	0143-45-8620
あおば学級	053-0015	苫小牧市本幸町1-2-21	0144-33-5541
トピリカ学級	059-1304	苫小牧市北栄町3-3-3	080-8807-4765
山なみ学級	053-0842	苫小牧市有珠の沢3-9-7	0144-73-8910
教育支援センター	059-0906	白老町本町1-1-1	0144-82-4485
鬼っ子広場	059-0014	登別市富士町7-33	0143-88-1162
不登校児童生徒サポートハウス 子どもの国フェニックス	052-0014	伊達市舟岡町358-1	090-6690-9301
適応指導教室	049-5604	洞爺湖町栄町64	0142-76-2100
豊浦町適応指導教室　Raise	049-5416	豊浦町船見町95	0142-83-3954
新ひだか町学校適応指導教室「ステップ」	056-0014	新ひだか町静内古川町1-1-2	0146-49-0088
マイウェイ	041-1251	北斗市本郷2-32-5	0138-77-0560
七飯町教育支援センター「レインボー」	041-1134	七飯町鶴野229-2	0138-66-2067
サポートスペース函館	042-0932	函館市湯川町3-38-38	0138-57-8251
鹿部町教育支援センター「マイルーム」	041-1403	鹿部町宮浜311-2	01372-7-3124
適応指導教室「ウィズ」	095-0021	士別市西1条8-701-1	0165-23-0505
ゆっくらす	070-0044	旭川市常磐公園	0166-29-7131
まいくらす	076-0032	富良野市若松町5-10	0167-39-2320
適応指導教室	096-0041	名寄市西11条北2-12-54	01654-3-3465
東川町教育支援室	071-1423	東川町東町1-7-14	070-3149-6051
上富良野町教育支援センター	071-0541	上富良野町富町1-3-25	0167-45-1366
ゆっくるも	077-0033	留萌市見晴町2	0164-42-3333
稚内市学校適応指導教室（つばさ学級）	097-0012	稚内市富岡1-1-2	0162-73-1950
枝幸町学校適応指導教室（かにたま）	098-5807	枝幸町本町880	0163-62-1364
教育支援センター「あおぞらくらぶ」	090-0817	北見市常盤町2-1-68	0157-31-1255
適応指導教室「クリオネ学級」	093-0006	網走市南6条東4	0152-45-1628
ふれあい教室	094-0005	紋別市幸町3-1-4	0158-23-9113
教育支援室	099-0410	遠軽町東町2-2-59	0158-49-9616
適応指導教室ひまわり	099-4116	斜里町文光町51-9	0152-23-3311
教育相談室	092-0032	美幌町西1条南5-3	0152-73-5833
帯広市学校適応指導教室 ひろびろ	080-0016	帯広市西6条南6-4-1	0155-22-4105
ふれあい教室	080-0562	音更町東音更西2線23	0155-43-2313
ふれあい柳町教室「ほっと」	080-0122	音更町柳町仲区12-12	0155-67-6884
鹿追町教育支援センター ひなたぼっこ	081-0222	鹿追町東4-4	0156-66-2646
教育支援センターゆうゆう	082-0013	芽室町東3条3	080-9364-4429
いきいきクラブ	089-3721	足寄町旭川1-38	0156-25-4400
まなびや（学び舎）城山	085-0826	釧路市城山1-14-35	0154-42-4222
まなびや（学び舎）鳥取	084-0907	釧路市鳥取北8-3-10	0154-42-4222
ふれあいくらぶ弥生	087-0051	根室市緑町2-19	0153-23-2859
教育相談センター	086-1047	中標津町東7条北3-3	0153-72-1717
ふれあいるーむ	086-0205	別海町別海常盤町280	0153-75-0622
【青森県】			
こころの教育相談センター	030-0123	青森市大矢沢字野田80-2	017-728-5575
適応指導教室フレンドリールーム「あおいもり」	030-0903	青森市栄町1-10-10	017-743-3600
八戸市こども支援センター	031-0011	八戸市田向3-6-1　八戸市総合保健センター2F	0178-38-0724
三沢市教育相談センター	033-0022	三沢市三沢園沢230-1　国際交流教育センター内	0176-53-6060
適応指導教室「若駒学習室」	034-0081	十和田市西十三番町2-14　十和田市教育研修センター内	0176-24-2400
むつ市教育相談室	035-0071	むつ市小川町2-19-1　むつ市教育センター内	0175-22-0974
適応指導教室	036-0242	平川市柏木町藤山25-6　平川市役所教育委員会指導課	0172-55-5747
黒石市学習適応指導教室	036-0306	黒石市内町24-1　黒石市スポーツ交流センター	0172-52-7171
弘前市フレンドシップルーム	036-8085	弘前市大字末広4-10-1　弘前市総合学習センター内	0172-26-4805
五所川原市教育支援センター	037-0016	五所川原市一ツ谷504-1　五所川原市中央公民館3F	0173-34-3381
つがる市教育支援センター	038-3138	つがる市木造若緑52　つがる市生涯学習交流センター「松の館」1F	0173-49-1204
三戸地方教育相談室	039-0132	三戸町大字在府小路町17　三戸町総合福祉センター内	0179-23-3666
適応指導教室「メイプルルーム」	039-2371	六戸町大落瀬前谷61　六戸町図書館	0176-58-7141
中部上北教育相談室	039-2571	七戸町蛇坂55-8	0176-62-5158
適応指導教室	039-3112	野辺地町中道20-1　野辺地町勤労青少年ホーム内	0175-64-2119
鯵ヶ沢町教育支援センター	038-2792	鯵ヶ沢町舞戸町鳴戸321　鯵ヶ沢町教育委員会	0173-72-2111
深浦町教育支援センター	038-2324	深浦町深浦苗代沢84-2　深浦町教育委員会	0173-74-4419

教室名	郵便番号	住　　所	電話
板柳町教育支援センター	038-3672	板柳町灰沼岩井61　板柳町教育委員会	0172-72-1800
鶴田町教育支援センター	038-3595	鶴田町鶴田早瀬200-1　鶴田町教育委員会	0173-22-2111
中泊町教育支援センター	037-0392	中泊町中里紅葉坂209　中泊町教育委員会	0173-57-2111
教育相談室	039-3212	六ヶ所村尾駮野附478-2　中央公民館1F	0175-72-2111
横浜町学校適応支援教室	039-4141	横浜町三保野57-8　横浜町教育委員会	0175-75-6622

【岩手県】

教室名	郵便番号	住　　所	電話
ひろばモリーオ青山教室	020-0133	盛岡市青山3-37-7（青山地区活動センター3F）	019-647-3661
ひろばモリーオ仙北教室	020-0861	盛岡市仙北2-4-13（仙北地区活動センター2F）	019-635-3621
ウィング〜翼〜	028-7397	八幡平市野駄第21地割170（八幡平市役所内）	0195-74-2111
フレンド滝沢	020-0692	滝沢市中鵜飼55	019-656-6585
どんぐり広場	020-0541	雫石町千刈田5-4　勤労青少年ホーム	019-692-0611
葛巻町心の教室	028-5495	葛巻町葛巻16-1-1	0195-65-8989
石神ハート	028-4307	岩手町五日市第10地割44（岩手町役場内）	0195-62-2111
はばたき	028-3318	紫波町紫波中央駅前2-3-94（紫波町こどもセンター内）	019-613-6691
こころの窓	028-3692	矢巾町南矢幅13-123	019-611-2885
風の子ひろば	025-0075	花巻市花城町1-47	0198-23-0260
かりん教室	028-0515	遠野市東舘町8-12	0198-62-4412
学びのサポートセンター　なないろ	024-0061	北上市大通り1-3-1　おでんせプラザぐろーぶ3F	0197-62-7725
フロンティア奥州	023-0802	奥州市水沢区大畑小路6	0197-22-5752
たんぽぽ広場（一関教室）	021-0031	一関市青葉2-4-5	0191-82-2239
たんぽぽ広場（千厩教室）	029-0803	一関市千厩北方174	0191-53-2111
カラフル	029-4102	平泉町平泉志羅山25-3　平泉町学習交流施設「エピカ」内	0191-46-5576
とんとん教室	022-0003	大船渡市盛町中道下1-1	0192-28-2302
陸前高田市適応支援教室（陸前高田ジャンプスクール）	029-2206	陸前高田市米崎町神田113	090-5598-8329
若葉教室	026-8686	釜石市只越町3-9-13　第5庁舎	0193-22-8834
けやき共室	028-1131	大槌町大槌第23地割25-25	0193-42-7867
サーモン教室	027-0038	宮古市小山田2-1-1-1	0193-62-2111
おぐら山塾	028-1392	山田町八幡町3-20　中央コミュニティセンター内	0193-82-0783
あすなろ塾	028-0051	久慈市川崎町13-1	0194-53-2610
はつらつ塾	028-7914	洋野町種市22-1-1	0194-65-3933
ステップルームおあしす	028-6101	二戸市福岡川又47	0195-23-3111

【宮城県】

教室名	郵便番号	住　　所	電話
杜のひろば青葉	980-0022	仙台市青葉区五橋2-1-15　（あしなが育英会レインボーハウス1F）	022-222-4270
杜のひろば立町	980-0871	仙台市青葉区立町8-1　立町小学校4F	022-721-8845
仙台市適応指導センター「児遊の杜」	981-3131	仙台市泉区七北田字東裏28-1	022-773-4150
杜のひろば泉	981-3132	仙台市泉区将監3-10-1　将監小学校南校舎2F	022-372-2441
杜のひろば太白	982-0001	仙台市太白区八本松1-16-1　八本松小学校1F	022-308-4163
杜のひろば八木山	982-0801	仙台市八木山本町1-43	022-226-7586
杜のひろば宮城野	983-0842	仙台市宮城野区五輪1-4-22	022-296-7590
杜のひろば若林	984-0826	仙台市若林区一本杉町17-10	022-984-0828
仙南けやき教室	989-1104	白石市白川内親五輪沢9	0224-27-2001
白石市教育支援センター「白石市子どもの心のケアハウス」	989-0257	白石市亘理町37-3	0224-25-3739
角田市子どもの心のケアハウス「Cocoはうすかくだ」	981-1512	角田市横倉今谷186-2	0224-63-4152
柴田町子どもの心のケアハウス	989-1604	柴田町船岡東1-2-65（船岡公民館内）	0224-51-9331
丸森町子どもの心のケアハウス	981-2165	丸森町町西29-2	0224-87-6171
名取市子どもの心のケアハウス「はなもも教室」	981-1212	名取市小塚原字田43-2	022-395-6636
亘理町子どもの心のケアハウス「さざんか教室」	989-2351	亘理町桜小路50-11	0223-36-7082
教育支援センターいわぬま子どもの心のケアハウス「あいる〜む」	989-2464	岩沼市三色吉松150-1（岩沼市勤労者活動センター内）	0223-23-0670
七ヶ浜町学校教育支援センター	985-0802	七ヶ浜町吉田浜野山5-9　中央公民館内	080-8221-5802
利府町子どもの心のケアハウス「十符ルーム」	981-0131	利府町青山1-57-2	022-352-8510
大和町子どもの心のケアハウス「めーぷるTAIWA」	981-3621	大和町吉岡町裏16	022-341-6238
大郷町子どもの心のケアハウス「とらいあんぐる」	981-3521	大郷町中村屋鋪8-19	022-725-8601
富谷市教育支援センター「ぽんぽこ広場Tomiya」	981-3311	富谷市富谷狸屋敷110-4	022-725-3755
大崎市子どもの心のケアハウス	989-6171	大崎市古川北町5-5-2（旧中央公民館内）	080-6058-1894
加美町子どもの心のケアハウス	981-4231	加美町百目木一番38-4	0229-87-8655
わくや子どもの心のケアハウス「コンパス」	987-0121	涌谷町中江南278	0229-25-7307
美里町子どもの心のケアハウス「はなみずき教室」	989-4205	美里町木間塚中央1	0229-87-8355
栗原市けやき教室	989-5171	栗原市金成沢辺西大寺1-5（栗原市教育研究センター内）（旧沢辺小）	0228-42-1158

教室名	郵便番号	住　　所	電話
石巻市学びサポートセンター「コイル」	986-0863	石巻市向陽町3-13-7	0225-22-4157
東松島市教育支援センター「ひがまつBASE」	981-0503	東松島市矢本北浦25	0225-25-4882
女川町子どもの心のケアハウス	986-2243	女川町鷲神浜堀切山107-17	0225-24-6685
登米市子どもの心のケアハウス「さくらの木」	987-0602	登米市中田町上沼舘43	0220-34-7401
気仙沼市教育サポートセンター来所者支援室「かなエ〜ル」	988-8502	気仙沼市魚市場前1-1	0226-24-0766
南三陸町教育支援センター「はまゆり」	986-0725	南三陸町志津川沼田56	0226-25-7740

【秋田県】

教室名	郵便番号	住　　所	電話
かづのこもれび教室	018-5201	鹿角市花輪字荒田1-1　鹿角市交流センター内	0186-22-0275
おおとり教室	017-0897	大館市三の丸103-4　大館市総合福祉センター内	0186-42-4888
北秋田さわやか教室	018-3311	北秋田市材木町2-2　北秋田市交流センター内	0186-62-4860
あきたリフレシュ学園	018-4251	北秋田市鎌沢石渕44　合川学童研修センター内	0186-78-4180
はまなす広場	016-0894	能代市萩の台1-28　サン・ウッド能代内	0185-52-8282
あすなろ教室	018-2401	三種町鵜川西本田2　三種町八竜公民館内	0185-85-2177
中央さわやか教室	010-0101	潟上市天王長沼132-21　潟上市勤労青少年ホーム内	018-873-7666
すくうる・みらい	010-0974	秋田市八橋運動公園1-10　ソユースタジアム（八橋陸上競技場内）	018-888-5808
本荘ふれあい教室	015-0076	由利本荘市東町15　由利本荘市教育支援センター内	0184-22-7750
ぱすてる	018-0402	にかほ市平沢八森31-1　にかほ市総合福祉交流センター内	0184-74-4181
フレッシュ広場	014-0063	大仙市大曲日の出町2-7-53　大曲交流センター内	0187-63-8317
さくら教室	014-0592	仙北市西木町上荒井古堀田47　仙北市役所西木庁舎内	0187-43-3387
南かがやき教室	013-0102	横手市平鹿町醍醐四ツ屋76　醍醐公民館内	0182-25-3080
西かがやき教室	013-0461	横手市大雄三村東18　横手市大雄農業団地センター内	0182-23-8648
そよ風教室	012-0824	湯沢市佐竹町4-52　湯沢市教育研究所内	0183-78-0720

【山形県】

教室名	郵便番号	住　　所	電話
山辺町適応指導教室	990-0301	山辺町山辺1　山辺町中央公民館	023-664-6042
中山町相談教室	990-0401	中山町長崎6010　中山町中央公民館	023-662-5590
相談教室	990-0832	山形市城西町2-2-15　山形市総合学習センター	023-645-6182
寒陵スクール	991-0003	寒河江市大字西根字石川西333　寒河江市文化センター	0237-86-1700
米沢市適応指導教室（ガイダンス教室）	992-0039	米沢市門東町1-5-36　ガイダンス教室	0238-21-7830
高畠町適応指導教室「ぽけっと」	992-0392	高畠町大字高畠435　高畠町中央公民館	0238-52-3054
適応指導教室	992-0892	白鷹町荒砥甲833　白鷹町中央公民館	0238-85-6144
ほっとなるスクール	993-0041	長井市九野本1235-1　置賜生涯学習プラザ	0238-82-8024
アウタースクール	994-8510	天童市老野森2-6-2　天童市勤労青少年ホーム	023-654-4520
教育支援センター	995-0035	村山市中央1-6-5　いきいき元気館	0237-55-2120
適応指導教室（シャイニングクラス）	996-0033	新庄市下金沢町15-11　わくわく新庄（体育館）	0233-23-0197
適応指導教室（シャイニングクラス）	996-0084	新庄市大手町1-60　新庄市民プラザ	0233-22-4200
鶴岡市適応指導教室「おあしす」	997-0015	鶴岡市末広町3-1マリカ東館　鶴岡市教育相談センターマリカ東館	0235-23-9351
ふれあい教室	998-0031	酒田市浜田1-10-3　浜田学区コミュニティ防災センター	0234-22-2182
川西町教育支援センター「えがお」	999-0122	川西町中小松2240-1　川西町農村環境改善センター	090-6257-7037
適応指導教室「パレット」	999-0604	飯豊町大字椿3622　飯豊町こどもみらい館	0238-72-3336
適応指導教室	999-1352	小国町大字岩井沢704　おぐに開発総合センター	0238-62-2141
南陽市教育相談室（クオーレ）	999-2244	南陽市島貫513　南陽市わくわくセンター	0238-43-6919
すこやか教室	999-3145	上山市河崎1-23　上山市南部地区公民館	023-673-7255
河北町適応指導教室「ゆうゆう」	999-3511	河北町谷地所丘142-4　河北町女性・青少年センター	0237-71-1152
東根市適応指導教室（ハートフルスクール）	999-3787	東根市白水1-7-21　東根市就業改善センター	080-3441-1409
尾花沢市適応指導教室（スマイルホーム）	999-4225	尾花沢市若葉町1-8-25　尾花沢市学習情報センター悠美館	0237-22-2399
りんどう教室	999-6101	最上町大字向町674　最上町中央公民館	0233-43-2350
ほっとるうむ	999-6601	庄内町余目猿田30　余目中学校	0234-43-2044
友遊スクール	999-8301	遊佐町遊佐鶴田52-2　遊佐町農業トレーニングセンター	0234-72-3413

【福島県】

教室名	郵便番号	住　　所	電話
ふれあい教室	960-8001	福島市天神町11-31　福島市総合教育センター	024-536-6500
あおば教室　梁川教室	960-0756	伊達市梁川町青葉町1　梁川分庁舎3F	024-572-4848
あおば教室　保原サテライト教室	960-0671	伊達市保原町東野崎45-9　阿武隈急行保原駅コミュニティセンター2F	090-2795-0861
教育支援センター「ステップ」	969-1761	国見町藤田観月台15　観月台文化センター内	024-585-2119
さわやか教室	961-0072	白河市北中川原314　国体記念体育館内	0248-23-5370
適応指導教室「ふれあいスクール」	964-0906	二本松市若宮2-69　教育支援センター	0243-24-8400
すまいる・るーむ	969-1101	本宮市高木黒作1　本宮市総合体育館2F	0243-24-5445
大玉村適応指導教室「あだたらふれあい教室」	969-1301	大玉村大山大江田中37-1　大山公民館内	0243-48-3136

教室名	郵便番号	住　　　所	電話
ふれあい学級・すこやか学級	963-8025	郡山市桑野1-2-3　ニコニコこども館5F	024-933-8081
若草教室	969-0404	鏡石町中央59	0248-62-1055
すこやか教室	962-0839	須賀川市大町172	0248-72-7185
天栄村適応指導教室　ほっとルーム	962-0523	天栄村下松本原畑66	0248-82-2118
石川町適応指導教室「キララルーム」	963-7852	石川町関根165　文教福祉複合施設 モトガッコ内	0247-26-9151
まごころ教室	963-4312	田村市船引町船引扇田19　田村市図書館内	090-5561-8429
学びの支援センター「あこがれ教室」	963-7724	三春町南町26-1　三春町保健センター内	0247-62-6310
矢吹町適応指導教室　大池教室	969-0238	矢吹町大池243-2	0248-44-4400
あすなろ教室	963-5405	塙町塙桜木町80　塙町公民館内	0247-43-4050
子どもサポート教室	963-6131	棚倉町棚倉東中居81	0247-33-4448
適応指導教室「ひまわり教室」	965-0807	会津若松市城東町15-62「少年の家」	0242-26-3413
ふれあい広場	976-0041	相馬市西山表西山92-1　相馬市教育研究実践センター	0244-36-2114
南相馬市適応指導教室　やすらぎ広場	975-0016	南相馬市原町区仲町1-177　原町なかまち保育園	0244-24-1500
原町リトリート	975-0061	南相馬市原町区大木戸北西原50-1	050-8884-3694
いわき市平チャレンジホーム	970-8026	いわき市平堂根町1-4　いわき市総合教育センター内	0246-22-3716
小名浜チャレンジホーム	971-8166	いわき市小名浜愛宕上7-2　小名浜公民館	0246-54-1890
磐崎チャレンジホーム	972-8316	いわき市常磐西郷町大夫32-1　岩崎公民館	0246-42-3015
植田チャレンジホーム	974-8261	いわき市植田町南町1-2-2　植田公民館	0246-63-3467

【茨城県】

教室名	郵便番号	住　　　所	電話
うめの香ひろば	310-0852	水戸市笠原町978-5　水戸市総合教育研究所内	029-244-6720
教育支援室「ここから」	309-1704	笠間市美原3-2-11　笠間市こども育成支援センター内	0296-78-9151
いちょう広場	312-0052	ひたちなか市東石川1-1-1　ひたちなか市教育研究所内	029-274-7837
あゆみの広場	311-4503	常陸大宮市野口1337　常陸大宮市教育支援センター内	0295-55-2514
ひまわり教室	311-0122	那珂市戸2297　教育支援センター内	029-229-3303
パステルおみたま	319-0116	小美玉市中台559　農村環境改善センター2F	0299-49-1012
ハーモニーおみたま	319-3423	小美玉市小川234-1　元気っ子幼稚園内	0299-58-5930
とんぼのひろば	311-3131	茨城町小堤1037-1　茨城町総合福祉センター内	029-240-7133
すくすくなぎさ	311-1301	大洗町磯浜6881-192　大洗町教育センター内	029-267-3190
うぐいすのひろば	311-4303	城里町石塚1428-1　コミュニティセンター城里2F	029-288-2081
たんぽぽくらぶ	319-1115	東海村船場774-5　東海村立図書館併設東海村教育支援センター	029-282-7811
山びこひろば	319-3551	大子町池田1805-1　大子町立池田集会所2F	0295-76-8886
ちゃれんじくらぶ　多賀教室	316-0006	日立市末広町1-1-4　日立市立多賀図書館4F	0294-38-7802
ちゃれんじくらぶ　日立教室	316-0064	日立市神峰町1-6-11　日立市教育プラザ3F	0294-23-9102
かわせみくらぶ	313-0007	常陸太田市新宿町1299　旧誉田幼稚園	0294-73-2114
萩のひろば	318-0033	高萩市本町1-208　高萩市役所第2分庁舎	0293-22-0075
ふれあい広場	319-1542	北茨城市磯原町本町2-4-16　地域福祉交流センター2F	0293-42-7720
ゆうゆう広場	311-2433	鹿嶋市宮中1998-2　鹿嶋市教育センター内	0299-82-3140
のびのびルーム	311-2433	潮来市堀之内1664　旧牛堀第二小学校	0299-64-2145
いきいき神栖	314-0116	神栖市奥野谷6405-1　第2松風荘内	0299-97-0014
すくすく波崎	314-0341	神栖市矢田部3024	0479-40-5512
教育支援センター「ポプラ」	311-1712	行方市繁昌212	0291-35-3030
すずらんルーム	311-1503	鉾田市徳宿1261-1鉾田市生涯学習館「とくしゅくの杜」(旧徳宿小学校)内	0291-36-6171
ポプラひろば	300-1424	土浦市宍塚1478	029-825-6211
あすなろ	315-0018	石岡市若松1-11-18　石岡市立府中小学校2号館2～3F	0299-24-5519
夢ひろば	301-0004	龍ケ崎市馴馬町2445　龍ケ崎市教育センター内	0297-62-9192
ひまわり	302-0034	取手市戸頭8-10-1　取手市教育総合支援センター	0297-63-4756
きぼうの広場	300-0805	牛久市猪子町779	029-874-6075
つくしの広場	300-4353	つくば市沼田40-2　つくば市教育相談センター内	029-866-2211
はばたき	302-0101	守谷市板戸井2418　もりや学びの里内	0297-45-2655
おおぞら	300-0508	稲敷市佐倉1356-1　稲敷市教育センター内	029-892-2852
なのはな	300-2453	つくばみらい市上長沼1250	0297-52-4332
ひたちの広場	315-0066	かすみがうら市中佐谷1250　第一常陸野公園内	0299-59-1230
だんだんルーム	300-0424	美浦村受領1470　光と風の丘公園クラブハウス内	029-885-7788
やすらぎの園	300-0333	阿見町若栗1838-24　阿見町教育相談センター内	029-888-1225
みどりの広場	300-1312	河内町源清田1942　河内町役場みずほ分庁舎　河内町教育委員会内	0297-84-3322
とねっ子ひろば	300-1632	利根町下曽根278-1　利根町図書館内	0297-68-2213
はなももルームこが	306-0401	古河市鴻巣399-1　古河公方公園(古河総合公園)管理棟内	0280-23-6266
さるびあルームそうわ	306-0221	古河市駒羽根620　ネーブルパーク内	0280-92-7311
こすもすルームさんわ	306-0125	古河市仁連2228-7　三和地域福祉センター敷地内	0280-76-3321

教室名	郵便番号	住　　所	電話
教育支援センター下館	308-0825	筑西市下中山732-1　　筑西市下館武道館3F	0296-47-3328
教育支援センター関城	308-0194	筑西市舟生1040　関城支所内3F	0296-37-7830
教育支援センター明野	300-4517	筑西市海老ヶ島2198-2　　筑西市海老ヶ島集会所内	0296-52-6616
教育支援センター協和	309-1103	筑西市久地楽260　多目的研修センター内	0296-57-2600
フレンド「ゆうの木」	307-0001	結城市結城1745-1　結城市立公民館北部分館内	0296-33-1201
スクールサポートセンター	304-8555	下妻市鬼怒230　千代川庁舎南棟(R6.4/1より新住所になります)	0296-30-1919
ひばり	306-0632	坂東市辺田679	0297-20-8380
さくらの広場	309-1242	桜川市羽田1028-1　大和体力増進センター内	0296-58-6112
かしのきスクール	300-2706	常総市新石下2011	0297-42-1528
けやきの家	300-3592	八千代町菅谷1027(中央公民館3F)	0296-48-1519
たんぽぽ	306-0313	五霞町元栗橋6250　B&G海洋センター内	0280-84-3533
境町フレンドスクール	306-0632	境町上小橋540　文化村公民館内	0280-86-7844

【栃木県】

教室名	郵便番号	住　　所	電話
とらいあんぐる	320-0816	宇都宮市天神1-1-24	028-639-4391
まちかどの学校	320-0017	宇都宮市戸祭台46-1	028-689-8995
U@りんくす(デジタル適応支援教室)	326-0816	宇都宮市天神1-1-24	028-639-4380
オアシス	329-0611	上三川町上三川5040	0285-56-9288
鹿沼市適応指導教室アメニティホーム	322-0305	鹿沼市口粟野1817	0289-85-1175
日光市教育支援センター	321-2411	日光市大桑町136	0288-21-7077
もおかライブリー教室	321-4325	真岡市田町1344	0285-83-9488
益子町学校適応指導教室(つばさ教室)	321-4217	益子町益子3711-1	0285-72-3032
茂木町児童生徒サポートセンター「もてぎスマイルガーデン」	321-3074	茂木町牧野1861	0285-81-6533
市貝町教育支援センター(アドバンス教室)	321-3424	市貝町上根1577	0285-68-2555
芳賀町教育支援センター	321-3321	芳賀町下高根沢2552(芳賀町生涯学習センター内)	028-677-0077
教育支援センター「ひばり」	321-0236	壬生町上稲葉1056-8	0282-82-4114
あすなろ教室	329-0195	野木町丸林571	0280-57-4189
小山市教育支援センターアルカディア	323-0031	小山市八幡町1-5-15	0285-24-5531
栃木市教育支援センターはばたき	328-0031	栃木市日ノ出町14-36(旧栃木公民館敷地内)	0282-25-2906
栃木市教育支援センターあじさい	329-4423	栃木市大平町西水代1787(大平南地区公民館内)	0282-43-2370
栃木市教育支援センターわたらせ	323-0314	栃木市藤岡町藤岡810(栃木市藤岡公民館内)	0282-62-4498
栃木市教育支援センターすずかぜ	328-0103	栃木市都賀町原宿535(都賀歴史民俗資料館内)	0282-28-0801
栃木市教育支援センターコスモス	329-4304	栃木市岩舟町静2170-1(栃木市静和地区公民館内)	0282-55-5117
スマイル教室	320-0502	下野市花の木2-2-25	0285-52-2116
矢板市適応指導教室チャレンジハウス	329-1571	矢板市片岡1143-1	0287-48-2734
那須烏山市・那珂川町適応指導教室　レインボーハウス	321-0617	那須烏山市上境240	0287-82-2738
那須烏山市・那珂川町適応指導教室レインボーハウス那河分教	324-0613	那珂川町馬頭550-1	0287-82-2738
フリースペース「ひよこの家」	329-1222	高根沢町渡戸261	028-676-0058
大田原市適応指導教室「すばる」	324-0047	大田原市美原1-17-14	0287-24-0890
那須町教育相談室	329-3215	那須町寺子乙1240-1(りぼーる・たなか内)	0287-72-6950
那須塩原市教育支援センターふれあい	325-0058	那須塩原市綿町7-3	0287-63-8526
那須塩原市教育支援センターあすなろ	329-2705	那須塩原市南郷屋5-163	0287-36-6989
アクティヴ教室	327-0042	佐野市上羽田町1134-1	0283-20-3011
足利市学校・家庭教育相談室(センター相談室)	326-0052	足利市相生町1-1	0284-42-7672

【群馬県】

教室名	郵便番号	住　　所	電話
にじの家	371-0035	前橋市岩神町3-1-1	027-234-5210
かがやき	371-0217	前橋市粕川町西田面216-1	027-285-5345
あすなろ	371-0114	前橋市富士見町田島866-1	027-288-5500
かけはし	―	前橋市内で2か所開設中	027-212-4039
アクティブ並榎教室	370-0802	高崎市並榎町123	027-323-6088
ユース台新田教室	370-1206	高崎市台新田町314	027-346-7166
フレッシュ群馬教室	370-3531	高崎市足門町1678-1	027-329-7113
さわやか箕郷教室	370-3105	高崎市箕郷町西明屋702-4	027-371-5560
すこやか新町教室	370-1301	高崎市新町3131-2	0274-42-1383
ふれあい榛名教室	370-3342	高崎市下室田町900-1	027-374-1881
パブリック末広教室	370-0065	高崎市末広町115-1	027-370-8834
うしぶせの家吉井教室	370-2124	高崎市吉井町塩577	027-387-3527
あぷろーち	376-0042	桐生市堤町1-23-16	0277-43-2602
ほっとる〜む・鹿島	372-0015	伊勢崎市鹿島町581-1	0270-27-5631

教室名	郵便番号	住　　所	電話
ほっとる～む・赤堀	379-2204	伊勢崎市西久保町2-98	0270-63-1890
ほっとる～む・あずま	379-2234	伊勢崎市東小保方町3242-1	0270-63-8367
ほっとる～む・境	370-0125	伊勢崎市境萩原1739-1	0270-74-7787
太田ふれあい教室	373-0845	太田市泉町1405	0276-20-6202
太田第二ふれあい教室	373-0032	太田市新野町80-3	0276-55-4630
きずな	378-0125	沼田市白沢町平出135-1	0278-53-2190
ふれあい学級	374-0029	館林市仲町14-1	0276-72-0542
かけはし	377-0008	渋川市渋川2536-2	0279-24-2226
藤岡市にじの家	375-0024	藤岡市藤岡963-13	0274-24-3222
よもぎ教室	370-2316	富岡市富岡378	0274-62-3165
せせらぎの家	379-0108	安中市上後閑1305	027-385-6461
なごみ教室大間々	376-0101	みどり市大間々町大間々235-6	0277-76-9862
なごみ教室笠懸	379-2313	みどり市笠懸町阿左美1714-1	0277-77-0100
すてっぷ榛東	370-3593	東村新井790-1	0279-54-2211
吉岡町ふれあい教室	370-3692	吉岡町下野田560	0279-54-3111
虹	377-0414	中之条町平2138	0279-26-3661
みらい	379-1305	みなかみ町後閑318	0278-62-2275
昭和村子ども未来塾	379-1203	昭和村糸井405-1	0278-24-5120
ふれあい	370-1132	玉村町下新田187	0270-65-0091
ふれあい教室	370-0716	明和町川俣211	0276-84-5128
あゆみ教室	370-0518	大泉町城之内4-2-1	0276-63-8626
ふれあい教室	370-0603	邑楽町中野3197	0276-88-9779
ひだまり	370-0503	千代田町赤岩1701-1	0276-86-6311
つぼみ	377-0702	高山村中山3410	0279-63-3046
ゆうゆう	370-2622	下仁田町中小坂608-1	0274-82-2115

【埼玉県】
＜南部＞

教室名	郵便番号	住　　所	電話
岸町教育相談室・教育支援センター「はぐくみ」	330-0064	さいたま市浦和区岸町6-13-15	048-838-8686
あいぱれっと教育相談室・教育支援センター「あおぞら」	330-0071	さいたま市浦和区上木崎4-4-10	048-711-5433
北教育相談室・教育支援センター「はばたき」	331-0823	さいたま市北区日進町2-1915-1（つばさ小学校体育館2F）	048-661-0050
美園教育相談室・教育支援センター「かけはし」	336-0967	さいたま市緑区美園4-19-1	048-711-7215
堀崎教育相談室・教育支援センター「ステップ」	337-0052	さいたま市見沼区堀崎町48-1	048-688-1414
岩槻教育相談室・教育支援センター「たいよう」	339-8585	さいたま市岩槻区本町3-2-5　ワッツ東館4F	048-790-0227
川口市教育支援センター「わくわくスクール（小学校対象）」	333-0853	川口市芝園町3-17	048-267-1123
川口市教育支援センター「チャレンジスクール（中学校対象）」	333-0853	川口市芝園町3-17	048-267-1123
教育支援センター「日々草学級」	335-0004	蕨市中央6-8-25	048-434-8686
教育支援センター「すてっぷ」	335-0022	戸田市上戸田1-19-14	048-434-5660
教育支援センター「西すてっぷ」	335-0031	戸田市美女木5-2-16　（西部福祉センター内）	048-434-5660
学校適応指導教室「ふれあい教室」	340-0013	草加市松江1-1-32	048-933-7591
朝霞市子ども相談室・適応指導教室「ひばり」	351-0033	朝霞市浜崎3-6-24	048-471-8080
和光市教育支援センター（あすなろ教室）	351-0114	和光市本町31-17 2F	048-466-8341
適応指導教室「ふれあいルーム」	352-0011	新座市野火止1-14-14	048-477-4152
志木市立教育サポートセンター（ステップルーム）	353-0001	志木市上宗岡1-5-1　5F	048-471-2211
上尾市教育センター「かもめ・けやき教室」	362-0037	上尾市上町2-14-19	048-776-7600
伊奈町教育センター	362-0806	伊奈町中央4-400	048-721-6161
桶川市教育センター「けやき教室」	363-0026	桶川市上日出谷南3-35-12	048-786-3237
北本市立教育センター	364-0027	北本市栄1　北本市立旧栄小学校内	048-591-2176
鴻巣市立教育支援センター（適応指導教室）	365-0004	鴻巣市関新田1281-1	048-569-3181

＜西部＞

教室名	郵便番号	住　　所	電話
川島町スクーリング・サポートセンター	350-0123	川島町畑中348	049-297-6556
適応指導教室「ぱすてる」	350-0275	坂戸市伊豆の山町17-1	049-281-2736
適応指導教室	350-0416	越生町越生917	049-292-3121
教育支援センター「レインボー」	350-0451	毛呂山町毛呂本郷7-4	049-295-0622
教育支援室「つばさ教室」	350-1101	川越市的場2649-1	049-234-8333
小学生学習支援室	350-1101	川越市的場2649-1	049-234-8333
小学生学習支援室	350-0052	川越市宮下町1-19-12　教育センター第2分室	049-224-7788
教育支援センター「ユリイカ」	350-1231	日高市鹿山370-20	042-989-7879
狭山市立教育センター　適応指導教室「けやき」	350-1304	狭山市狭山台2-7-4	04-2956-2299

教室名	郵便番号	住　　　所	電話
教育センター　教育支援室「アペルト」	350-2213	鶴ヶ島市脚折1922-10	049-286-8993
富士見市適応指導教室「あすなろ」	354-0002	富士見市上南畑1317	049-253-5313
三芳町教育相談適応指導教室	354-8555	三芳町藤久保1100-1	049-274-1023
ふれあい教室（教育支援センター）	355-0005	東松山市松山2616	0493-25-0800
適応指導教室「あすなろ教室」	355-0119	吉見町中新井493-1	0493-54-1752
小川町適応指導教室（広域）	355-0311	小川町高谷2507-18	0493-72-6859
ふじみ野市教育相談室	356-0011	ふじみ野市福岡1-1-3　上野台体育館管理棟2F	049-266-1113
教育支援センター（杉っ子ルーム）	357-0021	飯能市双柳94-25	042-973-9522
入間市教育センター「ひばり教室」	358-0001	入間市向陽台1-1-7	04-2964-8355
所沢市教育支援センター「クウェスト」	359-1118	所沢市けやき台2-44-2	04-2923-2396
<北部>			
教育支援センター「さくら教室」	360-8601	熊谷市原島315	048-523-1570
深谷市適応指導教室「いきいき教室」「いきいきナイトスクール」	366-0823	深谷市本住町12-8	048-551-3688
本庄市教育支援センター「ふれあい教室」（広域）	367-0062	本庄市小島南1-8-4	0495-22-4287
秩父市適応指導教室「ひまわり教室」	368-0016	秩父市阿保町9-28	0494-26-6321
横瀬町適応指導教室	368-0072	横瀬町横瀬2000	0494-25-0118
小鹿野町適応指導教室	368-0201	小鹿野町両神薄2713-1	0494-79-1201
適応指導教室「かわせみ教室」	369-1203	寄居町寄居653-1	048-580-2051
長瀞町適応指導教室	369-1302	長瀞町野上下郷3312	0494-69-1107
皆野町適応指導教室「みーな教室」	369-1412	皆野町皆野1423	0494-62-4563
<秩父>			
秩父市適応指導教室「ひまわり教室」	368-0016	秩父市阿保町9-28	0494-26-6321
横瀬町適応指導教室	368-0072	横瀬町横瀬2000	0494-25-0118
小鹿野町適応指導教室	368-0192	小鹿野町小鹿野89	0494-75-5063
長瀞町適応指導教室	369-1302	長瀞町野上下郷3312	0494-69-1107
皆野町適応指導教室「みーな教室」	369-1412	皆野町皆野1423	0494-62-4563
<東部>			
幸手市心すこやか支援室	340-0114	幸手市東3-12-25	0480-42-0356
教育支援センター　コスモスフレンドルーム	340-0295	久喜市鷲宮6-1-1　4F	0480-58-1999
教育支援センター　さくらフレンドルーム	346-0013	久喜市青葉1-3-1	0480-25-2500
教育支援センター　ポピーフレンドルーム	346-0192	久喜市菖蒲町新堀38　5F	0480-85-4334
教育支援センター　サルビアフレンドルーム	349-1123	久喜市間鎌255-1　健康福祉センター（くりむ）内	0480-52-1314
適応指導教室「フレンドスクール」	340-0802	八潮市鶴ヶ曽根1	048-995-0077
適応指導教室「みずぬま」	341-0004	三郷市上彦名870	048-959-3222
適応指導教室「野のさと」	341-0035	三郷市鷹野1-35-1	048-955-9800
教育支援センター「宇宙」	342-0055	吉川市吉川1-21-13	048-981-3863
適応指導教室「おあしす」北教室（桜井地区センター内）	343-0045	越谷市下間久里792-1	048-962-9300
適応指導教室「おあしす」中教室（教育センター内）	343-0011	越谷市増林3-4-1	048-962-9300
適応指導教室「おあしす」南教室（蒲生地区センター内）	343-0846	越谷市登戸町33-16	048-962-9300
松伏町適応指導教室	343-0114	松伏町ゆめみ野東2-8-8	048-992-2000
教育相談センター大沼分館「そよかぜ」	344-0038	春日部市大沼6-75	048-737-1091
登校支援指導教室「ステップ」	344-0062	春日部市粕壁東3-2-15	048-763-2220
教育相談センター庄和分館「すくすく」	344-0124	春日部市米崎357	048-745-1700
杉戸町教育相談所・適応指導教室（大空）	345-0042	杉戸町大島477-8	0480-32-8845
宮代町教育支援センター「みらい」	345-0821	宮代町中央3-6-11	0480-53-3727
加須市適応指導教室　学習室「ピア」（加須市立教育センター内）	347-0055	加須市中央2-4-17	0480-62-2955
羽生市教育支援センター	348-0058	羽生市中央3-7-5	048-562-7200
教育センター　蓮田市適応指導教室「エコー」	349-0101	蓮田市黒浜3800	048-764-3665
白岡市教育支援センター	349-0218	白岡市白岡1172	0480-93-6850
適応指導教室「ウィズ」	361-0066	行田市上池守47	048-555-0788
【千葉県】			
ライトポート中央	260-0811	千葉市中央区大森町268　市立大森小学校内	043-261-3831
ライトポート美浜	261-0011	千葉市美浜区真砂4-5-1　市立真砂西小学校内	043-278-4501
ライトポート花見川	262-0019	千葉市花見川区朝日ヶ丘2-6-1　市立朝日ヶ丘小学校内	043-276-7520
ライトポート稲毛	263-0014	千葉市稲毛区作草部町1298-1　市立千草台東小学校内	043-285-5550
ライトポート若葉	264-0027	千葉市若葉区若松台2-25-1　市立若松台小学校内	043-234-1566

教室名	郵便番号	住　　所	電話
ライトポート緑	267-0061	千葉市緑区土気町1634-2　市立土気小学校内	043-295-7050
フレンドステーション　エルズ	270-0153	流山市中110　市生涯学習センター4F	04-7150-8388
フレンドステーション　しんかわ	270-0116	流山市中野久木339	04-7153-1885
我孫子教育支援センター（かけはし）	270-1132	我孫子市湖北台4-3-1　湖北台東小学校1F	04-7187-5671
我孫子教育支援センター（ひだまり）	270-1151	我孫子市本町3-1-2　けやきプラザ内	04-7165-2883
緑のまきば	270-1342	印西市高花2-4-4　印西市立高花小学校内	070-3797-2683
ふれあいルーム緑のまきば	270-1327	印西市大森3934-1　中央公民館	0476-42-2911
森のステーションまきば	270-1313	印西市小林北5-1-6　小林公民館	0476-97-0003
ゆうがく館	270-1516	栄町安食938-1　ふれあいプラザさかえ（ふれあいセンター2F）	0476-80-1520
松戸市教育支援センター「ふれあい学級」	271-0068	松戸市古ケ崎1-3073	047-362-3366
松戸市教育支援センター「常盤平ほっとステーション」	270-2261	松戸市常盤平7-1	047-389-0786
松戸市教育支援センター「古ケ埼ほっとステーション」	271-0068	松戸市古ケ埼1-3073	047-362-3366
ふれんどルーム市川	272-0015	市川市鬼高1-1-4　生涯学習センター3F	047-320-3336
ひまわり	273-0003	船橋市宮本6-33-1	047-425-1277
ふれあい談話室	273-0101	鎌ケ谷市富岡2-6-1　市生涯学習推進センター（まなびぃプラザ）2F	047-445-4953
フレンドあいあい	275-0001	習志野市東習志野3-4-1　市立東習志野こども園内	047-471-1236
フレンド八千代	276-0031	八千代市八千代台北8-9-12　八千代市適応支援教室	047-486-1019
教育支援センター増尾台	277-0052	柏市増尾台3-5-9　市立増尾西小学校内	04-7175-7755
教育支援センター柏たなか	277-0802	柏市船戸1-7-1	04-7131-5571
教育支援センター豊四季台	277-0845	柏市豊四季台4-2-1　市立柏第六小学校内	04-7143-7724
教育支援センターきぼうの園	277-0872	柏市十余二313-92　市青少年センター内	04-7133-9400
教育支援センター大津ケ丘	277-0921	柏市大津ケ丘4-8　市立大津ケ丘第二小学校内	04-7191-3366
野田市教育支援センターひばり	278-0006	野田市柳沢53　市青少年センター	04-7125-8088
野田市教育支援センターひばり　関宿分室	270-0222	野田市木間ケ瀬619-2	04-7125-8088
浦安市いちょう学級 猫実	279-0004	浦安市猫実2-1-1　市適応指導教室	047-351-1151
浦安市いちょう学級 入船	279-0012	浦安市入船5-45-1　浦安市まちづくり活動プラザ内	047-711-2336
学校教育相談室「ルームよつば」	284-0003	四街道市鹿渡917　市立中央小学校	043-422-8729
ルームさくら（佐倉教室）	285-0014	佐倉市栄町8-7　ヤングプラザ2F	043-484-6611
ルームさくら（志津教室）	285-0845	佐倉市西志津4-1-2　西志津ふれあいセンター2F	043-489-1002
ふれあいルーム	285-8510	酒々井町中央台4-11　町役場西庁舎	043-496-1171
ふれあいるーむ21	286-0033	成田市花崎町143-6　市教育支援センター2F	0476-20-1414
ふれあいセンター	286-0221	富里市七栄653-1　市立図書館2F	0476-91-6600
銚子市教育支援センター　しおさい学級	288-0021	銚子市小畑新町7756	0479-21-0345
ふれあい教室	289-0221	神崎町神崎本宿96	0478-72-1601
ふれあいステーション小見川	289-0393	香取市羽根川38	0478-82-1123
ふれあいルーム東庄石出分館	289-0612	東庄町石出939-1	0478-86-1004
ナチュラル	289-1115	八街市八街ほ208-260　市教育支援センター	043-443-8040
ハートフルさんぶ大網白里教室	299-3265	大網白里市上貝塚74　市青少年研修センター	0475-73-0072
ハートフルさんぶ東金教室	283-0068	東金市東岩崎1-3　東金市役所別棟2F	0475-73-0072
ハートフルさんぶ山武教室	289-1326	山武市成東2554-1	0475-73-0072
ハートフルさんぶ横芝光教室	289-1727	横芝光町宮川11907-2　町民会館	0475-73-0072
さわやかルーム	289-2198	匝瑳市八日市場ハ793-35　八日市場ドーム	0479-73-0094
紫陽花教室	289-2241	多古町多古2855　町コミュニティプラザ	0479-76-5411
旭市適応指導教室「フレンドあさひ」	289-2595	旭市二2132　旭市役所2F	0479-62-5353
フレンド市原八幡教室	290-0062	市原市八幡20　市教育センター	0436-41-3338
フレンド市原鶴舞教室	290-0516	市原市池和田1316　矢田集会所	080-8745-9789
フレンド市原姉崎教室	299-0111	市原市姉崎764-8	0436-62-0171
あさひ学級	292-0055	木更津市朝日1-8-17　市まなび支援センター	0438-23-4564
さわやか教室	293-0042	富津市小久保3014　中央公民館	0439-80-1346
フレンドルーム茂原五郷教室	297-0055	茂原市綱島656　五郷福祉センター	0475-26-3747
フレンドルーム茂原豊田教室	297-0073	茂原市長尾148　豊田福祉センター	0475-26-3746
のぞみ学級	299-0262	袖ケ浦市蔵波634-1	0438-62-2254
きみつメイト	299-1104	君津市糠田103-1　市適応指導教室	0439-32-5511
白子町教育相談室	299-4218	白子町関5038-1	0475-33-2144

【東京都】

教室名	郵便番号	住　　所	電話
白鳥教室	101-0048	千代田区神田司町2-16　神田さくら館7F	03-3256-8446
わくわく21	104-0044	中央区明石町12-1　中央区立教育センター内	03-3545-9201
つばさ教室	105-0001	港区虎ノ門3-6-9　4F	03-5422-1541
あしたば学級	111-8621	台東区西浅草3-25-16　生涯学習センター内	03-5246-5923

教室名	郵便番号	住　　所	電話
ふれあい教室	113-0034	文京区湯島4-7-10	03-3816-5347
ホップ・ステップ・ジャンプ教室	114-8546	北区滝野川2-52-10　滝野川分庁舎	03-3908-1215
みらい	116-0002	荒川区荒川3-49-1	03-3802-5720
チャレンジ学級綾瀬教室	120-0005	足立区綾瀬1-34-7　綾瀬プルミエ内	03-3838-3588
チャレンジ学級竹の塚教室	121-0813	足立区竹の塚6-3-13　竹の塚SEビル2F	03-5851-8507
チャレンジ学級西新井教室	121-0816	足立区梅島3-28-8	03-3852-2872
ふれあいスクール明石	125-0053	葛飾区鎌倉2-12-1　葛飾区立総合教育センター内	03-5668-7601
ステップ学級	130-0001	墨田区吾妻橋2-18-12　白玉ビル2F →R6.11移転予定　〒130-0003　墨田区横川5-7	03-5608-6919
ひらい学校サポート教室	132-0035	江戸川区平井3-4-50　平井一丁目アパート敷地内	03-3682-8661
こいわ学校サポート教室	133-0056	江戸川区南小岩8-1-13	03-3657-0353
しのざき学校サポート教室	133-0065	江戸川区南篠崎3-12-8　共育プラザ南篠崎内	03-5243-3342
みなみかさい学校サポート教室	134-0085	江戸川区南葛西5-18-1-101　コーシャハイム南葛西五丁目1号棟内	03-3689-5230
にしかさい学校サポート教室	134-0088	江戸川区西葛西8-15-6　新田第二住宅6号棟内	03-3878-8234
ふなぼり学校サポート教室	134-0091	江戸川区船堀6-5-4　船堀六丁目パークハイツ4号棟内	03-3877-4529
ブリッジスクール教育センター教室	135-0016	江東区東陽2-3-6　教育センター3F	03-3645-5277
ブリッジスクール東大島教室	136-0072	江東区大島 8-21-9-101（旧 江東区立もみじ幼稚園）	03-5626-4571
ブリッジスクール南砂教室	136-0076	江東区南砂2-3-20（南砂中学校内）	03-5632-2210
マイスクール八潮	140-0003	品川区八潮5-2-1　3F	03-3799-1221
つばさ大森教室	143-0015	大田区大森西1-13-2	03-3764-6868
つばさ羽田教室	144-0043	大田区羽田4-11-1　羽田保育園建物内2F	03-3744-9329
つばさ蒲田教室	144-0056	大田区西六郷1-4-2　志茂田小学校内	03-3736-6051
つばさ池上教室	144-0082	大田区池上3-27-6　旧池上図書館1F	03-3752-8301
渋谷区相談指導教室「けやき教室」	150-0042	渋谷区宇田川町5-6　渋谷区子育てネウボラ6F（教育センター内）	03-3463-3492
学習支援教室　「めぐろエミール」	153-0061	目黒区中目黒3-6-10　　めぐろ学校サポートセンター3F	03-3715-1598
ほっとスクール「城山」	154-0023	世田谷区若林5-38-1　教育総合センター2F	03-6453-1527
ほっとスクール「希望丘」	156-0055	世田谷区船橋6-25-1　希望丘複合施設2F	03-6304-6808
ほっとスクール「尾山台」	158-0086	世田谷区尾山台3-19-3　尾山台地域体育館2F	03-5706-5631
教育支援室フリーステップルーム	164-0011	中野区中央1-41-2　教育センター3F（みらいステップなかの内）	03-5937-3044
教育支援室「フリーステップ・ルーム」中部分室	165-0027	中野区野方1-35-3	03-5937-3044
教育支援室「フリーステップ・ルーム」南部分室	164-0013	中野区弥生町5-11-26	03-5937-3044
教育支援室「フリーステップ・ルーム」北部分室	165-0027	中野区野方3-19-5　野方図書館内	03-5937-3044
さざんかステップアップ教室（和田教室）	166-0012	杉並区和田1-41-10　3F	03-3311-1921
さざんかステップアップ教室（天沼教室）	167-0031	杉並区本天沼3-10-20　区立天沼中学校内	03-3311-1921
さざんかステップアップ教室（荻窪教室）	167-0032	杉並区天沼3-15-20　3F	03-3311-1921
さざんかステップアップ教室（宮前教室）	168-0081	杉並区宮前5-5-27	03-3311-1921
つくし教室	169-0072	新宿区大久保3-1-2　新宿コズミックセンター内　教育センター7F	03-3232-2712
柚子の木教室	171-0032	豊島区雑司が谷3-1-7	03-3590-1260
板橋フレンドセンター	174-0062	板橋区富士見町3-1	03-3961-2500
成増フレンド	175-0094	板橋区成増1-12-4	03-3961-2500
フリーマインド（小学生向け）	179-0072	練馬区光が丘6-4-1	03-6385-9911
トライ（中学生向け）	179-0072	練馬区光が丘6-4-1	03-6385-9911
教育支援センター・チャレンジルーム	180-0001	武蔵野市吉祥寺北町4-11-37 市立大野田小学校地下1F	0422-56-2052
むさしのクレスコーレ	180-0005	武蔵野市御殿山1-6-8（武蔵野市教育支援課）	0422-60-1971
適応支援教室A-Room	181-0013	三鷹市下連雀 9-10-1 三鷹市立第一中学校内1F東側	0422-44-2020
太陽の子	182-0007	調布市菊野台3-27-45	042-481-7718,7719
けやき教室	183-0055	府中市府中町1-32	042-333-0854
もくせい教室	184-8501	小金井市貫井北町4-1-1　東京学芸大学内	042-387-9877
トライルームひかり	185-0034	国分寺市光町1-46-8　ひかりプラザ3F	042-573-4379
教育支援室「さくら」	186-0003	国立市富士見台3-21-1　総合教育センター内	042-576-2190
小平市教育支援室 あゆみ教室	187-0031	小平市小川東町4-2-1　小平元気村おがわ東3F	042-343-9271
スキップ田無教室	188-0004	西東京市西原町4-5-6　西原総合教育施設3F	042-468-0195
スキップ保谷教室	202-0015	西東京市保谷町1-3-35　保谷小学校北側別棟	042-468-1093
健全育成学習室（希望学級）	189-0011	東村山市恩多町4-17-1　大岱小学校1F	042-392-1423
教育支援センターおおぞら	190-0004	立川市柏町4-8-4　柏小学校内	042-534-0327
教育支援センターたまがわ	190-0022	立川市錦町3-12-25　錦学習館2F	042-506-0016
適応支援グループ「Let's」(レッツ)	190-0192	日の出町平井2780　教育センター内	042-597-1161
スタディールームいぶき	190-1221	瑞穂町箱根ヶ崎2475　瑞穂ビューパーク・スカイホール内	042-557-0312
日野市立教育センター「わかば教室」	191-0042	日野市程久保550　日野市立教育センター	042-592-0863
八王子市適応指導教室（松の実）	192-0353	八王子市鹿島13　鹿島小学校2F	042-676-7445

教室名	郵便番号	住　　所	電話
八王子市適応指導教室（ぎんなん）	193-0832	八王子市散田町2-37-1　八王子市教育センター内	042-664-5124
けやき教室　（小学校）	194-0036	町田市木曽東3-1-3	042-793-5297
くすのき教室（中学校）	194-0036	町田市木曽東3-1-3	042-793-5298
昭島市教育支援室「たまがわ教室」（小学生）	196-0012	昭島市つつじヶ丘3-3-15　アキシマエンシス校舎棟2F	042-543-1935
昭島市教育支援室「もくせい教室」（中学生）	196-0012	昭島市つつじヶ丘3-3-15　アキシマエンシス校舎棟2F	042-544-2917
学校適応支援室「そよかぜ教室」	197-0005	福生市北田園2-5-7　福生市子ども応援館2F	042-552-6667
あきる野市教育支援室「せせらぎ教室」	197-0814	あきる野市二宮350	042-550-6527
青梅市適応指導教室「ふれあい学級」	198-0042	青梅市東青梅1-2-5　東青梅センタービル3F	0428-25-1013
ゆうみん教室	201-0013	狛江市元和泉1-11-11　狛江市教育支援センター3F	03-3430-1401
東久留米市学習適応教室	203-0014	東久留米市東本町8-14　成美教育文化会館　教育センター4F	042-474-0837
清瀬市教育支援室（フレンドルーム）	204-8511	清瀬市中里5-842（しあわせ未来センター 2F）	042-493-0690
羽村市学校適応指導教室「ハーモニースクール・はむら」	205-0014	羽村市羽東2-12-2	042-554-1223
ゆうかり教室	206-0024	多摩市諏訪5-1　多摩市立教育センター内	042-372-1076
梨の実ルーム	206-0823	稲城市平尾1-9-1　複合施設ふれんど平尾3F　教育センター内	042-331-7202
教育センターサポートルーム	207-0031	東大和市奈良橋3-530　第一中学校　東側別棟	042-561-6134
ゆうゆう教室	208-8502	武蔵村山市学園4-5-1　市民総合センター3F　教育センター内	042-590-1253

【神奈川県】

教室名	郵便番号	住　　所	電話
横浜教育支援センター「ハートフルスペース上大岡」	233-0002	横浜市港南区上大岡西1-13-8 三井生命上大岡ビル2F	
横浜教育支援センター「ハートフルスペース鶴見」	230-0062	横浜市鶴見区豊岡町27-1豊岡小学校内	
横浜教育支援センター「ハートフルスペース都筑」	224-0015	横浜市都筑区牛久保西2-28-1	
横浜教育支援センター「ハートフルスペース上星川」	240-0066	横浜市保土ケ谷区釜台町5-5号棟4F	
横浜教育支援センター「ハートフルルーム豊岡」	230-0062	横浜市鶴見区豊岡町27-1　豊岡小学校内	
横浜教育支援センター「ハートフルルーム仏向」	240-0044	横浜市保土ケ谷区仏向町845　仏向小学校内	（代)045-671-3384
横浜教育支援センター「ハートフルルーム南台」	233-0003	横浜市港南区港南5-6-1　南台小学校内	教育総合相談センター
横浜教育支援センター「ハートフルルームつづきの丘」	224-0006	横浜市都筑区荏田東1-22-1　つづきの丘小学校内	を通して各機関へ
横浜教育支援センター「ハートフルルーム鶴見」	230-0051	横浜市鶴見区鶴見中央3-14-1　鶴見中学校内	
横浜教育支援センター「ハートフルルーム大鳥」	231-0821	横浜市中区本牧原22-1　大鳥中学校内	
横浜教育支援センター「ハートフルルーム希望が丘」	241-0826	横浜市旭区東希望が丘118　希望ケ丘中学校内	
横浜教育支援センター「ハートフルルーム金沢」	236-0042	横浜市金沢区釜利谷東1-1-1　金沢中学校内	
横浜教育支援センター「ハートフルルーム舞岡」	244-0813	横浜市戸塚区舞岡町226　舞岡中学校内	
横浜教育支援センター「ハートフルルーム十日市場」	226-0025	横浜市緑区十日市場町1501-42　十日市場中学校内	
ゆうゆう広場　さいわい	212-0024	川崎市幸区塚越1-60	044-544-6381
ゆうゆう広場　たま	214-0021	川崎市多摩区宿河原4-1-1	044-932-0981
ゆうゆう広場　あさお	215-0021	川崎市麻生区上麻生4-25-1	044-953-2021
ゆうゆう広場　みゆき	212-0005	川崎市幸区戸手4-4-3	044-541-0747
ゆうゆう広場　なかはら	211-0041	川崎市中原区下小田中2-17-1　川崎市立西中原中学校内	044-755-1622
ゆうゆう広場　たかつ	213-0001	川崎市高津区溝口4−19−2	044-814-0778
相模原市中学校相談指導教室「銀河」	252-0239	相模原市中央区中央3-13-13　青少年相談センター内	042-752-1658
相模原市中学校相談指導教室「若葉」	252-0303	相模原市南区相模大野5-31-1　青少年相談センター南相談室内	042-749-2177
相模原市中学校相談指導教室「大地」	252-0206	相模原市中央区淵野辺2-8-40　大野北中学校内	042-752-0624
相模原市小・中学校相談指導教室「はるばやし」	252-0105	相模原市緑区久保沢2-4-20　青少年相談センター城山相談室内	042-783-6188
相模原市小・中学校相談指導教室「かつら」	252-0171	相模原市緑区与瀬896　青少年相談センター相模湖相談室内	042-682-7020
相模原市小学校相談指導教室「いずみ」	252-0239	相模原市中央区中央3-13-13　青少年相談センター内	042-752-1658
相模原市小学校相談指導教室「すばる」	252-0303	相模原市南区相模大野5-31-1　青少年相談センター南相談室内	042-794-2177
ゆうゆう坂本相談教室	238-0043	横須賀市坂本町2-39　旧坂本小学校内	046-821-0166
汐入相談教室	238-0042	横須賀市汐入町2-53　汐入小学校内	046-822-1915
公郷相談教室	238-0022	横須賀市公郷町5-81　公郷中学校内	046-852-3144
久里浜相談教室	239-0831	横須賀市久里浜2-11-1　久里浜中学校内	046-835-2878
武山相談教室	238-0313	横須賀市武3-31-1　武山中学校内	046-857-2141

＜湘南三浦教育事務所管内＞

教室名	郵便番号	住　　所	電話
鎌倉市教育支援教室「ひだまり」	247-0056	鎌倉市大船2-7-8	0467-44-0711
藤沢市相談支援教室	251-0871	藤沢市善行7-7-24　藤沢市学校教育相談センター内	0466-90-0669
茅ヶ崎市「あすなろ教室」	253-0041	茅ヶ崎市茅ヶ崎1-5-47（梅田小学校南隣）	0467-58-1123
逗子市適応指導教室「なぎさ」	249-0005	逗子市桜山5-20-29　逗子市教育研究相談センター内	046-872-2898
三浦市相談指導教室	238-0225	三浦市三崎町小網代62-9	046-881-3380
葉山町教育支援教室（ヤシの実）	240-0115	葉山町上山口114-2	046-878-7727
寒川町相談指導教室	253-0106	寒川町宮山934	0467-73-4085

教室名	郵便番号	住　　　所	電話
＜県央教育事務所管内＞			
厚木市教育支援教室「なかま教室」	243-0004	厚木市水引1-1-3　厚木中学校敷地内	046-225-2648
厚木市教育支援教室「なかまルーム」	243-0018	厚木市中町3-16-1　厚木市青少年教育相談センター内	046-225-2520
大和市教育支援教室「まほろば教室」	242-0018	大和市深見西1-2-17　市民活動拠点ベテルギウス内	046-260-5032
海老名市教育支援センター教育支援教室「びなるーむ」	243-0422	海老名市中新田392-1	046-232-1011
座間市教育支援教室「つばさ」	252-0023	座間市立野台1-1-4　座間市立青少年センター内	046-256-1939
綾瀬市教育支援教室「ルピナス」	252-1107	綾瀬市深谷中5-15-2	0467-76-1010
愛川町相談指導教室「絆」	243-0303	愛川町中津4063-3	046-285-1400
清川村教育支援センター	243-0195	清川村煤ヶ谷2216　清川村生涯学習センター内	046-288-1215
＜中教育事務所管内＞			
平塚市適応指導教室「くすのき」	254-0041	平塚市浅間町4-39　平塚市子ども教育相談センター2F	0463-36-6028
秦野市児童・生徒教育支援教室「いずみ」	257-0051	秦野市今川町1-3　秦野駅前農協ビル5F	0463-84-8110
伊勢原市適応指導教室	259-1132	伊勢原市桜台1-31-5　大原児童館内	0463-74-5253
大磯町横溝千鶴子記念教育研究所教育支援室「つばさ」	255-0004	大磯町東小磯424-2	0463-61-8795
二宮町教育支援室「やまびこ」	259-0196	二宮町二宮961　二宮町教育委員会2F	0463-72-2883
＜県西教育事務所＞			
南足柄市教育支援センター「やすらぎ」	250-0105	南足柄市関本403-2　りんどう会館3F	0465-74-3770
中井町教育支援センター	259-0151	中井町井ノ口1843-1　中井町井ノ口公民館内	0465-80-0080
大井町適応指導教室「かがやき」	258-8501	大井町金子1970　大井町総合体育館内	0465-85-5015
松田町適応指導教室「ほほえみ教室」	258-0003	松田町松田惣領755-1-101	0465-85-3323
山北町適応指導教室	258-0113	山北町山北1301-4　山北町立生涯学習センター3F	0465-75-2070
開成町適応指導教室「あじさいルーム」	258-0026	開成町延沢78-1	0465-83-4387
小田原市教育相談指導学級「しろやま教室」	250-0055	小田原市久野195-1　おだわら子ども若者教育支援センターはーもにぃ内	0465-46-6121
小田原市教育相談指導学級「マロニエ教室」	250-0872	小田原市中里273-6　川東タウンセンターマロニエ内	0465-45-1188
箱根町教育支援室「にじいろ」	250-0311	箱根町湯本266　箱根町教育相談センター内	0460-85-7776
真鶴町教育支援センター	259-0202	真鶴町岩172-8　真鶴町民センター内	0465-68-1920
湯河原町教育支援教室	259-0301	湯河原町中央2-21-3　神奈川県立小田原養護学校湯河原校舎内	0465-20-5266
【新潟県】			
＜上越＞			
子ども未来サポートCoCoMo北	942-0001	上越市中央1-3-18　直江津学びの交流館1F	025-545-0780
子ども未来サポートCoCoMo南	943-0834	上越市西城町1-12-4　シルバープラザ上越4F	025-522-2428
ひすいルーム	941-0058	糸魚川市寺町2-8-32	025-553-1651
のうルーム	949-1352	糸魚川市能生1180-2	080-8497-7475
妙高市教育支援センター（ふれあいルーム）	944-0046	妙高市上町9-2 妙高市総合コミュニティセンター内	0255-72-7371
＜中越＞			
フレンドリールーム	940-0072	長岡市西千住2-5-5	0258-32-3663
フレンドリールーム小国分室	949-5215	長岡市小国町新町304-1　小国コミュニティセンター3F	0258-32-3663
フレンドリールーム寺泊分室	940-2502	長岡市寺泊磯町7411-14　寺泊文化センター内	0258-32-3663
フレンドリールーム栃尾分室	940-0221	長岡市金町2-1-5　栃尾支所内	0258-32-3663
ふれあいルーム	955-0071	三条市本町3-1-4　三条市歴史民俗産業資料館の隣2F	0256-32-8908
ふれあいルーム	945-0064	柏崎市中央町5-8　柏崎市役所分館3F	0257-32-3397
マイルーム	947-0031	小千谷市土川1-5-53　小千谷市教育センター内	0258-82-6750
教育支援センターやすらぎ	959-1334	加茂市狭口甲1082-1	0256-53-3199
十日町市適応指導教室「にこやかルーム」	948-0075	十日町市丸山町1-1　十日町市教育相談センター内	025-752-7565
すこやかルーム	954-0052	見附市学校町2-7-9	0258-63-5304
エンゼルルーム	959-1262	燕市水道町1-3-28　燕市勤労青少年ホーム内	0256-63-7134
山吹の部屋	959-0235	燕市吉田旭町4-1-22　吉田武道館内	0256-93-3113
たんぽぽの部屋	959-0181	燕市上諏訪10-16　分水福祉会館内	080-9279-1516
フラワールーム	946-0051	魚沼市今泉1488-1　旧広神庁舎3F	025-795-5013
南魚沼市子ども・若者相談支援センター	949-6408	南魚沼市塩沢610-13	025-788-1950
田上町適応指導教室	959-1502	田上町原ヶ崎新田2700　田上中学校内	0256-57-2039
つなんにこやかルーム	949-8201	津南町下船渡丁1629−1	025-765-4985
＜下越＞			
新発田市教育支援センター車野校	957-0347	新発田市大友17-1	0254-25-2082
ふれあいルーム（村上地区）	958-0854	村上市田端町4-25　村上市教育情報センター内	0254-52-2013

教室名	郵便番号	住　　所	電話
くろっかす教室（荒川地区）	959-3134	村上市羽ヶ榎104-25　荒川地区公民館内	0254-62-6363
はくちょうルーム（神林地区）	959-3449	村上市岩船駅前63　神林農村環境改善センター内	0254-60-1500
ひまわり教室（朝日地区）	958-0251	村上市岩沢5681　朝日総合体育館内	0254-60-2002
しおさいルーム（山北地区）	959-3907	村上市府屋177-1　山北総合体育館内	0254-75-8030
五泉市適応指導教室	959-1862	五泉市旭町7-11 五泉市総合会館内	0250-42-5196
白鳥ルーム	959-2025	阿賀野市岡山町13-23 あがの子育て支援センターにこにこ内	0250-63-0193
あすなろ教室（真野教室）	952-0312	佐渡市吉岡920-1　真野図書館2F	0259-55-1011
あすなろ教室（畑野教室）	952-0206	佐渡市畑野甲533	0259-55-1011
さわやかルーム	959-2658	胎内市西条666	0254-43-2277
フレンドルーム	957-0117	聖籠町諏訪山1560-3	0254-27-3977
フリースペース　陽だまり	959-3264	岩船郡関川村上関1285　村民会館図書室	0254-64-1491
＜新潟市＞			
新潟市江南区適応指導教室　（そよ風ルーム）	950-0121	新潟市江南区向陽2-1421-5	025-382-1156
新潟市南区適応指導教室　（おおぞら教室）	950-1261	新潟市南区味方1544　味方出張所1F	025-373-4895
新潟市北区適応指導教室　（さわやかルーム）	950-3343	新潟市北区上土地亀941-2	025-387-3709
新潟市教育相談センター適応指導教室（ぐみの木教室東区分室西区分室）	951-8104	新潟市中央区西大畑町458-1	025-222-8600
新潟市西蒲区適応指導教室（スペース「レスト」）	953-0132	新潟市西蒲区西中860　岩室出張所2F	0256-82-1800
新潟市秋葉区適応指導教室（レインボールーム）	956-0863	新潟市秋葉区日宝町6-2　新津図書館2F	0250-23-0101
【富山県】			
朝日町適応指導教室「あすなろ」	939-0743	朝日町道下1053-1	0765-83-0280
入善町教育支援センター「のぞみ」	939-0626	入善町入膳5232-5　うるおい館3F	0765-72-0009
黒部市教育支援センターほっとスペース「あゆみ」	938-0037	黒部市新牧野220　勤労青少年ホーム内	090-8268-5778
魚津市適応指導教室「すまいる」	937-0053	魚津市村木1-21	0765-23-9161
滑川市教育支援センター「あゆみ」	936-0052	滑川市清水町13-9　滑川市地域交流センター「青志会館」2F	080-6352-3719
上市町教育支援センター「虹（にじ）」	930-0361	上市町湯上野598	076-472-0739
立山町適応指導教室「フレンドリー」	930-0221	立山町前沢1208　明和ビル2F　3号室	076-462-2252
富山市豊田適応指導教室「MAP豊田」	931-8305	富山市豊若町3-12-25	076-482-4682
富山市婦中適応指導教室「MAP婦中」	939-2727	富山市婦中町砂子田1-1　婦中ふれあい館内	076-466-4288
高岡市適応指導教室「きらら子教室」	933-0983	高岡市守護町2-4-9	0766-20-1656
氷見市教育支援センター「あさひ」	935-0016	氷見市本町4-9　氷見市教育文化センター3F	0766-72-2620
射水市教育支援センター「いみずの」	934-0048	射水市布目1　射水市布目分庁舎別館3F	0766-84-9655
砺波市教育支援センター「ひよどり」	932-0393	砺波市庄川町青島401　庄川支所3F	0763-82-5777
小矢部市教育支援センター「ふれんど」	932-0073	小矢部市岩尾滝1073	0766-67-0758
南砺市教育支援センター「いおう教室」	939-1654	南砺市福光1137-2	0763-52-5593
【石川県】			
やすらぎ加賀教室	922-0048	加賀市大聖寺馬場町28	0761-72-3220
やすらぎ小松教室	923-8531	小松市島田町イ85-1	0761-23-6669
やすらぎ金沢教室	921-8042	金沢市泉本町6-105	076-243-1612
やすらぎ羽咋教室	925-0021	羽咋市吉崎町ラ1-2	0767-22-0345
やすらぎ七尾教室	926-0817	七尾市西藤橋町エ1-1	0767-53-2296
やすらぎ穴水教室	927-0026	穴水町字大町リ78-2	0768-52-2258
やすらぎ能登教室	927-1222	珠洲市宝立町鵜飼6-20	0768-84-1014
のぞみ教室	922-0854	加賀市三木町ニ98-1	0761-73-0118
ふれあい教室	923-0904	小松市小馬出町1	0761-24-8124
ふれあい教室	923-1103	能美市秋常町チ115	0761-58-7867
ふれあい教室	924-0864	白山市古城町2	076-275-7566
ふれあい教室	921-8815	野々市市本町4-21-27	076-248-8456
そだちFriendship富樫教室	921-8171	金沢市富樫3-10-1	076-243-0874
そだちPersonal富樫教室	921-8171	金沢市富樫3-10-1	076-243-0874
そだちPersonal此花教室	920-0852	金沢市此花町2-7	076-243-0874
パイン教室	929-0327	津幡町庄ニ71	076-288-5363
ステップ	920-0271	内灘町鶴ヶ丘5-1-337	076-286-5481
すまいる	929-1125	かほく市宇気ニ110-1	076-283-7170
わかたけ	926-0038	七尾市八幡町ニ部4	0767-57-5671
あゆみ	928-0062	輪島市堀町1-14	0768-23-1172

教室名	郵便番号	住　　　所	電話
【福井県】			
チャレンジ教室	910-0807	福井市高木北2-1001	0776-52-1255
適応指導教室（松岡中学校内）	910-1127	永平寺町松岡吉野堺61-10-1	0776-61-0048
ふれあいルーム（永平寺中学校内）	910-1212	永平寺町東古市22-46	0776-63-2075
フレッシュルーム（上志比中学校内）	910-1314	永平寺町栗住波16-47	0776-64-2666
いきいき教室	910-4115	あわら市国影13-13	080-4293-0776
さわやか教室	911-0804	勝山市元町1-15-1	0779-88-0101
フレッシュハウス	912-0021	大野市中野57-6-1	0779-66-6650
敦賀市ハートフル・スクール	914-0272	敦賀市赤崎39-8	0770-22-7072
越前市適応指導教室 希望学園	915-0071	越前市府中1-11-2	0778-21-3911
越前市適応指導教室 ウイング	915-0221	越前市杉尾1-27-1	0778-43-8888
教育支援センター鯖江チャイルドセンター	916-0022	鯖江市水落町2-24-2	0778-52-5530
はばたき教室（越前町教育支援センター）	916-0147	越前町内郡13-19-3	0778-34-8718
小浜市ふれあいスクール	917-0078	小浜市大手5-31	0770-64-5266
おおい町適応指導教室（なないろクラブ）	917-0382	（水曜日）おおい町名田庄久坂3-21-1	0770-67-3250
おおい町適応指導教室（なないろクラブ）	919-2111	（火曜日）おおい町本郷136-1-1	0770-77-1150
おおい町適応指導教室（なないろクラブ）	919-2123	（水曜日）おおい町鹿野42-27	0770-78-1211
適応指導教室（つばさ）	919-0203	南越前町牧谷29-15-1	0778-47-8005
ステップスクールさかい	919-0437	坂井市春江町為国西の宮28	0776-51-5062
美浜町教育支援センター　なないろ	919-1141	美浜町郷市25-20	080-2962-2714
ふれあい教室	919-1504	若狭町大鳥羽27-13-4	0770-64-1788
はまなす教室	919-2225	高浜町宮崎86-23-2	080-5682-4727
【山梨県】			
あすなろ学級本級	400-0013	甲府市岩窪町261　北部幼児教育センター2F	055-223-7321
あすなろ学級南分級	400-0043	甲府市国母4-1-12	055-223-7321
オークルーム　竜王教室	400-0105	甲斐市西八幡2600　竜王中部公園セミナーハウス	055-278-1696
オークルーム　双葉教室	400-0105	甲斐市下今井236-2　双葉公民館	055-278-1696
甲斐ゼミ　竜王教室	400-0192	甲斐市篠原2610	055-278-1696
甲斐ゼミ　敷島教室	400-0192	甲斐市篠原2610	055-278-1696
あるぷす教室南Wing	400-0403	南アルプス市鮎沢1234-1	055-282-7776
あるぷす教室北Wing	400-0204	南アルプス市榎原794-16	055-282-7776
あすなろ学級東分級	400-0861	甲府市城東1-12-28　甲府市教育研修所内	055-223-7321
スマイル適応教室	402-0001	都留市田野倉1331-1	0554-43-8177
教育支援センターステラ	406-0031	笛吹市石和町市部524	055-262-2202
エール	408-0025	北杜市長坂町長坂下条1295−3	0551-42-1371
山梨市教育支援センター「With」	405-0018	山梨市上神内川1348	080-7849-9887
やまなみ教室　三珠教室	409-3612	市川三郷町上野2714	055-272-6093
やまなみ教室　身延教室	409-2411	身延町丸滝456	055-272-6093
チャレンジ教室	409-2102	南部町福士2700-18	0556-64-4842
富士河口湖町立教育センター	401-0301	富士河口湖町船津1747	0555-83-3022
かがやき	407-0024	韮崎市本町2-2-41	0551-30-7771
富士吉田市教育支援室	403-0013	富士吉田市緑ヶ丘2-5-23	0120-24-7044
大月市教育支援センター	401-0004	大月市賑岡町強瀬 747	0554-23-7066
にじいろ教室（中央市・昭和町教育支援センター）	409-3815	中央市成島2266（中央市役所玉穂支所北側）	055-273-7000
ステップ	409-0192	上野原市上野原3832	0554-62-3408
【長野県】			
小諸市教育支援センター	384-0043	小諸市諸26-2	0267-26-6717
佐久市チャレンジ教室（ふれあい登校支援）	385-0043	佐久市塩名田1338	0267-62-9127
佐久穂町中間教室	384-0503	佐久穂町海瀬309	0267-86-2123
軽井沢町中間教室（スマイル・ステップ・センター）	389-0111	軽井沢町長倉2378-3	0267-45-7222
御代田町ライフルーム	389-0206	御代田町御代田2718-90	0267-31-1090
上田市常磐城ふれあい教室	386-0027	上田市常磐城 6-3-29	0268-27-0104
上田市上田原ふれあい教室	386-1102	上田市上田原1081-3	0268-23-6821
上田市丸子ふれあい教室	386-0411	上田市生田2177（信州国際音楽村内）	0268-42-1090
上田市真田ふれあい教室	386-2202	上田市真田町本原2165	0268-72-2004
上田市武石ふれあい教室	386-0507	上田市武石上本入374	0268-85-3344
ほっとルーム（南牧村中間教室）	384-1302	南牧村海ノ口1138−2	0267-96-2104
東御市ふれあい教室	389-0517	東御市県108	0268-63-1170

《教育支援センター（適応指導教室）一覧》

教室名	郵便番号	住　　所	電話
岡谷市フレンドリー教室	394-0081	岡谷市長地権現町4-11-50	0266-24-2206
岡谷西部中学校中間教室	394-0047	岡谷市川岸中1-1-1	0266-22-3461
岡谷北部中学校中間教室	394-0002	岡谷市赤羽2-1-8	0266-22-3203
岡谷南部中学校中間教室	394-0044	岡谷市湊2-1-8	0266-22-3243
岡谷東部中学校中間教室	394-0083	岡谷市長地柴宮1-9-13	0266-24-8644
諏訪市フレンドリー教室	392-0027	諏訪市湖岸通り5-12-8 公民館205号室	0266-53-6219
茅野市適応指導教室	391-0002	茅野市塚原1-9-16 ちの地区コミュニティーセンター内	0266-73-8663
茅野市フレンドリールーム	391-0013	茅野市宮川4632 宮川小学校内	0266-72-3024
下諏訪町スマイル教室	393-0086	下諏訪町4561-42	0266-27-5555
富士見町フレンドリー教室	399-0211	富士見町富士見3384-3	0266-61-1600
原村中間教室「たんぽぽ」	391-0104	原村12080	0266-79-7920
伊那中間教室やまびこ学級	396-0015	伊那市中央4961（寺子屋：地区公民館等市内4か所）	0265-72-1676
伊宝館（食農体験型中間教室）	396-0014	伊那市孤島3974-2	0265-72-1676
駒ヶ根市中間教室	399-4117	駒ヶ根市赤穂1429-4	0265-81-5733
辰野町中間教室「わたげ」	399-0493	辰野町中央1 辰野図書館内	0266-43-3618
箕輪町中間教室	399-4601	箕輪町中箕輪8473-1	090-1868-3798
飯島町教育相談室	399-3702	飯島町飯島2442-4	0265-86-2135
南箕輪村中間教室	399-4511	南箕輪村4817-1 こども館内	0265-76-4110
中川村中間教室	399-3802	中川村片桐4748	0265-88-1005
宮田村中間教室	399-4301	宮田村7021 宮田村民会館内	0265-85-5931
飯田市フレンドリールームなかよし	395-0034	飯田市追手町2-673-1 追手町小学校内	0265-53-8113
フレンドリールームやすらぎ	395-0051	飯田市高羽町3-16 飯田東中学校内	0265-53-8112
教育支援センター「びーいんぐ」	395-0086	飯田市東和町2－35 丘の上結いスクエア3F	0265-22-3562
松川町教育相談室	399-3303	松川町元大島3720	0265-36-3111
高森町教育相談室	399-3103	高森町下市田2183-1 高森町福祉センター1F	0265-35-9416
みちくさ	399-3202	豊丘村神稲352	0265-35-9053
阿智村教育支援センター	392-0363	阿智村駒場483	0265-45-1232
木曽郡発達支援センター 中間教室コスモス	399-5605	上松町栄2-667	0264-52-5116
木曽町学舎はるかぜ	397-0001	木曽町福島5764-5 木曽福島保健センター内	0264-22-4035
松本市山辺中間教室	390-0221	松本市里山辺2930-1	0263-32-7600
松本市鎌田中間教室	390-0837	松本市鎌田2-3-56	0263-29-1275
松本市あかり中間教室	390-1401	松本市波田10098-1	0263-92-4932
塩尻市高ボッチ教室（小学校教室）	399-0786	塩尻市大門7-4-3	0263-52-2080
塩尻市高ボッチ教室（中学校教室）	399-0732	塩尻市大門5-4-55	0263-52-8974
筑北村こどもスマイル教室	399-7501	筑北村坂井5687-2	0263-67-1020
朝日村中間教室	390-1104	朝日村古見1286	0263-99-4188
安曇野市教育支援センター（けやき）	399-8205	安曇野市豊科4289-1（安曇野市豊科公民館内）	0263-72-5178
大町市教室アルプスの家	398-0002	大町市大町4710	0261-23-6418
松川村ありあけ教室	399-8501	松川村7016-1	0261-62-2069
長野市東北中間教室	381-0007	長野市金箱635-16	026-296-2933
長野市三輪中間教室	380-0803	長野市三輪8-39-18	026-234-9636
長野市南部中間教室	380-0905	長野市鶴賀550-2	026-223-6304
長野市ふれあい学級	380-0913	長野市川合新田370-3	026-221-1037
長野市川中島中間教室	381-2231	長野市川中島町四ッ屋415-1D-201	026-285-2213
長野市篠ノ井中間教室	388-8007	長野市篠ノ井布施高田97-6	026-299-6130
長野市かがやき教室	389-1105	長野市豊野町豊野631	026-257-4152
千曲市アプリコット教室	387-0007	千曲市屋代810（屋代中学校内）	026-272-3399
千曲市ひまわり	387-0012	千曲市桜堂100（埴生中学校内）	026-274-7034
千曲市西中たんぽぽ	387-0023	千曲市稲荷山134番地（更埴西中学校内）	026-272-8331
千曲市つばさ教室	389-0804	千曲市戸倉2500（戸倉上山田中学校内）	026-275-0069
千曲市ふれあいルーム	387-0012	千曲市桜堂4-3（相森中学校内）	026-274-2001
須坂市フレンドリールーム	382-0017	須坂市日滝2082	0262-48-7603
坂城町大峰教室	389-0602	坂城町中之条2470-1	0268-82-1414
坂城町フレンドリールーム	389-0602	坂城町中之条926	0268-82-3080
アクティビティ・ベイス（小布施町AB教室）	381-0297	小布施町小布施1491-2	0266-214-9110
信濃小中学校校内中間教室	389-1313	信濃町古間491	0265-88-1005
中野市ハロールーム	383-0037	中野市小田中460-1	0269-23-5260
【岐阜県】			
G－ブレイス	500-8384	岐阜市薮田南5-9-1 岐阜県総合教育センター	058-271-3328

教室名	郵便番号	住　所	電話
岐陽子ども･若者自立支援教室	500-8245	岐阜市上川手735-2 (岐陽体育館内)	058-269-1321
明徳子ども･若者自立支援教室	500-8831	岐阜市明徳町11(岐阜市子ども･若者総合支援センター)	058-269-1321
芥見子ども･若者自立支援教室	501-3133	岐阜市芥見南山3-10-1(岐阜市教育研究所内)	058-269-1321
七郷子ども･若者自立支援教室	501-1161	岐阜市西改田川向3(旧岐阜養護学校小中学部)	058-269-1321
羽島市適応指導教室「こだま」	501-6255	羽島市福寿町浅平3-106　羽島市いきいき元気館内	058-393-4616
教育支援センターあすなろ教室	504-8555	各務原市那加桜町2-69　各務原市産業文化センター	058-383-1118
教育支援センターさくらなか	504-0911	各務原市那加門前町3-1-3(各務原市立中央図書館4階)	058-383-1118
教育支援センターさくらまえみや	504-0923	各務原市前渡西町1415 (旧前宮保育園(注)稲羽東小学校南側)	058-383-1118
教育支援センター学びの部屋ココカラ	504-0911	各務原市那加門前町3-1-3(各務原市立中央図書館4階)	058-383-1118
美山コスモス	501-2257	山県市富永495　山県市教育センター(旧富波小学校)	0581-52-1571
高富コスモス	501-2114	山県市佐賀588-27(高富中央公民館)	0581-52-1571
アジサイスクール	501-0305	瑞穂市宮田375　瑞穂市教育支援センター	058-327-2116
本巣市適応指導教室「たんぽぽ」	501-0494	本巣市下真桑1000　本巣市役所真正分庁舎	058-323-7763
本巣市適応指導教室「本巣の学び舎」	501-0401	本巣市上保1-1-1　富有柿センター3F西	058-323-7763
子どもサポートセンター「スマイル岐南」	501-6016	岐南町徳田4-71　くつろぎ苑	058-245-1133
子どもサポートセンター「スマイル笠松」	501-6081	笠松町東陽町44-1　笠松町北事務所	058-245-1133
「大空」	501-0431	北方町北方1816-4　北方町立図書館内	058-323-7800
ほほえみ教室	503-0911	大垣市室本町5-51　スイトピアセンター7F　大垣市教育総合研究所	0584-74-6666
海津市適応指導教室　フレンドリールーム	503-0695	海津市海津町高須515	0584-53-1499
海津市適応指導教室　駒野フレンドリールーム	503-0411	海津市南濃町駒野奥条入会地 99-1	0584-53-1499
ほほえみ教室	503-1314	養老町石畑 483-2(養老町図書館内)	0584-32-5085
フリースペースたるい.	503-2124	垂井町宮代 2729	0584-22-1153
ほほえみ教室　揖斐川町	503-2403	池田町田中555　揖斐郡教育研修センター	0585-22-2111
ほほえみ教室　大野町	503-2403	池田町田中555　揖斐郡教育研修センター	0585-34-1111
ほほえみ教室　池田町	503-2403	池田町田中555　揖斐郡教育研修センター	0585-45-3111
ほほえみ教室　養基組合	503-2403	池田町田中555　揖斐郡教育研修センター	0585-45-7420
関市適応指導教室ふれあい教室	501-3802	関市若草通り2-1　わかくさ･プラザ学習情報館3F	0575-23-7773
美濃市ほほえみ教室	501-3756	美濃市生櫛88-22　美濃市教育委員会	0575-35-2711
郡上市適応指導教室「スマイル」(南部)	501-4221	郡上市八幡町小野8-5-2　郡上八幡青少年センター	0575-67-1468
郡上市適応指導教室「スマイル」(北部)	501-4297	郡上市白鳥町白鳥359-26　白鳥ふれあい創造館	0575-67-1468
あじさい教室	505-0004	美濃加茂市蜂屋町上蜂屋3299-1　美濃加茂市教育センター	0574-28-3255
スマイリングルーム	509-0214	可児市広見1-5　可児市総合会館	0574-63-4841
加茂あすなろ教室　坂祝町	509-0304	川辺町中川辺59-1　加茂郡教育研究所	0574-66-2409
加茂あすなろ教室　富加町	509-0304	川辺町中川辺59-1　加茂郡教育研究所	0574-54-2177
加茂あすなろ教室　川辺町	509-0304	川辺町中川辺59-1　加茂郡教育研究所	0574-53-2650
加茂あすなろ教室　七宗町	509-0304	川辺町中川辺59-1　加茂郡教育研究所	0574-48-1114
加茂あすなろ教室　八百津町	509-0304	川辺町中川辺59-1　加茂郡教育研究所	0574-43-0390
加茂あすなろ教室　白川町	509-0304	川辺町中川辺59-1　加茂郡教育研究所	0574-72-2317
加茂あすなろ教室　東白川村	509-0304	川辺町中川辺59-1　加茂郡教育研究所	0574-78-3111
オアシス教室	505-0121	御嵩町中2171　御嵩町中公民館	0574-67-2111
さわらび学級(児童等適応指導教室)	507-0803	多治見市美坂町8-8	0572-23-5942
土岐市適応指導教室	509-5118	土岐市肥田町浅野590　土岐市教育相談適応指導教室	0572-54-1111
こぶし教室	509-6101	瑞浪市土岐町400-1　瑞浪市教育支援センター	0572-68-9833
むつみ教室	509-7403	恵那市岩村町1657-1　岩村コミュニティーセンター	0573-26-2111
はなの木教室	509-7203	恵那市長島町正家1-3-21　恵那市市民会館内	0573-26-2111
かやの木教室	508-0041	中津川市本町2-4-20　かやの木教室	0573-66-1111
あけぼの教室	508-0201	中津川市田瀬 14	0573-66-1111
であい塾	509-3505	高山市一之宮町3215-5　高山市教育研究所	0577-35-3154
グリーンルーム	509-4241	飛騨市古川町向町3-7-13　古川町千代の松原公民館	0577-73-7494
フリースペースふらっと	509-2517	下呂市萩原町萩原599　萩原南児童館2F	0576-52-2980
【静岡県】			
相談指導学級	410-0881	沼津市八幡町97	055-951-3440
ふれあい教室	410-1127	裾野市平松495	055-995-1838
伊豆の国市適応指導教室(わかあゆ教室)	410-2211	伊豆の国市長岡346-1	055-948-1453
学習支援教室「いごこち」	410-2592	伊豆市八幡500-1	0558-83-5472
ふれあい教室	411-0035	三島市大宮町1-8-38	055-983-0886
あすなろ教室	413-8550	熱海市中央町1-1　市役所第3庁舎　教育委員会	0557-86-6561
伊東市教育支援センター	414-0038	伊東市広野4-1-5	0557-36-8844
下田市適応指導教室 あじさい教室	415-0035	下田市東本郷2-12-4	0558-23-3929

教室名	郵便番号	住　　所	電話
青少年相談センター　ステップスクール・ふじ	417-0024	富士市八代町1-1	0545-52-4152
富士宮市青少年相談センター　適応指導教室ほほえみ教室	418-0072	富士宮市矢立町693　富士宮市医師会館内	0544-22-0064
函南町チャレンジ教室	419-0122	函南町上沢81	055-979-8121
ステップルーム	421-0301	吉田町住吉87	0548-33-2151
牧之原市適応指導教室「フルール」	421-0495	牧之原市静波447-1	0548-23-0093
静岡市適応指導教室　「静岡市ふれあい教室」	420-0856	静岡市葵区駿府町2-80　静岡市中央体育館3F	054-221-1314
静岡市適応指導教室　「静岡市かがやく教室」	422-8074	静岡市駿河区南八幡町25-21　南部生涯学習センター1F	054-221-1314
静岡市適応指導教室　「静岡市はばたく教室」	424-0943	静岡市清水区港町2-1-1 キララシティ2F	054-221-1314
藤枝市適応指導教室 藤の子教室	426-0012	藤枝市田中3-7-45	054-644-7867
島田市教育センターチャレンジ教室	427-0033	島田市相賀2510	0547-37-0117
袋井市教育支援センター「ひまわり」	437-0013	袋井市新屋1-2-1	0538-86-5172
みどり教室	437-1416	掛川市三俣620	0537-72-1345
このゆびと〜まれ	437-1514	菊川市下平川6225　菊川市中央公民館内	0537-73-1113
教育サポート　「サンルーム」	437-1692	御前崎市池新田5585	0537-29-8736
磐田市教育支援センター	438-0833	磐田市弥藤太島500-1	0538-33-5198
焼津チャレンジ	425-0022	焼津市本町2-16-32　焼津市役所アトレ庁舎2F	054-626-1148
大井川チャレンジ	421-0205	焼津市宗高900　焼津市役所大井川庁舎2F	054-662-0517
湖西市適応指導教室(チャレンジ教室)	431-0427	湖西市駅南2-4-1　湖西市西部地域センター内	053-576-4798
御殿場市教育支援センター	412-0048	御殿場市板妻101-6	0550-89-2218
学習支援室ステップ　バイ　ステップ沼津	410-0046	沼津市米山町6-20	0537-24-9700
学習支援室ステップ　バイ　ステップ掛川	436-0294	掛川市富部456	0537-24-9700

【愛知県】

教室名	郵便番号	住　　所	電話
子ども適応相談センター	451-0031	名古屋市西区城西3-20-30	052-521-9640
サンシャイン138南	491-0867	一宮市古金町1-12-1	0586-24-0817
サンシャイン138北	491-0076	一宮市貴船3-2	0586-23-2775
ふれあい教室	494-0003	一宮市三条郷内西43-1	0586-61-4065
ほっとルーム☆きらら	494-0001	一宮市木曽川町内割田一の通り27	0586-87-7112
適応支援室明日花	492-8342	稲沢市矢合町番切3684-1	0587-36-5727
適応支援室明日花(東分室)	492-8342	稲沢市井之口沖ノ田町39	090-4444-6053
教育支援センターゆうゆう	484-0081	犬山市松本町4-21 フロイデ1F	0568-63-0502
You・輝	483-8221	江南市赤児童町大堀99	0587-51-4533
適応指導教室おおくす	482-0042	岩倉市中本町西出口15-1	0587-38-0300
大口適応指導教室「ふれあいルームおおぐち」	480-0126	大口町伝右1-47	0587-95-7773
桑町教育支援センター ああいあい	480-0103	扶桑町柏森辻田473	0587-92-3660
瀬戸市適応指導教室(オアシス21	489-0919	瀬戸市川端町1-31	0561-84-5005
教育支援センターあすなろ教室	486-0913	春日井市柏原町1-97-1	0568-34-8421
適応指導教室「カルミア」	485-0011	小牧市岩崎250-1	0568-76-2611
適応指導教室「アイトワ」	485-0046	小牧市堀の内1-1	0568-76-3988
「つくしんぼ学級」	488-0801	尾張旭市東大道町原田2585-1	0561-76-8179
豊明市南部教育支援センター(フレンドひまわり栄)	470-1162	豊明市栄町上姥子3-2-13	0562-85-4000
豊明市南部教育支援センター(フレンドひまわり勅使)	470-1102	豊明市沓掛町勅使1-1	0562-92-1717
ハートフレンドにっしん	470-0104	日進市岩藤町大清水919-1	0561-73-4500
教育支援(ふれあい)教室	452-0916	清須市下河原997	052-401-2911
パレット	481-8501	北名古屋市能田引免地35	0568-27-3666
長久手市教育支援センター(N-ハウスあい)	480-1103	長久手市岩作城の内103	0561-62-4545
東郷町教育支援センター ハートフル東郷	470-0151	東郷町諸輪百々51-236	0561-38-4334
教育支援センターしいのき	480-0202	豊山町豊場新栄64	0568-29-1787
教育支援センター「オアシス」(児童科学館内)	496-0072	津島市南新開町2-74	090-6645-1238
教育支援センター「オアシス」(生涯学習センター内)	496-8686	津島市萩原町樫木5	0567-58-3794
すまいる(佐屋)	496-0914	愛西市東條町西田面11-1	0567-33-1120
すまいる(佐織)	496-8009	愛西市小津町観音堂27	0567-24-9735
あま市教育支援センター ビリーブ	490-1111	あま市甚目寺東大門8	052-443-1400
弥富市適応指導支援室アクティブ	470-2403	弥富市稲吉1-8	0567-68-5777
適応指導教室あいりす	497-0030	蟹江町宝2-477	0567-96-4415
トラスティ	490-1144	大治町西條西之割60-1	052-414-5021
飛島村教育支援教室「きらり」	490-1436	飛島村竹之郷3-1	0567-52-3351
適応指導教室マーキュリールーム	475-0928	半田市桐ヶ丘4-210	0569-23-7239
適応指導教室 ヴィーナスルーム	475-0023	半田市亀崎町7-96-1	080-2797-5766
ペースばるーん	479-0837	常滑市新開町5-65	0569-35-7348

教室名	郵便番号	住　　所	電話
ほっと東海　横須賀教室	477-0034	東海市養父町北反田41	052-603-2211
ほっと東海　上野公民館教室	476-0002	東海市名和町南之山10-4	052-603-2211
大府市教育支援センター「レインボーハウス」	474-0035	大府市江端町6-13-1	0562-44-9400
ふれあいスクール　タッチ	478-0054	知多市つつじが丘3-12-7	0562-33-3151
阿久比町適応指導教室「こすもす」	470-2212	阿久比町卯坂浅間裏3-2	0569-49-2550
東浦適応指導教室（ふれあい教室）	470-2104	東浦町生路狭間80	080-7220-5631
リフレッシュスクール	470-3495	南知多町豊浜貝ヶ坪18	0569-65-2767
ほーぷ美浜	470-2403	美浜町北方宮東48	0569-82-5362
武豊町教育支援センター（ステップ）	470-2317	武豊町砂川3-16	0569-73-7127
ハートピア岡崎（竜美）	444-0876	岡崎市竜美北2-6-1	0564-71-3207
ハートピア岡崎（上地）	444-0823	岡崎市上地3-12-1	0564-58-4831
碧南市適応指導教室（ほっぷ倶楽部・フリースクールへきなん）	447-8601	碧南市松本町28	0566-46-7777
刈谷市北部すこやか教室	448-0007	刈谷市東境町神田32-2	0566-62-7551
刈谷市中部すこやか教室	448-0857	刈谷市大手町1-51	0566-23-6716
刈谷市南部すこやか教室	448-0803	刈谷市野田町西田78-2	0566-62-8550
パルクはあとラウンジ	471-0066	豊田市栄町1-7-1	0565-32-6595
ふれあい学級（教育センター）	446-0045	安城市横山町下毛賀知13-1	0566-76-9674
ふれあい学級（北教室）	446-0007	安城市東栄町6-9	080-7016-4666
ふれあい学級（南教室）	444-1221	安城市和泉町大下38-1	080-7016-4621
適応指導教室あゆみ学級にしお	445-0864	西尾市錦城町162-14	0563-57-0555
適応指導教室あゆみ学級いっしき	444-0423	西尾市一色町一色東前新田8	0563-73-4572
知立市適応指導教室（むすびあい教室）	472-0011	知立市昭和9-1	0566-81-6007
ほっとスペース	444-1334	高浜市春日町5-165	0566-53-5101
みよし市教育センター学びの森	470-0224	みよし市三好町仲ヶ山43-11　みよし市教育センター学びの森内	0561-33-5010
幸田町教育相談室「ピッコロ」	444-0113	幸田町菱池黒方78	0564-63-1188
とよはしほっとプラザ中央	440-0851	豊橋市前田南町2-19-7	090-7693-2338
とよはしほっとプラザ東	441-3147	豊橋市大岩町火打坂19-16	0532-41-7630
とよはしほっとプラザ西	441-8087	豊橋市牟呂町東里26	0532-37-8008
「適応指導教室」さくらんぼ	441-0321	豊川市御津町広石日暮148	0533-56-2301
「適応指導教室」さくらんぼ	441-0202	豊川市赤坂町松本250	0533-88-8039
「適応指導教室」さくらんぼ	442-0878	豊川市新道町1-1-3	0533-82-3501
蒲郡市適応指導教室あすなろ教室	443-0056	蒲郡市神明町22-2	0533-69-2619
教育サポートセンター	441-3432	田原市野田町籠田3	0531-36-4732
あすなろ教室	441-1311	新城市庭野岩本8	080-2666-7809

【三重県】

いなべ・東員教育支援センター（ふれあい教室）	511-0428	いなべ市北勢町阿下喜974	0594-72-3523
桑名市教育支援センター（ふれあい教室）	511-0047	桑名市鍛冶町14	0594-21-3938
四日市サポートセンター（ふれあい教室）	510-0886	四日市市日永東1-2-28　四日市市勤労者・市民交流センター北館内	059-345-3350
四日市サポートセンター（わくわく教室）	510-0085	四日市市　諏訪町2-2	059-354-8285
鈴鹿市適応指導教室（けやき教室）	513-0801	鈴鹿市神戸1-18-18	059-382-7141
鈴鹿市適応指導教室（さつき教室）	513-0011	鈴鹿市高塚町1843-10	059-367-1080
亀山市適応指導教室（ふれあい教室）	519-0151	亀山市若山町7-10	0595-82-6000
津市教育支援センター（ほほえみ教室）	514-0016	津市音寺町359	059-221-6038
津市教育支援センター（ふれあい教室）	514-1105	津市久居北口町601-4	059-254-0660
伊賀市教育支援センター（ふれあい教室）	518-0873	伊賀市上友生785	0595-24-0783
教育支援センター（さくら教室）	518-0485	名張市百合が丘西5-25	0595-63-7830
松阪教育支援センター（鈴の森教室）	515-0818	松阪市川井町690-1	0598-26-1900
松阪教育支援センター（やまゆり教室）	515-2122	松阪市久米町2008	0598-26-1900
伊勢市教育支援センター（NEST）	516-0027	伊勢市小俣町元町540	0596-22-7901
度会郡教育支援センター（度会ふれあい教室）	516-2103	度会町棚橋1453-2（度会町協業センター2F）	0596-63-0123
鳥羽市教育支援センター（HARP）	517-0015	鳥羽市小浜町97	0599-25-2457
志摩市教育支援センター（志摩ふれあい教室）	517-0603	志摩市大王町波切1985-4	0599-52-0281
尾鷲教育支援センター（あおさぎ教室）	519-3616	尾鷲市中村町10-50	0597-22-4433
奥伊勢教育支援センター（おくいせ教室）	519-2404	大台町佐原1019　大台町立就業改善センター内	0598-82-3901
熊野教育支援センター（きのくに教室）	519-4324	熊野市井門町616-8　2F	0597-89-5945
玉城町教育支援センター（玉城ふれあい教室）	519-0416	玉城町下田辺800（玉城町中央公民館内）	0596-58-8378

【滋賀県】

教育支援ルーム「中学校ウイング明日都」	520-0047	大津市浜大津4-1-1　明日都浜大津　3F	077-522-5525

教室名	郵便番号	住　　所	電話
教育支援ルーム「中学校ウイング和邇」	520-0528	大津市和邇高城12　大津市和邇文化センター	077-522-5525
教育支援ルーム「小学校ウイングおの」	520-0531	大津市水明1-37-1　小野児童館内	077-522-5525
教育支援ルーム「小学校ウイングぜぜ」	520-0814	大津市本丸町6-50　大津市生涯学習センター	077-522-5525
教育支援ルーム「小学校ウイングせた」	520-2131	大津市三大寺1-14-30　瀬田北市民センター	077-522-5525
彦根市教育支援教室「オアシス」	522-0063	彦根市中央町2-26　彦根市立教育研究所	0749-24-0415
こどもサポートルーム なないろ「あざい」	526-0244	長浜市内保町2682　あざい（浅井体育館の駐車場内）	0749-74-3702
こどもサポートルーム なないろ「大地の家」	526-0292	長浜市内保町2490-1　長浜市役所浅井支所	0749-74-3702
こどもサポートルーム なないろ「ジョイ」	529-0233	長浜市高月町渡岸寺160　長浜市役所高月支所	0749-74-3702
こどもサポートルーム なないろ長浜サテライト教室「ひまわり」	526-0056	長浜市朝日町24-25　眞行寺（研修室）	0749-74-3702
どもサポートルーム なないろ湖北サテライト教室「みらい」	529-0341	長浜市湖北町速水2745　長浜市役所湖北支所	0749-74-3702
こどもサポートルーム なないろ木之本サテライト教室「ほっと」	529-0425	長浜市木之本町木之本1757-6　木之本スティックホール2F	0749-74-3702
教育支援ルーム「にこまるルーム」	523-0891	近江八幡市鷹飼町52　マナビィ	0748-37-1205
やまびこ教育相談室（やまびこ青地教室）	525-0041	草津市青池町1086　草津市立教育研究所	077-563-1270
やまびこ教育相談室（やまびこ上笠教室）	525-0028	草津市上笠4-3-17　JAレーク滋賀笠縫支店　店舗2F	077-563-1270
適応指導教室　「くすのき教室」	524-0041	守山市勝部3-9-1　守山市生涯学習・教育支援センター4F	077-583-4237
児童生徒支援室子ども成長支援教室　「あいあい教室」	520-3015	栗東市安養寺3-1-1　栗東市学習支援センター	077-554-6104
適応指導教室　水口教室（ハッピーホーム）	528-0049	甲賀市水口町貴生川558　旧貴生川保育園跡地	0748-65-5512
適応指導教室　甲賀サテライト教室	520-3414	甲賀市甲賀町大久保507-2　鹿深夢の森 甲賀創健館	0748-65-5512
適応指導教室　信楽サテライト教室	529-1851	甲賀市信楽町長野1251　育て支援センター2F	0748-65-5512
適応指導教室　「ドリーム教室」	520-2331	野洲市小篠原1973-1　野洲市ふれあい教育相談センター	077-587-6925
ふれあい教室	520-3233	湖南市柑子袋557-2　湖南市教育サポートセンター	0748-72-4810
高島市教育支援センター　「スマイル」	520-1621	高島市今津町今津452-3　高島市教育支援センター	0740-22-5080
児童生徒成長支援教室　オアシス教室	527-0023	東近江市八日市金屋2-6-25　東近江市文化交流センター2F	0748-22-0120
児童生徒成長支援教室　さわやか教室	521-1292	東近江市躰光寺町262　能登川コミュニティセンター別館2F	0748-42-9920
児童生徒成長支援教室　チャレンジ教室	529-1531	東近江市市子川原676　東近江市役所 蒲生支所3F	0748-24-5679
教育支援センター「みのり」	521-0292	米原市長岡1206　米原市役所　山東庁舎	090-7110-3849
日野町サポートスクール「ステップ」	529-1698	日野町河原1-1　日野町勤労者福祉会館2F　日野町少年センター	0748-52-6564
自立支援ルーム	520-2592	竜王町小口276-1　竜王町ふれあい相談発達支援センター	0748-58-3741
愛荘町教育支援ルーム「フレンズ愛荘」	529-1234	愛荘町安孫子822　ハーティーセンター秦荘内	0749-37-8056
子ども成長支援教室　「なごみ」	522-0271	甲良町下之郷1509　甲良町子育て支援センター	0749-38-8003
適応指導教室「にじ」	522-0341	多賀町多賀221-1　多賀町総合福祉保健センター　ふれあいの郷	0749-48-8137

【京都府】

教室名	郵便番号	住　　所	電話
ふれあいの杜　四条大宮学習室	600-8383	京都市下京区大宮通綾小路下る綾大宮町51-2　京都市立洛友中学校内	075-841-1052
ふれあいの杜　北学習室	603-8448	京都市北区鷹峯旧土居町4-3　京都市立北総合支援学校只サテライト施設北館3F	075-492-5567
ふれあいの杜　烏丸御池学習室	604-8184	京都市中京区姉小路通東洞院東入曇華院前町706-3　京都市教育相談総合センター4F	075-254-7876
ふれあいの杜　西大路御池学習室	604-8437	京都市中京区西ノ京東中合町48　京一商西京同窓会館2F	075-841-1045
ふれあいの杜　伏見学習室	612-8434	京都市伏見区深草加賀屋敷町6-2　京都市伏見いきいき市民活動センター1F	075-646-2772
京田辺市教育支援センター（アイリス）	610-0334	京田辺市田辺中央4-3-3　京田辺市商工会館（CIKビル）1F・3F	0774-64-1325
城陽市適応指導教室（ふれあい教室）	610-0101	城陽市寺田樋尻37-1	0774-56-5308
Ujiふれあい教室	611-0021	宇治市宇治琵琶45-14　宇治市生涯学習センター4F	0774-39-9283
ゆうゆう広場	613-0031	久御山町佐古外屋敷235　久御山町ふれあい交流館ゆうホール2F	0774-46-5640
教育支援教室　「さつき」	614-8372	八幡市男山笹谷2　八幡市教育支援センター内	075-982-3001
ひまわり広場	617-0005	向日市向町南山82-1　向日市天文館内	075-931-1111
長岡京市教育支援センター アゼリアひろば	617-0833	長岡京市神足2-3-1　総合交流センターバンビオ1番館5F	075-963-5516
木津川市適応指導教室（キッズふれあい教室）	619-0224	木津川市兜台4-4-1　高の原小学校北校舎1F	0774-72-2811
けやき広場	620-8701	福知山市字ノ175-1　旧福知山市勤労青少年ホーム	0773-24-5115
やまびこ教室	621-0242	亀岡市宮前町神前長野15　亀岡市教育研究所3F	0771-26-3010
ふれ愛教室	621-0242	亀岡市宮前町神前長野15　亀岡市教育研究所3F	0771-26-3010
綾部市教育支援センター「やすらぎルーム」	623-0054	綾部市井倉町小庄司3-1	0773-42-1214
明日葉	625-0036	舞鶴市浜2006-53	0773-66-2001
こころのひろば	626-0017	宮津市島崎2022-1　シーサイドマートミップル4F	0772-22-8060
適応指導教室（麦わら）	627-0012	京丹後市峰山町杉谷868	0772-69-0625
与謝野町適応指導教室（トライアングル）	629-2403	与謝野町加悦451-2	0772-43-1414

【大阪府】

教室名	郵便番号	住　　所	電話
青少年交流文化館いぶき	561-0858	豊中市服部西町4-13-1	06-4866-6310
Beans（ビーンズ）	563-0052	池田市城山町3-45	072-751-4971
フレンズ	562-0014	箕面市萱野1-19-4	072-724-6752
Charging（チャージング）	563-0352	能勢町大里178-2	072-734-2693

教室名	郵便番号	住　　　所	電話
ひなたぼっこ	563-0104	豊能町光風台5-1-2	072-738-5399
「光の森」	565-0873	吹田市藤白台5-20-1	06-6388-1455
「学びの森」	565-0863	吹田市竹見台3-3-1	06-6388-1455
エスペランサ	569-0075	高槻市城内町1-1	072-675-0398
ふれあいルーム	567-0888	茨木市駅前4-6-16	072-626-4400
パル	566-0034	摂津市香露園34-1	072-657-0711
アミ	566-0052	摂津市鳥飼本町1-9-45	072-657-0711
メイト	566-0046	摂津市別府2-10-21	072-657-0711
パコ	618-0011	島本町広瀬3-1-30	075-962-4255
ふれあい教室	570-0015	守口市梶町4-79-12	06-6900-5678
ルポ	573-1188	枚方市磯島北町37-1	050-7105-8048
登校支援教室	572-0011	寝屋川市明徳1-1-1	072-822-2126
ボイス	574-0028	大東市幸町8-8	072-870-9104
かがやき	571-0025	門真市北島546	072-887-6716
フリールームなわて	575-0054	四條畷市中野新町11-31	072-878-7710
グレープ	576-0052	交野市私部2-29-1	072-892-8203
ふれあいルーム	577-0809	東大阪市永和2-15-25	06-6721-1188
さわやかルーム	581-0856	八尾市水越2-117	072-941-3365
ほのぼのルーム	582-0009	柏原市大正1-9-53	072-970-3123
すこやかスクール　You　You	584-0052	富田林市佐備2467-1	0721-25-1000
ゆう☆ゆうスペース	586-0009	河内長野市木戸西町1-2-6	0721-56-3439
チャレンジルーム	580-0023	松原市南新町2-141-1	072-337-4110
ひまわり教室	583-0854	羽曳野市軽里1-1-1	072-958-0155
あさがお教室	583-0883	羽曳野市向野523	072-958-0155
ウイング	583-0035	藤井寺市北岡1-2-8	072-938-1008
フリースクールみ・ら・い	589-0005	大阪狭山市狭山3-2531-1	072-368-0909
なごみルーム	583-8580	太子町山田88	0721-98-5533
ほこすぎルーム	585-8585	河南町白木1359-6	0721-93-2500
くすのきルーム	585-8501	千早赤阪村水分263	0721-72-1300
スマイルステーション	595-0041	泉大津市戎町3-41	0725-31-4460
グリーンルーム	594-0071	和泉市府中町4-20-1	0725-92-6025
つれづれ教室	592-0005	高石市千代田5-8-28	072-262-7005
ソレイユ	565-0813	忠岡町忠岡南1-12-44	0725-22-1122
エスパル	596-0834	岸和田市天神山町1-1-2	072-426-1035
レインボー教室	597-0023	貝塚市福田91	072-439-5799
さわやかルーム	598-0035	泉佐野市南中樫井476-2	072-447-7312
シャイン	598-0071	泉佐野市鶴原1016-1	072-464-0300
つばさ	590-0521	泉南市樽井1-8-5	072-483-8699
シンパティア	599-0201	阪南市尾崎町1-21-7	072-489-4541
つれづれ教室	592-0005	高石市千代田5-8-28	072-262-7005
グリーンルーム	594-0071	和泉市府中町4-20-1	0725-92-6025
スマイル・ステーション	595-0041	泉大津市戎町3-41	0725-31-4460
エスパル	596-0834	岸和田市天神山町1-1-2	072-426-1035
レインボー教室	597-0023	貝塚市福田91	072-439-5799
さわやかルーム	598-0035	泉佐野市南中樫井476-2	072-447-7312
シャイン	598-0071	泉佐野市鶴原1016-1	072-464-0300
たじりカウンセリングルーム	598-0091	田尻町大字嘉祥寺883-1	072-466-5022
パコ	618-0011	島本町広瀬3-1-30	075-962-4255
【兵庫県】			
くすのき教室　センター	650-0017	神戸市中央区楠町4-2-3	078-341-0888
くすのき教室　きた分室	651-1132	神戸市北区南五葉3-1-1	078-594-1633
くすのき教室　ほくしん分室	651-1312	神戸市北区有野町有野惣山3990-1	078-987-3109
くすのき教室　にし分室	651-2273	神戸市西区糀台3-32-1	078-991-6446
くすのき教室　ながた分室	653-0016	神戸市長田区北町1-16	078-579-0806
くすのき教室　きたすま分室	654-0141	神戸市須磨区竜が台6-15-1	078-793-5422
くすのき教室　たるみ分室	655-0893	神戸市垂水区日向2-4-6	078-707-4069
くすのき教室　ひがし分室	658-0027	神戸市東灘区青木4-4-1	078-431-5998
ほっとすてっぷSOUTH	660-0076	尼崎市大島3-9-25	06-6409-4995
サテライト教室（大庄地区）	660-0076	尼崎市大島3-9-25	06-6409-4995

教室名	郵便番号	住　　所	電話
サテライト教室（琴城分校内）	660-0825	尼崎市南城内10-2	06-6409-4995
サテライト教室（中央地区）	660-0892	尼崎市東難波町2-14-1	06-6409-4995
サテライト教室（立花地区）	661-0002	尼崎市塚口町3-39-7	06-6409-4995
ほっとすてっぷWEST	661-0026	尼崎市水堂町2-35-1	06-6409-4995
サテライト教室（武庫地区）	661-0035	尼崎市武庫之荘8-1-1	06-6409-4995
サテライト教室（園田地区）	661-0953	尼崎市食満2-1-1	06-6409-4995
ほっとすてっぷEAST	661-0974	尼崎市若王寺2-18-6	06-6409-4995
サテライト教室（小田地区）	661-0976	尼崎市潮江1-11-1	06-6409-4995
あすなろ かわらぎ	663-8105	西宮市中島町5-2	0798-65-7213
あすなろ なるおきた	663-8187	西宮市花園町10-20	0798-41-6349
あすなろ みらい	663-8202	西宮市高畑町2-77	0798-65-1882
あすなろ学級やまぐち	651-1421	西宮市山口町上山口2-3-43	0798-35-3812
あすなろ学級しおせ	669-1134	西宮市名塩新町1	0798-35-3812
教育支援センター「やまびこ」	664-8503	伊丹市千僧1-1	072-780-2480
のびのび学級	659-0028	芦屋市打出小槌町15-9　芦屋市立打出教育文化センター2F	0797-23-8567
Palたからづか	665-0827	宝塚市小浜1-1-9	0797-87-1718
学びのスペース「セオリア」	666-0033	川西市栄町11-3　パルティK II　北棟　2F	072-758-1728
三田市あすなろ教室	669-1595	三田市相生町26-15	079-559-5138
猪名川町教育支援センター	666-0233	猪名川町紫合火燈山8　社会福祉会館2F	072-765-2065
東部もくせい教室	673-0883	明石市中崎1-4-1	078-918-5096
西部もくせい教室	674-0092	明石市二見町東二見454　二見小学校西校舎3F	078-918-5096
朝霧もくせい教室	673-0870	明石市朝霧南1-219	078-918-5096
わかば教室	675-0031	加古川市加古川町北在家2718	079-421-5484
のびのび教室	676-0823	高砂市阿弥陀町生石61-1	079-490-4001
ふれあい教室	675-1115	稲美町国岡1-1	079-492-1212
ふれあいルーム	675-0182	播磨町東本荘1-5-30	079-437-4141
はればれ教室	677-0015	西脇市西脇790-15	0795-22-8080
みっきぃルーム	673-0433	三木市福井1933-12	0794-83-2020
みらい　小野市適応教室	675-1365	小野市広渡町65	079-463-4175
ふれあいホーム	675-2303	加西市北条町古坂1173-14　加西市立総合教育センター	0790-42-3723
ふきのとう	673-1463	加東市木梨1131	0795-42-3158
ほのぼの教室	679-1114	多可町中区岸上224-17　多可町子育てふれあいセンター	0795-32-2816
ふれあい	670-0935	姫路市北条口3-29	079-224-5843
ユース	679-3121	神河町上岩25-1	0790-34-0030
どんぐり教室	679-2318	市川町小畑848	0790-26-0001
のぞみ教室	679-2280	福崎町西田原1397-1	0790-22-0560
相生市コスモス教室	678-0071	相生市緑ヶ丘4-5-5	0791-24-2118
ゆうあい	671-1341	たつの市御津町苅屋361-1	079-322-1364
やすらぎの部屋	679-4167	たつの市龍野町富永1005-1	0791-63-4373
ふれあい教室	679-0233	赤穂市加里屋中洲3-56	0791-43-7851
教育支援センター	671-2579	宍粟市山崎町青木172-1	0790-63-3751
太子町適応指導教室	671-1561	太子町鵤1369-1　旧太子町役場	079-276-0183
上郡町適応指導教室	678-1231	上郡町上郡500-1　上郡町青少年育成センター	0791-52-5500
佐用町教育支援センター	679-5523	佐用町上月787-2	0790-86-1211
豊岡市こども支援センター	668-0031	豊岡市大手町4-5　アイティ7F	0796-24-8303
養父市ほっとステーション	667-0101	養父市広谷297-1	079-661-9019
適応指導教室「すまいるルーム」	669-5202	朝来市和田山町東谷213-13	079-670-0717
香美町教育相談センター	669-6544	香美町香住区香住100-2	0796-36-3850
適応指導教室「ほっと児遊」	669-6702	新温泉町浜坂2669-11	0796-82-6900
丹波篠山市適応指導教室	669-2314	丹波篠山市東沢田224	079-590-8111
ゆめハウス	669-2734	丹波篠山市宮田240	079-590-8111
レインボー教室	669-4141	丹波市春日町黒井1519-1	0795-74-0710
洲本市立青少年センター「適応教室」	656-0024	洲本市山手1-4-12	0799-22-4547
洲本市立青少年センター「適応教室五色教室」	656-1315	洲本市五色町鮎原宇谷352	0799-22-4547
緑適応教室（ふれんどりー）	656-0182	南あわじ市広田広田206-1　緑老人福祉センター2F	0799-20-5338
西淡適応教室（のびのび）	656-0304	南あわじ市松帆古津路970-78　慶野松原荘管理棟	0799-36-5960
三原適応教室（ぱる）	656-0492	南あわじ市市善光寺22-1　南あわじ市役所第2別館2F	0799-43-5231（内線2261）
南淡適応教室（ほっぷ）	656-0501	南あわじ市福良甲300　南あわじ市立図書館内	0799-20-5784
淡路市立青少年センター	656-1541	淡路市柳沢甲17-3	0799-86-0244

教室名	郵便番号	住　　所	電話
【奈良県】			
のびのびほっとルーム（小学生対象）	630-0226	生駒市小平尾町927　生駒市立生駒南第二小学校内	0743-77-6789
いきいきほっとルーム（主に中学生対象）	630-0245	生駒市北新町12-32	0743-74-5571
奈良市教育支援センター「HOP（ホップ）」	630-8122	奈良市三条本町13-1 奈良市はぐくみセンター（奈良教育センター）	0742-93-8199
いちょうの木教室	632-0033	天理市勾田町109-1　教育総合センター	0743-63-0316
宇陀市教育支援センターはばたき	633-2166	宇陀市大宇陀迫間25	0745-82-3973
さくらの広場	633-8585	桜井市粟殿202	0744-42-9111
虹の広場	634-0075	橿原市小房町11-5　かしはら万葉ホール内	0744-29-5913
かたらい教室	635-0096	大和高田市西町1-45　青少年センター	0745-23-1322
くすのき教室	637-0043	五條市新町3-3-1　子どもサポートセンター	0747-24-3004
すみれ教室	639-0251	香芝市逢坂1-374-1　香芝市総合福祉センター	0745-77-2331
大和郡山市立郡山北小学校・郡山中学校分教室「ASU」	639-1005	大和郡山市植槻町3-4	0743-53-1151
ふたかみ教室	639-2155	葛城市竹内256-39　こども・若者サポートセンター	0745-48-8639
まなびの広場	639-2251	御所市戸毛979-1　青少年センター	050-3761-3506
大淀町教育支援センター	639-3122	大淀町中増61-2	0746-34-5016
【和歌山県】			
ふれあい教室	640-8020	和歌山市北桶屋町7	073-402-7830
Happy Place ひなた	642-0002	海南市日方1519-10	073-483-8722
湯浅町適応指導教室	643-0004	湯浅町湯浅1982	0737-63-1111
適応指導教室「ファイン」	643-0021	有田川町下津野245-1	0737-52-2761
適応指導教室メイト	644-0002	御坊市薗897	0738-22-6349
クレセール	645-0002	みなべ町芝204	0739-84-3050
田辺市教育研究所ふれあい教室	646-0029	田辺市東陽15-32	0739-25-1511
はばたきの家	647-0045	新宮市井の沢5-26	0735-21-2380
適応教室「憩の部屋」	648-0096	橋本市御幸辻787-2	0736-32-1512
ほほえみ貴志川教室	649-0415	紀の川市貴志川町長原447-1	0736-64-2238
ほほえみ粉河教室	649-6531	紀の川市粉河1479	0736-73-7456
有田市適応指導教室「ラ・ポール」	649-0433	有田市宮原町須谷322-1　須谷教育集会所内	0737-22-3601
教育支援センターひだまり	649-2193	上富田町生馬755-1	0739-34-5743
白浜町子育てふれあいルーム	649-2324	白浜町十九渕237	0739-45-2117
ほっこり	649-5338	那智勝浦町二河75	0735-52-1138
フレンド	649-6223	岩出市高塚63-5	0736-62-0892
【鳥取県】			
鳥取市教育センター「すなはま教室」	649-6531	鳥取市寺町150	0857-36-6060
「レインボー」	684-0053	鳥取市鹿野町鹿野1517	0857-84-6033
かわはら	680-0404	鳥取市河原町渡一木277-1	0857-36-6060
岩美町教育支援センター「くすのき教室」	680-1221	岩美町新井269	0857-72-0015
やず教育支援センター「みどり丘教室」	680-0053	八頭町見槻中75-1	0858-76-0151
鳥取県中部子ども支援センター	681-0065	倉吉市福庭町1-298	0858-24-6780
ぷらっとホーム	689-4100	米子市車尾4-17-9	0859-23-3741
やすらぎルーム	683-0201	境港市上道町3000	0859-57-5677
南部町教育支援センター「さくらんぼ」	682-0018	南部町天萬526	0859-64-3701
えがお	689-3211	伯耆町長山275	0859-62-1490
大山町教育支援センター　寺子屋	689-0405	大山町御来屋467	0859-54-2037
【島根県】			
隠岐の島町教育支援センター（スマイル）	685-0022	隠岐の島町今津346-2	08512-2-5791
松江市青少年相談室（ふれあい教室）	690-0873	松江市内中原町318	0852-21-7867
出雲市立　光人塾	691-0001	出雲市平田町2112-1	0853-63-5089
出雲市教育支援センター　すずらん教室	693-0002	出雲市今市町北本町1-7　出雲こどもホーム2F	0853-21-9991
出雲市教育支援センター　コスモス教室	699-0505	出雲市斐川町上庄原1764-2	0853-72-7093
安来市教育支援センター　あすなろ	692-0404	安来市広瀬町広瀬117	0854-32-2227
大田市教育支援センター　あすなろ教室	694-0064	大田市大田町大田口1327-21　大田市教育研修センター内	0854-82-6333
江津市教育支援センター　あおぞら学園	695-0016	江津市嘉久志町イ899-74　江津保健センター内	0855-52-3101
邑南町教育支援センター　たけのこ学級	696-0103	邑南町矢上918	0855-95-0059
浜田市教育支援センター　山びこ学級	697-0027	浜田市殿町22　浜田市役所北分庁舎内	0855-22-4748
ふれあい学級（益田市役所 教育委員会事務局）	698-0034	益田市赤城町8-1	0856-31-0628

教室名	郵便番号	住　　　所	電話
おんせんキャンパス（雲南市教育支援センター）	699-1342	雲南市木次町平田506	0854-48-0007

【岡山県】

教室名	郵便番号	住　　　所	電話
あおぞら操山	703-8236	岡山市中区国富3-9-12	086-207-2830
トラングル一宮	701-1211	岡山市北区一宮855-2	086-284-8450
ラポート牧山	701-2144	岡山市北区中牧457	086-228-3115
すまいる瀬戸	709-0856	岡山市東区瀬戸町下146-1	086-952-9161
そよかぜ平福	702-8036	岡山市南区三浜町1-1-19	086-230-6558
倉敷市適応指導教室（倉敷ふれあい教室倉敷教室）	710-0055	倉敷市阿知1-7-2-801-1	086-424-3205
倉敷市適応指導教室（倉敷ふれあい教室水島教室）	712-8046	倉敷市福田町古新田940	086-454-0400
倉敷市適応指導教室（倉敷ふれあい教室児島教室）	711-0913	倉敷市児島味野4-12-4	086-472-3954
倉敷市適応指導教室（倉敷ふれあい教室玉島教室）	713-8122	倉敷市玉島中央町3-14-2	086-522-0028
倉敷市適応指導教室（倉敷ふれあい教室真備教室）	710-1301	倉敷市真備町箭田1141-1	086-698-8341
津山市教育相談センター（鶴山塾）	708-0006	津山市小田中182-2	0868-22-2523
玉野市適応指導教室（わかば教室）	706-0014	玉野市玉原3-17-2	0863-33-5300
笠岡市総合教育相談支援センター（笠岡ほっとふれんず）	714-0081	笠岡市笠岡1723-2	0865-62-3399
笠岡市総合教育相談支援センター富岡分室（笠岡ほっとふれんず）	714-0092	笠岡市富岡254-4	0865-67-6480
井原市適応指導教室（大山塾）	715-0006	井原市西江原町467-1	090-7130-5321
総社市ふれあい教室	719-1131	総社市中央3-1-102	0866-92-8577
高梁市適応指導教室（やすらぎ教室）	716-0045	高梁市中原町1476-1	0866-22-7007
新見市適応指導教室（新生塾）	718-0011	新見市新見810-7	0867-72-7744
備前市教育支援センター「あゆみ」（常設されている）	705-0022	備前市東片上1088-2	0869-64-0300
瀬戸内市立青少年育成センター併設適応指導教室（のぞみ）	701-4221	瀬戸内市邑久町尾張465-1	0869-22-2009
赤磐市適応指導教室（鳥中やまびこ教室）	709-0806	赤磐市尾谷882	086-956-0170
真庭市教育支援センター「白梅塾」	719-3146	真庭市日野上1317	0867-52-0732
真庭市教育支援センター「城北塾」	717-0014	真庭市柴原416-2	0867-44-1321
美作市適応指導教室「美作塾」	709-4234	美作市江見945	0868-75-2775
浅口市大簡塾	719-0254	浅口市鴨方町六条院東2385	0865-44-9257
ふれあい教室（月1回実施）	709-0442	和気町福富312-1	0869-93-3592
早島ふれあい教室	701-0303	早島町前潟240	086-483-2211
矢掛町適応指導教室「ひまわりの家」	714-1201	矢掛町矢掛3027-4	0866-82-1825

【広島県】

教室名	郵便番号	住　　　所	電話
広島県教育支援センター（SCHOOL"S"）	739-0144	東広島市八本松南1-2-1	082-228-3500
福山市フリースクール「かがやき」（東部）	721-0942	福山市引野町南1-17-31	084-943-5516
福山市フリースクール「かがやき」（中央）	720-0073	福山市北吉津町4-13-5	084-924-5556
尾道市教育支援センター（千光寺さくら）	722-0032	尾道市西土堂町18-5	0848-24-1825
尾道市教育支援センター（因島はっさく）	722-2102	尾道市因島重井町5800-36	0845-24-0071
高野塾	722-1121	世羅町西上原130-1	0847-22-5846
三原ふれあい教室	723-0015	三原市円一町2-1-1	0848-64-7201
三原ふれあい教室（本郷分室）	729-0417	三原市本郷南6-25-1	070-1258-4052
スマイルルーム	726-0003	府中市元町1-5	0847-45-5050
教育交流教室「つばさ」	727-0021	庄原市三日市町20-13	0824-73-1184
三次市教育支援センター「せきれい広場」	728-0013	三次市十日市東14-25	0824-65-2227
ふれあい教室・中	730-0042	広島市中区国泰寺町1-4-15	082-242-0800
ふれあい教室・北	731-0221	広島市安佐北区可部3-19-22	082-814-9888
ふれあい教室・西	731-5126	広島市佐伯区海老園2-5-28	082-922-0090
ふれあい教室・東	732-0052	広島市東区光町2-15-55	080-2910-9412
ふれあい教室・安佐南	731-0138	広島市安佐南区祇園2-48-7	082-874-3005
あすなろ学級	739-1102	安芸高田市甲田町上小原2017	0826-45-3009
適応指導教室「たんぽぽの部屋」	735-0006	府中町本町1-10-15	082-285-1013
海田町適応指導教室（さんさんルーム）	736-0061	海田町稲荷町2-20	080-5628-6866
つばき学級延崎教室	737-0004	呉市阿賀南6-4-28	0823-71-8021
つばき学級中央教室	737-0041	呉市和庄1-2-13	0823-26-6776
つばき学級安浦教室	737-2502	呉市安浦町中央5-1-8	0823-84-7700
廿日市市子ども相談室（佐伯教室）	738-0292	廿日市市津田1989	0829-32-8061
廿日市市子ども相談室（廿日市教室）	738-8515	廿日市市新宮1-13-1	0829-32-8061
廿日市市子ども相談室（大野教室）	738-0488	廿日市市大野1346	0829-32-8061
大竹市こども相談室	739-0605	大竹市立戸1-8-5	0827-54-0021
西条フレンドスペース	879-5506	東広島市西条栄町28-6	082-421-8494

教室名	郵便番号	住　　所	電話
豊栄フレンドスペース	739-2317	東広島市豊栄町鍛冶屋963-2	082-432-2075
黒瀬フレンドスペース	739-2624	東広島市黒瀬町菅田10	0823-82-0209
【山口県】			
岩国市教育支援中央教室	741-0081	岩国市横山3-1-11	0827-43-0905
岩国市教育支援西教室	742-0417	岩国市周東町下久原743-1	0827-84-5335
岩国市教育支援南教室	740-1428	岩国市由宇町中央1-1-10	0827-63-6776
岩国市教育支援中央教室北分室	740-1225	岩国市美和町渋前1751	0827-95-0005
スマイルルーム	740-0061	和木町和木2-5-2	0827-52-2165
しなやかスクール	742-0021	柳井市柳井3913-2	0820-23-8130
あろは教室	742-2802	周防大島町油良506	0820-73-0560
まなびばひかり	743-0011	光市光井9-18-1　光市立図書館2F	0833-74-3602
希望の星ラウンジ	744-0001	下松市笠戸島尾泊1534-14	0833-52-0136
周南市教育支援センター	745-0831	周南市楠木2-9-1	0834-28-8860
山口市南部教育支援センターあすなろ第1教室	754-0025	山口市小郡平砂町4-1	083-973-6257
山口市北部教育支援センターあすなろ第2教室	753-0051	山口市旭通り2-6-11	083-932-3084
オアシス教室	747-0026	防府市緑町1-9-2	0835-23-1551
ふれあい教室	755-0033	宇部市琴芝町2-4-25	0836-35-2241
小野田ふれあい相談室	756-0806	山陽小野田市北竜王町9-45(山陽小野田市労働会館)	0836-84-5416
山陽ふれあい相談室	756-8601	山陽小野田市鴨庄94	0836-71-1681
心の広場	759-2212	美祢市東厚保町川東 2596-1(旧美祢市立川東小学校内)	0837-53-1010
下関市教育支援教室「かんせい」	750-0032	下関市西町12-1	083-232-3021
下関市教育支援教室「あきね」	751-0873	下関市秋根西町1-1-3	083-227-2551
下関市教育支援教室 黒井分室	759-6312	下関市豊浦町黒井2345−1(黒井公民館内)	083-232-3021
下関市教育支援教室 山の田分室	751-0832	下関市生野町2-27-7(下関フリースクールネスト内)	083-232-3021
萩輝きスクール	758-0063	萩市山田4819-1	0838-24-4821
長門市教育支援センター	759-4101	長門市東深川2660-4	0837-22-3542
【徳島県】			
徳島市適応指導推進施設「すだち学級」	770-0803	徳島市上吉野町3-38	088-623-5150
鳴門市適応指導教室「うず潮教室」	772-0011	鳴門市撫養町大桑島澪岩浜8-2	088-660-1733
小松島市教育支援センター「はなみずき学級」	773-0005	小松島市南小松島町1-16	0885-32-3843
阿南市教育支援教室「ふれあい学級」	774-0030	阿南市富岡町今福寺40-17	0884-22-1250
吉野川市適応指導教室「つつじ学級」	779-3303	吉野川市川島町桑村2827-70	0883-25-6640
阿波市教育支援センター「阿波っ子スクール」	771-1506	阿波市土成町土成漆畑177	088-695-3887
美馬市適応指導教室「みまっこ教室」	777-0006	美馬市穴吹町口山馬内1-1	0883-52-1231
三好市適応指導教室「そよかぜ学級」	778-0002	三好市池田町マチ2465-1	0883-76-0235
石井町適応指導教室「わかば学級」	779-3223	石井町高川原高川原121-2	088-674-7499
藍住町適応指導教室「キャロッチ学級」	771-1251	藍住町矢上原230-2	088-661-4227
松茂町適応指導教室「はぐくみ教室」	771-0212	松茂町中喜来中須69-3	088-677-9694
北島町適応指導教室「ステップきたじまっ子」	771-0203	北島町中村江口50-15	088-679-8160
上板町適応指導教室「あいっ子学級」	771-1302	上板町七條経塚42	088-694-6111
板野町子ども家庭総合支援センター　教育支援室	779-0105	板野町大寺亀山西169-5	088-672-3454
【香川県】			
高松市教育支援センター「新塩屋町　虹の部屋」	760-0060	高松市末広町5	087-851-2011
高松市教育支援センター「みなみ」	761-8077	高松市出作町348-6	087-889-8900
三木町教育支援センター「ポポラ」	761-0612	三木町氷上31	087-898-1547
綾川町少年育成センター	761-2103	綾川町末5593-1	087-814-5205
小豆地区教育支援センター 「若竹教室」	761-4121	土庄町渕崎甲2155-1	0879-62-6565
坂出市教育支援センター 「であいの部屋」	762-0012	坂出市林田町181-1	0877-47-0211
坂出市教育支援センター 「ふれあいの部屋」	762-0026	坂出市小山町2-1	0877-46-1188
坂出市教育支援センター 「わかばの部屋」	762-0003	坂出市久米町2-7-46	0877-46-2159
丸亀市教育支援センター 「友遊」	763-0034	丸亀市大手町2-1-7	0877-23-1150
多度津町教育支援センター	764-0014	多度津町本通2-11-14	0877-33-3076
善通寺市教育支援センター	765-8503	善通寺市文京町2-1-1	0877-63-6327
琴平町適応指導教室	766-0004	琴平町榎井817-7	0877-75-0919
三豊市教育支援センター	767-0011	三豊市高瀬町下勝間2347-1	0875-72-6130
宇多津町教育支援センター	769-0208	宇多津町浜八番丁113-1	0877-49-3460
まんのう町適応指導教室	769-0312	まんのう町宮田750-4	0877-75-4032

教室名	郵便番号	住　　　所	電話
教育支援センターPlus	769-1621	観音寺市大野原町井関311	0875-54-2803
さぬき市適応指導教室 「ＦＩＮＥ」	769-2396	さぬき市寒川町石田東甲425	0879-26-9976
東かがわ市教育支援センター 「ふれんど教室」	769-2702	東かがわ市松原170-6	0879-25-6305
【愛媛県】			
こまどり教室	791-1136	松山市上野町甲650　愛媛県総合教育センター内	089-963-3986
キトリ	799-0101	四国中央市川之江町1720-1	0890-77-4971
ユーミールーム	799-0413	四国中央市下柏町749-2	0896-28-6166
はぁーとふるDol	799-0712	四国中央市土居町入野178-1	0896-28-6355
あすなろ教室	792-0023	新居浜市繁本町8-65　新居浜市青少年センター内	0897-37-7474
いしづち	793-0065	西条市楢木53-1　少年育成センター内	0897-52-2355
ひうち	799-1394	西条市周布349-1	0898-64-5399
コスモスの家	794-0032	今治市天保山町3-2-1	0898-22-3309
松山わかあゆ教室	790-0864	松山市築山町12-33　松山市教育支援センター内	089-943-3205
北条文化の森教室	799-2436	松山市河野別府941　文化の森公園北条図書館内	089-943-3205
松山市自立支援教室	790-0864	松山市築山町12-33　松山市教育支援センター内	089-943-3205
ひだまり	791-0211	東温市見奈良490-1　東温市総合保健福祉センター内	089-990-1226
はばたき	799-3127	伊予市尾崎3-1　伊予市総合保健福祉センター内	089-989-5022
おおずふれあいスクール	795-0001	大洲市北只1086　国立大洲青少年交流の家内	0893-24-1414
ふれあいルーム	795-0303	内子町平岡甲185-1	0893-43-1261
わかたけ	798-0066	宇和島市文京町2-2	0895-22-1642
【高知県】			
教育支援センターみらい	780-8010	高知市桟橋通2-1-50	088-832-4498
室戸市教育支援センター	781-7103	室戸市浮津776-1	0887-22-1230
ふれあい教室	784-0271	安芸市奈比賀950	0887-32-0232
ふれあい教室	783-0004	南国市大埇甲2122	088-863-3814
あったか広場	781-1102	土佐市高岡町乙225	088-852-4353
須崎市教育支援センター	785-0012	須崎市西糸町4-18	0889-43-1345
ふれあい教室	788-0001	宿毛市中央2-7-14	0880-63-3394
あすなろ教室	787-0325	土佐清水市栄町6-13	0880-82-3016
ふれあい学級	787-0667	四万十市国見222 (旧東中筋中学校)	0880-34-5445
森田村塾	781-5202	香南市野市町兎田702-1	0887-54-0110
ふれんどるーむ	782-0034	香美市土佐山田町宝町2-3-3	0887-52-9284
心の教育センター 東部相談室	781-6410	田野町1456-42	088-821-9909
のぞみ教室	781-2110	いの町6032-3	088-850-4556
HOT ROOM	785-0202	津野町姫野々4-33-2	0889-55-2340
四万十町教育支援センターかげつ	786-0011	四万十町香月が丘4-20	0880-22-0276
大月町教育支援センター	788-0313	大月町周防形126-1	0880-74-0224
森の里教室	787-0802	三原村宮ノ川1120	0880-46-2559
くじらるーむ	789-1931	黒潮町入野841-5	0880-43-3750
【福岡県】			
適応指導教室「つくし学級」	816-0065	筑紫野市諸田169	092-925-5361
教育支援センター「マイスクール」	816-0823	春日市若葉台西7-28-1	092-517-0396
教育支援センター	816-0912	大野城市御笠川1-17-1	092-504-4202
教育支援センター「つばさ学級」	818-0133	太宰府市坂本1-3-1	092-924-9479
適応指導教室「わかば学級」	811-1241	那珂川市後野1-5-1	092-951-7185
教育支援センター「あすなろ教室」	811-3137	古賀市古賀278-1	092-942-0989
くすのき教室	811-2121	宇美町平和1-14-1	092-934-1515
適応指導教室「ぐんぐん」	811-2248	志免町志免坂瀬 21-1	092-577-4098
適応指導教室「やまももルーム」	811-2114	須恵町須恵771	092-687-1954
教育相談室「ぽると」	811-2309	粕屋町駕与丁1-6-2	092-938-0100
教育支援センター	811-2492	篠栗町中央1-1-1	092-947-3191
教育支援ルーム「ひまわりルーム」	811-2501	久山町久原3553-3	092-976-2910
学習支援室「まつかぜルーム」	811-0119	新宮町緑ケ浜 1-1-1	092-963-1739
教育支援センター「ひだまり」	811-3304	福津市津屋崎1-11-30	0940-52-1325
教育サポート室「エール」	811-3427	宗像市久原180	0940-36-8303
教育支援室「すばる」	819-1119	糸島市前原東1-3-7	092-332-2097
直方市学校適応指導教室	822-8501	直方市殿町7-1 (直方市教育委員会内)	0949-25-2323

お詫びと訂正

『全国フリースクールガイド 2024‐2025 年度版　小中高・不登校生の居場所探し』におきまして、「教育支援センター（適応指導教室）一覧」より熊本県の記載が抜けておりました。以下の通り訂正させていただくとともに、深くお詫び申し上げます。

【追記部分】

教室名	郵便番号	住　　所	電話
【熊本県】			
熊本市教育支援センター「あいぱる大江教室」	862-0971	熊本市中央区大江5-1-50　あいぱるくまもと2F	096-362-7070
熊本市教育支援センター「火の君教室」	861-4202	熊本市南区城南町宮地1050　城南福祉センター2F	096-362-7070
熊本市教育支援センター「植木教室」	861-0136	熊本市北区植木町岩野238-1　北区役所3F	096-362-7070
熊本市教育支援センター「清水教室」	861-8066	熊本市北区清水亀井町岩野14　清水公民館内	096-362-7070
熊本市教育支援センター「新町教室」	860-0004	熊本市中央区新町1-3-11　子ども文化会館内	096-362-7070
熊本市教育支援センター「託麻教室」	861-8038	熊本市東区長嶺東7-11-15　託麻公民館内	096-362-7070
山鹿市教育支援センター（オアシスクラブ）	861-0501	山鹿市山鹿1184	0968-43-0877
合志市適応指導教室（合志教室）	861-1115	合志市豊岡2201	096-248-6277
合志市適応指導教室（野々島教室）	861-1103	合志市野々島4855	096-242-6688
合志市適応指導教室（みずき台教室）	861-1102	合志市須屋2811-2	096-248-9488
合志市適応指導教室（御代志教室）	861-1104	合志市御代志1661-16	096-242-3339
菊池市教育支援センター菊池教室	861-1331	菊池市隈府866-3	0968-41-5553
菊池市教育支援センター七城教室	861-1353	菊池市七城町甲佐町66	0968-41-3755
菊池市教育支援センター旭志教室	869-1204	菊池市旭志小原241	0968-23-3078
菊池市教育支援センター泗水教室	861-1205	菊池市泗水町福本383	0968-41-5528
適応指導教室「カワセミ学級」	863-0017	天草市船之尾町11-4	0969-23-2278
荒尾市教育委員会適応指導教室「小岱教室」	864-0041	荒尾市荒尾4110-2	0968-64-2865
荒尾海陽中学校ハートフルルーム	864-0041	荒尾市荒屋1828（荒尾海洋中学校内）	0968-62-7840
荒尾第三中学校ハートフルルーム	864-0012	荒尾市本井手700（荒尾第三中学校内）	0968-66-0462
荒尾第四中学校ハートフルルーム	864-0163	荒尾市野原1528（荒尾第四中学校内）	0968-68-0014
くま川教室	866-0041	八代市八幡町8-9	0965-33-6142
子ども自立支援室	867-0063	水俣市洗切町1-1	0966-63-2651
教育支援センター「かがやき教室」	868-8601	人吉市西間下町118-1	0966-22-2111
ほっとスペース	869-0433	宇土市新小路町123 市民会館裏【やきもの教室横】	0966-22-5005
宇城っ子ネット	869-0552	宇城市不知火町高良2273-1	0964-32-1907
大津町教育支援センター	869-1233	大津町大津1261-1	096-293-2231
すぎなみ教室	869-1103	菊陽町久保田2598　中央公民館	096-232-4962
すぎなみ教室	869-1108	菊陽町光の森1-3517-3　武蔵ヶ丘コミュニティセンター	096-283-2711
益城町未来塾フレンドネット	861-2242	益城町木山236　益城町交流情報センターミナテラス	096-286-3337
益城町未来塾フレンドネット	861-2233	益城町惣領1513-1　益城こがみ舎	096-286-3337

学びリンク株式会社

編集部

教室名	郵便番号	住所	電話
適応指導教室 「くすのき学級」	809-0034	中間市中間 1-1-1	070-1275-0273
教育支援センター適応指導教室「ぷらなす」	823-0003	宮若市本城315-3	0949-34-1660
学校適応指導教室	811-4302	遠賀町広渡23-6	093-293-3833
希望教室	807-0012	水巻町古賀3-18-1	093-201-5000
リフレルーム	807-0113	芦屋町中ノ浜 10-74	093-223-0058
鞍手町教育支援センター	807-1311	鞍手町小牧 2105	0949-42-7202
適応指導教室「らるご久留米」	839-0862	久留米市野中町1074-1	0942-35-3869
適応指導教室「キーノート」	839-1401	うきは市浮羽町朝田 460-3	0943-75-4950
適応指導教室「りんく小郡」	838-0126	小郡市二森435-1	0942-73-4044
適応指導教室「ステップ」	838-0068	朝倉市甘木873-3	0946-22-2333
教育支援センター	838-0816	筑前町新町450	0946-22-3385
教育支援センター「昭和教室」	836-0872	大牟田市黄金町1-34	0944-55-3040
適応指導教室「ありあけ」	839-0253	柳川市大和町鷹ノ尾151-2	0944-76-1216
教育支援センター「あしたば」	834-0023	八女市馬場420	0943-22-5699
教育支援教室「スマイル」	833-0031	筑後市山ノ井1101	0942-52-8254
適応指導教室「りんどう教室」	831-0016	大川市酒見221-11（大川市文化センター内）	0944-87-7970
教育支援室「ステップルーム」	830-0417	大木町上八院 1234（大木中学校内）	0944-32-0493
適応指導教室「さくら」	835-0192	みやま市山川町立山1278	0944-32-9179
田川市適応指導教室「サウンドスクール」	825-0002	田川市伊田2550-1	0947-44-7446
下田川地区適応指導教室「日の山クラブ」	822-1204	福智町神崎1094-1　ふれあい塾内	0947-22-3330
飯塚市適応指導教室「コスモス」	820-8605	飯塚市忠隈523	0948-22-0380
適応指導教室「れすとぴあ」	820-0012	嘉麻市上臼井446-1	0948-62-5728
桂川中学校サポート教室	820-0606	桂川町土居 524	0948-65-0032
教育支援センター「ほほえみ教室」	824-0005	行橋市中央1-9-2	0930-25-5100
教育支援センター「すみれ教室」	800-0392	苅田町富久町1-19-1	090-7441-9466
教育支援センター「しゃくなげ教室」	828-0021	豊前市八屋2011-1	0979-84-0354
「あおぞら教室」	829-0102	築上町築城1016-2	0930-52-2513
福岡市適応指導教室「はまかぜ学級」	810-0065	福岡市中央区地行浜2-1-2	092-832-7120
福岡市適応指導教室「まつ風学級」	814-0006	福岡市早良区百道3-10-1	092-832-7120
福岡市適応指導教室（すまいる学級）	812-0016	福岡市博多区博多駅南2-6-1	092-832-7120
福岡市適応指導教室（すまいる学級）	812-0053	福岡市東区箱崎5-11-20	092-832-7120
あいおい教育支援室	806-0044	北九州市八幡西区相生町20-1	093-641-1710
くろさき教育支援室	806-0021	北九州市八幡西区黒崎3-15-3	093-631-7867
わかぞの教育支援室	802-0816	北九州市小倉南区若園5-1-5	093-941-7867
かなだ教育支援室	803-0817	北九州市小倉北区田町14-24	093-591-7867
【佐賀県】			
佐賀県教育支援センター「しいの木」	840-0214	佐賀市大和町川上　佐賀県教育支援センター敷地内	0952-62-8141
教育支援センター「くすの実」	849-0919	佐賀市兵庫北3-8-36「ほほえみ館」東隣	0952-37-0518
教育支援センター 「じょ（恕）るーむ」	846-8501	多久市北多久町小侍7-40	0952-75-2152
子ども支援センター「ほたる」	845-0021	小城市三日月町長神田2312-6　小城市役所別館2F	0952-73-4681
教育支援センター「みらい」	841-0017	鳥栖市田代大官町 323-5　鳥栖市生涯学習センター内	0942-82-4868
教育支援センター「かけはし」	842-0007	神埼市神埼町鶴3388-5　神埼市中央公民館2F	0952-53-2325
教育支援センター「にじいろ」	842-0053	神埼市千代田町直鳥142　千代田町福祉センター2F	0952-65-4941
教育支援センター「ほうゆう」	842-0913	吉野ヶ里町三津777　東脊振公民館2F	0952-52-3499
教育支援センター「MY ROOM(まいるーむ)」	841-0204	基山町宮浦666　基山町保健センター2F	080-7626-6006
適応指導教室「フリースクール」	849-0113	みやき町東尾6436-2「こすもす」館内	0942-89-3052
上峰町子ども支援センター	849-0123	上峰町坊所606　ふるさと学館 2F	0952-55-7733
適応指導教室「スマイル」	847-0851	唐津市二タ子1-3-7　青少年支援センター 4F	0955-73-5202
教育支援センター「たんぽぽ」	847-1435	玄海町仮屋398-15　教育支援センター内	0955-51-3083
学校適応支援教室「スクラム」	843-0022	武雄市武雄町武雄5230	0954-22-4488
教育支援室「コンフォート・スペース・あい」	849-1204	白石町坂田253-1　白石町交流館内	0954-65-2605
教育支援センター 「せいら」	848-0045	伊万里市松島町73　生涯学習センター2F	0955-22-7621
教育支援センター「ゆう」	849-4172	有田町立部乙2508-1	0955-46-4391
学校適応指導教室 「さくら」	849-1311	鹿島市高津原434　田澤義鋪記念館内	090-9479-2758
教育支援センター「おれんじ」	849-1602	太良町多良1-17　大橋記念図書館内	080-9056-9797
教育支援センター「ひまわり」	843-0301	嬉野市嬉野町下宿乙1298　嬉野市文化センター2F	080-6436-1438
教育支援センター「あさがお」	849-1411	嬉野市塩田町馬場下甲1967　嬉野市中央公民館2F	070-7657-9726

《教育支援センター（適応指導教室）一覧》

教室名	郵便番号	住　　所	電話
【長崎県】			
長崎市学びの支援センター「ひかり」	850-0874	長崎市魚の町5-1　長崎市民会館7F	095-825-2932
佐世保市青少年教育センター学校適応指導教室「あすなろ教室」	857-0056	佐世保市平瀬町3-1	0956-22-0781
島原市適応指導教室「ひまわり教室」	855-0032	島原市北門町130	0957-64-7098
諫早市少年センター諫早市学校適応指導教室「ふれあい学級」	854-0047	諫早市野中町508-8	0957-22-2551
大村市学校適応指導教室「あおば教室」	856-0834	大村市玖島1-17-10	0957-54-2100
平戸市教育支援教室「のぞみ」	859-5366	平戸市宝亀町1148	0950-22-9252
松浦市適応指導教室「ステップ」	859-4598	松浦市志佐町浦免365(教育委員会)	0956-72-1112
対馬市教育支援センター「みちしるべ」	817-0012	対馬市厳原町日吉338-1	080-1720-2382
壱岐市教育支援教室「太陽」	811-5301	壱岐市芦辺町芦辺浦524	0920-40-0164
五島市適応指導教室「たけのこ」	853-0018	五島市池田町1-2	0959-74-3383
西海市適応指導教室「とまと教室」	851-3500	西海市大島町1815-1　大島離島開発総合センター1F	0959-37-0148
南島原市適応指導教室「つばさ」	859-2111	南島原市布津町甲381-1	0957-72-2210
長与町学校適応指導教室「いぶき」	851-2128	長与町嬉里郷431-1	090-3324-3131
時津町教育支援センター「ひだまり」	851-2105	時津町元村郷1(茶屋本陣内)	080-3520-1532
長崎県教育センター教育支援教室「ふれあい広場」	856-0834	大村市玖島1-24-2	0957-52-9241
【大分県】			
ボランの広場	870-1124	大分市旦野原847-2　大分県教育センター	097-569-0829
ふれあい学級	871-0046	中津市金谷本町2300-1	0979-25-2461
ビリーブ	879-0604	豊後高田市美和1570	0978-22-2710
せせらぎ教室	872-0102	宇佐市南宇佐2163-1	0978-37-1605
フレンドリーひろば	873-0503	国東市国東町鶴川160-2	0978-73-0066
ひまわり	873-0001	杵築市杵築126-1　杵築市学校教育支援センター	0978-63-5220
フレンドリー広場	879-1500	日出町3891-2	0977-73-3171
ふれあいルーム	874-0933	別府市野口元町12-43　別府市総合教育センター	0977-23-0867
フレンドリールーム	870-0048	大分市碩田町3-5-11　大分市教育センター	097-533-7744
きずな	875-0041	臼杵市臼杵2-107-562	0972-62-8341
ネロリ	879-2400	津久見市大友町5-15	0972-82-9526
コスモス	879-5506	由布市狭間町狭間668-7	097-582-1179
グリーンプラザ	876-0853	佐伯市中村東町7-34	0972-22-5131
サフラン	878-0145	竹田市植木731	0974-70-5620
かじか	879-7131	豊後大野市三重町市場324-1	0974-22-0586
やまびこ学級	877-0012	日田市淡窓町1-1-1　日田市教育センター	0973-22-1019
ほっとスペース	879-4723	九重町田549	0973-78-8805
わかくさの広場	879-4404	玖珠町森3889	0973-72-2856
【宮崎県】			
小戸教室	880-0014	宮崎市鶴島2-18-9	0985-22-9674
小戸教室サテライト 神宮	880-0056	宮崎市神宮東1-2-27　青少年プラザ内	090-9617-1444
小戸教室サテライト 里山	880-0035	宮崎市下北方町二反五瀬5348-1　大淀川学習館 里山の楽校	090-9617-1460
あじさいルーム	880-0211	宮崎市佐土原町下田島20660-3　佐土原総合支所 社会福祉センター2F	0985-72-2937
田吉教室	880-0911	宮崎市田吉4370-1　宮崎市共用施設浜畑センター	080-3951-9300
希望教室	880-1613	宮崎市清武町西新町1-1　清武保健センター2F	0985-85-4882
わかば教室	889-1701	宮崎市田野町甲2818　田野町文化会館2F	0985-86-5111
穆園（ぼくえん）教室	880-2221	宮崎市高岡町内山2887　高岡総合支所内敷地内	0985-82-5610
教育支援教室	880-1192	国富町本庄4800	0985-75-3893
綾町適応指導教室	880-1303	綾町南俣546-1	0985-77-1183
みつばルーム	881-0033	西都市妻1474	0983-32-1012
延岡市アウトリーチ・オアシス教室	882-0813	延岡市東本小路6-1	0982-33-0330
ひまわりラウンジ	883-0045	日向市本町10-5	0982-54-7867
なでしこルーム	884-0006	高鍋町上江8113	0983-22-6595
スプリング教室	885-0075	都城市八幡町15-10	0986-46-2088
ふれあい学級	886-0001	小林市真方89-1	0984-23-0228
ふれあい教室	888-0001	串間市西方9050　中央公民館	0987-72-4412
せせらぎ教室	889-1201	都農町川北4874-2	0983-25-5723
けやき教室	889-1493	新富町上富田7485-14	0983-33-6079
サンライトルーム	889-1995	三股町五本松2-12	0986-52-9315
くろしお教室	889-2541	日南市吾田東10-5-29	0987-25-9400
くろしお教室　南郷分室	889-3204	日南市南郷町中村乙7051-26	0987-67-0691

370

教室名	郵便番号	住　　所	電話
やすらぎ	889-4292	えびの市栗下1292	0984-35-1111
ひむか学級	889-4492	高原町西麓392	0984-42-1484

【鹿児島県】

教室名	郵便番号	住　　所	電話
フレンドシップ城西	890-0041	鹿児島市城西2-3-12　城西中学校内	099-254-9148
フレンドシップ鴨池	890-0063	鹿児島市鴨池2-32-30　勤労青少年ホーム内	099-250-7505
フレンドシップ南	890-0068	鹿児島市東郡元町13-34　南中学校内	099-251-6090
フレンドシップ谷山	891-0116	鹿児島市上福元町5500　谷山中学校内	099-268-3165
フレンドシップ長田	892-0817	鹿児島市小川町3-10　長田中学校内	099-226-3868
なのはな教室	891-0497	指宿市十町2424　指宿市役所北側別館2F	0993-22-2111
ツヤベニ教室	891-0514	指宿市山川大山1150-1　指宿市山川多目的研修館内	0993-26-4017
よいらーいき教室	891-3101	西之表市西之表15182-1	0997-22-1579
教育支援センターマイフレンドルーム	893-0007	鹿屋市北田町11107	0994-31-1370
ふれあい教室	894-8555	奄美市名瀬幸町25-8	0997-52-1111
スマイルルーム	895-0055	薩摩川内市西開聞町5-1	0996-23-5111
さつまるーム	895-1804	さつま町船木302	0996-52-1230
伊佐市教育支援センターふれあい教室	895-2512	伊佐市大口元町5-5	070-4093-1682
レインボー教室	897-0003	南さつま市加世田川畑2627-1（南さつま市教育委員会内）	0993-53-2111
ふれあい教室「スマイル」	897-0302	南九州市知覧町郡17880	0993-56-1111
自立支援教室「ほっとハウス」	899-0215	出水市武本3189-1	0996-62-2683
自立支援教室「あくねす」	899-1626	阿久根市鶴見町166　阿久根中央公民館鶴見分館	0996-73-1258
いちき串木野市教育支援センター	899-2192	いちき串木野市湊町1-1	0996-21-5127
国分教育支援センター	899-4332	霧島市国分中央1-1-25-26	0995-47-7408
隼人教育支援センター	899-5106	霧島市隼人町内山田1-14-10　隼人農村環境改善センター内	0995-43-5336
加治木ふれあい教室	899-5294	姶良市加治木町本町253　加治木総合支所内	0995-62-4055
ふれあい教室	899-5431	姶良市西餅田589　姶良公民館内	080-3947-5547
適応指導教室	899-6207	湧水町米永433-1	0995-74-4313
適応指導教室　ふれあい教室「松風」	899-7104	志布志市志布志町安楽201-13　志布志運動公園体育館内	099-473-3516
曽於ふれあい教室	899-8605	曽於市末吉町二之方2019　曽於市立図書館2階	0986-76-5588

【沖縄県】

教室名	郵便番号	住　　所	電話
とよむ教室	901-0212	豊見城市平良536（豊見城総合公園陸上競技場1F）	098-856-1538
とびうお教室	901-0305	糸満市西崎町3-179	098-994-6966
しののめ教室	901-0401	八重瀬町東風平965	098-998-9561
南城市適応指導教室	901-0603	南城市玉城百名1252　南城市福祉センター2F	098-852-6333
いまぁじ	901-2103	浦添市仲間1-1-2　あかひらステーションビル3F	098-874-5188
若葉教室	901-2205	宜野湾市赤道1-5-17	098-893-8859
あけもどろ学級	902-0064	那覇市寄宮2-32-1	098-832-7868
ふれあいスクール	904-0203	嘉手納町嘉手納605-4	098-957-1717
てるしの	904-2174	沖縄市与儀3-11-1　沖縄県立総合教育センター内	098-933-7537
さわやか学級	904-2225	うるま市与那城屋慶名467-4（与那城地区公民館2F）	098-989-9128
あけみお学級	905-0014	名護市港2-1-2	0980-54-5111
まていだ教室	906-0392	宮古島市下地上地472-39	0980-76-6090
あやぱに学級	907-0024	石垣市登野城153　登野城公民館2F	0980-83-6388

不登校・ひきこもり関連の 親の会 一覧

● 「親の会」とは、不登校・ひきこもり等の問題を抱えた親や家族が立ち上げた自助会です。児童生徒の在籍校や地域の教育センターと連携をとりつつ、個別カウンセリング、定例会等を行う組織です。同じ悩みをもつ親や家族同士がコミュニケーションをとり、問題解決に向けて活動しています。

● 「不登校・ひきこもり関連の親の会一覧」は学びリンク編集部が各団体などに取材・調査を行い、回答があったものを収録しています。
調査期間：2023年11月〜2024年3月。

● 内容は各階によって多少異なります。詳細は、各会へお問い合わせください。

会　名	郵便番号	住　　所	お問い合わせ先
明るい不登校		※毎朝8時から音声SNS「クラブハウス」開催	akaruifutoko.ch@gmail.com
イクミナル		※全国各地から参加可・相談・学びの場とのつながり有	ikuminal@gmail.com
保護者ラボ：ほごらぼ		※オンライン勉強会やLINEオープンチャットなどで交流しています	info@hogo-labo.com
不登校と発達障害を考える保護者会函館アカシヤ	042-0932	北海道函館市湯川町1-25-4　野村俊幸様方付	090-6261-6984
未来の会（不登校やひきこもりの子どもと共に歩む会）	061-1417	北海道恵庭市駒場町4-8-8	0123-33-9513
週末の親子カフェ	062-0051	北海道札幌市豊平区月寒東1条15-5-11	011-858-1711
もぐらの会	069-0817	北海道江別市野幌代々木町40-2（有）フレックス内	011-385-9656
アーベルの会（札幌の不登校の子どもをもつ親の会）		北海道札幌市	0144-57-5904
不登校に寄りそう親の会　オアシス	070-8012	北海道旭川市	090-3772-7340
北見すてっぷ-不登校を考える親たちの会-	090-0012	北海道北見市並木町546-4　今井玲子様気付	0157-61-0593
青森さくらの会	030-0844	青森県青森市桂木3-25-10	090-8613-5561
家族交流会	039-1212	青森県三戸郡階上町蒼前西5-9-1634　学習サークル「サンハウス」内	090-2990-4200
認定NPO法人 盛岡ユースセンター	020-0022	岩手県盛岡市大通3-1-23　クリエイトビル3F	019-681-7070
あすと長町高等学院　親の会	982-0003	宮城県仙台市太白区郡山6-2-2	022-249-4023
登校拒否・不登校を考える全国ネットワーク			info@futoko-net.org
ミヤギユースセンター親の会	983-0852	宮城県仙台市宮城野区榴岡2-2-8-203	022-256-7977
かだれ会	018-2303	秋田県山本郡三種町森岳字石倉沢1-2	0185-72-4133
クローバーの会@やまがた	990-2413	山形県山形市南原町1-27-20	023-664-2275
特定非営利活動法人から・ころセンター　家族会	992-0026	山形県米沢市東2-8-116	0238-21-6436
NPO法人ビーンズふくしま　不登校・ひきこもり親の会	960-8066	福島県福島市矢剣町22-5　2F	024-529-5184
保護者交流会	964-0074	福島県二本松市岳温泉2-20-11	0243-24-1518
寺子屋方丈舎	965-0042	福島県会津若松市大町1-1-57	0242-93-7950
お母さんのほけんしつ	320-0851	栃木県宇都宮市鶴田町1627-14	080-1853-6296
スマイルドア（CCV学園内）	322-0041	栃木県鹿沼市鳥居跡1420-11	0289-74-7070
生き方塾（CCV学園内）	322-0041	栃木県鹿沼市鳥居跡1420-11	0289-74-7070
翼の会	322-0041	栃木県鹿沼市鳥居跡1420-11	0289-74-7070
明るい不登校@栃木（佐野）	327-0516	栃木県佐野市水木町1037-3	090-2497-2262
栃木登校拒否を考える会	328-0054	栃木県栃木市平井町980-9	0282-23-2290
にじいろの風船		群馬県太田市	070-3349-4003
アトリエ・ゆう	330-0846	埼玉県さいたま市大門町3-205　ABCビル303	048-658-2552
個別指導 よすが学院	336-0024	埼玉県さいたま市南区根岸4-15-9	048-839-4870
一般社団法人日本フリースクール機構 セカンドスクール	338-0835	埼玉県さいたま市桜区道場3-27-1	048-789-7646
NPO法人越谷らるご　親の会	343-0042	埼玉県越谷市千間台東1-2-1　白石ビル2F	0489-70-8881
晶塾自立支援センター	344-0011	埼玉県春日部市藤塚250-58	048-738-0701
NPO法人　千葉こども家庭支援センター	260-0021	千葉県千葉市中央区新宿1-4-10　シーガル新宿ビル4F	043-239-7891
流山不登校を考える会	270-0121	千葉県流山市西初石3-103-5　グロ-リアビルⅡ401	04-7199-7141

会　名	郵便番号	住　　所	お問い合わせ先
野田　ぶどうの木	270-0221	千葉県野田市古布内1617-3	090-3102-9638
認定　NPO法人ニュースタート事務局	272-0122	千葉県市川市宝2-10-18	047-307-3676
不登校に学ぶ船橋の会	273-0865	千葉県船橋市夏見5-31-25　船橋市教育会館内　船橋市教職員組合	047-422-3708
不登校・ひきこもり親のサロン	275-0012	千葉県習志野市本大久保3-8-14　401	047-411-5159
不登校生の胸の内を想い支援の手だてを探る会	277-0863	千葉県柏市豊四季360-2	0471-46-3501
日伸学院	289-2148	千葉県匝瑳市飯倉台 13-12	0479-79-0637
公益社団法人青少年健康センター　茗荷谷クラブ 家族の会　ひきこもりダイアローグ講座	112-0006	東京都文京区小日向4-5-8　三軒町ビル102	03-3941-1613
東京・不登校＆多様な学びを考える親の会 （旧登校拒否を考える会）			tokyo.oya.futoukou @gmail.com
不登校を考える親の会　王子	114-0021	東京都北区岸町1-9-19　コーエイビル	03-5993-3135
葛飾不登校の子どもをもつ親・保護者の会	124-0024	東京都葛飾区新小岩3-25-1	03-5678-8171
不登校を考える親の会　大田	144-0055	東京都大田区仲六郷2-7-11	03-6424-8311
SCHOOL WILLING	154-0001	東京都世田谷区池尻3-4-8	03-5430-5478
転地教育メイプル会	154-0003	東京都世田谷区野沢4-20-13　213	03-5712-3670
フリースクール僕んち　親の会	155-0033	東京都世田谷区代田4-32-17　サンハイツB	03-3327-7142
ペアレンツクラブｌｉｂｙ	156-0051	東京都世田谷区宮坂3-23-2	03-3420-5361
マンツーマン学習塾 世田谷みどり塾	156-0044	東京都世田谷区赤堤5-30-3	03-6318-7052
セシオネット親の会	161-0033	東京都新宿区下落合2-2-2-220	090-9802-9328
特定非営利活動法人　KHJ全国ひきこもり家族会連合会	170-0002	東京都豊島区巣鴨3-16-12-301	03-5944-5250
フリースクールだーちゃ	170-0003	東京都豊島区駒込7-10-17　モノリス駒込201	070-8400-0841
NPO法人SEPY(セピィ)倶楽部	170-0005	東京都豊島区南大塚1-49-7	03-3942-5006
フレネ自由教育　フリースクールジャパンフレネ	171-0032	東京都豊島区雑司が谷1-7-2　雑司が谷ビル202	03-3988-4050
板橋　不登校・ひきこもりの子を持つ親の会	175-0094	東京都板橋区成増4-31-11	03-6784-1205
NPO法人 文化学習共同ネットワーク　フリースペースコスモ	181-0013	東京都三鷹市下連雀1-14-3	0422-47-8706
さくら草の会	185-0034	東京都国分寺市光町1-34-3	042-502-7558
一休寺子屋110番	191-0003	東京都日野市日野台1-11-1C	080-3397-3703
SOW		横浜市（COCOしのはら など）	sow.yokohama.2021 @gmail.com
NPO法人 楠の木学園	222-0036	神奈川県横浜市港北区小机町2482-1	045-473-7880
須藤教育研究所・アララギ学院　親の会	231-0844	神奈川県横浜市中区西之谷町108-6	045-211-4007
フレンドリースペース金沢 親の会	236-0041	神奈川県横浜市金沢区釜利谷東7-19-28　金沢区福祉保健ボランティア等活動拠点内	045-786-9907
特定非営利活動法人 アンガージュマン・よこすか	238-0017	神奈川県横須賀市上町2-4	046-801-7881
リロード　カムカム親の会	241-0821	神奈川県横浜市旭区二俣川1-2　二宮ビル3F	045-744-8344
おっちー塾	244-0805	神奈川県横浜市戸塚区川上町91-1　モレラ東戸塚3F「とつか区民活動センター」内	ochiaiyy@hotmail.com
カマクラ「風の谷」	234-0055	神奈川県横浜市港南区日野南2-22-24	045-831-3709
NPO法人 子どもと生活文化協会（CLCA）家族の会	250-0045	神奈川県小田原市城山1-6-32　Sビル2F	0465-35-8420
寄宿生活塾 はじめ塾	250-0045	神奈川県小田原市城山1-11-7	0465-34-6033
NPO法人 フリースクール鈴蘭学園　親の会	252-0232	神奈川県相模原市中央区矢部3-1-8	080-6577-1545
特定非営利活動法人 太陽の村	252-0239	神奈川県相模原市中央区中央2-7-9　3F	042-707-0160
藤沢まわり道の会	253-0071	神奈川県茅ヶ崎市萩園2208-10	0467-85-6077
自由の学び舎 やすづか学園	942-0539	新潟県上越市安塚区円平坊941	025-593-2004
NPO法人 はぁとぴあ21　親の会	939-0341	富山県射水市三ヶ2467　2F	090-5495-7681
いまここ親の会	922-0117	石川県加賀市山中温泉上野町リ98-2	070-5633-2667
ワンネススクール 親の会キナリ	921-8164	石川県金沢市久安5-8	076-259-5359
甲府ひまわりの会	400-0337	山梨県南アルプス市寺部2225-12	055-284-4108
山梨不登校の子どもを持つ親たちの会（ぶどうの会）	405-0061	山梨県笛吹市一宮町石2359-102	0553-44-5078
親カフェ	408-0025	山梨県北杜市長坂町長坂上条1237-3	090-4024-2955
ブルースカイ（登校拒否を考える親と子の会）	380-0906	長野県長野市鶴賀七瀬中276-10　長野市障害者福祉センター	026-278-7223
子どもサポートチームすわ親の会	392-0015	長野県諏訪市中洲上金子2843	0266-58-5678
子どもサポートチームすわ富士見親の会	392-0015	長野県諏訪市中洲上金子2843	0266-58-5678
子どもサポートチームすわ不登校・ひきこもり等の親の会	392-0015	長野県諏訪市中洲上金子2843	0266-58-5678
登校拒否を考える・すわ親の会	392-0015	長野県諏訪市中洲上金子2843	0266-58-5678
NPO法人 ジョイフル	399-0706	長野県塩尻市広丘原新田282-2	0263-51-9088
べんぽすた　親の会	502-0812	岐阜県岐阜市八代 3-27-8	090-7432-9158
ポポロ家族会	502-0812	岐阜県岐阜市八代 3-27-8	090-7432-9158
中濃家族会	502-0812	岐阜県岐阜市八代 3-27-8	090-7432-9158
西濃家族会	502-0812	岐阜県岐阜市八代 3-27-8	090-7432-9158
あ・うんの会	504-0942	岐阜県各務原市小佐野町3-54	090-1723-3002

《不登校・ひきこもり関連の親の会一覧》

会　名	郵便番号	住　　　所	お問い合わせ先
リベラスコーレ	411-0855	静岡県三島市本町9-3	055-972-4344
子ども育ちレスキューネット	430-0835	静岡県浜松市中央区遠州浜3-32-4	090-3936-5840
NPO法人 フリースクール空	430-0855	静岡県浜松市南区楊子町93-1　あさがお新聞店内	080-5295-5785
でんでん虫	435-0041	静岡県浜松市東区北島町	090-8677-7979
ゆずりはの会（発達障害の親の会）	441-3432	愛知県田原市野田町田尻15-14	0531-22-3515
まちあいしつ（不登校を考える豊田の会）	447-0041	愛知県碧南市緑町1-71	090-7310-2047
スタ活ｃａｆｅ　親の会	453-0015	愛知県名古屋市中村区椿町12-7	052-452-1136
NPO法人学習障害児・者教育と自立の保証をすすめる会	457-0037	愛知県名古屋市南区扇田町32-1	052-811-3776
愛知PFJ協会	460-0011	愛知県名古屋市中区大洲1-21-35	052-228-0280
不登校・学びネットワーク東海	467-0032	愛知県名古屋市瑞穂区弥富町紅園36-1	052-835-6266
ＮＰＯ法人　フリースクール三重シューレ	517-0505	三重県津市広明町328　津ビル	059-213-1115
三重県登校拒否・不登校・ひきこもりを考える会		三重県津市アスト3Ｆ　ＪＲ津駅隣	090-2949-5957
教育ネットワークくわなの会			090-2949-5957
シャロームカフェ	520-0806	滋賀県大津市打出浜6-7　大嶌医院裏	080-3845-2318
アットスクール　親の会　ひだまり	525-0063	滋賀県草津市大路1-18-28	077-565-7337
NPO法人 恒河沙 母親の会	602-8288	京都府京都市上京区中立売通千本東入田丸町379-3	075-414-4192
NPO法人Reframe	604-8485	京都府京都市中京区西ノ京平町 28	070-8533-5941
親子支援ネットワーク♪あんだんて♪	607-8084	京都府京都市山科区竹鼻立原町3-50	075-595-8255
京都不登校の子を持つ親の会	606-8397	京都府京都市左京区聖護院川原町4-13　教育会館　親と子の教育センター気付	075-771-1150
NPO法人 フラワー・サイコロジー協会 Tutti Casa みんなの家	615-0092	京都市右京区山ノ内宮脇町15-1　クエスト御池608	070-5555-4169
京都府教育委員会認定フリースクール　学びの森	621-0846	京都府亀岡市南つつじヶ丘大葉台2-44-9	0771-29-5588
京都府教育委員会認定フリースクール 聖母の小さな学校	624-0912	京都府舞鶴市字上安1697-1	0773-77-0579
親のココロ教室	530-0011	大阪府大阪市淀川区西中島4-5-22　第3新大阪ビル4F	06-4862-4141
NPO法人　フリースクールみなも　親カフェ	530-0044	大阪府大阪市北区東天満1-4-3	06-6881-0803
NPO法人　フリースクールみなも　父親カフェ	530-0044	大阪府大阪市北区東天満1-4-3	06-6881-0803
不登校・ひきこもり親の会「ほっとタイム」	536-0005	大阪府大阪市城東区中央2-11-16　城東区在宅サービスセンターゆうゆう	06-6936-1153
志塾フリースクール TRANSIT教室「保護者の会」	536-0005	大阪府大阪市城東区成育3-14-13　旭伸ビル4F	050-5532-1504
志塾フリースクールラシーナ教室「ポピーの会」	590-0137	大阪府堺市南区山台2丁目2-8　泉北BASE	072-289-8716
ほっとサロン	537-0025	大阪府大阪市東成区中道1-3-43	090-4277-9770
フリースクール「ラヴニール」	545-0011	大阪府大阪市阿倍野区昭和町2-7-2	06-7181-5549
不登校・ひきこもり親の会	392-0015	大阪府大阪市平野区平野2-1-30　平野区在宅サービスセンター「にこにこセンター」内	06-6795-2525
フリースクールこころ　親の会	556-0016	大阪府大阪市浪速区元町1-5-7　ナンバプラザビル602	06-6636-6118
ろーたす親の会	558-0011	大阪府大阪市住吉区苅田3-9-11	080-3319-2979
フリースクールはらいふ	569-1051	大阪府高槻市原91-13	072-668-6440
フリースクールKOSTAコドモのすたじお 親の会	573-1105	大阪府枚方市南楠葉1-1-4　阪ロビル3F	070-5436-6347
特定非営利活動法人ASOVIVA　デモクラティックスクールASOVIVA（特例認定）	585-0035	大阪府南河内郡河南町寛弘寺756-2	0721-21-6989
子どもについての悩みを語り合う会in河内長野	586-0012	大阪府河内長野市菊水町	0721-54-3301
学校に行きたがらない子を持つ　親の会「フラワーズ」	590-0525	大阪府	050-3748-8781
お昼間の塾　わなどう	591-8025	大阪府堺市北区長曽根町3083-19　サンピアラビル3F	06-6946-7588
新しい学びネットワークおでん	650-0012	兵庫県神戸市中央区北長狭通り7-3-11　神戸フリースクール	078-360-0016
不登校ひきこもりを考える市民の会	650-0012	兵庫県神戸市中央区北長狭通り7-3-11　神戸フリースクール	078-360-0016
NPO法人 ふぉーらいふ　親の会 たんぽぽ	655-0022	兵庫県神戸市垂水区瑞穂町7-2	078-706-6186
放課後クラブ親の会（発達障害）	655-0022	兵庫県神戸市垂水区瑞穂町7-2	078-706-6186
Dull Boi Academy（ダルボイ・アカデミー）親の会	658-0047	兵庫県神戸市東灘区御影2-5-10	078-855-2612
西宮サドベリースクール	662-0837	兵庫県西宮市広田町2-15	0798-70-0777
NPO法人 京ロスコラの会	670-0851	兵庫県姫路市京口町105	079-281-1599
いまじん親の会	676-0825	兵庫県高砂市阿弥陀町北池23-11	079-447-9508
ブレイクスルー	671-0211	兵庫県姫路市飾東町塩崎428	070-8521-3091
テンペラーレ	671-0211	兵庫県姫路市飾東町塩崎428	070-8521-3091
ふきのとうの会（不登校、ひきこもりを考える親たちの会）	630-8045	奈良県奈良市六条緑町3-9-10	0742-48-8552
奈良YMCA心のフリースクール 親の会	631-0823	奈良県奈良市西大寺国見町2-14-1	0742-44-2207
学校法人 おかやま希望学園 吉備高原のびのび小学校　吉備高原希望中学校	709-2332	岡山県加賀郡吉備中央町高谷470	0867-34-1606
志塾フリースクール岡山親の会	700-0821	岡山県岡山市北区中山下2-55-3F	086-236-1832
ひゅーるぽん	731-0102	広島県広島市安佐南区川内6-28-15	082-831-6888
あすなろスクール	732-0053	広島県広島市東区若草町20-15	082-261-5531
下関虹の会	750-0009	山口県下関市上田中町1-12-30	083-232-1623
家族支援例会	751-0832	山口県下関市生野町2-27-7　4F	0832-55-1026

会　名	郵便番号	住　　所	お問い合わせ先
フリースクール「ヒューマン・ハーバー」親の会	761-8064	香川県高松市上之町3-3-7	090-7623-6496
フリースクールウィン	780-8010	高知県高知市桟橋通3-26-29	088-833-1137
子どもの育ちを考える井戸端会議	812-0053	福岡県福岡市東区箱崎3-18-8	092-643-8615
福岡　楠の会	815-0034	福岡県福岡市	080-6475-3216
咲くふぁ福岡		福岡県福岡市	080-3968-3957
ダンデライオン　不登校ひきこもりを考える親の会	839-1298	福岡県久留米市田主丸町	090-1801-8863
フリースクールしいのもり	840-0202	佐賀県佐賀市大和町久池井1348-1	080-4474-7620
ひなたぼっこの会	862-0973	熊本県熊本市大江本町7-3　志成館ビル	096-366-1080
志成館高等学院　茶話会	862-0973	熊本県熊本市大江本町7-3　志成館ビル	096-366-1080
星の会 大分県不登校を考える親の会	870-1115	大分県大分市ひばりケ丘5-5-11	097-511-5831
一般社団法人パーソナルサービス支援機構	893-0064	鹿児島県鹿屋市西原2-18-33	0994-37-5639

発達障がい児の母親たちが運営

「子どもの未来をつくり出す」 具体的な歩みを進める コミュニティ

一般社団法人チャレンジド LIFE　代表 畠中 直美さん　副代表 miki さん

発達障がい児が社会で生きていくため、働くために必要な情報、当事者やその家族を取り巻く人たちとの関わり方など、幅広く学び発信している一般社団法人チャレンジドLIFE。発達障がい児を育てる母親2人が2017年に立ち上げました。様々な専門家や企業・団体とコラボレーションし、誰もがいきいきと活躍できる明るい未来をつくり出すことを目的に様々な活動を行っています。活動の経緯や障がい児を育てる家族の実情、保護者の就労など、幅広い視点でお話を伺いました。

親 は、教育も医療も福祉も進路も すべての情報が必要

—— お二人とも発達障がいのお子さんを育てられていますね。そこから活動を始められた経緯を教えてもらえますか？

畠中　私は子どもが3人いるのですが、長男が3歳のときに自閉スペクトラム症の診断を受けました。生まれたときから発達が遅く、寝返りをうったのも10か月頃。いわゆる母子手帳に書いてあるような、おおよその子どもの成長段階には当てはまりません。ただ、目は合うし、笑うので、健診でもただ身体の発達が遅いだけじゃないかとスルーされてきたんです。でも3歳になっても何も話さないので、受診を勧められたんですね。

私自身はキャリアコンサルタントをしていて、夫は元々学校の教員で、いまは学習塾を運営しています。ですから、子どもの進路やその後のキャリアについて、ある程度イメージは持っていました。だけど、自分の子どもが3歳で自閉症と診断されたとき、この子の未来が何も見通せなかったんです。キャリアのプロとして、いろんな方々とお話をしてきたはずなのに、自分の子どもの進路についてはまったく情報がない。周囲に聞こうにも誰もわからないという状況でした。

最初は、個人のつてを駆使して手探りで情報を集めていったのですが、次第に、なぜこんなにも情報を得るのが難しいのかがわかってきました。たとえば療育に携わる人たちは療育機関のことしか知らない。保育園の人たちは小学校のことを知らないし、小学校の先生は中学校のことを知らない…。お医者さんも発達のこ

とは詳しいけど、それ以外のことはわからないんです。私たちからすると、そもそも小学校ってどう選ぶの？ 中学校どうするの？ とか。今でこそ知っていますが、支援学級に入ると通知表がつかないとか、そんなこと当然知らないわけです。でも、親って、教育も医療も福祉も進路も、すべての情報が必要なんですよね。

当時、私は京都に住んでいたんですが、たまたま浜松の信頼できるお医者さんにつながることができ、2週間に1回、浜松まで受診に行っていたんです。著名な方なので情報もたくさん持たれていて、私は、京都以外の地域の状況や自治体の関わり方の違いなどを知っていきました。そのときに、こうした有益な情報を広く集めて共有してくことができたら、未来がもう少し見えてくるんじゃないかと思ったんです。それなら個人で動くよりも、法人を作ったほうが情報を集めやすいんじゃないか、と思い立ち、長男が小学校に入学するタイミングで立ち上げたのがチャレンジドLIFEです。

miki　私は子どもが2人いますが、第二子である息子が知的障がいのない自閉スペクトラム症児です。

私は大学で発達心理学を専攻していたので、自閉症に関する知識があり、息子が0歳の頃から兆候に気づいていたのですが、いざわが子となると「気のせいかもしれない」などと思ったり、やはり障がいを受け入れるのは簡単ではありませんでした。

しかし、2歳頃には発語がないこと、頻繁なパニック、生活に支障がでるほどの感覚過敏やこだわり行動などを少しでも改善したく、病院で診断を受けて療育に通い始め、さらに家庭での関わり方を工夫する家庭療育も始めました。毎日の暮らしを少しでも穏やかにしたい…という一心でしたね。その日々を記録する目的で始

めた家庭療育のブログで、多くの仲間と繋がることができました。

息子が小学生になり、子育てと自分の働き方に悩む中で受講したキャリアセミナーの講師が直美さんだったんです。セミナーの中で直美さんのお子さんが自閉症だということを聞き、最終日に私も自閉症児を育てていることと、ブログのURLを書いた手紙を渡したんです。そこから直美さんとの交流が始まり、後にチャレンジドLIFEの活動を一緒に行うことになりました。

本当の課題は保護者の関わり方ではなくその子と社会がどう関わっていくか

—— 特に「情報発信」という点に重きを置いているように見えますが、活動を拝見すると、様々な立場の方々とのコラボレーションも多いですね。

畠中　法人として動き出したころ、たまたま私が、タレントのくわばたりえさんのお仕事に携わっていた縁で、りえさんも一緒に活動に関わってくださったんです。初めてのイベントもりえさんが一緒にやろうって言ってくださって、同時に浜松でお世話になった先生にも加わってもらい、第1弾として大きなイベントを開催したんです。

りえさん自身も、NHKで「すくすく子育て」という番組のMCを担当されていたので、番組が終わったあともご自身で子育て関連の活動を積極的にされていました。そのファンの方々の中にもやはり一定数、発達障がいのお子さんをお持ちの方がいて、その方々がチャレンジドLIFEの活動にも参加してくれるようになって

いったんですね。

そこから少しずつ軌道に乗り始めて、座談会のような保護者の悩みを話せる場を設けたりもしました。当時、私たちもいろんな親の会に足を運んだりしていたんですが、現状を話して共感して終わってしまうところが多くて、そこからどうすれば良いのかという部分がわからなかったんです。もちろん吐き出す場も重要なんですが、私たちとしては実際に何をしていけばいいのか、建設的に話したり、少しでも具体的な行動や形にしていける場も必要だと思いました。ですから、その後はいろんな分野の専門家や企業の方々にも関わってもらいながら活動を続けています。

—— **2021年の独自調査（下記表）では、当事者以外の方々も対象とされていました。活動全体も、社会をいかに巻き込んでいくかを意識されているように感じます。**

畠中 子どもの未来をつくっていくことを考えたときに、これは保護者の関わり方の問題だけではなく、その子と社会の問題だと思ったんです。この子の障がいと周囲がどう向き合っていくか。その特性によって周囲も困っていたりする。ということは、当事者間だけの集まりで話していても限界があると思いました。

私たち自身も、障がいのある子どもを授からなかったら、一度もこの課題に触れることなく過ごしていたかもしれない。だから、この子たちと、この子たちの状況を知らない人たちとの相互理解を深めていく必要性を感じています。

21年に行った調査では、自分自身も家族も発達障がい当事者ではない人を対象に含めて、発達障がいというものをどう捉えているかを調査しました。結果として、当事者でない人たちも発達障がいに対しての認知度は高いとわかったのですが、一方の当事者やその家族の多くは「十分に理解されていない」と感じていたんです。また、日常の困り事を聞いた調査では、当事者も非当事者も、複数の項目で「当てはまる」回答が類似していました。この結果から、発達障がいへの理解が正しく広まって、困り事に対する適切な環境や対処がとられれば、当事者だ

■ **チャレンジドLIFEによる全国調査（2021年）**

▌ **発達障がいへの認知・理解について**

N＝1304　自分自身も家族も当事者ではない人（68.8%）
当事者の家族（26.5%）／ 当事者（4.7%）

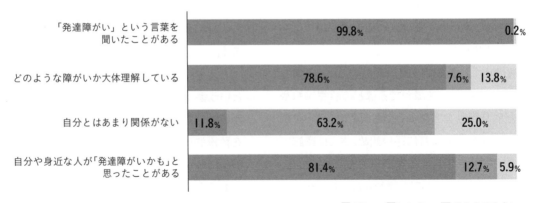

	はい	いいえ	どちらでもない
「発達障がい」という言葉を聞いたことがある	99.8%		0.2%
どのような障がいか大体理解している	78.6%	7.6%	13.8%
自分とはあまり関係がない	11.8%	63.2%	25.0%
自分や身近な人が「発達障がいかも」と思ったことがある	81.4%	12.7%	5.9%

けでなく多くの人にとっても過ごしやすい社会になるのではないか、ということが見えてきたんです。

ただ、社会に対して「理解してください」と押し付けてしまうのは逆効果になるので、その他の活動でも、いかに興味を持ってもらうかを意識していきました。たとえば、自閉症のピアニストの方を招いたコンサートを開いたんですが、告知の段階ではその方の特性は大きくは打ち出しませんでした。純粋にピアノを聞きたい方々が集まり、結果的に200名以上の来場があったのですが、もともとは発達障がいに関心のなかった方々が、あとから事情を知り「そうなんだ」と関心を寄せてもらえることができました。

そしていまは、私もmikiも子どもが成長してきて、この子たちが大人になった先のことを考えるようになってきています。たとえば障がいのある人が働きやすい環境とはどんなものなのかや、社会の一員としてどうすれば仕事で成果を出せるのかなど、扱うテーマも変わってきています。ただ、一貫しているのは、当事者と社会をどうつなげていくか、という点で、その軸は常に変わっていません。

▌十分に理解されていると感じるか

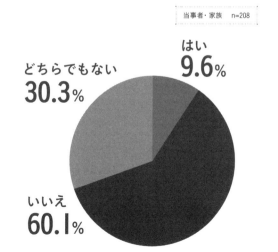

当事者・家族　n=208

はい **9.6**%

どちらでもない **30.3**%

いいえ **60.1**%

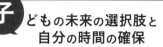
—— お二人は、お仕事と子育てをしながら活動をされています。
実際、大変ではないですか?

miki　二人とも仕事をしていて、かつ障がい児を育てていますから、生活に支障がない範囲で活動をしています。偶然、二人の得意不得意が別々で、互いを補い合っているんです。直美さんは企業や自治体向けの研修講師なので、企業への提案やイベントの企画・運営、対話の場づくりやファシリテーションに長けています。一方、私は長年、企業で広報の仕事をしているので、執筆や発信が得意なんです。

私の場合は会社員なので、チャレンジドLIFEの活動は会社の勤務時間以外や有給休暇を使ったりしながらやっているんですが、会社で働いているからこそわかることもあるんです。私の職場にも障がいのある社員が働いていますし、その方と周囲がどうやって一緒に仕事していくのか、どんな場面で困ってしまうのか、という場面がリアルにわかる。だから親という立場だけでなく、客観的に社会を見ることができるし、障がいのある人たちに対して周囲がどう感じているのか、という声も冷静に聞けるんです。この環境があることはとてもありがたいことだなと感じています。

—— ただ、お子さんのために働き方を変えられる保護者も多いですよね。
そのあたりの両立はどのようにすれば良いのでしょうか?

畠中　実際、障がい児を持つ、特にお母さんの

就業率ってとても低いんです。もちろん、子ども
を育てながら働くことはすごくハードだし、子ど
ものために仕事をセーブしようという気持ちも
理解できます。ただ、もし働きたい気持ちがあっ
て、実際に働ける状況にあるのなら、なんらかの
かたちで仕事は続けたほうが良いと私は思って
います。

　私自身、自分の時間、母親というレッテルじゃ
ない時間は必要だし、お母さん自身に余裕がな
いと、子どもの未来や就労のことなどを客観的
に見られなくなってしまう。また、子どもの進路
を考える段階になったときに、経済的な理由
で、行きたい学校に進学できないというご家庭
もあります。すると、子どもの選択肢がどんど
ん狭まってしまう。

　障がいの有無に限らず、子育てを理由に仕事
を辞められるお母さんは少なからずいます。仕
事で復職セミナーなどをやると、10年のブラン
クがあるお母さんにもよく出会いますが、そうし
た方々の状況を見ると、再就職が難しかったり、
復職後に仕事の感覚を取り戻すことに苦労さ
れてる方もたくさんいます。だから、できること
なら働き続けることで、子どもの未来の選択肢
も増やして、自分の時間も確保してほしいと思
います。

　ただ、障がいのある子の場合、難しい面もあ
ります。うちの子は放課後等デイサービスを毎
日利用できるんですが、障がいの程度や地域の
状況によっては限られた日数しか使えなかった
り、学童保育に預けられないケースもあるんで
す。すると、小学校に上がるときに、フルタイムで
働けないから辞める方が多い。ただ、一度就労
から離れてしまうと、戻るのが難しいという現
実もあるんですよね。

miki　私の場合は、職場に恵まれて、まだリ
モートワークが一般的ではない2006年に、会

社で最初の在宅勤務を認めてもらえたんです。
もともとキャリア志向が強く、第一子の長女が
生まれたときに、早く職場復帰したいという理
由で在宅勤務を導入してもらったんですが、第
二子である息子の障がいがわかって、今度は息
子の療育の送迎や付き添い登校のために在宅
勤務を継続させてもらったという経緯がありま
した。

　ただ、最近、子どもたちが大きくなったので、
久しぶりに週5日出社に戻したんですね。やは
り職場でのコミュニケーションがとりやすくな
り、同僚とのランチなど自分の時間が持てるよ
うにもなりました。もちろん、在宅勤務の期間
は人一倍アウトプットを意識して働いてきまし
たが、こんなふうにスムーズに戻れたのは、いろ
いろと会社と交渉をしてでも仕事を辞めずに働
き続けてきたからだと思うんです。もし、あのと
き辞めていたら、今のような仕事はできなかっ
たと思います。今はリモートワークが浸透して
きているので、障がい児を育てながら働き続け
られる可能性は広がっていると感じます。

普通の子育てと同じように しんどいときもあれば おもしろいことも起こる

―― 最後に、お二人が活動を通して気づかれ
たこと、大切にしていることなどを教えてくだ
さい。

miki　息子が15歳になったので、0歳で「おか
しい」と思ってから15年が経ったわけですが、
振り返ってわかるのは、「状況は変わっていくん
だな」ということですね。つらいときって、「こ
のしんどさが一生続く」って感じるんですが、で

様々な専門家、企業とコラボレーションし
定期的にイベントを実施している

も結局は山あり谷ありで、そこは普通の子育てと同じように、しんどいこともあれば、楽しいこと、おもしろいことも起こる。決してずっとしんどいことだけではないんです。

　小学校の入学式のときなんて不安で吐きそうなくらいでしたけど、学校と協力関係を築くことができ、子どもは6年間ですごく成長した。でも、中学校で関係がリセットされて、またしんどい思いもして、でも、だんだん理解してもらえるようになって…。そうした過程を経ていくうちに「ああ、こういう感じなんだ」というのがだんだんわかるようになりました。

　これは私個人のささやかな体験談かもしれませんが、こうした本当に起こった生々しいリアルを共有することを活動の中では大事にしていて、個人の体験が活動のベースになっているの

は、私たちの強みだとも思っています。

畠中　親って不思議なもので、もちろん自分の子どもの話ではないんだけど、こうやって頑張っている人がいるなら、自分も頑張ってみようと思えるのかもしれません。私自身も、子どもの障がいがわかったからこそ、いろんな方々にお会いしながら、新たな選択肢を模索し学んでいます。チャレンジドLIFEに集まってくださる方々って、そういうリアルを聞きたい人たちが多いように思います。それが正解ではなかったとしても、そこから何かヒントを得てくださっているのではないかと思います。そうした機会を、これからももっと広げていこうと思います。

一般社団法人チャレンジド LIFE

HP：https://www.challenged-life.com/　問合せ：challengedlife001@gmail.com

＼Check！／

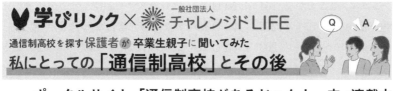

学びリンク × 一般社団法人 チャレンジド LIFE
通信制高校を探す保護者が 卒業生親子に聞いてみた
私にとっての「通信制高校」とその後

ポータルサイト「通信制高校があるじゃん！」内で連載中
https://www.stepup-school.net/challengedlife/

＼Check！／

五十音順 さくいん

【へ】

【ほ】

【ま】

都道府県別 さくいん

自分に素直な学校選びを。

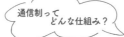

♥学びリンク

通信制高校 合同相談会
しくみもわかる

通信制ってどんな仕組み？

系列の進学先

英語・留学

声優・マンガ・イラスト・ゲーム

学費ってどのくらいかかるの？

ダンス・ミュージック

大学進学

就職サポート

eスポーツ

部活は？

資格取得

通学日数って選べるの？

保育・福祉

プログラミング

パティシエ・調理

ペット

ファッション・ネイル・ビューティー・美容師

通信制高校・サポート校の『しくみ』講演

不登校、学び直し、大学進学、高校転編入、学費など、様々な疑問を合同相談会の運営会社（学びリンク株式会社）代表の山口 教雄（やまぐち のりお）がわかりやすくご説明します。

通信制コンシェルジュ

会場内には通信制高校に精通した複数名の「通信制コンシェルジュ」が常時待機しており、皆様の疑問や要望をお聞きし、どんなタイプの学校があるかをご一緒に検討します。

充実の相談コーナー

<各校の個別相談>
通信制高校
高等専修学校
技能連携校
サポート校
中等部・フリースクール
等

メンタルカウンセリング
起立性調節障害
留学
大学進学
スクールソーシャルワーカー

※出展校・相談コーナーは会場により異なります

主催 / お問い合わせ・来場登録先　学びリンク通信制高校・サポート校合同相談会事務局

☎0120-421146（ヨイツウシンイイシンロ）

※電話でのお問い合わせは平日9：30～19：00（土・日・祝を除く）
〒101-0064　東京都千代田区神田猿楽町2-1-14 A&Xビル6階（学びリンク株式会社内）

東北	仙 台	7/20(土) 10/27(日)	トラストシティ カンファレンス・仙台：仙台市青葉区一番町1-19-1　5F
関東	水 戸	9/16(月・祝)	水戸市民会館：水戸市泉町1-7-1
	宇都宮	7/21(日)	ライトキューブ宇都宮-宇都宮駅東口交流拠点施設：宇都宮市宮みらい1-20
	高 崎	9/21(土)	Gメッセ群馬：高崎市岩押町12-24
	大 宮	6/15(土) 10/26(土)	JA共済埼玉ビルディング：さいたま市大宮区土手町1-2　3F
	御茶ノ水	6/16(日)	御茶ノ水ソラシティカンファレンスセンター：千代田区神田駿河台4-6　2F
	八王子	5/26(日)	東京たま未来メッセ：八王子市明神町3-19-2
	新 宿	7/28(日) 9/23(月・祝) 12/1(日)	ベルサール新宿グランドコンファレンスセンター： 新宿区西新宿8-17-1（住友不動産新宿グランドタワー5F）
	町 田	6/23(日) 11/16(土)	町田市文化交流センター：町田市原町田4-1-14　プラザ町田ビル5F・6F
	横 浜	7/6(土) 9/8(日) 11/4(月・祝)	パシフィコ横浜　会議センター5F パシフィコ横浜　アネックスホール　：横浜市西区みなとみらい1-1-1 パシフィコ横浜　会議センター5F
	千 葉	7/15(月・祝) 10/14(月・祝)	ペリエホール千葉：千葉市中央区新千葉1-1-1　ペリエ千葉7F
	柏	5/25(土) 9/14(土)	柏の葉カンファレンスセンター：柏市若柴178-4 148街区2 柏の葉キャンパス　三井ガーデンホテル柏の葉2F
東海	静 岡	7/7(日)	グランシップ：静岡市駿河区東静岡2-3-1
	名古屋	6/2(日) 9/28(土) 11/23(土)	中日ホール：名古屋市中区栄4-1-1　中日ビル6F 名古屋コンベンションホール3F：名古屋市中村区平池町4-60-12　グローバルゲート 中日ホール：名古屋市中区栄4-1-1　中日ビル6F
関西	京 都	6/22(土) 11/17(日)	京都JAビル：京都市南区東九条西山王町1
	大 阪	6/9(日) 9/29(日) 11/24(日)	コングレコンベンションセンター：大阪市北区大深町3-1　グランフロント大阪北館B2F
	神 戸	6/29(土) 11/9(土)	神戸サンボーホール：神戸市中央区浜辺通5-1-32
中国・九州・沖縄	広 島	11/10(日)	エールエールA館6F：広島市南区松原町9-1
	福 岡	6/30(日) 10/6(日)	福岡ファッションビル：福岡市博多区博多駅前2-10-19　8F
	熊 本	10/5(土)	熊本城ホール：熊本市中央区桜町3-40
	沖 縄	10/20(日)	沖縄県市町村自治会館：那覇市旭町116-37

2025年2～3月にも
新宿、横浜、大宮、名古屋、大阪、福岡、熊本にて
開催を予定しています。

-来場登録特典-
**ガイドブック
プレゼント**

タイムスケジュールなど詳細・来場登録はコチラ▶▶

合同相談会 学びリンク　🔍

個別相談会会場

個別ブースで、学校の先生とお話することができます。入学の仕方、転入学・編入学のこと、学費、卒業後の進路など…、気になることを直接質問して、学校のことを具体的に知れます。

通信制コンシェルジュ® が常駐しています!

会場には通信制の学校に詳しい「通信制コンシェルジュ®」がいます。疑問や要望からどんなタイプの学校があるか相談に応じます。学校選びに悩んだら、お気軽にお声がけください。

うわーーっ!!
こんなにたくさん学校があるんだ!

どの学校からお話を聞こうかしら?

お困りですか?
よろしければ学校選びのお手伝いをいたします!

通信制コンシェルジュ

中学の復習から勉強できます!

本当ですか!?

個別相談してみよう!!

週1日から5日と登校日数が選べます!

自分のペースで通えそうね!

無料で受けられる!

各種相談
※会場によって異なります

・メンタルカウンセリング
・起立性調節障害相談
・留学相談
・大学進学相談
・医療法人による相談 など…

僕は留学…

進学…

休憩ブース＆資料・パンフレット設置

効率よくたくさんの学校を知れたな!

気になった学校のパンフレットもらってくるわね

ふふ♪

休憩ブースにはお菓子やジュースが用意されています。一息つく際にご利用ください。

※感染対策のため一部変更あり

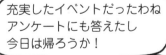

充実したイベントだったわねアンケートにも答えたし今日は帰ろうか!

次は気になった学校の体験入学とか見学に行きたいな!

いいわね!家でもう一度資料を見ましょう!

実際に学校にも行ってみよう!

〒101-0064　東京都千代田区神田猿楽町2-1-14　A&Xビル6階
TEL：03-6260-5100　FAX：03-6260-5101
E-mail：info@stepup-school.net
HP：https://www.stepup-school.net

4分でわかる！相談会詳細動画

特合同相談会特設サイト

401

全国フリースクールガイド　2024～2025年版
小中高・不登校生の居場所探し

2024年3月29日　初版第1刷発行

発　　　行：**学びリンク株式会社**
　　　　　　〒101-0064　東京都千代田区神田猿楽町2-1-14 A&Xビル6F
　　　　　　TEL 03-6260-5100　FAX 03-6260-5101
　　　　　　ホームページ　https://manabilink.co.jp
　　　　　　専門ポータルサイト　https://stepup-school.net
　　　　　　フリースクールガイドWEB　http://fsmanavi.net

発行・編集人：山口教雄

企　　　画：三浦哉子　柴﨑俊介　大戸千紘　藤井洸之介　米沢育海

取材・編集：小林建太　小野ひなた　片山実紀　上村昌輝　柳野安海　堀田博美
進　　　行：大山順子　十川千香
本文デザイン：渡邉幸恵　長谷川晴香　藤島美音　山下蓮佳
　　　　　　　南如子　鈴木佳恵（学びリンク）
　　　　　　　株式会社 日新
販促企画：西田隆人

印　　　刷：株式会社 シナノ パブリッシング プレス

本書に掲載されている写真、イラストおよび記事の無断転載、使用を禁止します。
乱丁・落丁本はお取り替えいたします。
内容に関するお問い合せは、学びリンク株式会社（03-5226-5256）まで
お願い申し上げます。

• •

携帯からも資料請求ができます。
左のQRコードから資料請求ページにアクセス！
URLはコチラ
https://www.stepup-school.net/media/94/

サポート校・フリースクール等、未掲載の情報がありましたらぜひご連絡ください。
掲載を検討させていただきます。